南开史学 成立100周年
Faculty of History, Nankai University

“南开史学百年文存”丛书

# 南开史学百年文存

## 中国近代史卷

刘晓琴 主编

天津出版传媒集团
天津古籍出版社
天津人民出版社

图书在版编目（CIP）数据

南开史学百年文存. 中国近代史卷 / 刘晓琴主编
. -- 天津 : 天津古籍出版社 : 天津人民出版社,
2023.9
ISBN 978-7-5528-1383-8

Ⅰ. ①南… Ⅱ. ①刘… Ⅲ. ①史学－文集②中国历史
－近代史－文集 Ⅳ. ①K0-53②K250.7-53

中国国家版本馆CIP数据核字(2023)第155631号

**南开史学百年文存·中国近代史卷**
NANKAI SHIXUE BAINIAN WENCUN ZHONGGUO JINDAISHI JUAN

出　　版　天津古籍出版社　天津人民出版社
出 版 人　张　玮
地　　址　天津市和平区西康路35号康岳大厦
邮政编码　300051
邮购电话　(022)23332469
电子信箱　reader@tjrmcbs.com

策划编辑　刘　庆　王　康　沈海涛
责任编辑　王雅贞
特约编辑　钱孝璇
封面设计　汤　磊

印　　刷　河北鹏润印刷有限公司
经　　销　新华书店
开　　本　710毫米×1000毫米　1/16
印　　张　27.75
插　　页　2
字　　数　440千字
版次印次　2023年9月第1版　2023年9月第1次印刷
定　　价　148.00元

# 总　序

南开史学诞生于风云激荡的五四运动时期。1919年南开大学创建伊始，即设有历史学一门。从1923年正式创系，2000年改组为学院，至今南开史学走过了漫长而绚烂的峥嵘岁月。百年以来，先贤硕学筚路蓝缕，后继者恢弘开拓，逐渐形成了“中外交融，古今贯通”的学科特色和“惟真惟新，求通致用”的史学传统，从而奠定了南开史学在海内外学术界的重镇地位。

20世纪20年代初，应张伯苓校长的邀请，“史界革命”巨擘梁启超欣然来校，主讲“中国历史研究法”，揭橥现代新史学的两大要义，即改造中国史学和重写中国历史。梁氏对于人类文明视野下的中华民族史寄予无穷之期待，并有在南开筹设“东方文化学院”、切实推进文化传统研究的非凡构想。1923年秋，南开大学迁入八里台新址，正式建立历史系，聘请“近代化史观”的先驱蒋廷黻为创系主任，兼文科主任。不久，刘崇鋐、蔡维藩接踵而至。蒋廷黻前后执教六载，系统构建了南开世界史的课程体系。南开文科还有李济、范文澜、汤用彤、萧公权、何廉、刘节、吴其昌、余协中等一批名家执教。

1937年7月全国抗战爆发，南开大学与北京大学、清华大学奉命南迁，先组“长沙临时大学”，后移昆明，定名为“西南联合大学”。三校史学系融为一家，弦歌不辍。史界翘楚如北大的姚从吾、毛准、郑天挺、向达、钱穆，清华的刘崇鋐、雷海宗、陈寅恪、噶邦福、王信忠、邵循正、张荫麟，南开的皮名举、蔡维藩，以及联大的吴晗等，春风化雨，哺育一大批后起之秀。民族精魂、现代史学赖以延续和阐扬，功在不朽。

抗战胜利以后，历史系随校重返天津，文学院院长冯文潜代理系务。文学院的规模原本不大，历史系更是小中之小，冯氏苦心擘画历史系的发展事宜。1952年全国院系调整之际，北大历史系主任郑天挺、清华历史系主任雷海宗联袂赴津，转任南开历史系主任和世界史教研室主任。杨志玖、黎国彬、杨生茂、王玉哲、吴廷璆、谢国桢、辜燮高、杨翼骧、魏宏运、来新夏等卓越史家，云集景从，历史系获得突破性发展，成为名家云集的一流重镇，一时有“小西南联大”的戏称。

20世纪五六十年代，历史系除设有中国古代史、中国近现代史和世界史三个教研室外，又经教育部批准，陆续成立明清史、美国史、日本史和拉丁美洲史四个研究室，基本确立了布局合理、学术特色鲜明的学科结构。改革开放以后，南开史学更是焕发了勃勃生机。依托历史系学科及人才的优势，南开大学先后成立历史研究所（1979年）、古籍整理研究所（1983年）、日本研究中心（1988年）和拉丁美洲研究中心（1993年），在国内高校中率先创建博物馆学专业（1980年）。在1988年公布的国家重点学科名单中，中国古代史、中国近现代史和地区国别史三个二级学科全部入选。

2000年10月，历史系、历史研究所、古籍整理研究所和拉丁美洲研究中心合并组建历史学院，南开史学步入任重致远的发展新阶段。2007年，历史学入选国家一级重点学科，拥有中国史、世界史、考古学三个一级学科博士及硕士学位的授予权及博士后流动站。日本研究中心于2012年经教育部批准成为国别和区域研究基地，美国研究中心、拉丁美洲研究中心和希腊研究中心相继成为教育部国别和区域研究备案中心，同时设有中外文明交叉科学中心、科学技术史研究中心、生态文明研究院、古籍与文化研究所、美国历史与文化研究中心等科研机构。2017、2021年，世界史学科两次入选教育部一流学科建设名单，历史学院编制通过了以世界史为龙头、中国史和考古学为支撑及协同的历史学一流学科建设规划。

从梁启超、蒋廷黻、郑天挺和雷海宗开始，南开史学历经孕育（1919—1923年）、创业（1923—1952年）、开拓（1952—1978年）、发展（1978—2000年）和持续深化（2000年迄今）五个发展阶段。每一代的南开学人坚持与时代同行，和衷共济，在中国史、世界史、考古文博的学科体系、知识体系和理论体系方面踔厉风发，取得一系列卓越的学术创获。正所谓："百年风雅未销歇，犹有胜流播佳咏。"试举其荦荦大端者，分列三项，略述于下。

第一，立足学术传统，彰显史学重镇之本色。南开的中国古代史研究积淀深厚，成就斐然。20世纪60年代，郑天挺参与全国高等学校文科教材编选计划，主编《中国史学名著选》《中国通史参考资料》，成为全国历史学子的必读著作。郑天挺、杨志玖等主编的《中国历史大辞典》和刘泽华等撰写的《中国古代史》，被视为20世纪末学界标志性的学术成果。在郑天挺、杨志玖、王玉哲、刘泽华、冯尔康、郑克晟、南炳文、白新良、朱凤瀚、张国刚、李治安、杜家骥、刘晓、陈絜、张荣强、夏炎和马晓林等几代学人的努力下，南开古代史研究在多个基础性领域内佳作迭出，长期处于领先地位。譬如，先秦部族、家族、地理考订，汉魏户籍简帛，唐代藩镇，元代军政制度、宗教和马可·波罗，明代政治文化、典籍和佛教，清代幕府、八旗、满蒙联姻和区域经济等。不仅上下贯通，形成若干断代史学术重镇，而且薪火相传、代不乏人。

南开世界古史研究亦是源远流长。雷海宗、辜燮高、黎国彬、周基堃、王敦书和于可等前辈史家开辟荆榛，在古希腊、罗马帝国、拜占庭帝国、基督教史等领域取得丰硕成果。陈志强领衔的拜占庭学团队致力于探寻历史唯物论指导下的拜占庭史宏观理论，其重大成果颇受国际同行之认可。杨巨平首次将亚历山大帝国、希腊化世界与丝绸之路开通综合考察，为"一带一路"的建设提供学理借鉴。

史学史是对人们研究历史的过程及其思维成果的反思，是对一切历史知识的再批判。以杨翼骧、乔治忠、姜胜利和孙卫国为代表的南开学人，不仅系统构建了中国史学史的资料体系，而且突破传统的"名家名著"的研究范式，着眼于探索史学发展的社会机制、古典史学的理论体系和东亚文明视野下的比较史学，极大地拓展了史学史的视野、理念及方法。

第二，把握时代脉搏，求通致用发南开之声。地区国别史是南开传统的优势学科。在美洲史领域，杨生茂、张友伦、梁卓生和洪国起等史学前辈着人先鞭，王晓德、李剑鸣、赵学功、韩琦、付成双和董瑜等接续推进，使其成为国内实力最强的研究团队。日本史在吴廷璆、俞辛焞、杨栋梁、李卓、宋志勇、刘岳兵及王美平的带领下，风起云涌，在国内独树一帜，担当领军者角色。南开大学世界近现代史研究中心依托地区国别史的雄厚底蕴，以"世界现代化进程中的社会转型"为主攻方向，超越西方现代化理论视野，以国际视野、比较视角在政治史、经济史、社会史以及环境史、医疗史等领域，致力于建构新时代中国特色的现代化史理论，成果迭出，反响巨大。

20世纪60年代以来，在著名历史学家魏宏运、来新夏、陈振江和李喜所等带领下，南开在全国高校中较早开展"四史"研究，确立深厚的学术传统和研究特色。来新夏的北洋军阀史、陈振江的义和团等研究，学术影响很大。魏宏运开辟了社会经济史视野下的抗日根据地研究，出版了学界最具影响的抗日根据地资料汇编和抗日根据地史专著。结合"乡村振兴"国家战略，王先明悉心探究20世纪中国乡村的发展历程，《乡路漫漫——20世纪之中国乡村(1901—1949)》被译为英文在国外出版。李金铮提出原创性的"新革命史"理念和方法，江沛倡导近现代交通史的研究，李喜所、元青等的近代留学生史研究，受到海内外学界的高度重视。

南开大学是全国第一家开设博物馆学专业的高校，为我国博物馆事业发展培养了大批人才。博物馆学研究团队在博物馆数字化、文化遗产活化利用、文旅融合等具有战略性、紧迫性、前瞻性的研究方向持续发力，有力提升了中国博物馆与文化遗产领域的国际学术话语权。王玉哲主编的《中国古代物质文化》是国内物质文化史研究领域的第一本专著。朱凤瀚的《古代中国青铜器》是国内青铜器研究的扛鼎之作。刘毅在明代陵寝制度研究方面的成就国内首屈一指，主编马克思主义理论研究和建设工程教材《文物学概论》，彰显南开考古文博在国内学界的影响力。刘尊志和袁胜文等在汉唐宋元考古领域取得了良好的成就。

科技史与国家战略密切相关，南开史学顺应国内外学术发展新态势，通过人才引进和学术重组，成立了科技史研究中心，在张柏春的带领下，目前正在加强对工程技术、疾病医疗、生态环境、水利灾害等方面的科技史研究，运用生态学思想理论方法探询众多科技领域之间的广泛联系、相互作用和协同演进关系。

第三，聚焦学术前沿，引领历史学科之新潮。社会史是改革开放以来中国史学界最具标志性和学术活力的研究领域。南开史学在冯尔康、常建华的引领下，成为这一领域最重要的首创者和推动者，形成了社会结构与社会生活并重嵌合的学科体系，出版《中国社会结构演变》《中国社会史概论》等著作；提出“从社会生活到日常生活”“生活与制度”等学术理念，出版《日常生活的历史学》《追寻生命史》等重要学术成果；在宗族史、家庭史研究方面做出开创性贡献，形成了南开社会史的研究特色。明清以来的华北区域社会经济研究，也是南开社会史的一大重要特色，许檀、王先明、李金铮和张思等人的研究颇具学术影响力。

21世纪以来，在南开社会史丰厚的学术土壤中，医疗社会史研究破土而出，成为南开史学颇具亮色的学术增长点。余新忠、丁见民等南开学人，从中外疾病医疗史研究出发，立足中国视角和中国经验，融汇新文化史、知识史等新兴前沿理念和方法，提出“生命史学”之标识性学术理念，在国际学术舞台上发出响亮的南开声音。

以刘泽华和张分田等为代表的“王权主义反思学派”，立足于中国政治思想史的深刻研究，提出“王权支配社会”等一系列重要的命题和论断，对于把握传统政治文化与政治实践的特点，具有极高的理论创新性。刘泽华所著《中国传统政治思想反思》及主编的三卷本《中国政治思想史》被译成韩文在韩国出版，《中国的王权主义》一书正在西方学者的译介之中。“王权主义反思学派”前后出版专著四十余种，在海内外学术界产生巨大的影响。

南开史学是中国环境史研究的主要倡导者和引领者。王利华和付成双领衔的南开中外环境史团队开展多项在全国具有首创性的工作：先后组织举办中国和亚洲规模最大、层次最高的国际学术会议，主持成立第一个全国性环境史研究学术团体——中国环境科学学会环境史专业委员会。2015年，历史学院联合相关学科共同创建南开大学生态文明研究院，开展文理学科交叉的生态文明基础理论研究和教育，由十多位院士、长江学者和权威学者共同开设《生态文明》大型慕课，获得多项国家和部省级建设支持或荣誉，南开环境史在全国产生了广泛的影响力。

南开史学创系百年来，秉持南开“知中国”“服务中国”的教育理念，追求“做一流学术，育卓越人才”的教育目标，以培养品德高尚、学识卓越、兼具科学精神和人文情怀的优秀人才为己任。迄今已培养数万名合格人才，桃李遍及海内外。毕业生多数工作在高教、科研、新闻、出版、文化、文物考古及博物馆等部门，成为教育文化领域的著名学者和专家，还有一大批活跃在行政、经济、军事等各类管理部门，成为各个行业的领导和骨干力量。

值此百年重逢的历史节点，历史学院决定编纂一套“南开史学百年文存”丛书，以彰显南开史家群体艰辛扎实的学术探索和丰硕厚重的治史业绩，为这不平凡的世纪光影“立此存照”。凡曾执教于南开历史学科的学者均在网罗之列，择其代表性论文一篇，难免疏漏或选择不当，望读者谅解。本套书总计十卷，包括《先秦至隋唐卷》《宋元明清卷》《中国近代史卷》《中国现代史卷》《专门史卷》《世界上古中古史卷》《亚非拉卷》《欧美卷》《日本卷》《文博考古卷》。

南开史学百年来取得的累累硕果，离不开历代南开学人的辛勤耕耘和学界同人的长期扶持。述往事，思来者。新一代的南开学人将一如既往地秉持南开的“大学之道”，弘扬“新史学”的创造精神，胸怀时代发展全局，引领中国史学发展的新潮流，为创立中国自己的学科体系、知识体系和理论体系不懈奋进！

“南开史学百年文存”丛书的编辑工作及其顺利付梓，首先需要向南开史学的先辈致以崇高的敬意。特别要提到的是，确定已故史家的入选论文，得到他们的家人、弟子的热心支持，在此一并表达谢忱。其次，要向惠赐大作的诸位师友致以诚挚的感激。尤其是不少已荣退或调离的教师，对于这一项工作极为关心，慨然提交了自己的精心之作。再次，也要感谢南开大学中外文明交叉科学中心对文存出版的慷慨资助。最后，还要感谢天津人民出版社、天津古籍出版社的各级领导和各位编辑，他们对于文存的编辑和出版等各方面，给予了细致、有力的指导和帮助。

因编辑时间短促，编者学术水平的限制，文集中会有疏漏之处，凡此，均由文存编委会负责，恳请各位师友不吝赐正。

编委会

2023年6月

# 出版说明

1.“南开史学百年文存”包含十卷，即《先秦至隋唐卷》《宋元明清卷》《中国近代史卷》《中国现代史卷》《专门史卷》《世界上古中古史卷》《亚非拉卷》《欧美卷》《日本卷》《文博考古卷》，每卷由各个领域相关教研室的负责人担任主编，所选取的文章为曾全职在南开大学历史学科任教的学者具有代表性的论文。在遴选的过程中，各卷均根据实际情况有所取舍，疏漏和不当之处，敬请广大学人和读者包涵。

2.每卷文章按照发表时间依次排列。

3.有些文章因撰写和发表的时间较早，有些引文一时难以核查到准确的出处，无法按照现行规范的方式标注，故这次发表保留了刊发时的原貌。

4.本文存由南开大学历史学科学术委员会策划并统筹相关学术事宜，委托各个领域相应的教研室负责人联合教研室力量开展具体编纂工作，是历史学科全体同人的集体成果。

5.在全书编校的过程中，为保持作品原貌，对文章的修改原则上仅限于体例上、错别字的勘误等，不过也有部分作品依据作者意愿，进行了增补，或依据最新出版规范，进行了删改。

编委会

2023年6月

# 目 录

# 现今史家的制度改革观

蒋廷黻

史学是研究文化沿革的学问。文化沿革包含制度的改革。所以政体的变迁、宗教的演进，以及社会组织的改良，尽属制度改革的范围。即如普通一般人所说“维新”“变法”等，也无非是制度上局部的改革。至于他们所谓“革命”，也就是制度改革剧烈的象征。人类自有史以来，经过多次的革命，即经过多次剧烈的制度改革。所以制度改革，是人类一个大问题。关于这问题的研究与讨论，中外都不乏人。然而研究愈多，意见愈不一致。这不一致的原(缘)故，最要莫过于各人思想方法的不同。思想方法好像各人戴的眼镜，眼镜的光线若有毫厘之差，全世界面目必致有千里之谬。所以我们要研究——批评——采取那(哪)一派史家制度改革的意见，先要留神他的思想——观察方法。我们若望对于国内政治社会问题的解决有所贡献，我们也必须慎重我们自己的思想方法。本文要讨论的就是现今史学对于制度改革具怎样的观念？有什么思想方法的贡献？我深信史学有极大的贡献，因为史学范围是研究文化上各重要问题。但是欲明白这贡献的性质和价值，我们须细看近200年来史学对于制度改革观念的变迁。

在中古的时候，欧洲思想家皆奉耶教的新旧约，教堂父老的遗训，及亚里斯多德的哲学为万世法。为人的目标在于遵守万世法，求学的目标在于精通万世法，著作只有注解，辩论不过引经。提倡制度改革者，反对制度改革者，均以《圣经》为标准。即按中国历史讲，这个道统的思想法，我们也曾使用过。我国昔时的学者，每逢制度改革问题发生的时候，往往问新制度是否合乎尧、舜、禹、汤、文、武、周公、孔子的圣道。现在公然承认这方法为正当者可谓无人，但不知不觉中使用之者尚有其人。自从(所谓)马克思——列宁——孙中山新道统发现以来，这思想法恐有复活的趋势。

欧洲自文艺复兴以后，道统在思想上的势力一步一步地减损了。科学家在自然界发现了许多与《圣经》相反的观念形态，对于道统，就不能无疑了。哲学家如笛卡儿(Descartes)[①]一派又力倡怀疑,以为这是思想的第一步。还有因为商业和实业发达而产生的资产阶级,明明有财产,有势力,而政治势力远在贵族与僧侣两阶级之下;他们也要打破教堂的势力。这种科学的、哲学的、经济的发展,虽与道统的思想法是势不两立的;但起始无人敢正大光明地否认古法,直等到18世纪,法国人福耳特耳(Voltaire)始下总攻击令。福氏是一个多才的人,他在史学史上,文学史上,政治社会史上,均占有地位。本文只论他在史学中发表的制度改革观念。

福耳特耳(1694—1778年)的环境,我已间接地说了一点。史家称他的时代为开明专制时代,因开明专制为当时的时尚。与他同时的有俄之大彼得,普之大腓特烈,中国之乾隆。当开明专制君主的模范路易十四世死时,福氏正21岁,尔时欧洲非君主专制而国强民富者首推英国,次则荷兰。就政体说,英是君主立宪,荷是共和,实际上两国皆由贵族与资本家操政。两国的商业最兴旺,思想最自由。法国正是英荷的反面。在18世纪的时候,法国外交大失败,法属北美及印度皆被英国夺去。加之内政不修,行政腐败;赋税虽重而财政常患破产;思想极不自由。资产阶级与贵族僧侣的冲突,日甚一日。于是法人忧心国事者莫不大倡制度改革。果然福氏死后10年,法兰西革命就起始了。

福氏时代的思想潮流,我们可以在下列几件事实里寻线索:牛顿比他大52岁;牛顿的大著作《原理》(*Principia*)[②]出版在他生前7年;牛顿死时,福氏已经35岁。诸科学家中,福氏最佩服牛顿。[③]比福氏年幼的大科学家有化学家拉瓦节(Lavoisier)[④]及生物学家蒲丰(Buffon);[⑤]社会思想家与福氏同时的有孟德斯

---

① Rene Descartes (1596–1650),法国人,在他著名的三部哲学书里 *Discourse of Method*, 1637;*Meditationes de Prima Philosophia*, 1641;*Principia Philosophiae*, 1644;发挥怀疑主义;以为前人所说不足为凭;我们所可以为智识起点的,只是我们自己的知觉,故云:“Cogito, ergo sum”(I think, therefore I am)。

② *Philosophiae Naturalis Principia Mathemaitica* (*The Mathematical Principle of Natural Philosophy*, 1687),是牛顿(Sir Isaac Newton, 1642–1727)最著名之作。

③ Voltaire著有 *Element de la philosophia de Newton, 1738*,是最早介绍牛顿的发明到欧洲大陆的一人。

④ Antoine Laurent Lavoisier (1743–1794),是近代化学的鼻祖,他的最重要发明是燃烧的原理(Theory of combustion)。

⑤ Georges-Louis Leclerc, Comte de Buffon (1707–1788),乃法国著名的博物学家,他的大著作是 *Histoire naturelle, générale et particulière*, 44 Vols, (1749–1804);世称为“high priest and interpreter of nature”云。

鸠(Montesquieu),亚丹斯密(Adam Smith),卢梭(Rousseau),狄德罗(Diderot)。所以这时代可谓思想史上的开明时代。我们现在且看在这种环境(中)生长的福耳特耳关于制度改革的观念是怎样?

福氏以为国家立制度只有两个目的:一是为人民谋富庶;二是促进文艺与科学。这两个目的在他看来均极自然。他既是资产阶级的发言人,他自然要政府注重商业与工业。他又是知识阶级的领袖,他自然要政府提倡文艺与科学。在他著的《路易十四世史》(*Siècle de Louis XIV*, 1752)内,他说这两个目的是同等的重要;在以后所著的《人类风俗制度论》(*Essai Sur les Moeurs et L'Esprit des Nations*, 1756)内,他又说第一个目的比第二个更重要。但他始终以为制度不应限制人民思想自由。因此他极恨当时教堂的跋扈。这为人类争思想自由的主张,或者就是他一生最大的功劳。

定目的为制度改革之第一步,求方法为第二步。在福氏思想中,第二步并不困难。他所著的《大彼得时代俄罗斯史》(*Histoire de Russie sous Pierre* I, 1759),极端地称赞彼得以一人的决心居然能在沼泽中立圣彼得堡新都。在他头脑中,这桩事可以代表当时开明专制君主改革制度的能力。至于法国维新方法,他的提议也很简单,就是:废除法国的旧制度,输进英国的新制度;只要如此,大事就成了。他佩服英国,并不因为英国人民有参政权,他明明知道当时英国人尚无参政权。他以为政体是个枝叶问题,专制也好、立宪也好,但是政府开明不开明,执政者开通不开通,这些是根本问题。他佩服英国,因为英国人民富庶,思想自由,因为他想英国达到了他理想的两个目的。[①]

福氏派——唯理派的史学有两特点:其一,福氏派以为制度是一人或数人突然用意造成的。文化的沿革,正如大彼得之筑圣彼得堡。你若问他:"为什么这样一个黑暗的教堂制度可以成立?"他必答:"教堂制度是几个教皇为私利造成的。"若又问:"为什么这样一个限制自由的工业基尔特制可以发生?"他必答:"就是黑暗时代少数工人领袖为私利组织的。"其二,福氏以为制度是无国别的。一国用之而富,他国用之亦必富。所以他不问英法二国有没有环境的、民族的、历史的差异,能使一国的制度,不适宜于第二国。这二点用不着批评,因为下文所述的史学史一部分,就是批评他和他那派的史学。

谈论到此,有一疑问发生:福氏派的思想和中国近五十年来维新家的思

① 见 *Lettres sur les Anglais*, 1732。

想，到底有否异同？我们以为异的有一点：就是中国维新家注重政体，福氏不大注重政体。同的有二点：其一，福氏希望法国能出大改革君主如大彼得，我们的维新家亦盼望中国出改革君主如日本的明治，或革命家如美国的华盛顿。华氏与彼得固然不是一流的人物，但我国维新家的思想途径，与福氏的仿佛一样。这种思想其实不新，中国几千年来人民唯望出圣天子，恐怕也是这个意思。其二，我们也喜欢仿效他国的制度。所以至今我们宪法上一个悬而未决的大问题，还是采法国内阁制，或美国总统制？

福氏是资产阶级上层的代表。与他往来的是当时的名流及开明君主。他以为如他自己一般的上等社会有知识的人，定能革新社会；他极看不起下等社会的人，他不信他们有干涉国家大事的能力。卢梭与他同时，但他的态度，却与福氏相反。卢梭是资产阶级下层的分子，即下等社会的代表。他的父亲是一个工人。他与工人、农夫、小商贩的交际不少，所以对下等社会很表同情。福氏说：小百姓的坏在于愚鲁。卢梭说：愚鲁正是他们的好处。福氏要政府提倡文艺与科学，卢梭以为社会的腐败，正是因为文艺与科学的发达。卢梭思想的出发点，是他的“自然人”。“自然人”——原始人，无文明的人——是极高尚的，快乐的。原始社会是平等的、自由的、友爱的。平等自由是人类原有的，权利是天赋的人权，友爱是天赋的人性。卢梭对于法国改革的方法，就是“返于自然”。

卢梭不是历史家，但历史家受他影响的不少，尤其是18世纪后半（叶）的德国历史家。当时德意志比法国更不自由，人民更无参政的机会。德国文人如我国太史公似的“意有所郁结，不能通其道”，就“述往事，思来者”。席勒尔（Johann C. Friedrich Schiller）的《荷兰革命史》（*Geschichte des Abfall der vereinigten Niederlande von der Spanischen Regierung*, 1788）米勒（Johannes Müller）的《瑞士联邦独立史》（*Die Geschichte der Schweizerischen Eidgenossen*, 4 Vols., 1780－1805）赫得（Johann G. Herder）的《人类史学大纲》（*Ideen zur Philosophie der Geschichte der Menschheit*, 1784－unfinished）等书，皆极称赞“自然人”，思想均似《民约论》。这几个史家把人类的全部史当作“自然人”为天赋人权及天赋人性战争史看。我们近几十年的排满运动、反对袁世凯运动、打倒帝国主义运动，在我们自己头脑中都带有为天赋人权战争的色彩。我们全没错过；我们只爱自由，我们所反对的完全是剥夺我们自由的桀纣。我们所崇拜的，像席勒尔和米勒书中的英雄一样，均是为天赋人权战争而牺牲性命的英雄。

福耳特耳所希望的开明专制(非君主的),果然实现于法兰西革命时的政府;卢梭所倡的天赋人权,亦载在宪法上。经过25年战争,二位学者的思想,不但在法国施行,并且在比利时、荷兰、德属莱茵河两岸、瑞士、意大利、西班牙等地施行。福氏所谓制度是数人突然故意造成的,是无国界的,似乎得了一个铁证。法国小百姓们为革命的牺牲,也好像证明卢梭的思想。不幸事与愿违,拿破仑失败以后,革命的成绩在法只有部分的保存,其他各国几乎全废除了。欧洲思想的腔调,也完全改变;革命以前提倡维新,革命以后主张复旧。以前举福氏和卢梭旗帜的人,现在均举柏克(Burke)的旗帜了。普通历史教科书以为复旧潮流是梅特涅(Metternich)一人的狡诈手段造成的,其实不然,梅氏不过顺流而下。在这种潮流内发生了19世纪前半(叶)的浪漫派史学。

浪漫派是唯理派的反面。它受了法兰西革命失败的影响,所以一否认制度是可以数人突然用意造成的,二否认制度是像货物,可由各国彼此交换的。他们下了两个正相反的新定论:其一,制度、法律、风俗、一切的文化是有机生长物;其二,各民族的个性,是这种生长物的滋养料。制度既为有机的生长物,它的变迁有一定的时期和速率,非人所能勉强的。法人革命之失败,正如宋人"揠苗而苗槁"。民族的个性既是制度的滋养料,各国的制度只适宜于本国,仿效他国制度是根本不可能的。

浪漫派的史学有一个大长处:就是促进缜密的研究。因为假若文化是数人一时用意造成的——如唯理派所说——我们可以不必学史,因为文化就可说是无史的。但假若文化是有机的生长物——如浪漫派所说——它必有根源,制度愈重要者其根源必愈深远。况且民族个性的发展,大半是在幼稚时代,所以注重民族个性者,不能不注重古史——虽是极难研究的一段史,却非研究不可。浪漫派的许多学者,因而振奋精神,努力研究,求精深的学问。所以在19世纪前半期,许多史学的附属科学——如语言历史学、金石学、校勘学——大大发展。浪漫派的几个伟人——Niebuhr,[①]Grimm brothers,[②]Eichhorn,[③]Savigny,[④]实在为史学史开了一个新纪元。

浪漫派的成绩虽佳,它的两个结论(如上所述),似不能完全维持。在19世纪的后半期,不但法国竟达到革命的目的,即其他各国,亦多少实行民治。法国革命之失败,不过一时并非永远的,足见凭理去改革制度,不是完全可以"揠苗助长"讥笑他的。民治主义之传播于全欧,甚至于全世界,足证各民族虽有个性,亦有同性;人类是能彼此仿效的。浪漫派的文化观念,有些像现今国内主张保存国粹的观念;二者均有时看本国的文化——所有的制度、法律、思想、宗教、风俗——为完全的,为十分宝贵的;仿效外人的文化,终究是嫌混杂的。二者可谓均有些排外性质,因为二者均生于民族国家观念形态极热烈的社会里面。那么,假若我国学者能够像浪漫派那班伟人努力研究与著作,则中国史学也许有开一新纪元之可能。

浪漫派关于文化沿革的观念既太偏,必有一新派校正之者。这一派即19世纪后半(叶)发生的唯实派。唯实派虽与浪漫派有差异,但并非浪漫派的反

① Barthold Georg Niebuhr (1776–1831),德国史家,在他盛年,正是德国国民全体抵抗拿破仑的时候,饱蓄爱国精神,要借古史启迪后人,所以致力于罗马史。他的演讲词,在他死后,由学生们集成十册付印。他的最重要著作,是罗马史三大本*Romanisch Geschichte* (*Roman History*) 3 Vols., Rev. Ed., 1827–1832,考证详审,所以研究的多半是制度与政体。

② Jakob Ludwig (1785–1863) and Wilhelm Karl (1786–1859), Grimm兄弟都因为研究语言文字学出名,合著《家庭神话》(*Kinder und Hausmarchen*, 1812)到现在还是盛行。哥哥并以法律见长;研究语言,法律,都用历史眼光,以为言语,歌谣,故事等都是几千年累积成的,其中变迁是跟着社会演进的;法律也是生活的一种表现,所以他的历史也是社会历史的一部分。他的著作论语言历史的有*Deutsche Grammatik* (*German Grammar*), 1819,以及*Geschichte der deutschen Sprache* (*History of Language*), 1818;论神话的有*Deutsche Mythologie* (*German Mythology*), 1835;论法律的有*Rechtsalterthumer* (*Legal Antiquities of Germany*), 1828。他的兄弟曾编印古诗歌多种,如*Ruolandslied*, 1838; Raodolf, 2nd Ed., 1844等等,论著有*Deutsche Heldensage*, 2nd Ed., 1838。

③ Karl Friedrich Eichhorn (1781–1854),德国法律学家,用历史眼光研究法律问题,是由他提倡的,他以为法律不过是国民生活的一部分,倘不能了解国民生活的历史,便不能知法律的所以然;他最有名的著作是*Deutsche Staats und Rechtsgeschichte* (*History of German Law and Institutions*), 1808–1823; 5th Ed., 1843–1844。

④ Friedrich Karl von Savigny (1779–1861),也是德国法律学家。法律用历史研究法,提倡的是Eichhorn,继起而昌大的是Savigny; Eichhorn;所研究的是德国现行法律的根源同变迁;Savigny所研究的是在中世纪罗马法的势力同影响,研究的结果是六大本的*Geschichte des römischen Rechts im Mittelalter* (*History of Roman law during the Middle Ages*),1815–1831。

面。浪漫派与卢梭派接近而与唯理派相反。唯实派则居唯理与浪漫二派之中。此不过言其大概,实际并非若是简单。唯理派的史观既被浪漫派推倒。浪漫派的史观,又与目前时局之发展不相符合。唯实派自必另辟蹊径。此非易事,盖唯实派一方面欲继续浪漫派精密研究功夫,一方面又受多数社会的及思想的影响。所以唯实派与浪漫派,过渡极慢;其根基较深,其史料较繁,其方法较精。欲明唯实派的真相,我们必须分析欧洲近七十年来的政治社会及思想的潮流。我们并且要探索每(种)潮流在史学上发生何种特别影响:

第一,劳工运动:从1838年至1848年,英国工人发起一个极大的公民宪章运动。此运动的主旨,在为普通人民争选举权。当时工人以为选举权能助他们要挟议会立良善劳工法。他们要争的选举权,不过一种利器,他们的实在目的是求减轻工作及提高工资。比宪章运动的影响更大的,又有法国1848年二月的革命。以前的革命大概以资产阶级为主动团体,劳工不过附和而已;但是二月革命却以劳工为主动。革命以后,劳工代表加入临时政府,又逼着政府建设国家工厂。马克思和恩格斯的《共产(党)宣言》也在这年出世。以后机械实业愈进步,劳工运动亦愈扩充。劳工问题遂成各国内政的一大问题。

劳工运动在史学上发生两个连贯的影响:(a)推广历史范围:劳工运动以前的史,大概只有事实发生在政治舞台上者则入史。对于这种政府传记式的历史,唯实派提出几个质问:“文化全是政治舞台上的人造成的吗?人民虽未上台演剧,他们岂尽是观剧者?他们不是在台后做事吗?”以这种质问为假设,唯实派再研究历史;结果历史一变而为人民公共生活的传记。英国史家格林(Green)所著的《英国人民略史》(*A Short History of the English People*, 1874)即应此潮流而出的。[①](b)用经济解释历史:19世纪的阶级经济冲突,既然能左右时局,那么,在他世纪或者亦是如此情形。于是史家从事经济史的研究;结果唯实派不得不承认经济变迁为制度改革主要原因之一。文艺之复兴并非如旧史家之推测;盖其原因不在土耳其人之攻破君士坦丁而在12及13世纪意大利城市商业的发达。宗教革命与其说因为路得愤天主教堂的腐败及专制,不若说北欧人民族不愿捐钱纳税给教皇。美人革命的大成绩,并非政治的独立,乃经济的自主。卢梭派所歌颂的天赋人权战争,一化而为鱼肉的战争。马克思的

---

① 他的英国史还有两部,体裁与此相同。*History of the English People; The Making of England*, 1883.

经济史观,即此潮流之极端左派。现今史家抱经济史观者还不多,因他们不承认历史是一元的,但无人否认经济竞争为数元中之一。

第二,达尔文主义:达氏思想的分析,不在本文范围之内。本文只能列举他的重要观念以为讨论的根据。(a)环境(包括气候、山水、土性等等)能滋养生物,亦能限制生物。(b)生物的繁殖是乘法式的。(c)各种生物的各种特性时常变迁。(d)因环境的限制,及生物的繁殖,变迁转优者则生存,转劣者则被淘汰。(e)特性之变状是能遗传的,积多数变状遂成新种类。进化论的总意,就是说生物界各种类,从极简单以至于人,是经极长期时期继续演进的,达氏思想的影响,自不限于史学,但在史学上,已与他种影响分不清了。有时达氏的影响与孔德(Comte)的及斯宾塞(Spencer)的影响混合起来,如同勒启(Lecky)①及史梯芬(Leslie Stephen)。②有史家立论与达氏思想相似,而其来源与达氏全无关系的,如特雷新(Droysen)③所谓国际问题即权力的竞争,国即力的表现。达尔文主义在史学上的影响,举其要可谓有二端:

一是环境的注重:生物即受环境之支配,人亦生物,自然不能超环境。其实达氏的注重环境,是社会科学家马尔萨斯(Malthus)引起的。但在马氏以前,还有孟德斯鸠。孟氏论气候、土性,与文化的关系颇详;④史家受其影响者亦不少。故唯实派可称孟氏派。但达氏学说盛行以后,史家的环境观念更深一层:文化根本是人类应付环境的利器;环境变迁因而文化亦时常变迁;诸变状中,应付环境能力较高(强)者则生存,较低者则消灭。所以各国各时的文化皆有其价值,因为文化是对环境而生的。唯实派史家于是多少必研究地理,如沈伯

---

① William E. H. Lecky (1838–1903),英国史家,著作略举几种重要的:*A History of the Rise and Influence of the Spirit of Rationalism in Europe*, 2 Vols., 1865;*History of European Morals, from Augustus to Charlemagne*, 1869;*History of England in the Eighteenth Century*, 12 Vols., 1878-1890。

② Leslie Stephen (1832–1904),英国学者,文学、史学、哲学都见长,史学著述有:*History of English Thought in the Eighteenth Century*, 1876;*The English Utilitarians*, 1900;并曾做过英国《历代名人大辞典》(*Dictionary of National Biography*)的主稿编辑。

③ Johann G. Droysen (1808–1884),德国史学家,最著名的著述是 *Geschichte der Preussischen Politik*, 12 Vols., 1855–1876。

④ Montesquieu在他的名著《法意》(*De I'esprit des Lois, 1784*)里,详说这些关系;当时留神这方面的几乎无人,所以他可以算一个创始者。

尔(Semple)[①]甚至相信地理为能最解释历史的要端。但地理范围极广:有注重气候者,如罕亭吞(Huntington);[②]有注重土性者,如信姆古微几(Simkhovitch);[③]有注重交通者,如亚当斯(Brooks Adams)。[④]但唯实派各史家至少承认从地理能得文化变迁的一个理由。

史家所谓环境并不限于地理。文化包括极多分子;文化全体以地理为环境;各分子又彼此为环境。譬如工厂制为文化的一分子;工团亦是文化的一分子,此二者互相为环境。科学与实业,民治与民智,交通与商业,一种科学与他种科学,一门职业与他门职业:彼此关系线索往返不已。文化与地理的关系,已极复杂,文化各部分的彼此关系更复杂。唯实派的困难可想而知。多赉乞克(Treitschke)的《德意志十九世纪史》(*History of Germany in the Nineteenth Century*,1879)虽有多种缺点,究为极等佳作,因其能汇文化各支流成一大川,使读者于各支流的来源去脉,彼此交错,以及全江的趋势,都了然在目。

二是演进的观念:文化既为应付环境的利器,环境一变,文化亦必随之而变。但环境自然的变迁少有突然的;大变迁是积多年无数的小变化而成的。文化的变迁亦然,所以历史是演进的。唯实派因此不说美国独立于1776年7月4日,因为美国的独立是几百年养成的。唯实派也不说罗马亡于476年,因为罗马的衰败是几百年酿成的;并且罗马的一部分,至今尚未灭亡。但根据演进的观念,以观察时事,不是古非今,或是今非古,不反对改革,惟反对无知的改革——就是环境未变而偏要变制度,或改革制度的一部分而不能改革有关系的第二部分;不反对守旧,唯反对无知的守旧——就是环境变了而偏拘古法。

---

① Ellen Churchill Semple (1863- ),美国人文地理学家,曾游学德国,在著名地理学家Ratzel门下受业,专研究地理对于人事的影响;著有:*American History and its Geographical Conditions*, 1903;*The Influence of Geographical Environment*, 1911。

② Ellsworth Huntington (1876- ),美国地理学家,曾来过亚洲数次,研究气候与地理及文化上之影响;他以为史上的大变更,根本原因是气候变更,而气候变更却又有循环的现象;著述很富,略举其要:*The Pulse in Asia*, 1907;*Civilization and Climate*, 1915;*Principles of Human Geography* (with S.W. Cushing), 1920。

③ Vladimir G. Simkhovitch,美国经济学家,现为哥伦比亚大学教授,对于土性之影响历史的研究有一篇文名*Rome's Fall Reconsidered*,载在他的*Toward the Understanding of Jesus and other Historical Studies*, 1921。

④ Brooks Adams (1848- ),美国望族Adams之一,业律师,对于史学颇有著作,最著名的一部是*The Law of Civilization and Decay*, 1900。

文化变迁既恃环境变迁为转移，现今人类从科学所得的制驭环境能力，即人类促进文化的大机会。譬如京汉铁路一成立，京汉间一二百公里之距离即缩为一百公里之距离。意大利虽无煤矿，科学能助意人化水力为电力而创大实业。所以现今提倡改革者，与其坐祷圣主出世，或人类之返于自然，不若努力制驭环境。国内知识阶级望全国早统一者，与其责备军阀，不若谋交通之发展。望民治的实现而专讲宪法起草，正如“舍本逐末”“缘木求鱼”。

三是社会心理学：经济竞争及应付环境二观念——史学从劳工运动及达尔文主义所得的礼物——还不足以解释全部历史。譬如英人未压迫爱尔兰以前，爱人有自动的改革宗教的趋势；压迫以后，无论英人怎样勉强他们改教，爱人对于旧教的信仰反日日增加。这次欧洲大战，我们都说是各国经济帝国主义的冲突，然而甘心乐意为国家牺牲性命者，大多数是与帝国主义无关系的劳工。法国革命的时候，巴黎市民加入暴动者有许多并不知道革命的目的是什么。英国工人为选举权费了许多心血，但普选案成立以后，他们仍旧为贵族的及资本家的候选员投票。中国人现在还不剪发者，是为经济竞争呢，还是为应付环境呢？“经济竞争”与“应付环境”偏重人类的理想；其实理想以外还有感情，有习惯；个人单独的行为又与群众不同。在社会心理学上，制度就是社会的习惯；制度的改革就是习惯的改革。

近世社会问题的心理方面，大引起一般学者的研究，如瓦拉斯（Wallas），[①]李孛曼（Lippmann），[②]奥格篷（Ogburn），[③]密勒（H. A. Miller）。[④]于是史家亦有利用社会心理学以研究历史者。自从拉朋（Le Bon）的Psychology of Revolution（English translation, 1913）出版以来，论法国革命者莫不讨论感情，习惯，及群众行为，与革命的关系。史学因之更形困难，但亦更近实学。

受了此三种影响——劳工运动，达尔文主义及社会心理学——费了多少年精密的研究，唯实派始达到今日的地位，始能对于制度改革的思想法有所贡

---

① Graham Wallas（1858- ），英国社会学家，关于社会心理学著作有：*Human Nature in Politics*, 1908; *The Great Society*, 1914；*Our Social Heritage*, 1921。

② Walter Lippmann（1889- ），美国纽约《世界日报》记者，常有议论时事的书，关于社会心理学的有：*A Preface to Politics*, 1913；*Liberty and the News*, 1920；*Public Opinion*, 1922。

③ William F. Ogburn（1886- ），美国社会学家，现为哥伦比亚大学教授，著有*Social Change*, 1922。

④ Herbert A. Miller（1875- ），美国社会学家，现为大学教授，著有*Races, Nations, and Classes*, 1925；*The Psychology of Domination and Freedom*, 1924。

献，这个贡献是什么？以前史家对于制度的改革，有以政治开明不开明为标准者（福耳特耳派），有以天赋人权为标准者（卢梭派），有以民族个性为标准者（浪漫派）。唯实派对于制度的改革，则以经济冲突，环境变迁，社会心理为标准。“政治开明”“天赋人权”“民族个性”——此三者皆为空虚的，不可度量的观念。“经济冲突”“环境变迁”“社会心理”——此三者皆为事实的、客观的、可度量的观念。制度改革问题，从玄学界一移而至实学界。唯实派的史学固然尚在幼稚时代，但与其用玄学的思想法，不若用幼稚实学的思想法。且史学一上实学的途径，就有成科学的希望。或者将来科学的史学偕同其他社会科学，能产生一种社会工程学。那时的制度改革问题，将变为社会工程问题，而政治家就是社会工程师。

本文原刊载于《清华学报》第2卷第2期（1925年12月出版）。

**作者简介：**

蒋廷黻（1895—1965年），湖南邵阳人。1912年留学美国，先后于派克学院、奥柏林学院学习，1919年入哥伦比亚大学学习，1923年获哲学博士学位。同年回国后在南开大学历史系任教，1929年转任清华大学历史学教授兼历史系主任。1932年与胡适等共同创办《独立评论》。1936年至1938年任驻苏大使，1947年任中国驻联合国常任代表。主要著作有《中国近代史》《最近三百年东北外患史》《中国国际关系史》《蒋廷黻回忆录》等，编著有《近代中国外交史资料辑要》等。原稿署名为“蒋廷黼”。

# 论孙中山的“平均地权”

谢哉刚

“平均地权”是20世纪初年，以孙中山为代表的资产阶级革命民主派提出的经济纲领，也是孙中山始终强调的“举政治革命社会革命毕其功于一役”的那个社会革命的唯一内容。它后来被同盟会接受为四大共同纲领之一。但是它从出现时起，即不断遭到不同革命派别人士的反对、篡改和抛弃，几乎只有孙中山本人才把它坚持始终。列宁对它有过透辟的分析和高度的评价。但是我感到对这一纲领的研究还有许多工作可做，现在把个人的一点认识写出来，请同志们指正。

## 一、“平均地权”正义

《军政府宣言》对“平均地权”所作的原则规定是“涨价归公”。孙中山和他的同志对它有时称之为“土地国有”，有时解释为“照价收税”，有时又名之为亨利·乔治的“单一地价税”，有时就干脆说是“耕者有其田”。说法上虽有差别，实际上都是指资产阶级土地国有。

资产阶级经济学认为土地本身是有价值的，因此享有土地所有权是享有地租的先决条件。所谓“土地国有”，即指所有权由私人所有变为国家所有。显然，这种意义的土地国有，非没收即收买。自18世纪末李嘉图逝世以来，直到亨利·乔治为止，尽管他们一致宣布土地国有的“公正性”和“正义性”，但他们之中没有一个人是主张此等意义上的土地国有的。他们实际要求只是如马克思指出的两点：“把地租转归国有，以地租来代替田税。”①但马克思主义仍然把他们称作资产阶级土地国有论者。因为土地本身是没有价值的，其所以有价格，是因为有剩余劳动所提供的地租。“地租的占有是土地所有权由以实现

①《马克思恩格斯全集》(俄文版)，第27卷，第139页。由于本文发表时间较早，部分注释出版信息及引文来源已不可考，故有信息不全之情况。

的经济形态。”[①]因此，地租国有即是土地国有。

孙中山和他西方的先行者一样，尽管一再宣称：“土地本为天造”，“人于其间又恶得而私之耶？”“故土地……不应为个人所有，当为公有。”[②]但他并不真的要实现这种“土地国有”。收买者也不过虚晃一招，他“所信的是定地价的法子”，即“核定天下地价，其现有之地价仍属原主所有，其革命后……之增价，则归于国家。”[③]列宁明确指出：“结果是：把地租转交给国家，即以亨利·乔治式的什么单一税来实行土地国有。”“地价是资本主义化的地租，使‘增加的’土地‘价值’成为‘人民财产’，也就是说把地租即土地所有权交给国家，或者说，使土地国有化。”[④]所谓的“照价收税”，是这一地租国有原则的具体化。每年以赋税形式来征收相当于地租额的地价税。也就是历来资产阶级土地国有论者“以地租代替田税”的主张。

一些作者在引用列宁的论点时，承认“平均地权”是土地国有的同时，却陷入迷惘中。当他们看到孙中山说“恐无此等力量”，“收买全国土地”，[⑤]或一时看不到土地国有字样时，便断言孙中山“平均地权”主张是前后不一的。如有人说，辛亥革命以前，平均地权并“没有明确到像后来所提到的采用所谓‘土地国有’的办法”。有人却说，就在1912年列宁评论的时候，孙中山放弃了土地国有的主张。

更大的分歧在“平均地权”和“耕者有其田”的关系上。一个比较普遍的看法是：孙中山对“平均地权”作“耕者有其田”的解释，是在接受中国共产党帮助后，他的土地思想中的一个“质变”的发展，在此以前并无此主张；并且由此证明前期“平均地权”思想的“软弱性”“妥协性”，以及“脱离农民革命实践”的“空想性”。这也是值得商榷的。

这里需要弄清楚孙中山所说的“耕者有其田”的含义是什么。

“耕者有其田”作为一种思想，不是孙中山所特有的。它是一个历史范畴，在不同历史时期具有不同的实质和含义。

中国共产党的“耕者有其田”政策，其具体涵义是没收地主的土地，分配给

---

①《资本论》(卷3)，第828页。

②《中山丛书》(第3册)，《演说集》，第18页。

③《孙中山选集》(上卷)，人民出版社，1956年，第68页。

④《列宁全集》(第18卷)，第155~156页。

⑤《孙中山选集》(上卷)，人民出版社，1956年，第86页。

农民所有。如果说孙中山在旧民主主义革命时期没有提出过这等含义的“耕者有其田”，这是对的，但是说孙中山没有提出过这一口号，或说其“彻底性”甚至不如章炳麟，因为据说章炳麟比孙中山更早提出“均配土田”，“田不自耕植者不得有”的主张，这便不符合事实了。因为对孙中山来说，“平均地权”和“耕者有其田”是一回事，是同时提出的。孙中山是熟悉中国历史和国情的，是一位诚恳地同情农民悲惨境遇的真正民主主义者，当他提出了解决当前土地问题办法，并最后被同盟会接受为共同纲领时，不会不考虑到农民的土地要求。事实表明，不是别人，正是孙中山在近代民主革命史上最早提出了这一口号。据现在所能掌握的材料，孙中山在主张革新的中国留日人士中提出平均地权思想的时间，最晚在1899—1900年间。冯自由回忆说：

> 己亥庚子间（孙中山）与章太炎、梁启超及留东学界之余等聚谈时，恒以我国古今社会问题及土地问题为资料，如三代之井田，王莽之王田与禁奴，王安石之青苗，洪秀全之公仓均在讨论之列。……最服膺美人亨利·乔治之单税论，是为土地公有论之一派。总理以为此种方法最适宜于我国社会经济之改革，故倡导惟（唯）恐不力。①

其他材料表明，在这番讨论中，孙中山曾一度折服了章炳麟、梁启超。孙中山当时提出的土地思想，给人的印象是异常强烈的，以至多年后，章、梁等人仍能准确地复述。1907年，梁启超回忆道：

> 孙文昔尝与我言：“今之耕者，率贡其所获之半于租主，而未有已，农之所以困也。土地国有，必能耕者而后授以田，直纳若干之租于国，而无复一层地主从中朘削之，则可以大苏。”……此法颇有合于古者井田之意，且与社会主义不谬，吾所深许。②

可见孙中山当日强调“耕者有其田”口号给人印象之深。当时《民报》宣传“平均地权”时也是以土地国有和耕者有其田并提的。《民报六大主义》一文说：

---

① 冯自由：《革命逸史》（第3集），商务印书馆，第213页。

② 梁启超：《杂答某报》（第5节），《新民丛报》第4年第14号。

"土地国有,则三代井田之制,已见其规模,以吾择昔所固有者,行之于改革政治之时代,必所不难。"①

然而孙中山的"耕者有其田"的确不是平分土地的主张。它只是反对地主占有土地对农民进行封建剥削,同时也不主张农民无条件地分有土地。"耕者有其田"只意味着非耕者不得有其田,并不意味着凡耕者皆能有其田。《民报》做如下解释:

盖如梁氏所述孙先生曩日之言,亦谓土地国有,小民有田可耕,及非能耕者不得赁田,直接纳租,不受地主私人之朘削而已。非谓苟能耕者即必授以田,又非谓凡人皆必授以田,而使之耕也。……故谓此法颇合于古者井田之意可也,谓即古者井田之法则谬矣。②

章炳麟在后来写的《定版籍》一文中,记述了孙中山当时的观点:

兼并不塞而言定赋,则治其末矣。夫业主与佣耕之利分,以分利给全赋不任也;故取于佣耕者率参而二。古者有言,不为编户一伍之长,而有千室名邑之役。夫贫富斗绝者,寇盗之媒。

虽然,工商贫富之不可均,材也。……挽步辇者与主海船者,其为人将行,一也;一以为牛马,一以为宗主,是岂可同哉?彼工商废居有巧拙,而欲均贫富者,此天下之大愚也。

方土者,自然也;自然者,非材力。席六幕之余壤,而富斗绝于类丑,故法以均人。后之林烝之法,不躬耕者无得露田、场圃、池沼,得与厮养比,而从事人十亩而止矣,露田者二十亩而止矣。以一人擅者,畎垄洴洫,非有其壤地也;场圃之所有,杝落树也;池之所有,隄与其所浚容也;宫室之所有,垣墉栋宇也。以力成者其所有,以天作者其所无。故买鬻者庚偿其劳力而已,非能买其壤地也。夫不稼者不得有尺寸耕土,故贡彻不设。不劳收受,而田自均。

①《民报》第3号。

②《告非难民生主义者》,《民报》第12号。

这个材料极完整地表达了孙中山“耕者有其田”的基本思想：一是坚决反对地主土地所有制，非耕者不得有其田。二是宣称资本主义生产的平均利润原则，即资本主义剥削方式的合理性，不容动摇，所谓“工商贫富之不可均”。但资本主义生产过程中，土地上的地租收入，却是平均利润以上的剩余价值，与资本主义生产体系无关。即所谓“方土者，自然也；自然者，非材力”。因此，地租固然不能归地主所有，也不能归任何私人所有。所以统谓：“以力成者其所有，以天成者其所无。”三是基于第一和第二点原则，直接生产者农民——耕者有权利获得土地，但仅能有土地使用权，亦不得有私有权——所有权。这三点总起来就是孙中山在中国具体社会条件下提出的资产阶级土地国有主张。这样我们就清楚了，孙中山“耕者有其田”的具体含义是资产阶级土地国有下的“耕者有其田”。

能够完整体现这一思想的具体办法便是地价税。

所有权和使用权的区别在于前者可以获得地租，而后者则否。地价税即是地租国有。地价税将使地主失去地租收入，从而实际上废除了地主土地所有制。直接生产者农民将占有土地进行生产。按照马克思主义地租理论，在自己私有土地上劳动的农民，作为小商品生产者，在正常条件下（这只是一个假定）也可以获得地租。不过不是封建地租，而是资本主义地租。资本主义地租的实质是平均利润以上的剩余价值部分——超额利润。在土地私有制下，地租由两部分组成：级差地租和绝对地租。级差地租由于土地本身的优越条件而形成，假定的最劣等地不产生级差地租。绝对地租部分则由因私人对土地的垄断，而使最劣等地也必须由使用者向所有者缴纳代价所形成。上述农民，作为商品生产者，将获得平均利润；如果土地条件较好，作为土地私有者，能够获得级差地租，最后还能把绝对地租装入腰包。孙中山不主张平分土地，是因为他不赞成私人占有地租。他说：“吾前言平均地权，有疑为从前均地者，岂知地有贵贱，仍是不平”。[①]地有贵贱就是地租量的差别，只有把地租交给国家，尚得谓均。准此，孙中山并不反对“夺富人之田”，只是不同意“夺富人之田，以为己有”。地主土地所有制废除后，地价税将直接向耕者——农民征收，将地租收归国有。梁启超上述回忆证明了这一点。

这时期除孙中山外，其他革命民主派人士也不断谈论着国有土地后把土

① 邹鲁：《中国国民党史稿》（第2篇），商务印书馆，1944年，第533页。

地“赁于小作人”，从而征收“小作料”问题。“定价收买后，为国家以地主之资格征地代于民矣”。“国家为唯一之地主，而国内人人皆为租地者”。“国有土地后，必求地力之尽。则：如小农分耕之，可获四分者，以为标准，而收其半或三分之一以为租。”①

不过这时地租额将大大降低。因为这时的地租是资本主义地租，并将不再保有绝对地租部分，收归国有的，只是级差地租部分。这是由于最劣等地将不再提供地租。这当然不是孙中山及其同志当时所能理解得到的。但绝对地租将被消灭，级差地租收归国有这一土地国有原则下的必然现象，他们还是意识到了的：“其第一等地诚良好矣，而其纳地代必倍于第二等，第二三等地虽比较的为硗确，而其地代或得半额，或直免除（即最劣等地不提供地租——引者）。则各除其地代（级差地租——引者）与生产费，三者之所获（平均利润——引者）将无几何之差异。”②

他们完全不懂得的是这一纲领的资本主义实质，是他们主观要求和客观现实之间的根本矛盾。主观上，他们希望农民能够永远安定地在没有地主的剥削下耕种着小块土地，即所谓的“永小作权”，并把它称之为“社会革命”的实施。孙中山派“社会革命论”的一个重要错误论点，在于把资本主义制度带给劳动人民的灾难，看成是由于“没有解决土地问题”，“贫民无田可耕”，不得不“都靠做工糊口”，以致才受制于资本家，而不是资本主义制度本身造成的。因此，他不惧怕资本主义的发展，说“文明进步，是自然所致，不能逃避的”。③只要地主制废除，贫民有田可耕，资本主义制度下的对立便可防止，无产阶级革命便可避免。《民报》理论家进一步申述这一论点说：“劳动者有田可耕，手工业之供给无过多之虑（即劳动力不致过剩——引者），则资本家益不能制劳动者之命”，“小民之恒情视自耕为乐，而工役为苦，故庸银亦不得视耕者所获为绌，其他劳动者之利益皆准于是”。④显然，他们企图把小块自耕地作为反对资本主义剥削的基地。正如列宁所说：“他们从此种愿望出发，未必自觉地成了资产阶级政治经济学的拥护者，而是竭力证明小生产是有生命力的，它比大生产更有利。⑤他们相信“新农学家言，

①《告非难民生主义者》，《民报》第12号。

②《告非难民生主义者》，《民报》第12号。

③《孙中山选集》（上卷），人民出版社，1956年，第77页。

④《告非难民生主义者》，《民报》第12号。

⑤《列宁全集》（第19卷），第274页。

农业异于他事，比较以分耕为利……而机器之用反绌”。[①]将来中国农业，必不患为大资本家所垄断，小农经营定可长命百岁。

但是，“历史的讽刺在于：民粹主义为了反对农业中的‘资本主义’，竟然实行能够使农业中的资本主义得到最迅速发展的土地纲领”。[②]这就是说，客观结果不但不能避免一般的劳动者和资本家的对立，而且将引起农民中最迅速和彻底的分化，使广大农民最快地无产阶级化。因为不是任何一个农民都能提供出级差地租的。平均利润的获得，依靠于以强凌弱的资本主义竞争。不能适应这一竞争的贫苦农民，由于不能“尽地力”，根据“凡农地之租者，不得废耕……无资本劳力以经营者，自不能久拥虚地”[③]的原则，将不得不被迫离开土地，而让位于“胜任愉快”的富裕农民和资产阶级，自己变成一无所有。在这一点上，梁启超类似《共产党宣言》指出的“封建社会主义者”那样，往往更能刺中资产阶级的心窝，他指摘说：“若绳以社会主义……则风马牛不相及也。何也？必有资本者乃能向国家租地，其无资本者，无立锥如故也。”[④]《民报》在这一点上的反驳也就显得软弱无力了，且不能不透露这一不祥的信息：第一，承认“其人倘并锹锄斧斤之属而亦无之”，则不能获得土地，只好任其“为他人作嫁”；第二，即使“其有农具之资本，足以施于农事”，“可向国家请愿而租地”，并且“凡各国制度永小作料（地租——引者）……皆以不必前纳（预交——引者）为原则”，但是“其继续二年以上不能纳者”，作为地主的国家，得“请求废其租约”[⑤]可见，孙中山的“耕者有其田”并非农民的福音。

孙中山联俄联共后的土地思想依然是资产阶级土地国有下的“耕者有其田”，并没有发展为夺取地主土地，分归农民所有的“质变”。《中国国民党第一次全国代表大会宣言》仍然写着：“私人所有土地，由地主估价呈报政府，国家就价征税，并于必要时依报价收买之，此则平均地权之要旨也。”[⑥]当然，这不等于说孙中山的土地思想没有发展。与旧三民主义全面发展为新三民主义的同时，孙中山突出强调了“耕者有其田”这一口号，这不只是有了“农民之缺乏田

①《告非难民生主义者》，《民报》第12号。

②《列宁全集》（第18卷），第156页。

③《告非难民生主义者》，《民报》第12号。

④梁启超：《杂答某报》，《新民丛报》第4年第14号。

⑤《告非难民生主义者》，《民报》第12号。

⑥《孙中山选集》（下卷），人民出版社，1956年，第527页。

地，沦为佃户者，国家当给以土地，资其耕作”①一条，更重要的是他准备着没收地主土地，分配给农民所有。1924年8月他在一篇强调“耕者要有其田”的演讲中说：“对于地主，要解决农民问题，便可以照地价去抽重税；如果地主不纳税，便可以把他的田地拿来充公，令耕者有其田，不至纳租到私人，要纳税到公家。”②这就使得孙中山在革命实践基础上，把他的土地思想和共产党的土地纲领一致起来，使反对封建土地制度的斗争和扶助农工的新政策具有了现实的广阔社会基础，说明孙中山是一位诚恳的、不断进步着的伟大民主主义者。

## 二、地价税如何摧毁地主土地所有制

地价税能否摧毁地主土地所有制？在经济意义上，人们承认土地国有是能够摧毁地主土地所有制的，所以实际问题应该是地价税是否是马克思主义所说的土地国有，即地租国有。

“涨价归公”是亨利·乔治派资产阶级土地国有论的一种原则提法。它的具体内容就是征收地主的全部地租额。19世纪末，这一主张在欧美风靡一时。1900年亨利·乔治的信徒在纽约组成“单一税党”，其第一条政纲就是：“土地因社会进步而生之涨价应收为公享”，③和《同盟会宣言》中的“平均地权”解释完全一致。廖仲恺受孙中山命曾翻译亨利·乔治著作《进步与贫困》，刊登在《民报》最初几期上。梁启超也认为孙中山革命民主派“袭亨利·佐治一派之说，谓土地国有后，举畴昔田主所收之租，悉归之国家”。④至于孙中山自述和亨利·乔治之思想渊源更不必说。过去这点也很少争论。后来不知为什么，不少人要把孙中山的上述主张归于约翰·司徒亚特·穆勒(John Stuart Mill)一派中去。也许是因为孙中山有“定价收买”之说，这却是亨利·乔治所没有的。但孙中山只取其“定价”之形式，未取其“收买”之内容。收买之说，孙中山在不少地方讲得很清楚，是怕地主报价时偏高偏低，用以平衡的一种手段。孙中山定地价的实际内容是要“照价收税”，仍是亨利·乔治的主张。《民报》说：“弥勒约翰以经济大家，而定价收买之法，则氏倡之。孙先生曰：‘吾对于此数家之言将有所斟

①《孙中山选集》(下卷)，人民出版社，1956年，第527页。

②《孙中山选集》(下卷)，人民出版社，1956年，第868页。

③ 转引自张丕介：《地租税理论之探讨》，《政治季刊》1947年。

④ 梁启超：《再驳某报之土地国有论》。

酌去取’。而演说之际,概括以言,不暇缕举。”[①]孙中山的土地国有主张,形式上确是杂拌,但其基本内容是亨利·乔治的单一地价税是无可置疑的。因此,结合亨利·乔治的理论来看,便可得其全貌。

“涨价归公”是一个原则。把地价归公,那是无从实现的。当谈到地价时,人们实际想到的是地租。“涨价”意味着任何情况下的地租量,即全部的地租所有权。亨利·乔治说:“凡将土地上之地租,通应把来充公。”[②]“我们已经以租税的方法,取了几许的地租了,我们只须在我们租税的方式里面加以某种的变迁,去收全部地租就是了。”[③]孙中山在《同盟会宣言》和《民报周年纪念演说》中,没有做进一步解释,但也指出“但收地租一项,已成地球上最富的国。”[④]接着《民报》作者在与梁启超论战时,更不断地明确地价系指地租而言。“地代(租)亦为一种地价,不许买卖,而许租用,则土地之价格自在,又普通人皆知,土地买卖之价因于地租”。“如普通地代(租)之价格为六元(年租),其所有之对价可值百元……及其增租为六百,则无异增价为一万。”[⑤]同时还不断谈论着和计算着中国地主所得的全部地租有多少,准备使用赋税形式予以没收。

是否给地主保留原地租?约翰·穆勒一派是主张这一点的。但亨利·乔治明确反对这一点,他说:“像约翰·斯图亚特·穆勒这种人定要把赔偿地主的行动看的如此重要,以致仅仅主张把将来的地租的增价收归国家。……如果土地是人民的,为什么继续的容许地主去得地租呢?或以某种的方法去赔偿他们的损失呢?”[⑥]当时中国革命民主派方面有些理论家对地价和地租之间关系也不很清楚,也以为“经国家定地价之后,则地主止能收前此原有之租额,而因于文明进步所增加之租额则归于国家。故曰地主无损。”[⑦]实际这是对亨利·乔治派和孙中山的土地国有主张不完全了解,因为定地价后将立即照价抽税(原地租量),地主何能再有原租额?孙中山说:“比方地主有地价值一千元,可定价为一千,或多至两千,价涨至一万,地主应得二千,已属有益无损。”[⑧]这同保留原地租是两码事。保

---

①《告非难民生主义者》,《民报》第12号。
② 佐治:《进步与贫困》(第4册),樊弘译,商务印书馆,1930年,第90页。
③ 佐治:《进步与贫困》(第4册),樊弘译,商务印书馆,1930年,第93页。
④《孙中山选集》(上卷),第79页。
⑤《告非难民生主义者》,《民报》第12号。
⑥ 佐治:《进步与贫困》(第4册),樊弘译,商务印书馆,1930年,第90页。
⑦《告非难民生主义者》,《民报》第12号。
⑧《孙中山选集》(上卷),人民出版社,1956年,第78页。

留原地价不等于保留原地租。由于资产阶级土地国有论者没有勇气没收地主土地，而保留了地主土地的名义所有权，即是原地价。地价是资本化的地租，相当于每年支付与地租额相等的一笔利息的银行资本。如果地租已收归国有，土地亦不得买卖，国家又不收买，那么，在这种情况下保留原地价只等于保留一笔既不支付利息，也不能实现为货币的银行存款，一个空户头。

定价后的土地买卖，梁启超体会得很清楚，他说：“既定地价，则买卖必立时止截，如甲有地定价二千，因交通发达，而乙以四千购诸甲，及政府从乙手买收时则仍给原定价二千耳，如是则谁肯为乙者？”故“若既定地价后，土地立失其有价值之性质”。同时，法律上“在土地国有化的情况下……禁止一切中介行为”。[①]孙中山同样规定：“此后所有土地之买卖，亦由公家经手，不得私相授受。”[②]这就限制了地主最后利用土地进行投机的机会。

这样的保留原地价，其目的如亨利·乔治所说：“我们可听凭今日之握有土地者称其地为私有，并永远称之为私有，亦可听凭其自由买卖、赠予、继承，我们可任其保留土地私有之糟粕，而吾人所得者为其精华，如果地租国有，那么土地国有，便无必要了。”[③]

辛亥革命以后，孙中山开始强调“涨价归公”（土地国有原则）的实践手段——“照价收税”。“照价”就是按照地租量。“贵地收税多，贱地收税少”。[④]孙中山虽未指明是全部地租量，但有两个原则：累进税原则和重税原则。这两个原则是符合中国经济发展不平衡和地主的地租剥削沉重的实际情况的。“贵地……多为富人所有，多取之而不为虐，贱地……多为贫人所有，故非轻取不可。”[⑤]这更符合中国地主垄断肥沃土地和商品经济较发展地区土地的实际情况。因此，可以认为，累进和重税的“照价收税”原则是没收地主的全部地租量，剥夺地主的地租所有权的原则。此外，我们从孙中山一切论著中，找不到有保留地主法定原有租额的言论，只有保留法定原地价之说。

孙中山及其革命民主派，思想上并不回避他的政策同地主阶级的对立性，并公开表示对地主阶级的憎恨。他说：“土地可以世袭，其子孙食税衣租无所

---

① 梁启超：《杂答某报》，《新民丛报》第4年第14号。

② 孙中山：《地方自治开始实行法》，《中山丛书》（第2册）。

③ 佐治：《进步与贫困》（第4册），樊弘译，商务印书馆，1930年，第92页。

④《孙中山选集》（上卷），商务印书馆，1956年，第86页。

⑤《孙中山选集》（上卷），商务印书馆，1956年，第86页。

用心……谚所谓蛀米虫者。国家亦何贵有此等人？此等人多，大为国家之害。”[①]孙中山和他的同志们都是以地主将被驱逐出土地作为地价税的后果的：“若实行税价法及土地收用法，则大资本家不为此项投机业，将以资尽投工商。”[②]“地权既均，资本家必舍土地投机业以从事工商。”[③]孙中山在这一点上并不软弱，也不妥协。

## 三、单一税在中国资产阶级民主革命中的作用和意义

那么孙中山为什么不直截了当地宣布土地国有以废除地主土地所有制，而要采用亨利·乔治的单一地价税呢？我以为这倒是理解孙中山彻底反对中国全部封建剥削制度的资产阶级民主主义土地纲领的关键所在。关键就在这个“单一”上，即“单独征收所有的地价税，废除其他一切的租税。”[④]孙中山的“平均地权”同样包括这一内容：“就地征税……即此已足国用，一切各捐皆可豁免”，[⑤]“若行此等地税，杂税可以不收”。[⑥]单一税在中国资产阶级民主革命中的意义远远超出财政的范围。对这一点，列宁也讲得很清楚：“在亚洲一个最落后的农民国家中，是什么经济必要性使得最先进的资产阶级民主主义土地纲领能够被人接受呢？这是因为必须摧毁以各种形式表现出来的封建主义。”[⑦]就是说，不仅必须摧毁以地主土地剥削形式表现出来的封建主义，还必须摧毁其他各种形式的封建剥削，即以封建赋税形式表现出来的包括种种苛捐杂税在内的封建剥削。

历来谈封建剥削，往往只强调地主的地租剥削，而较少涉及封建专制主义政府所征收的赋税。其实它也是一种地租形态。在中国这样的亚洲型国家中，赋税和地租的重合，是一个重要的特点。反对封建专制政府过度的赋役压榨，是农民反抗斗争的一项重要内容，有时甚至是主要内容。历代农民起义，官逼民反者居多，既要“均田”，也要“免粮”。这种情况直到清代并无改变。对于清代中国封建赋税制度的实质及其表现形式略加探讨，便可看出孙中山提

① 邹鲁：《中国国民党史稿》（第2篇），商务印书馆，1944年，第531页。
② 邹鲁：《中国国民党史稿》（第2篇），商务印书馆，1944年，第531页。
③《演讲集》，《中山丛书》（第3册），第43页。
④ 佐治：《进步与贫困》（第4册），樊弘译，商务印书馆，1930年，第94页。
⑤ 1912年6月9日在广州行辕对议员记者谈话。
⑥《中山丛书》（第3册），《演讲集》，第47页。
⑦《列宁选集》（第2卷），第428页。

出单一税主张并非是抄袭洋人，无的放矢，而是从历史实际出发的现实革命要求。前面说过，孙中山土地思想主观上反映着农民小生产者要求在废除封建剥削制度下取得永远耕作权的愿望，它当然也必须包括废除封建赋税压榨在内。辛亥革命前夕，全国各地抗捐抗税的农民群众运动风起云涌，声势浩大。这说明孙中山的单一税主张的确是对于当代农民群众革命要求的准确概括。

中国封建赋税制度以国家义务外形加在农民头上的超经济剥削与地主的地租剥削无异，而且比后者更露骨、更酷烈。马克思说过：“不懂资本便不能懂地租，不懂地租却完全可以懂资本。”[①]资本的秘密在剩余价值；资本的进步性在剩余价值大部分可以用于扩大再生产，而地租，即使是资本主义地租也不具有这种性能。但资本主义地租提供了保留一部分剩余价值(社会平均利润)用于扩大再生产的可能性，而包括封建赋税在内的封建地租的主要标志是不但占有农民的全部剩余劳动，而且经常占有农民大部分以至全部分的必要劳动。后者的反动性在于把这部分剩余劳动以及必要劳动除用于公共工程和防御外敌者外，全部消费或浪费掉，从而限制了社会的扩大再生产，甚至阻断了简单再生产。资本占有剩余价值是经过生产过程的交换手续；封建占有则完全不顾生产实际，仅凭意志，唯一手段是暴力——超经济强制。两千年来，历代封建专制政府都是不管生产实际如何，单凭意志决定的量出为入的赋收原则。汉初“量吏禄，度官用，以赋于民”[②]的原则后世一直沿用。“其赋之于民不任田而任用，以一时之用制天下之赋，后王因之；后王既衰，又以其时之用制天下之赋，而后王又因之。”[③]一部赋税史就是不断剥夺农民的全部剩余劳动和必要劳动的过程。

在中国这样的以农业为国民经济主体的国家，农民长时期不能获得扩大再生产以至简单再生产的能力是社会长期停滞的根本原因，赋税压榨难辞其咎。20世纪初年中国资产阶级革命家能够看到并正视这一点是很了不起的。邹容为农民提出抗议说：“若辈受田主土豪之虐待不足，而满人派设官吏多方刻之，以某官刮某地之皮，以某官吸某民之血。……务使之鬻妻典子而后已，而犹美其名曰薄赋、曰轻税、曰皇仁。……则是盗贼之用心，杀人而曰救人

---

①《马克思恩格斯全集》(第12卷)，第758页。

② 司马迁：《史记·平准书》。

③ 黄宗羲：《明夷待访录》，《田制一》。

也。"[①]1903至1904年，孙中山在一篇用英文发表的纲领性文章中对专制政府的剥削压榨提出了原则性的指摘。他列举清朝专制政权十一条罪状中，三条属于这种性质："他们自己从事于或者纵容官场中的贪污和受贿。""侵犯我们不可让与的生存权、自由权与财产权。""征收未经吾人承认之极重大无规则之地税。"[②]孙中山提出的土地革命纲领所以采用地价税而不是其他形式，就是要在摧毁地主土地所有制的同时，从实质上摧毁封建专制主义制度的一切经济基础，这就是单一税在中国资产阶级民主革命当中的现实意义。它要求做到"现今苛捐尽数蠲除……把几千年的捐输弊政永远断绝……私人永远不用纳税。但收地租一项，已成地球上最富的国。"[③]它如何实现以及能否实现，是另外一个问题，但是它企图通过资产阶级革命手段来实现一直呻吟在专制主义淫威之下的农民反对封建专制政府压榨的要求，则是确定无疑的。

单一地价税对于农民来说即是只征收平均利润以上的剩余价值或剩余劳动量，它决定于经济上的生产进程，而非依赖于暴力，是资本主义地租，不是封建地租。梁启超的反对意见刚好帮助我们了解它在中国历史上的划时代意义："如彼报言：尽收土地为国有，而赁之于小作人(小作人者，谓赁土地以营业之人，日本名词也)，收其地代以为唯一之财源，贷地之国家与贷地之小作人，立于平等契约之地位，其权利义务，属于私法的而非属于公法的，租率之高下全非能由国家之强制，而必待双方之同意。若是者其与租税之精神已相悖矣，国家之收入纯为经济上自由竞争供求相剂之原则所束缚。"[④]

我想解释是多余的了。单一税的原则恰恰同封建政府赋税制度的原则、实质和后果针锋相对：其一，只能量入为出；其二，解除超经济强制；其三，保证农民的必要劳动和保留平均利润范围以内的剩余劳动。这是中国历史上第一次见到的能够动摇全部封建制度基础的革命土地纲领。孙中山者，千古以来一人而已。

---

① 邹容:《革命军》。

② 孙中山:《中国问题之真解决》,《孙中山选集》(上卷),人民出版社,1956年,第60页。最后一条采用了邹鲁:《中国国民党史稿》第2篇中的本文译文。因为"极重大无规则之地税"虽较生硬,但较"沉重的苛捐杂税"之译更能准确地反映事物的本质。

③《孙中山选集》(上卷),人民出版社,1956年,第79页。

④ 梁启超:《再驳某报之土地国有论》。

本文原刊载于《历史研究》1980年第4期。

**作者简介：**

谢哉刚（1928—2016年），广东清远人。南开大学历史系教授、南开大学学报编辑，1989年退休。主要从事中国历史文化和近现代史研究。原稿署名为“谢刚”。

# 武昌起义后的农村变动

李喜所

经过武昌起义疾风暴雨的洗礼，广大农村究竟发生了怎样的变动？

60年前，鲁迅先生写了著名的小说《阿Q正传》，他所描述的未庄就是当时广大农村的缩影，不过这是艺术的真实。我们这里以所见到的280多种辛亥革命后编修的县志为主要资料，探讨一下武昌起义后农村的阶级变动和政权演变，旨在揭示历史的真实。

## 一、农村的阶级变动

革命是各种人物充分表演的大舞台。武昌起义的炮声惊醒了农村的各个阶级、各种政治集团和各类政治人物，他们从自己的切身利益出发，力图在这种"动乱"中争取最好的前途。因此，武昌起义后的农村是"乱哄哄，你方唱罢我登场"。在这种"乱哄哄"当中，最引人注目的有三种势力。

第一种是带有资本主义倾向的开明士绅。

这是清末在农村出现的一股新的政治势力。它导源于某些地区商业的勃兴和清廷在1901年后推行的"新政"。随着外国资本主义的入侵和农村经济的破产，经商致富成为一些地主士绅津津乐道的热门。尤其在东南沿海和经济比较富庶的两湖、四川等地，许多农村中的地主逐渐注重于开店铺、办手工工场，变为地主兼商人的新型人物。以定海县为例，据1912年前后的统计，全县人口约13万人，其中业盐者7%；业渔者18%；业农者26%；业工者9%；业商者15%；其他者25%。[①]这里从事工商者"趋之若鹜"，[②]占24%，已相当可观。再看广东的大埔县，其商业分四类：专营出口土产者；专营过境转运之业者；志办外地货物销售内陆各省者；专去内陆各省采买货物贩运者。该县商品贸易"除

①《定海县志·食货志第六》，《定海县志·方俗志第十六》。由于本文发表较早，县志等引文版本众多，部分脚注出版信息等来源已无法考证。

②《定海县志·食货志第六》，《定海县志·方俗志第十六》。

内地产销货物不计外，入口货物总额必在五百万元以上，而出口货物总额却不过二百余万元"。[①]虽然进出相差很大，但商品经济还是较发展的。南海县的手工工场也相当发展，据1909年所修该县县志统计，仅丝厂就有35家，分布于22个村庄。该县志称："从前丝厂，顺德为多，南海次之，新会亦有，约近百家。近数年日更多设，其大厂有用至八九百工人者，大率以四五百居多。"[②]这些丝厂的经办人显然不同于只经营土地的地主。河北省的高阳县土布发达，全县业布者7/10，1910年有大布商二三十家。有个布商名叫张兴汉，在高阳经营土布20多年，"足迹遍全国"，[③]虽然他也有土地，但兴趣已倾向于经商了。到20世纪初年，有些比较闭塞的地区，地主经商也大有人在。像河北宝坻县1900年有商铺395家，营业额238万元。[④]伴随着工商业的发展，许多地方还建立了商会。翻一翻这时的县志，不少都记有商会专栏。远在1898年清廷令各省设商务局，1902年上海出现了商业会议公所。1903年商部成立，鼓励各地设商会。《川沙县志》记云："清光绪三十年颁行商会章程，凡商务繁盛地方，及通商巨埠，得设总会，商务稍简地方，则设分会。"[⑤]1906年川沙县、高阳县、太谷县等都成立了商会。这些商会"结团体，祛壅闭，广知识，改良土货，整顿市风，并一切排难解纷，俾商务发达为宗旨"。[⑥]嘉兴县的商会还附设士商体育会，并在"北门外毓秀学堂附设商业夜课，学额六十名，专收商界中人"。[⑦]高阳县的商会"创设商业夜校，以各商家学徒为学生"，几年后发展为商务学校。[⑧]这表明商业的发展使这些开明士绅产生了对技术专业人才的需求。而且他们在政治上也有了新的向往。他们在封建伦理之外又学会了诸如"商品""议院""议会""民权""自治"等新名词，并对之发生了某些兴趣。特别是1905年清廷废科举后，各县"废书院而改建学堂"，[⑨]并设立劝学所，[⑩]宣讲某些新学问，西方资产阶

① 《大埔县志》卷10《民生志》。
② 《南海县志》卷4《舆地志》。
③ 《高阳县志》卷5《人物》。
④ 转引自彭泽益编：《中国近代手工业史资料》(第2卷)，生活·读书·新知三联书店，第420页。
⑤ 《川沙县志》卷5《实业志》。
⑥ 《川沙县志》卷5《实业志》。
⑦ 转引自庄俞、贺圣鼐编：《最近三十五年之中国教育》，商务印书馆，1931年，第158页。
⑧ 《高阳县志》卷2《实业》。
⑨ 《定县志》卷3《学校》。
⑩ 据宣统元年(1909年)《学部第三次教育统计》，全国共设劝学所1588个，参加劝学所主持工作的士绅达12066人，已有一定的政治影响。

级政治学说开始冲入沉闷闭塞的乡村。清廷宣布实行"立宪"后，这些农村的开明士绅颇为卖劲，像河北各县还纷纷派人"赴天津自治研究所习法政、宪法及自治章程。"[①]静海县的代表回去后，成立自治研究所。"所长一人，讲员二人，学员数十名，课程为法学通论、刑法、政治学、户籍法、警察行政选举法、财政学、国际法等，六个月卒业，前后卒业两班"。[②]1909年各县基本上都建立了谘议局，这些开明士绅毫不例外地充当议长、议员。如果说清末在城市中出现了一个立宪派，那么这些开明士绅则是农村中的"立宪派"。他们的资本主义色彩远不及城市立宪派那样浓厚，他们对立宪的政治要求更不及城市立宪派那样强烈。但他们在某一特定地方的权势则比城市中的立宪派大得多。这些开明士绅不仅威震一方，而且拥有武装。许多县的商会都拥有商团，仅鄞县即有"商团八处，以保护市井，捍卫闾里为宗旨，日则操练，夜则巡防"。士绅称赞这些商团说："商界诸君多热血，捍卫城乡团体结。肩负快枪腰悬刀，雄威赳赳尽人杰。"[③]宝山县先办民团，后改商团，"以资防卫"。[④]嘉定县也将过去的保甲团练和商团联合起来，守卫乡里。广东佛山一带商团林立，总团下设12个分团，并和团练联防，"乡团自保其乡，商团自保其市"。[⑤]东北的安东也有强大的商团，该县志记称："商团于前清宣统二年十月呈请东三省总督锡饬发枪支，由在会工商各号抽丁，切实操练，寓兵于商，有事则守望相助，无事则各勤职业。"[⑥]四川巴县有商团"保治安"，山西新绛县靠商团护市面。商团已经变为这些开明士绅维护其经济政治利益的得力工具。

总之，这些带有资本主义倾向的开明士绅是清末农村中出现的一股值得重视的势力。他们在全国的分布极不平衡，东南沿海多于内陆各省，内地繁闹的集镇多于穷乡僻壤的山西；从一县来看，他们多数盘踞于县城或一些水陆交通枢纽的集镇。但是，这些小城镇在农村平面图上是最易闪光的地方，这里的动向往往集中反映了农村经济、政治和思想文化的变迁。这些带有资本主义倾向的开明士绅在人数上虽然不多，但代表着清末农村新的政治趋向。他们

①《南皮县志》卷5《自治》。
②《静海县志》亥集《政事部》。
③《鄞县通志·文献第四》。
④《宝山县续志》卷9《团防》。
⑤《佛山忠义乡志》卷11《乡事》。
⑥《安东县志》卷6《商业》。

的特点是：在经济上握有一县的土地、商业；在政治上是左右政局的风云人物；在武装上有商团自保；在思想上持旧望新；他们不仅善于在旧统治下谋求新变动，而且巧于在新场面中保持旧事物。在武昌起义后这种千年未有的大变动时期，他们有着自己独特的政治动向：

第一，不是死命抗拒，而是随机应变。面对武昌起义的革命风暴，一般农村的官吏士绅分三种态度：一种是顽固守旧，拼命抗拒，愚忠清廷；一种是走走看，认为"民心咈逆，朝野纷争，上下未有所定，此时欲顺不可，欲拒弗能"；[①]一种是顺水推舟，积极响应，在革命的口号中借以自保，并扩大权势。带有资本主义倾向的开明士绅大都属于第三种。他们对清廷的势将灭亡看得很清楚，对革命风暴的突如其来善于应付，他们不仅活跃异常，而且左右逢源，甚至还积极和过去的反对派拉关系，有人回忆广东东北一个小山村的情况说：武昌起义后，"山村不象过去那样宁静了。……我家也从此不能象往日那样白天做买卖、夜来睡香觉了。爸爸愁眉苦脸，惶惶不可终日。他们一反过去不理睬李亚昌（本村会党首领）的傲慢态度，亲自上门去打交道，还叫我们见到李称呼'双日伯'"。[②]开明士绅这种态度的变化只是出于策略上的需要，中心是为了争夺政权。为此，他们大力讨好革命党人，借以装潢门面，争取人心。所以在一些县里出现了革命党人和当地士绅联合夺取政权的情况。四川叙永县是革命党人和议会议长、董事会董事、劝学所所长及一些有名士绅联合光复的；南川县也是这样，光复后的县政府由"邑中绅士及留学生担任"；[③]乐山"知府李立元随机应变"，[④]光复后与革命党人妥协；眉山县则"团练和同志军合驻城中"，[⑤]共同防卫。江苏、广东、福建、浙江等地的农村都有这种情况。但是，联合的结果总是一个吃掉一个，武昌起义后农村绝大多数的基层政权落到了开明士绅手里。昔日的谘议局议长变为今日的民政部长，昔日的劝学所长变为今日的教育部长……一言以蔽之，昔日的谘议局变为今日的县政府，为举办"新政"卖命的开明士绅变为中华民国农村各级政权的"创始人"。清政府举办"新政"的本意是造就"忠君亲上"的奴才，但万没料到在不少县中培养出一批

① 《郫县志》卷2《政绩》。

② 《一个山村里的革命风暴》，《辛亥革命回忆录》（第2集），文史资料出版社，1962年，第365页。

③ 《南川县志》卷13《前事》。

④ 《乐山县志》卷1《编年纪事》。

⑤ 《眉山县志》卷8《兵防志》。

对议会政治似通非通的开明士绅。在革命风暴的袭击下，他们一变而为名义上同情政权对抗的势力。

第二，不是真正倒向革命，而是纠集封建势力稳定社会秩序。武昌起义不仅打乱了农村旧有的封建秩序，而且中断了那些开明士绅一手抓土地、一手做买卖向"百万富翁"爬的迷梦。因此，稳定社会秩序，立即扑灭人民群众的革命烈火，是他们在武昌起义后第一个政治要求，在这点上开明士绅和最顽固的封建势力的立场是一致的。所以武昌起义后农村出现了商团和地主团练联合的趋向。例如巴县的士绅即认为："各地盗匪窃发，不练无以资抵御"，于是"商会谋办商团自卫，士绅亦倡办民团保治安"。[①]新繁县的同志军变为地主武装"保安营，驻防县境"。[②]河南的地主商绅曾组织了"爱国公会"，[③]集资办团练，购枪支，血洗民众起事。所以武昌起义后农村的阶级大搏斗主要在这种地主武装和广大农民群众之间展开，而那些谘议局内的开明士绅即变为指挥地主武装的头面人物。但使他们最伤脑筋的是不断发生的农民群众起事。这些农民群众就是我们下面要探讨的武昌起义后农村的第二种势力。

武昌起义给社会最底层的广大农民群众以巨大的鼓舞，他们纷纷起来击杀压迫他们的仇敌。他们说："大人物在大地方革命，我们这些小人物也不应坐着等待"。[④]于是大江南北、长城内外，农民起事连接不断。许多县志中都有这样的记载：

"辛亥清鼎初革，人心浮动，盗贼峰起。"——《醴陵县志》。

民国元年，"时方乱后，盗贼公行"。——《灌县志》。

"宣统三年，武汉事起，兵衅既开，强者响应，黠者揭竿……攻掠寨堡，不可胜计。"——《临颍县志》。

民元"每有匪盗啸聚，肆行劫掠，差队围攻，此拿彼窜……莫敢谁何。"——《德阳县志》。

如此等等，有关"盗匪峰起"的记述不绝于书。当时的报纸，也有大量这方

①《巴县志》卷22《蜀军革命始末》。

②《新繁县志》卷33《事纪》。

③《民立报》1911年11月24日。

④《浮山的洪汉军》，《辛亥革命回忆录》(第5集)，文史资料出版社，1963年，第179页。

面的报道。《申报》报道说:近来“帮匪横行,抢劫频繁”。[①]《民立报》称湖南“地方不靖”,“时有匪乱”;称江苏、安徽、河南民众举事“动至百起”,“此拿彼窜,飘忽无常”;称山东“遍地荆棘”。[②]《时报》记述松江情况说:“开仓征租,而各乡民均联合抗拒。”[③]冯国璋讲当时的湖北“遍地皆匪,饥民逃勇应之,商民亦应之,大半此起彼伏”。[④]时人记述陕西、四川的情况说:陕西光复后,“省外各属土匪,亦乘机而起,西安之同官耀州,商州之商南雒南,同州之泉蒲城,汉中之城固洋县,凤翔之宝鸡岐山,鄜州之宜君,榆林之榆林神木,贼氛蜂起。甘肃土匪,亦据泾州、兰州,与陕匪遥为声援”。四川光复后,“川东匪首吴二大王、罗八千岁等,拥众数万”,双流县民众数百人“围攻县城”,“富顺之石灰溪一带,有同志团招集二千余人,竖旗起事”,“江津、合州、铜梁、大足之间,亦往往啸聚山泽”。[⑤]据初步统计,武昌起义至1912年底,较大的群众起事有150多次。南北议和与南京临时政府建立后,各地革命党人的斗争已经接近尾声,但农村的群众起事却出现新的高潮。地主绅士们哀叹:“香烬灯残眠不得,晓窗无赖又啼莺。”[⑥]“大家挈眷赴春申,权作桃源可避秦,亦有举家匿山岙,林深菁密可藏身。”[⑦]可见农民的反抗打乱了原有的封建秩序,他们在武昌起义后已成为农村一股不可忽视的势力,并直接影响着时局的转向。

值得探讨的是,这时群众的反抗斗争有什么特点?他们又起了怎样的作用?

这时农民的反抗斗争虽然基本是武昌起义前旧式农民起义的再现,但却注入了民主共和的一些新的内容,此其特点之一。

武昌起义后各地独立光复的过程也是民主共和观念广泛传播的过程。贫苦农民很快学到了一些“革命”“光复”“共和”“民军”“政党”之类的新名词,而且在起义过程中加以应用。金华会党头目管伟,曾组织“共进会分部事务所”,并刻有印章,印有入会志愿书,俨然要自己组党。[⑧]衢县农民头目韩石胆发动

---

①《申报》1912年11月28日。

②《民立报》1911年10月13日、12月23日。

③《时报》1912年1月5日。

④ 见军机处电报档:《冯国璋电》。

⑤《川鄂大事纲目》,第98、107页。

⑥《相县小志》卷6《集诗》。

⑦《鄞县通志·文献第四》。

⑧《申报》1912年10月26日。

起义后,“宣传新共和”,并自组军政府。[①]南通丝鱼港农民聚众抗租,仿光复军组织之,内有总司令、军政部长、财政部长。永州洪江会首领肖壬甲,起义后自称“大总统”。云霄县杨青山起义时“藉革命军名目入县境”。[②]新昌县周永广起义以革命光复相号召,“张白帜”,发革命布告。[③]湖北黄梅县张天霸起义时曾组织过政党,“取名为农林党”,并“粘贴布告,开堂散票”,“农人得入党籍,将来佃人可不交纳租课”。[④]南溪县的哥老会也进行过组党活动,该县志记称:“辛亥国变,城乡公口林立,声势赫然,易名为社会党……于是入流者众。”[⑤]香山县张承德起义时“自称都督”。连州龙裔桢起义后也称“民国大都督”。[⑥]在四川,武昌起义后“同志军”最为吃香,起义军纷纷借来作旗号,叙永县1912年“乱民假同志会名目,四出劫掠”。[⑦]在内蒙古的丰镇,则有农民群众自组的“独立队”,显然也是受了各地“光复”“独立”等口号的影响。至于“民军”的称谓更为农民起事所借用。广东许多县农民揭竿后都“自号民军”。[⑧]安徽天长县、含山县以及四川雅州也都有自称民军的农民起义军。[⑨]江苏、浙江一带就更为普遍,1911年11月上海军政府发出通告说:“近有匪徒,手缠白布,冒充民国军式样,在民间假名筹饷”,必须立即制止。[⑩]很多地方都有类似的通告,这表明农民群众借“民军”名义起事者十分广泛。诚然,穷苦农民并不一定理解这些“革命”“共和”“政党”“民军”等名词的内在含义,甚至有的名为共进会,内设“忠义堂”,有的名为革命光复,又以“复科举”为纲领,有的名为民军,还要当皇帝,但这毕竟是农民起义过程中一种新的动向。

这时农民的反抗斗争大都以本地区本县的特定问题而展开,因此具有反抗形式的多样性、组织方式的差异性、没有统一组织的分散自发性,此其特点之二。

---

①《衢县志》卷9《历代兵事记》。
②《云霄县志》卷1《大事》。
③《新昌县志》卷7《大事记》。
④《时报》1912年11月7日。
⑤《南溪县志》卷4《礼俗下》。
⑥《川鄂大事纲目》,第105页。
⑦《叙永县志》卷5《近代兵事》。
⑧《开平县志》卷22《前事》。
⑨ 见《民立报》1912年1月17日、1911年12月2日、17日。
⑩《民立报》1911年11月10日。

武昌起义后，各地农民起事的情况很不相同。有的农民起义是协助革命党人夺取政权，有的则是反对新生政权派款征捐，有的是反对地方恶霸，有的是击杀封建官吏，有的是抢米抢粮，有的是烧教堂，也有的被地主士绅用来作派别残杀……总之，都是当地社会矛盾和政治斗争发展的产物，有着很大的局限性。因此，农民起事的纲领口号也千奇不一。嵩县农民起事以“勒捐富户粮米银钱”相号召；[①]归德农民起义揭出的是“刘汉王代天行道”；[②]广东紫金县农民反抗斗争的口号是“打倒贪官污吏”；[③]萧山余阿毛起事是“要求业户减租”；[④]扬州孙天生起义是“通令人民安居乐业，三年不完粮，诸捐杂税全免”；[⑤]新乡“在园”农民斗争是反对地主豪绅；江苏海州任鹭洲、吴荣圃起义自称陈胜、吴广；[⑥]奉贤县农民起事首领自称“洪天王复活”；[⑦]平江县张亚奇起义“自称大汉兵马大元帅”；慈溪宓和兴起事，其母自称“武则天”；[⑧]相城民众起事专为抢米抢粮，“抢米约有五千余石”；[⑨]浙江泰顺县林一新起义时“以反对新政(指民元的政治)为宗旨”；[⑩]云南昭通、陕西宝鸡、江苏邳县的农民起事主要是“毁教堂”，杀传教士；西宁黄会继续高举“扫清灭洋”大旗，杀官吏，焚教堂，旨在“响应民军起义，推翻满清，杀尽洋人”；[⑪]江浙、河南等地不少群众起事还以山东出了真龙天子相号召。[⑫]这时农民在组织方式上有继承也有发展，传统的秘密结社他们利用最多，像洪江会、三点会、哥老会、江湖会、红灯会、红枪会、忠义堂、黄会等分布最广。此外还另立一些组织。江苏常熟农民组有千人会，抗交租粮；太康县民众设有黄道会，“彰明倡乱”；[⑬]分水县农民结成“鸟带党”；[⑭]山西浮

---

①《申报》1912年10月26日。

②《申报》1912年10月12日。

③《辛亥革命回忆录》(第2集)，文史资料出版社，1962年，第355页。

④《申报》1912年11月11日。

⑤《辛亥革命江苏地区史料》，江苏人民出版社，1961年，第316页。

⑥《辛亥革命江苏地区史料》，江苏人民出版社，1961年，第371页。

⑦《民立报》1912年1月13日。

⑧《民立报》1911年12月5日、10月17日。

⑨《相城小志》卷5《杂记》。

⑩《申报》1912年11月9日。

⑪ 见《西宁府志》纲领志。

⑫《申报》1912年11月29日。

⑬《太康县志》卷3《政务志》。

⑭《分水县志》卷14《杂志》。

山县民众组成“洪汉军”；[①]河南鄢陵县查天化创立“无极老母会”；[②]宣平县农民曾建立“锄头会”；贵州有人组织“干人会”；[③]浙江有人成立“双龙会”；[④]泰顺县农民组有“大和会”，山西长治一带的“干草会”极为活跃。在松江县，士绅们组织“田业会”，催粮逼租；农民就组成“佃户会”，与之对抗。四川大足县还有红灯教的组织。《大足县志》记云：1912年有红灯教“刘某者，双河乡人，佣工为生，极鲁钝，一日忽自称孙悟空，跳荡灵捷，不类平时，倦则卧起，或持刀效关圣状，亦自称关公，愚民多崇信之，尊为二师傅”，后“圣徒颇众”，一度击败县防军。[⑤]大足县的红灯教曾是1900年四川义和团的一支，此时的再现说明其影响深远，其迷信色彩仍不减当年。如果将这些农民组织排列透析，他们不是以秘密结社为纽带，就是以鬼神迷信作引线，而且纲领口号和组织形式极不统一。因此，他们形不成像太平天国那样农民起义的万顷波涛，而只是分散于各个崇山峻岭中的湍湍急流。

这时农民起义的主力是会党，其革命与破坏的二重性表现得极为充分，此其特点之三。

会党是辛亥革命时期下层群众中最活跃的一支力量，这一方面由于其组织分布的广泛，一方面也出于革命党人的联络发动。武昌起义吹响了他们进军的号角，他们迅速由秘密转为公开，按照他们的意志去改造客观的现实，击杀贪官污吏，焚烧洋房教堂，协助革命党人夺权，大力发展会党组织，但又山头林立，互相击杀。尤其在陕西、四川、贵州、湖南的乡镇县城，几乎出现了一个“会党世界”。在泸县，“清末哥老会秘密组织，声气颇广，入会者始为下流之人。迨辛亥反正，革命党人尝利用之为同志军，于是公开组织，公口林立，一时声势浩大，几有非袍哥不能自存之势，而士族之加入者遂众矣”。[⑥]湖南起义后，各县“哥弟会党，风起云涌，招摇过市”。[⑦]贵州各县中的会党“纷纷开公口、立山堂，头打包巾、身穿短打、背插腰刀、额结英雄结子的人，随时可见”。[⑧]陕

①《辛亥革命回忆录》(第5集)，文史资料出版社，1963年，第180页。

②《鄢陵县志》卷1《大事记》。

③见《宣平县志》卷7《兵事》；《申报》1912年12月29日。

④《民立报》1911年11月16日。

⑤《大足县志》卷7《杂记》。

⑥《泸县志》卷3《风俗》。

⑦《湘事记》，《辛亥革命》丛刊(第6册)。

⑧《贵州辛亥革命史略》，见《近代史资料》1956年第4期。

西各地的会党则“办支应，理词讼，直代县官行政”。[①]四川犍为县的会党“自设军政府，任军政、民政、财政各官”。[②]会党在武昌起义后不仅为众人侧目，而且握权行事，许多县的光复是靠会党来取得的，从这种意义上讲会党是各地独立光复中的“功臣”。但善于破坏旧世界的人不一定会建设新世界。会党的政治经济状况和生活习惯决定了他们散漫自流、目光短浅、难于掌权。尤其到了20世纪，传统的农民革命已成过去，会党虽然对政治产生了异乎寻常兴趣，但他们却有碍革命的深入发展。陕西一些县的政权掌握在哥老会手里，他们“不知民主共和为何事，误以为会党出头之时，气焰甚张，一日千丈”，民众畏惧。[③]甚至还发生了年轻有为的革命党人钱鼎惨死于会党屠刀之下的憾事。犍为县会党利用职权“寻仇报复，杀人越货，靡所不至。”[④]凤翔哥老会则烧新式小学、中学堂，“打破玻璃窗，搜烧洋板书”[⑤]。贵州各县“公口盛行，秩序混乱，人心恐怖”。[⑥]另有一些地方的会党头目胡作非为，鱼肉良懦，苛派钱款，欺压乡民，使地方秩序一天天混乱起来。社会安定对会党来说并非有利，因而他们善于制造事端，这也就失去了人心。再加上他们在武昌起义后地位的变化，内部门户相争，你攻我夺，为害乡里，更为平民所反对。恩格斯说：“农村居民由于分散于广大地区，由于极难达到大多数意见的一致，所以他们永远不能胜利地从事独立的运动……他们需要更集中、更开化、更活动的城市居民的引导和推动。”[⑦]辛亥革命中的会党恰好缺少这样的引导者，因而无法克服其破坏性的一面。

但是，以会党为中心的农民的反抗斗争毕竟打乱了农村的封建秩序，促进了各地的光复，可以毫不夸张地讲，没有各地下层群众这样的群起反抗，武昌起义的东风是吹不遍全国的。然而，对推动武昌起义波及全国立有丰功的民众在新政权出现后却遇到了来自两方面的镇压：一是资产阶级革命党人，一是地方封建士绅。

资产阶级革命党人在武昌起义后完全把农民的起义看成是叛乱。谭人凤说：“今共和成立，五族一家，种族之观念已消，而秘密之机关尚在。徒党既众，

---

①《从戎纪略》，《辛亥革命》丛刊（第6册）。

②《犍为县志》卷14《事纪》。

③《从戎纪略》，《辛亥革命》丛刊（第6册）。

④《犍为县志》卷14《事纪》。

⑤《辛亥革命回忆录》（第5集），文史资料出版社，1963年，第95页。

⑥《贵州辛亥革命史略》，《近代史资料》1956年第4期。

⑦《马克思恩格斯选集》（第1卷），第507页。

良莠难齐，目的一差，祸机将烈。禁之则法令难于遍及，听之则不戢必致自焚。载舟覆舟，可为深惧。”[①]他这种惧怕民众“复舟”的心理在当时革命党人中具有普遍性。在这种思想指导下，他们利用得到的部分权力大肆镇压民众起事。江西光复时曾对群众起义“利用之以张民气”，新政府建立后，即分而治之，一一驱杀。[②]湖北军政府对各县的群众起义或派兵镇压，或加以诱捕改编，几乎一网打尽。湖南军政府将宜章农民起义军镇压，将宝庆农民领袖击杀，血洗了澧州的红灯教，杀害了平江农民起义领袖黄镇湘。《民立报》还公开号召地方士绅去镇压民众起事，说什么“凡我绅士皆地方领袖，当尽保卫地方之义务，即当尽保卫地方之责任者也。是时当施何术以保卫之，曰‘组织民团而已矣！’”。[③]这足以说明武昌起义前革命党人为了推翻清朝还希望借助民众的力量，武昌起义后清朝一倒他们即讨厌民众起事，和农民群众发生了严重的矛盾。不过武昌起义后对农民起事镇压最烈的是封建地主士绅，他们凭借手中强有力的团练和商团，企图不让农民动弹一步。不少地方的团练武装不仅可以镇压当地小股农民起事，而且可以剿杀数千人的大股农民军。宁夏高士秀的起义军曾经击杀两名清军千总，但败于当地团练的手中。衢县的韩石胆曾在民众支持下握有县政权，并有一支声势不小的农民武装，但最后被当地的团练执而“毙之”。在武昌起义后的农村，农民起事大多被残杀于地主武装团练之手。

资产阶级革命党人在农村究竟占有怎样的地位，这是我们需要考察的第三种势力。

革命派在农村的人数很少，但他们富有知识、头脑敏捷、奋发向上，所以是农村政治舞台上最活跃的力量。这批人是清末民族资本主义工商业发展和资产阶级新学在中国勃起的产物。20世纪初年，随着经济的变迁，封建的旧学已为越来越多的人所鄙弃，连清廷都以兴办新式学堂为时髦，1905年又废除了科举制度。翻开这时的县志，几乎县县改办新学堂，争派留学生，在“选举”一栏中广列各类学堂和归国留学生的名单。[④]定海县“光绪末年，科举废而学校兴，

---

①《谭人凤等为发起社团改进会与内务部往来呈批(1912年9—10月)》，中国第二历史档案馆编:《中华民国史档案资料汇编·第3辑·政治》，江苏古籍出版社，1991年，第804页。

②《南昌纪事》卷11《兵革》。

③《民立报》1911年11月15日。

④ 据学部第二次教育统计，1908年有学堂47995所，学生人数1370739人。而且这时的留日、留美、留欧学生约有20000人。

肄业者遂渐盛，间有留学欧美日本者。”①固安县“光绪庚子乱后，变法维新，以学校代科举，立劝学所以促进学校之成立，改书院为高等小学堂，收各村庙产立初级小学堂，授以教科诸书，而学院一变。”②华阳县清末“改建学校，专读旁行之书及算数格物以究所谓声光电化者，而圣贤国闻故籍蔑焉，风会所趋以游习海外为上选，白屋寒门乃真有望洋之叹矣。”③可见学习科目的变更已使一些青年学生离经叛道。而且学校不仅是传播知识的场所，也是新思想最易着根的土壤。在20世纪初年中国国将不国的危难时刻，这批初步具有新知识的热血青年迅速成为反清和宣传资产阶级民主政治的先锋。一些小学、师范学堂的教师、学生及个别回乡的留学生秘密开展反清活动，尤其在东南沿海和四川、两湖这些文化较发达的地方，这类人物较多，农村的资产阶级革命党人基本由他们组成。此外，武昌起义后有些革命党人返回故里策划起义，广东、江浙、四川、两湖的军政府还派一些党人赴各县协助光复，这也是农村革命党人的一小部分。武昌起义后，他们在农村夺取政权主要有三种情况：一为革命党人自己起事推翻旧政权；一为他们和当地士绅联合逐走清官吏；一为他们利用会党或民众举行起义。但无论哪一种，他们全没有真正取得政权。似乎在武昌起义后摆在农村革命党人面前的道路只有两条：要么和封建士绅联合变为新士绅；要么坚持革命到底变为旧势力的刀下鬼。这是为什么？

最主要的原因是资产阶级革命派的力量太弱。资产阶级革命派在农村不仅人数少，而且无实力。他们的基本队伍是知识分子。在政治上，他们虽然能号召一部分人，但无严密的组织，更缺乏政治斗争的经验；在经济上，他们如沙漠上的高楼，毫无根基；在军事上，他们既无军队，又少军事知识。靠一介书生去夺权，所以不是被利用，就是被残杀。山东牟平县的几位留日归国生早就在学堂中组织了革命力量，“及武昌起义，以为时机成熟，急欲蜂起响应”，可是“同人赤手空拳，莫敢发难”。④江苏昆山县发动起义的是留日学生张栋和王尧民，光复后，他们“深感困难的是无钱无枪，靠几个赤手空拳的书生，怎样能够处置光复后的一切呢”？⑤在这种情况下，革命党人不得不拜倒在当地士绅的

①《定海县志·方俗志第十六》。

②《固定县志》卷2《官制》。

③《华阳县志》卷16《人物》。

④《牟平县志》卷4《政治志》。

⑤《辛亥革命江苏地区史料》，江苏人民出版社，1961年，第132页。

门下，与之握手言欢。在忠县，发动起义的是留日学生、同盟会员吴恩洪，但起义成功后即和当地士绅联合，依靠地主武装团练掌权；在南溪县，运动起义的是革命党人、师范学校教师熊郅隆，光复后的政权由他和士绅来主持；在青浦县，由“民党入县署，逐知县蒋清瑞”，[①]后即依靠地主团练稳定秩序，给名流士绅以高位；在叙永县，光复后革命党人即和原来的团练局长、议会议长、董事会董事、劝学所长和有名士绅共同掌权；在歙县，革命党人组建的新政权无法维持，请出名门望族之后才平安无事。这样的例子不胜枚举，它表明革命党人在武昌起义后和封建士绅同流合污，变为欺压民众的新老爷具有一定的必然性。否则，他们就被封建士绅吃掉。大埔县革命党人刘家驹曾一度掌权，颇有生气，“然手下实无一兵一卒”，地方士绅一搞政变，他就束手被毙。[②]涪州同盟会员高亚衡曾组成军政府，除旧布新，深得民心，但因士绅们闹事，“亚衡不得已引退”。[③]四川省的东乡、古蔺、綦江、邻水等县的革命党人依靠同志军曾一度获得了政权，并镇压土豪劣绅，勒令地主退款减租，可是地主士绅利用团练武装反扑，革命党人便无力抵抗，或被捕，或被杀。这是他们实力虚弱的必然。有些地方的革命党人曾有一定实力，但他们缺乏政治斗争经验，内部争斗，被旧势力分而治之。《潮州志》记称“时革命军虽定潮汕，而群雄各自为政，不相统属……时人号为十三司令。由是政出多门，人心摇惑”，使革命流产。[④]开平县的革命党人曾靠三点会组织了一支有力的武装，但革命党人内部各拉一派，你争我夺，“为乡里害”，最后被官绅击败。[⑤]所以，在武昌起义后农村的政治大搏斗中，资产阶级革命党人始终是个弱者。而历史往往给弱者安排的是厄运。

概而言之，武昌起义后农村阶级斗争的特点是：在一片响应和拥护革命的声浪中各个阶级和政治集团都想谋求自己的最大利益。公开举出拥护清朝和反对革命的旗号的人物或集团是少数。但同样是响应武昌起义，其动机则完全不同。因而在“一致”响应革命的变动中互相之间发生了激烈的争斗或残杀。在这场斗争中，资产阶级革命党人是令人扼腕叹息的弱者，农民阶级是使人同情的败下阵来的勇士，那些嗅觉灵敏、会赶时髦的开明士绅是“强的人”。

---

①《青浦县志》卷10《兵防》。

②《大埔县志》卷27《人物志》。

③《涪州志·民国纪事卷一》。

④《潮州志·大事志二》。

⑤《开平县志》卷22《前事》。

这就是展现在我们眼前的武昌起义后广大农村阶级斗争的历史画卷。

## 二、农村政权的演变

阶级变动必然引起政权的某种变化。随着武昌起义后农村新的阶级大搏斗的展开，政权也发生了引人注目的演变。

武昌起义后农村新政权的建立大致有五种途径：一种是革命党人联合会党或由会党自己推翻旧政权，一种是革命党人利用新军或民众起事建立新政权，一种是革命党人联合士绅和团练逐走旧官吏，一种是外地民军攻入县城重建政权，一种是当地士绅自己宣布和平光复。这五种情况当中，第五种形式占绝大多数。前四种形式主要在革命比较深入的东南沿海及两湖、四川各省为多。但是无论哪一种情况，最后的结局基本由当地名流士绅所左右。不过，这些新建立的政权在1912年辛亥革命的风潮还未平息的时刻，具有二重性。从政权内的阶级力量对比来看，封建地主士绅占绝对优势，其实质是封建地主政权；从其组织方式、实施的某些政策、挂出的招牌、发表的宣言来观察，又涂上了一层资产阶级民主共和的油彩。这是辛亥革命高潮中符合历史辩证法的矛盾现象。如果和前清旧政权相比，它有新的特点。

首先，在政体上和前清的政权有某些区别。孙中山在1912年3月制订的《临时约法》虽然没有机运贯彻推行，但那些三权分立、人民有民主选举自由的条文却极大地振奋了几千年来呻吟于封建绳索下的中国人民，而且在农村也引起了反响。民国元年（1912年），各县争办选举，行政、司法独立，议会、参事会跃然而生，民政、财政、学务、警务等科开始办公，邮政局、教育会、商会、农会也不断组建。丽水县在1912年7月设立了法院检事厅，由推事、检事、管狱员、地推事、地检事组成。川沙县在1912年“地方审判、检察两厅成立”。[①]宁乡县也设立司法官，建置检事厅，分头办公。建瓯县“民国肇建以司法为立国大本，乃独树一帜，不受任何方面之监督，分司法、民政为两途，县公署只理民政事务，诉讼案件概归法院办理”。[②]个别县里还有过律师出庭辩护，有人讽刺当时的律师说：“律师辩护法政专，数言博得万千钱；谈律于今为急务，鸡犬舔鼎亦

①《川沙县志》卷1《大事年表》。

②《建瓯县志》卷16《刑法》。

神仙。”[①]这从另一侧面说明司法独立已为人所重视。同时法律学校也开始勃兴，时人记称：“光复以后，群起组织政党，大谈其法治。于是法科学校各处林立。”[②]湖北军政府还制订了“临时审判所暂行条例”，有8章21条，基本以西方资产阶级审判律例为蓝本，并发至各县推行。这在中国农村确是破天荒之举。议会的选举更引人注目，其选举程序是：第一步选举议员，先设选举事务所，调查选民，按人口数定出议员应选名额，再开会投票，成立议会。第二步选举正副议长，“由县议员中票选，以得票最多数者为议长，次多数者为副议长”。[③]第三步选举县参事会，“由县议会全体议员互选，总额十分之二，以参事名义组成之，县知事为会长”。[④]这样，“县议会决定地方兴革，俟闭会后将议决案移交参事会，督促县知事一一见诸实行”。[⑤]1912年，差不多的县都进行了这样的选举。以静海县为例，在1912年选出了县议会和县参事会，议会由议长1人、副议长1人、议员17人组成，“会期分为通常会、临时会二种，代表民众筹办自治，兴利除弊，法之所自出也”。[⑥]个别县的议会曾真正发生过作用，曾任过吴江县议长的费璞安回忆说：“当时议会确非虚设机构，有书记、庶务等办事人员。……记得每半年正式开会一次，临时会议无定期。凡是县政的预算决算及地方兴革各事均由议会议决通过。”[⑦]河北省束鹿县议会成立后，议长李翰为非作歹，“毫无兴利除弊之善举，惟闻苛敛暴征之恶声”，议员们非常气愤，利用议会与他开展坚决的斗争，李无奈叩头请罪。[⑧]这说明议会有一定威力。有的县还搞过竞选，平原县1912年国民党和共和党“双方争办选举，手段鄙劣，笑柄百出”。[⑨]这种竞选虽未能成功，但和封建社会的委任相比总是进步。伴随着选举的展开，各种会团也频繁出现。在路桥县，“党会盛行，如国民党、共和党、共和促进会、社会党皆树旗帜，设分部。”[⑩]在南溪县，“民国既建，集会结社载在约

---

①《鄞县通志·文献第四》。
②庄俞、贺圣鼐编：《最近三十五年之中国教育》，商务印书馆，1931年，第166页。
③《中江县志》卷14《政事下》。
④《鄢陵县志》卷11《自治志》。
⑤《分水县志》卷9《自治》。
⑥《静海县志》亥集《政事部》。
⑦《吴江光复前后回忆》，《辛亥革命回忆录》(第4集)，文史资料出版社，1963年，第280页。
⑧《申报》1912年11月25日。
⑨《平原县志》卷7《政治志》。
⑩《路桥志略》卷5《叙事》。

法，于是放足有天足会，戒奢有崇俭会，基于血统观念者有某氏同宗会，基于地域观念者有旅外同乡会”，另有校友会、自治会、佛教会、道教会、文艺会等。[①]在泸县，也是会社林立，有砺学会、观摩会、体育会、慈善会等，“集社有同善社、佛学社、医学社、阅报社、讲演社、游艺社。”[②]民众团体的增多是议会选举推动的结果。所以对武昌起义后各县选举的积极意义应予以一定的肯定。当然，这些选举基本上流于表面的形式，有的甚至丑态百出，有害平民百姓。有的人将选票当成儿戏，一抢几百张，胡乱投票；[③]有的还拿选票倒卖，获利数百元；有的县选举互相打闹，几出人命；有的议员则借选举发了横财。有人讥讽这种情况说：“数日来党人忙个不了为新议员……初选当选人今年一定大做年，何以知之？特别收入数百元。”[④]“君主专制，买卖御史；富豪专制，买卖议员。”[⑤]这说明1912年各县的议会选举大都流于表面形式。但这种形式是武昌起义暴风雨所掀起的民主思潮的产物，是辛亥革命在农村胜利成果的一种反映。

第二，在组织成员上有某些微小的变化。武昌起义后重新建立的县政权在组织成员上大体有四种情况：一为没有革命党人参加的稍做调整的原班人马，一为以革命党人作陪衬而以地主士绅为主角的混合组成，一为革命党人和当地士绅势均力敌的地主资产阶级联合执政，一为革命党人为主体的新生革命政权。这四种情况虽然在比例上后两种最小，而且随着革命低潮的到来在向不利于革命党人的方向发展，但在一个短时期里确有革命党人，或者是带有资本主义倾向的开明士绅参与一些政权的情形。特别在革命发展迅猛的广东、两湖、四川、江浙一带甚至出现过革命党人左右一县大权的情形。广东还出现了女同盟会员任议员、充县长。[⑥]湖北军政府对各县的官吏和工作人员实行考试，规定“凡从前各房科书吏，均应与考，照现在府县分课，政务分门，出题

①《南溪县志》卷4《礼俗下》。

②《泸县志》卷3《风俗》。

③ 如1912年高邮县选举时，赴会者千余人，发入场券时就乱作一团，有人冒领。有人乱抢，有人借机煽闹，致使选举中断。参见《民立报》1912年1月5日有关报道。

④《申报》1912年12月7日。

⑤《民立报》1913年2月14日。1912年6月24日《群报》上曾刊登一幅讥讽议会的漫画，题为“地方官议会”，画中一西装革履的官员在指手画脚地发布命令，下边7位议员跪趴在地上唯命恭听，活画出当时没有民主、议会不议、唯长官意志是听的封建官僚政治。

⑥ 据辛亥老人回忆，广东的黎金庭、郑妙卿、梁绮川、庄汉翘女士曾被选为广东省议员，黎金庭一度任宝安县县知事。

考验,考取后依次派至各课试充课员或习书生。办事三月后,再行甄别品行成绩,以定去留”。[①]这在某种速度上促使了各县组织成员的变化。就是在那些“和平光复”的县区,新政权的成员也有变化,这里仅举两个县的情况:

福建政和县“奉闽军政府传檄而定,四民安堵如故”,其新政权的人员为:知事,李熙,进士;佐治,陈箕熤,贡生;帮审,叶开第,法政毕业生;管狱,杨德源,前清职官;警备队长,池兆南,留日学生;奉祀员,陈禄周,贡生;劝业员,张献瑞,贡生。[②]

河南长葛县是和平光复的,新的县政府成员为:知事,漆树人,举人;警务长,陈翊清,警校毕业生;管狱员,吕富文,监狱专科毕业生;民团长由当地士绅担任。[③]

在这两个县政府中虽然旧的举人、贡生占绝对优势,但都增加了一些留日生和专门学堂毕业生。[④]这些人虽不能称为革命派,但在知识、政治见解上有一些新的东西,且在一般情况下易于接受资产阶级的某些主张。就是那些举人、贡生也不都和清朝时的旧人物一样,不少人或多或少了解一点新东西。比如房山县的县知事是一位1902年的举人,但他毕业于直隶法政学堂,被派往京师检察厅行走,任过初级检察官和房山候补知县,1912年充任县知事后“提倡新政,百废俱举”。[⑤]这种人物就是我们前面所讲的带有资本主义倾向的开明士绅,各县的实权大部分落入到他们手中。那些顽固维护清廷的封建奴仆很少能在各县继续待下去。

第三,在政策上有某些变更。武昌起义后各县新政权虽然基本上落入地主士绅之手,但在革命浪潮的推动下,一些县也发布过某些使人耳目一新的政令。这主要是:

1.减赋税,除陋规

武昌起义后江苏省各县“本年忙漕一律减二成,只收八成”。[⑥]1912年川沙

---

① 胡祖舜:《武昌开国实录》(下册),武昌久华印书馆,第74页。

②《政和县志》卷12《职官》。

③《长葛县志》卷8《职官表》。

④ 有一些县的县知事都由留学生或其他知识分子担任,如1912年任湖南醴陵县知事的石润金是日本法政大学的留学生,任浙江新昌县知事的傅顽石是一位学问渊博的中学堂教师,他们都大力提倡改革,参见《醴陵县志》和《民立报》1912年4月6日。

⑤《房山县志》卷4《职官》。

⑥《高邮县志·光复事略》。

县“下忙全免，漕米减收三成，实征七成”。[①]宝山县“普减本年忙漕二成，并豁免从前钱粮积欠”。[②]景宁县宣布将清末赋税中的“额征、起运、漕运、裁改、留存、加润”等名目“一律废除”。[③]满城县在1912年将“各村镇差徭草豆均减免六成”。[④]宽甸县也在这一年免去三万余亩的钱粮。[⑤]如此等等。不少县志中都可见到民国元年减税的记述。这里有许多只是官样文章，但作这类文章则说明了新政权有新姿态。与此同时，新的县政权革除了清末的一些弊政。宁乡县1912年“更定各县官制……改知县为知事，专管行政……另设临时法官于旧县署，改典史为典狱官，罢文庙典祀官及驻防把总……罢钱漕局，地方财产统归行政厅、财政科经理，始设电报局，设贫民习艺所……并设复旦女学，设农会工会教育会，废清代各专祠礼典……将祠屋祭产一律没收归公”。[⑥]醴陵县在1912年“革旧胥吏”。[⑦]政和县在这一年“裁教谕训导，裁巡检，裁典史置典狱员，十月裁绿营”。[⑧]川沙县在1912年做如下改革：“从前征粮书役，业已革除矣”；“派员设柜征收，以除积弊也”；“革除种种陋规，以杜骚扰也”。[⑨]在丽水县，光复后“官无大小，无出郊迎接之举”，县内原专为接宫之皇华亭变为“供行旅之憩息”场所。[⑩]许多县在这时还进行了禁赌和禁烟，宣平县还专设禁烟局，其“禁烟事务分禁种、禁售、禁吸三种，凡查有吸食鸦片者，令其到局验戒，并由局内给予戒断证书，一面随时派人赴各乡调查，遇有私种罂粟或私售鸦片情事，立即责令毁拔闭歇，并请行政官厅处以相当之惩，两年后境内烟苗肃清”。[⑪]高邮县议会成立后，立即“设初等学堂、宣讲所、阅报社及清道、施药、路

---

①《川沙县志》卷8《财赋志》。

②《宝山县续志》卷4《蠲免》。

③《景宁县志》卷6《赋税》。

④《满城县志略》卷14《大事记》。

⑤《宽甸县志·政绩表》，。

⑥《宁乡县志》卷27《县年纪》。

⑦《醴陵县志》卷1《大事记》。

⑧《政和县志》卷3《大事记》。

⑨《川沙县志》卷8《赋税志》。嘉定县为除弊政，规定“如有本分府职员军士或地方无赖假冒本分府职员军士在外滋扰者，准地方居民指诉，一经本分府查实，定以军法惩处。”同时还裁去厘卡，规定“以后如有人向商民等收索捐款，准向本分府指名控诉，一经查实，定按军律严办。”见《民立报》1912年11月17日。

⑩《丽水县志》卷2《公署》。

⑪《宣平县志》卷7《卫生》。

灯，修桥路，浚沟渠”。[①]通化县还让各地打新井、建公园、发放积谷、修桥补路、购置医疗器具。[②]这些记述不免有不实之处，但上百种的县志都有这种记载，说明这些新的县政府确曾有过新举。

2.重视教育，兴办学校

在中国近代教育史上，1912年是极为光辉的一年。这一年南京临时政府规定以民主共和为教育宗旨，并废除读经，提倡男女同校，这不仅在城市而且在农村引起了反响，出现了争办学校的热潮。武昌起义后各县的新政权差不多都设立了教育会，提倡办学。因此，“民国初，乡校递增”。[③]而且还兴办一些女学，使“男女教育机会均等”。[④]1911年鄞县新设学校9所，第二年猛增为41所。齐河县仅1912年“创设初等学堂一百五十余处”。定海县1912年学校增为21所，有学生688人，1912年又增加到44所，1443人。郦水县1912年前且新建学校达二十多所。大埔县仅1912年前后新建的中学、师范、小学(包括私立)共62所。良乡县1912年前后新建学校13所，而且有几所女子国民学校。醴陵县为广办学校，1912年专门开办教师训练班，“学生六百余人，毕业后全县增加小学二百余校”。[⑤]类似的情况很普遍。据各县志学校建置栏目的记载，1912年前后兴建的最多。而且这时还兴办了一些实业学校，人们开始注重“声光电化理数各科”。[⑥]各学校还废除读经，采用新课本，颇有一派新气。教育往往是社会进步的先声，其勃兴不仅反映着经济的发展，而且受政治的推动。1912年在各县教育如此被重视，其原动力应归之为武昌起义的影响。

3.鼓励发展经济

武昌起义后各县的新政权对经济的发展发布过某些政令，不少县都设立或充实了农会、商会，少数县的农商各会一度做了一些有益的事情。新平县农会成立后，“先从调查荒地保护禾田着手，并编辑农学大意，分送各区于农隙时

①《高邮县志》卷8《光复事略》。

②《通化县志》卷3《政事》。

③《余姚六仓志》卷15《学校》。

④《分水县志》卷6《教育》。

⑤ 以上资料分见《鄞县通志·政教志》;《齐河县志》卷首《大事记》;《定海县志·教育第八》;《郦水县志》卷2《学校》;《大埔县志》卷8《教育志》;《良乡县志》卷2《建置志》;《醴陵县志》卷1《大事记》。

⑥《安县志》卷56《礼俗》。

演讲”。[①]川沙县的商会帮助商人成立了国货进行会，以“提倡国货，挽回利权”为宗旨，并组成利华毛巾股份有限公司，“以期国货之改良，而谋营业之发达”。[②]在政和县，1912年设立商会以通融商情，发展商业；建立工会以帮助职工教育，曾设“艺徒学校一所”；成立农会以“集股试办牧羊养鱼等事”；组建劝业会以进行“农事试验场及布种桑棉、采取矿苗等事”。[③]遂安县以提倡蚕桑发展，专设蚕桑机关。双流县还鼓励私人发展实业，支持贾培基等人成立牧山蚕业社，“购地六十余亩，种桑万有余株，筑蚕室饲蚕”。周德润等人也起而效尤，买地六十亩，种桑八千株，颇有收益。[④]有的县为发展实业还办贸易、建工厂、培植人才，齐河县“设实业局，凡关于提倡劝导者，无不讲求备至，建陈列所，开博览会，立专门学校以造就人才，派出洋专员以考察办法。一言农业，昔之深耕易耨听民自为者，今则设农会以为之指导矣；一言工业，昔之通工易事人自为营者，今则有工厂以为之容纳矣；一言商业，昔之懋迁有无化居无定者，今则立商会以为之联络矣”。[⑤]总的来看，这时的县政府是对经济的发展给予了某种鼓励，但不能估计过高。周起渭回忆乐清县农会的真实情况时说：农会设立时，地主士绅“以为农会是管农民的衙门，凡欠租、霸田、交湿谷等案都可由农会处理，对于自己很有利，因此都踊跃参加。届时明伦堂到了五六十人，内中一个农民也没有，除了几个小学教员外，殷户就占了百分之九十五。……事后，农会并没有会址，也没有会牌，更没有事做，不过县署方面，对上级公文有个农会名目而已。两个会长，把办公费平分，每人每月多五元的收入。”农民骂他们是“狗绅士”。[⑥]这种现象在各县中占绝大多数。

4.人们的社会风俗发生了某种变动

人们的社会风俗反映着经济的发展和政治风云的变动。从某种意义上讲，它是测量社会变迁的尺度。武昌起义在农村影响所及，不仅更换了各级政权的门牌，而且改变了人们的一些社会习俗。封建迷信缠绕着中国农村绝大多数人的头脑，辛亥革命对此有所触动。商河县“民国以来破除迷信之说时时

---

①《新平县志》卷4《农政》。

②《川沙县志》卷5《实业志》。国货进行会规定：“凡品行端正，不染嗜好，赞成本会宗旨者皆得为会员。”工作为三项：“甲、多用本国货；乙、介绍国货；丙、提倡实业。”

③《政和县志》卷17《实业》。

④《双流县志》卷2《自治》。

⑤《齐河县志》卷17《实业》。

⑥《乐清辛亥革命史料》，《辛亥革命回忆录》（第4集），文史资料出版社，1963年，第194~195页。

讲演，祭神之风稍减”。醴陵县“自民国以来，风俗易变，香烛销场逐年减少”。临汾县在辛亥革命后废各种跪拜礼，大力提供“破除迷信”。永泰县还规定“前清祀典所载凡涉于迷信者应行废止”。徐水县在武昌起义后“废跪拜之礼，而行一鞠躬及三鞠躬之礼”。宁乡县“废三跪九叩为四拜”，“崇圣祠改二跪六叩为四拜”。建瓯县乡民在辛亥革命后“有用新丧礼者，吊丧之人行脱帽三鞠躬礼”。[①]这种变化虽不是带根本性的，但已经引起了封建顽固派的惊恐。《莱芜县志》的作者是一位封建遗老，他攻击辛亥革命使“中国数千年之礼俗教治而事于所谓平等自由之说，倡于海滨，蔓延于二十二行省之通邑大都，而风俗遂至于不可问然”。[②]顽固派的悲鸣反映着社会的进步，它表明辛亥革命曾触及到了人们的礼俗习惯。在革命暴风雨中使风俗变化最显著的是剪掉了人们头上的辫子。清廷曾把辫子作为其权威的象征，辛亥革命则把剪辫视为革命的标志。随着各地光复，农村时时掀起剪辫风浪。当事者曾写诗云：“城市少年好事徒，手持快剪伺于途，瞥见豚尾及锋试，道旁观者拍手呼。”[③]吴江县光复后人们成立了“辫发剪清会”，一除头上长辫。[④]辛亥老人回忆广东石龙的情况说：“石龙光复后，镇上人民纷纷剪掉辫子；原来民军中不少人也是拖着辫子的，此时也纷纷剪掉辫子。女同志一般都成为临时的剪发师。”[⑤]伴随着剪辫子的是妇女放足。定海县“光复以来，城市中年以下，妇女率皆放足”。[⑥]蓟县1912年“放足之说兴，少女缠足者遂日形减少”。[⑦]无为县“缠足者近风气渐开”。[⑧]放足是对封建主义的打击。妇女们在放足的同时还争取婚姻自由。在无为县“偶有离婚事发生”，[⑨]在雄县“离婚之诉，日有所闻”。[⑩]夏津县“近数年

① 以上引文见《商河县志》卷1《舆地志》；《醴陵县志》卷6《食货志》；《临汾县志》卷2《礼俗》；《永泰县志》卷7《礼俗志》；《徐水县新志》卷6《礼俗》；《宁乡县志》卷27《祀典》；《建瓯县志》卷19《礼俗》。

②《莱芜县志》卷7《风俗》。

③《鄞县通志·文献志第四》。

④《民立报》1911年10月23日。

⑤《辛亥革命回忆录》（第2集），文史资料出版社，1962年，第316页。

⑥《定海县志·方俗志第十六》。

⑦《蓟县志》卷3《风俗》。

⑧《无为县小志·居民》。

⑨《无为县小志·居民》。

⑩《雄县新志》第7册《礼俗》。

来,结婚离婚颇尚自由”。[①]在经济比较发达的地区,有的妇女还参加了革命,广东民军中就有一些女兵,士绅们看见后惊叹:“女人也出来造反,世界变了!”[②]《蓟县志》称:民初“谈解放二字,要当以妇女界最进步也。”[③]它表明辛亥革命后农村妇女开始冲破了旧礼教的封锁线。人们的衣着在辛亥革命后也有变化。民初“穿着绸缎者日少”,而对洋货发生更大的兴趣,“洋布、洋伞、洋鞋、呢帽之类的洋货,在上层人物的身上以及他们的屋里一天天增多了”。[④]剪辫后兴起的“博士帽、草帽、卫生帽及毛绳便帽,大都来自外埠”。[⑤]“服公务者多用西装短制中山服。……青年妇女则纯用长衫短裤,不逮膝,露腿赤胫,争趋时髦。”[⑥]这是人们思想开化的反映,清朝那种道学其外的长袍马褂越来越为人所厌弃,而中山服的普及恰是孙中山崇高威望的体现,也可以说是辛亥革命的功绩。

总之,在武昌起义后那些光辉的岁月里,农村各县的政体、组织、政策、风俗等都发生过程度不同的变动。这种变动反映着武昌起义的巨大威力和人们对各种民主权利的要求。《景宁县志》记称:“光复以还,民权思想一时极为发达,如春雷乍鸣,万物启蛰。”[⑦]因此,武昌起义后原封不动地照搬旧的一套是难以行得通了,无论哪个阶级、哪个政治派别掌握政权,要想维持下去必须作某种变更。这一点连开明士绅都明白。高邮县在程德全反正后迅速光复,士绅举原知州姚纪衡为民政长,但姚顽固至极,一心恢复清朝的上官制,连司法独立都拼命反对,结果被士绅联合驱除出境。[⑧]士绅们为了在革命的风潮中保存下来,叫嚷改革的呼声比谁都高。所以各县农村政权逐步为地主士绅窃夺后上述那些新政令的出现就不难理解了。从根本上讲,各县被迫推行的“革新”是武昌起义推动的结果,尤其是受了南京临时政府的影响 。南京临时政府虽然成立仅过百日,但却影响了全国。各县的新政基本上是以南京临时政府所

---

①《夏津县志续编》卷5《礼俗》。

②《辛亥革命回忆录》(第2集),文史资料出版社,1962年,第316页。

③《蓟县志》卷3《风俗》。

④《一个山村里的革命风暴》,《辛亥革命回忆录》(第2集),文史资料出版社,1962年,第366页。

⑤《醴陵县志》卷6《食货志》。

⑥《新繁县志》卷4《礼俗》。

⑦《景宁县志》卷3《党务》。

⑧ 参见《高邮县志》卷8《光复事略》。

颁布的法令体制为蓝本的。点燃辛亥革命的烈火需要一个过程，扫灭武昌起义的风暴也需要时间，不能认为南京临时政府一倒，辛亥革命的成果就被袁世凯反攻殆尽。各地农村政权正是在这种辛亥革命的烈火逐渐减弱，最后才在完全熄灭的过程中实行革新的，它是政权演变过程中的产物。也正因为这样，武昌起义后农村的种种变动，特别是那些带有民主色彩的革新，都是微小的、短暂的。在武昌起义所掀起的革命风暴过去之后，广大农村依然在封建势力统治下，处于保守、停滞的极端落后的状态，同辛亥革命以前并无根本的不同。

本文原刊载于《历史研究》1982年第2期。

**作者简介：**

李喜所，1946年生，河北涉县人。1970年毕业于南开大学历史系，南开大学历史学院教授、博士生导师，兼任中国近现代史研究所所长、中国留学教育研究中心主任、美国黄兴基金会研究教授、《天津社会科学》编委、梁启超研究会会长等，先后被德国明斯特大学、日本早稻田大学聘为客座教授。主要研究方向为中国近代社会文化史、留学史和中外文化交流史，出版有关中国近代社会文化史方面的专著10余部，其中《谭嗣同评传》、《近代中国的留学生》、《容闳——中国留学生之父》、《梁启超传》（合著）、《五千年中外文化交流史》、《中国留学通史》等在国内外学术界有广泛影响。在《历史研究》《近代史研究》《南开学报》《人民日报》《光明日报》等国内外30多种报刊发表论文百余篇。

# 第二次鸦片战争后天津地位的变化

林树惠

天津发展成为今天的规模——我国三大直辖市之一，并不是一件遥远的事情。早在明朝永乐三年(1405年)才在三岔河口西南建立天津卫城(也就是后来的天津城)，城周九里，规模很是狭隘。到了清朝雍正三年(1725年)又把天津卫改成天津州，九年(1731年)又升为天津府。随后陆续建立和集中了一些衙门，如康熙四年(1665年)将税收衙门“钞关”从河西务迁来，康熙八年(1669年)将长芦巡盐御史衙门从北京移来，还在天津派了总兵，设立了水师营，天津的地位才逐渐重要起来。

天津地处渤海之滨，南北运河的枢纽地，工商业很发达。到了后来，还有从江浙闽广来的洋船，载运货物，到了天津，在天津北门外和东门外，都有洋货街的出现，说明了天津这个城市，在鸦片战争以前，就已经成为一个繁华城市了。但是从它的情况和性质上来说，仍然是一个旧式城市，和国内其他城市，并没有什么区别。这种情况，只有在第二次鸦片战争以后，西方资本主义势力深入天津，设立了英法租界，清政府在新的情况下，为了适应局势的发展，相应的采取了一些措施，天津的地位才发生了根本的变化。近代天津的发展，也可以说是中国近代史的一个缩影。

## 一

从政治方面来说，在第二次鸦片战争以前，清政府关于各国交涉事件，向由外省督抚汇总于军机处。1858年后，根据《北京条约》的规定，为了适应当时的局势，在北京设立总理各国通商事务衙门，派恭亲王奕䜣、大学士桂良、户部左侍郎文祥管理。其应设司员，即于内阁、部院、军机处各司员章京内满汉各挑取八员，作为定额，轮班办事。总理衙门设立以后，跟着就设立三口通商大臣，处理天津、牛庄、登州的对外事务。

在鸦片战争以后，根据《江宁条约》，广州、福州、厦门、宁波、上海五口，设立钦差大臣，对外通商。第二次鸦片战争以后，又开放了牛庄、天津、登州、台湾、淡水、镇江、九江、汉口等处，地方辽阔，南北相去七八千里，若仍由五口钦差大臣办理，办事呼应不灵，各国也感不满。天津距北京很近，各国在津通商，清政府自应适应新形势，这就是设立三口通商大臣的理由。牛庄、天津、登州三口既然设立办事通商大臣，驻扎天津，于是“仿照两淮等处之例，将长芦盐政裁撤，归直隶总督管理，一遇有要事，准其会同三省督抚、府尹商同办理”。①

三口通商衙门，设在天津三岔河口北，其先是盐院衙门，咸丰十一年(1861年)裁撤盐政归总督兼管，遂改为通商衙门，这个衙门所在地，很是冲要，它的南边就是天津城，它位于天津城的东北，过了三岔河口，往北去就是天津城北门外的北大关，往东去就是东门外天后宫，都是比较繁华的地方。顺着海河而东下，过了望海楼，就是新设立的英法租界，因此这个衙门选择的位置是比较合适的。到了后来同治九年(1870年)裁撤通商大臣，改为直隶总督行辕，这也是很合乎李鸿章的想法的，在他筹议天津设备事宜折中曾评论过天津城的位置问题，他说：“郡城独在五大河及海河之南，系前明卫城旧基，狭陋尤甚。前明以控制蓟辽为要，其城在河北则为失险，今日以控扼海氛，屏障京畿为要，其城在河南亦为失险。此古今建置时势之不同，必宜量为变通者也。盖洋船不能深入内河，如城在河北，我可凭河设险，添置炮台炮船，护卫城池，较为得势。”②

这些意见，可以看出李鸿章对天津当时形势的见解，直隶总督行辕设在三岔河口北，正是符合他这种见解的。

三口通商大臣设立后，任职最久者是崇厚，等到天津教案发生以后，曾经有过一些变动。同治九年(1870年)六月，清廷特命崇厚充出使法国大臣，其三口通商大臣，派成林署理。崇厚是咸丰十年(1860年)十二月就任的，到现在已经十年了，但是成林并没有就任，清廷命成林病愈后再行驰赴天津，目前由曾国藩暂时接办。可是到了同年七月，又命令崇厚即行来京，三口通商大臣一缺，着毛昶熙暂行署理，天津应办事宜，仍由曾国藩、毛昶熙共同办理。由此可见，成林实际上并没有就任管事。八月又有上谕说毛昶熙计已交卸，仍着暂留

①《咸丰朝筹办夷务始末》(卷71)，故宫博物院1930年影印本，第20页。由于本文发表时间较早，部分注释及引文信息不全。

②《李文忠公全书·奏稿》(卷17)，光绪三十一年(1905年)至三十四年(1908年)刊本，第49页。

天津会同曾国藩筹办一切。但是跟着又有上谕命李鸿章调补直隶总督，会同曾国藩、丁日昌、成林查办事件，工部尚书毛昶熙回京任职。

从上面的情况来看，天津教案发生后，三口通商大臣一职的人选，屡次更换，为期短暂，说明了问题的复杂，毛昶熙署理为期仅仅一个多月，看到了三口通商大臣一职和直隶总督的矛盾，所以他才上奏说："地方文武员弁阳奉阴违，其庸懦者以予夺之权不属，既欲遂其因循延玩之私，其巧滑者以经抚之势不侔，复潜用其观望迎合之术。"[①]

这几句话切中当时的流弊，地方官非但不能协助，而且坐观成败，最后唯有由直隶总督直接管理。因此，最后决定，三口通商大臣，即行裁撤，所有洋务海防各事，俱归直隶总督经管，照南洋通商大臣之例，颁给钦差大臣关防，山东登莱青所管的东海关，奉天奉锦道所管的牛庄关，均由直隶总督统辖。每年于海口春季开冻后，移扎天津，到了冬天封河，再回保定省城，但最后又规定天津遇有要事，也不必拘泥封河回省的制度，长驻天津。

从天津设立三口通商大臣以来，它不但是京师的门户，而且也是和国外贸易的重要港口，成为北方对外贸易的中心。海防洋务，都成为重要的课题，最初设立通商大臣，不过是因为总督常驻保定，难于兼顾，才设了这个职位，但是随着时间的推移，天津成了直隶省的政治经济中心，大权集中在直隶总督手里，标志着天津不但逐渐成为华北经济的中心，而且也成为华北的政治中心。从三口通商大臣的设置到直隶总督移驻天津，说明了第二次鸦片战争后，天津这个都市，在政治上已成为华北的中心了。保定逐渐退居次要的地位。

## 二

从军事方面来说，第二次鸦片战争之后，英法商人凭借他们的武力，要求清政府许可雇募潮勇来保护洋行的安全。当时总理各国事务的奕䜣则认为"潮勇之害，不可胜言，若洋人教练究属我兵……倘中国不收为用，洋人意在保护洋行，万一与'发贼'勾结，办理益形掣肘"。[②]根据这些理由，奏准于天津各处陆续施行。这样一来，天津就成为清廷在外国军官"教练"下的军事基地。

同治元年（1862年）正月奕䜣奏请由火器营、健锐营、圆明园八旗等三营，

①《同治朝筹办夷务始末》（卷78），故宫博物院1930年影印本，第25页。

②《同治朝筹办夷务始末》（卷10），故宫博物院1930年影印本，第13页。

每营选择才力富强技术纯熟的士兵，各挑40名，每营另派章京二员管带，共挑京兵120名，章京6名，开往天津，由英国军官进行训练，此项部队归三口通商大臣崇厚统带，到了这个月的23日开抵天津，即与英国军官斯得弗力商量中外各官员数，英方原拟派官7员，结果增为11员，理由是“教演之员愈多，则教艺愈为得力”。崇厚为了答谢对方的“盛意”，也在三营派去章京6员之外，复拣出有顶兵丁5名作为带队官，以如其数。军队的编制是12人为一队，分出6队习枪，3队习炮，每日操演两次。计原挑官兵126员名，内挑出带队官11员，练习枪炮兵108名，尚余兵7名不能成队，命令他们轮班随同操练。外国官弁的待遇是：除统教不支薪水外，其总教官2员，每月给洋银30元；分教15员，每人月给洋银7.2元；通事3名，每人月给洋银60元，共洋银348元。

同年二月，直隶总督文煜复奏派大沽、天津两营内兵620名，随同京兵与外国官员一体教练枪炮，并派天津中营游击候补参将春霖会同英国统教各官认真操练。不久，崇厚根据英国军官斯得弗力的请求，于大沽协兵内先后挑选480人，合该国一号兵的数目，即480人，可以自成一营，并可以自行教练别处之兵。英军官又请挑选兵120名，专门练炮。英军官到北京谒见奕䜣时，表示练兵尤须练官，兵虽练习而官不熟谙，亦属无从指挥。

四月崇厚又奏称，因英国驻扎天津郡城的军队全部撤走，该国统教官副将妥玛和他商议，把学习外国枪炮的京营兵120名、大沽等营兵620名全部移往大沽海口，和英国兵一块练习，理由是“既是以壮声势，更可以固藩篱”。五月间崇厚前往大沽海口视察，这些受训的官兵，均已租赁庙宇，搭盖棚铺，安排就绪了。当时大沽海口是个什么样子呢？南岸炮台由英军占据，法国则占据北岸炮台，不久京营续挑八旗汉军官兵376名也开到大沽，与上次挑选的京营旗兵会合一处，共同练习。

英军官协助清政府在天津地区训练军队，使用新式枪炮，收到“很好”的效果，引起英驻华官员进一步的野心，英国公使卜鲁士，给奕䜣的照会说，英国有一名姓柬的军官，很有才干，可以代中国管理火器，而英国参赞威妥玛又称：“伊国提督何伯、总兵斯得弗力俱有愿在上海出力练兵之意。”何伯甚至想在上海以百万饷练兵六千，斯得弗力且请自行募兵定饷。经过奕䜣等商量结果，认为只有令上海、福建两处仿照天津练兵之法，为切实可行。

同治六年（1867年）二月，崇厚奏请对训练出力的洋人教官给予奖励，他说：“教练京营马队之洋人总教官薄郎、帮教官鲁富、瑞克斯，经奴才于同治四年冬间延定在津逐日教练，年余之久，无间寒暑，均能实心任事。……查薄郎前在南省军营随同戈登助剿，曾蒙圣恩赏给宝星……可否援照从前恩奖洋人戈登提督衔之例，将总教官薄郎赏给副将衔、帮教官鲁富、瑞克斯二员均赏给都司衔，以示优荣。"①

由此可见天津洋人训练清军，认为很有"成效"，所以才奏请给他们很大的奖励。从上面所述的经过，可以看出3个问题：

第一，三口通商大臣的职权是很大的。三口通商大臣顾名思义，好像是专门管理对外贸易的，其实不然，从它开始办公的那一天起，其职权就不限于对外贸易，它监管由外国军官训练清兵的任务，这些军队经过新式枪炮的训练，战斗力要强得多，三口通商大臣从筹饷、训练到指挥都归他一人掌握，就使他在天津居于领导地位，正如奕䜣在同治五年（1866年）所奏称的那样：

> 上海练兵责成上海道管理，而统属于上海通商大臣，三口练兵亦统归三口通商大臣督饬委员妥办，原以该处中外交涉事繁，有此兵队既可镇压贼匪，亦可钳制外侮。且练兵以筹饷为先，上海、天津两处皆有关税，该管大臣等兵饷兼筹，是以措施悉当。②

第二，三口通商大臣和直隶总督在职权上发生了矛盾。从上面说的情况看，两者之间是有很大矛盾的，如直隶总督文煜在同治元年（1862）二月也奏派大沽、天津两营兵620名，随同京兵一同参加训练，双方都派兵参加，这在职权上无疑的是发生矛盾的，而且无法解决。最后只有撤销三口通商大臣这个职务，由直隶总督管辖，事权才统一起来。

第三，天津从这时候起成了一个重要的军事基地。如上所述，三口通商大臣设立后，外国军官就帮助清政府训练新式军队，李鸿章任直隶总督后，接管了三口通商大臣的任务，所谓"海防洋务"都集中在他一个人的手里，把他的亲信周盛传调到天津驻防，设立北洋水师学堂，天津成为北洋重镇。到了后来，袁世凯在小站练兵，都是一脉相传的。而其开创之先应该是崇厚借洋人训练清兵这一举动了。

---

①《同治朝筹办夷务始末》（卷47），故宫博物院1930年影印本，第31页。

②《同治朝筹办夷务始末》（卷44），故宫博物院1930年影印本，第33页。

## 三

从工业方面来说，天津设立三口通商大臣，崇厚担任这个职务不久，就开始聘用英国军官训练新式军队，使天津的地位发生很大的变化，但是训练新式军队，更需要洋枪炮和军火不可，所以同治五年（1866年）八月二十八日奕䜣等奏，“练兵之要，制器为先。中国所有军器固宜随时随处选将购材，精心造作。至外洋炸炮炸弹与各项军火机器，尤为行军要需，自应在津添设总局，仿外洋军火器机成式，实力讲求，以期多方利用”。[①]

同时兵部会议章程练兵需用军器条内，亦有由直隶派员在天津设局制造的意见，因此，由于天津练兵的需要，才开始建立生产军事工业的计划，使天津最后发展成为华北工业的基地。

崇厚接到指示以后，就向外国官商询问机器情况，由丹国领事官英人密妥士（J. A. T. Meadows）代为采买器具，雇觅工匠。

在这以前，崇厚为了实现这个计划，曾经写信给戈登说，“如在中国设局，应若何办法，需银若干？”这封信由英教官薄郎代为转达。

不久，密妥士就把外国专制火药器具并设厂雇工一切办法费用查明，估计外国机器及外国工匠来华所需运费并在天津择地建厂，约计需银十余万两，这笔款子很难筹办，正逢总税务司赫德到天津，谈到购买外国机器款项难以筹办的情况时，赫德就说现有香港所存轮船变价银十三万余两可以就近拨用，当经总理衙门批准在此款项内拨款8万两，交密妥士汇寄英国采买机器，运送来津，设局办理。崇厚即在同治六年（1867年）四月开局，并委派密妥士总办其事，勘定在天津城东十八里贾家沽道地方，设立火药局，是为东局。又奏请派德椿来津总理机器军火总局，规定同洋人学习制造之人，要用京营25岁以下员弁，并同文馆学生内选择数人，这样做可以使他们较快地掌握技术。

同治七年（1868年）机器陆续运到，所雇洋匠也先后到局，由密妥士分派工作，内地学徒也一齐随着学习。又在天津南关外海光寺设一西局。

从同治六年（1867年）四月起，到九年（1870年）七月底止，天津机器局告成，计东局支用银三十八万八千余两，西局支用银九万五千余两。据关册，1868年份（第16~17页）记载：

---

①《同治朝筹办夷务始末》（卷45），故宫博物院1930年影印本，第60页。

清政府在海光寺已经建起一座小的枪炮厂。在它的铸铁、锯木、金工、木工等厂内设备了充足的外国机器与工具，雇佣着的本地工人约50人……

在白河东边对岸的大直沽，距此约三里半，清政府已开始建立一座火药铜帽制造厂，也由外国人监督。……按照计划，此厂规模将很大，占地约二里，厂地将环以围墙。[①]

从天津机器局开始创建以前，就有英国人参与其事，最初京营调来天津由英军官亲自训练，等到决定建立机器局，崇厚复聘英人密妥士作为洋总办。海关总税司英人赫德又复建议动用香港轮船变价款项，作为到英国购买机器之用。这样天津的新式军队的训练，军火工业的建立，无一不是以英国人为主体而进行的了。当时天津是由三口通商大臣主持所谓"海防洋务"的，而军队的训练、军火的制造，都完全是依靠英人来办的，这个政权的性质完全由其本身的发展而决定，不是很清楚了吗？

天津机器局建成不到两三个月，清廷就下了一个上谕："……崇厚现在出差，应如何斟酌添置开拓之处，着交李鸿章妥为筹画，奏明办理。……"[②]李鸿章在其"筹议天津机器局片"中，推荐其亲信沈保靖总理天津机器局事务，并说这样做可以免去洋官把持，比"闽局专任税务司法人日意格，津局专任领事官英人密妥士，将成尾大不掉之势，似稍胜之"。[③]李鸿章接管天津机器局以后是个什么样子呢？ 1872年5月4日的《捷报》登载的《天津通讯》最能说明问题，它说："……自从李鸿章就任直隶总督以后，就任命了大批的南方人到机器局里来，在以往十八个月里，这些官吏把局里的每人每月只领5元至8元工资的北方旗人和汉人都解雇了，另外介绍来许多南方人，每人每月工资自60元至110元。……机器局则将完全由忠于李鸿章的南方人所把持，其结果一定是中央政府在军火和军器的制造与修理方面完全得依靠李鸿章了。"[④]

① 转引自孙毓棠编：《中国近代工业史资料》（上册），第349~350页。

②《（同治朝）东华续录》（卷87），第10页。

③《李文忠公全书·奏稿》（卷17），第17页。

④ 转引自孙毓棠编：《中国近代工业史资料》（上册），第352~353页。

## 四

西方资本主义势力对它的影响。自从英法两国在天津设立租界以后，天津就形成两个截然不同的地区，一方面是天津旧城，依然还是旧的封建传统，而另一方面，在它的南面，沿着海河，新成立了英租界和法租界，西方资本主义势力的侵入，引起了社会的剧烈变化。外国资本家凭借着不平等条约，纷纷在天津设立洋行，经营各种贸易，如：

英商：怡和洋行（按：怡和洋行是以贩卖鸦片起家的大财团，1867年即在天津设立分行，经营进出口及轮船运输业务）。仁记洋行　宝顺洋行　广隆洋行　新泰兴洋行　新载生洋行　汇昌洋行　马记洋行　汇丰银行（按：汇丰银行是1880年设立的）。大英药房　高林洋行（按：高林洋行在诸洋行中来天津最早）。飞龙洋行　以上两行兼售洋货零物　老德记药房　新沙逊洋行　屈臣药房

俄商：阜通洋行　阜昌洋行　益利洋行（顺丰洋行按：即萨宝实。沙俄入侵天津最早，这个洋行曾经代理俄国领事馆任务，至今在宫北大街河沿，还有以这个洋行命名的萨宝石胡同，在英法租界成立后，都成立所谓“下行”）

法商：启昌洋行　亨达利洋行（兼卖钟表八音琴寒暑风雨表显微镜等各色洋货）

美商：丰昌洋行

德商：信远洋行　世昌洋行　世昌机器行　德昌洋行　森裕洋行（兼卖钟表玩物）　利顺德洋行　增茂洋行（兼卖零物如亨达利同）　信利洋行[①]

这些洋行的设立，促进了天津和西方各国的贸易，使英法租界逐渐地繁荣起来，据记载：当时的英法租界是“街道宽平，洋房齐整，路旁树木，葱郁成林，行人蚁集蜂屯，货物如山堆垒，车驴轿马，辄夜不休，电线连成蛛网，路灯列若繁星，制甚得法，清雅可观，亦俨如一小沪渎焉”。这样一来，天津和上海一样，

① 张焘撰：《津门杂记》（卷下），光绪十年（1884年）刊本，第24~25页。

成为西方资本主义国家侵略中国的一个据点，成为一个半殖民地半封建社会。这些洋行的设立，使天津这个通商口岸进出口贸易很盛，它的进出口货物有些什么东西呢？

> 由津出口货物：
>
> 古玩　铜瓷器　驼羊毛　马猪鬃　牛驴骡马皮　牛羊骨角　各色皮货　蚕茧　乱丝头　棉花　土布　土酒　靴鞋　草帽辫　毡绒毯　毡帽　羽扇　椒　参　药材　金针　红枣　桃杏仁　花生　瓜子　大头菜等类①

出进口货物税则，大概估值百两者，征税银在五两之内，出进口各纳半税，唯洋药每百斤征税三十两。

这些由天津出口的货物，有的转运到内地各口岸如九江、汉口、福州、厦门、汕头等处，有的运到香港等处。既然天津成为通商口岸，改变了它的地位，过去的天津是南北水陆要道，所以它的旅客栈房，都是集中在西关及河北一带，（主要是在运河两岸）。现在天津面向海洋了，它的贸易中心，逐渐移到紫竹林法租界，所以在这里添设了十余处客栈：

> 天津为水陆通衢，旧有客店在西关外及河北一带，约有数十家。自通商后，紫竹林则添设轮船客栈十余家，粤人开者居多，房室宽大整洁，两餐俱备。字号则有大昌、同昌、中和，永和、春元、佛照楼等。每有轮船到埠，各栈友纷纷登舟接客，照应行李，引领到栈，并包揽雇马车，写船票，及货物报税等事。此外又有山东客栈，如人和、协和、信合、四合等字号，专接登莱青东三府商旅栖寓云。②

这些旅馆除了原来在西关外及河北一带设立的以外，都是英法租界成立以后，海运逐渐发达而新设立的客栈，天津成为"华洋杂处"的通商埠头，西方资本主义势力的侵入，在政治上、经济上、文化上都引起了深刻的变化，当时社会上引起了一些青年专门模仿西方的生活方式，如据《津门杂记》所记载的那

---

① 张焘撰：《津门杂记》（卷下），第47页。
② 张焘撰：《津门杂记》（卷下），第41页。

样来炫耀自己的时髦：

> 紫竹林通商埠头，粤人处此者颇多。原广东通商最早，得洋气在先，类多效泰西所为。尝以纸卷烟叶，衔于口，吸食之。又如衣襟下每作布兜，装置零物，取其便也。近则津人习染，衣襟无不作兜，凡成衣店估衣铺所制新衣，亦莫不然。更有洋人之侍僮马夫辈，率多短衫窄裤，头戴小草帽，口衔烟卷，时辰表链特挂胸前，顾影自怜，唯恐不肖，殊难索解，可博一粲。

当时清廷上层人物正在提倡所谓洋务运动，一些有识之士亦莫不思如何使中国能够效法西洋富强起来，而社会上一些青年，以模仿西方的皮毛为荣，可见如果思想上没有认识，就能使一些歪风邪气滋长起来。

## 五

总的来说，天津在第二次鸦片战争后，由于西方资本主义势力的侵入，它的情况发生了根本的变化，它已经不是一个旧的城市了。从政治上来说，三口通商大臣设立以后，海防洋务等方面都集中于崇厚一个人的手里，天津教案发生后，李鸿章以直隶总督北洋通商大臣的身份取而代之，使天津不但代替了保定，而且成为华北政治中心。其次，天津又是一个很重要的军事基地，崇厚凭借英人的力量，替清廷训练新式军队，李鸿章来天津以后的时代里，更利用崇厚原来的基础，在天津设立新式军事学校，成为他后来很大的政治资本。袁世凯后来在小站练兵，北洋军阀的头子，大部分都出身在这里。因此从清末到北洋军阀的覆灭，天津又是他们的军事根据地，其首创者就是崇厚借英人训练新军这一举动了。第三，由于训练新军的需要而设立的天津机器局，它不但是洋务运动的一个重要项目，也是天津逐渐成为华北重要的工业基地因素之一，它培养出许许多多的产业工人。最后，由于西方资本主义势力的侵入，天津的经济发生了根本的变化。英法租界成立之后，外国商人凭借不平等条约的签订，在天津设立了很多的银行、洋行，进行经济侵略，当时的天津实际上成为两个组成部分，一方面是三岔河口西南的旧城，一方面是沿着今天的大沽路到海河西岸的英法租界，使天津成为一个半殖民地半封建的城市，它确是一个近代中国的缩影，这种情况，只有在1949年解放天津以后，天津才以崭新的面貌，阔步前进，成为我国一个重要的工业城市。

本文原刊载于明清史国际学术讨论会秘书处论文组编：《明清史国际学术讨论会论文集》，天津人民出版社，1982年。

**作者简介：**

林树惠（1916—2006年），山东莱州人。1940年毕业于燕京大学历史系。1945—1948年在燕京大学历史系任教。1949年至1950年任齐鲁大学讲师。1979年任南开大学历史系副教授，1986年任南开大学历史研究所教授。曾任南开大学分校档案系主任。主要从事中国近现代史的教学和研究。著有《林树惠史学文集》，参与编写《中国近现代史资料丛刊》中关于第一次鸦片战争、第二次鸦片战争、捻军、中法战争、中日甲午战争、戊戌变法、义和团等文献的编辑；任高校教材《清史》副主编；发表《试论义和团的几个问题》《第二次鸦片战争后天津地位的变化》等数十篇学术论文。

# 天津洋务运动与甲午中日战争

李长莉

天津，在19世纪70—90年代，是洋务派头号人物李鸿章亲手经营达20多年的洋务重镇。在光绪二十年(1894年)爆发的中日战争中，李鸿章坐镇天津，全盘指挥了这场在朝鲜、辽东、山东半岛及黄海等地展开的、使用近代化装备的大规模战争。天津虽未成为直接战场，但却在整个战争中处于特殊重要的地位，而这又是与天津的洋务运动分不开的。

## 一、战争前的天津洋务运动

李鸿章在同治九年至光绪二十年(1870—1895年)任直隶总督兼北洋通商大臣期间，常驻天津。天津是北方首要的开放港口，是北京的海上门户、水陆交通要道，是北洋海防的中心基地，李鸿章在这里举办了围绕军事的各种洋务事业，到甲午战争爆发前，天津的洋务事业已初具规模，其种类之多、规模之大、成效之著，均堪称全国同类城镇之冠。这些洋务事业可分为以下几类：

### (一)武器制造、存储、分发机构

天津于同治六年(1867年)创设机器制造局，在城东贾家沽道和南关外海光寺分设东、西两局，李鸿章接管后，大加扩展，并开始大批制造军火，主要制造子弹、炮弹、火药、水雷、铜帽、门火等弹药和枪械零件。此外，还陆续从国外购买了大批武器弹药，以供北洋海、陆各军随时取用。天津还设有军械局，负责武器弹药的分发调配。

### (二)新式交通、通讯系统

同治十一年(1872年)，李鸿章创设招商局，在天津设立分局。此后，招商局轮船常往来于天津与沿海其他港口之间。光绪十四年(1888年)，李鸿章为加强海防，主持修成了津沽铁路，使天津到塘沽海口来往极为便利。后来又向北修至芦台，与原有的唐山至芦台铁路衔接，建立了天津至这些地方的铁路交通线。光绪五年(1879年)以后，天津还陆续架设了通达大沽、北塘、山海关，直至营口、旅顺的电报线,至保定的电报线,以及南循运河达上海的电报线,并与外国通中国的线路相接。19世纪到八九十年代,围绕天津,已初步形成了一套近代化的海、陆路交通及电讯系统。

### (三)北洋海、陆军的中枢机构

李鸿章莅任北洋后,便调所统淮军分驻北洋各地,他坐镇天津,陆续以新式枪炮装备淮军,以新法练兵。他又积极筹建新式海军,光绪十四年(1888年),北洋海军正式成立,船舰平时均泊于威海卫、旅顺等地,而在天津设立水师营务处,负责对北洋海军"稽核功过,监视操练"。①又设天津海防支应局,专管海军全军俸饷及各厂坞经费。淮军将领均为多年追随李鸿章的旧部,海军军官主要为海军学生出身,但总首领海军提督丁汝昌则是淮军旧将、李鸿章的亲信。因而,北洋海、陆军均为李鸿章私属,虽分驻各地,但都直接听令于坐镇天津的李鸿章,李也常往各处巡阅。北洋的海、陆两军装备和实力居全国之首,天津则是其中枢所在。

### (四)培养人才的新式学堂

随着北洋各项新式事业的渐次展开,李鸿章日感人才匮乏,因而在光绪六年(1880年)后,他便在天津陆续设立了一些新式学堂,以培养所需的各方面新式人才。首先设立了天津北洋水师学堂,培养海军人才。又设立北洋武备学堂,培养陆军人才。设立西医学堂,以培养所需军医。还设立了电报学堂,培养管理电报人才。这些学堂陆续向各处输送了一批批新式人才,天津成了北洋新式事业的育才基地。

天津的这一系列洋务事业,都是围绕军事这一中心。北洋各处围绕天津,形成一个较完备的海防系统,较坚固的军事要塞。时人称"北洋兵力军储甲于天下",②李鸿章也常在人前夸耀北洋防务"规模粗具",③足以自守。以天津为中心的北洋地区,已成为当时人们心目中洋务运动搞得最有成效,海防军事力量最完备、最强盛的地区。因而,当时人们对中日战争形势的估计中,以天津为中枢的北洋军事力量及其后盾北洋的洋务事业是一个重要的考虑因素。

---

①《北洋海军章程》,见《洋务运动》(第3册),第257页。由于本文发表时间较早,部分出版信息及引文来源已不可考。

②《清光绪朝中日交涉史料》,见《中日战争》(第3册),第52页。

③《李文忠公全书·奏稿》(卷78),第17页。

首先,朝廷始终给李鸿章以指挥大权,这是以北洋实力及李鸿章坐镇天津、能指挥北洋全局为依据的。在战争酝酿阶段,光绪二十年(1894年)7月,朝廷就谕令李鸿章筹备战守事宜,将堪备战守之海陆兵力情况详细覆奏。战争爆发后,更是唯李鸿章是赖,全靠其指挥全盘。总理衙门在8月14日给李鸿章的信中称赞他"自倭人构衅以来,征调频繁,布置一切,均赖荩筹调度。夙仰阁下精神强固,擘画周详。"[①]军机处也驳斥言官对李鸿章的纷纷弹劾,认为他"调度亦尚周匝",[②]仍可专任。可见朝廷把战争的命运完全寄托在李鸿章及其掌握的北洋军事实力上。

其次,当时官僚士人一致主战,并多抱有获胜的希望,除对日本较为轻视等原因外,对天津及北洋的海防设施和军事实力寄予厚望,也是一个重要因素。这一点,从舆论把失败多归咎于李鸿章的妥协态度和任人不当,呼吁另择替人,而对北洋军事装备和实力多予肯定的态度上也可证明。

另外再看李鸿章,他对战争始终抱着一味妥协、消极避战的保守态度,而且愈后愈甚,这也是与天津、北洋的事业及在其心目中的地位分不开的,他经二十多年的惨淡经营、费尽心血,才发展成这样规模,成了他的主要政治资本,他生怕毁于一旦,削弱了自己的实力。各地方督抚畛域分明、各保实力的态度更加剧了他的顾虑。他曾向朝廷发牢骚说,战争实际上是"以北洋一隅之力,搏倭人全国之师",[③]并抱怨朝廷对办北洋洋务不予重视,未能大量添购船械,以此为自己开脱。由此可见,他多年经营起来的天津、北洋地区的一系列洋务事业,成为他沉重的心理负担,使他不能放开手脚,全力以赴地进行战争,而在日本的步步紧逼之下,采取处处退缩保守、一味求和的指导方针。

由上可见,天津的洋务事业在战争形势估计中,具有不可忽视的地位。

## 二、天津在战争中的作用

在整个战争期间,天津始终起着中心的作用,主要表现为以下几方面:

### (一)战争的总指挥处

朝廷把指挥大权交予李鸿章,他从战争的酝酿直至赴日和谈,一直坐镇天

①《清光绪朝中日交涉史料》,见《中日战争》(第3册),第36页。
②《清光绪朝中日交涉史料》(卷17)。
③《李文忠公全书·奏稿》(卷78),第62页。

津，他在这里向朝廷奏报情况、接受旨令，与朝廷和总理衙门保持密切联系，在这里听取聚集于此的北洋官吏、幕僚出谋划策；在这里向前线各处发号施令、调兵遣将，指挥全局。这期间，天津与各处的函电来往频繁，上通下达，李鸿章的驻津官署，俨然就是战争的总指挥部。"天津为节镇驻扎之所，厉害所关，尤为明切。"[①]因而，天津也是当时防务的一个重点。

### (二)战争期间外交活动的中心

自天津辟为商埠，由于所处的地理位置，各国人员海道入京必经于此，在天津活动的外国人日渐增多。英、法等国设立租界，各主要国家也都在天津驻有领事。李鸿章驻天津后，政治地位日隆，外国各类人员常与其交往晤谈，向其献计献策，李鸿章举办洋务事业就多受他们的影响。有的人还深受李鸿章的信任，被倚为办洋务的臂膀。此后许多对外交涉事件，往往是首先在天津由李鸿章同外国有关人员办理交涉，然后再由朝廷认可实行，故而天津渐成为仅次于北京的第二外交中心。在这次战争的酝酿和进行中，李鸿章更是利用天津外交活动的便利，频繁进行外交接触，幻想通过外交手段来制止战争。先是与日本外交人员交涉撤兵朝鲜事，力求避免战争，但毫无结果。随后又在天津与其他各国公使、驻津领事频繁接触，并电(告)中国驻各国使馆促各国出面调停，制止日本进兵。但各国态度暧昧，言行反复，拖延50多天，迄无要领。开战以后，11月中旬总署大臣张荫桓至津与李鸿章议和款事。19日，李鸿章派遣深为信任的津海关税务司德国人德璀琳东渡议和，但被日方拒绝，继后又有张荫桓赴日遭拒，最后李鸿章于1895年3月14日带美国顾问科士达乘招商局轮船离津赴日议和。

### (三)兵力周转站

李鸿章坐镇天津指挥前线，开往前线的北洋军队和向内地征调的军队，多是以天津为周转站。1894年6月6日向朝鲜派出了第一支陆军800人，由聂士成率领从天津出发，乘招商局轮船"图南"号，由北洋军舰护航，运至牙山。8月中旬，湖广总督张之洞应北洋请求，奏调马队三营500名"驰赴天津，听候调遣"。[②]光绪二十年(1894年)冬季，天津至榆关铁路沿线驻扎二百数十营，防护

① 姚锡光:《尘牍丛钞》，见《中日战争》(第5册)，第237~239页。

② 《张文襄公全集》，见《中日战争》(第5册)，第5页。

沿线，并听候调遣。9月12日，招商局五艘轮船载兵四千，自大沽出发，由北洋军舰护送至鸭绿江口。由内地运兵，都要通过天津，再由海运或铁路开往朝鲜、辽东前线。

### （四）军火、粮饷供应基地

战争开始后，北洋地区大量增兵。9月初，北洋已招募新勇40余营，还计划添招20营。新旧各军，都需天津供给武器军火。从内地征调的外省军队，因装备较差，也往往需要从天津添置武器弹药。李鸿章在9月初上奏中说“叠接山西、河南抚臣函牍，奉调各营所需军械仍请由臣添拨”。[①]张之洞调马队赴津时也称：“军火但尽现有者带往；北洋精械甚多，自能应付。”[②]故而，天津军火储备颇感支绌。9月初，李鸿章奏请筹款立即向外国购买军火器械。秋冬间，便陆续从德国购入炮10尊、枪1.1万杆，及大量炮弹、子弹，均存储天津并予分发。战争初期，在天津擒获的一日本特务曾供认，“欲用地雷炸药轰海光寺军火器械积聚之所”。[③]一言官谓“此寺一毁，则天津毁矣，海防废矣”。[④]此话道出了天津的军火储备与北洋军事的利害关系。一北洋幕僚曾述及天津的重要地位说：“天津重镇，吭隘京师，前敌各军，粮饷子药，军士番休，一切皆倚为命脉，盖主客军根本所在。一城内外，台局星罗，即制造一局，日出枪弹可二十万，他物称是；防剿各军，视为性命。”“铁路为津榆咽喉，馈运军资，相依为命”，“无煤矿则我机器制造各厂、火轮车船立形束手”。[⑤]由此可见，天津确实处于军火粮饷供应基地的地位，与战局性命攸关。

### （五）培养的新式人才发挥了一定作用

天津的各新式学堂，至甲午战争前，已向各处输送了一批人才，在战争中是一支重要力量。海军中二副以下有许多天津水师学堂毕业生。陆军中的武备学堂学生也起着骨干作用。他们参加战斗，留下了一些英勇作战的事迹。天津的电报，是李鸿章上通下达的主要工具，收报、发报、译报等项工作全由电报学生管理。

---

①《李文忠公全书·奏稿》(卷78)，第56页。

②《张文襄公全集》，见《中日战争》(第5册)，第5页。

③志锐奏片，见《中日战争》(第3册)，第39页。

④志锐奏片，见《中日战争》(第3册)，第39页。

⑤姚锡光：《尘牍丛钞》，见《中日战争》(第5册)，第237~239页。

从以上诸方面可以看到，天津在战争中从指挥中心到军队的周转、武器的储备和调拨等都处于中心地位，真可以说是这场战争的大本营。时人论及天津在战争中的重要地位道："查畿辅海面，北起榆关，南抵山东，边境袤延几及千里，而以天津为中权股肱之郡，实为京师管钥……而东征主客各军，刍粟之飞挽，军火子药之转输，将士之番休，以及朝命之下宣，南北管毂，皆以天津为命脉。""是今日根本重地，无逾天津。万一稍有动摇，非特京邑震惊，即前敌各军亦将不战自溃。"①因而，李鸿章也很注重天津防务，以保护这一根本之地。

## 三、简短的结论

第一，天津经20多年的洋务运动，武器制造和储备的丰盈、电报通讯的发达、铁路和轮船运输的通畅，使天津成为北方沿海地区军备储运基地和近代化交通、通讯网络中心。这就为天津作为近代化战争的大本营提供了物质条件。

第二，天津作为整个洋务运动的集中代表，所标榜的目的和成绩因战败而完全落空，标志整个洋务运动政治上的失败。

第三，甲午战争后，天津的各项洋务事业基本都存留下来，为天津后来近代工商业的兴起奠定了最初的基石。

本文原刊载于《天津史志》1986年第1期。

**作者简介：**

李长莉，1958年生，河北省人，历史学博士，南昌大学历史系特聘教授、中国社会科学院近代史研究所研究员，博士生导师，国务院政府特殊津贴专家。主要研究方向：中国近代社会文化史、近代中日关系史。1984年12月—1986年2月在南开大学历史系中国近代史教研室任助教。主要研究成果有：《先觉者的悲剧——洋务知识分子研究》（上海学林出版社，1993年）、《近代中国社会文化变迁录》（第一卷，浙江人民出版社，1998年）、《中国人的生活方式：从传统到近代》（四川人民出版社，2008年）、《晚清上海：风尚与观念的变迁》

① 姚锡光：《尘牍丛钞》，见《中日战争》（第5册），第237~239页。

（天津人民出版社，2002、2010年）、《中国近代社会生活史》（合著，中国社会科学出版社，2015年）、《当代中国近代社会史研究》（合著，中国社会科学出版社，2019年）、《微历史：近代中国人的生活世界》（社会科学文献出版社，2020年）等，在《近代史研究》《史学月刊》《学术月刊》等刊物上发表学术论文百余篇。

# 晚清新军的军官制度及其影响

郭亚平

新军是清王朝在甲午战争以后仿照西方军制编练的近代化陆军。新军军制是与清代传统的八旗、绿营、勇营军制截然不同的具有资本主义特点的军制，也是近代中国社会改革中变化较大，影响较深的一个方面，而军官制度又是新军军制中的主要内容。新军官制的建立，大体上可以分成两个阶段：从1894年冬到1904年底是新军官制的酝酿阶段；从1904年底到辛亥革命止，是新军官制的确立阶段。

第一，甲午战争失败以后，清王朝面临着严重的统治危机，一时内外大臣纷纷上奏，提倡仿照西法，改革军制和创练新军。督办军务处王大臣奏称："现欲讲求自强之术，固必首重练兵。而欲迅期兵力之强，尤必更革旧制。"①出使大臣许景澄也奏称："自辽海军兴，战守不利，中外论者朔兵事得失，无不以仿用西法创练新兵，为今日当务之急。"②清政府也深感旧军不足恃，于是诏令编练新军。最早编练的是袁世凯的新建陆军和张之洞的江南自强军。

新建陆军和江南自强军首先采用了德国军队的编制、装备和训练方式。但是，"把新的军队按欧洲方式加以划分，装备和教练，还远不能算是完成了把欧洲军事制度引用于落后民族的工作，这只是第一步。采用某种欧洲军队的操典，也是不够的；欧洲式的操典不能保证培养出欧洲式的纪律，就如同欧洲式的教练规则本身不能产生欧洲式的战术和战略一样，主要的问题，同时也是主要的困难就在于：需要造就一大批按照欧洲的现代方式培养出来的，在军事上完全摆脱了旧的民族偏见和习惯的，并能使新军队振作精神的军官和士官"。③

这时，一些中国官员也从甲午战败的教训中初步认识到军官的重要性。

---

① 袁世凯辑：《新建陆军兵略录存》（第1卷）。由于本文发表较早，部分注释、引文出版信息不全。

② 刘锦藻：《清朝续文献通考》（第203卷）。

③《马恩选集》（第2卷），第18页。

张之洞说："整军御侮，将材为先。"[①]袁世凯也说："中国非无可用之兵也，患在无将，亦非无忠勇之将也，患在不学。"[②]他们看到，"德国陆军之所以甲于泰西者，固由其全国上下无一不兵之人，而其要尤在将领营哨各官无一不由学堂出身"。[③]所以从编练新军始就严格挑选军官，大量起用武备学堂毕业生，以及积极培养军事人才。

早在1885年，李鸿章就在天津设立了北洋武备学堂，"遴委德国兵官作为教师，挑选营中精健聪颖、略通文义之弁目，到堂肄业"。[④]1887年，两广总督张之洞又设立了广东水陆师学堂，培植军事人才。"然学生毕业后，无指挥军队之权，仅仅当军营之教习，赏罚不属，而日聒于其侧，大为军中所排斥"。[⑤]1894年冬，胡燏棻编练定武军，在编练过程中他深深感到"营官熟习西国兵制……方能训练有方。顾西法精妙，未能不学而知。惟武备学堂学生，虽所得各有浅深，究视未经学习者较有根柢"。所以，"凡遇武备学生来营投效者，择其合格者量材录用"，[⑥]从而改变了以前毕业学生无指挥军队之权的状况。袁世凯接统定武军更名新建陆军后，更加重视军官选拔任用工作。据笔者粗略统计，新建陆军领（队）官（相当于连长）以上的主要军官共53人，在已知的38人中，为武备学堂毕业生的有27人，如冯国璋、段祺瑞、陆建章、曹锟等。这表明，新建陆军中虽然有一些旧军宿将，如姜桂题、孟恩远等，但武备学生是新建陆军的骨干力量。

张之洞编练自强军采取了一种更大胆的做法。他聘请以来春石泰为首的35名德国军官训练自强军，委其"为全军统带，其营官、哨官均以洋弁为之"，将"带兵操练之权，悉以委之洋将洋弁"。[⑦]同时，他又"选武职中壮健有志，不染习气者为副营官，选天津、广东两处武备学堂出身之学生为哨官……以逐渐观摩，俾华弁储营官统领人才"。[⑧]他认为，只有这样才能根除中国旧军队的积弊，改变军队素质，以增强国力。1898年德国军官合同期满，资遣回国后，受过

① 《张文襄公全集·奏议》（第41卷）。
② 沈祖宪编：《养寿园奏议辑要》（第22卷）。
③ 《张文襄公全集·奏议》（第41卷）。
④ 《兵部·兴办学堂档》。
⑤ 蒋方震：《中国五十年来军事变迁史》。
⑥ 《军机处录副档》。
⑦ 《张文襄公奏稿》（第25卷）。
⑧ 《张文襄公奏稿》（第25卷）。

德国正规训练的中国军官遂在自强军中占了统治地位。

军官制度改革的另一项努力是废除武科考试制度。甲午战后，一些有识之士和朝廷内外大臣指出，军队已经普遍装备了新式枪炮，而武科考试还是以武艺和气力取人，这对实际战事毫无裨益，纷纷奏请进行改革。

在维新变法期间，光绪皇帝曾颁布上谕，规定“各直省武乡试，自光绪二十六年庚子科为始，会试自光绪二十七年辛丑科为始，童试自下届为始，一律改试枪炮”。[①]戊戌政变以后，光绪皇帝在1898年的各项变法几乎全部被推翻，武科考试的改革也不例外。9月18日，慈禧太后下令：“所有武场童试及乡会试，均著仍照旧制，用马、步、箭、弓、刀、石等项，分别考试。”[②]慈禧太后的这种做法完全是出于政治原因，其实她也清楚地知道传统武科考试毫无用处，所以在同一道懿旨中又规定，各省设立武备学堂，凡没有入伍的武举武生都要入堂学习，各省营用武进士及投标武举人，在京侍卫都要练习枪炮。[③]

1900年庚子之役中，清军溃败，将弁的无能给清廷以惨痛的教训，新式军官的价值终于得到了承认。1901年8月的清廷上谕指出：“练兵必先选将，而将才端由教育而成，自非广建武备学堂挑选练习，不足储腹心干城之选。”所以清廷要求“在各省省会建立武备学堂，以期培养人才”，同时下令，“嗣后武生童考试及武科乡会试，着即一律永远停止”。[④]

倡设学堂对新军官制的改革有着重要意义。武备学堂成为输送军官的主要途径，新式军官的地位也得以确立起来。它鼓励人们学习西方军事知识，提高新军军官和队伍的素质。

1901年以后，随着武科制度的废除，编练新军的活动在全国范围内展开，因而对新式军官的需求大大增加了。而当时全国仅有北洋、湖北、南洋等几所武备学堂，虽然清廷令其扩充，但毕业学生有限，远不能满足需要。为了解决这个矛盾，清政府先后采取了两项措施。第一，1901年8月，清廷下令：“先就原有将弁，择其朴实勤奋者，遴选擢用。”[⑤]第二，1902年11月，清廷又下令：“所有河南、山东、山西各省，着速即选派将弁头目，赴北洋学习操练。江苏、安徽、江西、湖

---

①《戊戌变法》(第2册)，第14页。

②《戊戌变法》(第2册)，第14页。

③《戊戌变法》(第2册)，第111页。

④《德宗实录》(第485卷)。

⑤ 沈祖宪编：《养寿园奏议辑要》(第15卷)。

南各省，选派将弁头目，赴湖北学习操练。俟练成后，即发归各原省，令其管带新兵，认真训练。”[①]北洋新军和湖北新军分别成为北方和南方新军的典范。

综上所述，新军军官中有许多人受过西式军事教育，懂得一些近代的军事知识，同时又深受中国传统思想的影响，他们成为晚清一支异军突起的力量，在清末中国军事近代化的过程中起着举足轻重的作用，并对清末民初的中国社会产生了广泛的影响。

第二，1904年以后，编练新军的活动在全国大规模展开。12月，清政府颁布了《新军官制》，次年9月，又相继颁布了《陆军军官军佐任职等级》和《陆军人员补官体制》，至此，新军军官制度初步建立起来。

新军官制分为三等九级，规定军官军佐以相当之官任相当之职，划分了军官的任免权限：中等第一级以上各官简派，下等第一级以上奏补，下等第二、三两级咨补。不过，军职的任免权限与官级有些不同，《补官体制》规定，上等第一、二级军职简派，上等第三级至中等第二级军职由各督抚具奏委任，练兵处考核奏补，中等第三级以下军职由各督抚任免。[②]

新军官制对补官资格也做了规定，如“陆军三等实官必须由陆军学堂出身及曾带新练队伍资及三年通解兵学人员方准补授”。[③]为了“使文武渐归同科”，新军官制还规定军官“各与对品文职体制相仿”，礼节上“文武对品者均属平行”，还可以充任对品的文职官员。[④]

1909年军咨处再次颁布《陆军人员补官暂行章程》，同时公布了《陆军军官军佐官职品目比照文官补官等差表》，[⑤]对1905年制定的陆军官制做了进一步的修改，在陆军官佐品级内增加了正一品、大将军或将军一级，在下等第三级后又增加了额外军官一级和军事一等三级，使新军官制由原来的三等九级变成为四等十四级。陆军补官制度较之1905年的规定更加严格，其中“陆军各项官佐必须由陆军学堂出身人员方准充补”；“陆军官佐补官办法均照文官例办理”，中等第二级以上官佐简派，中等第三级和下等一、二、三级官佐奏补，额外军官及军士由各督抚咨补；“各级官佐及军士均准以京外对品文职酌

①《光绪朝东华录》，第4964页。

② 沈桐生、董润、董沅：《光绪政要》（第10卷）。

③ 沈桐生、董润、董沅：《光绪政要》（第10卷）。

④ 刘锦藻：《清朝续文献通考》（第123卷）。

⑤ 见《政治官报·奏折类》，宣统元年（1909年）10月17日，第752号。

量改用”。1910年以后又进一步规定:“嗣后请简及奏补陆军各级人员均由陆军部具奏”。[1]

此外,1909—1911年间,清政府还陆续公布了《陆军参谋章程》《陆军补官暂定权宜办法》《陆军补官任职考绩章程》《陆军官佐改正名目办法》《陆军任职期内暂时加衔办法》等新的规定,新军官制逐渐完善起来。

新军官制与八旗绿营官制相比,兵科完整,官佐分明。在军官方面,设步、骑、炮、工、辎、宪等兵科,在军佐方面,设军需、军医、马医、军械、军乐、测绘等专业,品级官职都有详尽的规定。它在等级划分、补官权限上仿照日本陆军官制,以当时而论是相当近代化的。

值得注意的是,新军官制中呈现出一种中央集权化的趋势。清代定例,县丞以下各官均咨补绿营武职,副将以上简派,守备以上奏补,千总以下咨补。[2]湘、淮军兴起后,官弁由将帅自选,清代武职铨选制度实际遭到了破坏。1905年的新军官制试图恢复清代武职的铨选体制,规定正参领以上简派,正军校以上奏补,副军校以下咨补。不过清廷既然依靠各省督抚筹饷练兵,就不得不把任用军官的权力交给他们,所以,除了一、二级军职外,其他各级军官的任用权实际还是操在督抚手里。1908年光绪帝和慈禧太后相继死去,宣统皇帝继位,清廷的大权落入摄政王载沣手中,他采取了一系列措施加强皇权,要加强皇权就要控制军权,要控制军队就要掌握军官任用权。1909年颁布的陆军新官制规定,下至协军校一级的所有官佐都由朝廷降旨任命,这样就剥夺了各省督抚任用官佐的权力,自然引起了各省督抚的不满。1911年湖广总督瑞澂上书朝廷说:“一省之治乱,责成督抚,若无军事实权,将无从担负疆圻责任。”因此,他奏请“凡一省军事重要人员遇有应行补充之缺,先由部臣疆臣文电相商,酌筹定妥,再由部臣会同督抚列衔奏派”。[3]瑞澂是满族人,说话顾忌较少,汉族疆臣虽不敢直言,但他们的不满情绪是可想而知的。

但历史没有给清政府留下完全收回军官任用权的时间,直到清亡止,督抚始终控制着军官的任用权。各省新军的统帅都是督抚的亲信,即使他们被任命为某一新的军职,也往往被督抚奏请留下来,而督抚升迁时,他们常常随同

① 刘锦藻:《清朝续文献通考》(第123卷)。
② 见罗尔纲:《绿营兵志》(第10章)。
③ 刘锦藻:《清朝续文献通考》(第123卷)。

前往，到新省分的新军中去任职。督抚的变更往往造成新军官弁的变更。1908年，陆军部曾奏定："各省将军督抚调任他省，不准将原省各项军官率行奏调，亦不得将前任所派之员无故撤换。"[①]但是这项规定根本不起作用。

在新军官制中贯彻较好的方面是非武备学堂出身的人不能充任军官。新军中武备毕业生为数不少，据陆军部1910年奏称："各项陆军毕业生补官者已不下二千余员"。[②]据资料载，1908年有7000个学生在武备学堂或同等训练将弁的机构中肄业，在军事学堂中学习的学员有10000人，到1911年，在陆军中服役的留日士官生大约有800人。[③]上述数字虽不尽准确，但是陆军中绝大多数军官，特别是中下级军官都受过正规军事教育是毫无疑问的。许多学生在毕业前就取得了任命，分配后，他们常常迅速地被擢升至镇统、协统、标统等中上级军职。湖南混成协在1904年至1908年间，管带以上军官几经变更，然而几乎全是武备毕业生或留日士官生。[④]陆军第九镇"全镇官长，下至司务长，上至管带、标统、协统，皆以武备学生分任"。[⑤]江苏第二十三混成协"自管带以至排长，皆以江南将备、陆师、苏省武备之学堂毕业生任之，官弁均系陆军出身"。[⑥]在北洋、湖北这些武备学堂开设早、规模大的地区，甚至出现了武备毕业生供过于求的现象，以至一些分到北洋陆军各镇中的毕业生长期充当见习，因而军官队伍的质量有了显著的改进。

新军官制对中国近代社会产生了多方面的影响。在政治方面，新军官制客观上为反清革命创造了一定条件。首先，新军官制排斥了旧式军官，主要由国内各式武备学堂的毕业生以及陆军留学生充任，这些军官大多是有知识的。他们不仅学到了西方军事技术和军事科学，也不可避免地接触到西方的政治学说，开阔了眼界，对封建专制和腐败的清朝产生了不满，民主思想、救国思想，加之资产阶级革命党人的宣传，使相当多的新军军官倾向革命，许多人加入了反清革命组织，成为反清革命的主要力量。据李书城回忆，当时被清政府派出洋留学军事的人中加入同盟会的陆军士官生不下百余人。[⑦]没有参加同

---

① 刘锦藻：《清朝续文献通考》（第204卷）。

② 刘锦藻：《清朝续文献通考》（第223卷）。

③ 见《1895—1912年中国军事力量的兴起》，第175、180、185页。

④ 见《清末新军编练沿革》，第214页。

⑤ 见《清末新军编练沿革》，第214页。

⑥ 见《清末新军编练沿革》，第255页。

⑦《辛亥革命回忆录》（第1册），第630页。

盟会的，也大多同情革命。

国内武备学堂毕业生中倾向革命的也为数甚多。在浙江，“同盟会会员和光复会会员在新军干部中占主要地位，并且一般都受到全军上下的信任”。[①]据朱德回忆，云南讲武堂的学生有五百多人，其中许多是不满现状的青年，而讲武堂的教官则大都是同盟会员。[②]1910年，黄兴在给孙中山先生的信中说：“三江之陆军，其将校半多同志。”“北洋之新军，同志在其间者亦不少。”[③]其他各省新军也大都如此。

这些倾向革命的陆军留学生和武备学生，或在新军中担任军职，或于武备学堂中任教，控制了新军的一部分军权，从而对旧秩序构成了很大威胁。事实上，辛亥革命前夕的几次新军起义都是由新军军官领导发动的。1910年广州新军起义后，两广总督袁树勋在给清廷的奏折中称：“新军与逆党勾结，皖省酿变于前，今粤又煽乱于后，且主动者多由该军各级官长。”因此他建议，“《陆军人员补官暂行章程》载明，各项官佐必须由陆军学堂出身方准补充，顾臣以为，上级官长酌用学识经验具备之员，不必拘定学堂出身，此为处常虑变起见，非此则提挈不得其人，滋蔓何堪设想”。[④]在辛亥革命中，南方独立的大部分省区也是由新军军官发动起义的。他们与士兵相结合，在反清革命和辛亥革命中起了重要作用。

但是，新军官制为中国近代军阀的产生也提供了土壤。新军官制中保留着某些勇营的特点，官弁由将帅亲选，层递保升的做法使新军普遍存在着裙带风，形成了以恩师、门生、故旧、同乡、亲朋、同学为纽带的关系网。例如，陕西督练公所总办王毓江，“到陕伊始，即将二标标统李大鹏无故撤差，改委其同乡契友周殿奎”，“各营管带……均系王道戚族门生”。[⑤]袁世凯在说到北洋新军时也承认，“各镇升进实在办法，遇有非长缺出，率由学兵正目中挑充，其官阶自队官以上者，则皆自下级官层递保升，论其弊与从前之湘淮旧军何异，终不能免党派异同之见”。[⑥]这就不得不使新军带有一定的派系性。

---

①《辛亥革命回忆录》(第1册)，第624页。

②《辛亥革命回忆录》(第1册)，第183页。

③ 陆曼炎编：《中华民国开国前革命文献》，名山出版公司，1944年，第331~332页。

④《宣统政论》(第29卷)。

⑤ 见《清末新军编练沿革》，第185页。

⑥《北洋公牍类纂》(第12卷)。

另外，清政府规定，各省建立武备学堂为本省新军培养军官，学生基本上来自本省，陆军留学生也是由各省出资，各省选派的，毕业后通常也回到本省新军中任职，因此，各省新军军官基本上是本省籍人。而“兵必土著”的募兵制度也决定了新军士兵来自本地域，这样就造成本省军官带本省士兵的现象。加上各省新军又是由各省自行筹款供养的，因而，新军具有很强的地方性和排外倾向。辛亥革命以后，形成大小军阀割据一方的局面，这是一个重要因素。

在社会思想方面，新军官制对改变中国社会传统的重文轻武观念，促进清末民初尚武精神的发展有着相当的影响。

清代一向重文轻武，同品级的文官和武官，其地位、权限大不相同。例如从一品的提督不仅要受从二品的巡抚领导，而且有事相商时，可能还要大礼晋见。新军官制的确立使军人的地位有很大的提升。它规定，陆军军官与对品文职的体制、礼节、补官办法、上奏权限都是一样的，还可以担任对品文职，这是绿营官制所达不到的。这就逐步改变了社会上传统的重文轻武观念，吸引着一些优秀人才从军。另外，从军也成为清末仕途的一条捷径。在清代，获得进士功名的文人平均年龄在40岁左右，可授予七品知县。而一般的青年知识分子只要在武备学堂学习两年，毕业后即可以获得与知县品级官阶相当的职位，由于全国各地大力编练新军，军官奇缺，所以往往几年内就晋升中高级军职。同时，新军军官还享有优厚的薪俸，这就吸引了一批文人士子投笔从戎。《字林西报》报道说，在1904年有5000名考生从全国各省来参加保定军官学堂的入学考试。法国驻华武官也说：“对军事事务的兴趣在全帝国不断增长，每一个人，学者、学生等等都想接受训练和穿军装，‘祖国’一词开始有了一些意义。”[①]上述因素对于促进中国军队素质的提高，增强军事实力有着积极的意义。1911年初，美国驻华陆军武官估计，除意外因素外，必须要拥有一支50000人的外国军队才能夺取北京。鲍威尔也发表评论说：“一支小小的外国军队能够在中国登陆，并且夺取任何重要目标的日子已经过去了。”[②]

新军官制还奠定了中国近代军官制度的基础。中华民国成立以后，新军官制中的九品等级被取消了，军官名称发生了很大变化，但是，新军官制的基本结构，等级划分、兵科等都保留了下来，沿用了近40年。

---

①《字林西报》(第82卷)1906年10月21日。

②《字林西报》(第81卷)1906年9月21日。

本文原刊载于《天津社会科学》1986年第3期。

**作者简介：**

郭亚平，1954年生，河北乐亭人。南开大学世界史专业本科（1978级），1985年南开大学中国近现代史专业硕士毕业后，留校任教。译有《义和团运动时期的山西传教士》（合译，南开大学出版社，1986年），论文主要有《论清末新军的军官制度》《论晚清新军军制》《论晚清新军兵制》等。

# 论近代学会及其历史作用

马振举

近代学会是从19世纪末新型知识分子中产生的一种群众性学术组织。开始是为实现某种政治目的而组建。后随西方自然科学与人文社会学的传入，学会内容范围逐步扩展，数量也日益增多，成为知识分子为完成某种共同志趣而组成的专有团体。学会组织的出现与推广，在近代社会有着重要影响，对推动中国政治、科学、文化等各项事业发展，起了重要作用。

## 一、近代学会产生的历史条件

近代学会既然是以适应学术研究为目的的学术组织，因之它的产生与发展，必然是以近代型知识分子群体的出现和形成为前提条件的。

19世纪末学会产生的前夕，中国通过各种途径已经基本形成一支新型知识分子队伍。包括外国教会学校培养出的学生，洋务学堂的新兴学校培养出的各种技术人才和外语人才，去往各国的官费、自费留学生，以及大量由旧式文人士子转化的新型知识者。这些人的知识来源，已不是传统单一性质的书塾，拥有的知识也不再是诗书礼乐和孔孟程朱之言，而是通过学校教育和社会教育掌握的近代工业社会中所需要的社会科学和自然科学的知识和技能，具有了不同于以往的新知识、新思想、新观念、新学说。这支队伍的形成，为中国近代学会的成立提供了基本人才条件。

这部分知识分子，如果说前期多依附于洋务派官僚，以书生议论的方式参与社会和政治事务，那么到19世纪末，则开始走向独立，并突破早期自发分散活动的局限性，而日益注意到整体关系。这一由依附到独立，由分散到整体的变化，又为近代学会的成立创造了思想和组织的可能。

另外19世纪末甲午战败和瓜分狂潮，使中华民族自尊心受到惨重的戕害，更促使一批具有爱国热情与民族意识的知识分子的觉醒。这样，寻求救国图存，富国强兵，挽救民族危亡便成为当时中国知识分子最主要、最明确的政治目标。由此，以1895年公车上书为契机，各种出身、各类学术流派、各种势力的代表人物，便开始集结队伍，从而出现近代型知识分子发起的第一次政治运动——戊戌维新运动。这次运动的兴起，标志着我国近代型知识分子作为一个群体的形成，而他们自己的第一个学会组织——强学会，正是在这一基础上，于1895年8月在北京成立的。

另外，近代知识分子也受到西方学会的启示。他们看到，“西人之为学者，有一学即有一会，故有农学会、有矿学会、有商学会”等，各学科组织了学会，“故学无不成，术无不精”。[①]“泰西所以富强之由，皆由学会讲求之力”。[②]由此他们认为，“今欲振中国，在广人才，欲广人才，在兴学会。”[③]梁启超也呼吁：“欲救今日之中国，舍学会末由哉。”[④]因此他们把创立学会看作是“救亡保命，至急不可缓之上策”，[⑤]是当时救国之“第一要义”。[⑥]

正是在这一形势下，强学会成立后，近代各种学会组织，“闻风兴起者益多，各省志士争醵资，合群以讲新学”。[⑦]犹如湖南之南学会、广西之圣学会、湖北之质学会、上海之农学会等等，不一而足。一时间像雨后春笋，发展到全国各地。各地学会“或暂僦出院屋舍，或另赁街市民房，人尽愤兴，士皆淬厉”。[⑧]据粗略统计，至1897年各省成立之学会，包括自然科学和人文社会学的不下20余个。[⑨]至1903年，光科技学会即达16个。以后愈益发展，到抗战前的30年代，各种学会之多，可以千计，参与者“累巨万，知名之士，亦足以千数”。[⑩]在一向学术沉寂的中国大地上，出现了“学会林立，万众沸腾”[⑪]的局面。

## 二、近代学会的种类及活动内容

从戊戌时代产生的中国近代学会，既不同于明朝复社、清代宣南诗社等旧

① 中国史学会主编：《戊戌变法》（四），上海人民出版社，1957年，第375页。由于本文发表较早，部分注释及引文信息不全。

② 中国史学会主编：《戊戌变法》（四），上海人民出版社，1957年，第386页。

③ 中国史学会主编：《戊戌变法》（四），上海人民出版社，1957年，第375页。

④ 中国史学会主编：《戊戌变法》（四），上海人民出版社，1957年，第377页。

⑤《谭嗣同全集》（增订本），中华书局，第405页。

⑥ 中国史学会主编：《戊戌变法》（四），上海人民出版社，1957年，第365页。

⑦ 中国史学会主编：《戊戌变法》（四），上海人民出版社，1957年，第395页。

⑧ 中国史学会主编：《戊戌变法》（四），上海人民出版社，1957年，第383页。

⑨ 中国史学会主编：《戊戌变法》（四），上海人民出版社，1957年，第395~986页。

⑩《食货月刊》1971年第1卷第6期。

⑪《唐才常集》，第582页。

式封建文人的“节令之集、诗酒之会”，也不同于商会、工会等旨在谋求维持发展共同行业的同行公会；它既不同于天地会、小刀会等下层人民带有反抗性质的秘密结社，也不同于兴中会、光复会等政党性质的会社。而是近代型知识分子为研究和发展学术的具有开创意义的新事物。

近代中国是在政治、经济、文化都比西方落后一二百年，又不断遭受列强侵略的时代起步发展的。在这一历史进程中，中国知识分子也同全国各阶级、阶层一样，为使中国赶上世界步伐，做出了不少努力，而学会的成立及其所开展的活动，就正是这种努力的一个具体表现。

由于近代民族矛盾和阶级矛盾错综复杂，不同阶级阶层的知识分子其救国态度和方法，也不尽相同，加上他们社会地位、学识水平、兴趣爱好的差异，因而近代学会的内容、旨意也是多种多样，若概括论之，大致可分为以下三种类型：

第一类型学会，具有明显的政治性。其宗旨一般是研讨某种政治学说，宣传某种政治思想。因近代社会不同时期有着不同政治任务，故反映在这类学会上，又有以下三种：

一是以宣传维新自强为目的者，如强学会、保国会、南学会等。

变法维新是近代继“师夷长技”之后救国图强的第二剂良药。19世纪末知识分子中改良主义者成立学会，正是做了这种尝试。[①]强学会就标榜“专为中国自强而立”，目的是“讲中国自强之学”。

保国会的宗旨则是“以国地日割，国权日削、国民日困，思维持振救之”。[②]南学会也是为了“合南部诸省志士，联成一气相与讲爱国之理，求救亡之法”。[③]

二是以宣传资产阶级民主主义为目的者。如厉（励）志会、闽学会、浙学会等。

接引西方资产阶级民主，是近代继“变法维新”之后救国图强的第三剂良药。20世纪初，新型知识分子也组织政治性学会进行尝试。厉（励）志会章程就规定：立会宗旨是“研究实学，以立宪之预备，养成功德，以为民国之表率，重视责任，以为办法之基础”，并强调进行“实地调查”。[④]该会最大成就是翻译和

① 中国史学会主编：《戊戌变法》（四），上海人民出版社，1957年，第389页。

② 中国史学会主编：《戊戌变法》（四），上海人民出版社，1957年，第399页。

③ 中国史学会主编：《戊戌变法》（四），上海人民出版社，1957年，第50~51页。

④《译书汇编》第6期。

学术研究。闽学会主要实际工作也是翻译西方和日本哲学、史学、社会学、国际法、政治等方面书籍，以宣传资产阶级民主。

三是以宣传社会主义为目的者，如新民学会、劳动学会等。

社会主义是近代继资产阶级共和国之后救国图强的又一剂良药。五四运动前后，由于俄国十月革命影响，引起一部分知识分子对社会主义的极大兴趣，从而产生许多以研究马列主义和俄国社会主义革命为宗旨的学会。新民学会的宗旨，开始是“革新学术，砥砺品行，改良人心风俗”，而后逐转变为“改造中国和世界”。[①]它的主要任务是研究新思想，寻求改造中国的道路和方法。俄罗斯研究会简章说，“本会以研究俄罗斯一切思想为宗旨，会务包括：一研究所得后发行俄罗斯丛刊；二派人赴俄实地调查；三提倡留俄勤工俭学”。[②]

以上三种学会的不同宗旨和目标，反映了中国近代各时期政治发展的时代脉搏。正如马克思所说：“一切发展，不管其内容如何，都可以看作一系列不同的发展阶段，它们以一个否定另一个的方式彼此联系着”。[③]中国近代三种政治性学会前后反映出的内容，正是与中国民主革命的逐步高涨相一致的。

应当指出，这种类型学会虽具有浓厚的政治性，但并非属政党、会社等政治组织。而依然是以研求“实学”为主的学术团体。

第二类型学会，具有明显的学术性。其宗旨是学习研求一门或数门自然或人文学科。

1897年成立的上海农学会，主要为学习和推广西方农业新法“兴天地自然之利，植国家富弱之原”。学会分种植、畜牧、制造各类，试图“俾中国士夫咸知以化学考地质、改土壤、求光热、以机器灌溉，精制造之法之理”。[④]该会成立不久，一些会员还自发在附近设立分会。如海宁成立“树艺会”，[⑤]瑞安成立“务农支会”、如皋建立“农桑公社”。[⑥]在学会带动下，讲求农艺之学，一时蔚然成风。

同年建立的金陵测量会。所定章程九条：“曰练习仪器，曰专精一门，一测立距，一测平距……”会中所需各种仪器，“若天文镜，子午仪、经纬仪、纪限

① 解放军政治学院：《中共党史参考资料》，第445页。

② 李新：《中国新民主主义通史》（第1卷），第103页。

③《马克思恩格斯选集》（第1卷），第169页。

④ 中国史学会主编：《戊戌变法》（四），上海人民出版社，1957年，第429页。

⑤《海宁绅士请创树艺会禀》，《农学报》第26册。

⑥《蚕麦成绩》，《农学报》。

仪……皆粗已备具，并每人先习一器，各专一门”。[①]

武昌质学会“意在劝学，务崇质实”。为此，该会共设十四科：一经学、二史学、三法律学、四方言学、五算学、六图学、七天文学、八地学、九农学、十矿学、十一工学、十二商学、十三兵学、十四格质学。前六科为兼习之学，后八科为专门之学。各科“资性所近，听人自选”，“各占一科”，“分科肄习”。[②]

1898年的郴州舆算学会，主要研究舆地和算学两科，“舆地以绘险要究兵略为主，旁及农矿；算学以程功董役行军布阵为主，旁及天文”。[③]该会还拟派会员“游历各省、各国……相助料理”。[④]

这类学会，虽是以研求各门学科为主的学术团体，但它又并非完全脱离现实政治。这一特点，是与近代知识分子始终“讨论中外古今盛衰之源……以振中国”[⑤]的总目标相一致的。

第三类型学会，具有明显的改革性。其宗旨在革除封建陋习提高社会新风。

1897年的上海不缠足会就是其中一个。当时社会普遍认为，“中国盖有三害：八股、缠足、洋烟”。[⑥]该会会章指出：中国缠足之风，“徒以习俗既久”，创此会宗旨就在“革此浇风”。[⑦]会章还对入会者做了不少戒缠足的具体规定。另外湖南、湖北各地也皆有不缠足会组织。

因不缠足会成立后大有成效，“从者如流水”，[⑧]故次年上海又建立戒鸦片烟会。会章规定：吸鸦片“习俗既久”，“积弊难除”。今设此会，务“使互相戒勉，以清斯害”。[⑨]在这一倡导下，广东广西等地也都相继成立了戒鸦片烟会。

此外，1897年的知耻学会等也都属此类，目的在革除“官不耻欺蒙、吏不耻贪墨、士不耻无用”[⑩]等社会恶习。

---

① 中国史学会主编:《戊戌变法》(四)，上海人民出版社，1957年，第381页。
② 中国史学会主编:《戊戌变法》(四)，上海人民出版社，1957年，第442~443页。
③ 中国史学会主编:《戊戌变法》(四)，上海人民出版社，1957年，第466页。
④ 中国史学会主编:《戊戌变法》(四)，上海人民出版社，1957年，第467页。
⑤ 中国史学会主编:《戊戌变法》(四)，上海人民出版社，1957年，第467页。
⑥ 中国史学会主编:《戊戌变法》(四)，上海人民出版社，1957年，第462页。
⑦ 中国史学会主编:《戊戌变法》(四)，上海人民出版社，1957年，第433页。
⑧ 中国史学会主编:《戊戌变法》(四)，上海人民出版社，1957年，第463页。
⑨ 中国史学会主编:《戊戌变法》(四)，上海人民出版社，1957年，第463页。
⑩ 中国史学会主编:《戊戌变法》(四)，上海人民出版社，1957年，第455页。

应该指出，此类旨在改良社会风俗的学会，本身就包含着鲜明的爱国主义政治内容，进而体现了近代中国知识分子的强烈爱国感。不过这类学会参加者，除知识分子外，尚有"农工商"各阶层者。

以上三种类型学会在近代都有一定数量，每个学会也都有一定规模和会员。它们各自尽管宗旨不同，内容各异，但其活动方式却大致相同。主要有以下四种：

一是举行集会、开展学术交流。强学会规定"三日一会"，"来者日众"[①]南学会"每七日大集众而讲学"；[②]衡州任学会"每年开大会一次，两月小会一次"；[③]苏学会每月朔望为会集之期。[④]各会参加人数之多，后来康有为曾有记载，他说："是时，各省人士应时开会……人数皆逾万数，公车如云"，[⑤]有的"每会集者千数万人"。[⑥]

集会，有的"演说万国大势及政学原理"；[⑦]有的着重学术内容的切磋交流。金陵测量会要求会员将"所有各种仪器凑集一处，每日一聚。各述所知。互相传习"。[⑧]京师关西学会也明确宣布，集会目的是"各以读书所得，质疑辨难，如有撰述、互相质证"，[⑨]南学会为使外地不能亲自赴会者，也能学习科学并参加学术交流，还专门建立了《通讯会友》，以负责"远道寄函，随时酬答"，[⑩]这些活动，进一步扩大了学会的影响。

二是开办图书馆、扩大众人阅读。为了达到开启民众智慧、祛除愚昧，"冀输入世界之知识于我国民"[⑪]之目的，许多学会都集资购置各种书报，供人阅读。

上海强学会自定的"最要者四事"之一，就是"宏辟区宇、广集图书"，"旁搜购采，以广考镜而备研求"。[⑫]武昌质学会章程也规定，要"广搜图书、以饷（飨）

---

① 中国史学会主编：《戊戌变法》（四），上海人民出版社，1957年，第134页。
② 中国史学会主编：《戊戌变法》（四），上海人民出版社，1957年，第51页。
③ 中国史学会主编：《戊戌变法》（四），上海人民出版社，1957年，第473页。
④ 中国史学会主编：《戊戌变法》（四），上海人民出版社，1957年，第446页。
⑤ 中国史学会主编：《戊戌变法》（四），上海人民出版社，1957年，第143页。
⑥ 中国史学会主编：《戊戌变法》（四），上海人民出版社，1957年，第51页。
⑦ 中国史学会主编：《戊戌变法》（四），上海人民出版社，1957年，第51页。
⑧《谭嗣同全集》（增订本），中华书局，第255页。
⑨ 中国史学会主编：《戊戌变法》（四），上海人民出版社，1957年，第427页。
⑩《南学会大概章程十条》，《湘报》第34号。
⑪ 中国史学会主编：《戊戌变法》（四），上海人民出版社，1957年，第255页。
⑫ 中国史学会主编：《戊戌变法》（四），上海人民出版社，1957年，第390~391页。

学友”，中书而外，兼购西书，“凡五洲史籍、格致专家、律例章程、制度政典、皆储藏赅备”。[①]浏阳算学社因经费短缺，宁可暂停其他活动，“惟书藉随时添置，各报必按日月购置”。[②]

为了组织阅读，苏学会还具体规定：“每逢五逢十为发书之期，以五日为一期限，能多阅者每期发出两本，少者一本。上期取去，下期缴换。”[③]事实上，购书与阅读，是各学会最经常最实际也是最见成效的活动。

三是重视实践、鼓励调查研究。他们见于中国长期存在的理论与实际“划然分为两途”，致使“学术日趋无用”的弊病，进一步指出：“其方领矩步者，麦菽犹懵……役南亩者，一字不识……安望读书创新法哉！故学者不农，农者不学，而学农之统，遂数千年绝于天下，重可慨也。”[④]在此认识基础上，他们十分重视科学实践与社会调查，而试图解决理论与实际相分离的问题。

上海农学会创办之初，就准备“筹集款项，在江浙两省地方购田”，试办新农场。试种“中外各种植物”，[⑤]仿造并推广南方各种新式农业机具。金陵测量会也要求会员，首先要精熟各种仪器，然后测天（日、月、屋）、测地（山、路、河岸之类），甚至还准备赴吴淞溯江而上，对长江沿岸的山川地势等进行递测。“以增益读者，利于国防”。[⑥]

这种提倡理论联系实际，进行社会理查研究之风，在当时学会中颇为盛行。

四是办学堂，广泛培养人才。为了更广泛培养专业人才，不少学会都附设学堂。如上海农学会还聘化学师、动植物师，“先设一堂、日渐推广”，并计划“使农田所在，皆有学堂”。[⑦]彬州算学会也“专立学堂，以扩舆实用”。[⑧]另外有的学会，实际本身即是一种新式学堂，或学堂的预备班。浏阳算学社创办伊始，就招收生徒十六人，聘请晏孝儒为掌教授课，“专以算学为主、格致则责令

① 中国史学会主编：《戊戌变法》（四），上海人民出版社，1957年，第443页。
②《浏阳算学馆原定章程》，《湘学新报》第17册。
③ 中国史学会主编：《戊戌变法》（四），上海人民出版社，1957年，第448页。
④ 梁启超：《序》，《农学报》第1期。
⑤《务农会公启》，《时务报》第13册。
⑥《谭嗣同全集》，第255~257页。
⑦ 中国史学会主编：《戊戌变法》（四），上海人民出版社，1957年，第431页。
⑧ 中国史学会主编：《戊戌变法》（四），上海人民出版社，1957年，第467页。

看书”。[①]开办学堂是当时学会普及科学知识的有效的方法之一。

另外一部分学会还出版报刊，诸如强学会的《中外纪闻》、南学会的《湘报》、上海农学会的《农学报》、算学会的《新学报》等等。据不完全统计，光戊戌时期十六个科技学会所办报刊即达八种。

以上所有这些活动，在当时中国大地上都是别开生面、开天辟地的事情。尤其在清末，集会结社和新闻出版都被“悬为厉禁”的时代，也显示了中国知识分子为救中国、发展中国而激发出的极大胆略。

## 三、近代学会的历史作用

学会组织在中国产生虽然较晚，但它的影响却是很大的，它直接间接地作用于近代中国社会生活的各个方面。

### (一)冲决了集会结社的禁令，推动了中国政局不断发展

中国在封建专制统治下，“结会集社向为国禁”，[②]“广集众徒、妄议朝政”者，被宣为大逆不道，决不容许任何社会势力“干预国政”。

然而戊戌时代的知识分子，却一反过去禁令，提出要“破旧例愚民抑遏之风。开维新聚众讲求之业”。他们指出：“自近世严禁结社，而士气大衰，国之日孱，病源在此。”[③]并建议朝廷，要像西方国家那样，对学会组织“尊重保护而奖藉之，或君主亲临，以重其事；或拨帑津贴，以助其成”。[④]

接着他们不顾“国禁”，率先成立了强学会，从而“破数百年之网罗，而开后此之途径也”。[⑤]强学会成立后，康有为等人虽“皆被参劾”，但“上悉不问”，继之“强学会虽封禁，旋改为官报(书)局”，在这若禁又不可禁情况下，于是“各省学会极盛，更仆难数”。[⑥]这说明，长期来集会结社的禁令，在人们的意识和实践中，已被冲破。这一事实，对中国社会影响是深远的。

其一，由于学会冲破了结会禁令，使19世纪末资产阶级维新运动——戊戌变法成为可能。康有为在论学会与维新关系时说：“自强学会首倡之……于是

①《谭嗣同全集》，第180页。

② 中国史学会主编：《戊戌变法》(二)，上海人民出版社，1957年，第30页。

③ 转汤志钧：《戊戌变法史》，第128页。

④ 中国史学会主编：《戊戌变法》(四)，上海人民出版社，1957年，第375页。

⑤ 中国史学会主编：《戊戌变法》(四)，上海人民出版社，1957年，第10页。

⑥ 中国史学会主编：《戊戌变法》(二)，上海人民出版社，1957年，第30页。

海内缤纷，争言新法，自此举始也。”[①]事实上，戊戌维新运动与学会活动，始终是相辅相成的。

其二，学会的成立，活跃了人们的民主思想。“新学之风既倡，民智渐开”使中国人“识见言论颇有异于昔日……先觉之士，慨世之徒，攘臂抗论，大声疾呼，所在多有”。[②]梁启超也说：“中国近两年来风气骤开，颇赖学会之力。”[③]由此看，20世纪初中国出现空前高涨的宣传资产阶级民主思想的政治局面，绝非偶然，应当说是与学会的活动有密切的关系的。

其三，某些学会也发挥了早期政党的作用。梁启超论及强学会时曾说：“盖强学会之性质，实兼学校与政党而一之焉。”[④]此言概括的未必十分准确全面，但至少道出了强学会在组织戊戌变法时所起到的如同政党一样的实际作用。至于后来的新民学会，政党性质就更加明显，它对推动中国政局由旧民主主义向新民主主义转变，起了更大作用。

总之，学会对中国政局变化所起的若显若隐的作用，是不容否认的。

**（二）促进中国科学文化的发展**

19世纪末纪末20世纪初，中国知识分子为救国曾掀起过传播西学的高潮，大规模引进和普及西方的近代科学。在这一过程中，各科学会也起了主导作用并做了大量工作。

翻译新书是当时的主要活动之一。他们看到“西人声光化电格算之述作，农矿工商史律之记载，岁出以千万种计，日新月异”，[⑤]便决计翻译引进，使中国“年齿方壮，志气远大之人，多读西书，通西学”。[⑥]他们认为：“今日之天下，则必以译书为强国第一义”，“译书实为本原之本原也”。[⑦]为此，许多学会都承担了这一使命。

上海农学会曾翻译和搜集了大批“东西洋农报农书”。至1900年编辑了《农学丛书》82册，为中国引进了农政学、农用种子学、应用昆虫学、土壤学、农

① 中国史学会主编：《戊戌变法》（四），上海人民出版社，1957年，第408页。
② 中国史学会主编：《戊戌变法》（四），上海人民出版社，1957年，第396页。
③ 梁启超：《戊戌政变记》，中华书局，1954年，第88页。
④ 中国史学会主编：《戊戌变法》（四），上海人民出版社，1957年，第255页。
⑤《梁启超选集》，第55页。
⑥ 中国史学会主编：《戊戌变法》（二），上海人民出版社，1957年，第29页。
⑦ 梁启超：《论学校七·译书》，《时务报》第27册。

具制造学等农业各科知识;上海地图公会,曾精印世界总图、各国地图和中国各直省图600余幅。此外,学会所办报刊也大量刊登西学科技内容。如《时务报》不断报道西方国家新发明新创造,并转载介绍农工矿领域的新发明和数理、生物、气象等科学知识。[①]

学会还推动了中国新式学堂的兴起。组织学会的人深感到"国事之危殆,非兴学不足以救亡"。然而"当时社会嫉新学如仇。一言办学,即视同叛逆","不能公然设立正式之学校",因而组织了强学会,"备置图书仪器……且于讲学之外,谋政治之改革"。[②]强学会是如此,其他许多学会,也兼有学堂性质或兼办学堂。正是在学会的倡导和带动下,至20世纪,新式学堂或各种专业学校,在中国各地普遍建立起来,并引进了近代西方的教育思想和教育体制,使中国教育开始走上新的方向,人们得到了非同以前的新的科学知识。从而加速了中国教育走向近代化的进程。

总之,近代学会在学术活动、创立新式教育所取得的成果,很难一一列清,但它对中国科学文化发展所做出的贡献,却是可以想见的。

### (三)促进社会风气的改变

近代中国的社会风习,受西方影响是多方面的。其中不少是通过学会模仿演进而来,略举如下:

其一,接受西方统一纪年观念。中国正史纪年自秦皇汉武即有定法:按皇帝朝代纪年。自近代西方以耶稣诞生纪年传入中国后,启发了新型知识分子以统一纪年的观念,有些学会便率先效法。1895年强学会即用中国孔子纪年。[③]1897年的关西学会也用孔子纪年(即孔子二千四百四十八年)。[④]受此观念影响,辛亥革命时,便有人(提)议用春秋纪年、或用尧舜纪年、或用黄帝纪年。由此,统一纪年法在中国人心目中,一直有着一定影响。

其二,接受西方星期及周末休假习惯。星期七日制习惯传进中国后,长期未被中国人所接受。自近代学会成立才在社会产生影响。关西学会"略规"中就规定:"每一星期聚会一次。"[⑤]法律学会章程规定:"本会以房、虚、昂、星日为

① 《时务报》第1~15册。
② 中国史学会主编:《戊戌变法》(四),上海人民出版社,1957年,第255页。
③ 《食货月刊》1971年第1卷第6期。
④ 中国史学会主编:《戊戌变法》(四),上海人民出版社,1957年,第427页。
⑤ 中国史学会主编:《戊戌变法》(四),上海人民出版社,1957年,第427页。

息游日”。[①]延年会章程也“定房、虚、昂、星为休息”,[②]每月中的此四日,正是西方习惯中的星期日。以星期日之活动逐渐代替朔望日之活动,是由学会开始的中国知识分子生活方式中一项重大转变。自此,不数十年已潜移默化,成为中国近代社会常行之习惯。

其三,接受西方平等礼节行为。以往中国人之习惯,最重上下之分、长幼之别,“在朝者尚爵,在乡者尚齿”。自学会成立后,知识分子渐渐接受了西方平等观念。在学会“无论学术之深浅、名位之尊卑”,“概以平等相礼”,[③]另外,鞠躬握手也逐渐代替了叩头作揖,“其相见皆行平等礼”。[④]许多学会都将此列入会章。这一习惯改变,对后来整个社会影响是匪浅的。

除接受西方影响外,戒鸦片烟会、不缠足会等所提出的宗旨本身,也都起了潜移默化作用,使吸鸦片、妇女缠足等恶习,在社会上逐渐有所改变。

以上是我对近代学会组织和作用的一点管见,不对之处,请批评指正。

本文原刊载于《南开史学》1989年第1期。

**作者简介:**

马振举(1937—2021年),河北唐山人。1960年毕业于北京大学历史系,9月入职南开大学历史系中国近代史教研室,1988年晋升副教授,1995年5月退休。论文主要有《论左宗棠经营新疆的重大贡献》《论清末民初的币制改革》《论近代学会及其历史作用》等。

① 中国史学会主编:《戊戌变法》(四),上海人民出版社,1957年,第472页。
②《食货月刊》1971年第1卷第6期。
③ 中国史学会主编:《戊戌变法》(四),上海人民出版社,1957年,第447页。
④ 中国史学会主编:《戊戌变法》(四),上海人民出版社,1957年,第447页。

# 近代经世思潮的演变

陈振江

进步的社会思潮是一定历史时期的社会群体较为普遍的思想倾向，它集中反映着时代的要求、人们的心声、主张和意志，并以舆论的形式左右时政，唤起人们从事有益于社会变革、进步的事业。因此，进步的社会思潮是社会变革的先导。

80年的近代中国社会是大动荡的社会。日益严重的社会危机和民族危机，几乎使各个阶级、阶层或集团都感到巨大的威胁，于是便产生不同的应变方案，形成形形色色的社会思潮。其中最主要、最有影响的计有：经世致用思潮、洋务思潮、改良思潮、民主革命思潮、无政府主义思潮、社会主义思潮、新文化思潮等等。由于社会动荡而又来势迅猛，往往一种思潮刚刚形成且尚未完善，另一种思潮又接踵而起，于是在一段历史时期内就出现几种思潮并存、争衡或分化、组合的复杂局面。

然而，近代各种社会思潮是由初期的经世致用思潮发展与演变而来，其轨迹是十分清晰的。

## 一、经世思潮的复兴及其价值

所谓“经世思潮”，是指讲求通晓儒家经学以服务于现实政治和社会实际的崇实学风和价值趋向。它以经义为治理国家和改良社会之根本，以求建立一个理想的社会秩序。实质上，它是儒家传统的“治国平天下”等政治抱负付诸社会实践的思想表现和具体方策，故有通经致用、经世致用或经世之学、实学等名称。

“经世之学”本由明朝遗臣黄宗羲、顾炎武等思想家所倡导，他们有感于明朝灭亡的惨痛教训，而认真反思明代的弊政，批判空言心性和脱离实际的宋明理学与心学，昌明儒家匡世济民与献身国家、社会的精神。但在清初的高压政策下，这派很有生气和光彩的学风和思潮没能得到健康的发展，却被辞章、考据、训诂之学所湮没，并在学术思想界形成汉学与宋学长期对垒与争衡的局面。及至嘉道时期，清朝国势衰落，政治腐败，已成“日之将夕，悲风骤至”的衰世。一些以“治平”为己任的文人学士和开明官绅，极力提倡重振“经世致用”之学风，以探求纾解民困、匡救时艰的良策，遂使久已湮灭的经世之学迅速复兴。其内容更为广泛和丰富多彩：举凡与国计民生有关的政治、经济、文化、教育等方面的改革，乃至变法、谋求富强、整饬吏治、革除弊政、减轻赋税、理财、治河、漕运、海运、盐务、水利、刑狱，以及养民、边政、海防、“夷务”等务实之学，统统成为经世之学的重要内容。其规模宏大，影响深远，形成了独具特色的晚清经世致用社会思潮，或称之为晚清“经世运动”。[①]实质上它是封建统治阶级自我调节、缓和社会矛盾的自救自新思想与举措，亦是有益于社会安定与发展的进步思潮。

晚清经世思潮的复兴，以魏源代贺长龄编辑《皇朝经世文编》一书为标志。刘广京先生称道此书的叙文“不啻晚清经世运动之宣言”。[②]此书于1826年编成，次年刊行，共一百二十卷，收清代议论、条陈、章奏二千余篇，分为学术、治体、吏政、户政、礼政、兵政、刑政、工政等八纲，纲下分立子目，集清初至道光以前经世致用文章之大成。它清晰地体现了经世派注重研究当代制度及其历史沿革，注重实用、功效、变革与进取的治世精神。

嘉道之世有一大批忧国、务实和关心民瘼的经世治学者和以经世为己任的疆臣官吏，其中不少人既是官吏又是学者。陶澍、王鼎、李兆洛、王引之、林则徐、贺长龄、包世臣、龚自珍、魏源、俞正燮、松筠、徐松、张穆、姚莹等等，都是这一时期经世派的佼佼者。

这些经世派疆臣、学者对有关国计民生、制度兴革、除弊兴利等方面都有建树，思想主张丰富多彩。例如，陶澍在整理淮北盐务、开辟海运漕粮和兴修水利等方面政绩显赫。林则徐关心民瘼，在江苏等地革除弊政、兴修水利，并对吏治、盐务、漕运等作了有益的改革，对赈济灾荒不遗余力，被民间誉为“好官”。王鼎对改革河务与盐政、刑狱等，王引之对科举、吏治、救灾、治蝗，皆有研究和贡献。此外，刘台斗、孙玉庭、蒋攸铦、包世臣、张穆、陆建瀛等对河工、

---

① 刘广京在《魏源之哲学与经世思想》一文中倡“经世运动”说，见台湾“中研院”近代史研究所编：《近世中国经世思想研讨会论文集》，台湾“中研院”近代史研究所，1984年，第364页。由于本文发表较早，部分注释及引文信息不全。

② 刘广京在《魏源之哲学与经世思想》一文中倡“经世运动”说，见台湾“中研院”近代史研究所编：《近世中国经世思想研讨会论文集》，台湾“中研院”近代史研究所，1984年，第364页。

漕运、盐政都作过深入的研究。当时,对经世致用之学倡导最力、理论贡献最著者,当推包世臣、龚自珍、魏源、冯桂芬、张穆等人。

包世臣长期从事刑钱两席幕府,研究漕运、河工、盐务、币制,并提出一系列政治经济改革主张,是讲求时务、注重实学和经世致用的代表人物,故以“善经济之学”著称于世。

龚自珍是近世今文经学家的代表人物之一。早年潜心研究史籍,中年注重借经义以求改变衰世种种弊端,倡言通经致用,提倡学术为社会服务,声言“一代之治,即一代之学”,[①]遂开关心时务、“慷慨论天下事”的风气。他反对脱离实际的寻章摘句和烦琐考证的学风,反对以八股取士的科举制度;提倡士大夫应向富有实践经验的“田夫、野老、驺卒”学习,[②]并重视实地调查研究,成为注重实学和经世思潮的代表人物之一。

魏源是和龚自珍齐名的今文经学家,倡导和实践“经世致用”之学。他编辑《皇朝经世文编》时撰筹漕、筹鹾、筹河篇,并助江苏巡抚陶澍筹办漕运、水利诸事。他反对脱离实际的训诂和考证,主张以“经术为治术”,[③]解决社会实际问题,是一位有理论有实践经验和有建树的经世派的杰出的代表人物。

张穆是一位讲求经世致用之学、犹长于历史地理的实学家。并对兵制、农政、水利、海运、钱法尤所究心。他反对脱离实际“溺于凭虚吊诡”的学风,呼吁学人应就“农桑、盐铁、河工、海防、民风、士习”诸事之中“择其切于实用者一二端,穷源竟委,单心研贯”,[④]以求实用。

鸦片战前,经世思潮能够骤然兴起,除了社会急需和经世派的努力之外,也是道光皇帝大力扶植和提倡的结果。他即位于清朝的衰世,求治心切,且能广开言路,对究心时务和社会实际问题的经世致用之学大加扶植。他当政之初,对治世、取士、教化、军制、武备、水利、漕运、治河、积贮、风俗、保甲、吏治、刑法以及危害社会的鸦片问题极为关注,催促和鼓励臣下提出对策,尽力解决。随后,他明令推崇公羊学,倾向变革和进取,提倡通经致用。他曾不止一次地宣称“士不通经,不足致用;经之学,不在寻章摘句,要为其有用者”,[⑤]并强

①《龚自珍全集》,上海人民出版社,1975年,第4页。

②《龚自珍全集》,上海人民出版社,1975年,第10页。

③《魏源集》(上册),第24页。

④ 张穆:《㞩斋诗文集》卷3。

⑤《宣宗实录》,道光二十一年(1841年)四月乙巳。

调凡有所作为与贡献者必当“通经致用，有治人而后有治功，课绩考勤，有实心而后有实政”。[①]他把经世致用之学作为治世之法宝而大加倡导，许多经世方策相继提出和推行，并成为言官奏议中的中心议题和考课官吏的主要内容，从而形成一股经世致用思潮。

鸦片战前，经世派重点探究以下两大社会政治问题：

一是研究和试图解决鸦片危害及由此而引起的社会危机与统治危机。

道光初年，鸦片危害社会的状况日益严重，禁烟的呼声日益强烈，道光帝遂下令取缔鸦片贸易。但这时的禁烟舆论大都着眼于风俗人心，不外乎是“敦教化”的传统主张。随着鸦片走私的猖獗及吸食者激增，以及“银漏”“兵荒”等问题的严重，经世派及社会舆论主要集中在严厉禁烟上来。几乎所有的经世派官僚、学者都把禁绝鸦片当作刻不容缓的任务。许多以经世为己任的疆臣、言官纷上奏章，及时反映情况或提出对策，以使道光皇帝及时得知鸦片危害：“南北各省情形如出一辙，较洋钱之害尤甚”；[②]并饬令制订禁烟措施与条例，大张旗鼓地开展禁烟运动。

二是抨击时弊，揭露社会黑暗与政治腐败，要求整饬吏治和“更法”、变革，是鸦片战争前夕经世思潮的另一重要内容。

龚自珍、魏源在这方面的言论激烈，主张明确。龚自珍对极端专制制度与腐败的官僚政治揭露批判不遗余力。他痛斥官僚多是无耻的利禄之徒，“士不知耻，为国之大耻”；[③]做官的时间越长，就越奸诈虚伪。这些官吏是一群狗蝇、蚁虻、熊罴和豺狼，[④]靠这群兽虫是不可能治理国家的。他认为当时的社会是一个扼杀人才、窒息生机的鬼蜮世界；痛感社会危机严重，必须尽快改变，并认为“自古及今，法无不改”，[⑤]“一祖之法无不敝”，[⑥]只有“更法”和变革才能挽救社会危机。

魏源亦是抨击时政、倡言改革的名士。他对腐朽的官僚政治的批判不在龚氏之下。他痛斥因循守旧的官僚是“鄙夫”“乡愿”，“除富贵而外不知国计民

①《宣宗实录》，道光二十一年(1841年)四月乙巳。
② 中国第一历史档案馆编：《鸦片战争档案史料》(第1册)，上海人民出版社，1987年，第63页。
③《龚自珍全集》，上海人民出版社，1975年，第31页。
④《龚自珍全集》，上海人民出版社，1975年，第132、133页。
⑤《龚自珍全集》，上海人民出版社，1975年，第31页。
⑥《龚自珍全集》，上海人民出版社，1975年，第6页。

生为何事，除私党而外不知人材为何物”；他们“无职不旷，无事不蛊，其害且在强藩、女祸、外戚、宦寺、权奸之上”。[①]因此，他疾呼革除弊政，为民兴利，改变陈陈相因的成法。他认为“天下无数百年不弊之法，无穷极不变之法，无不除弊而能兴利之法。”[②]而且强调：“变古愈尽，便民愈甚”。[③]可见，龚、魏在鸦片战争前的变法主张与呼喊，是那个时代的最强音。但是清王朝早已积重难返，仅靠经世派以传统的兴利除弊、治乱兴衰的学说与方法进行修补，已挽救不了清朝的衰败，更抵挡不住西方资本主义的鸦片、商品和坚船利炮的入侵和撞击。可喜的是，注重实际和讲求实效的经世派，在和西方资本主义较量的失败之中勇于接受痛苦的教训，勇于学习西方的长处，遂使经世致用思潮迅速地向学习西方“长技”的方向发展。

## 二、经世思潮演变的高潮——洋务思潮

鸦片战争的失败使经世派目睹了西方炮舰和工业文明的威力，遂把敏锐的目光从封闭的中国转向西方资本主义世界，并以经世致用的思想去了解世界历史和现状，学习西方科技文化，探求富国强兵和御侮之术。经世派健将林则徐、魏源等人成为认识西方、学习西方的倡导者和实践家，并为经世致用之学增添了崭新的内容。

鸦片战争时期，由林则徐、魏源所开创的向西方学习的风气，偏重于了解世界历史、现状和“师夷之长技”，即学习以船炮为主的西方科学技术与练兵之法。林则徐在广州延聘外语人才，翻译外文报刊资料和著述，借以了解“夷情”和世界，先后编成《澳门月报》《华事夷言》和《四洲志》。他还组织搜集翻译大炮瞄准法、战船图式、枪炮制造原理与技术方面的资料，以增强海防和军备。他对英人的战船火炮推崇备至，希图仿造。他曾购买一艘美国“甘米力治”号轮船作为仿造轮船的样品。1841年，他把《火轮船图说》提供给在浙江前线的龚振麟，依样造出一艘车轮战船。在他的提倡与鼓励下，广东绅士潘世荣也仿制成了轮船和战舰。林则徐放眼世界、探求西方新知和仿造西器的进取精神，把经世致用之学推向了崭新的阶段。在他的带动和影响下，魏源、姚莹、梁廷

①《魏源集》(上册)，第66页。
②《魏源集》(下册)，第432页。
③《魏源集》(上册)，第48页。

楠、徐继畬、汪文泰等一大批经世派学人名士,在探求西方新知和介绍西学等方面付出了巨大的努力。

魏源在鸦片战前提倡经世致用;战后则倡导学习西方、传播西学。他受林则徐的嘱托,在《四洲志》的基础上广泛搜集中外资料,于1842年扩编成《海国图志》50卷,1847年补成60卷,1852年扩为100卷。该书旨在了解"夷情",抵御外侮,并明确提出"师夷之长技以制夷"的重大命题,成为经世思潮演变的重大转折点。《海国图志》较系统地介绍世界史地、社会风情和西方科技知识,成为近代开端时期学习西方的启蒙读本。在它的影响下,经世派纷纷研究世界舆地,许多著述和译著相继问世。其中最有影响的有:1846年梁廷楠著成《海国四说》丛书四种,即《耶稣教难入中国说》《合省国说》《兰仑偶说》《粤道贡说》,分别介绍美、英、意大利、荷兰、葡萄牙等国的历史、现状及其与中国的关系;并对耶稣教的起源、发展及其传入中国的原因作了较详的叙述与分析。1844—1846年姚莹两次奉使西藏考察,1847年著成《康辅纪行》,主要记载西南边疆的舆地情况及作者考察西藏有关山川风物的见闻。但其中有"外夷山川形势风土",介绍英、俄、印度等国的情况,并附有《中外四海地图说》,为人们认识西方提供了重要的依据。1848年徐继畬著成的《瀛寰志略》,对地球作了概述,并按世界五大洲分国叙述地理位置、面积、人口、历史、风情、宗教;还介绍了西方资本主义政治制度、殖民情况、科技文化及经济发展状况等等,成为与《海国图志》齐名的舆地名著。此外还有杨炳南主编的《海外番夷录》等介绍外国史地情况的著述。

鸦片战争后迅速形成的研究世界舆地的热潮,大都是围绕着学习西方、探索富国强兵之道与战胜西方侵略等政治追求而进行的。这些著作除介绍西洋诸国的史地和社会风情之外,还介绍了西方科学技术,并首次介绍西方的民主政治制度,从而构成早期传播西学的主要内容。但是,"师夷长技"的主潮尚未真正形成,仅仅限于了解和介绍西国历史、现状与社会风情及科技知识的浅层上面。到了50年代,在传教士的帮助下才引进数学、天文学、光学、力学、化学、生物学、地矿学等基础科学,并翻译出版了有关的著作,丰富了西学的内容。第二次鸦片战争结束后,才在失败羞辱的刺激下,迎来了经世思潮演变的高潮——洋务思潮(即自强思潮)。

第二次鸦片战争的失败对清王朝的打击和震动远比头一次厉害得多。用冯桂芬的话说:"有天地开辟以来未有之奇愤。凡有心知血气者,莫不冲冠发上指者，则今日之广运万里地球中第一大国，而多制于小夷也。”[1]清朝统治者和士大夫痛感“创巨痛深”，因此“人人有自强之心，亦人人为自强之言。”[2]甚至出现了“一唱百和、万口同声”谈洋务的局面，[3]形成声势赫赫的洋务思潮。夙以关心时务、讲求实际为己任的经世派官绅士庶亦争相发表言论，著书立说，为谋求“师夷长技”和求富求强而献策。当时，既精通经世致用之学，又究心西学的冯桂芬著《校邠庐抗议》一书，鼓吹“采西学”，“制洋器”，发展近代企业与培养西学人才，并提出“以中国之伦常名教为原本，辅以诸国富强之术”的理论，成为经世思潮进一步演变的里程碑。

洋务派追求自强的途径不外是接过林则徐、魏源所倡导的“师夷之长技以制夷”的旗帜，实践和发挥“师夷”的主张而已。洋务派首领人物大都发表过这方面的言论。例如，奕䜣曾明确地说过：“治国之道，在乎自强，而审时度势，则自强以练兵为要，练兵又以制器为先。”[4]李鸿章不止一次表示：“机器制造一事，为今日御侮之资，自强之本”；今日试办以期有成，“庶几取外人长技以成中国之长技，不致见拙于相形，斯可有备而无患。”[5]这些话概括了洋务运动的目的，即自强御侮，亦概括了举办洋务的办法与途径，即学习西方制器、练兵等长技。这反映了以“师夷”“御侮”为主要内容的洋务活动确为林、魏“师夷制夷”之余绪。

曾国藩是洋务运动的创始人之一，经世致用的学风使他力主革除弊政，讲求治国安民之策以求振作。他虽以理学相标榜，但他不尚空谈而务实际，是理学经世派的代表人物之一。理学经世派的思想核心是注重维护封建伦理制度和调整封建统治政策，增强封建国家机器的职能。因此，务实精神使曾国藩能够接受有利于封建统治的新事物，其中包括“师夷之长技”等学习西方的活动。第二次鸦片战争结束不久，他就明确地表示：“将来师夷智以造炮制船，尤可期永远之利”，[6]并于1861年12月在安庆设内军械所，第二年便开始仿造西洋船炮，使经世思潮开始变成举办洋务的实践活动。

---

① 冯桂芬：《校邠庐抗议》（卷下），《制洋器议》。
②《洋务运动》（第1册），上海人民出版社，1961年，第26页。
③ 中国史学会主编：《洋务运动》（第1册），上海人民出版社，1961年，第454页。
④《筹办夷务始末》，同治朝，卷25，第1页。
⑤ 中国史学会主编：《洋务运动》（第4册），上海人民出版社，1961年，第14~15页。
⑥《曾文正公全集》，奏稿，卷15，第14页。

李鸿章举办洋务最有成绩，1862年他率淮军到上海，在与外国侵略者联合镇压太平天国的过程中，目睹西洋枪炮的威力而感到惊奇和崇拜，成为他举办洋务的契机。他提出："取外人之长技，为今日御侮之资，自强之本。"[①]并把学习西方制器（枪炮轮船）练兵之长技作为举办洋务事业的核心。70年代以后他认识到"必先求富而后能强"，进而提出"稍变成法"才能"转贫弱而为富强"。[②]他所主张的"变法"多属革除官场积习和弊政、改良兵制和科举考试之类的枝节性的变革。可见他的治世之道并未超越理学经世派所要求的治世、改良的范畴，亦是在经世致用之学的基础上增添西学西艺的内容。但随着西学内容的增多，他的传统的经世内容越加减少。

左宗棠和张之洞亦是由经世思潮向洋务思潮转变的关键性人物。左宗棠是传统的经世派人物，注重修明政事和解决社会实际与民生问题，富于改革精神。他对有益于国计民生和解决社会矛盾的学问和新事物不抱偏见。他曾说："苟有益于时局而事属可行，必无干格。"[③]因此他能主动地取西方之长以补中国之短，使经世之学与西学西艺充分发挥治世济民的积极作用。左宗棠"师夷制夷"的目的很明确。他在师夷长技的洋务活动中，最重视仿西法造船。他认为："中国自强之策，除修明政事，精练兵勇外，必应仿造轮船以夺彼族之所恃。"[④]并认为这是"去海之害，收海之利，此吾中国一大转机，由贫弱而富强，实基于此。"[⑤]可见，左宗棠是把传统的修明政事等经世思想与"取西方之长"(科技)结合起来，作为举办洋务事业的指导思想，以达爱国御侮、富国强兵之目的。

张之洞是洋务运动后期的领袖人物，亦是正统儒家经世思想的代表人物之一。起初，他对洋务并无了解，且以维护封建道统为己任；但他讲求功效和实用，主张学术不分门户，汉宋两家和其他学术兼容并包、经史并重。特别是80年代初期他任山西巡抚时，在传教士李提摩太帮助下认识到西方科技、军工器械和机器生产等为内容的西学的价值，使他迅速地从清流派转化为洋务派，并坚定地认为："经国以自强为本，自强以储才为先，方今万国盟聘，事变日多，

①《李文忠公全书》，奏稿，卷9。

②《李文忠公全集》，"朋僚函稿"，卷19。

③《左文襄公全集》，书牍，卷4。

④《左文襄公全集》，书牍，卷7。

⑤《洋务运动》（第5册），上海人民出版社，1961年，第465页。

洋务最为当务之急。”[1]显然他已充分认识到西学的价值远比传统的经世之学为高。此后他举办了许多洋务事业，但始终不曾减弱维护封建道统伦常的一切努力，并在《劝学篇·外篇》中进一步发挥冯桂芬的“中体西用”思想，强调“旧(中)学为体，新(西)学为用，不使偏废”；企图以西学去保护中国的封建制度和躯体。但在实际的社会效果上，“卫道”的主张和言论无异于一块堂而皇之的金字招牌，而事实上则是西学几乎取代了传统的经世方策并发挥出巨大的威力。因此，《劝学篇》的问世标志着西学重要地位的确立，而传统的经世思想则在事实上渐渐退居末流。《劝学篇·内篇》虽然大张尊孔、忠君和礼教之防，实际上则是老生常谈的官样文章；不管封建统治者如何起劲地吹捧，但是社会上普遍共鸣的则是《劝学篇·外篇》开通风气、吸取新知等方面切合实际、启人智慧、给人力量的西学内容。

在30多年的洋务运动中，洋务派大规模地引进西方科学技术，翻译西书，兴办各类学堂和派遣留学生，为西学在中国的广泛传播与应用奠定了基础。与西方应用科技大量地输入相适应，自然科学各类基础理论亦日益广泛传播。自然科学以数学、物理、化学等类居多；应用科学以医学、工艺、军工类别占优势，许多学科的新成就相继输入中国。例如数学类的代数、微积分和概率论，物理学类的有关声、光、电、热、水、力学的新成就，以及生物学类的细菌和微生物等等。这些科学原理和知识的输入，奠定了中国近代科学的基础，极大地丰富了西学的内容。

## 三、经世思潮演变的终结——维新思潮

19世纪七八十年代，一批不当权的知识分子接受西学的影响日益深化，逐渐认识到仅靠仿造西式枪炮、轮船和创办新式企业并不能使中国富强，只有学习西方资本主义国家的政教制度，进行社会改革才是富强的根本。这些人大都由封建文人转化而来，早年或放弃科举，或从事经商，或参与洋务事业，或投身于洋人的报馆、洋行和书院，接触了不少西方资产阶级的社会政治学说。他们研究了西方社会制度后，认识到中国不变革封建专制制度，就不可能像西方各国那样强盛起来。他们不赞成洋务派只求富强的“皮毛”，认为学习西方技艺是次要的，而变革制度则是根本性的问题。郑观应曾说：“育才于学堂，论政

①《张文襄公全集》。

于议院，君民一体，上下同心，务实而戒虚，谋定而后动，此其体也。轮船、火炮、洋枪、水雷、铁路、电线此其用也。中国遗其体而求其用，无论竭蹶步趋，常不相及；就令铁舰成行，铁路四达，果足恃乎！”[①]他们批评洋务派举办洋务是“小变而非大变，貌变而非真变”；[②]“仅袭皮毛，而即嚣然自以为足。”[③]因此，他们要求建立一套有利于资本主义工商业发展的政治制度，即君主立宪制度；认为必须改变封建专制制度，建立资产阶级议会制度才是长治久安之策。为此，他们尽力介绍西方国家的各种政治制度，认为仿照英国的政治制度，实行君主立宪最为理想。这些主张和要求在郑观应的《盛世危言》里有着充分的论述，集中反映了洋务思潮向改良思潮转变的过程和思想风貌。此书以“道器”的关系论述了旧学与新学的不同，并在《学校》《西学》《铁路》《商务》《邮政》等篇中充分表述了“西学”的丰富内容，旨在阐明“主以中学，辅以西学”的体用关系。

但是，早期改良主义者的出身、经历很不相同，虽然他们早年大都受过旧学的熏陶，但经学的根底不深，真正称得上“通经致用”的人寥寥无几，对“经史经世”有研究者不多。

康有为则与早期改良主义者有所不同。他精通儒家经典，早年由古文经学派转变为今文经学派，犹长于《春秋》公羊学，成为他变法维新的思想基础。他对儒学的重要经典《春秋》《论语》《孟子》《大学》《中庸》等都有注释问世，“既以新时代的精神阐释儒学旧传统”，“又以旧学问的立场析论现实问题”，[④]成为“融通新旧、兼摄中外”的新型的经世之作。但是，这些经注都是他在20世纪初流亡日本时期的作品，而他致力于西学研究则始于1879年游香港、1882年游上海之时，“乃广购西书，大讲西学，尽释故见”。[⑤]可见，他和王韬、郑观应等人一样是在了解和实践西学的基础上，以西学诠释中学（旧学），而不像魏源等人那样是在研究和实践经世之学的基础上吸收西学，以促进经世之学的演变。

甲午战后，引进西方科学技术的深、广度大大超过了洋务运动时期，基本上把西方自然科学和应用技术中的许多重大发现、发明等新成果引进或介绍

①郑观应：《盛世危言》序。

②王韬：《弢园文录》卷7。

③王韬：《弢园文录》卷1。

④黄俊杰：《从〈孟子微〉看康有为对中西学思想的调融》，台湾“中研院”近代史研究所编：《近世中国经世思想研讨会论文集》，台湾“中研院”近代史研究所，1984年，第578页。

⑤《康南海自编年谱》。

到国内。例如，对X射线和镭的发现及其研究与应用作了及时的介绍。此外，西方政教制度和人文社会科学的广泛引进和传播，使西学完整、系统，使学术思想界和社会舆论的风气为之一新，促使维新思潮的发展。特别是达尔文的生物进化论介绍到中国，震动了全社会，推动救亡图存运动迅速高涨，推动了变法与革命运动的发生与发展。人文社会科学的引进并与变法运动相结合，形成生机勃勃的维新思潮。直至戊戌变法前后，康、梁的变法主张、论著及其实践，标志着经世思潮演变的终结。

这些事实说明，19世纪末20世纪初，旧学的统治地位仍在维持，但西学“经世”的威力与作用已得到普遍的认可；而传统的经世致用之学则失去昔日的光辉而急剧衰落与泯灭。

本文原刊载于《历史研究》1991年第3期。

**作者简介：**

陈振江（1936—2022年），河南睢县人。1959年在南开大学历史系毕业后，留校任教。1985年晋升教授，享受国务院政府特殊津贴待遇。1991年至1995年任历史系主任、南开大学校务委员会委员、校学位委员会委员。1980年至1992年，兼任《南开史学》主编十余年。南开大学中国近现代史学科学术带头人，出版专著和资料工具书等20多种（含合著与主编），发表学术文章百余篇。著有《简明中国近代史》《义和团文献辑注与研究》《发微集》（南开史学家论丛）等，主编《二十六史简明辞典》等，是国家清史编纂工程成员。

# 论近代军阀的定义

来新夏

在北洋军阀史的研究中,人们经常讨论的一个问题是如何为"军阀"下定义,立界说。但直至目前仍难得出一个能为多数人所认同的共识。我们为了撰写《北洋军阀史》,遂以北洋军阀集团为主要着眼点,在概括诸家有关论述的基础上来探讨"军阀"的定义这一问题。

## 一

"军阀"这一名词,我所见到的最早文献记载是《新唐书·郑虔瓘传》中所记:"郑虔瓘,齐州历城人,开元初,录军阀,累迁右骁卫将军兼北庭都护、金山道副大总管。"①

郑传中"军阀"一词的含义有别于后世之所谓"军阀"。这个"阀"是阀阅之家的"阀",是指世家门第,即指官宦人家门前旌表其功绩的柱子。"军阀"是指有军功的军人世家,含有门庭显赫的褒义。但近代以来被冠之以"军阀"的个人和集团因处于历史潮流发展的对立面而使"军阀"一词毫无疑义地成为贬词,并已有人使用其贬义。1918年底,陈独秀就曾为军阀下过定义,他认为:军阀是"毫无知识,毫无功能,专门干预政治、破坏国法、马贼式的、恶丐式的"人物。②1918年底至1919年,梁启超在欧游时所写的《欧游心影录》中曾说:"军阀之为政,以刚强自喜,而结果也,必陷于优柔而自亡,外强而中干,上刚而下柔,是其征也。"并认为军阀就是由"弱肉强食"这条路上产生出来的。③1919年9月,中国的民主主义革命家孙中山在其《复于右任函》中第一次使用"南中军

---

① 欧阳修:《新唐书》(卷133),中华书局铅印本,第4543页。由于发表较早,本文部分出版信息不详。

② 只眼:《欧战后东洋民族之觉悟及要求》,原载《每周评论》第2号,1912年12月29日。见《陈独秀文章选编》(上),第308页,生活·读书·新知三联书店,1984年。

③ 梁启超:《饮冰室合集·专集》(第5册),第23卷,中华书局,1941年。

阀”一词，并斥之为“暴迹既彰”。[1]次年初，政论家谭平山比较明确地界定了军阀的含义，他说：“握了一种特殊的势力，成了一种特别的阶级，组织了一种特别的系统，这就是叫做‘军阀’。”[2]那就是说，军阀就是掌握军事政治实力的宗派集团。这些分析和评论都已从贬义来立论。

北伐战争时，“打倒军阀”的口号响彻神州，“军阀”已完全成为贬词。当时的胡汉民和蒋介石等似乎都曾为“打倒军阀”这一口号做注解而对“军阀”下过定义。胡汉民在一次演讲中曾说：“一个军人上没有为国家的利益，下没有听民众要求解放的呼声，只是前面靠官僚、政客、土豪、劣绅以及一切反革命势力做了党狼；后而勾结着帝国主义做了声援，这就是军阀。”[3]蒋介石在另一次谈话中曾说：“军阀把持的是地盘……要的是财产……爱惜的是自己的生命……取给的是帝国主义。”[4]这些分析是近理的，可笑的是，后来他们的行为却重蹈了自己对“军阀”所下的定义。

以后，这个问题很久没有人正式涉及，直到近十多年由于民国史和北洋军阀史的研究与编写又引起人们的注意，海内外学者都对此发表过意见。彭明曾在《北洋军阀(研究提纲)》提出三条军阀定义，即：“他们各有一支为自己争权夺利而服务的军队”；“他们各有一块可以任意搜刮和统治的地盘”；“(他们)大都是帝国主义在中国进行统治的工具”。他明确地提出前两点“是一切封建军阀所具备的”，[5]那么后一点显然是指近代军阀所特有。这三条基本上代表了过去一些人的观点。

《中华民国史》主编李新为了指导民国史中北洋军阀统治时期部分的编写工作，专门探讨了军阀的定义。他从1981年起连续在有关军阀史和民国史的讨论会上论及这个问题，概括地提出了私兵、地盘和武治三条，有些人对此曾表示过异议。1983年，李新经过进一步思考、补充和完善，正式发表了专门性论文，[6]明确地提出：

---

① 《孙中山全集》(第5卷)，中华书局，1985年，第106页。

② 鸣谦：《军阀亡国论》，原载《北京大学学生周刊》第6号，1920年1月12日。见《谭平山文集》，1986年。

③ 1927年4月8日胡汉民在南京检阅军队时的讲演，见《革命文献》(第16册)，台北，1954年，第563~564页。

④ 1927年9月18日蒋介石的谈话，见《革命文献》(第17册)，台北，1954年，第46页。

⑤ 《教学与研究》1986年第5~6期。

⑥ 李新：《军阀论》，《史学月刊》1985年第1期。

我认为：军阀是封建社会和半封建社会特殊的政治现象。军阀是一种特殊的军事集团。它拥有以个人为中心，并由私人关系结合起来的一支私人军队。它通常据有一片固定的或比较固定的地盘。

封建统治有两种相对不同的统治形式，一种是直接的军事统治，凡实行这种形式的封建统治者，无论其大小乃至贵为天子的全国统治者，我们都可以称之为军阀。

李新的这些论述归纳起来仍是私兵、地盘和武治三条。但不能不使我们注意到这篇论文中也提出了如“军阀常有割据的现象。但割据并不一定是军阀，因为割据并不是军阀的本质”等见解。在这篇论文中，李新为了论证以武治作为军阀定义的理论根据，同时提出了“乱世出军阀”的论点。他说：

军阀总是产生于封建的“乱世”而不是产生于封建的“治世”。每当封建乱世，合法的最高封建统治者总要实行严酷的直接军事统治。这其实也就是军阀统治。作乱的封建统治者拥私兵以谋夺权，当然也是军阀。在野的封建主有的也乘机招兵买马，据地称雄，这也是一种军阀。至于官逼民反，农民因无法生活而造反起义，更是常见的事情。农民起义当然是正义的斗争，但其胜利发展的结果仍然要称王称帝，走上军阀的道路。可见封建乱世，军阀的来源是多种多样的，军阀现象是普遍的。

这一观点似尚可商榷。其意是凡在易代逐鹿之际的各色人物几乎都被网罗于军阀之列：掌权的、夺权的、在朝的、在野的、称王称帝的以及农民起义领袖等等都无一幸免。诚如所论，那么中国历史上的商汤、周文武、唐宗、宋祖、成吉思汗、朱元璋等等都可以称作军阀，至少有过军阀的经历，而中国历史也只不过是一部军阀更迭史而已。所以这一观点是难以令人苟同的。

1989年，台湾学者张玉法提出如下四点作为军阀定义的依据，即：其一，养军的目的是追求个人和本军的利益；其二，武力被当做解决纷争的正常途径；其三，军事权不受行政权的拘束；其四，国内如此，甚至国际种种秩序、法律也不顾及。[①]这是从军阀不合乎正常行为准则行事的角度来论证其定义的。

1990年1月出版的《孙中山与中国近代军阀》一书的作者段云章在该书第一章中分析了近代军阀的特征，他提出了其他论著中未尝明显涉及的内容，即从剥削方式的角度立论。他说："近代军阀已不完全依靠封建经济，而且依靠外债、关税、盐税和官方企业的收入。"[②]

1991年8月出版的《新桂系史》一书的主编莫济杰则对军阀的特征作了如下的概括："他们依赖帝国主义的扶植；充当地主买办的政治代表，压迫剥削人民群众；拥有私人军队，以军队控制政权；割据地盘，实行'武治'。在这些基本特征中，又存在着两个最基本的军事、政治特征，那就是军队私有和割据地盘。"[③]

国外学术界对此问题也给予应有的重视。其中较早的著述是美国学者薛立敦(James E. Sheridan)于1966年完成的《中国军阀——冯玉祥的一生事业》一书。[④]该书曾被誉为美国研究中国军阀的第一部著作。薛立敦在该书的开端即为军阀做出如下的定义说："军阀是藉着不受外力控制的军事组织，在一定的区域内行使有效的统治。"

薛立敦还以冯玉祥作为军阀的一种类型进行剖析，指出军阀的共同特点是：其一，握有政治上的统治权势，控制一定的地域范围；其二，武力是进行统治、巩固地位的最重要手段；其三，掌握的武力是私家的军队；其四，这种军队既无忠于"君王""恩主"的思想，也不为国家效力；其五，谋取私家之利，维护一帮地位，是其最大职责。二十年后，薛立敦在分撰由费正清主编的《剑桥中华民国史》第六章时仍持原观点，极其简要地给"军阀"下一定义说：

> 最简单地说，"军阀"就是那种指挥着一支私人军队，控制着或企图控制一定地盘，并且多少是独立行动的人。在中文中，"军阀"是一个带有贬义的词，令人想起一个自私的、丝毫没有社会意识或国民精神的司令官。[⑤]

---

① 张玉法：《民初军系史研究(1916—1928)》，见台湾"中研院"近代史研究所特刊(1)《六十年来的中国近代史研究》(下册)，1989年，转引自渡边惇：《北洋军阀研究的现状》一文。

② 段云章、邱捷：《孙中山与近代中国军阀》，四川人民出版社，1990年，第12页。

③ 莫济杰等主编：《新桂系史》(第1卷)，广西人民出版社，1991年。

④ James E. Sheridan. *Chinese Warlord, The career of Feng Yu-hsiang*, Sanford University Press, Stanford 1966.

⑤ 费正清主编：《剑桥中华民国史》(第1部)，章建刚等译，上海人民出版社，1991年，第299页。

1968年，以后来撰著《军绅政权》享誉中外的陈志让撰写了《中国军阀派系诠释》[①]一文。这篇论文虽题为“诠释”，但它是目前所能见到的搜罗资料颇为完备的一篇涉及军阀定义的论文。他征引了军人、政客和学者各类人士[②]的诸种论点而总括出军阀的定义是：

> 大凡这些有关军阀的定义都同意私军及控制地盘为军阀的两项基本特征。

他并说：“他们之成为军阀，就是因为他们非儒家之士，也非民族主义者。他们那种自私自利不顾他人的心理往往是胜过他们对国家或王室的忠心。这是现代中国的军阀在历史上的特质。”

> 从逐渐衰退的儒家文化观点来看，军阀是无节操、无耻之徒，从不断蓬勃发展的民族主义观点来看，他们是落伍的。因为不可否认的，他们之中许多人的行为都是毫无操守可言，而且每每不合时宜，因而易被认为是军阀。[③]

陈氏除了私兵和地盘两点之外，又增加了心理状态和行为操守的界定内容。

1973年，日本学者波多野善大在集结其历年有关近代军阀论文所编的《中国近代军阀的研究》一书中分析了近代军阀所具有的五种性格，即企业性，买办性，地主性，兵士素质差、与土匪没有什么差别和军队的私兵性，[④]其第四项似可简称为土匪性。这军阀五性只是从近代军阀的阶级性格这一主要点上所作的分析。

---

① 本文原于1968年以英文发表于*London University School of Oriental &African Studies Bulletin*,VOL. XXXI, Part. 3上，后经陈家秀小姐译为中文，收入张玉法主编的《中国现代史论集》(第5辑)，台湾联经出版事业公司，1980年。

② 按照陈文征引的顺序，这些人有薛立敦(J .E. Sheridan)、费正清(J. K. Fairbank)、陶希圣、王造时、梁漱溟、戴季陶、蒋介石、胡汉民、林柏克(P. M. A. Linebarger)和章有义等人。

③ 陈志让：《中国军阀派系诠释》，见《中国现代史论集》(第5辑)，第23~24页。

④ 波多野善大：《中国近代军阀的研究》，河出书房新社，1973年，第277~278页。

1976年，美国北卡罗来纳大学政治系教授齐锡生在他所完成的学术专著《中国的军阀政治（1916—1928年）》第一章《导言》注中曾对军阀做过如下解释说：

> 虽然“军阀”（warlord）是一个通常惯用的名词，并用来作为这本书的书名，以表示中国现代史的一个时期，但是它含有轻蔑、非难的意思。甚至在二十年代，对于究竟谁是一个“军阀”，谁不是，常有争论。其要点在于“军阀”的含义究竟是什么？一个受人尊敬的军事领导人不会被称为“军阀”，这个名词常用来称呼坏的军事领导人。①

齐氏这种把军人按世俗所说“好”与“坏”的论人标准来划分是否军阀，虽显得有些含混，但是，他却提出了以行动准则来考虑“军阀”含义的想法。

1978年，陈志让在其所完成的《军绅政权》专著中，专门在《序论》中确立了《定义》一门，搜集了民国以来梁启超、胡适、孙中山和一些直奉军阀对“军阀”定义的诠释。②

1991年，日本学者渡边惇所撰《北洋政权研究的现状》一文之三《近代军阀论》一节中，曾概括了中外学者对军阀的定义和概念为三点，即：其一，军阀为了保护自己的利益而持有军队。并且，这个军队的首领，以家族、亲族、同乡、同学、师弟等封建的人际关系来掌握统领。其二，总想占据能支配一切的地盘，这种地盘有从固定的到比较流动的。其规模从一个区域的一小块地方，到大至旁及数省。其三，在此地盘上建立独立、半独立形式的直接的军事统治。它同文治、武治毫无关系。③

## 二

综观中外学者对“军阀”的定义，比较集中于从私兵、地盘和武治这三点来

---

① 齐锡生：《中国的军阀政治（1916—1928）》，杨云若、萧延中译，中国人民大学出版社，1991年，第1页。

② 陈志让：《军绅政权》，生活·读书·新知三联书店，1980年，第2页。本书别有英文本与日文本分别在加拿大和日本出版。书中引述了梁启超、胡适、张作霖、吴佩孚、国民党、中国共产党以及毛泽东对“军阀”的诠释。

③ 辛亥革命研究会编：《中国近代史研究入门》，汲古书院，1992年，第160~161页。

立论。我们认为:凡确定一个定义和界说,应该用许多事实的比量来验证,看是否讲得通,并且看是否概括得比较完整,而用上述三点与以北洋军阀为代表的近代军阀的许多史实相比量,似乎还有可考虑之处。

所谓“私兵”,应指隶属于一主一姓,与主人共存亡,同荣枯,忠诚不贰,只能玉石俱焚,不能易主统率或随意调动的武装,如地主庄园的护庄乡丁之类。北洋军阀虽然内部有自树派系、私人结合的特殊关系,但其所统军队不能完全称之为“私兵”。如袁世凯在已拥军六镇的情况下,只需一道诏谕,即可抽调移戍,甚至还可以被责令休致回籍。袁世凯纵然还可以通过特殊关系暗中操纵,但他在事实上只能唯命是从,离开军队,垂钓洹上。以后的军阀则更是常有易帅夺兵的情况,而并非是“将”能终生专其“兵”,或“兄终弟及”“子承父业”地掌握军队。所以说“军阀”有私兵是不够确切的。与其说“私兵”,不如说“军队”或“武装力量”,或如薛立敦所言的“军事组织”,更为妥帖。当然,军队或武装力量无疑是军阀存在和发展最重要的基本条件之一。军阀如无军则难乎其称“军阀”了。至于解除兵权后的军阀则因其曾有此经历而无须由于其手中无军而抹去其军阀的往事。

割据一块地盘是军阀所必需,也是军阀存在的一种现象。因为不割据一块地盘就无经济来源、士兵来源和活动发展的舞台。军阀需要割据,但不能由此而作出凡割据都是军阀的反命题。因为,我们必须看到,军阀所割据的地盘,尚非占山为王,而是其驻地。这些驻地往往是上一层统治者所分配或划定。如东三省巡阅使、湖南督军、某某镇守使,等等,都给以地盘区划的限定,即使相互兼并,也必在事定后履行报告备案的手续。其次,割据地盘是可为各种不同行为提供条件的,如果只看到起义者和革命者的割据现象而不考察其目的行为,其结果必将失去了历史的真相;反之,认为不割据或倡言统一的就是非军阀,也是不恰当的。割据与统一是对立的概念,但不能仅以表面现象作为划分军阀与非军阀的依据。有些学者或曾以此作标准而不把袁世凯列为军阀,因为袁世凯统治时尚未分崩割据,而是全局统一。这岂不是把整个北洋军阀史中关于北洋军阀产生、发展的历史阶段切割掉了吗?如果把袁世凯的一生作综合考察,他是难逃“军阀”这一恶谥的,何况袁世凯并没有实现真正的

"统一"呢？[①]从具体情况看，北洋军阀有割据之实，但他们从不自承割据，而且在割据的后面，还在无限制地扩大一己的实力，这恰恰是把"统一"作为一种口号或招牌。无论袁世凯，还是段祺瑞、冯国璋、吴佩孚等人都曾高唱"统一"，希望以自己为中心"统一"其他派系。在北洋军阀集团统治时期，"统一"口号几乎凌驾于一切口号之上。当某一方的力量足以制服对方，并想用武力兼并对方时，便以统一为口号，称为"武力统一"，而当自己拥有了既得利益，但又没有足够力量制服对方时，则提出"和平统一"的口号以粉饰自己，维护自己。一些官僚、政党也仰军阀鼻息追随呐喊，组建"统一党""统一促进会"等。他们虽然各有其目的与背景，但多反映或利用了人们要求统一的心理状态。有些实力相对弱小的军阀，虽然割据一方，但却不敢独树一帜，充其量打出"联省自治"的旗号，依然表示听命于北京政府。这就是因为不敢公然反对"统一"，所以接过"联省自治"的口号而为己所用。因此，我们不能以他们主张和高唱"统一"的现象来否定他们的割据现实和军阀身份。

至于以"武治"作为军阀定义的标准也值得商讨。"文治"和"武治"[②]是两种不同的统治方式，任何统治者都是文武兼资而不会单纯用一种方式的。刘晓的《近代军阀政治的起源》一文中明确表示不同意两种统治形式的观点，认为军阀政治是"通过近代民主政治的形式实行专制的政治统治"，[③]即无所谓"文治"与"武治"之分。至于某些人物或集团在其濒临灭亡而进行所谓"武治"，撕掉一切面具，抛弃所有手段时，可能一味残暴施虐，失去理性；但那只说明丧家之犬、釜底游魂的垂死挣扎而已。北洋军阀统治时期，在连年混战，兵燹不断，残害民众之际，不仅进行祭天、祀孔、读经等封建主义的"文治"教化，还运用议会、政党、选举种种尽管被扭曲了的西方民主制度。具体如吴佩孚之流。一面

① 辛亥革命后，袁世凯只能控制除山西、陕西外的长江以北、长城以南的四个省份；二次革命后，他又控制了长江以南的六个省，成为十个省，继而取得四川的控制权；但广西陆荣廷、贵州刘显世、云南唐继尧等一直处在反对和冲突的地位。直到洪宪帝制失败，袁世凯也未能真的实现统一。

② 关于文治与武治之说，陈独秀早在1919年1月12日即以只眼署名著文解释说："中国武治主义，就是利用不识字的丘八，来压迫政见不同的政党；或者是设一个军政执法处，来乱杀平民。中国的文治主义，就是引用腐败的新旧官僚，来吸收人民的膏血；或者是做几道命令，来兴办教育、工商业，讨外国人的好；做几道命令来提倡道德，提倡节孝，提倡孔教，讨社会上腐败细胞的好。"《文治与武治》，原载《每周评论》第4号，见《陈独秀文章选编》(上)，生活·读书·新知三联书店，1984年，第315页。

③ 刘晓：《近代军阀政治的起源》，《学术研究》1990年第6期。

穷兵黩武，叫喊“武力统一”；一面又提倡“好人内阁”，鼓吹“劳工神圣”，这不正是“文治”“武治”的兼用吗？反之，一些起义者和革命者为夺取政权，解民倒悬所进行的正义战争和强力推行的进步措施若归之于“武治”而侪之于“军阀”，岂不又混淆了本来很清楚的历史是非了吗？

我们认为：所有上述那些为军阀下定义的论据，只能作军阀应具备的基本条件，或者说是定义的不完整论据。无论私兵、地盘、武治以及其他等等用来和军阀，特别是北洋军阀的现实情况相比量，往往有不相符合者。所以，它们只能是一种条件，而不是决定本质的东西。定义固然包含着条件，但应取决于本质，而最能体现本质的是在一定思想指导下的行为，或说行动准则。

过去，人们对军阀的行为或行动准则往往只是一种简单的直觉观念，认为军阀行为粗鲁野蛮，随意行动，没有什么准则。实际并非如此，任何一个人和集团的行为和他们奉行的准则都是在一定思想指导下产生的。国外学者的一些著作在讨论定义和界说时已经涉及军阀的思想意识与心理状态。[①]那么，以北洋军阀集团为代表的近代军阀的指导思想究竟是什么呢？我们认为：它是以“中体西用”为其指导思想的。“中学为体，西学为用”是晚清时希冀挽救濒临灭亡的“救世良方”。北洋军阀集团的小站练兵就是“中体西用”思想指导下在军事方面的具体体现。袁世凯提出的“训以固其心，练以精其技”是其建军的基本方针，其意是以封建伦常关系来固结军心，以西方的军械操典来娴熟军事技能。他更明确地提出“兵不训罔知忠义”，“兵不练罔知战阵”，把训与练作为两大建军思想和练兵内容，实质上体现了“中体西用”思想，而为当时朝野上下所接受与重视，因而获得比较充裕的供应和优良装备，使北洋军阀集团在创建阶段得以顺利地发展、壮大。

民国以后，北洋军阀集团掌握了政权。它面临着一个新旧并存，中西杂陈的过渡性社会。它把“中体西用”思想从军事推衍到政治。“中体”虽然已不能再公开宣扬“君权”，但其核心内容仍然是封建的伦常关系；而“西用”则已不仅是西方的操典、器械、营规和洋顾问，还运用了民国建立后所出现的西方资产阶级民主形式，诸如宪法、议会和选举等等。所以，北洋军阀集团控制下的民国政府，只是在封建主义与资本主义撞击下，体现“中体西用”的军阀政权而

① 薛立敦的《中国军阀——冯玉祥的一生事业》、费正清主编的《剑桥中华民国史》和陈志让的《中国军阀派系诠释》等著述中均有所涉及。

已。所谓国会选举、府院之争、历次阁潮等等，无一不是北洋军阀集团利用扭曲了的西方民主形式来达到其封建专制目标的所作所为。各种民主机构甚至宪法都被北洋军阀集团用作封建性统治的装饰品和工具，一旦不合于“中体”，那就会成为牺牲品，如解散国会，缴销议员证书，暗杀政党领袖，终而要埋葬民国，实行帝制。

北洋军阀的“西用”，内容比较明显，而“中体”内容究何所指？我们认为：它基本上是儒家的封建伦常关系。有人认为：北洋军阀集团的成员不是“儒学之士”，[①]这不是没有根据的，因为受过教育的军阀不过占1912—1928年间团以上军官13000人中的30%，而其余的大部分是文盲或半文盲。[②]这些人当然不可能真正理解儒家文化；但不能认为他们没有受到儒家文化和从封建制度因袭而来的传统社会环境的影响，而且他们确是又在实际生活中利用了儒家文化的某些内容，所以说，北洋军阀集团的“中体”，乃是以儒家文化为核心，以封建伦常为纽带，维护一种异常明显的层次性宝塔式的统治系统和等级隶属关系，以延续甚至恢复封建体制和封建的行为规范。

吴佩孚是北洋军阀集团中体现“中体西用”思想的典型。他一方面以“儒将”自许，崇尚关岳，标榜维护华夏尊严，排斥外来事物，适合了封建守旧的口味；另一方面又改革军事，聘请洋顾问，寻求洋人支持，博取了西方资产阶级的赞誉。吴佩孚按照半封建半殖民地“中体西用”思想要求，把自己塑造成一个“学贯中西”而为中外人士认同的人物。他机智地利用民主舆论，高唱救国爱民，用来粉饰自己，而实质上则制造“二七惨案”，组织直奉“反赤”联盟等以维护封建主义的“体”。1929年，吴佩孚全盘失败退出政治舞台后，似乎经过自省反思，发表了《循分新书》，明确地阐述其“中体”思想。他说要“奉行礼教以达圣人境界”。他认为“共和是现今社会道德的衰微”，要“振衰起敝，唯一之道是要振兴文化”。[③]这就是北洋军阀集团主流思想的代表。遗憾的是事与愿违。他们由于无知少知和悖乎时代要求，利用和宣扬儒家文化中过时的糟粕，即那些难以为时代所接受，甚至令人发噱的丑陋内容。他们的所谓“振兴儒家文化”，实际上是践踏儒家文化和对儒家文化进行了一次大破坏。儒家文化中应

---

① 陈志让：《中国军阀派系诠释》，见《中国现代史论集》（第5辑），第24页。

② 《辛亥首义回忆录》（册1），湖北人民出版社，1957年，第68页。

③ 吴佩孚先生集编辑委员会：《吴佩孚先生全集》，大中书局，1960年，第3页。

该扬弃的陈腐部分和弱点被他们"提倡"得暴露无遗，以至五四运动提出了"打倒孔家店"这类近乎绝对化的口号，与此不无关系。

从以北洋军阀集团为代表的近代军阀的主导思想、本身具备的条件，特别是他们的劣行和对社会进程所起的反作用，可以断言这个"军阀"概念应是一个贬义词，而对其定义和界说拟作如下的表述：

以北洋军阀为代表的近代军阀是以一定军事力量为支柱，以一定地域为依托，在"中体西用"思想指导下，以封建关系为纽带，以帝国主义为奥援，参与各项政治、军事及社会活动，罔顾公义，而以只图私利为行使权力之目的之个人和集团。

这一表述显得有些累赘，但是否已经准确完整地表达，还值得商榷，为了在《北洋军阀史》问世前，能把这篇作为序论一部分的内容更完善些，所以先奉之读者以求教益，并以之纪念《社会科学战线》这一驰誉学术界的大型学术刊物的创刊十五周年。

本文原刊载于《社会科学战线》1993年第2期。

**作者简介：**

来新夏（1923—2014年），字弢盦，浙江萧山人。1946年毕业于北平辅仁大学史学系。1949年被保送至华北大学，师从范文澜先生攻读中国近代史研究生。1951年奉调至南开大学历史系任教，由助教循阶晋升为教授。面世学术专著30余种及古籍整理多种，晚年仍笔耕不辍，出版有文史随笔《冷眼热心》等30余种。

# 北京大学的蔡元培时代

高平叔

蔡元培先生主持北大期间，胡适称之为“北京大学的蔡元培时代”。[①]

蔡元培时代是北京大学光辉灿烂的时期，也是中华民族觉醒奋起的时期。正如吴玉章所说：“蔡先生被任为北京大学校长……罗致进步人士为北大教授，如我党出色人物李大钊同志及主张白话文、大倡文学革命的胡适等，起了新文化运动的革命作用，一时新思潮勃兴，学术思想为之大变，尤其是我半殖民地半封建的国家，受了十月革命的影响，社会主义的思潮，汹涌于一般人士、特别是青年脑筋中，使中国苦闷而没有出路的革命知识分子得到了新生命，获得了新武器，因而就有冲破旧桎梏而创造新文学、新文化的勇气，因而就有反帝反封建轰轰烈烈的五四运动。这就为中国历史开一新纪元。虽然这是时代所产生的必然的结果，而蔡先生领导之功，自不可没。”[②]

北京大学的蔡元培时代，大致可分为四个阶段：一、蔡元培亲自主持校务阶段；二、蔡元培首次居校长之名阶段；三、北京大学动乱阶段；四、蔡元培再次居校长之名阶段。分述于下。

## 一、蔡元培亲自主持校务阶段(上)

1916年9月1日，蔡先生在法国收到北京教育总长范源廉来电，说“请我公担任北京大学校长一席，务祈鉴允”。[③]他遂于10月2日离欧归国，并于1917年1月4日到北大就职。[④]

北大的前身是1898年创立的京师大学堂。辛亥革命后，虽改名为北京大学校，但大多数学生仍继承前清老爷式的作风，不认真读书，只想混张毕业文

① 胡适：《从私立学校谈到燕京大学》，《独立评论》第108期，1934年7月8日。由于本文发表时间较早，部分引文、注释信息不全。

② 吴玉章：《纪念蔡孑民先生》，《中国文化》第1卷第2期，1940年4月延安版。

③ 中国驻法使馆转来范源廉电报原件。

④ 北大档案室存件：蔡校长到校就职通告。

凭,作为升官发财的敲门砖。对于学术研究,毫无兴会。至于教员,不学无术混饭度日者居多。学校制度混乱,学术空气稀薄,学生课外,没有高尚娱乐,大多在校外沉迷于吃喝嫖赌等不正当消遣。这就是1916年以前北大的腐败校风。

蔡先生第一次向全校师生演说,即指明:“大学学生当以研究学术为天职,不当以大学为升官发财的阶梯。”他要求学生“抱定宗旨,为求学而来,入法科者,非为做官;入商科者,非为致富。宗旨既定,自趋正轨”。[①]

为贯彻这一方针,首先是“广延积学与热心的教员,认真教授,以提起学生研究学问的兴会”。[②]由于旧北大文科顽固守旧者较多,故整顿工作,先从文科入手。蔡先生被任命为北大校长后,迅即访晤陈独秀,请其出任文科学长。随即聘任胡适、刘半农、周作人等为教授。他们和原在北大的钱玄同、沈尹默、沈兼士一起,致力于文科的革新,“文学革命,思想自由的风气,遂大流行”。[③]

除上述数人外,文科尚有陶孟和、顾孟余、陈大齐、杨荫庆、钱秣陵、杨昌济等教授,也热心于哲学、英文、德文诸门的改革。理科的夏元瑮、王星拱、秦汾、陈世璋、罗惠侨、钟观光、丁绪贤、李毅士、何尚平、张大椿、何杰等,都是饱学之士。法科方面,虽尚无人讲授比较法之类的课程,但已有马寅初、高一涵、张慰慈、陈启修、黄右昌、郑寿仁、程振钧、王彦祖、黄国聪等专任的教授。他们绝大多数,都在三十岁左右。其中,胡适、刘文典、刘半农、杨丙辰年仅二十七岁,宋春舫年仅二十六岁,朱家骅年仅二十五岁,最小的是年仅二十四岁的徐宝璜,他既是经济学及新闻学的教授,又是校长室秘书。蔡先生就是以这批学贯中西、品德高洁、朝气蓬勃的英年才俊为骨干,依靠他们带动全校,共同努力把腐朽的“官僚养成所”朝向昌明学术的最高学府推进。

蔡先生说:“我对于各家学说,依各国大学通例,循思想自由原则,兼容并包。无论何种学派,苟其言之成理,持之有故,尚未达自然淘汰之命运,即使彼此相反,也听他们自由发展。”[④]在兼容并包原则下,对于确有真才实学而学术观点、政治倾向不同的守旧学者,仍延为教授,展其所长,对他们一视同仁,绝不歧视。例如辜鸿铭,留学欧洲多年,辛亥革命后,仍留蓄长辫,表示效忠清

① 蔡元培:《就任北京大学校长之演说》《我在北京大学之经历》。(本文中所引蔡先生自己的论述,均见高平叔编:《蔡元培全集》(第1~7卷),中华书局,1984—1989年。

② 蔡元培:《我在教育界的经验》。

③ 蔡元培:《自写年谱》。

④ 蔡元培:《自写年谱》。

室，但他精通英、法、德及希腊语文，于英国文学深有研究，仍请他讲授《英诗》。又如刘师培，曾参与反清革命，后变节为清探，又为袁世凯称帝效力，但刘于国学造诣极深，故仍聘他讲授《中国中古文学史》。

蔡先生还不拘一格选拔与培养人才，二十四岁的梁漱溟，中学毕业后自修哲学，蔡先生看到他所撰《究元决疑论》一文，认为是一家之言，即聘为北大讲师，讲授《印度哲学》。和梁同龄的毛泽东，刚毕业于湖南第一师范，到北京襄办留法勤工俭学，亟须就业，蔡先生就通知图书馆主任李大钊，派毛为图书馆助理员，使毛得以博览北大藏书，“迅速地朝着马克思主义的方向发展”。①

对于学术水平低下、教学态度恶劣的原有中、外教员，一律按约解聘。一个被辞退的法国教员向法庭控告，但有合同为凭，他的无理要求全遭驳斥。英国教员克德莱（Cartwright）等被黜退后，鼓动英国驻华公使朱尔典（J.N. Jordan）亲自到校，要求续聘，亦遭拒绝。

其次是改革北大学制。北大原是文、理、法、商、工五科并立，没有重点。蔡先生根据教育部关于大学专设文、理两科，法、医、农、工、商等科分别成为独立的大学之新规定，对北大各科做如下的整顿：一是扩充文、理两科——北大文科原有哲学、中国文学、英国文学三门，现增设史学、法国文学、德国文学三门。理科原有数学、物理、化学三门，现增设地质学一门。二是工科并入北洋大学——今后北大预科毕业生愿入工科者，送入北洋大学；原有工科两班，毕业后即停办。三是商科并入法科——原有商科，仅授普通商业课程，现改为商业学门，移属法科；俟该学门学生毕业，即行停办。四是法科准备独立——蔡先生原想把法科分出去，与国立北京法专合并，另组一所独立的法科大学，因多人反对未果。直至五四前后，北大仍有文、理、法三科。五是改组预科——旧北大预科学长异常跋扈，成半独立状态，所设课程，与本科重复。此次彻底改组，取消原来的预科学长，而将预科分别直属于文、理、法三科，由三科学长分管所属的预科，其主要课程，亦由本科教员兼授，使预科与本科的课程紧密地衔接起来。

再其次是改革北大的领导体制，初步实行教授治校。蔡先生反对大学校长独断独行，主张民主办校。1912年他在民元教育总长任内手订的《大学令》

① 萧瑜：《毛泽东与我》，见《艺文志》台湾版，1967年；斯诺：《西行漫记》，三联书店，1979年，第132页。

中，即有“大学设评议会”的规定，但未能切实施行。此次出长北大，重新制定北大《评议会章程》，规定“大学内部规则”须经评议会通过，始能生效；“各学科的设立及废止”“讲座的种类”“学生风纪”等重要事项，须经评议会通过，始能付诸执行。评议会组成人员为：（甲）校长，（乙）各科学长，（丙）各科教授，每科二人，自行互选。1917年的评议员十九人：蔡元培（校长），陈独秀（文科学长），夏元瑮（理科学长），王建祖（法科学长），温宗禹（工科学长），胡适、章士钊（文本科选出），沈尹默、周思敬（文预科选出），秦汾、俞同奎（理本科选出），张大椿、胡濬济（理预科选出），陶孟和、黄振声（法本科选出），朱锡龄、韩述祖（法预科选出），孙瑞林、陈世璋（工本科选出）。[①]评议会对各种议案的审核和讨论，都是实事求是而不讲情面的，一经决议，蔡先生带头服从，绝不以校长权势凌驾于集体决定之上。

1917年12月8日，北大评议会通过《各学科教授会组织法》，规定：各门的重要学科，各自合为一部，设教授会。各该部本科、预科的教授、讲师、外国教员均为会员。各教授会各设主任一人，由本部会员投票选出，任期二年。各教授会有讨论、决议之权的事项是：“（甲）本部教授法之良否；（乙）本部教科书之采择。”各教授会有参与讨论之权的事项是：“（甲）本部学科之增设及废止；（乙）本部应用图书及仪器之添置。”[②]从这年年底起，各学科教授会先后成立，分别选出马寅初、周家彦、康宝忠、贺之才、何杰等为经济、商业、法律、政治、史学、哲学、国文、英文、法文、德文、数学、物理、化学、地质诸学门教授会的主任。

1917年11月16日，北大公布《研究所通则》，随后公布《研究所总章》，规定以各门教员分别组织国文、英文、哲学、数学、物理、化学、法律、政治、经济九个研究所，各设主任一人，由校长推定。本科毕业生、高年级学生以及他校本科毕业生均得为研究员。各研究员自择论题，经审定后，自行研究，由教员指示参考书及研究方法。所得结果，于一年内写出论文，经各该研究所全体教员审核接受者，发给研究所成绩证书。各研究所教员，应提出问题，共同研究，其成果或交《月刊》发表，或另印专书。当时，北大研究所的设备虽尚简陋，但那是国内最早成立的大学研究所，具有首创的意义。

《研究所总章》第20条规定：“各研究所合出月刊一种……定名为《北京大

---

① 见《国立北京大学廿周年纪念册》，第217页。

②《北京大学日刊》1917年12月11日。

学月刊》。"议定每年1—6月、10—12月，月出一册，暑期中之7、8月停刊，9月出临时增刊一册，共十册，由各研究所主任轮流担任总编辑；其"临时增刊"，则由蔡校长主编。该月刊创刊号于1919年1月出版，蔡先生在《发刊词》中阐明编印此刊三要点："一曰尽吾校同人所能尽之责任"，"二曰破学生专己守残之陋见"，"三曰释校外学者之怀疑"。

《研究所总章》还提到，教员的研究结果，除发表于《月刊》外，另出专书。蔡先生极力鼓励北大教员多出成果，多写专书。他为许多著作撰写序文，并为作者接洽出版处所。截至1919年初，北大教员所出的书，已有陈大齐的《心理学大纲》，梁漱溟的《印度哲学概论》，杨昌济的《西洋伦理学史》，崔适的《论语足征记》，黄节的《诗学》，钱玄同的《文字学音论》，周作人的《欧洲文学史》，陈怀的《清史要略》，黄右昌的《罗马法》，周家彦的《公司条例》等数十种。这些书，有的是北大出版部刊出，有的是商务印书馆、新潮社等处印行。其中，如胡适第一个用科学方法整理国故而写成的《中国古代哲学史大纲》，徐宝璜所写中国第一本《新闻学》等，都是"破天荒"之作，在当时学术界，曾产生颇大的影响。

1917年11月15日，教育部召开北京各高等学校代表会议，蔡先生提出废除年级制、采用选科制的议案，议决：通过，交北大试办。提案的大意是：学生修满若干单位，即可毕业（每周授一时，全年为一单位），不拘年限。预科须修满40单位，其中3/4为必修科，1/4为选科，选科由各预科主任指导。本科须修满80单位，半数为必修科，半数为选科，本科学生入校时，应择定教授一人为导师。这一选科制，大大提高学生学习的兴趣，迅即被全国各大学采用，并被认为是"我国大学教育上一个极大的进步"。①

蔡先生主张北大的学术活动和课堂教学向全社会开放。除正式学生外，还招收一定数额的旁听生，使更多的人能受到高等教育。1919年修正旁听生章程规定："各系有缺额时，均得收旁听生。"他们"须将所经历之学校及平时所研究之学业，填志愿书……审查合格后，应缴纳全年学费[每单位二元]，领取旁听证"。当时京、津以及各省知识青年来北大旁听者甚多，他们利用北大教室及图书馆攻读，并参加北大各种社团活动。除正式旁听生外，还有不少

① 《教育杂志》1917年12月号；庄俞、贺圣鼐编：《最近三十五年之中国教育》，商务印书馆，1931年，第105页。

未办手续"溜"进来听讲的,教室里面坐满了,他们就在窗下或门口听。这些正式的与"溜"进来的旁听生中,后来有不少人成为在学术上、文艺上卓有成就的人才。

蔡先生大力推动各种社团的组设,以丰富学生的课外生活,为了鼓励研究学问的兴趣,他推动学生组织哲学研究会、新闻学研究会、数理学会、理科化学演讲会、雄辩会等;为了培养服务社会的能力,发扬自动精神,他推动学生组设消费公社、学生银行、阅书报社、平民教育讲演团以及编印《新潮》《国民》等杂志;为了提倡正当娱乐,以代替不正当的消遣,他推动学生组织音乐会、画法研究会、书法研究社、体育会、技击会、健身会、静坐会、西山旅行队等。以校役夜班为例,1918年4月14日,午后1时,北大全体校役二百三十余人,身着长衣,胸前带花一朵,齐集文科第一教室,行校役夜班开学典礼。蔡先生到会演说,指出夜班对校役的益处:一是有益于现在的工作,二是有益于他种职业的预备。该夜班开设修身、国文、算术、理科四门必修课,并任选英、法、德语及世界语中的一种外国语。校役夜班教员七十余人,全由北大本科学生义务担任。他们不仅认真讲授,还发起募捐,为校役购置课本。

为了砥砺全校师生的道德修养,蔡先生发起组织进德会。他在所撰《旨趣书》中,慨叹当时风气日下,道德沦丧,欲在二千人社会的北大试行挽救。进德会会员定为:其一,甲种会员:不嫖,不赌,不娶妾。其二,乙种会员:于前三戒外,加不做官吏,不做议员。其三,丙种会员:于前五戒外,加不吸烟、不饮酒、不食肉三戒。《旨趣书》最后指出:加入该会,一可以绳己,二可以谢人,三可以止谤。该会于1918年5月28日成立,入会者已有468人,计职员92人,教员76人,学生301人。按人数比例,分别选出评议员共25人,纠察员共50人。此后校内外申请入会者续有增加。当时中、外各报刊均有评介,视为有注意的价值。而在北大校内,对大部分师生的风尚,确曾有过良好的影响。

蔡先生以言传身教来进行道德教育,矫正腐朽的校风。旧北大沿袭前清京师大学堂的衙门形式,校长、舍监、主任等视校役如奴隶。蔡先生到校后,"每天出入校门,校警向他行礼,他也脱帽鞠躬,使得这班服从惯了的仆人看了吐出舌头来"。旧北大"学生有事和学校接洽,须写呈文,校长批了,揭在牌上",仿佛一座官府。蔡先生当即出一布告:"此后学生对于校长应用公函,不得再用呈文。"1917年11月16日起,他又创刊《北京大学日刊》,传布校中各种措施的讯息。学生有建议时,他也把"议案送登《日刊》,择其可行的督促职员实行。这样……学生对于学校就一点不觉得隔膜。"[①]蔡先生就是想把北大改造成一个师生员工一律平等、团结友爱、融洽互助的大家庭。

其时,有一个因犯规被开除的学生,蔡先生没有抛开不管,而是一直关注这个学生的情况,多次约其到自己的办公室谆谆劝导,在他热情关怀与不倦的教诲下,这个被人视为桀骜不驯的青年,终于被他感化而力求上进。[②]这件事曾传诵一时。

蔡先生聘请陈独秀任北大文科学长时,要陈把《新青年》搬到北京来办。该杂志迁京后,由陈和胡适、李大钊、高一涵、钱玄同、沈尹默轮流主编。陶孟和、王星拱、刘半农、周作人、刘文典、杨昌济、陈大齐、张慰慈、鲁迅等经常撰稿,蔡先生的论文和演说词也常在该杂志发表。他们竭力宣传民主、自由,提倡科学,反对专制,反对尊孔复古,提倡白话文,推行文学革命。随后,北大学生傅斯年、罗家伦等编印《新潮》月刊,反对封建礼教,提倡个性解放与妇女解放。这两个刊物的言论,迅即引起封建统治阶层及守旧势力的记恨,安福系的北京《公言报》以及上海《时事新报》《新申报》《神州日报》等不断刊载攻击北大、诋毁蔡先生和新派教授的文字。安福系参议员张元奇要求教育总长傅增湘进行干涉,并拟向国会提出弹劾。[③]

当时,反对北大改革、反对新文化运动的急先锋,是自称"清室举人""抱守残缺至死不易其操"的林琴南。从1919年2月起,他先后在《新申报》发表《荆生》及《妖梦》两篇文言小说,对蔡先生、陈独秀、胡适、钱玄同及北京大学进行影射和辱骂。3月18日,他又在《公言报》正式发表《致蔡鹤卿太史书》,指责北大"覆孔孟,铲伦常";"尽废古书,行用土语为文字",痛责蔡先生"凭位分势利而施趋怪走奇之教育"。

蔡先生看到林函的当天,立即撰发《答林琴南君函》,针对林函中指责的两点,平心静气地摆事实,讲道理,有据、有礼、有节,一一详加反驳,并郑重宣告:继续坚持"循思想自由原则,采兼容并包主义"。"对于教员,以学诣为主。……其在校外之言动,悉听自由,本校从不过问,亦不代负责任。"

蔡先生义正词严的答辩,林琴南于3月24日《再答蔡鹤卿书》中,不得不

---

① 余毅(即顾颉刚):《悼蔡元培先生》,《责善半月刊》1940年3月16日。

②《怀念蔡孑民先生》,重庆《新华日报》1943年3月5日。

③ 张元奇向国会提出弹劾教育总长及北大校长案,因附和者少,未能通过。

说:“弟所求者,存孔子之道统也,来书言尊孔子矣;所求者,伦常之关系也,来书言不悖伦常矣;所求者,古文之不宜屏弃也,来书言仍用古文矣。心遂欲,畅遂无言。”但作为封建文化卫道者,最后,他还是无可奈何地发出“拚我残年,极力卫道,必使反舌无声、犬不吠而后已”的几声哀鸣。

经过蔡先生的大力改革,《新青年》《新潮》等的积极鼓吹,北京大学成为新文化运动的中心,影响遍及海内外。北大学生以及全国学生的思想大为解放,民族意识大为增强,爱国热情日益高涨,这就为即将到来的五四运动准备了充分的条件。

第一次世界大战结束后,英、美、法、日等战胜国在巴黎举行重新分割殖民地的和平会议,和会不仅拒绝中国提出的废除帝国主义在华特权的正义要求,还决定由日本接管战败的德国原在我山东省全部权益。徐世昌总统府的外交委员会虽决定拒绝签订,但国务总理钱能训却发出密电,命令出席和会的中国代表团在这一丧权辱国的和约山东条款上签字。这一噩耗被外交委员长汪大燮得知,急忙赶到东堂子胡同蔡先生住宅商议,蔡立即召集北大学生代表,告知此事。于是,北京各大专学生原定5月7日举行的集会游行示威,提前于五月四日爆发。①

五四那天,北京各大专学生三千余人,在天安门前集会,游行示威,到赵家楼,焚烧曹汝霖住宅,殴打章宗祥。最后有三十二名殿后学生被军警逮捕。各校学生全体罢课抗议,山东籍国会议员及外交界耆宿汪大燮、王宠惠、林长民等纷纷要求释放,商会拟罢市声援,各大专校长坚请保释,蔡先生愿以自己一人为学生抵罪。②在种种压力之下,北洋政府不得不将被捕学生全部释放。

安福系操纵的北洋政府力图拔去蔡先生这个眼中钉,阴谋改派那个顽固反对新文化运动的马其昶接任北大校长,并以严办游行被捕学生来对蔡进行威胁。为“保全此等无辜之学生”,蔡先生被迫于5月9日离京赴津,旋即南下,留下启事,宣告已提出辞去北大校长之职。安福系迫使蔡先生离职的卑劣行径,不仅使北大师生及北京学界群情愤激,而且引起全国各地学生极大关切,他们认为蔡先生的去留是关系中华文明命运的重大问题,坚决要求挽留,并把

① 叶景莘:《五四运动何以爆发于民八之五月四日》,天津《大公报》1948年5月4日。

② 上海《民国日报》1919年5月8日。

"挽留蔡校长"作为向北洋政府提出的六大政治要求之一,[①]同"外争主权,内除国贼"的斗争紧密交织,成为五四爱国运动的重要组成部分。

五四运动取得光辉胜利后,在北大师生与各方人士恳劝之下,蔡先生打消辞意,9月12日,由杭州回到北京,重新主持北大校务。

## 二、蔡元培亲自主持校务阶段(下)

蔡先生回校复职后,迅即全面实行教授治校制。1919年12月3日,评议会通过北大《内部组织试行章程》,[②]摘述如下:

(一)校长。"由大总统任命。"(蔡元培)

(二)校长办公室。"设秘书一人,办理校长函件往来事务。"(先后由徐宝璜、谭熙鸿、李大钊担任)

(三)评议会。除原有职权外,修正案中,加列"校内各机关之设立、废止及变更","各行政委员之委任","本校预算","教授之聘任与辞退",均须经评议会议决。评议会组成人员,改为(甲)校长,(乙)教授互选之评议员,额数以教授全数五分之一为准,任期一年,得再被选。1919年秋,北大本国教授87人,其中有6人因游学外国或采集标本未到校。此时在校者81人,应互选16人。10月25日投票选举,依得票数当选为评议员者:胡适、蒋梦麟、俞同奎、马寅初、陶孟和、马叙伦、陈大齐、张大椿、沈尹默、温宗禹、何育杰、朱希祖、贺之才、马裕藻、黄振声、朱锡龄。

(四)行政会议。"以各常设[行政]委员会委员长组织之,校长为当然议长",教务长、总务长为当然会员。依据评议会的决议,"推行全校大政"。

(五)行政委员会。"由校长从教员中指派,……每委员会人数自五人至九人。设委员长一人,以教授为限,各委员任期一年。"常设行政委员会有:1.组织委员会。"调查及策划大学内部之组织。"[委员蒋梦麟(长)、黄右昌等。以1919年冬为例,下同] 2.预算委员会。"编制大学预算。"[陶孟和(长)、徐宝璜等] 3.审计委员会。"审查用途及改良簿记。"[马寅初(长)、郑寿仁等]4.聘任委员会。全体"会员以教授为限",审查各方面推荐之教职

① 北京中等以上学校学生联合会:《上大总统书》,北京《晨报》1919年5月20日。

②《北京大学日刊》1920年3月15日。

员的资格。[俞同奎(长)、宋春舫等] 5.入学考试委员会。“办理入学试验事务。”[马寅初(长)、钱秣陵等] 6.图书委员会。“谋图书馆之扩张。”[顾孟余(长)、李大钊等] 7.仪器委员会。“谋仪器室之扩张。”[王兼善(长)、陈世璋等。] 8.庶务委员会。“谋校舍之扩张,斋务杂务之进步。”[马叙伦(长)、罗惠侨等] 9.出版委员会。审查图书及出版部工作。[胡适(长)、钱玄同等) 10.学生自治委员会。“谋学生自治能力的发展。”[沈士远(长)、俞同奎、加学生代表] 11.新生指导委员会。“新生入校时为顾问。”[朱锡龄(长)、周象贤等]。

(六)教务会议。(七)教务处。(八)教务长。(九)各学系。(十)各学系主任。(十一)各学系教授会,将在下面“废科立系”中详述。

(十二)总务处。(十三)总务长。“总务处管理全校之事务,设总务长一人”,“以教授为限”。(蒋梦麟)

(十四)总务委员(各部主任)。总务处下设注册部(主任郑寿仁),庶务部(主任沈士远),图书部(主任李大钊),仪器部(主任陈世璋),出版部(主任李辛白),后增设财务部(主任徐宝璜)。总务长与各总务委员组织总务会议,共商事务的进行。

蔡先生全面实行教授治校制,就是要让懂得学术的人来管理大学,彻底改变京师大学堂遗留下来的官僚衙门作风。顾孟余说得对:“先生长校数年,以政治环境关系,在校之时少而离校之时多。离校之时,校务不但不陷停顿,且能依照计划以进行者,则以先生已树立评议会及各种委员会之制度。此制度之精神,在以教授治理校务,用民治制度,决定政策,以分工方法,处理各种兴革事宜。然而非校长之清公雅量,则此制度不克成立,非师生绝对信任校长,此制度不易推行也。”①

另一个重要措施是废科立系,打破文、理、法的学科界限。对此,蔡先生曾一再阐述他的主张:

从理论上讲,某些学科很难按文、理的名称加以明确的划分。……例如,地理就与许多学科有关……当它涉及地质矿物学时,可归入理科;当

① 顾孟余:《忆蔡孑民先生》,重庆《中央日报》1940年3月24日。

它涉及政治地理学时，又可归入法科。……还有自然哲学这个专门名词，它可以归入理科，又由于它的玄学理论，可以归入文科。根据这些情况，我们决定不用‘科’这个名称。

就学生方面来说，如果进入一所……只有本科专业课程的大学，那对他的教育将是不利的。因为这样一来，理科学生势必放弃对哲学与文学的爱好……他的教育将受到机械论的支配……这将导致自私自利的社会或机械社会的发展。而在另一方面，文科学生因为回避复杂的事物……厌恶学习物理、化学、生物等科学。这样，他们还没有掌握哲学的一般概念，就失去了基础，抓不住周围事物的本质，只剩下玄而又玄的观念。因此，我们决心打破存在于从事不同知识领域学习的学生之间的障碍。[①]

此次公布的《内部组织试行章程》，即将文、理、法三科之名正式除去，而设立下列各学系：

组一：数学系 物理学系（天文学系）[②]

组二：化学系 地质学系（生物学系）

组三：哲学系（心理学系）（教育学系）

组四：中国文学系 英国文学系 法国文学系 德国文学系（俄国文学系）

组五：史学系 经济学系 政治学系 法律学系

各学系教授会设主任一人，由各该系的教授互选，任期二年。各个学系的主任合组教务会议，讨论全校学术的大计。1921—1922年选出的各学系教授会主任为：数学：冯祖荀。物理：颜任光。化学：陈世璋。地质：何杰。哲学：陶孟和。中国文学：马裕藻。英国文学：胡适。法国文学：李景忠。德国文学：杨丙辰。史学：朱希祖。经济学：顾孟余。政治学：陈启修。法律学：何基鸿。

教务处设教务长一人，由各学系教授会主任互选，任期一年，主持全校学术行政。历任教务长者，有马寅初、陶孟和、顾孟余、胡适。

五四运动后，蔡先生陆续新聘一批教授，如陈衡哲、林语堂、徐志摩、唐钺、朱经农、吴虞、张竞生、马衡、徐炳昶、单不厂、张凤举、李泰棻、杨栋林、刘毓盘、杨芳、李四光、王烈、王绍瀛、丁燮林、李书华、颜任光、任鸿隽、李麟玉、程瀛章、

---

① 蔡元培：《中国现代大学观念及教育趋向》。

② 凡有括号（ ）的学系，均在筹设之中。

沈溯明、胡壮猷、王尚济、谭熙鸿、王世杰、周鲠生、燕树棠、何基鸿、皮宗石、余文灿、周龙光、余天休等。加上原有的本国教授近90人，再加上在其他机关、学校任职而在北大兼课的本国讲师（当时北大规定，兼课者一律聘为讲师，不称教授），如鲁迅、王宠惠、罗文、蒋百里、黄郛、张君劢、何炳松、郑天锡、王景岐、陈介、王荫泰、韦以黻、周象贤、王国维、罗振玉、朱鹤翔、沈步洲、张福运、陈映璜、姚憾、汤尔和、张孝移、胡文耀、屠孝实、谢冰、黄人望、沈颐、谢霖、许季上、贝寿同、包玉英、戴济、丁绍伋、王启常等70余人，可谓人才济济。当时中国知识界第一流的专家学者，集于沙滩红楼。无怪乎青年心目中，那时的北京大学，的确是名副其实的最高学府。

蔡先生对北大教员出国进修、借以提高学术水平，异常重视。夏元瑮、陶孟和、蒋梦麟赴欧美各国考察，刘半农、朱家骅赴法、德完成博士学位，陈启修、李大钊赴俄国讲学，陈大齐、宋春舫、杨荫庆、程演生、何基鸿、徐悲鸿等赴欧，孙瑞林赴美，胡濬济、沈尹默赴日进修或考察，都得到他的支持和帮助。

北大毕业生出国留学，蔡先生更是极力鼓励。除接受穆藕初的捐款选送罗家伦、段锡朋、汪敬熙等五人赴美研究外，山东、江西、河南、浙江等省公费留学，南洋兄弟烟草公司考选留学，留法勤工俭学，以及其他游学途径，蔡先生无不尽力相助。他们学成归国，不少人曾为母校服务。周炳琳、江绍原、姚从吾、陈剑翛、黄建中、赵抟、冯友兰、傅斯年、孙云铸、李宪之等，都在北大充任过教授。

为了更好地吸取世界最新科学成果，蔡先生对于杰出的外国专家，礼聘之唯恐不及。欧美著名学者罗素（B.A.W·Russell）、杜威（John Dewey）、班乐卫（Paul Painlevè）、杜里舒（H.A.E.Driesch）等相继来北大并巡回全国各地讲学，大大浓厚了当时的学术空气。北大并授予班乐卫、杜威等人荣誉博士学位，表示对他们的尊重。对于现代科学大师爱因斯坦（Albert Einstein），更是多方设法，洽定其来华讲学，只因爱因斯坦疏忽误解，两过上海而未能践约，使蔡先生遗憾不置。①

蔡先生觉得原来的研究所“各系分设……散漫一点”，遂提出评议会讨论，通过北大《研究所组织大纲》，进行改组。预定设自然科学、社会科学、国学、外

① 蔡元培：《跋爱因斯坦来信》；心云：《爱因斯坦为什么不来》，北京《晨报副刊》1923年1月15日。

国文学四门。因经费与人力限制，先办国学门，聘沈兼士为主任。该学门曾出版《国学季刊》《研究所国学门月刊》及歌谣、考古等丛书，并曾培养出一批优秀的研究国学的人才，如郑天挺、容庚、冯沅君、商承祚、罗庸、魏建功、张煦等，都是这一时期国学门的研究生。

1920年2月17日，江苏女学生王兰申请入学，因考期已过，蔡先生准她入校旁听，成为北大第一个女学生。随后，陆续被准许入学旁听的，尚有杨寿璧、邓春兰、赵懋芸、赵懋华、韩恂华、程勤若、奚浈及查晓园。[①]是年暑期招考新生，北大就正式录取女学生。打破了男女不同校的禁例，这在中国教育史上，是值得大书特书的一个创举。

早在1917年初就任北大校长时，蔡先生就宣告要"筹集款项，多购新书"。旧北大没有专作购书的费用。此时，每年列有购书预算，规定不得移作他用。1921年蔡先生到美国考察时，曾向纽约、芝加哥、旧金山、洛杉矶的华侨报告北大扩充图书馆的计划，吁请海外侨胞慨予捐助；并由北大留美同学分组美东、美西募捐委员会，深入华侨家庭及商号劝募，收到相当数额的书款。蔡先生还募到世界最大图书馆——美国国会图书馆捐赠该馆全部藏书卡片，[②]共八百六十余万张，运送来华，供北大师生及全国学者检索。

蔡先生说："为研究学问计，最要的是实验室。在这经济最困难的时候，我们勉强腾出几万元，增加物理、化学、地质各系的仪器标本。"根据仪器委员会的决议，蔡先生特聘颜任光为物理系仪器主任，李麟玉为化学系仪器主任，李四光为地质系仪器主任，谭熙鸿为生物系仪器主任。至综理全校的仪器部主任，则指定李麟玉兼领。他们积极整理，竭力扩充。以地质系为例，经李四光筹划，迅即建立矿物学实习室、岩石学实习室、古生物学实习室各二间，图画室、标本刨制室、模型制造室各一间。

在蔡先生支持下，年过半百的钟观光，不顾体弱，不避艰危，自1918年初起，深入福建、广东、广西、云南、浙江、安徽、江西、湖北、四川、河南、山西等省的崇山峻岭，勘查我国植物的分布，跋涉五载，搜集了大量珍贵的标本及资料。1924年起，他创建北大植物标本室，埋头整理三年多，整理出八千多种植物标本，为教学与科学研究提供了极为可贵的资料条件，为中国植物学的发展做出

---

① 《北京大学日刊》1920年3月11日。

② 蔡元培1921年7月12日致美国国会图书馆长普特兰（H. Putnam）英文函打字副本。

了重要的贡献。

蔡先生指出："有健全之身体，始有健全之精神，若身体柔弱，则思想精神何由发达?"为了锻炼学生的体魄，增进其军事常识，北大组织学生军，将全校学生编为6个军，每军分3队，每队分3排，每排20人。每周训练3小时，第1—8周为各个教练期，教练柔软体操及游戏体操10小时，军操14小时；第9—20周，为成排及成连教练期，柔软体操6小时，军操30小时。蔡先生还聘请蒋百里和黄郛来校讲课。黄郛所讲《军制学》，分为战争、国保、兵制、陆海军威力等20章，每次讲1小时。

北大教务会议通过的《体操规则》，规定"预科学生不愿习兵操者，应一律学习体操，每周3时"。其项目，有柔软体操、器械体操、团体游戏、架梁体操、足球、网球、篮球、技击、射术、滑冰(冬季)、舞蹈等。

1921年秋季学期，蔡先生为北大哲学系讲授《美学》课程，已撰三份讲稿：一为《美学讲稿》，阐述美学的定义。二为《美学的趋向》，分主义、方法两节。三为《美学的对象》，分对象的范围、调和、比例三节。只"讲了十余次，因足疾进医院停止"。[①]

为了改进原由学生组织的美育社团，北大评议会决定改组原有画法研究会及书法研究社为校办的造形美术研究会，由蔡校长兼会长，钱稻孙负责主持，增聘导师，开设课程。1922年12月17日北大25周年校庆时，该会展出山水、花卉、鸟兽、绣画、油画、钢笔画、铅笔画、书法、篆刻等228件，皆出自导师陈衡恪、吴法鼎、胡佩衡、盛博宣、刘子厚等及诸会员之手。

北大评议会复通过《北京大学附设音乐传习所简章》，将原由学生组织的音乐研究会改为正式的教学机构，向全国各地招生，设置如下：本科，分理论作曲、钢琴、提琴、管乐及独唱，不定年限；师范科，养成中小学音乐教员，修业二年至四年；选科，任选唱歌或各种琴及吹、奏乐器。由蔡校长兼所长，萧友梅任教务主任，刘天华、杨仲子、唐赵丽莲、郑颖孙、易韦斋、嘉祉等任导师。该所于1922年10月初开办。

北大原有各种社团经过改组、改选(原有会员及职员多因毕业离校，须增收新会员，改选新职员)，绝大多数继续存在。五四运动后，新的社团又如雨后春笋般成立起来，如教育研究会，史学会，佛学研究会，歌谣研究会，戏剧研究

---

① 1920年春，蔡先生曾应聘兼任国立北京高等师范学校教育研究科教授，讲授《美学》课程。

会，世界语研究会，英文演说会，速记学会，化学会，地质研究会，政治研究会，经济学会，法律研究会，马克思学说研究会，罗素学说研究会，太平洋问题研究会，爱智学会，新知编译社，家庭研究社，以及学生会、学生会主办的平民学校、教职员会，尚有各科毕业同学会、各省同乡会、某校（中学）同学会等等，纷纷组设，活动频繁，使北大课外生活丰富多彩。对此，重庆《新华日报》有过一段生动的描述："跑到文科大楼，左一间政治学会研究室，右一间新潮社办公室，楼底下在赶印教授、学生们所办的各种定期刊物，楼上面是分门别类的各种图书阅览室，门房内则堆满着各种各样待售的杂志，使人应接不暇。译学馆里呢，那个顶大的大礼堂上，不是今天有什么学术演讲，名人演说，就是明天有什么学生大会，纪念大会，使人兴奋，使人振发。蔡先生长校时的北大师生，真有如鸢飞戾天，鱼跃于渊，既活泼，又愉快。这种气象，这种生活，那得不令人怀念无已！"①

1920年冬，蔡先生被派赴欧美考察高等教育。先到法国、瑞士、比利时、德国、奥地利、匈牙利、意大利、荷兰及英国，访问了巴黎、苏黎世、鲁汶、柏林、维也纳、罗马、伦敦等二十五所大学。6月1日，到达美国，在纽约、波士顿、华盛顿、旧金山、西雅图及加拿大的温哥华等城市，访问哥伦比亚、芝加哥、柏克莱加利福尼亚等十二所大学。在欧美期间，法国政府授予荣光宝星，法国里昂大学授予文学博士荣誉学位，美国纽约大学授予法学博士荣誉学位。8月6日，到檀香山，出席太平洋各国教育会议，他除了递交《教育独立议》的论文外，还提出两项提案：一为小学教育采用公共副语议；②二为举行太平洋各国运动会议。

蔡先生在北京期间，除了主持北大校内的行政，对于校外各种教育事业，也积极参与协助。例如，他就任北大校长后，迅即与北京各国立大专校长合组校务讨论会，共同提出大学改制的方案。五四运动期间，与各校校长合力营救被捕的学生，接着又合力营救因反对中日直接交涉而被捕的学生。他如，各校进口图书仪器请免关税、向北洋政府催索拖欠经费、请将部定每学年分三学期改为分两学期以及为"唤起国人研究学术之兴趣"而联合举办"学术讲演会"，等等，都是由蔡先生领衔带头，共同采取一致行动的。

① "社论"，重庆《新华日报》1943年3月5日。

② 在这份提案上，蔡先生建议劝告与会各国于小学校中十岁以上的学生，均教授世界语。

又如，蔡先生兼任中法大学、民国大学、华北大学、北京世界语专门学校以及孔德学校的校长，法文专修馆馆长，兼任里昂中法大学中方董事长，上海美术专门学校主席校董，东南大学、杭州大学、厦门大学的校董，兼任中华教育改进社董事长，中国科学社董事，中华职业教育社评议员，兼任欧美同学全国总会会长，北京欧美同学会主任干事，等等，对他们的工作，他都尽力帮助。

这一时期，蔡先生还应各学校、各团体之邀，在北京，并前往天津、保定、上海、长沙、新加坡等地发表专题讲演，如《新教育与旧教育之岐点》《普通教育与职业教育》《义务与权利》《以美育代宗教说》等。1917年5月，他在天津南开学校所讲体智德三育及思想自由而由周恩来笔录的两篇演说词，[①]以及1920年10月他在长沙所讲《对于学生的希望》和《美术的价值》而由毛泽东笔录的两篇演说词，[②]都已成为现代中国文化宝藏中极为珍贵的文献。

1922年11月18日，北洋政府众议院议长吴景濂、副议长张伯烈，为图推倒王宠惠内阁，向总统黎元洪告密，说王的阁员、财政总长罗文干订奥国借款展期合同时贪污受贿，黎即令军警逮捕罗，送京师地方检察厅拘押。1923年1月11日，地方检察厅宣布罗案证据不足，不予起诉，罗无罪释放。由于新的内阁阁员须经众、参两院投票通过，新任教育总长彭允彝为讨好吴景濂等以换取同意任命票，竟在国务会议上提出罗案应再行侦查，又将罗逮捕下狱。罗是北大兼课讲师，蔡先生1920年赴欧美考察时，又与罗同行，深知罗的操守；而对彭允彝以教育总长干涉司法独立，干出蹂躏人权以献媚军阀政客的勾当，极端鄙视和愤慨。1月17日，提请辞去北大校长，他在致黎元洪的辞呈中痛切地说："数月以来，报章所记，耳目所及，举凡政治界所有最卑污之罪恶，最无耻之行为，无不呈现于中国。……元培目击时艰，痛心于政治清明之无望，不忍为同流合污之苟安；尤不忍于此种教育当局之下，支持教育残局，以招国人与天良之谴责。惟有奉身而退，以谢教育界及国人。"次日晨，即离京赴津，旋转往上海。北大师生和北京各高校师生坚持驱逐彭允彝、挽留蔡元培的斗争达数月之久，北洋政府未敢批准蔡先生的辞职。但是，从这时起，他也未再回到北大亲自主持日常的校务。

① 见南开学校《校风》1917年5月30日；《敬业学报》1917年第6期。

② 长沙《大公报》1920年10月30日至11月9日。

## 三、蔡元培首次居校长之名阶段

蔡先生到上海后，即准备赴欧，从事学术研究。北大评议会遂做出决议：北大校长仍需蔡先生担任，离校期间，请总务长蒋梦麟教授代理。12月27日，复由北京教育部正式发布部令："国立北京大学校长蔡元培在欧洲考察未回校以前，派蒋梦麟代理校长。"①

蔡先生于1923年7月10日在苏州与周养浩女士结婚。②7月20日，偕周夫人及长女威廉、三子柏龄乘"波楚斯"轮离沪，8月27日船抵马赛，28日，经巴黎，到比京布鲁塞尔居住。

蔡先生在复北大评议会函中曾说：他"出京后，本决计脱离本校，故径……启程来欧，拟以两年，专研美学。……不意……辞职之举，未能实现，而职务由蒋君代理，俾培得援'任职五年以上出洋'研究之成例，仍居其名。培初意既承本校如此优待，势不宜置教育公务于不顾，故于本校委赴德国参与康德纪念会……赴里昂……交涉中法大学……代理校长诸问题，均不敢不黾勉从事，然坐是而第一年研究之时间，全被占去"。

早在倡办里昂中法大学时，北大评议会即通过决议："请蔡校长……代表本校襄助筹款及一切进行事宜。"1921年1月，法国政府将里昂圣底勒兵营捐作该大学校舍。同年5月，蔡先生(代表中方)与里昂大学校长儒班(Joubin，代表法方)签订创办该大学的合约。随即在上海、北京、广州招生一百三十余人，由吴稚晖率领赴法，于10月10日开学上课。吴任中方校长，莱宾(Lepine)任法方校长。并设里昂中法大学协会，即该大学董事会，推蔡先生为中方董事长，推赫里欧(Herriot，历任法国国务总理)为法方董事长。③

蔡先生到布鲁塞尔不久，里昂中法大学秘书长曾仲鸣及全校学生先后来函，为该校代理校长及设置学监问题，请蔡先生向法方校董商洽。翌年2月，该大学董事会召开会议，蔡先生与华法教育会法方会长欧乐(F.V.A.Aulard)教授一同由巴黎前往里昂，主持会议。10月间，再往该校，与师生共商改进校务的

① 教育部中国教育年鉴编审委员会编：《第一次中国教育年鉴》(戊编)，开明书店，1934年，第31页。

② 蔡先生于1889年与王昭女士结婚，王于1900年病故。1902年与黄仲玉女士结婚，黄又于1921年病故。此时，与周养浩女士结婚。

③ 陈洪等编印：《吴稚晖先生大传》台湾版，1964年，第86页。

办法。

1924年2月2日，蔡先生由比京移居法国的斯特拉斯堡。这一年，他大部分时间是代表北大与北大发起并主持的“退款兴学会”以及北京教育部，出席各种国际学术会议及活动。4月上半月，到伦敦，呼吁英国朝野退还庚子赔款；4月下旬，赴德国哥尼斯堡，出席康德诞生二百周年纪念会；5月间，在斯特拉斯堡，协助旅法中国美术展览会的举办；8月初，到奥地利的维也纳，出席第十六届国际世界语大会；8月中至9月初，前往荷兰的海牙及瑞典的斯德哥尔摩，出席第二十一届国际亚美利加大会。

例如，应杨荫庆、陈剑翛、黄建中等人主持的“留英学界退款兴学会”之请，蔡先生由法到英，访晤牛津大学校长沙尔特(M.Salder)、剑桥大学中文系主任柴理斯(Giles)、著名作家及学者韦尔斯(H.G.Wills)、尤蒂兹(E.Utitz)以及哈奈(E.Harney)等十几位具有影响的英国国会议员，阐述将退还的英庚款全部用于中国教育的主张，他们均表同情，愿予帮助。

蔡先生在英国发表了一篇《处理退还英庚款的备忘录》，并通过伦敦《泰晤士报》《每日电讯报》《每日邮报》《观察家报》等重要报刊传播他关于英退庚款只用于中国教育而不作他用的意见。在英国人所组“中国学会”请他讲演《中国教育之发展》晚餐会上，他强调应当把英退庚款首先用于“创设一所大规模的研究院”，作为中英友谊的纪念。

这年9、10月间，国内爆发直奉战争，直系冯玉祥发动政变，囚禁贿选总统曹锟，请孙中山北上。北大师生来电，促请回国。蔡先生复函北大评议会，告以头“一年研究时间全被占去”。“若此时辍业而归……不特自问难安，而亦无以副本校特别优待之盛意。”愿“继续留欧完成学业”，俾“稍有所得，以副研究之名”。①

11月15日，蔡先生偕夫人周养浩由法赴德。21日，蔡夫妇同到汉堡大学，报名注册入学。此时，蔡先生集中时间和精力，从事民族学的研究。

但是，1925年突发若干事件，不得不挤些时间去参与。3月12日，孙中山在北京逝世，蔡先生除撰发唁电、挽联及祭文外，并于4月12日赶到伦敦，在英国各界华人追悼会上致悼词，号召国人师法“孙先生的精神”。法国里昂的中法人士也举行追悼会，他未能专程前往，特撰《孙逸仙先生传略》一文，寄请里

① 北大评议会于1925年初复函同意蔡先生续假一年。

昂中法大学秘书刘厚代为宣读。

1925年5月30日，上海发生“五卅惨案”，北大师生组织沪案后援会，致电蔡先生，谓“沪汉事件，英、日诬我排外及赤化，亟须辩证”。蔡先生除复电建议速告“外交当局责成驻外各公使分别交涉”外，特撰《为国内反对日、英风潮敬告列强》的长篇论文，详述此次风潮的远因及近因，应由日本及英国完全负责。然后，针对列强在五卅惨案中的三种误会，摆事实，讲道理，具体地具有说服力地进行分析和辩解。此文被译为英、法、德各种文字，分送欧洲各国的报纸、杂志发表。

1925年7月20—28日，世界教育会联合会在英国爱丁堡召开第二次大会。中华教育改进社推蔡先生为代表出席，虽未能专程前往，但撰有论文《中国教育之历史与现状》一篇及提案两件，交陈剑翛携往宣读。

蔡先生还应世界学生基督教联合会之请，撰著《中国现代大学观念及教育趋向》一文，以北京大学为例证，实际是他改革北大的总结。北大所设科系的演变，“教授治校制”的实行等，均有较详的叙述。

蔡先生在欧洲期间，曾为北大师生及其他人士的著述撰写序文，如为《北京大学国学研究所一览》撰序，为北大教授张竞生所译《卢骚忏悔录》撰序，为北大教授刘半农所编《敦煌缀琐》撰序，为北大毕业生许德珩所译《社会学方法论》撰序，为周太玄所撰《人的研究》撰序，为褚民谊所撰《兔阴期变论》撰序，为商务印书馆的《哲学辞典》撰序，为旅法中国美术展览会的《目录》撰序，为巴黎美展中国馆的《目录》撰序，以及为北大哲学系级友会《纪念刊》题词等。

以《北京大学国学研究所一览序》为例，略谓：国学门研究所“三年以来……搜集、整理、发表，均有可观的成绩。我们虽然自己不满意之点还是很多……若能广筹经费，多延同志，来此共同研究，将来学术上之贡献，一定可以增进”。①

蔡先生对北大校内学术研究工作异常关注。1925年秋，一再致函蒋梦麟，告以“俄京科学院各种印刷品，多关于回纥、蒙古、吐火罗、突厥之研究。现在俄政府正与我国修睦……且加拉罕正在俄京，可请助力，请乘此机会，索取该科学院出版物全份”。“陈寅恪君曾开示……目录，原函奉上”，“请兄即日进行”。

---

①《北京大学日刊》1925年6月27日。

蔡先生对东西文化交流，随时不忘推动。1923年10月10日，应比利时沙洛瓦劳工大学之请，作《中国之文艺中兴》的长篇讲演，将中国文明与欧洲文明进化的程序加以对比，末了推论：再加若干年功夫，“欧洲自十六世纪至十九世纪所得的进步，当可实现于中国。那时候，中国文化，必可与欧洲文化齐等，同样的有贡献于世界”。

1926年1月2日，蔡先生偕周夫人离欧归国，2月3日，到达上海。鉴于北方政局较出国前更为混乱，暂留江浙，未即返回北大复职。

是年3月18日，北京各校学生及各界群众三万余人，在天安门举行国民大会，抗议日本军舰炮轰大沽口以及各帝国主义的侵略罪行。段祺瑞命令军警以枪弹、大刀、铁棍屠杀手无寸铁的请愿者，死四十余人，伤一百余人。其中，北大学生惨死三人，重伤十余人。时称“三一八惨案”。

蔡先生得蒋梦麟电告后，立即复电，云：“学生死伤，同深怆悼，请代慰伤者，望联合各校要求惩凶。”

同年6月28日，蔡先生致电北洋政府，请辞北大校长之职。这是经过半年的观察，北方局势，绝无改善可能，而军阀政客正准备攫取北大。此电发出后，“全校惶骇”，北大评议会及全体教职员以及国立九校校长群起要求留蔡，坚决表示：北大校长，“非蔡先生不可，另换他人，誓不承认”。①北京教育总长任可澄不得不一再来电挽劝，北大教职员代表钟观光、谭熙鸿到杭州面述全校切望打消辞意，恳切说明“先生即或因病不能即来，本会（评议会）同人亦决不能任令先生与学校脱离关系。因此等时期，先生不能返校，尚不过使校务进行，暂时略受影响；先生之去职，直可使学校生存根本发生危险。……先生之坚决言去，实速其死，先生之感痛将更何如！”②在全校情深意挚劝挽下，蔡先生无法坚辞。因而他所居北大校长之名，直到1927年8月6日奉系军阀将北京国立各校合并为一所“京师大学校”时，始无形消失。

## 四、北京大学动乱阶段

1926年冬，奉系军阀张作霖，逐步攫取北京政权。翌年夏，张任陆海军大元帅，以国会参议员刘哲为教育部总长。1927年8月6日，刘哲呈请“将京师国

① 《教育杂志》1926年8月号。

② 北京《晨报》1926年7月10日。

立九校改组归并，定名为国立京师大学校”，张的大元帅府即“着教育部……妥速办理”。

该京师大将原北京九所大专学校合并改组为文、理、法、医、农、工六科，及师范、商业、美术、女子第一、第二等五部。其文、理两科，即就原北京大学之文科及理科改组。北京大学原有法科，本拟并入旧国立北京法政大学内，遭到反对，遂独立而为该京师大法科之第二院。[①]

刘哲自兼该京师大校长，随刘进北京教育部任次长的林修竹兼该京师大法科学长；清末任京师大学堂师范馆监督的江瀚任文科学长；原北京大学数学教授秦汾任理科学长。

9月20日，该京师大举行总开学典礼，刘哲讲话，宣称他的“办学宗旨”，首要者“即保存旧道德”。

由于奉系军阀暴虐统治，北大及其他各校教授纷纷南下，留京者不过十分之二、三。刘哲于是延揽一批昏庸官僚及钻营之徒来滥竽充数。这些人不学无术，信口开河。例如，一个文科教员竟说孔德（A.Comte，法国思想家）是孔子四十八代孙。[②]一个教哲学的，自称“我不晓得中国有哲学”。师资如此低劣，学生不得不“修函拒绝或当面讽刺”，或“要求学校更换”，或“全堂故意缺席”。[③]

该京师大设校务会议及教务会议，但成员均不经全校教授互选，而是按所任职务奉命出席。“校务会议议定事项，关系重大者……呈请教育部核定。”其职权极为有限。这和蔡先生苦心经营而蜚声中外的北大“教授治校制”毫无共同之处。

刘哲等对蔡先生在北大首倡的男女同校制，极为不满，打算将男女学生“彻底隔离”，因事实困难，迟未实现。但他还是下令“男女要分座听讲”。[④]

以蔡先生为首的原北京国立各大专校长对学生和教师爱护备至。在五四运动中，在反对中日直接交涉中，为被捕学生奔走营救，尽力保释。而刘哲则不仅为虎作伥，还在校内实行恐怖统治。一个学生反对某教员的专横，刘即恫吓说：“勿捣乱，我有三法令汝死：一、诬汝为共党，送往天桥（当时杀害革命者

① 北京《晨报》1927年8月7、8、20日。

② 艾和薰：《我们复校的经过》，见《国立北京大学卅一周年纪念刊》，第43页。

③ K.Y.生：《京大新写真》，见天津《大公报》1928年4月23—24日。

④ 北京《晨报》1927年8月15日；天津《大公报》1928年4月23日。

之处）；二、逮捕后，命狱吏将汝毒毙；三、用汽车运往南口，埋之炭坑。”①

早在该京师大成立之前，1927年4月28日，奉系军阀已将北大教授李大钊等师生二十人杀害。该京师大组成开学后，9月28日，又将北大教授高仁山等师生多人逮捕，并于1928年1月15日杀高于天桥。5月24日，蔡先生在南京发起并主持追悼高仁山烈士死难的大会，他报告高为国牺牲的事略，“并忠告后死者之责任”。②

1928年6月3日，北伐军兵临城下，刘哲继张作霖之后，逃离北京。该京师大文、理、法三科原北京大学学生立即与母校教职员一起，接收原北大的第一院、第二院及第三院，并开展复校运动。

北伐军抵定北京后，不久改称北平。6月8日，大学院长蔡元培在国民政府第70次会议上提出，国府已定都南京，北方京师（京师大学）之名不能沿用，拟请仍名北京大学。但易培基委员却提议任蔡为中华大学校长，未到前以李煜瀛（石曾）代。决议：“京师大学改为中华大学，任命蔡元培为校长，未到任时，以李煜瀛署理。”6月19日，蔡先生在国府第73次会议上，提请辞去中华大学校长兼职，推李石曾充任。“决议：照准。”③

9月21日，国府第95次会议时，李石曾代表大学委员会提请改中华大学为北平大学区，当即决议：通过北平大学区组织大纲，“改中华大学为北平大学”。④随后，任命李石曾为北平大学校长，李书华为副校长。

北大学生立即具呈国府，反对北平大学区制，要求按江苏大学区内同济、暨南、劳动三大学独立之成例，保存北大原有校名及组织，直属于中央最高教育机关。并一再呈请“立派蔡校长元培先生来平，主持校务”。

李书华、李石曾于11月3日、20日先后到平，将原北京国立九校及天津北洋大学、河北大学、天津工专、河北法专等校合并改组为文、理、法、工、农、医、艺术、师范8个学院，文学院拟设在原北大第一院，理学院拟设在原北大第二院。

11月29日，原北京大学学生一百余人为恢复校名及组织，到怀仁堂北平大学校长办公处请愿，二李均不在，学生将门窗器具捣毁。12月1日，平大文、理、

① 艾和薰：《我们复校的经过》，见《国立北京大学卅一周年纪念刊》，第43页。

② 上海《民国日报》1928年5月25日。

③ 上海《民国日报》1928年6月9、20日。

④ 天津《大公报》1928年9月22日。

法三院负责人，由军警会同前往原北大第一、二、三院接收，北大学生集合三百余人，分赴各院把守，阻止进入。军警及接收人员各自回去，未再前往。蔡先生闻讯后，立即发电慰问李石曾及李书华，并与蒋梦麟联名发出长电，对原北大学生进行劝诫。①

此时，北大复校学生代表李辛之、赵子懋到南京，面见蔡先生与蒋梦麟、陈大齐、余文灿等前校长及各前代理校长。李石曾亦由平南下。于是请吴稚晖出面调停，议定：校名用“国立北平大学校北大学院”，原文、理、法三科称第一、二、三学院，又称文、理、社会学院。其英文校名仍称National Peking University。北大学院院长为陈大齐，文学院主任由陈兼，理学院主任王烈，社会学院主任何基鸿。北大学院院长为北平大学区当然委员，各院主任可出席平大院长会议。经费仍按从前北大最高预算支给。上述办法，经北大学生全体大会通过接受，风潮遂告解决。②

陈大齐于1929年2月27日到院任职，当即聘定王仁辅、王尚济、温宗禹、经利彬、樊际昌、邓以蛰、刘半农、刘文典、杨丙辰、周作人、温源宁、黄右昌、张凤举、徐宝璜、秦汾等三十余人为教授，于3月11日开学上课。

3月17日，北大学院召开全体教授的会议，决定组织评议会，进行选举，开票结果，何基鸿、王烈、夏元瑮等七人当选评议员，并选举何基鸿为教务长。

6月17日，国民党三届二中全会议决：大学区制由教育部定期停止施行。6月25日，教育部电令北平大学区“于本年暑期内停止”。27日，北平大学区复电称：“自七月一日起遵令停止。”③

## 五、蔡元培再次居校长之名阶段

1929年8月6日，行政院第32次会议议决：北平大学区的北大学院改为国立北京大学，第一师范学院改为国立北平师范大学。

北大师生立即电请教育部从速任命蔡先生为北大校长，并推派教职员代表王烈（霖之）、刘复（半农），学生代表陈泽恩、余锡嘏，会同南京北大同学会代表舒光宝、郭容才，邀请蒋梦麟、陈大齐（百年）同到上海，恳切劝请，始获同意。

①《申报》1928年12月9日。

② 天津《大公报》1929年1月4、29日。

③ 天津《大公报》1929年6月18、28日。

蔡先生当于9月2日发出三函，一致北大教职员，一致北大全体学生，一致南京北大同学会，告以九个月之后，到校办事；“最近九个月，敬请陈百年先生负责进行”。惟于致北大全体学生函中，特加一段话：“希望诸君特别忍耐……对于学校当局，设身处地，知其难处，勿轻发无责任之言论，以取快一时，而妨碍全局。至于校舍之扩张，经费之筹画，诸君即有所见，亦可条陈于学校当局……诸君决无直接行动之必要也。”

9月10日，行政院第37次会议议决：任命蔡元培为国立北京大学校长，在未到任前，派陈大齐代理。①

9月11日，北大举行开学典礼，到会教职员、学生五百余人。代理校长陈大齐在开会词中略谓：“前之希望蔡校长回校、及恢复校名，今已达到目的，惟当此际不要……过事乐观，须努力探求学识，冀保过去荣誉。”

北大原国文系主任马裕藻、原史学系主任朱希祖因曾被学生会攻击，均愤而请辞系主任之职。蔡先生闻讯，迅即致马、朱各一函，告以“前晤学生代表时，曾剀切劝告，彼等亦以为然。……愿先生不咎其既往，勿再耿耿。……务请慨然允任……系主任，协力进行”。马、朱二人接蔡函后，并经校内负责人及各该系学生挽留，均允复任。

复校后的北大，开学后，迅即组成评议会，10月17日，由到校教授42人投票，开票结果：何基鸿、王烈、马裕藻、关应麟、夏元瑮、朱希祖、刘半农、沈兼士、徐宝璜、胡濬济、马衡、王仁辅、李书华十三人当选为评议员。11月14日的评议会会议，审议各行政委员会的委员长及委员：组织[贺之才(长)等]、图书[周作人(长)等]、财务[徐宝璜(长)等]、聘任[何基鸿(长)等]、仪器[经利彬(长)等]、校舍[王烈(长)等]、庶务[胡壮猷(长)等]、学生事业[关应麟(长)等]。“议决：照校长提出名单修正通过。”从此，蔡先生奠立的“教授治校制”得到了认真的恢复。②

1929年12月17日，为北大创立31周年，蔡先生未能北上参加纪念活动，特为《纪念刊》撰写序文，提出应注意两点：“(一)要去尽虚荣心，而发起自信心。——有一部分的人，好引过去的历史，北大的光荣，尤以五四一役为口头禅；不知北大过去中差强人意之事，半由于人才之集中，半亦由于地位之特别，

① 上海《民国日报》1929年9月11日。

②《北京大学日刊》1929年10月19日、11月6日。

盖当时首都仅有此惟一之国立大学。……今则首都既已南迁……北大不过许多大学中的一校，决不宜狃于已往的光荣，妄自尊大。要在有日进无疆的自信心。”“（二）要以学术为惟一之目的，而不要想包办一切。——以前，在腐败政府之下，服务社会者又不可多得，自命为知识阶级的大学，不得不事事引为己任。……今则……正好乘党政重任尚未加肩的时候，多做点……学术上的预备。……所以应守分工的例，不想包办一切，而专治学术。”

北大各系学生拟出《北大月刊》，函请蔡先生撰写发刊词。他当即致函陈大齐，认为“既以北大名，应由学校当局负责主持”（当然可收学生作品），“或由学生自出杂志，而不用北大名义。……此事未可放任，请注意”。[①]陈将此函提交评议会讨论，曾决议由教职员及学生代表组织委员会，但意见未能一致，学生遂召开大会，决定将《北大月刊》改名《北大学生》，仍由同学自办，创刊号于1930年5月出版。

蔡先生对于北大各种社团，特别是有关美育的社团，关怀备至。闻悉新组音乐研究会敦请杨仲子、刘天华、唐赵丽莲等名家为导师，未获首肯，蔡先生即分函杨、刘、唐三人，请其“允任导师，以广布乐术”。[②]杨等得蔡函后，即接受北大之聘，分别担任钢琴、琵琶、二胡及歌唱的讲授。

1930年4月11日，北大评议会召开会议，第（二）项议案为，“蔡校长来函……主张无需改办高中，即以停办预科所省之经费，移用于研究所，本会一致赞同此项意见。议决：不办高中，并不设补习班”。

蔡先生这封信是复陈大齐的，云：奉“惠函，以教部训令，自本年起，停招预科学生，如有困难情形，可附设高中云云。征弟意见，弟以为预科生当然停招，改办高中，亦可不必。北平中学颇多……所急需而尚少者，大学之研究科耳。本校本有增设自然科学、社会科学及（外国）文学研究所之议，因经费无着……今若乘停办预科之机会，而即以预科所省之费，移用于研究所，则预定之计画，似不难次第实现。总之，吾人为北大发展计，与其求诸量，无宁求诸质；与其普及，无宁提高。……如承先生赞同，请提出评议会。”[③]

法律系教授何基鸿，多次被选为北大教务长，此次又以多数票当选，但何拟

① 蔡元培手札。

② 蔡元培手札。

③《北京大学日刊》1930年4月12日。

摆脱行政事务，辞谢连任。蔡先生迅发一电，谓"执事当选长教务，闻之欣慰，敬请慨允就职，以慰群望"。在蔡先生电劝及校内同人挽留下，何仍允续任。

在北大追随蔡先生多年的徐宝璜（伯轩）教授，突于1930年5月29日在北大授课时晕厥去世，终年仅37岁。蔡先生深感悲痛和惋惜，特撰《徐伯轩行状》一篇，详述徐的生平，[①]永留纪念。

1930年9月19日，国务会议第94次会议议决："国立北京大学校长蔡元培辞职，照准。遗缺以陈大齐代理。"[②]

这是因为国民政府取消校长遥领办法，不得不辞，虽经北大师生多方挽留，无法复任。于是，北大评议会于12月6日召开会议，"（一）议决：研究院章程第三条，修改为'本院设院长一人，综理院务，或由校长兼任，或由校长推举经评议会通过聘任之'。[原第三条仅为'由校长兼任']……（二）代理校长提出聘请蔡元培先生为本校研究院长，议决通过。"[③]从此以后，蔡先生便以研究院长的名义和北大保持着一定的关系。

综计蔡元培先生与北大的关系，前后约为十二年有奇，但亲自在校主持校务的时间，不过五年半左右。尽管为时不长，但他在北大所奠立的民主与科学的优良传统，由此而形成的北大精神，却一直绵续下去，垂诸久远。而且它的影响极为深广，远远超越北京大学一校的范围。

诚如杜威（John Dewey）所指出："拿世界各国的大学校长来比较，牛津、剑桥、巴黎、柏林、哈佛、哥伦比亚，等等，这些校长中，在某些学科上，有卓越贡献的，不乏其人；但是，以一个校长身份，而能领导那所大学对一个民族、一个时代，起到转折作用的，除蔡元培而外，恐怕找不出第二个。"[④]

本文原刊载于《北京大学学报》（哲学社会科学版）1998年第2期。

**作者简介：**

高平叔（1913—1998年），江西都昌人。著名经济学家、中国近代史专家、蔡元培研究专家。曾任南开大学历史研究所教授，蔡元培研

---

① 江西九江《徐氏宗谱》。

② 上海《民国日报》1930年9月20日。

③《北京大学日刊》1930年12月8日。

④ 这是杜威对胡适说的话。1946年5月底，在纽约，胡适告诉我的。

究会副会长，在蔡元培研究方面成绩卓著。著有《利用外资问题》（商务印书馆，1944年）、《外人在华投资之过去与现在》（中华书局，1947年）、《蔡元培全集》（7卷，中华书局1980—1988年陆续出版）、《蔡元培年谱长编》（4卷，人民教育出版社，1998年）等。

# 上海开埠与江南士林新的从业观

夏俊霞

人们从业观的变化是社会经济、文化变迁的产物。近代以来,中国由闭锁而开放,资本主义商品经济的东来,使中国原有的封建经济基础发生裂变。近代工业的兴建,对外贸易的发展,社会近代化的发展趋势,诸多因素共同作用下催化出了新的社会分工与专门化职业;自给自足的小农经济的日趋解体,商品经济的产生与发展,呼唤着人们思想观念的转变与个体的解放。传统的特权等级观念以及建立其上的社会结构在新的经济机制的渗透下不断分崩离析,社会各阶层的分化与流动由此产生,丹尼尔·贝尔描述的资本主义生产方式所导致的那种"独特的文化和品格构造"在上海及江南开始显露端倪。丹尼尔·贝尔说:"在文化上,它的特征是自我实现,即把个人从传统束缚和归属纽带(家庭或血统)中解脱出来,以便他按主观意愿造就自我。在品格结构上,它确立了自我控制规范和延期报偿原则,培养出为追求既定目的所需的严肃意向行为方式。正是这种经济系统与文化品格构造的交融关系组成了资产阶级文明。"[①]士林,这个传统的地位最显赫的群体从业观的变迁,从一个侧面反映了近代中国由传统而近代、由封建而资本主义的社会大变动。

开埠后的上海,经济上的崛起,西学传播中心的确立,政治上相对宽松、自由的氛围,使之成为晚清江南士林心目中的理想之地而纷纷汇集于此。太平天国农民起义及以后江南大地连年的战火,又使得江浙一带的士绅避乱而来沪上,"皆以上海为桃源,两省精华荟萃于此"。[②]大上海不仅是万种商物集散之地,更成为各种新思潮、新观念的风云际会之地。"一叶知秋",荟萃了江南名儒硕彦的上海,其士林思想的些许变化,无疑折射出江南士林的思想新动向。似乎可以这样说,沪上士林思想之嬗变,也即是江南士林之思想嬗变的缩影。

---

① 丹尼尔·贝尔:《资本主义文化矛盾》,生活·读书·新知三联书店,1989年,第25页。

②《申报》1882年1月7日。

## 一、突破华夷之别，应聘于西士机构

现实总是矫正人们传统观念的最好利器。开埠通商使上海率先走出了闭锁的王国，世界近代化大潮在这个江南一隅的滨海小城“卷起千堆雪”。泥泞荒芜的滩涂之地铺成了马路，租界内整洁而秩序井然，电线、电报、电灯、电话以及蜂拥而至的西洋货物，使得上海成了展示西方文明的橱窗。西方在强盛，中国在衰败，晚清寓居上海的士林在这段跌宕的历史中，咀嚼着文化盛衰之蕴。他们恨夷、蔑夷，却不盲目排夷；他们敏于发现新事物，更敢于不囿成见去接受新事物。

太平天国运动期间，来自江苏的名儒冯桂芬到上海后即被各种西学书籍所吸引，眼界大开，思想骤变。他不再以华夷尊卑来看待中外关系，而是建立起了客观的世界地理概念，且一语惊人：“法苟善，虽蛮貊吾师之。”[①]17岁即赴沪学贾的郑观应作了如此反思：“若我中国，自谓居地球之中，余概目为夷狄，向来划疆自守，不事远图……夫地球圆体，既无东西，何有中边。同居覆载之中，奚必强分夷夏。”[②]人们清醒地认识到：“今之天下非古之所谓天下也。古之天下不过中国一隅耳，凡不隶版图者，皆谓之为四夷，今之天下则四海内外声气莫不通。”[③]

就在大部分国人仍念念不忘夷夏大防、华夷尊卑，对世界懵懵懂懂之际，上海士林这种认识成为突破这一陈腐观念的先声。19世纪六七十年代，“夷场”之类的称呼虽偶有所闻，但人们更多地改称之为“沪北”“洋场”，“夷”类用语逐渐为“西”“洋”一类中性或偏向羡慕的用语所代替，西人、西学、西艺、西书是与强盛、文明、先进联系在一起的概念。于是向西人学习，与西人合作也就成了顺理成章的事情。这样，寓沪西人创办的文化机构中便出现了许多上海及江南籍士子的身影，这不仅成为他们实现广采西学、西艺主张的渠道，也成为其新的就业门径。

### （一）入洋人的书局合作译书

入洋人的书局、出版机构与西士合作译书的中国士人很多，沪上名士王韬

---

① 冯桂芬：《校邠庐抗议·收贫民议》。

② 郑观应：《易言·论公法》，夏东元编：《郑观应集》（上册），上海人民出版社，1982年，第67页。

③《申报》1878年1月28日。

当属于较早突破成见、与西士合作者之一。1849年王韬再度至沪，生计无着，穷困不堪，遂入墨海书馆，协助英教士麦都思工作。时人对此颇有微词，然而，也恰恰是在墨海书馆的这段时间奠定了王韬的西学基础。他与麦都思“雅称契合”，成为传教士翻译西书的好帮手。他相继译了新、旧约《圣经》以及《中西通书》《格致新学提纲》《西国天学源流》等介绍西方科学的书籍，与之合作的传教士主要有麦都思、艾约瑟、伟烈亚力等人。

浙江海宁人士李善兰专擅数学，并有算学专著自刻出版。1852年他将自己的书展示给寓居上海的英国传教士伟烈亚力。伟烈亚力见李善兰算学造诣颇深，当即聘其为翻译数理化西书的助手。之后李善兰与传教士合作翻译了多种自然科学书籍，如《几何原本》后九卷、《植物学》《代微积拾级》《代数学》《谈天》《重学》《圆锥曲线说》《奈端数理》等。与之合作译书的寓华传教士有伟烈亚力、艾约瑟、韦廉臣等。李善兰堪称将西方自然科学著作翻译介绍到中国的第一个中国学者，他所翻译的这些科学书籍，多为中国近代科学史上开创之作，影响深远。翻译西书的同时，李善兰也获得了大量的自然科学知识，后被清廷专聘为北京同文馆算学总教习，成为中国近代史上著名的数学家。

在上海最早的中西文化交流中心墨海书馆中，应聘与西士合作译书的还有蒋剑人、管嗣复、张福禧、陈萃亭、周双庚等一批中国学者。

自称“大江南北无与抗手”的蒋剑人，是苏松之地文名甚高又颇为狂傲的人物，与王韬、李善兰被时人称为沪上“三狂士”。在上海开埠之初，当人们还普遍对西人西学敌视、防范之时，他便甘冒天下之大不韪，不以中外、华夷为限，开始结交西士。他经艾约瑟介绍帮助法国巴黎的汉学家儒莲翻译了《大唐西域记》。19世纪50年代初，蒋剑人根据传教士们的口述编出了《寰境》16卷，介绍了地球四洲之情势。1856年7月，蒋剑人根据传教士慕维廉的口述，精心编译出版了《英志》8卷。在上海士人日炽的慕西学之风中，此书尚未出版即被沪上士人争相传抄阅读。

至咸丰初叶，应聘与传教士合作翻译西书的还有寓沪的龚自珍之子龚橙、魏源之子魏彦、科学家张福禧、张文虎、舒高第、赵元益、赵烈文、周弢甫等人。中西士人合作译书，以江南制造局翻译馆阵容最为强大。被该局延聘的外国学者共9人，即傅兰雅、林乐知、金楷理、卫理、秀耀春、罗亨利、玛高温、伟烈亚力和日本学者藤田丰八；中国学者50人，主要有徐寿、华蘅芳、舒高第、赵元益、徐建寅、郑昌棪、钟天纬、瞿昂来、李凤苞、贾步纬等人。

合作译书不仅成为士林新的职业，而且所译西书广泛介绍了西方的自然科学、应用技术以及西方的社会制度、史地文化，在近代中国社会上产生了广泛的影响。

**(二)进洋人的书报馆**

上海报刊始自寓沪外侨的外文报纸，但外侨创办中文报刊时，苦于中国文字之繁难，必聘用大批中国学者文人，甚至(使其)担当重任。此类报刊以《万国公报》最具典型意义。《万国公报》由美国传教士林乐知主编。《万国公报》那读之脍炙人口、落笔不俗、博大精深的文章即出自林乐知背后一大批华人饱学之士之手，其中贡献最大者当首推沈毓桂。

沈毓桂似乎是个不太被史学家们注意的名字，然而这的确是个不该忘记的名字。

沈毓桂(1807—1907年)，江苏吴江县人，字寿康，号赘翁。他任职《万国公报》期间，曾用20余个笔名撰文，年轻时就已名播三吴两越之地，在上海更是与大名鼎鼎的王韬齐名的中西兼通的奇才，1850年受洗皈依基督教。1859年即入墨海书馆参与寓华传教士翻译西书、传播西学的工作。故此，1874年当《万国公报》始设主笔的时候，林乐知即请已经为他担当了六年之久录述、润色文章的沈毓桂出任此职。沈氏在《万国公报》凡18年，每日与其他华人事工一起先听西文，后造华文，晨抄暝写，工作十分辛苦。他年近九旬之时，仍无片刻之休暇。在沈毓桂主笔期间，《万国公报》还有著名的华士董名甫、朱逢甲、袁康等人，其他默默无闻的华士更多。沈毓桂卸任后，素有“上海华文报纸中最佳作家”之称的沪上名士蔡尔康、范祎相继担任主笔，应募入馆的秉笔华士更多。

在洋报馆、书馆的示范与启发下，国人自办之报纸、书馆渐趋发展，尤其是戊戌期间报业、图书业更趋兴盛。据戈公振先生对近代非官方报纸(民间办报)的统计，上海有各类日报32种、杂志46种，居全国之首；同时上海报刊业的发达与商业化，使上海及江南的士林又多了一条报酬优厚、需求量大的新的谋生之道，出现了前所未有的新职业，如编辑、记者等。江浙一些科场失意文人士子纷纷来到上海，在中外报馆、书局谋职。上海著名报人蔡尔康，乡试屡试不中，遂入报界谋求发展。他20多岁即任《申报》主笔，编辑增刊《民报》、文艺副刊《寰宇琐记》；1882年起又任《字林沪报》编纂总主任，连载长篇小说《野叟曝言》;后与传教士合作,从事翻译工作,"马克思"的中文译名即出自其手笔。浙江海宁名士王国维1898年到上海,入《时务报》馆担任司书、校对。江苏吴县名士包天笑,1900年来上海谋职,先后入上海金粟斋译书处、启秀编译局、广智书局编译所和珠树园译书处,任校对、印刷和编译员。1906年后包氏定居上海,即任《时报》馆撰述员,编副刊《余兴》,1912年起入商务印书馆。江苏名士王钝根,起初在青浦自办《自治旬报》,后应同乡席子佩之邀,到上海担任《申报》编辑,并于1911年8月首创《申报》副刊——《自由谈》。江苏名士蒋维乔,早年曾入商务印书馆,与吕思勉、谢观等人一起为商务印书馆编纂教科书。浙江名士蒋智由,1901年在上海创办《选报》,自任总编。无锡名士王蕴章,1902年应聘至上海商务印书馆供职,编辑《小说月报》,兼编《妇女杂志》。《中国近代出版史料》《中国现代出版史料》的作者、浙江镇海人士张静庐来沪上先当学徒,旋即进《公民日报》《商报》等报馆任职。江苏常熟名士徐枕亚,师范学校毕业后,即应邀至上海任《民权报》新闻编辑,并著小说《玉梨魂》。浙江人士蒋箸超,曾游学沈阳、南京、杭州,最终寓居上海,1911年应聘为《民权报》编辑,还与他人合撰《蝶花劫》连载报端。浙江绍兴人士章锡琛,1912年到上海,即入商务印书馆担任《东方杂志》编辑,后又兼编《时事新报》《民国日报》副刊。由上述可见,从事编辑、记者职业是江南士人日趋热门的近代职业。

### (三)任洋学堂教习

西人办学如同办报一样,离不开华士的鼎力协助,延聘中国学者执鞭任教,其中以中西书院最为典型。中西书院,1881年由传教士林乐知创办,先于八仙桥一带建成中西第一分院,后又于吴淞路购得一块空地建成第二分院,各延聘中西教习四五位,沈毓桂即名列其中。在中外士人的共同努力下,中西书院很快成为沪上家喻户晓的新学堂,而中西书院之所以能享誉沪上在很大程度上仰仗沈毓桂之功。"沈君人品端方,学问渊博,循循善诱,教导有方,虽年逾八十,而精神尚健,久为士人所推重,门下士已有千余人之多。"[①]因此,世人皆称"中西书院创自林进士乐知先生,而成于沈别驾寿康先生者也"。[②]

近代上海(光绪二十九年,即1903年新学制颁布前)由外人创办之中小学堂有18所,大学堂2所,这样,就有为数众多的中国士人应聘作洋学堂的中方

① 海滨隐士:《上海中西书院记》,《万国公报》第60期。

② 王佐良:《中西书院志略》,《万国公报》第19期。

教习。

## 二、突破“奇技淫巧”观，效力洋务企业

中国社会近代化的发展需求，使得四书五经之类的传统知识失去了用武之地，也使得汲汲于科举应试之旧式文人失去了安身立命之所，另谋出路成了士人的燃眉之急。在开埠后的上海，让士人们看清的第一个道理就是学必致用。越来越多的士人不再受正统科举入仕之途的桎梏，不再甘于（在）空疏、于世无补的辞章琐句中皓首穷经。不独上海如此，讲求经世致用、切重实际在深受上海之西风影响的江南地区也蔚然成风。摒弃了科举入仕的士子们，兴致勃勃地把目光投向了讲求实用的西学。在这种思潮的冲击下，士人们不再以科学技术为“奇技淫巧”，而是努力营建着以自然科学技术为主的知识结构。

士人们学习自然科学知识的热情极高，像上海人士郑嘉荣，完全凭自学成才，于机器之理无不洞悉，而为洋务大员李鸿章重用。李鸿章兴办江南制造局、天津机器局、津芦铁路、银元局、金陵制造局等，无不有郑嘉荣的一份功劳。1896年前，曾在江南制造局翻译馆担任过编译的人员有资料可查者45人，其中除少数人受过专门系统教育外，多数人为自学成才。①

自19世纪60年代，洋务运动蓬勃兴起后，上海即成为洋务事业最为兴盛发达之中心。主持上海洋务的李鸿章，会聚了或兼通中西、或熟谙西艺西技的各色人等，其中又以上海和寓沪的江浙士人居多。如：江南制造局成立后即网罗王德均、李凤苞等通晓天算地舆的士人入局，两年后，制造局附设翻译馆，更成为汇集江南各类“奇才异能”之士之所在，徐寿（江苏无锡）、华蘅芳（江苏无锡）、舒高第（浙江慈溪）、赵元益（江苏新阳，今昆山）、徐建寅（江苏无锡）、汪振声（江苏六合）、钟天纬（江苏华亭，今上海松江）、瞿昂来（江苏宝山，今属上海）、李凤苞（江苏崇明，今属上海）、范熙庸（上海）、贾步纬（上海南汇）等50人名列其中。

加盟李氏幕僚的还有：吴炽昌（上海人），虽出身买办，但李鸿章欣赏他“通晓西国语言文字”，“熟悉商务”，委任其为开平矿务局、中国铁路公司会办；郑嘉荣，自学成才的上海人，先后助李鸿章兴办江南制造局、金陵制造局等，历任

① 傅兰雅：《江南制造总局翻译西书事略》，见张静庐辑注：《中国近代出版史料》（初编），上杂出版社，1953年，第12页。

提调至总办等高级职务，为李鸿章办了45年洋务；李凤苞，本不出名，李鸿章发现其颇富才能，派他为驻德国公使，兼驻意大利、荷兰、奥匈帝国公使；冯桂芬，则早在同治元年（1862年）即以“精思卓识，讲求经济”[①]而被李鸿章点名奏调入幕，并直接进入了李鸿章的核心圈子，号称李鸿章身边的诸葛亮，深得李氏倚重。甚至因联络太平天国而受通缉的上海名士王韬也被李鸿章延揽入幕，颇受重用。

据统计，李鸿章洋务集团中的江南士人有221人，其中，买办16人，占7.7%；官僚官吏108人，占48.9%；其他商人50人，占22.6%；地主24人，占10.8%；文人15人，占6.8%；身份不确定者11人。[②]在李长莉编写的《知识分子参与洋务运动情况表（开明士人）》及《知识分子参与洋务运动情况表（受西式教育人员）》两表中，江南（以上海及江浙为主）籍人士占58.9%。[③]盛宣怀曾说过：“（上海）为李鸿章发轫之地，有为李鸿章开办洋务、商务之初基”，“其立功实始于上海一隅”，真是一语中的。

倡行洋务的曾国藩幕府中同样拥有一大批江南才子，生于苏南、成长于上海的赵烈文就是其中之一。赵烈文往来于苏、沪两地，尤以旅居上海时居多，得以承袭欧风美雨，对世界大势多所了解。后于1861年至安庆入曾国藩幕，出谋划策、运筹帷幄，(是)被曾氏视为“骨肉之爱”的得力谋士。

洋务大员对人才的重用，无疑为上海如火如荼的西学热潮推波助澜，为那些希图通过兴办洋务而富国强兵的江南爱国士人提供了用武之地；同时洋务事业发展所提供的新的从业机会、诱人的丰厚待遇，为江南士林提供了一个新的择业导向；入幕洋务机构成为士林竞相角逐的职业，由洋务而升迁入仕成为新的充满希望的谋生、谋官之路。

随着上海及江南各地的开埠通商，出现了一些新的涉外行政机构，如海关、各地行政长官涉外翻译机构等，也都成为士人，尤其是新式学堂毕业诸生竞相角逐的职业。

---

①《李文忠公全书·奏稿》（卷17），第23页。

② 关于李鸿章幕中江南人才之叙述分别参见李长莉：《先觉者的悲剧》，学林出版社，1993年，第25页；于醒民、唐继无：《从闭锁到开放》，学林出版社，1991年，第142~143页。

③ 此数据据李长莉《先觉者的悲剧》附录统计。

## 三、新的“义利”观与五花八门的新职业

鸦片战争后，西学西艺纷至沓来，第二次鸦片战争后，西学传播尤烈，加之上海以及江南资本主义商品经济的发展，以求实求利为主要特征的资本主义价值观念，在沪上名士之中影响日深。沪上名士冯桂芬说“中国名实必符不如夷”，郑观应则抨击传统观念的务“虚”不务“实”，“循空文而尚谈性理”，[①]倡导“视商如士”；王韬更是坚决地主张“恃商为国本”；而来自无锡的有识之士薛福成还努力向古代典籍中寻找“言利”的根据，论证“圣人正不讳言利”乃古已有之的道理；马建忠则形成了较为完整的重商思想，更为鲜明地指出：“治国以富强为本，而求强以致富为先”。[②]“兴利”“言富”在沪上士林的著述中比比皆是。

社会经济的变化必然引起人们价值观念的变化，商品经济的发展急剧地改变着中国人传统的义利观，刺激了人们对经济利益的追求，以及对资本主义伦理精神的认同，这一历史发展变化在开埠后的上海及其江南腹地表现得尤为显著。固有的“士农工商”的封建等级秩序出现了很大的变动：文人士子的满腹经纶和他们在社会生活中高高在上的地位只能作为昨日的荣耀，而那些可能识字不足半斗，但却腰缠万贯的富商豪门成为今日的英雄。失去了荣耀的士子们努力向“商”靠拢，“士”“商”一头一尾两个社会等级的渐趋合一，又带动了整个社会的重“商”、崇“商”的风气，形成了“今天下士商相聚，抵掌侈谈四海内外”[③]这种新的社会现象。晚清上海有首《竹枝词》不无调侃地唱道：“一经贸易便财东，者也之乎路路穷。何自古人轻市井，眼前若个不趋风？”词旁还有一行小注：“近缘江夏以贸易起家，人都喜经营而贱吟诵矣。”[④]价值观和从业观的变化促使人们走上新的谋生之路，工厂、公司、洋行、商行、职业学校、广告制作等纷纷涌现，大大拓宽了人们的谋职渠道。商品大潮下越来越多的人投入商海，在这个“较尽锱铢，情面无亲旧”，[⑤]而人人言利的上海，“新交因狐裘而订，不问出身；旧友以鹑结而疏，视同陌路”；“舆台隶卒辉煌而上友，官绅寒士

① 《校邠庐抗议·制洋器议》《盛世危言·道器》。

② 马建忠：《适可斋纪言·富民说》。

③ 《皇朝经世文编》（四卷25），“户政”“公司”。

④ 《商行竹枝词》抄本，转引自乐正：《近代上海人社会心态》，上海人民出版社，1991年，第65页。

⑤ 王韬：《瀛壖杂志》（卷6）。

贫儒褴褛而自惭形秽”。[①]在这种情况下，寓于沪上的文人士子或满怀抵触，以“足迹三十年不涉夷场为自守”而自命清高，或为生活所迫，不得不趋俗就利；或一改君子重义轻利的斯文相而下海为商，反映了(在)社会向商品经济转化的大变动时期，士子文人痛苦蜕变的心路历程。

也正是在这种情况下，一时间上海滩或辍学经商，或学业有成而经商，或者是由士而经商者纷纷涌现，仅以川沙县为例，如：“朱纯祖，字丽生，市区人，监生。……年甫十龄，孤苦零丁，学习米业，中年创设朱丽记花米行，历二十余载”；[②]“姚光第，号述庭，市区东门外人，南邑诸生。……光第感于清季地方贫瘠日甚，就其家设机器轧棉厂，实为川沙机器轧棉之始”；[③]“张庆平，字耿娱，长人乡人……孤苦勤学，旋弃儒习商，有企业思想……创办华宝化炼厂于小湾镇北市，经营渐有成绩”。[④]此外上海近邻江苏南通人士、清末状元张謇便是以士人的身份，创办南通第一个近代企业，进而发展南通近代实业的。著有《续海上花列传》等小说、曾任职《申报·自由谈》的浙江籍寓沪近代著名小说家陈蝶仙，就利用业余时间，在自家的手工作坊里钻研牙粉与化妆品制作，最终以生产“无敌牌”牙粉致富，成为大上海家喻户晓的资本家。沪上著名佛教居士王一亭，光绪七年(1881年)14岁时即辍学从商，17岁考入制造局翻译馆，卒业后继续经商。浙江镇海人方液仙，从著名的斐迪中学毕业后，跟随中西书院化验师、德国人窦伯烈学习化工，卒业后即用所学知识在上海创建中国化学工业社，生产牙粉、雪花膏，1915年改为有限公司，曾以三星牙膏风靡全国，远销南洋各埠。曾以《孽海花》而蜚声近代小说界的曾朴，在商潮裹挟之下，也曾以举人身份，于光绪二十三年(1897年)至沪上筹办实业，经营丝业。甲午战后，民族资本进入更快的发展时期，“舍儒而商”更成为沪上、江南近代士人一个新的时尚和潮流，从商者之多，不胜枚举。

据报载：同治十一年(1872年)上海开埠后，各省逐利之徒，不论长幼蜂拥而至，塾师们也一改往日不便言利的羞羞答答的模样，一旦“风闻某处有馆缺，

① 海上看洋十九年客：《申江陋习》，《申报》1873年4月7日。

②《川沙县志》(卷16)，转引自黄苇等编：《近代上海地区方志经济史料选辑》，上海人民出版社，1984年，第315页。

③《川沙县志》(卷16)，转引自黄苇等编：《近代上海地区方志经济史料选辑》，上海人民出版社，1984年，第312页。

④《川沙县志》(卷16)，转引自黄苇等编：《近代上海地区方志经济史料选辑》，上海人民出版社，1984年，第312页。

不问东家之若何，子弟之若何，即纷纷嘱托。”[①]而在言利乃光明正大之事这种文化背景下成长起来的西文教习，更是公开言利。加之上海人学习外语热潮迭起，所以上海大多数的外语类学校、夜校在刊登广告招徕学生时，并不讳言营利的目的。

在上海，卖文鬻画也是寻常之事。来自浙江绍兴的著名画家、海上画派的先驱人物任伯年即以鬻画营生，他的《福星象轴》《日利大利》等画，就是应买画之人的要求而作的。为了赚钱，他有时一个晚上可以画几张甚至几十张画。其他画家，如朱熊、张熊、任熊、任薰、胡远、虚谷等人均曾在上海卖画为业，朱熊、张熊、任熊三画家由此还有“沪上三熊”之称。最典型的还是吴待秋，他毫不掩饰自己为钱而画的思想。有人因索画而请他吃饭，他谢绝说：“吃一顿工夫，我已经几张扇面画下来了，划不来，还是拿钱来吧！”[②]江苏江都画家倪田，擅长人物、仕女、佛像，尤擅画马，于上海滩卖画30余年，名重一时。与他一起在上海卖画为业的还有画家钱慧安、宋海、舒浩等人。

画家鬻画，文人则卖文。卖文者与出版商既以赚钱为目的，就必然要想方设法打开销路，为此，就得满足大众市民口味。这样做虽然推进了文化的大众化、通俗化，却极易造成作品格调低俗。例如，沪上大才子王韬，即写过不少艳情文字，在上海嫖业颇有影响。大名鼎鼎的小说家李伯元、吴趼人等都曾涉足艳情文字生意，吴趼人还曾欣然为药商大做广告。

咸丰、同治、光绪年间，因战事、灾荒频仍，国家财政入不敷出，朝廷大开捐纳之例，文职自郎中及府道以下，武职自参将、游击以下，皆像上海新出现的股票一样，上市交易买卖起来。资财雄厚的买办、商人成为捐纳制度的主要受惠者，他们竞相认捐，往往是一夜之间“市侩之徒，皆成暴贵”。[③]据统计，光绪二十六年（1900年）前后，上海的40名著名买办中，至少有15人捐得候补道官衔。[④]晚清的捐纳制度无疑为向商贾倾斜的社会风气推波助澜。捐纳得官人数剧增，使得正途科举出身的士大夫们一下子失去了优越感和心理平衡，怨声载道，“贫苦穷饿莫能名状，至有追悔不应会试中试者”，[⑤]科举入仕之途更趋冷

---

① 上海《师说》1872年8月17日。

② 林树中：《近代上海的画绘：画派与画家》，《南艺学报》1982年第1期。

③《皇朝经世文编》(二)，总第359页。

④ 参见张仲礼主编：《近代上海城市研究》，上海人民出版社，1990年，第954页。

⑤《皇朝道咸同光奏议》，见《治法通论》(卷1)，第8页。

落，下海经商更趋新潮。

在上海带动下江南士林从业观的变化，是上海开埠后商品经济下新的社会需求所产生的新现象，它打破了士人几千年来恪守的君子重义轻利的迂腐观念，为他们融入社会拓宽了渠道。在他们用知识服务于社会的同时，享受到知识、才能所带给他们的经济利益。士人“舍儒而商”的趋势，不仅加速了西学在中国的传播与应用，推动了社会阶层的频繁流动，而且也为死气沉沉的社会注入了生机与活力，加速了整个社会从业观念的更新。

本文原刊载于《天津社会科学》1998年第5期。

**作者简介：**

夏俊霞，1966年生，天津人。1993年南开大学历史系硕士毕业后留校任教，2000年获得博士学位，南开大学历史学院副教授，主要从事通商口岸与近代社会转型研究。著有《百年风云》（合著，天津教育出版社，1994年），译有《中国纵横：一个汉学家的学术探索之旅》（上海远东出版社，2005年），参与编著有《中国文化通志·社团志》（上海人民出版社，1988年）、《中国大通史·晚清卷》（北京人民出版社，1996年）等。

# 杜威的中国之行及其影响

元　青

杜威(John Dewey,1859—1952年)与中国的关系无疑是近代思潮史、教育史和中外文化关系史上最有意义的课题之一。然而,由于种种原因,我们在20世纪80年代以前的有关著述中,根本感觉不到这一课题的分量和对这一课题的公正评价。80年代以来,随着中国以新的姿态向世界开放,"杜威与中国"这一课题开始逐渐引起人们的兴趣,出现了一些零星的、片段的、基础性的研究成果。一是部分哲学史、教育史、教育思想史著作对这一课题的某些内容作了阐述,如袁伟时撰著的《中国现代哲学史稿》(中山大学出版社,1987年版)就专列一章"实用主义在中国的影响与胡适的哲学思想",其中对杜威来华传播的实用主义哲学观点及其对当时中国知识界的影响作了简要评述,内容之广泛和观点之深刻都超过以往同类著作。二是在近年出版的某些人物传记和人物思想研究等著作中对这一课题的某些方面有所涉及。如耿云志的《胡适研究论稿》(四川人民出版社,1985年版)、欧阳哲生的《自由主义之累——胡适思想的现代阐释》(上海人民出版社,1993年版)等胡适研究著作,对胡适与乃师杜威的关系、胡适传播实用主义哲学思想的情况作了研究。这些研究虽然只涉及杜威与中国关系的某一侧面,但仍有一定的参考价值。三是有个别的学术论文研究了实用主义思潮在中国传播的情况。如章清的《实用主义哲学与近代中国启蒙运动》(《复旦学报》1988年第5期)一文,对实用主义风行于五四时期的原因作了探讨,较有理论深度。四是作了某些资料搜集整理工作。如黎洁华的《杜威在华活动年表》(《华东师范大学学报》1985年第1~3期)对考察杜威中国之行的过程很有帮助,是一种扎实的基础性工作。上述成果无疑是国内学术界对杜威与中国关系问题研究的新突破。但是,就这一课题的理论与实践、历史与现实意义来说,这些成果显然不足以充分体现它的应有分量。至今,学术界尚没有一部以杜威中国之行及其影响为主题全面阐述杜威实用主义与中国关系的论著。已有成果只是分别涉及这一课题的某些侧面,缺乏研究的完整性与系统性;这些成果所涉及的某些史实也尚待厘清和考订;这些成果的某些观点也颇有值得商榷之处;一些重要的研究资料有待发掘使用。因此,在前人研究的基础上,深入挖掘中外资料,对这一课题进行比较全面系统的考察,将课题研究提高到一个新水平,我们仍大有可为。

## 一、杜威的中国之行

杜威是美国实用主义哲学最有影响的代表和实用主义教育思想的创始人,在现代西方哲学史和教育史上占有相当重要的位置。

从哲学上来讲,杜威以皮尔士、詹姆斯的实用主义理论为基础,广泛吸收黑格尔学说、进化论和美国本土文化等丰厚的学术营养,进一步发展了实用主义哲学,使之成为20世纪前半叶美国最有影响力的一种哲学思潮。杜威也因此在詹姆斯死后40多年里一直居于实用主义哲学思想领袖的地位,被人称为"实用主义神圣家族中的家长"。他的思想对美利坚民族的精神产生了重要影响,人们公认他是纯粹的美国哲学家,美国文化的解释者,美国精神的代言人。对杜威嘲讽备至的罗素也说他代表了美国工业社会的哲学。从教育上来讲,杜威将他的实用主义哲学理论贯彻到教育中,创立了一整套系统的实用主义教育思想。这套理论几乎涉及和深入到所有教育问题的每一个方面,在教育史上是无与伦比的。它影响了杜威在哥伦比亚大学师范学院的同事和学生们,并通过他们对全美国产生了深远影响。杜威因此成为进步主义教育运动的领袖和20世纪美国影响最大的教育家。

作为实用主义哲学的集大成者和实用主义教育思想的创始人,杜威对美国及世界的影响是巨大的。在他90岁诞辰之际,美国《新共和》杂志的编辑们在其专刊上总结了这种影响,文章说:"就其对现代智慧生活的影响而言,我们不知道谁堪与约翰·杜威相提并论。"对这样一个评价,美国许多学者表示了极大的认同。《新共和》杂志的一位作者认为"没有一个现代美国人能不受约翰·杜威的影响"。[①]著名哲学家怀特海(Alfred North Whitehead)指出"我们生活在受杜威影响的时代之中"。[②]杜威的亲传弟子、著名教育家克伯屈(K. H. Kilpatrich)则评价说:"就杜威在哲学史上的相应地位来说,我把他放在仅次于柏

① *The New Republic*, 1949, pp.10, 26. 转引自W.F.康内尔:《二十世纪世界教育史》,张法琨等译,人民教育出版社,1990年,第179页。

② 希尔普:《杜威哲学》,第477页,转引自赵祥麟主编:《外国教育家评传》(二),上海教育出版社,1992年,第539页。

拉图和亚里斯多德的位置上。至于他在教育哲学史上的地位,在我看来,他是世界上还未曾有过的最伟大的人物。”[①]对杜威的影响给予了极高的评价。

正是这样一位具有世界影响的思想大师,五四时期被中国新知识界邀请到了中国。

1919年2月,杜威偕夫人艾丽丝(Alice)、女儿露茜(Lucy)到日本游历、讲学。此事很快被他的一些中国弟子得知,他们立即协商请他来华。3月12日,南京高等师范学校教授陶知行(即陶行知)致信胡适,称三个星期前已获悉杜威到日本游历讲学,如果能借便“请先生(指杜威——引者)到中国来玩玩”,并帮助中国“建设新教育”,则再好不过了。[②]胡适接陶知行信后,立即致函正在日本东京帝国大学讲学的杜威,邀他旅华讲学。[③]当月,经协商,北京大学教授陶孟和与南京高师代理校长郭秉文受北京大学、南京高师、江苏省教育会、尚志学会、新学会等教育单位和社团的委托,赴东京盛邀杜威来华。杜威愉快地接受了邀请。他在给胡适的复信中说:“我接到你的信非常欢喜。我每日总想写信把我们想到中国来游玩的事告诉你……你问我能否在中国讲演,这是很荣誉的事,又可借此遇着一些有趣的人物,我想我可以讲演几次,也许不至于对我的游历行程有大妨碍。”“郭秉文博士同陶履恭(即陶孟和)教授前日来看我,他们问我能否在中国住一年,作讲演的事。这个意思狠(很)动听,只要能够两边大学的方面商量妥贴了,我也愿意做。我觉得几个月的旅行实在看不出什么道理。要是能加上一年功夫,也许我能有点观察了。”[④]4月,杜威结束在日本的讲学活动,启程来华。

可以说,杜威赴华讲学是由胡适、陶行知、郭秉文、蒋梦麟等一批杜氏中国弟子直接促成的。

但是,显然不能把邀请杜威来华仅仅视为弟子邀请老师之举。应该看到,邀请杜威来华之举体现了五四新文化界放眼世界、广纳新知、全面吸收人类先进文化的开放精神,体现了新文化阵营对科学、民主等新的价值理想、伦理精神的热切追求。还应看到,邀请杜威来华讲学,除胡适等一批杜氏中国弟子的

---

① William W. Brichman, *John Dewey: Master Education* (New York, 1961), p.16.

② 中国社会科学院近代史研究所中华民国史组编:《胡适往来书信选》(上册),中华书局,1979年,第29页。

③ 曹伯言、季维龙编:《胡适年谱》,安徽教育出版社,1986年,第92页。

④《杜威博士致胡适教授函》,《北京大学日刊》1919年3月28日。

努力外，另有几位知识界的头面人物，如梁启超、蔡元培等也起了非常关键的作用。这里有必要对杜威来华讲学的主聘单位做一点考订。

关于杜威来华讲学究竟由哪几家单位邀请，邀请者、被邀请者和后来的研究者各有不同的说法。杜威本人曾于离开中国前夕讲“北京大学、尚志学会、新学会是最初请我讲演的”。[①]胡适后来则在不同的场合不同的时间作了不同的回忆。1952年，他在台湾省立师范学院宣讲《杜威哲学》，其中提到“五四的时候，蒋梦麟先生、陶知行先生和我，代表江苏省教育会、北京大学和北京大学行知学会请他（杜威）到中国来讲学”。[②]（20世纪）50年代他在为美国哥伦比亚大学作口述回忆时说：“当蒋梦麟和我这一群杜威的学生听说他在日本讲学时，我们乃商请北京大学、南京高等师范、江苏教育会和北京一个基金会叫做尚志学会，筹集基金邀请杜威来华讲学，并分担全部费用。”[③]1960年他在夏威夷大学作题为《杜威在中国》的演讲时则谈到“当他（杜威）在日本的时候，中国有五个教育团体联名请他”。[④]历史研究者在研究五四时期这段历史时，也有不同的表述：一说“杜威是由北京大学、新学会、尚志学会和中国公学联名聘请的”；[⑤]一说“杜威来华讲学是东南大学（即南京高等师范学校）和北京大学联合发起的”；[⑥]一说是北京大学、江苏教育会等五个文教团体邀请的。[⑦]以上各种表述除个别者外，多数说法都同意杜威来华是两所高校即北京大学、南京高师和几个学术团体联合邀请的，这些说法大体上都是对的。因为这些单位从人事方面说是共同的。上面提到的几个学术团体，除江苏省教育会外，尚志学会、新学会、中国公学的主要负责人都是梁启超，而北京大学校长蔡元培、江苏教育会负责人蒋梦麟又都是尚志学会的发起人。杜威来华一年后的1920年9月，上述几个学术团体和北京大学等联合成立了讲学社，并由该社续聘杜威，

①《五团体公饯杜威席上之言论》，《晨报》1921年7月1日。

② 葛懋春、李兴芝编：《胡适哲学思想资料选》（上册），华东师范大学出版社，1981年，第480页。

③ 唐德刚译注：《胡适口述自传》，华东师范大学出版社，1993年，第98页。

④ 葛懋春、李兴芝编：《胡适哲学思想资料选》（上册），华东师范大学出版社，1981年，第555页。

⑤ 丁守和、殷叙彝：《从五四启蒙运动到马克思主义的传播》，生活·读书·新知三联书店，1979年，第234页。

⑥ 包华德主编：《中华民国史资料丛稿·译稿·民国名人传记辞典》（第10分册），沈自敏译，中华书局，1981年，第80页。

⑦ 中国社会科学院近代史研究所中华民国史研究室编：《中华民国史资料丛稿·人物传记》（第5辑），中华书局，1978年，第93页。

而梁启超、蔡元培又是该社的主要发起人。由此可知，倘若没有梁启超、蔡元培这些学界头面人物的支持，杜威中国之行怕不会那么顺利。

此外，从杜威来华前后中国知识界对杜威及其实用主义学说所抱的热情欢迎、赞扬有加、信奉服膺的态度来看，也不应仅将杜威当作胡适等一派弟子的客人。

综上所述，笔者认为，杜威来华，牵线和直接促成者乃胡适等一批杜氏中国弟子；梁启超、蔡元培等学界头面人物从中也发挥了关键作用；同时，邀请杜威来华之举体现了中国五四时期广纳新知博采世界先进文化的时代精神。可以说，杜威是五四时期中国新知识界的嘉宾。

1919年4月30日，杜威偕夫人及女儿到达上海。[①]5月3日，他到江苏省教育会演讲《平民主义的教育》，从此开始了他在华巡回演说的历程。至5月底，在近一个月的时间里，杜威主要在上海、杭州、南京等地活动，度过其旅华的第一个阶段。

5月29日，杜威夫妇北上至天津，在胡适迎候下当天抵达北京。至1920年3月，在9个月的时间里，杜威主要在北京各教育团体进行学术演讲，其间，还到太原参加了全国教育联合会第五届年会，并赴济南做演讲。这是杜威旅华的第二个阶段。

杜威抵北京之初，正赶上五四运动进入高潮阶段。杜威对北京学生运动的发展情况极表关注，在6月初至6月中旬的每一封家信中几乎都谈及于此。他对军警镇压学生表示厌恶，认为把大学变成监狱是非法的，"等于军事占领大学"，[②]同时对青年学生表示同情。

在关注学生运动的同时，杜威开始了在京的学术演讲，主要是《美国之民治的发展》《社会哲学与政治哲学》《教育哲学》《伦理讲演》《现代的三个哲学家》等5个长篇系列讲座。此外，这一阶段杜威还发表了一些短的演说。

杜威在北京所过的是平静而紧张的学者生活，大量学术讲座占去了他的大部分时间。讲学之余，杜威偕夫人、女儿也参观游览了北京的一些名胜古

---

① 关于杜威到达中国的时间，有两种不同的说法，一说是4月30日，一说是5月1日。根据杜威夫妇写给美国孩子的家信和胡适5月3日致蔡元培的信函，杜威到达中国的准确时间应为4月30日。参见杜威夫妇 Letters From China and Japan (New York, 1920), p.147;《胡适教授致校长函》,《北京大学日刊》1919年5月8日。

② *Letters From China and Japan*, p.166.

迹。“风景如画”的西山，“黄色屋顶，蓝、绿、红色院墙，壮丽粗犷”的紫禁城，“美丽的”颐和园，都给杜威夫妇留下了极其美好的印象。[①]偶尔，他们也到中国朋友家做客，那里富有北京特色的四合院引起他们相当大的兴趣。

给杜威夫妇留下美好印象的不仅仅是中国的风光、建筑，还有中国朋友的友谊和热情。1919年10月19日是杜威的60岁生日，这一天，北京大学与教育部、尚志学会、新学会共同为杜威举办了生日晚宴，以示庆贺。晚宴于当天下午7时在中央公园来今雨轩举行，梁启超、蔡元培，以及胡适等一批杜氏弟子出席，蔡元培作了热情洋溢的致词。致词中，蔡元培称赞杜威哲学是“用19世纪的科学作根据，用孔德的实证哲学、达尔文的进化论、詹美士的实用主义递演而成的，我敢认为西洋新文明的代表”。他认为“孔子的理想，与杜威博士的学说，很有相同的点，这就是东西文明要媒合的证据了”。杜威也即席讲话。他首先感谢东道主为他的生日举行晚宴，接着谈了来中国后的一些观感，最后建议中国多讲求西洋文明中哲学等方面的学问，认为这样“不但可以解除东方人从前的观念，并且可以补救西方物质文明的害处”。[②]

1920年3月底，杜威结束在京的长篇系列讲座，受新教育共进社的邀请南下讲学。在此后近4个月的时间里，杜威主要在江浙一带如南京、镇江、扬州、常州、上海、南通、杭州、徐州、无锡、苏州等城市巡回演说。这是杜威旅华的第三个阶段。在这一阶段中，他先后到了十几个城市，作了40多场演讲，在各地思想界、教育界产生了巨大影响。7月初，杜威结束巡回演说，北上返京。

还在南京做演讲时，杜威旅华一年的期限已到。但中国知识界意犹未尽。为使杜威能继续在华传道授业解惑，北京大学等原邀请单位请求杜威留下来。中国新知识界的盛情，特别是“中国正在为统一独立民主而斗争的吸引力改变了杜威夫妇准备于1919年夏返回美国的计划”。[③]杜威答应了中国朋友的请求。1920年4月，北京大学打电报给哥伦比亚大学，请求延聘杜威一年，得到哥伦比亚大学的允准。这样，方才有了杜威另外一年零两个月的巡回演说。

从1920年秋至1921年夏的一年时间里，杜威在北京高等师范学校教育研究科讲授“教育哲学”。其间他先后两次南下巡回演说，到了湖南、湖北、福建、

---

① *Letters From China and Japan*, pp.205, 207, 216.

②《昨夕杜威博士之寿筵》,《晨报》1919年10月20日。

③ *Letters From China and Japan*, preface, p.2.

广东、山东等地。这是杜威旅华的第四个阶段。

在紧张繁忙的巡回演说中，杜威不知不觉间已在华度过了两年零两个月。在两年多的时间里，杜威不辞辛劳，到处演讲，足迹遍及上海、北京、天津、辽宁、河北、山西、山东、江苏、湖南、湖北、浙江、福建、广东等14个省市，作了大小演讲200多讲，广泛传播了实用主义哲学、政治学、教育学、伦理学。这些饱含实用主义学说的西方新文化极大地吸引了中国知识分子的注意力。报载，杜威每到一处皆在当地引起轰动，各阶层到会听讲者，颇极一时之盛。因杜威不能久滞广东，"百粤人士甚为怏憾"，致使杜威离粤时，"百般设法阻止其行，大有扳辕挡路之慨"。[①]杜威演说收到极好的效果，对五四时期乃至此后很长一段时间的中国思想界、教育界产生了重要影响。聘期将届，杜威决定踏上归程。1921年6月30日，北京大学、北京高等师范学校、北京女子师范学校、尚志学会、新学会五个团体在中央公园来今雨轩举行宴会，为杜威夫妇及女儿饯行，共有80余人出席。席间，五团体代表梁启超、胡适、范源濂、吴卓生等先后发言，盛赞杜威来华的影响，感谢他对中国的帮助。杜威夫妇及女儿也分别讲了话。杜威在讲话中希望中国民众既要有容纳新思想的精神，又要有实行的态度。[②]随后几天，宾主双方话别。7月11日，杜威一家离京返美。

## 二、杜威来华与实用主义哲学思潮的形成

实用主义在华传播并非自五四始，但成为一股具有重大影响的哲学思潮却是在1919年以后，契机便是杜威的中国之行。

翻看五四时期的报刊，一个引人注目的现象就是杜威在华巡回演说记录稿充斥，堪称连篇累牍。譬如《晨报》《新青年》《新潮》《每周评论》《民国日报·觉悟》《时事新报·学灯》《新教育》等报刊都大量刊登过杜威的演讲稿。以《晨报》为例，在杜威旅华两年多的时间里，几乎连载了杜威全部重要演说的记录稿。详见下表：

①《粤省教育事业进行详志》，《晨报》1921年5月15日。

②《五团体公饯杜威席上之言论》，《晨报》1921年7月1日。

《晨报》刊登杜威演讲记录稿情况表①

| 刊登日期 | 报纸版面 | 报纸栏目 | 演讲题目 |
|---|---|---|---|
| 1919.5.9—5.13 | 第7版 | 演说汇录 | 《杜威博士在沪讲演记》《杜威博士讲演大要》(介绍5月3日、5月4日杜威在上海演讲的《平民主义的教育》) |
| 1919.6.9—6.20 | 第7版 | | 《美国之民治的发展》 |
| 1919.9.22—1920.3.29 | 第2、3、5、7版 | 杜威博士之讲演，讲坛，杜威讲演 | 《社会哲学与政治哲学》 |
| 1919.9.22—1920.3.3 | 第2、3、7、5版 | 昨日杜威博士之讲演，杜威博士之讲演，讲坛，杜威讲演 | 《教育哲学》 |
| 1919.10.15—1920.4.1 | 第7、3版 | 讲坛，杜威讲演 | 《伦理演讲纪略》 |
| 1919.11.16—1920.2.4 | 第3版 | 杜威讲演 | 《思想之派别》 |
| 1920.3.8—3.28 | 第5、7版 | 杜威讲演 | 《现代的三个哲学家》 |
| 1920.4.22—8.23 | 第7、5版 | 讲演 | 《教育哲学》(在南京之讲演) |
| 1920.5.9—6.29 | 第7、5版 | 讲演录 | 《哲学史》 |
| 1920.9.16—9.18 | 第7版 | 讲演录 | 《学生自治的组织》 |
| 1920.9.20—10.10 | 第5、7版 | 讲演 | 《试验伦理学》 |
| 1921.4.25—4.26 | 第5版 | 讲演录 | 《大学的旨趣》 |
| 1921.4.30—5.2 | 第7、5版 | 讲演录 | 《教育者为社会领袖》 |
| 1921.5.3—5.6 | 第7版 | 讲演录 | 《自动与自治》 |
| 1921.5.8—5.9 | 第7版 | 讲演录 | 《教育与国家之关系》 |
| 1921.5.10—5.11 | 第7版 | 讲演录 | 《教授青年的教育原理》 |
| 1921.5.13—5.14 | 第7版 | 讲演录 | 《教育与实业》 |
| 1921.6.17—6.19 | 第7版 | 讲演录 | 《南游心影》 |
| 1921.6.20—6.21 | 第7版 | 讲演录 | 《国民教育与国家之关系》 |
| 1921.6.22 | 第7版 | 讲演录 | 《自动的研究》 |
| 1921.6.24—6.27 | 第7版 | 讲演录 | 《教师职业的现在机会》 |
| 1921.6.28—6.29 | 第7版 | 讲演录 | 《天然环境社会环境与人生之关系》 |
| 1921.6.30—7.1 | 第7版 | 讲演录 | 《习惯与思想》 |
| 1921.7.8 | 第7版 | 讲演录 | 《民治的意义》 |

① 据1919年5月至1921年7月《晨报》编制而成。

从上表可以看出，杜威在北京进行的五大系列讲座，全为《晨报》所收录，一些短的演说也被刊载，这些演说有的连载数日，有的则连载数十日，为读者了解实用主义学说提供了极大的便利。像《晨报》这样大量刊登杜威演说的报刊还有很多。如《新青年》从第7卷第1号到第8卷第1号分5期连载了杜威《社会哲学与政治哲学》的全文。《时事新报·学灯》从4月19日至6月19日刊登了《试验伦理学》《教育之要素》等演说的全文。《民国日报·觉悟》刊登了《教育与社会进化底关系》《“自动”底真义》《新人生观》等多篇演说。杜威的同一篇演讲被数家甚至十数家报刊登载，其宣传效应可谓大矣。在刊登杜威演说稿的同时，许多报刊还大量登载了杜威的行踪，杜威的谈话、演讲要点，杜威的照片，杜威演讲的广告，杜威的生平，杜威在美国发表的文章的翻译稿。一时间，杜威成为舆论界关注的焦点。与此同时，杜威的演说稿也结集出版。1920年8月，晨报社将杜威在北京举行的五大系列讲座辑为《杜威五大演讲》向全国发行。到杜威离华时，该书已印行13版，每版都在1万册以上。此后，该书又多次印刷，堪称出版史上的奇迹。除《杜威五大演讲》外，这一时期还出版了《杜威三大演讲》《杜威在华演讲集》《杜威罗素演讲录合刊》等多种杜威演讲稿。

我们在研究五四时期各种外来思潮传播的时候注意到，杜威是受到五四知识界几乎比较一致欢迎的外国思想家。当时活跃于文化舞台上的各派人物都表现出对实用主义的浓厚兴趣和极大好感。如革命民主派和早期共产主义者对杜威及其学说就大都表示敬意。陈独秀在很长一段时间里认为实用主义可以与唯物史观并存，因此表示“相信尊重”实验哲学。[①]1921年5月初，杜威赴广东演讲，正在筹建中国共产党的陈独秀(时任广东教育委员会委员长)亲自出面主持演讲会并介绍杜威的生平。此后他也没有对杜威及其思想表示异议。毛泽东也曾信奉实用主义。他在《湘江评论》发刊宣言中说，当前“中国就成功或者将要成功许多方面的改革”，“见于思想方面，为实验主义”，[②]把实用主义当作思想领域的指导性学说。直到胡适发表《多研究些问题，少谈些主义》时，毛泽东仍是从积极意义上理解实用主义哲学的，并且受胡适实用主义观点的影响，1919年在长沙发起成立了“问题研究会”。周恩来在《天津学生联

---

①《本志宣言》，《新青年》1919年第7卷第1号。

② 中共中央文献研究室、中共湖南省委《毛泽东早期文稿》编写组编：《毛泽东早期文稿(1912—1920)》，湖南出版社，1990年，第293页。

合会报》创刊号上也称“现在世界的最新思潮是讲‘实验主义’”。[①]

早期马克思主义者观点如此，被后人称为文化保守主义者的梁启超，对实用主义的态度同样热情。他是杜威来华的积极支持者和赞助者，杜威巡回演说后，他更对实用主义学说表示称颂和认同。他指出：“自杜威到中国讲演后，唯用主义或实验主义在我们教育界成为一种时髦学说，不能不说是很好的现象。”[②]他还表示“中国人宜以杜威哲学为底，造出一派新的哲学来”。[③]

在五四新文化舞台上十分活跃的胡适、蒋梦麟、傅斯年等自由派知识分子对杜威及其学说更是服膺有加，使劲鼓吹和传播。为在杜威到来前介绍其人其学，1919年3月及5月初，胡适在北京和上海分别对实用主义做了系统介绍和评述。1919年4月发行的《新青年》第6卷第4号发表了他的以《实验主义》为题的讲稿。在这一时期介绍实用主义的诸多文章中，这篇东西无疑是分量最重的。出于同样的目的，《新教育》杂志出版了“杜威专号”（第1卷第3期，1919年4月20日发行），集中刊登了一批介绍杜威学说的文章。此外，《新潮》《晨报》《时事新报·学灯》等报刊也刊登了一大批介绍杜威学说的文章。这些文章的作者大体上都是自由派知识分子，尽管他们的思想状况不尽相同，但是在宣扬实用主义这一点上都有着相同的特点，即都推崇实用主义的社会政治观、人生观、教育观，鼓吹点滴改良论和实用主义的方法论，强调自由、平等、个性解放等。实用主义已为这派知识分子所接受并成为他们的哲学旗帜。

以上情况表明，随着杜威来华讲学，五四时期的中国思想文化界确实形成了一股实用主义热潮。

一般来讲，一种思想学说在异域发生影响的程度，至少有赖于如下条件：其一是该学说自身所具有的理论价值和普遍意义；其二是该学说满足文化传播所涉国家社会需要的程度；其三是这种学说和它所传播地方的学术文化传统是否具有一致性或相近性。这也正如梁启超在《清代学术概论》中所谈到的：“凡‘思’非皆能成‘潮’；能成‘潮’者，则其‘思’必有相当之价值，而又适合于时代之要求者也。”[④]作为一种外来思潮，实用主义之所以能够成为当时中国

① 中共中央文献研究室、南开大学编：《周恩来早期文集（上卷）》，中央文献出版社、南开大学出版社，1998年，第419页。

② 梁启超：《颜李学派与现代教育思潮》，《东方杂志》1924年第21卷第2号。

③《五团体公饯杜威席上之言论》，《晨报》1922年7月1日。

④ 梁启超：《清代学术概论》，《饮冰室合集》（专集之三十四），中华书局，1989年影印版，第1页。

影响极大、为知识分子普遍接受的思想学说,原因恐怕应作如是观。

客观地说,杜威实用主义学说无疑具有其价值和合理性。从他的经验观来说,他把经验看作人的遭遇和行动的过程,在人的认识和行动的关系上,以行动为中心。同时强调经验的能动作用,强调人是行动的主体,突出了经验的主体性和创造性。这种重视行动和人的创造性的哲学,反对消极无为和害怕失败的观念,主张不断进取、敢于冒风险、敢于奋斗,显然具有一定的积极意义。从他的真理观来说,尽管其本质是主观唯心主义的,但他从强调概念学说的工具作用出发,把实践放在实现真理和检验真理的重要位置上,这和马克思主义的实践是检验真理唯一标准的观点颇有相近之处。特别是他强调看概念、学说是不是真理,关键要看其最终的功效和目的,这种以效用为中心的哲学,对于反对形式主义、反对重名轻实的观念和思维方式,大有裨益。从他的方法论来说,其思维五步法描述了人的认识过程,在一定程度上揭示了科学认识的逻辑,也有其合理之处。尤其是他从人类思想发展轨迹的角度,强调科学的怀疑精神,从思维方法的角度强调假设在人的认识过程和科学发展进程中的作用,颇具真知灼见。从他的社会政治哲学来说,他强调社会及社会发展动力多元化,看到了社会历史发展的多样性和复杂性,在一定程度上认识到历史发展是一种合力作用的结果,这也是符合社会历史发展规律的。他主张国家政府应有威权但掌握权力的人不能滥用权力,这对各种类型的国家政权建设都具有现实意义。从他的教育学说来讲,它强调教育即生长、学校即社会、以学生为中心、从做中学,包含了符合教育教学规律的诸多内容,具有普遍的指导意义,也是毋庸置疑的。总的来看,杜威实用主义本身所包含的合理因素是显而易见的,应看作人类文明发展的共同成果,大可吸收和借鉴。五四时期的中国知识界显然就是从某些积极方面接受实用主义的。

五四新文化运动是一场思想启蒙和思想解放运动,在这场运动中,高举科学民主大旗,批判封建专制制度,抨击传统伦理道德,反对迷信,鼓吹个性解放、重新估定一切价值,已成为时代的最强音,是时代赋予思想文化界的艰巨任务。完成这些任务,需要理论的武装和思想的指导。这也正是西方各种思潮繁荣于五四时期的根本原因。实用主义的风行一时,恰恰是因为它更加满足和适应了思想解放运动的时代需要。当时杜威在中国所宣扬的美国及西方资产阶级的民主政治观念和五四新知识界对民主、自由、平等、博爱的企盼追求一拍即合,特别是他重行动、重效果、重进取的基本哲学精神,强调假设、怀疑的方法论，和“重新估定一切价值”的气魄与当时进步知识分子的批判精神休戚相关。胡适曾将杜威的学说归纳为“一切带有评判精神的运动的一个重要武器”，“最公平，又最厉害”。[①]用这种武器评判中国文化，则要：对于习俗相传下来的制度风俗，要问“这种制度现在还有存在的价值吗？”对于古代遗传下来的圣贤教训，要问“这句话在今日还是不错吗？”对于社会上糊涂公认的行为与信仰，都要问“大家公认的，就不会错了吗？人家这样做，我也该这样做吗？难道没有别样做法比这个更好，更有理，更有益吗？”[②]胡适的这段话实际从思想解放的意义上概括了实用主义所具有的批判怀疑精神及其对中国旧思想、旧礼教、旧的社会秩序的挑战意义，从一个侧面回答了实用主义在中国五四时期风行一时的原因。艾思奇在20世纪30年代评述中国哲学发展进程时也有一段类似的分析，他说：“新的思想方法之出现，是在五四的炮声发出以后，实验主义的治学方法在某种意义上可以说是与传统迷信针锋相对，因此也就成为五四文化中的天之骄子。”他还说，五四时“胡适所标榜的实验主义占了一时代的上风，其他哲学思潮自然未尝没有介绍，但对于传统的推翻，迷信的打破，科学的提倡是当时的急务，以‘拿证据来’为中心口号的实验主义被当时认作典型的科学精神”。“实验主义在今日，谁也知道是一种错误的思想方法……但在当时，作为与传统迷信抗战的武器，还不失为历史推进的前锋。”[③]就实用主义在五四思想界所发挥的作用来说，这个分析无疑是对的。

实用主义之所以为中国知识界各派人物普遍接受，从当时人们的文化心理上来分析，还有一个重要的原因，即实用主义学说和中国经世致用学术传统的相近性。实用主义是一种效用哲学，主张各种理论的价值“在于它们所能造就的结果中显现出来的功效”，强调效果和功利性。中国的学术传统显然有与此相近或相似的一面，即重视理论学说的实用性、现实性，轻视与现实人生、社会生活无关的形而上学的思辨抽象；重视经验和现状，轻视学理和未来；统治者立一学说或扶一学派，更是要看它是否于已有实用价值。近代学者皮锡瑞所说的“以《禹贡》治河，以《洪范》察变，以《春秋》决狱，以三百五篇当谏书”，正

① 胡适：《杜威先生与中国》，葛懋春、李兴芝编：《胡适哲学思想资料选》（上册），华东师范大学出版社，1981年，第182页。

② 胡适：《新思潮的意义》，《新青年》1919年第7卷第1号。

③ 艾思奇：《二十二年来之中国哲学思潮》，《艾思奇文集》（第1卷），人民出版社，1981年，第59、62页。

揭示了中国传统学术思想“通经致用”的价值取向。近代以降，中国学人继承了这一传统。鸦片战争前后，经世派官僚士大夫高扬“经世致用”旗帜，力主“更法改图”，竞相“谈瀛海故实”以谋外御外，开了近代向西方学习的先河，其方案具有浓厚的功利性和实用性。洋务运动时期，一批地主阶级的改革派倡导“中体西用”，从物的层面上引进学习西方文化，更体现了实用主义的立场和态度。甲午战争后，各派知识分子向西方学习的层次加深了，范围扩大了，但无不体现出一切为了救亡图存这一最大的现实功利目的。可以说，学以致用的观念在中国知识分子头脑中是根深蒂固、一以贯之的，这对五四时期知识分子普遍接受实用主义无疑起了很大的作用。以胡适为例。他在服膺杜威学说之前的学术思想便受中国传统“致用”观念影响甚深。他在1914年1月的一篇日记里写道：“今日吾国之急需，不在新奇之学说，高深之哲理，而在所以求学论事观物经国之术。”[①]他还把“致用哲学”列为自己关心的主要问题。这已经很接近实用主义观点了。胡适后来成为实用主义的忠实信徒是有着中国传统“致用”思想做根底的。五四时期接受实用主义的其他知识分子也大抵如此。

在分析实用主义风行于五四时期的原因时，还应看到这一时期中美外交关系、中美文化交流的大背景。五四时期中美两国关系处于相对友好的状态。当时美国朝野各界许多人士，包括驻华使节、在华美人团体、美国参众两院乃至出席巴黎和会的美国代表团大多数成员，都对中国争取山东主权的斗争持同情、支持态度，最终影响到美国国会拒绝批准巴黎和约并拒不参加国联。这使得中国当时舆论均看好美国而以“友邦”相称。这一时期也是中美文化广泛交流时期。就在杜威来华前后，美国教育家孟禄、地质学家葛利普、社会学家狄雷、社会活动家山格尔夫人等一批美国学者先后来华，宣传自己的学说，产生了广泛影响。美国在华兴办的文化教育事业也出现一个大发展的局面，特别是高等教育事业。美国人或以美国人为主创办的燕京大学、齐鲁大学、清华学校、北京协和医学院、金陵大学、之江大学、岭南大学等，学风严谨，管理严格，教学内容和课程体系新颖，在中国教育史上产生了重要影响。与此同时，通过一大批归国留美生的辛勤工作，美国及西方的现代科技、人文社会科学也被引进到中国。中美两国政治、文化关系的发展进一步扩大了美国在华的影响，为杜威来华创造了有利的政治、文化环境。作为美国文化、美国精神的代

① 海南出版社、海南国际新闻出版中心编：《胡适留学日记》，海南出版社，1994年，第95页。

表，杜威及其学说在中国广受欢迎也就可以理解了。

实用主义学说的广为流传，和杜威的一批中国弟子的努力鼓吹也分不开。胡适是和杜威的名字紧密相连的，他在实用主义传播过程中发挥了巨大作用。除胡适外，还有一批留美生亲炙杜威，在他的指导下学习哲学和教育学，如陶行知、蒋梦麟、张伯苓、郭秉文、郑晓沧等人。这些人回国后充当了传播实用主义的热情使者。杜威巡回演说，就由他们陪伴左右并充当翻译。杜威在北方各地的演说全部由胡适翻译，在南京、上海等南方各地的演讲则主要由刘伯明及郑晓沧等人翻译。与此同时，他们还发表文章介绍实用主义，并通过自己所占领的文化教育阵地，实践实用主义。杜威学说的风行一时，其弟子们的工作实在功不可没。

## 三、杜威实用主义与中国学术研究

杜威实用主义对五四思想文化界的影响是多方面的，它不仅成为当时人们批判封建主义意识形态、解放思想的强大理论武器，引发了新知识界的思想论争，而且成为学术界破旧创新、推动中国现代学术发展的重要理论源泉。

杜威实用主义对中国学术研究的影响主要体现在哲学、史学、文学诸领域。

人们通常认为，杜威对中国哲学领域并未产生太大影响，因为五四后中国没有形成一个实用主义哲学学派。这并不公允。在中国现代哲学史上，有相当一批人吸收了实用主义所包含的实证精神的营养，推动了中国现代实证主义的发展。

实证主义是现代西方哲学思潮之一，自19世纪上半期以来，经历了几代的发展，涌现出不同的流派，如斯宾塞、赫胥黎的学说，马赫主义，实用主义，逻辑实证主义，新实在论等等。它们尽管思想体系不同，但在如下方面有着共同的特征：都主张人类知识发源于经验，只承认“实证的”事实；反对形而上学，坚持以观察和经验为证的原则；重视方法论，推崇科学方法。杜威实用主义无疑体现了这些特征，它在中国的传播，使一些哲学家和富有哲学精神的科学家受到了某些实证哲学精神的影响。

胡适作为杜威实用主义在中国的最好传人，他所注重的正是实用主义所具有的实证精神和实证方法。在《实验主义》一文中，胡适多次谈到实用主义的“实验室的态度”“试验室里的方法”，他将实用主义（pragmatism）一词翻译为“实验主义”，典型反映了他对实用主义所具有的实证精神的把握。他指出，实验的方法注意从具体的事实与境地入手,可以免去许多无谓的假问题,省去许多无意义的争论;把一切学理都看作假设,可以解放许多"古人的奴隶";主张一切学说都须用实行来实验过,"可以稍稍限制那上天下地的妄想冥思"。[①]他还将实验主义的方法概括为"大胆的假设,小心的求证"。这些思想都体现了胡适注意"实证的"事实即经验事实和实证材料,对形而上学的玄想、思辨敬而远之的实证方法论的倾向。正是由于受到实证主义精神和方法的深刻影响,胡适极力倡导在学术研究中强化实证意识。1935年,他发表《今日思想界的一个大弊病》一文,对知识界缺乏实证的现象进行了批评,他说:"现在有一些写文学的人最爱用整串的抽象名词,翻来覆去,就像变戏法的人搬弄他的一个郎当、一个郎当、郎当-郎当一样。他们有时候用一个抽象名词来代替许多事实,有时候又用一大串抽象名词来代替思想,有时候同一个名词用在一篇文章里可以有无数的不同的意义。我们这些受过一点严格思想训练的人,每读这一类的文字,总觉得无法抓住作者说的是什么话,走的是什么思路,用的是什么证据。老实说,我们看不懂他们变的是什么掩眼法。"[②]胡适认为,用抽象名词代替许多具体的历史事实,这毛病是笼统、混沌、抹杀事实,用连串的名词的排列来代替思想的层次,代替推理的程序,容易产生武断。改变这种现状,只有用具体事实作验证,运用实证的方法。胡适自己也正是充分运用了实证主义的归纳方法和怀疑精神进行研究工作,从而成为中国第二代实证主义的中坚人物。

冯友兰是继胡适之后另外一位在哥伦比亚大学专攻西方哲学的中国学人。当时在哥伦比亚大学授课的杜威对他产生了重要影响。在哥大学习期间,为了向校方申请奖学金,冯友兰曾请杜威写过一封推荐信,奖学金虽然没有申请到,但这件事却使冯友兰终生难忘。在这封推荐信中,杜威称赞冯友兰"是一个真正学者的材料"。这个评语对冯友兰产生了巨大鼓舞,增强了他作为一个真正学者的信心。直到晚年,每当他提起这件事时,都充满了自豪感。关于杜威的思想影响,冯友兰曾自述:"在五四运动的时候,梁启超等人组织了一个尚志学会,约请了美国实用主义哲学家杜威和英国的哲学家当时是新实

① 中国社会科学院近代史研究所中华民国史研究室编:《胡适的日记》(上),中华书局,1985年,第113页。

②《独立评论》1935年第153号。

在论者的罗素到中国演讲。我在哥伦比亚大学研究院的时候，在这个大学中，恰好也有这两个学派。杜威在那里讲实用主义，还有两位教授讲新实在论。因此这两派我比较熟悉。在我的哲学思想中，先是实用主义占优势，后来新实在论占优势。"[1]冯友兰的"新理学"，乃是运用现代实证主义尤其是新实在论和逻辑实证主义的理论和方法，改造中国传统儒学思想来创造自己的哲学体系，从中不难发现沿用了实用主义的某些观点。譬如他肯定"实用主义所讲的，实际是一种发现真理的方法"，有它的价值，它和新实在论是"并行不悖的"。[2]他和胡适一样，也重视归纳法在自然科学研究中的作用。在冯友兰所受的实证主义影响中，无疑可以看到杜威实用主义的影子。

丁文江本是中国现代地质事业的开拓者和创始人，但由于他是20年代初"科玄论战"中一方的主将，因此在现代哲学史上也占有一席之地。他宣称自己的哲学思想是"存疑的唯心论"。他说他所讲的科学知识论，"用哲学的名词讲起来，可以说是存疑的唯心论。凡研究过哲学问题的科学家如赫胥黎、达尔文、斯宾塞、詹姆士、毕尔生、杜威，以及德国马哈派的哲学，细节虽有不同，大体无不如此。因为他们以感官感触为我们知道物体唯一的方法，物体的概念为心理上的现象，所以说是唯心。感官感触的外界，自觉的后面，有没有物，物质本体是什么东西，他们都认为不知，应该存而不论，所以说是存疑。"[3]这里，丁文江明确指出了自己的哲学思想和实用主义学说的一致性。对于"存疑"哲学到底是什么样的主张，丁文江后来作了进一步的解释，他说："存疑主义是积极的，不是消极的；是奋斗的，不是旁观的。要'严格的不信任一切没有充分证据的东西'，'用比喻同猜想来同我说，是没有用的'，所以无论遇见什么论断，什么主义，第一句话是'拿证据来'！你的证据不充分，我们不信他；他把比喻猜想来作证据，我们一定要戳穿了他的西洋镜，免得他蒙混人。"[4]无疑，这是一种典型的实证精神，和胡适所宣扬的注重假设、怀疑和实验的实用主义的方法论是完全合拍的。在中国现代科学史上，类似丁文江这样注重并倡导实证哲学

---

① 冯友兰：《三松堂全集》（第1卷），生活·读书·新知三联书店，1984年，第210页。

② 冯友兰：《三松堂全集》（第1卷），生活·读书·新知三联书店，1984年，第197页。

③ 丁文江：《玄学与科学——评张君劢的"人生观"》，《人生观之论战》（中册），泰东图书局，1923年，第11页。

④ 丁文江：《玄学与科学——答张苏州君劢》，《人生观之论战》（中册），泰东图书局，1923年，第47页。

的科学家并不少见，如任鸿隽、王星拱、唐钺等人都可纳入这个范围。他们重视经验，大力倡导科学方法特别是归纳法，反对形而上学的玄思冥想，体现了包括实用主义在内的现代实证主义哲学对他们的深刻影响。

杜威实用主义对中国现代实证主义的发展显然起了重要的推动作用。

杜威实用主义对中国现代史学的影响同样是深刻的。其原因就在于实用主义所体现的强调怀疑和实证的方法论为中国史学研究提供了比较科学的研究方法。胡适曾经自述“杜威对有系统思想的分析帮助了我对一般科学研究的基本步骤的了解；他也帮助我对我国近千年来尤其是近三百年来古典学说和史学家治学的方法，诸如‘考据学’、‘考证学’的了解”。[①]顾颉刚则指出：“五四运动以后，西洋的科学的治史方法，才真正输入，于是中国才有科学的史学可言。”[②]这里所说的西洋科学的治史方法，主要指的是19世纪以来流行于西方的实证主义方法论，包括杜威实用主义。正是由于这种实证主义研究方法的运用，中国史学才出现了破旧创新的可喜局面，涌现出具有“范式性”变革意义的胡适的《中国哲学史大纲》上卷，以及在史学领域蔚为大观的疑古史学。

1919年2月，胡适出版了《中国哲学史大纲》上卷，在这部书里，胡适运用实用主义的强调怀疑、假设和实验的方法论，对中国古代哲学进行了破旧创新的研究，该书在出版后两年内共印刷7次，累计发行16000册，在学术界产生了强烈反响。

长期以来，中国哲学史受传统经学注疏的影响，把哲学与经学、哲学与哲学史混在一起，难以区分。胡适在这部书中明确界定了哲学和哲学史的概念。他指出：“凡研究人生切要的问题，从根本上着想，要寻一个根本的解决，这种学问叫做哲学。”“若有人把种种哲学问题的种种研究方法和种种解决方法，都依着年代的先后和学派的系统，一一记述下来，便成了哲学史”。[③]这样，就在中国历史上第一次把哲学史明确地从传统学术史中划分出来，把各种非哲学的问题全部剔除出哲学史的范围，使哲学史具有明确的研究对象，成为一个独立的学科。[④]正是按这样的界定范围，胡适把原来只能膜拜、不能非议的尧、

---

① 唐德刚译注：《胡适口述自传》，华东师范大学出版社，1993年，第97页。

② 顾颉刚：《当代中国史学》“引论”，辽宁教育出版社，1998年。

③《中国古代哲学史》第一篇“导言”，《胡适作品集》（第31册），远流出版公司，1986年。

④ 参见欧阳哲生：《自由主义之累——胡适思想的现代阐释》，上海人民出版社，1993年，第118~119页。

舜、禹、汤、文、武、周公甩在一边，一部中国哲学史从老子、孔子讲起。这对于当时中国哲学史的研究，确有扫除障碍、开辟道路的作用，对于当时的思想文化界也起了极大的震撼作用。

胡适《中国哲学史大纲》的另外一个重大贡献，是突破了千百年来封建学者不敢触及的经学禁区，把历来不能议论的孔圣人和其他诸子相提并论。在封建史家的思想和著作中，历来是以儒家为正统，其他各家或被认为是"支与流裔"，或被认为是"异端邪说"，古代文化典籍经、史、子、集四部的排列，也是以"经"为首的，在这样一种条件下，各种学术都湮灭于经学体系中，知识分子只能注释、信奉儒家经典，而不能议论它，更不能批判它。胡适以实用主义的存疑态度和实验精神，重新审视中国哲学史，跳出经学的圈子，废除了正统与非正统的观念，将无论哪一家哪一派的哲学思想都看作中国哲学的组成部分。他特别指出："中国哲学的将来，有赖于从儒学的道德伦理和理性枷锁中得到解放，这种解放，不能只用大批西方哲学的输入来实现，而只能让儒学回到他本来的地位；也就是恢复它在历史背景中的地位。儒学曾经只是盛行于古代中国许多敌对的学派中的一派，因此，只要不把它看作精神的、道德的、哲学的、权威的唯一源泉，而只是灿烂的哲学群星中的一颗明星，那么，儒学的被废便不成问题了。"①正是在这样的思想基础上，胡适将孔子和其他哲学家摆在同样的地位，对各自的长处、短处加以评论，这对打破儒学的桎梏，破除经学垄断学术界的大一统局面，具有极大的冲击作用，在当时的思想文化界也是一件具有重大变革意义的事情。

疑古史学的兴起，是在顾颉刚创建古史辨派之后。五四运动后，顾颉刚在《读书杂志》上发表《与钱玄同先生论古史书》一文，大胆地提出了"层累地造成的中国古史"的观点，认为传统的所谓中国古史，完全是后人一代代垒造起来的，并非客观真实的历史。这一惊人的创见立即在史学界引起轰动，得到胡适、钱玄同、傅斯年、周予同、罗根泽等人的支持。他们发扬实用主义所具有的怀疑和实证的精神，以"辨伪""考信"为职志，对我国先秦至两汉古书上有关古史的记载做了系统考辨，从"圣道王功的空气中夺出真正的古籍"，揭露出传统的"靠不住的上古史"的真面目。顾颉刚等宣称：古史辨的工作就是推翻伪史，要严格的不信任一切没有证据的东西。在他们的影响带动下，疑古学者日益

① 胡适：《先秦名学史》，上海学林出版社，1983年，第8~9页。

增多，在史学界形成了一个颇有声势的疑古学派，即“古史辨派”。疑古史学的兴起，无疑继承了中国历史上疑古惑经的传统。但顾颉刚主要是吸收了现代实证主义特别是胡适所倡导的怀疑、实证精神的影响也是确凿无疑的。对于胡适所倡导的实用主义的怀疑精神和实证精神对古史辨伪工作的影响，顾颉刚后来曾回忆说：“要是不遇见孟真（傅斯年）和胡适之先生，不逢到《新青年》的思想革命的鼓吹……要是适之、玄同两先生不提起我的编集辨伪材料的兴趣，奖励我的大胆假设，我对于研究古史的进行也不会这般的快速。”[①]他还说：“我的《古史辨》的指导思想，从远的来说是起源于郑、姚、崔三人的思想，从近的来说则是受了胡适、钱玄同二人的启发和帮助。”[②]胡适对“古史辨”派的影响主要在历史方法上，对研究线索“不但要去辨伪，要去研究伪史的背景，而且要去寻出它的渐渐演变的线索，就从演变的线索上去研究”；[③]于具体考证则是“大胆的假设，小心的求证”，这正是胡适受杜威方法论影响概括出的实证的“科学方法”。疑古史学的许多具体结论可能并不一定正确，但它在现代学术史上仍是有价值的。它提倡用演进变化的观点看待历史传说，反对历史循环论和“退化观”，通过实际材料的验证，证明了越古越完美的旧社会史观的荒谬性，扩大了进化史观的传播。在治学上，他们坚持实证主义方法，对史料强调“考信”“辨伪”，讲究“实证的知识”，主张“宁疑古而失之，不可信古而失之”，对培养求真证实的科学态度、细致考订材料的研究方法大有裨益。

五四后中国学术研究所受实用主义的影响不仅表现在实证主义哲学、哲学史和古史辨伪领域，还表现在胡适的开一代新红学的《红楼梦考证》等工作方面。可以认为，杜威实用主义对推动中国新的学术研究的发展奠定了哲学基础。没有这种体系性的西方学理作武器，中国学术的破旧创新是不可能的。

## 四、杜威教育理论的传播与中国学制改革

早在民国初年，杜威教育学说即已传入中国。但其作为一股有重大影响的教育思潮的兴起，则是在五四前后，其标志如下：

第一，杜威来华前后，中国知识界集中发表了一批介绍宣传杜威教育学说

① 顾颉刚：《古史辨》（第1册），上海古籍出版社，1982年，第80页。

② 顾颉刚：《我是怎样编写古史辨的》，《古史辨》（第1册），上海古籍出版社，1982年，第12页。

③ 顾颉刚：《我是怎样编写古史辨的》，《古史辨》（第1册），上海古籍出版社，1982年，第12页。

的文章。1918年，陶行知发表了《试验主义教育方法》一文，对杜威和詹姆斯的教育思想大加赞誉，说“近二百年来，教育界之进步，何莫非由试验而来？……杜威之集成教育哲学，也以试验……美国三十年前之教育，说几无事不模仿大陆。自乾姆（即詹姆斯——引者）创设心理试验科，而学者趋向一变。”在另一篇文章中，陶行知还将杜威的教育思想概括为“拿平民主义做教育目的，试验主义做教学方法”，并且表现出对杜威教育思想的倾慕之情。①1919年3月，郑晓沧在《新教育》第1卷第2号上发表《杜威氏之教育主义》，对杜威教育思想的基本观点做了简明的介绍，并推崇杜威为“今日教育新思潮之领袖”。②1919年4月，胡适在《新青年》第6卷第3号发表长文《实验主义》，其中对杜威的教育哲学做了专题介绍，他认为：“杜威教育哲学的大贡献，只是要把阶级社会遗传下来的教育理论和教育制度一齐改革，要使教育出的人才真能应平民主义的社会之用……杜威的新教育理论，千言万语，只是要打破从前的阶级教育，归到平民主义的教育的两大条件。对于实行的教育制度上，杜威的两大主张是：（1）学校自身须是一种社会的生活，须有社会生活所应有的种种条件。（2）学校里的学业须要和学校外的生活连贯一气。”胡适还指出：“杜威教育学说的要旨，总括起来，只有两句话：（1）‘教育即是生活’。（2）‘教育即是继续不断的重新组织经验，要使经验的意义格外增加，要使个人主持指挥后来经验的能力格外增加’。”③胡适对杜威教育思想的诠释，既抓住了杜威学说的真谛和关键，又通俗易懂。与此同时，《新教育》第1卷第3期刊发“杜威专号”，其中将杜威教育理论作为重点内容予以介绍。此后，随着杜威的到来，知识界、教育界对杜威教育学说的宣传更加集中，数量也更多，不仅《新教育》《教育杂志》等教育刊物以介绍杜威教育思想为职志，其他报刊也大量刊登了这方面的研究文章。

这些文章的作者大体上都是留美归来的新型知识分子，其中大部分专攻教育，有的还是杜威的亲传弟子。因此，他们的介绍宣传能够把握杜威教育学说的基本内涵，加上他们的热情鼓吹，其影响是可以想象的。

第二，杜威来华后的巡回讲学，以教育作为主要内容，把实用主义教育理

---

① 华中师范学院教育科学研究所主编：《陶行知全集》（一），湖南教育出版社，1984年，第61、102页。

② 王承绪、赵端瑛编：《郑晓沧教育论著选》，人民教育出版社，1993年，第1页。

③ 葛懋春、李兴芝编：《胡适哲学思想资料选》（上册），华东师范大学出版社，1981年，第89、82页。

论的传播推向高潮。

杜威是20世纪难得的百科全书式的学者和思想家,但他更感兴趣的无疑还在教育。旅华伊始,他发表的头两篇演说就是关于教育的。在中国两年多时间里,他发表长短演说200多讲,其中绝大部分内容介绍自己的教育思想。譬如,他在福州的15次演讲,至少有10次专谈教育;在济南的8次演讲,都是谈教育;在上海的12次演讲,也有7次是谈教育。他先后进行了《民主主义的教育》《平民教育之真谛》《现代教育的趋势》《教育哲学》《普通教育》《教育家之天职》《教育与社会进化底关系》《职业教育之精义》《公民教育》《普通教育与职业教育之关系》《教材底组织》《教育与实业》《学校与社会》《大学的旨趣》等多篇关于教育的重要演说。通过这些演说,杜威全面深入地表述了自己的教育观。这些演说被译成中文在报刊上接连发表后,在中国社会特别是教育界引起强烈反响。杜威常说的教育格言如"教育即生活","学校即社会","从做中学","教育是经验的不断改组改造"等在中国教育界广为流传,为人们所津津乐道。

第三,杜威的教育著作在五四后的几年中有多种被译成中文,广为流行。

外来学说在域内流传,原著的翻译出版是必不可少的。在撰文介绍杜威教育学说的同时,一些学者陆续翻译了杜威的一些教育学原著。1921年9月,刘衡如翻译的《学校与社会》由上海中华书局出版;1921年10月,《杜威教育哲学》由上海商务印书馆出版;1922年9月,常道直翻译的《平民主义与教育》由上海商务印书馆出版;1923年,朱经农、潘梓年翻译的《明日之学校》,郑晓沧翻译的《我的教育信条》《儿童与教材》《兴趣与努力》出版;1928年,邹韬奋翻译的《民本主义与教育》出版。[①]此后,又陆续翻译出版了《经验与教育》《教育科学之资源》《今日的教育》等杜威教育著作。杜威原著的翻译出版,使实用主义教育理论的传播更加广泛和深入。

第四,杜威教育学说在五四前后开始进入中国学校讲坛,为更多的青年学子所熟悉和掌握。当时,杜威教育哲学为中国所有的高等师范学校和大学教育系所接受,他的划时代的著作《民本主义与教育》被用作课本或参考书。与此同时,从中小学到各级师范院校,多把实用主义教育学和心理学作为教育实践的依据。许多中小学在杜威"学校即社会"口号的影响下,布置了"社会环境",提倡学生开展课外活动,如开银行、设商店、组织清洁会、慈善团、学生会、自治会、巡察团,长

① 参见北京图书馆编:《民国时期总书目·教育体育》,书目文献出版社,1995年,第25页。

期进行杜威教育实验。这极大地扩大了杜威教育学说的影响。

上述情况表明，在五四运动后的几年里，随着杜威来华讲学，中国社会迅速出现了风靡全国的实用主义教育思潮，中国教育界形成了一股"杜威热"。

杜威教育理论的广泛传播，有着复杂的社会历史背景。

首先，杜威教育理论的传播，满足了当时经济发展与教育改革的实际需要。众所周知，第一次世界大战的爆发使欧洲列强无暇东顾，放松了对中国的经济侵略，从而给中国民族资本主义的发展带来了"黄金时代"。民族资本主义的迅速发展，使民族资产阶级迫切感到人才缺乏对实业发展的阻碍，他们除了继续依靠外籍人员和归国留学生来解决高级技术人员的短缺问题外，愈来愈寄希望于本国教育界能为他们培养更多的中、初级技术人员、管理人员乃至有一定文化水平的工人、职员、店员。但是，当时的中国教育状况却令人失望。它存在着许多弊端，集中地表现为教育脱离社会实际、生活实用，一批一批的中小学毕业生，因为缺乏专业知识，无一技之长而处于毕业即失业的状况。对此，当时许多进步的教育家都提出尖锐批评。胡适就批评说："社会所需要的是做事的人才，学堂所造成的是不会做事又不肯做事的人才。"[①]这反映了当时资本主义经济发展对教育改革提出的强烈要求。而杜威提出的通过教育来维护民主制度、教育即生活、学校即社会、以儿童为中心、从做中学等教育观点，使教育与民主社会、生活实用紧密联系在一起。因此，他的教育学说理所当然受到中国教育家和教育工作者的热烈欢迎。他们把杜威教育学说视为革除教育时弊的对症良药，解决需才孔亟和无才可用矛盾的良方。

其次，中国当时存在着实用主义教育学说得以流传的思想基础。杜威教育理论体系从根本上讲属于资产阶级民主主义教育思想范畴，是和资产阶级民主政治相联系，并为其服务的。没有近代以来兴起的资产阶级民主思想做基础，它的产生和流传是不可想象的。1915年后中国兴起的新文化运动和继之而起的五四运动，高举反封建反传统的旗帜，有如急风暴雨，猛烈荡涤了旧思想、旧文化、旧道德，使民主思想广为流行，共和精神深入人心。这无疑成为杜威教育思想流行的最重要的思想土壤。五四新文化运动也是西方思潮在中国传播的运动，实证主义、唯意志论、生命哲学、德国古典哲学等在这一时期大

---

① 胡适：《归国杂感》，乐文、施玮主编：《胡适文集·读书与胡说》，北京燕山出版社，1995年，第24页。

规模涌入中国，特别是作为杜威教育哲学体系重要来源的康德、黑格尔、斯宾塞、达尔文等人的思想陆续被介绍到中国，为中国人更好地理解和把握杜威教育思想提供了思想资料。此外，明清以来占据中国思想界主要地位的王守仁的“知行合一”思想与杜威的“从做中学”有某种相似之处。孙中山大力提倡的“知难行易”说也加深了国人对杜威“从做中学”思想的认识。中国传统思想与杜威教育理论中某些观点的一致性或相近性为中国人接受杜威教育思想扫除了认识上的障碍。

再次，这一时期中美文化交流，特别是教育交流的繁荣为杜威教育理论的传播铺平了道路。五四时期，中美之间处于政治上相对友好、文化上大交流的状态，特别是教育交流更呈现繁荣景象。美国人在华创办的许多教会学校，办学上完全采用美国学校模式，注重教育质量，在中国知识阶层享有良好声誉。其教会大学被允许在美国立案，颁发美国大学认可的各种学位，在招生上放宽限制，设立奖学金，并鼓励毕业生到美国研究院攻读学位，这在中国教育界和中国青年中产生很大影响。当时，日本报纸曾有评论：“近来美国人在中国之教育设施，其计划最有系统，亦最有生气，中国上下人士均甚依赖之，其所立学校之毕业生前途亦最有望。”[①]美国在华教育影响的扩大，无疑增加了杜威教育思想在中国知识分子心目中的分量。这一时期，继杜威来华后，又有一批美国实用主义学者先后来华，如教育史家孟禄（1921年），教育家推士（1922年）、麦柯尔（1923年）、柏克赫斯特（1925年）、克伯屈（1927年）等。这些人都是在世界现代教育史上声名显赫、极有影响的专家教授，他们的到来，使实用主义教育思潮的传播得到连续不断的推动，其影响更加扩大。

最后，中国教育界于五四前后逐步形成的数量可观、结构较合理的教育理论与实践队伍为杜威教育理论的传播提供了组织基础。五四前后活跃于中国教育界的大体上有两部分人。一部分是在清末民初政坛上十分活跃、甚至叱咤风云的老知识分子，如梁启超、张謇、熊希龄、蔡元培、范源濂、严修、张元济等人。这些人在清末民初以资本主义取代封建主义的政治改革中冲锋陷阵，领袖群伦，发挥了极为重要的作用，做出过历史性贡献。在文化教育事业中，他们同样发挥了先锋和中坚作用。从清末废科举、兴新堂、创办新式教育以来，他们大都站在了时代前列。随着历史的发展，到五四后，这些人在政治上

---

① 舒新城：《中国近代教育史资料》，人民教育出版社，1983年，第1082页。

虽已不再激进，但在教育领域，他们中的大多数人仍然追随时代步伐，以不同的方式，直接或间接支持各种改革活动，甚至对自己亲手制订或参与制订的民元学制，不居功，不护短，以积极的姿态进行改革。他们不断追求新知，对五四前后传入的西方教育思想给予充分理解并积极加以传播。没有教育界这些元老和领袖人物的支持参与，杜威教育理论的传播与贯彻就会大打折扣。另一部分是五四前后陆续回国的欧美留学生，如郭秉文、蒋梦麟、胡适、陶行知、陈鹤琴、郑晓沧、廖世承、刘经庶、任鸿隽、陆志韦、张耀翔、刘廷芳等人。这些人受过现代西方教育的全面熏陶，视野开阔，思想敏锐，富有朝气，对国内教育现状极为不满，要求变革的愿望强烈。他们广泛地分布在中央和各省的教育行政部门，各大学、专门学校、中等学校和各种文化教育机构、教育社团组织、教育刊物，成为左右中国教育方向的一支举足轻重的力量。在这部分人当中，有一批杜威在哥伦比亚大学任教时的亲传弟子，他们以教育为主攻方向，回国后在教育界身居要职，成为传播杜威教育理论、推动中国教育改革的主力军和中坚力量。

杜威教育理论的广泛流行并成为影响极大的教育思潮，是上述诸因素合力作用的结果。

杜威教育理论对中国现代教育的重要影响主要体现在20世纪二三十年代的中国教育改革上。学制改革就是其中之一。

民国初年，经过全国临时教育会议讨论，教育部公布了《壬子癸丑学制》。这个学制在一定程度上反映了蔡元培、范源濂等资产阶级教育家改革封建教育的主张，在适应和服务国家政治转变，稳定教育形势和推动教育发展方面发挥了积极作用。但是，这个学制的制订过程存在着明显的缺陷：一是学制的制订过于匆忙。据当事人回忆："计临时政府为时三个月，而教育部之学制草案，亦于是时告成。"[①]这样，就使学制的制订缺乏较广泛的群众基础，也来不及认真总结、吸收《癸卯学制》颁行近10余年的经验教训。二是制订者受民初政治形势的影响，注意力主要放在新学制如何适应和服务国家政治转变方面，着力于清除封建思想对学制的影响，而较少对学制本身作深入研究，因此尚不能完全摆脱清末学制的影响。三是多照搬日本学制成法，脱离中国经济与社会发

① 蒋维乔：《民元以来学制之改革》，《中国近代学制史资料汇编·学制演变》，上海教育出版社，1991年，第1073页。

展的实际，“当时部中起草诸人及与议之会员……对于专门大学规程，缺乏经验，不过将日本学制，整个抄袭，草草了事。”[①]正由于制订过程中存在的这些问题，《壬子癸丑学制》在实施的过程中不断暴露出一些弊端，如中学年限过短，课程设置机械且时有重复，缺乏灵活性，整个学制以升学为主要目标，不能适应经济与社会发展对人才的多重需求，对儿童个性培养不够重视，学校毕业的学生千人一面，缺乏创新精神与实践能力，等等。当时，教育界人士曾批评它“三不管”：“不管社会的需要，不管地方的情形，也不管学生的个性。”[②]陶行知也说：“壬子学制，经十年之试验，弱点发现甚多。近一二年来，教育思潮猛进，该学制几有不可终日之势。”[③]在这种背景下，随着西方教育思潮在中国的传播，特别是杜威实用主义教育思潮的盛行，要求改革旧学制的呼声日益强烈。在民间教育组织全国教育会联合会的不断推动下，北洋政府教育部终于在1922年11月1日，正式公布了《学校系统改革案》，即所谓“新学制”或“壬戌学制”。

那么，杜威教育理论对新学制的影响到底体现在什么地方呢？中国教育史学界以往的研究成果认为，杜威教育思想对学制改革的影响主要体现在如下两点上：其一，1919年10月全国教育会联合会在太原召开的第五次会议通过的“废止教育宗旨，宣布教育本义”建议案中，可明显看出实用主义教育理论的决定性影响；其二，1922年公布的新学制所依据的7条教育准则中，有4条反映了杜威教育思想的基本精神。这两点无疑抓的是准确的。但并不全面，没有完整反映出杜威教育理论对学制改革的影响。

分析我们所见到的材料，应该可以得出这样的结论：杜威教育理论是新学制改革的灵魂。这主要体现在：

第一，杜威教育理论影响了学制改革过程的关键环节。学制改革是一个由全国教育会联合会发起的自下而上的改革过程，从1915年湖南省提出动议到1922最终完成，历时7年，这和近代前几部学制的产生过程相比，酝酿的时间是最长的。全国教育会联合会为此先后开了8次会议。其中，有两次会议是具有关键意义的：一是1919年的第五次会议，一是1921年的第七次会议。这

① 蒋维乔：《民元以来学制之改革》，《中国近代学制史资料汇编·学制演变》，上海教育出版社，1991年，第1074页。

② 朱叔源：《改良现行学制之意见》，《中华教育界》1920年第10卷第3期。

③ 璩鑫圭、唐良炎编：《中国近代教育史资料汇编·学制演变》，上海教育出版社，1991年，第900页。

两次会议都明显反映出杜威教育思想的影响。

1919年10月10日，全国教育会联合会第五次会议在太原举行。杜威夫妇偕女儿在胡适陪同下前往太原出席此次会议。在太原期间，杜威先后作了《世界大战与教育》《品格之养成为教育无上之目的》《教育上的自动》《高等教育的职务》等数场演讲。10月12日，杜威专门为教育会议代表作了题为《教育上的试验态度》的演讲，受到与会代表热烈欢迎。杜威的太原之行对全国教育会联合会的影响是直接而深刻的。会议通过的“废止教育宗旨，宣布教育本义”的建议案，就充分体现了这种影响。该建议案指出：

> 新教育之真义，非止改革教育宗旨，废止军国主义之谓，若改革现时部颁教育宗旨为别一宗旨，废止军国主义为别一种主义，仍是应如何教人的问题，非人应如何教之问题也。从前教育，只知应如何教人，不知研究人应如何教。今后之教育，应觉悟人应如何教；所谓儿童本位教育是也。施教育者，不应特定一宗旨或主义，束缚被教育者。盖无论如何宗旨，如何主义，终难免为教育之铸型，不得视为人应如何教之研究。故今后之教育，所谓宗旨，不必研究、修正或改革，应毅然废止。本年调查研究结果，‘养成健全人格，发展共和精神’二语，经本会讨论，认为适合教育本义，非宗旨之改革。①

建议案的这段内容有两点值得注意：其一是它指出确定“新教育之真义”，应研究“人如何教”而不是“如何教人”。这不仅仅是词序的颠倒，实际上反映了两种不同的教育思想，一是以教师、教材、知识为中心，按照某种外在的目的铸造、培养学生；一是以学生为中心，开发、引导、利用学生的本能，使其个性得到充分发展，大力调动学生学习的兴趣和积极性，使其成为具有创新精神与能力的人。该建议案所提建议，典型反映了杜威教育理论中的“生长论”和“以儿童为中心”的思想。其二是它提出的“养成健全人格，发展共和精神”的教育本义，是对原有教育宗旨的否定，实际上反映了杜威所提出的现代教育思想是符合民治国家教育的思想。也正如胡适所诠释的，“杜威的新教育理论，千言万

---

① 璩鑫圭、唐良炎编：《中国近代教育史资料汇编·学制演变》，上海教育出版社，1991年，第844~845页。

语，只是要打破从前的阶级教育，归到平民主义的教育的两大条件”，即“（甲）须养成智能的个性；（乙）须养成共同活动的观念和习惯”。[①]从这两点内容来看，杜威学说的影响是明显的。

太原会议所形成的这个建议案虽然没有正式颁行，但对后来的学制改革起了某种先导的作用。如何把新教育的“真义”和“本义”贯彻到新学制中去，是新教育改革家们努力的方向。后来形成并颁布的新学制也体现了这一“真义”和“本义”。

1921年10月在广州举行的全国教育会联合会第七次会议，同样打上了杜威教育思想的烙印。会议期间，正在中国进行教育调查的美国哥伦比亚大学师范学院教授孟禄，在其中国弟子陶行知、王卓然、汤茂如等的陪同下抵临会场。他发表演讲，与代表们座谈，中心话题就是学制改革，“所讨论者皆属根本问题”。孟禄极力宣扬实用主义教育观点，宣传美国学制的优点，“对会议进行，贡献颇多”，“其言论、主张直接影响于会议，间接影响于今后全国教育界者，实非浅鲜”。[②]孟禄是杜威在哥伦比亚大学的同事，与杜威同属实用主义教育学派，并深受杜威的影响，他在此次会议上所宣扬的观点与杜威思想完全一致。从这个意义上说，孟禄对会议的影响也是杜威实用主义教育理论的影响。会议通过的《学制系统草案》充分说明了这一点。这个决议案确定了6项学制标准，形成新学制的基本框架，为最终形成新学制奠定了坚实的基础。

第二，杜威教育理论影响了新学制的标准和内容。1922年颁布的《壬戌学制》因采用美国式的六三三分段法，故又称为“六三三学制”。学制所依据的标准、学制内容都和杜威教育理论有十分密切的关系，深受其影响。

新学制所依据的标准是：一要适应社会进化之需要；二要发挥平民教育精神；三要谋个性之发展；四要注意国民经济力；五要注重生活教育；六要使教育易于普及；七要多留地方伸缩余地。[③]综观这几条标准，可以说反映了杜威教育思想的基本精神。如第一条“适应社会进化之需要”实际上是杜威教育理论中关于教育与社会关系思想的反映：教育是社会的，也是为了社会的，社会进步需要教育，教育离不开社会生活。第二条“发挥平民教育精神”、第

① 胡适：《实验主义》，葛懋春、李兴芝编：《胡适哲学思想资料选》（上册），华东师范大学出版社，1981年，第89页。

②《第七届全国教育会联合会纪略》，《教育杂志》1922年第14卷第1号。

③《大总统颁布施行之学校系统改革案》，《政府公报》1922年第2393号。

六条"使教育易于普及",则明显体现了杜威在华所着力倡导的平民主义教育的精神,是资产阶级民主主义思想在教育上的反映。第三条"谋个性之发展",是杜威教育理论的一个重要观念,即"生长论",也是他来华后在《现代教育的趋势》中所着力阐述的注重个人本能趋势主张的反映。第五条"注重生活教育",自然也和杜威的教育理论有关。杜威强调"教育就是生活",并进一步强调"教育即是生活,并不是将来生活的预备",因此主张"学校的学业应同学校外的生活连贯一气"。至于第四条"注重国民经济力"、第七条"多留地方伸缩余地",讲的是办教育应从实际出发,不能脱离社会现实情况,也不能说和杜威教育理论没有关系。总起来讲,新学制所依据的教育标准深深打上杜威教育理论的烙印。

从新学制的具体内容来看,杜威思想的影响也渗透其中。新学制规定:小学分初、高两级共6年,义务教育以4年为准;中学分初、高两级共6年(各3年);大学修业年限4至6年;普通教育设职业准备教育或职业科;从中学开始实行选科制,并设师范教育;注重天才教育和特种教育。这些规定扩大了小学毕业生的数量,提高了中学生的知识水平,加强了职业教育,根据学生发展阶段,照顾到学生的个性,都体现了杜威实用主义的教育理论。

第三,杜威通过一批追随者推动了新学制的制订和贯彻。在五四前后教育界兴起的学制改革浪潮中,包括杜威弟子在内的一批杜氏追随者发挥了积极作用。

胡适对学制改革所起的作用显然是关键性的。除胡适外,在杜威弟子中,陶行知对新学制的制订也起了重要作用,是改革学制的积极鼓吹者和支持者。当时,他发表文章指出:"应当用科学的方法、态度,考察社会个人需要能力,和各种事业不可少之基础准备,修正出一个适用的学制。"他主张对外国和本国的经验,应按其适用与否,决定去取,"去与取,只问适不适,不问新与旧,能如此,才能制成独创的学制——适合国情,适合个性,适合事业学问需要的学制。"[①]但是,他真正感兴趣的还是美式学制。1921年10月,他陪孟禄参加了全国教育会联合会第七次会议,对孟禄的观点表示支持。会上,他还代表中华教育改进社被推为新学制的起草委员。对此次会议议决案所确定的深刻反映了

① 陶行知:《我们对于新学制草案应持之态度》,中央教育科学研究所编:《陶行知教育文选》,教育科学出版社,1981年,第19~20页。

杜威教育思想的6项教育标准，及新学制的基本框架，陶行知给予了热情的支持。会后，他立即撰写发表了《我们对新学制草案应持之态度》一文，指出它“确是适应时势之需求而来的”，认为它的6项标准基本上符合社会和个人的需要与能力。[①]他还邀请胡适在《新教育》第4卷第2期上发表《对于新学制的感想》，大造有利于推动改革的舆论。

另外一位归国留美生、时任南京高师教授兼附中主任的廖世承在扩大新学制影响中也发挥了重要作用。1921年，他在苏州等地演讲《中小学沟通》问题时，便坚决主张采用美国的“六三三学制”。他通过在南高附中的实践、对国外学制的研究，以及对济南、武汉等地的调查，全面分析了对“六三三学制”正反两方面的意见，认为这一学制顺应时代潮流，具有符合青少年个性、各学段衔接密切及增加效率等诸多优势。[②]针对一些人的不同主张，他在《新教育》《教育杂志》《教育汇刊》《中等教育》等刊物上发表了多篇文章，依据事实，予以反驳。

教育界的元老人物蔡元培也积极支持学制改革。作为民元学制的制订者，他对已落后于形势发展的旧学制不护短，不保守，力主改革，实属难能可贵。他是1922年9月教育部召开的学制会议的主席，积极支持胡适担任学制主要起草人。新学制的7项标准虽为胡适所改定，但同时也体现出会议主导者蔡元培的思想倾向。此前，他还与范源濂等24位著名教育家首次提出对民初教育宗旨进行修改，并建议以“养成健全人格，发展共和精神”为宗旨。

正是通过信奉杜威学说的一批追随者的工作，为新学制的制订铺平了道路。

总之，新学制改革反映了民国以后特别是五四以后经济与社会发展对教育提出的新要求，它综合吸收了当时世界各国学制的长处，考虑了我国的社会实际状况，特别是贯彻了五四后广泛流行于我国的杜威实用主义教育理论的基本精神。它的颁布，改变了旧学制“三不管”的弊端，标志着我国现代学校教育体制的基本确立，是中国现代教育史上里程碑式的进步。从这个意义上说，杜威对中国现代教育的影响堪称功德无量。

---

①《陶行知全集》(一)，湖南教育出版社，1984年，第189页。

② 汤才伯编:《廖世承教育论著选》，人民教育出版社，1992年，第56~58页。

本文原刊载于《近代史研究》2001年第2期。

**作者简介：**

元青，男，1963年生，天津人，历史学博士，教授。1991年起在南开大学历史系任教。长期从事中国近代史、近现代中外文化交流史、中国近代出版史教学与研究，先后出版《梁启超传》（合著）《杜威与中国》《中国留学通史·民国卷》《中国近代出版史稿》《民国时期留美生的中国问题研究》《晚清国人诸群体的“中学西传”活动研究》等著作，在《近代史研究》《史学集刊》等核心期刊发表50多篇学术论文，多篇论文被《新华文摘》《人大复印报刊资料》《中国社会科学文摘》等重要文摘刊物转载。

# 袁世凯、徐世昌与天津地方自治

郭剑林

## 一

1905年底，由徐世昌主稿，张之洞、袁世凯南北洋大臣联合奏请慈禧“自今十二年后实行立宪政体”，[①]极大地促使全国立宪运动走向高潮。次年，慈禧即派包括徐世昌在内的五大臣出洋分赴欧、美、日考察各国宪政，随后有置考察政治馆之举。[②]1907年，徐氏督东、授军机大臣，地位在各督之上。[③]

当时，袁、徐对于立宪的态度和他们对于西法的了解与认识，并不在康、梁之下。他们指出：世界列强对中国“蚕食生心，逼处日近，与外国（如日本）相比较，中国不变法则不能自存，不选择西法则不能致富致强”。[④]中国有识之士，欲救国家，别无良策，仍不外改革政体，“赶紧预备立宪之一法，若仍悠悠因循，听其自然，则国势日倾，主权日削，疆域日蹙，势不至今日朝鲜止”。他们甚至发出严重警告：“敢有阻立宪者，即是吴樾。”[⑤]袁、徐不但公然抗拒朝廷内的封建顽固派，且十分“邀赏”立宪诸贤。他们完全有资格领导该项全国性运动，[⑥]实际他们“执牛耳登高一呼，各省殆无不响应者”。[⑦]

1906年6月26日，慈禧谕令各督及出使各国大臣对君主立宪之小国日本一举打败君主专制之大国俄罗斯后的新形势“各抒己见”。7月初，袁、徐再次会同两江总督周馥和湖广总督兼南洋大臣张之洞奏请实行君主立宪政治体制，称：中国“欲求自强，宜考求各国宪法，变通施行”。[⑧]因为“日本幅员仅抵我

①《新民丛报》第3卷第21号。由于本文发表时间较早，部分注释及引文信息不全。

②《清德宗实录》，光绪三十年（1904年）六月十四日上谕。

③ 袁世凯身兼八大臣，徐世昌任东三省总督兼将军事务、军机大臣、民政大臣、参预政务大臣。

④ 孔祥吉：《康有为变法奏议研究》，辽宁教育出版社，1988年，第395~398页。

⑤ 孙宝暄：《忘山庐日记》，上海古籍出版社，1983年，第14页。

⑥ 内滕顺太郎：《袁世凯》，上海文汇书局，1914年，第104页。

⑦《张謇全集》（第6卷），江苏人民出版社，1994年，第865页。

⑧《时报》1905年7月22日。

两省之地，我则十数倍之。彼之所以胜者，由于讲求西法，实力推行；我之所以败者，由于拘守成规，罔思改辙。殷鉴不远，亟思更张。以我之地大物博，但求日人之制胜之故，而事半行之，必将雄视海内，强邻悚息”。①

对此，慈禧高度重视，并决定派员出洋实地考察宪政。五大臣回国后提出关于立宪的提案，得到了入京参与商讨宪政的地方督抚袁世凯及与领班军机大臣奕劻及徐世昌、张百熙等竭力维护，他们企图实行以责任内阁为核心、三权分立为基本权力运作方式之新官制和地方自治两大宪政。这是立宪的两大根本问题，这便同顽固派铁良、荣庆、孙家鼐、瞿鸿禨、载沣等人发生了严重分歧。②

其时，在编纂官制局里的徐世昌已得到了“随时可以见太后，且可长谈”的特权。③加之孙宝琦、杨士琦为编纂局提调，以其挚友周树模副之，编制员共10人，皆东西洋留学归国人员，均抱定责任内阁和三权分立宗旨，成为改革的坚定支持者。

在袁、徐、“二琦”的主持、指导和推动下，“编纂官制局”正式提出了取消军机处和设立责任内阁为核心内容的“新官制改革案”，其中，袁、徐“最为激进”，④“主张最多”，“气概如虹”，“全案几皆袁世凯（含徐世昌）一手起草”。⑤此案涉及最高权力归谁所属，引起的清王朝内部改革与守旧两派矛盾极为尖锐的冲突，袁、徐与“顽固派两不相下”，⑥以至在政务处的立宪会议上，“醇亲王（载沣）闻言益怒，强词驳诘不胜，即出手枪”，拟向袁放射。⑦一帮顽固军机大臣、户部尚书、御史、大学士及大批冗官亲贵大骂袁、徐“谋为不轨”“汹汹政变”。⑧

---

① 袁世凯：《遵奉面谕谨拟条陈事件呈》，光绪二十一年（1895年）录副奏折，中国第一历史档案馆藏。

②《宪政初闻·立宪纪实》，《东方杂志》临时增刊。

③ 陈旭麓、顾廷龙、汪熙主编：《辛亥革命前后——盛宣怀档案资料选辑之一》，上海人民出版社，1979年，第129页。

④ 陈旭麓、顾廷龙、汪熙主编：《辛亥革命前后——盛宣怀档案资料选辑之一》，上海人民出版社，1979年，第26页。

⑤ 徐一士：《光绪丁末政潮之重要史料》，天津《国闻周报》第14卷第5、6期。

⑥ 陈旭麓、顾廷龙、汪熙主编：《辛亥革命前后————盛宣怀档案资料选辑之一》，上海人民出版社，1979年，第26页。

⑦ 杜春和编：《北洋军阀史料选辑》（上），社会科学出版社，1984年，第49页。

⑧ 张一麟：《心太平室集》（卷8）。

1908年,"丁未政潮"后,袁世凯内调枢府,代瞿鸿禨入军机大臣兼外务部尚书。而徐世昌则因"定官制奏(奉)懿旨开去军机大臣专办部务;又奉旨凡尚书均兼参预政务大臣"。[①]此时因慈禧尚在,清王朝的"枢垣各政,多系袁世凯(含徐世昌)主之"。[②]时人预言:随着袁世凯入军机,"政府之前途,将更换一局;立宪之前途,将放一光明矣"。[③]

但翌年11月,两宫驾崩,载沣等守旧派必欲杀袁而后快。可袁氏发誓:"官可不做,宪法不可不立,死何惧哉,有袁某在,非立宪不可!"[④]年底,袁被罢官,仅免一死;徐"以积劳患病,恐误重任,疏请开缺"。[⑤]立宪运动宣告破产。然中国立宪派代表人物张謇却大加称赞袁、徐的苦心、毅力,称立宪:"如水之归壑,万折而必东。这是亿万年宗社之福,四万兆人民之命,系公(指袁)是赖。"[⑥]其信赖之深,依托之重,评价之高,可见一斑!

美国学者认为,晚清上层内,"尚没有哪一位官员像袁世凯(含徐世昌)那样,在如此短的时间内,为改良争取到如此多的东西"。[⑦]

日本记者佐藤铁治郎写道:"立宪之制度,焉能望有萌芽?微袁世凯(含徐世昌)",中国"不能有今天之景象。"[⑧]

列宁指出:袁世凯(含徐世昌)是"刚刚从自由君主立宪派变成自由共和派的资产阶级代表人物,是自由资产阶级活动家"。[⑨]应该说,同时代人对袁、徐的评价是较为客观真实的。

## 二

以维护和巩固清王朝政权为目标的君主立宪,实带有明显发展资本主义先进生产力和先进文化的性质,它无论在理论和实践上是否可行,以及袁、徐

---

①《徐世昌年谱》,《近代史资料》总69号,第31页。

②《袁大军机实绩·袁世凯之入军机》,第5页。

③《东方杂志》第3卷第11期。

④ 陈旭麓、顾廷龙、汪熙主编:《辛亥革命前后——盛宣怀档案资料选辑之一》,上海人民出版社,1979年,第26、129页。

⑤《徐世昌年谱》,《近代史资料》总69号,第36页。

⑥《张謇全集》(第1卷),江苏人民出版社,1994年,第102页。

⑦ 费正清:《剑桥中华民国史》(第1部),中国社会科学出版社,1983年,第238页。

⑧ 苏全有:《日本记者笔下的袁世凯》,《历史教学》2003年第9期。

⑨ 列宁:《中国的民主主义和民粹主义》,《更新的中国》,解放社,1950年。

是否比这一时期其他立宪人物的言辞更为激烈，我们均难以苛求，这不仅有时代和社会的局限，而且还有认识水平的差异。

袁、徐认为，民主共和不适合中国国情，只有君主立宪才是维护国家的统一和安定的可靠保障。[①]他们所坚持实行君主立宪的前提条件和社会基础不是别的，正是地方自治。这一点，不仅是袁、徐的主张，也是天津社会主流媒体最坚决、最认真鼓吹的主张，同时也是立宪派最为普遍的共识和行动。

在全国一阵高过一阵的立宪声中，1906年8月29日，袁、徐首先在天津大张旗鼓地建立地方自治领导机关——"直隶自治局"。它"先乎立宪政治而兴"，率先全国在天津试办。而天津试办地方自治又"以为全国地方自治之准备"。"至1907年7月10日天津县议会始克成立"。[②]

"实行自治，立法为先，公听并观，理无专断"。[③]直隶自治局之所有章程、条例、选举人资格等"均系参酌各国制度，衡以本地风情，先由天津各地办起，随时详报直督（袁）夺"。"既有天津为之模范，其余推行各属，当有事半功倍之望"。[④]

"所有天津试办自治章程"，"均仿日本期成会"。袁、徐从天津自治研究所与自治学社选拔人员组成一个"实情考察团"以地方自治专题赴日考察4个月，[⑤]还组成一个"执行委员会"，旨在改善民众之财产、教育、卫生、水利、税务、公务劳动、民风习俗等项进行扎实工作，大力加强天津地方自治运动，为采取选举制做好准备。[⑥]

直隶自治局设置法制、调查、文书、庶务四课，"该局全员公举绅士12人，学会公举20人，商会公举10人组织全会。又委派服官本身饶有经验者4人为谘议。开会时拟稿员宣述理由，诸会员逐条驳诘，多数赞成，方为决议。计开会

① 骆惠敏编：《清末民初政情内幕》（上册），陈霞飞译，知识出版社，1986年，第794~797页。

② 天津图书馆、天津社会科学院历史研究所编：《袁世凯奏议》，天津古籍出版社，1987年，第1520页。

③ 天津图书馆、天津社会科学院历史研究所编：《袁世凯奏议》，天津古籍出版社，1987年，第1521页。

④ 天津图书馆、天津社会科学院历史研究所编：《袁世凯奏议》，天津古籍出版社，1987年，第1522页。

⑤ 甘厚慈编：《北洋公牍类纂》（卷1），北京益森印刷有限公司，1907年，第16~17页。

⑥ 甘厚慈编：《北洋公牍类纂》（卷1），北京益森印刷有限公司，1907年，第18页。

十有九次，议成章程百十一条”。[①]自治局的运作是比较接近日本或西方民意机关的。[②]

袁、徐认为：“地方自治，为我国创办之事，非先以预备，则不能实行。目前教育未周，识字之民尚少，设有误会，流弊滋多。”[③]他们为了宣传天津实行地方自治的好处，特别成立了天津地方自治研究所和天津地方自治学社等专门机构，认真培训天津府七县绅董50人，旁听生59人，以4个月为一期，学习内容主要有：自治理论、选举法、户籍法、宪法、地方财政学、教育行政论、法学通论、警察学等，并遴选和委派学习法政又熟谙土风之直隶人高振望、赵宇航、步以韶等人为宣讲员，分赴天津府属城乡进行宣讲，灌输地方自治的法理意义和切身利益，并编印了《法政官话》《自治讲义》，每月各一册，散发给各属学习、张贴，要求切实达到“家喻户晓，振聋发聩”[④]之功效。

自治研究所研究中国历史，有“周制六官”和“汉之三老、啬夫”。而“比东西立宪诸国，德之建国，发轫于州会。日本维新，造端于府县会，选举有定法，议决有定程”。“各国自治章程，俱有法理研究比较，责任在士绅，乃设自治研究所”。而“筹设自治学社，为定学社通则，以研究所得者传习之。该绅等于自治理法，约略能详，俱有期望实行之心，可收因势利导之效”。[⑤]

经过一年多的宣传、组织与筹备等一系列艰苦细致的工作，1907年6月，天津开始按照选举规章选举议员。当时天津人口总计418215人。16日，开始正式选举。通过初选、复选、分拣、合拣的方式，在2572候选人中，选出30名议事会议员。8月18日，天津议事会被隆重正式选出，宣布成立。当选的议长为在籍度支部郎中李士伟，副议长为直隶补用知县王邵廉，并由议长筹议董事会。[⑥]选举结果“尚不恶”。[⑦]

① 天津图书馆、天津社会科学院历史研究所编：《袁世凯奏议》，天津古籍出版社，1987年，第1521页。

②《天津地方自治以日本“地方议会为张本”》，见《顺天时报》1905年4月22日。

③ 甘厚慈编：《北洋公牍类纂》（卷1），北京益森印刷有限公司，1907年，第23页。

④ 天津图书馆、天津社会科学院历史研究所编：《袁世凯奏议》，天津古籍出版社，1987年，第1520~1521页。

⑤ 天津图书馆、天津社会科学院历史研究所编：《袁世凯奏议》，天津古籍出版社，1987年，第1520~1521页。

⑥ 甘厚慈编：《北洋公牍类纂》（卷1），北京益森印刷有限公司，1907年，第24页。

⑦《顺天时报》1907年7月7日。

袁世凯对此表示满意，特派幕府人员入会代表其本人表示热烈祝贺，曰："今日为天津议事会成立之日，可为天津贺，并可为直隶全省贺，不但为直隶一省贺，可为我中国前途贺。"[①]

天津议事会的产生是中国历史上破天荒第一次"普选制"试运行，是在津门民众的法律知识相当匮乏、民主意识十分淡漠的中国国情下实行的，而投票率仍占70%，为投票者的41%，实属难能可贵，其影响不可小视。它与天津的政治、经济、军事、教育、文化的近代化进程密切相关，意义重大而深远。

按照袁、徐所设计的地方自治的使命与责任，是想通过官绅、商、学、农各会，即社团代表联合参政议政的形式民主，以求达到地方政府施政、决策的集思广益、民主科学化，从而(达到)"得以补守令之阙失，通上下之困扰"[②]之目的。主观动机与客观效果均无可厚非。那种认为："天津地方自治是封建专制的附庸，兴民权是假，兴绅权是真"的极"左"观念是片面的。天津自治活动虽有总督、知府之监督，[③]但问题的实质是：袁、徐的中央立宪其间表现出的，地方自治理念及其实践毕竟是中国近现代史和民主宪政史上一次十分有益的尝试，天津地方自治理论的实践，和在同一时期中国其他省份相比，不仅是相当大胆和激进的，做了前人所未曾做过的大事，而且其后又在全国其他省份普遍推行。[④]它为了推进选举而大力宣传的西方宪政理念、法律制度毕竟与中国传统封建专制大相径庭，而与天津的新经济、新军事、新教育、新文化相一致，并为天津的社会经济、文化教育发展初步营造了一种现代民主氛围，客观上极大地促进了天津先进民主宪政思潮的传播，影响深远，贡献巨大。

史学界一些人总是以主观动机和出身论是非，而完全否定袁、徐参与立宪运动和实行地方自治的进步性，说什么"纯粹从反革命和一己私利出发，决非真诚地相护立宪、推行地方自治"。但是，正如恩格斯所说的："历史总是由行动和结果写成的。对历史活动家来说，它的动机对于全部结果来说，同样地只有从属意义。"[⑤]

---

① 甘厚慈编：《北洋公牍类纂》(卷1)，北京益森印刷有限公司，1907年，第24页。

② 天津图书馆、天津社会科学院历史研究所编：《袁世凯奏议》，天津古籍出版社，1987年，第1520页。

③《大公报》1907年10月3日。

④《大公报》1907年10月3日。

⑤ 恩格斯：《路德维布·费尔巴哈与德国古典哲学的终结》，人民出版社，1972年，第244页。

## 三

民初，中国其他省区一般均按照天津实践经验设立了县议事会、自治会、公议局或会议所等。而天津又订出自己的自治章程并扩展直隶井陉、肥乡、长垣、宁津、清苑、献县、大兴、赵州、景州、庐龙、庆云等地。在不抵触国宪和省宪的范围内，各县享有若干自治权；县教育或与教育有关的事项；县道路、水利或其他基础设施建设事项；县实业或公营事业；县警察、卫生或各种慈善事业；县群众生计或民食统计；县公产或营造物的管理、处分；其他依省县赋予的事项；自治权范围内得自行订立各种规则等。

但是，1914年2月3日，袁世凯为了镇压国民党强化集权统治，曾一度下令全国一律停办地方自治，天津当然不能例外。而当袁氏政权稳固之后，又于1914年12月29日再度公布了《地方自治试行条例》；1915年4月14日，公布了《地方自治试行条例施行规则》；7月21日，又公布了《京兆地方自治章程》，北京兆为特别自治区域作为全国自治的模范，任命专门人员负责筹备。①可惜的是这些法则因袁不久(后)逝世，未获实行。

清末重臣、民初大总统徐世昌也比较理解地方自治制度的重要性与作用，他抓住政治体制改革不放，并于1919年9月7日乘“五四”学潮之力，以务实的时代精神和政治改革创新的勇气，公布了“安福国会”所议决的《县自治法》，以国家大法的形式明确地规定了全国所有各县级政权均设县议事会和县参事会，从而使中国地方自治之花开遍了中国大地。②但由于民初已形成“督军专政”、“省自为政”、分裂割据，各地政要大都置之不理，不予执行。

徐大总统公布《县自治法》后，复于11月17日令地方切实筹办地方自治，1921年1月1日内务部召集全国地方行政会议，讨论、议决、公布了《县自治法施行细则》《县议会议员选举法规则》等；7月3日，复又陆续公布了《市自治法》《乡自治法》等。③1921年9月至1923年3月，徐以大总统身份一而再、再而三地命令颁定《县自治法》施行日期和施行区域令。1921年9月10日，命自11月1日起在浙江各县施行；10月13日，命自11月1日起在绥远上县、察哈尔6县施

① 钱实甫：《北洋政府时期的政治制度》(下册)，中华书局，1984年，第393页。

②《毛泽东选集》中多处肯定了民初县议会的积极作用。

③ 钱实甫：《北洋政府时期的政治制度》(下册)，中华书局，1984年，第294页。

行;10月20日,命自12月1日起在吉林17县施行;12月29日,命自1922年4月1日起,在京兆各县施行;1922年3月28日,命自4月1日起在江苏37个县区内施行;1923年3月1日,命自9月1日起在甘肃所属各县施行;4月2日,命自10月1日起在直隶天津等县施行;11月7日,命自1924年4月1日起在直隶东光等县施行。

徐世昌在江苏37个县区内施行的《县自治法》,原令如下:

> 兹制定县自治法施行区域令公布之。县自治法自民国十一年四月一日于江苏省所属江宁、六合、句容、溧阳、金坛、上海、松江、崇明、青浦、金山、川沙、太仓、嘉定、宝山、奉贤、吴县、常熟、昆山、吴江、武进、无锡、宜兴、江阴、清江、南通、如皋、泰兴、淮阴、江都、仪征、东台、泰县、宝鸡、铜山、萧县、砀山施行,此令。[①]

《县自治法》所规定的"县议事会"的议事内容和规则,特别是县议员的选举、任期、权利和义务等,无一不相当认真和严肃,是与北洋政府第二届国会即合法的新国会——安福国会的宗旨相一致的,大致与孙中山民国元年《临时约法》的规定相同,特别是"对职权的规定没有变化"。[②]所以,应当说,对它似无全盘否定的根据与理由,它仍然具有近代中国资产阶级民主性质或色彩。

《县自治法》规定的议员选举和被选举权的资格相同,必须具备下列各项条件:中国国籍;年满20岁,最高25岁;居住本县连续3年以上;年纳五税或本地公益捐2元以上,或经城乡镇议事会议决为选民的。但如有下列情形之一者,即失去权利:品行悖谬,营私武断确有实据;曾处监禁以上的刑罚;营业不正当;失去财产信用,被人控告尚未结清;吸食鸦片;有心病;不识文义。凡有下列情形之一者,即停止被选举权:现任县官吏或巡警;现役军人;现充僧道及其他宗教师;在学肄业学生;小学教员。

《县自治法》规定的县议员选举区即从县所属之各城镇乡为准。各选举区初选议员名额,各选举区按人口之多少来分配。而选举人名册之编造,办理选

① 《政府公报》1922年第2182号。
② 钱实甫:《北洋政府时期的政治制度》(上册),中华书局,1984年,第36页。

举人员之派充,选举程序与投票、开票手续等,大体有公证。选举以得票较多为当选,当选人名次以得票多少为序,票数相同者,年长者在前,年龄相同则抽签决定。

县议员任期3年,连选得连任,县议员为无供给制,但可酌情给公费。各县县议员人数20至60人。县设议事会议长、副议长各1人,由全体议员用无记名投票选举产生,任期亦为3年,连选得连任。

县议事会的职权范围,主要是对地方自治经费的财政权和对于下级地方自治组织的公断权。由其决议的事项有:县岁出、岁入、预算、决算事项;自治经费的筹集与处理方法;城镇乡自治议事会应议决而不能议决的事项;城镇乡相互争议事项之公断与和解。

县议事会还要推举若干人,直接参与或会同县知事或其所派委员,检查全县各项经营收支账目。此外,对于县其他公益事项可提出建议。

由上可见,除财政权外,县议事议会的行政职权是有限的,县知事仍有较大的控制权和决断权。但是,县议事会的民主形式毕竟是来自西方的近代民主形式,基本形态与内容仍然是与西方地方议会制度相接轨的。

民初,除县议事会而外,还设有参事会作为地方自治行政的辅助机关,也有代替县议事会议决各种事项的职能,就是说,县参事会在一定条件下兼有县立法机关的性质。大总统徐世昌公布的《县自治法》之第三章,对县参事会的职责作了明确规定:县议事会议决事件的执行方法及顺序;县议事会委托代办事件;县知事交与代替县议事会议决的事件;审查县知事提交县议事会的议案;处理选举中舞弊的本县全体诉讼及和解事件;公断或和解城乡镇自治权限以内的事件。县参事会认为县知事有违法不当行为时,可呈请省行政长官核办或呈由行政审判机关处理。县参事会与县议事会并行,对于以法治县,以及县知事和县行政的决策的科学化及地方民主化显然起了积极作用。

本文原刊载于《历史教学》2004年第7期。

**作者简介:**

郭剑林(1933—),安徽界首人。1955年入南开大学历史学系学习,1959年考入中国人民大学研究生班,师从著名清史专家戴逸教授。1962年毕业后返南开大学历史学系任教。1993年被聘为教授。长期从事中国近代史、中华民国史的教授及研究工作，在北洋军阀史、北洋军阀人物的研究上造诣尤深。代表作有《吴佩孚大传》《徐世昌评传》《袁世凯评传》等，合著有《北洋军阀史稿》，主编有《民初北洋十大将帅丛书》等，在国内外重要刊物上发表50余篇学术论文。

# 从视学黔中到创办南开

## ——论贵州近代教育的先驱者严修

梁吉生

严修是中国近代著名教育家。胡适说过:“严修是中国旧道德传统和学识渊博最可敬佩的人物。他是一位学者、藏书家、诗人、哲学家,最具公德心的爱国志士。”周恩来总理称颂严修是“封建社会的一个好人”。

严修的名字,对于贵州和天津来说,都不是陌生的。一百多年前,严修作为一位外省籍的教育家在贵州最早倡办近代教育,成为贵州变革封建教育、启一代新学风的先驱者,为贵州近代社会文明与教育近代化打下了良好的开端。严修也是天津近代教育的奠基人之一,他与张伯苓创建的南开学校体系,成为中国近代民办教育的一面旗帜。值此贵州建省590周年之际,回顾严修在贵州的办学道路及其故里兴学的实践,是有裨益的。严修的名字,将彪炳贵州和天津的史册。

### 一

严修,字范孙,号梦扶,幼名玉珪。他的书室名恒斋、蟫香馆、毋自欺室。先世浙江慈溪人。清顺治年间,其7世祖经商北来,定居天津。咸丰八年(1858年),英法联军入侵,全家避居直隶(今河北省)三河县,1860年4月2日严修就诞生在这里。

严修青箱传世,饱读经书。6岁时从塾师学习,开蒙课本是《龙文鞭影》。7岁习字,8岁作试律,12岁开始参加八股考试,18岁应院试,补廪膳生,是年认识了博通西学的陈奉周,跟他学习天文、数学,“深获讲贯之益”。23岁应顺天乡试,正考官徐桐对他的经艺卷击节赞赏,中举人,回津后受到北洋大臣兼直隶总督李鸿章接见,次年赴京应会试,中进士,选为翰林院庶吉士。按清朝规定,入翰林院庶常馆学习3年,经考试优良者可授编修等职。严修在科举道路上奋力拼搏,功夫不负苦心人,1886年被授翰林院编修,8月正式入京供职。是年冬,补国史馆协修。1889年,任会典馆详校官,翌年任直隶省乡试试卷磨勘官。1894年授贵州学政,以后官至学部侍郎,为近代著名教育家。陈宝泉在《严范孙先生事略》中说:“清季负海内教育家之重望者,南曰张(謇)北曰严,此确论也。”严修赴黔之前,已有8年宦海生涯,正是而立之年,他有着强烈的抱负,但也耳闻目睹了官场的腐败情况。特别是民族危机日益严重,使年轻的严修忧怀祖国,“心伤岛国沧桑古”,探求救国救民的道路。在此期间,他不仅博览中国文化典籍,如《尔雅》《说文》《易》《诗》《荀子》《列子》《史记》《通鉴》等,而且注意学习西方科学知识。自1880年起,他开始研习天文、算学,披读《数学理》《数理精蕴》《天文启蒙》等书籍。在京时寓五老胡同,每天晚上与人探究自然科学书籍,开阔了眼界,对新学有了初步的体会。

严修于1894年10月离京,踏上黔轺5千里的行途。他水陆兼程,出直隶经河南、湖北、湖南,入贵州,费时2月有余。这时,中日甲午战争已经爆发,路上清军失利的消息犹如鸦噪马头,一直追逐着他,使他震惊,“嗒然若丧”,他在《日记》中写道:“大局不堪设想”。到达贵州后,亲眼看到边省贫穷、士习闭塞,更使他感到国家必须变革。严修从1894年12月29日接印上任,至1898年1月7日任满离黔,3年有余。下车伊始,严修立即深入实际考察了解各地民风、士风,考验州县生员,阐发为学要旨。针对“言不顾行,行不能顾言”,“所用非所学,所习非所用”的“方今士之弊”,提倡“讲求为学之本,推求读书之实用”,以“敦品励学,讲求实用”作为选科取士的标准。他对虚浮学风大张挞伐,“浮薄傲戾者,名虽久著亦黜之”,并大力整饬考政,剔除积弊旧习,积极树立新的育才价值取向,考题力避纤仄,策论重时务,令考生“畅所欲言,无所逊避”,并加考算学。优贡、拔贡的考选,不但进行笔答,还亲自面试。并深入乡里访察考生品德,“以核其真伪”。严修3年学政,使贵州“士林蒸蒸向上,见闻一变”,广大读书人开始树立起“重躬行”“敦实践”的良好学风。这在一定程度上,为贵州近代教育的发展廓清了思想和观念上的痼陋和积弊。

不破不立。荡涤旧的士风,同时必须引进新的文化思想。严修认为,西方的先进民主思想和科技知识是治理精神贫瘠、信息闭塞、知识陈旧的法宝,针对贵州地居边远、得书甚难、见闻太陋的情况,严修参照天津书局的办法,在贵阳开设资善堂书局,并亲拟官书局章程,开列购书单、拟定借书条例,一方面从上海等地购买有关社会政治和自然科技方面的西学书籍、新式报刊,一方面在本省组织力量翻刻中学书籍。更为难能可贵的是,严修慨然将其由京赴黔时所携个人用书14大箱,凡65种,104函1匣又137卷,包括经类、史类、子类、集类、丛书类、类书类,都存于学舍,供学子阅览,并“捐廉购置中西学书80余种”。

有了书，就有了读书人求学问的凭借。严修以知识的清泉，汩汩浇灌黔士的心田，开阔了贵州人的知识视野，也有利于社会文明水平的提升。

“三年穷知府，十万雪花银”。这是对封建社会做官发财的写照。严修3年学政，因向贵州捐资购书作奖学金，不但搭上为官的官俸，而且以家财贴补官用，任满返京时，落得个囊空如洗，负债累累，3年总计负债银4千两，正如贵州士林传诵的：“视学三年，负债八千。”严修以无私奉献、廉洁公正，为贵州教育的振兴树立典范。

改革书院，倡学西方科学文化知识，是严修在贵州发展近代教育事业的又一探索和努力。

清朝末年，倡办新式学堂，多从改革书院开始。原因是明清以来，书院教育已渐趋衰颓，特别是19世纪末西学新风日盛，书院的教学内容、教学方式以至教师的知识结构，都已不适应时代的要求和青年学子的求知愿望。严修敏锐地感到“近来时局，日新月异，泰西诸学，俱为当务之急”。于是，他从贵州教育实际出发，先做变通书院的工作。所谓变通，即在旧瓶中缓缓注入新酒，也就是说选择贵阳某个书院（学古书院）作试点，一是选调喜读西学的高才生入院住斋，更新学生成分；二是增添新的教学内容，先以算学为入门，陆续组织诸生学习英文、格致、地理诸科，广泛吸收西方科学文化知识。严修亲自撰写了《学古书院肄业条例》，聘名学者雷玉峰（字廷珍）任书院山长（院长）。严修“日亲督课，十越月如一日”。书院初期，没有算学教习，他就亲到讲堂为学生解答算题，正如雷廷珍《誓学碑缘起》所说：“而西学则自任其难，孤诣苦心，虽不能为外人道，而亲炙者如饮醇醪矣。”改革后的学古书院于1897年3月30日开学，据说这比长沙的时务学堂还早了半年。

严修对书院的改革不疾不徐，在贵州树立了一个成功范例。学子乃至社会都从严修的示范中真切地看到了改革书院的好处，使一大批对新学心存观望的读书人和官吏解疑释惑，为新式教育在贵州的发展开拓了社会基础，增强了社会承受能力。严修离黔不久，学古书院改名经世学堂，成为贵州第一所新式学堂。

严修在学政任上，亲身感受到封建科举的严重弊端。尤其《马关条约》签订之后，他深感“厝火积薪，危若燕幕”。不变革科举，兴学育才就是一句空话。他说：“科举法之弊，人才之衰，至今斯极！若无一变通，似于作育之道，亦有未尽。”他称赞康有为的“公车上书”“忠肝义胆，一掬而出，五洲利弊，了了纸上”。

1897年9月，他在致徐世昌的信中直称，“康长恕(素)之疏，真卓识也”。显然，京城维新思潮的涌动，给了严修以激励和勇气。10月19日，他酝酿多日的《奏请设经济特科折》上奏，要求清廷仿照康熙、乾隆年间举宏词科之例，破常格以搜才，设新科以劝士。经济特科的主要内容是，对“周知天下郡国利病”者，“熟谙中外交涉”者，“算学译学擅绝专门”者，“格致制造能创新法”者，“堪游历之选”者，“工测绘之长”者，统称为“经济”之专名，量才取用于科举正途出身，并且选拔不限数额，通过举荐和考试，只要有真才实学，不论资格出身皆可录用，赴试者若财力上有困难的还可给予公费补助。同时规定，“责成内外诸臣搜访保送，蔽贤者惩处，荐贤者上赏”。严修这一主张，是自隋开皇7年(587年)科举取士以来的一大突破。它打破了唯一通过科举取士的渠道，为学习西方文明的新型人才脱颖而出网开一面。梁启超在《戊戌政变记》中说：“贵州学政严修，适抗疏请举特科，得旨允行。当时八股未废，得此亦稍新耳目。盖实新政最初之起点也。”

严修的这一主张，能在边远黔省提出，既取决于他的个人政治见解，也基于近代教育在贵州的社会基础。他的奏设经济特科主张，吹响了黔省鼓吹变法图强的第一声号角，在推动早期维新思想向维新运动转化中起了一定积极作用。严修在贵州的三年，正是其三十而立走向四十不惑的韶华时期。边省的教育实践给他以难得的社会历练，贵州的民情、社情给了他深刻教育，成为他在此后长期坚持教育救国的精神动力。他在学政任上，忠于职守，迎难而进，勇于变革封建传统教育，竭尽所能给封闭的边陲之地引进了西方科学文化的新风，培养了贵州省历史上第一批学兼中西的人才，为贵州走向近代化之路造就了新的骨干力量。通观贵州近代社会历史的发展，严修的贡献是不可磨灭的。

综上所述，在贵州办学，可以说是严修生命历程的第一个光辉点。贵州办学实践，为严修后来的教育事业奠定了思想基础；在贵州对中国国情的认识，为其后来从事教育救国的大业增强了使命感和责任感。贵州是教育家严修生命凯歌的起点。

## 二

严修任贵州学政期满，1898年4月回到北京，因倡设经济特科为顽固派所不悦，也以此失欢于他的座师、翰林院掌院学士徐桐。他的翰林院职务被免去，仅留编修虚衔。严修长才难展，于是便“请假”回到天津。

严修回到天津后,以其家馆为基地,改革旧式教育,推进"西学"的传播。11月,聘请年轻的退役海军士官张伯苓作家馆教师。

1900年八国联军血洗天津。在非常艰难的情况下,严修毅然站出来维持地方治安,同时千方百计发展地方教育。翌年9月,他以个人财力设义塾一处,并联合王竹林、林墨青等集资假灯牌公所设两斋塾学。为了"教育救国",1902年、1904年他两次去日本考察。系统观摩日本的教学和学校管理,日本教育变革的勃勃生机,深深打动着这位教育革新家的心。他说:"吾国所以弱,学之不讲之故也。彼日本区区三岛,独能称雄东亚者,学而已。"1902年8月到日本后,(他)参观了一系列社会公共设施和政府机构。仅大、中、小学就参观了20多所,并广泛地接触学校教师和教育官员。9月1日,他与日本教育界人士座谈,征求对中国教育的看法。日人认为,中国讲求新学多于表面,应以"正人心"为主。"正人心"须从课堂教育入手,教师所讲的要让学生亲自去实践。世人只知日本维新的好处,而不知这是基于德川氏百年以来尊崇知识之功。日人的谈话对他启发很大。此后,还有一件事对他刺激很大:9月14日,他去浅竹参观,那里放置有我国台澎山水风景及中日战争的图画,而且战争画多是"彼国人得意之举"。陪同参观的人介绍,日本教育儿童,首先要告诉他们中日甲午之战,日本为什么胜、清朝为什么失败,使儿童从小"人人脑筋皆刻入此事"。严修听后非常悲愤,想想当时一般国人麻木的心态,他深深感到青少年的爱国教育多么重要。9月中旬,他集中两天时间,分别参观日本高等师范学校、女子高等师范学校、东京府师范学校等,对其师范教育的分科、设课、学生人数一一作了了解。他感到,日本教育的发展,与重视师范教育关系很大,由此产生了建立师范学校的想法。他写信给天津的王寅皆谈了他的想法,并特别强调,"唯师范之局须以归商定"。在一般教育和师范教育的建设上,德育和智育的关系是一个问题。当时,许多日人认为"智日进德日退"。他不同意这种看法,与早稻田大学创办人大隈重信讨论,大隈也认为"是固兼进,无退之理"。他还同意大隈说的"取人之文明,则已之文明自进"的观点,认为"其言简括得体"。

11月27日,严修从日本回到天津,以更大的热情和精力,兴办新式教育。这年冬,他创办严氏女塾,课程内容全部是新学,计有国文、算术、英文、日文、音乐、手工、织布等。聘日本人教日语、音乐、手工、织布等。严亲自教作文,批改作业。学生是严氏及亲戚、朋友、邻居的女儿,年龄在10岁到20多岁。据女塾学生穆祥淑女士回忆:当时天津比较守旧,不愿意送女孩上学,有的人是经过严家动员才得到父母允许就读女垫的。严氏女塾的创办，在全国是开风气之先，对妇女走入社会独立生活，起到了一定的作用。《大公报》称其为“女学振兴之起点”。1905年，严氏女塾改为严氏女学，成为正规的女子小学，学制初小4年，高小3年。

1905年，严在家中还办有保姆讲习所与蒙养园。保姆讲习所是培养幼儿师资的师范学校，聘日籍女教师大野铃子主持。课程有保育法、弹琴、体操游戏、手工等，还有英文、算术、生理、化学等课，由南开中学教师兼任。首批学生20多人毕业，其中有刘清扬、韩咏华、韩非华等。毕业生大多到津、京、冀等地蒙养园(幼儿园)工作，成为我国最早一批幼儿教育的骨干。

随同保姆讲习所设立，严氏蒙养园也相继创办。招收4～6岁儿童入园，授以唱歌、游戏、手工、讲故事等课程。设备由日本购进，课程设置一如日本体例，连所唱歌曲也由日文翻译来。

在严馆和王馆的基础上筹设南开中学，是严修对新教育的一个重大贡献。为了学习外国先进的教育制度，1904年春，刚刚就任直隶学校司督办的严修偕张伯苓，再次实地考察日本学校的各学科的教学内容、教育方法、教材建设及教育行政管理。严在考察中，“见彼邦社会秩序良好，交通发达，实业振兴，而人民工作勤，知识富，即贩夫走卒，于闲暇之时，亦无不人手一报，明悉国家世界大势”。叹曰：“是非由教育之力不为功。”从而更加坚定了创办新式教育的信念。几个月后严与张伯苓回到天津，便决定筹设中学。他们把严馆与王馆合并，定为私立中学堂。财力上由严修和王馆的王益孙全力支持，到1904年10月中旬，中学正式开学，张伯苓任监督(校长)。这就是南开中学的开始。

当时的这所私立中学堂就设在严宅偏院的两个中国式小院中。学校主要课程有：修身、读经、国文、历史、地理、博物、物理、生理，这些课用中文讲授，而数学、代数、几何、化学则用英文讲授。最初，招考录取73名学生。当时还附了高级师范班，有学生6名，第二年师范班又增入学生4名。严修创办新教育之始，就注重师范教育，这在天津乃至中国北方都是一个范例。

在严修悉心关怀和张伯苓亲自主持下，南开中学作为一所全新的新式学堂，很快在天津的中等教育中崭露头角，显示出自己的办学特色。南开的教学严格，教师教课认真，不遗余力，特别强调基础扎实，强调生动活泼的学习。张伯苓坚持德智体美四育并进，主张“德育为万事之本”，南开从一开始就建立了良好的校风。精于管理，是南开的又一特点。作为一所私立学校，南开建立了一套科学的管理制度，学校秩序井然，一切都有章可循，学生既严守纪律，又生动活泼。南开管理上另一特点是人员精干，办事效率高，同时强调校务公开，师生合作。

南开教育的这些特点，从一开始就显示了新式教育的蓬勃朝气和先进性，在与封建教育的斗争和比较中表现了旺盛的活力，受到社会的好评。1907年，直隶教育报告书称赞严修、张伯苓成功地创立了一所当时出类拔萃的学校。该报告认为这是天津和保定地区唯一拥有优良师资的中学，并作出结论道："程度为各中学堂之冠。"后来蔡元培也说：南开"为国中知名之学校"。

严修除在扩充和改造家馆的基础上倡办中学教育外，还联合天津有识之士积极推动地方小学教育的发展。1902年，严与林墨青把原设的两斋塾学改为民立第一小学堂。这是天津正式小学之始。

1903年，严修又与林墨青敦促邑绅卞、张两家筹设天津民立第二小学。又应天津知府凌福彭、知县唐则瑞约请，主持创办官立小学3处。严修还推动地方设立补习所与教育研究所。1904年推动地方设立官办小学多处，筹设工艺学堂1所、半日学堂9所。

为提高小学教师素质，他还成立了师范讲习所和教师研究所。前者利用各校傍晚时间，为教师进行补习，聘请张伯苓等有经验或学识较高的师资10余人，开设文、理、法、商等课程。他常去听课，或亲自审阅教材和课业。有时，他还邀请一些名人前来讲演，开拓小学教师的视野。后者每周末集合各小学教师及有志者，共同研讨如何改进课程及教学方法，并到小学观摩研究。各项活动，他每次必到。从国外搜集来的教材资料，也供研究所应用，缺者由教师中有学识者自行编辑、誊印出版。为了解决师资的急需，他还选派青年出洋学习短期师范。这年秋，李琴湘、陈筱庄、刘芸生、胡玉孙、郑菊如、刘宝慈等就是在他的举荐下，入东京弘文学院师范等科深造。一年后回国，担任学校教师。

北洋女子师范是严修于1905年开始筹设的，次年正式成立。主要为初等和高等小学堂造就女教员。1905年改天津校士馆为天津初级师范学堂，学堂设有完全科、本科、简易科三科，为天津、河间两府培养小学堂师资力量。同时，还筹设北洋师范学堂，专门招收直隶、山东、山西、河南以及东北的学生，为中学堂和初级师范造就师资。

严修在天津办学，成绩斐然，颇为时任直隶总督的袁世凯重视，袁乃力约严出任直隶省学校司督办，主持全省教育。1904年5月8日严由津过京抵保定，第二天即赴任接学校司事。当时学校司设有教育处、专门教育处，并附有排印局、编译处等机构。严修只用了七八天时间安排政事，然后返回天津登轮赴日本考察教育。

是年8月末回到天津，稍事停留，严修即赴保定上任(1905年2月直隶学校司更名学务处，由保定迁天津分科办事)。此后一段时间，严借鉴日本教育的经验大刀阔斧地兴办直隶教育。严修认为，发展教育必先开阔眼界，转变观念。为此严回保定后首先选派官绅赴日考察游历，第一批派出50人，以后又陆续派出，有时数人，有时数十人。

第一，提倡小学教育。为解决师资短缺问题，严仿照日本师范创办"保定初级学堂"，聘日人教员来华任教。1904年12月招人第一班学生，学额60人，学制6个月，并以此"为各属之倡"，在直隶全省推广。严修对此事抓得很紧，多次行文催办，并派查学人员到府州检查，督促各府县积极筹款兴办。从1906年6月28日、29日两天的《大公报》所刊名单看，全省已建初级师范78处，计学生3999人，每校少则20人，多则167人。另建有通州等县传习所，总计12处，学生504人。

第二，设各县劝学所，作为地方教育行政机关，管理地方教育。《清史稿》为此指出：劝学所之设，创始于直隶学务处。时严修任学务处督办，提倡小学教育，设劝学所，为厅州县行政机关，仿警察分区办法，采日本地方教育行政及行政管理法，订定章程，颇著成效。

第三，从全省选派学生赴日本学习师范。日本弘文学院师范速成班不敷接纳，又与日本经纬学堂商定另设速成班。

第四，组织编写教科书。创办《学务报》，并遴选合适人员编辑中小学教科书，又编纂《国民必读》《民教相安》两书，印行10万册，以为启蒙读物。

严修在直隶学校司任职一年有半，时间虽短，但推动了全省文化教育的进步，特别是师范教育有较大发展，为全省基础教育奠定了较好的基础。据统计，到1906年，直隶各学堂学生已达86652人。其中优级师范学堂1所，初级师范学堂及传习所90所，女子师范学堂1所。

## 三

1905年12月，清政府鉴于"各省学堂次第兴办，必须有总汇之区，以资董率而专责成"，决定设立学部，作为统辖全国的正式教育行政机关。严修前有贵州学政的经历，近有在天津、直隶办新学的好名声，受到清政府重视。任命他为学部右侍郎。学部尚书是荣庆，左侍郎是熙英。尚书和侍郎均为政务官。荣庆身兼户部尚书，10多天后又迁协办大学士，熙英又不久病故。故学部事务，事实上都落在了严修的肩上。几个月后，严修任左侍郎。他在中国新式教育的发展时期，为筹划、管理全国教育做出了开创性的贡献。

1908年11月，那拉氏和光绪帝死去，醇亲王载沣摄政，满洲亲贵乘势控制权力，加剧了满汉官僚的严重对立。严修好友袁世凯以患足疾为由被“开缺回籍养病”，严修在学部也多有掣肘，载沣几次借题发挥，给其难堪。不得已严请假修墓，1910年4月奉谕辞去了4年的学部侍郎。

“百年分半匆匆去，差向人间忏昨非”，刚过天命之年的严修，决意隐居不再复出。辛亥革命爆发后，袁世凯出任内阁总理大臣。袁举严修为度支大臣，他坚辞不就。接着袁又让他任南北议和大臣，并让直隶提学使傅增湘电催南行。他立即电袁婉辞拒绝。这时，他最关心的是天津的社会公益事业和发展教育、兴学育人。

民国成立后，他对蔡元培任教育总长后推行新式教育表示欢忭，赞同蔡元培提出的以道德主义、军国民主义、实利主义等为内容的教育宗旨。1912年6月，蔡元培致函请他出席临时教育会议，他虽未参加，但很关注会议的召开。他不同意临时教育会议删除教育宗旨中有关世界观、美感等内容之议。12月，大总统袁世凯请严修任教育总长，他力辞不就。1913年7月赴欧洲，相继考察了德国、法国、瑞士、荷兰、英国、俄国等国的文化教育，颇有新的感触。他对教育管理部门如何学习外国管理经验，提出了中肯的意见。

“五四”以前，严修与张伯苓探索创办私立大学教育。1915、1916年在南开学校先后设立专科教育。此后，他们决心以美国私立大学为模式在天津开办一所综合性大学。为了学习美国经验，1918年4月，严修取道日本赴美考察教育，当时张伯苓正在美国哥伦比亚大学进修教育。张伯苓每天上完课，晚上就去严下榻处给他讲教育学，连续讲课达20多次，严修详细做笔记、谈体会。有时他也去大学听课，更多的时间则是考察美国教育，先后访问参观了芝加哥大学、哥伦比亚大学、葛林奈尔大学、旧金山大学等学校，详细了解这些学校的办学体制、课程设置和经费设备情况。同时广泛接触在美国学习的中国留学生。1918年12月偕张伯苓等回国。此次赴美考察教育，开阔了眼界，进一步增强了发展中国教育的决心。回到天津后，即与张伯苓等紧张筹办南开大学。他不顾丧子之痛和体弱多病，一次又一次奔走于北京、保定、太原、南京之间，为大学募捐筹款。1919年10月17日，南开大学正式成立，由张伯苓任校长，他担任校董。学校设文、理、商3科，成为天津近代最早的私立综合性大学。为了南开大学的成立和早期发展，严修耗费大量心血，他还以个人财力，为南开大学捐款、捐地。1919年捐赠购书款2000美元，又捐中文典籍30余种、数百册，1922年捐地5亩多，1924年又将《二十四史》等数十种古籍赠予南开大学图书馆。

南开大学初具规模后，(严修)1923年、1928年与张伯苓筹划成立了南开女子中学和南开小学，终使南开成为从大学、中学到小学的系列学府。

晚年仍然热心地方公益慈善之举，大力支持并亲自参与天津社会教育办事处、广智馆、宣讲所、讲习所的建立和日常活动。

1921年发起成立城南诗社，联合士绅、名流、文人、遗老唱和诗词，即兴抒怀，以严修为“祭酒”。1927年3月，又组织崇化学会，标榜“崇乡党之化，以励贤才”，“延国学之坠绪，衍固有之文化”。严修特辟私宅为讲堂，以自己藏书供学员阅读，“亲莅试所，亲书试题”。崇化学会的成立，是其“中学为体”文化观在晚年的反映。

崇化学会成立不到两年，严修就一病不起，于1929年3月15日逝世，享年69岁。

严修去世后第二天，天津《大公报》发表社评《悼严范孙先生》。社评写道：“年来学界闻人如范静生、梁任公两公均先后逝世。今严氏又继之，成为学界之大不幸！”严修“不愧为旧世纪一代完人”。南开大学、南开中学举行追悼会。张伯苓把严修尊为南开“校父”。他说：“严先生道德学问，万流共仰！个人追随颇久，深受其人格陶冶。南开之有今日，严先生之力尤多。严公逝世，在个人失一同志，在学校失一导师，应尊严先生为校父。”1989年3月，在中国人民政治协商会议第七届二次会议上，严修的名字重又唤起人们的怀念。会议通过提案，褒扬严修一生矢志倡导新学的功绩和培育英才对祖国的贡献。

本文原刊载于范同寿主编：《开发中的崛起——纪念贵州建省590周年学术讨论会文集》，贵州人民出版社，2004年。

**作者简介：**

梁吉生，1939年7月生，河北雄安新区(原安新县)人。历任天津市教育史研究会副理事长，南开大学校长办公室副主任，南开大学校史研究室主任，中国高等教育学会校史研究分会常务理事兼学术委员会主任，中国地方教育史志研究会学术交流委员会常务理事，中国中共文献研究会周恩来生平研究分会常务理事。现任严修研究会及张伯苓研究会顾问，南开大学校史研究室顾问，周恩来邓颖超纪念馆特约研究员。主要从事中国和天津近代文化教育史研究以及有关张伯苓研究及南开校史研究40余年。出版著作29部，撰写发表文章170余篇，先后获得国家、省部级及南开大学学术奖励。其中《允公允能，日新月异：南开大学校长张伯苓》获中国国家图书奖（提名）及教育部优秀学术研究成果奖，《张伯苓年谱长编》（三卷）受到温家宝总理亲笔写信鼓励。中国高等教育学会授予“从事高教工作逾30年高教研究有重要贡献学者”，荣获全国高校校史研究会授予“中国高校校史研究逾30年有重要贡献奖”及张伯苓研究会“伯苓研究公能奖”。

# 同业公会与近代企业制度的建立
## ——基于苏州丝织业同业公会的考察

王　翔

清朝前期，中国丝绸行业的生产与贸易，由中世纪行会行规和相沿成俗的惯行所约束。鸦片战争以后直到清末，随着"帐房"制经营方式在丝绸生产中的日渐扩展，传统行会行规的约束力不断减弱和松弛，但新的企业管理制度则尚未建立，各"帐房"用以组织生产和调整关系的，主要是资本主义竞争观念和一些传统习惯法的混合物。民国以后，随着各地丝织工厂的相继开办，建立和健全企业管理制度越发显得迫切和必要，已经成为中国近代丝织工业能否成立和发展的先决条件之一。关于同业公会与近代企业制度建立的关系，迄今还很少有人触及，对这个问题的认识还不很清楚。这里，我们选择传统色彩较为浓厚而历史资料又比较系统的苏州丝织业作为考察对象，依据各种第一手资料，对近代苏州丝织工业在企业管理制度方面从无到有、逐渐完备的过程做一番探讨。从苏经绸厂开始，经振亚织物公司和其他各厂不断补充和修订，逐渐形成了一套企业经营管理的规章制度。在这一过程中，苏州铁机丝织业同业公会发挥了不可替代的独特作用，正是由于铁机丝织业同业公会对会员企业管理制度的确认、肯定与推广，才使得这些会员企业实行的规章条例成为整个苏州丝织行业的企业制度。在某种意义上，这些企业制度并非为苏州丝织业所独有，在许多方面，它也具备着近代中国工业乃至各行各业企业经营管理的共同特征。

### 一

1915年，苏经纺织绸缎厂开办，"置办铁机，专造各种新发明绸缎，以提倡实业为目的，办有成效"。[①]这是苏州最早成立的近代绸厂，也是苏州丝织业采用新式机器设备，实行近代工厂制管理的肇始者。建厂伊始，即颁行了《苏

① 苏州市档案馆藏：《苏经纺织厂为请转详县署等给示保护呈苏州总商会节略》，1916年1月1日。苏州市档案馆编：《苏州丝绸档案汇编》，江苏古籍出版社，1995年，第618页。

经纺织厂工场规则》。这是苏州丝织业较早、较完备的一个企业管理的规章制度,成为以后各家绸厂管理制度的蓝本,最能反映出当时绸厂的管理水平。

苏经纺织厂工场规则

一、工友来厂学习,须知本厂之宗旨及性质,专为辅助工界实业,维持生计起见,故与云锦、霞章两公所之范围绝然不同,诚恐各工友误会其意,不得不先为约言,以免日后之龃龉也。

二、工友不论年岁,但须手段敏捷、心思灵巧者为合格。

三、体质强壮、素安本分者为合格。

四、工友来厂前,先向事务所报告姓名,住处及向在何处服务,本厂即可考验其是否合格。

五、工友合格者先具保证书一纸,盖殷实商店图章,方准入厂工作。

六、工友入厂后试习两月,期满照例计尺,起工每尺八分,如遇花色随时酌加,学习期内酌给工资每月三元,并供饭食。

七、工友志愿入厂后,须遵守本厂规则,不得稍事破坏,如不听指导,随时停歇。

八、工友入场时,须由本厂量才派用,不得任意自择。

九、工友在场服务须有恒心,不得任意辍业,须经过三年后,方可往他处工作,以尽报效义务,倘半途终止,欲往他处工作者,罚金五十元,以赔偿学习时饭食、教习等费及损失材料,若本人无力照罚,向原保人追罚。

十、机用物料及器具如有毁损,须照该物料器具原价赔偿,或有重大过失虽经本厂歇退,亦须照前项例议罚,以儆他人之效尤者。

十一、工作时刻必须整齐,不准超前落后,阴历三、四、五、六、七、八等月每日早七时上工,十二时午膳休息,一时上工,六时半放工;逢正九等月,每日早七时上工,十二时午膳,一时上工,六时下工;逢十、十一、十二等月,早七时四十分上工,五时半放工,以摇铃为准,摇铃后逾十分钟不进厂者,不得入厂工作,以旷工论;未摇铃之前,不准先行入厂,摇铃之后,不得羁留。

十二、每逢朔、望,休息一天,平日不得任意旷工,倘有正当要事,须向经理人请假,但须得允许方可,每月不得逾三天。如无端自歇,议罚该机损失大洋一角,如遇本身疾病,不在此限,如无病谎假,察出倍罚。

十三、本厂备有工人宿舍，遇放假日期及放工后出外游玩，不得逾下午九时，逾时即行闭门下锁，概不守候。

十四、每人专织一机，不得任意互相调织，以期专司其事而负责任。

十五、机器旋转不动时，可向技师说明，请其修理。

十六、纬筒每篮五十个，各有字号证明，不得错乱，并标明分量，备有记丝，织完时须将记丝织下，以凭查考。

十七、工作时务须专心研究，不得任意谈天，致误工作，并不得吸食香烟，致酿不测，倘喧哗胡闹及口出不逊之言，监工人即行禁止，如禁止不服，报告经理人记过一次，连记三过，罚金一元。此项罚金充善举之用。

十八、上工时不得擅带违禁物品入厂，下工时亦不得携带丝毫材料出厂，所有工场应用之器具物料，应加意爱惜节省，不得任意毁弃，也不得私授他人。

十九、各人所织之机，应各人自行保护，倘有他人暗中损伤，责令在织人查察，如查察不出，仍向在织人赔偿以除推诿之弊。

二十、工友遇罚金及赔偿物料时，由工资项下扣算，如不敷赔偿，将来责令原保人负担。

二十一、工友中有品行不端者，动辄聚众要求强迫罢工，经本厂察出，照例禀请官厅惩罚，并追缴罚金。

二十二、每日所织丈尺数目，至下工时报告本厂司帐登记，至月底核算，以实奖赏。

二十三、工友饭食由本厂预备，但饭资每月指定三元，须在工资上扣算。

二十四、各工友工资须扣每尺一分存厂，至年终发给，如未至年终有正当事故急用时，可随时酌给，余日一概不准支用。

二十五、工人资格居目今重大地位，务须脱去陋品习气，循规蹈矩，以期互相研究而臻高等工人之资格，幸勿各怀妒心，互相倾轧，自暴自弃，致被他人所轻视。勉之！勉之！

附则

一、工友未满三年或有不得已之事故不能工作者，经本厂调查确实，准免罚金，若仍在他处工作，察出倍罚。

二、章程或有未尽善之处，可随时改革。

三、违反工作章程应行科罚如下:(甲)口角起衅者,如有各工友中意思不合,互相龃龉致喧哗之类;(乙)误延工作者,如不遵定章,上工过迟或出外过久,及不请假之类;(丙)故意妨碍他人工作者,如他人工作时有意使之障碍,或在旁谈天,致不能专心一致者;(丁)无故不到者,如未请假而不到,或虽请假而确系托故者;(戊)故违禁令者,如唱歌、赌博、嗜烟之类;(己)造言生事者,如心怀叵测,有意紊乱秩序,捏造危言,使他人愤愤不平,致酿成事端者;(庚)酗酒滋事挟嫌争殴者,如醉后发狂,无理顶撞,恃蛮斗殴之类。以上七端如有违反者,监工人报告经理临时酌办,轻则记过、罚工,重则开除,送警区惩罚,并追缴罚金。①

## 二

如果说苏经绸厂的工厂规则主要尚是针对工人管理的话,那么,两年后苏州振亚织物公司开办时所颁行的《振亚织物无限公司章程》,则以大量篇幅对资方的权利、责任以及企业的经营管理运作作了具体的规定。振亚织物公司开办前,创办人陆季皋先去日本各大商埠游历,回国后又去上海、浙江等地丝织企业参观学习,仿照当时日本与国内一些丝织工厂的管理制度和经验,结合本地本厂的实际情况,制定了《苏州振亚织物公司章程》《苏州振亚织物公司练习生章程》《振亚织物公司奖赏惩罚条例》等凡200余条。其中有的是工场规则,有的是奖惩条例,有的是招雇工人和结算工资的办法,均用油漆写在大木牌上,竖在工厂门口,内容与上述苏经绸厂的管理规则基本相同。不过,其中的《振亚织物无限公司章程》却为苏经绸厂所未见,较详细地规定了公司股东和管理人员的责、权、利如何界定,以及如何实施对公司的经管和管理,表明了苏州近代丝织工厂的企业性质和经营管理水平,值得引起重视。

振亚织物无限公司章程

总纲

一、本公司定名为振亚织物无限公司,专营各种织物,及与有关系之贸易。向由各股东合资开设华伦福缎庄有年,于民国六年七月一日,改照

① 苏州市档案馆藏:《苏经纺织厂工场规则》,1915年。苏州市档案馆编:《苏州丝绸档案汇编》,江苏古籍出版社,1995年,第618~621页。

无限公司组织成立，遂更为今名。所有华伦福一切未了手续及其牌号，均归本公司接替办理。

本公司股东姓名、籍贯、住址、股数如下：

潜寿记四股，即陶霞城，江苏吴县，住东北街一百八十三号，现年五十八岁。

梦南记一股，即陶叔南，同上，现年二十一岁。

娄凤记十股，即娄凤韶，浙江绍兴县，住上海英租界后马路福绥里六十七号，现年三十六岁。

娄记一股，同上。

云记五股，即谢云斋，浙江绍兴县，住苏州潘儒巷神道街九号，现年三十五岁。

理记二股，即谢理斋，同上，现年三十三岁。

季记六股，即陆季皋，江苏吴县，住小王家巷二十九号，现年三十四岁。

省记一股，即陆省吾，同上，现年三十岁。

椿记二股，即陆仲殷，同上，现年四十四岁。

拙记四股，同上。

邵理记一股，即邵理生，江苏吴县，住皮市街六十九号，现年六十七岁。

申凤记一股，即申凤章，江苏吴县，住曹家巷泰仁里十三号，现年二十九岁。

娄仲记二股，即娄仲明，浙江绍兴县，住苏州曹胡徐巷九十四号，现年三十四岁。

三、公司营业于民国六年七月一日为始，以十五年为限，以后继续或解散，届时再由股东会议决办理。倘经理及其他重要职员不得其人，致营业日就衰落时，亦得由股东会议决中途解散。

四、除娄凤韶股东于本公司未成立之先已有入同性质之苏经股份，经本公司全体股东公认，为无妨本公司营业者外，自后不论娄凤韶及其余各股东照公司条例第二十八条之规定，不得为自己或他人为本公司营业范围内之行为，及附入同类营业之他公司为无限责任之股东。

五、一切权利义务之关系，除本章程特别规定外，其余悉照公司条例办理。

地址

六、本公司在苏州仓街通济桥自建房屋，为制造发行之场所，并于上海后马路乾记街三号，设发行所。

资本

七、本公司资本，额定苏州通用银四万元（分作四十股，每股一千元），官利按月七厘，以后营业如须扩充，由股东会议决，得再添加。

八、本公司股份，以本国人为限。唯因互负责任之故，各股东不得将股份转让抵押与他人。倘有不得已必须让去时，亦须先尽老股东。如老股东无意承受，方可另招新股东接替。但新股东必经股东多数认可，并由经理人盖印，注写某某记几股，于某年月日与某记接受等字样，方为有效。其新股东非本国籍贯者，及未经上列各项手续者，本公司均不认为股东。

九、本公司股份合同如有遗失，应邀同相当之保证人，向本公司声明，并登申、苏两报广告，经过两个月后，并无纠葛，再由本公司召集全体股东，重立新合同，并将旧合同注销，一概作废。

组织

十、本公司设监察二人、经理一人、协理二人、销货主任一人、技师一人、事务员若干人。

十一、监察、经理均由股东公举。协理、销货主任、技师，由经理得股东会之同意聘请之。事务员由经理聘用之。

职务

十二、股东会为立法机关，凡各种规程及重要事项为执行机关所不得决者，则由股东会议决。议决权以一股为一权，遇可否各半，议长得加一权于某方面。议长临时推定之。

十三、监察为监督、稽查机关。凡帐目报告，皆由监察检查署名负责。凡经理聘用或辞退事务员，须将事由报告于监察。

十四、经理为执行机关之首领，对外代表全公司，对内主持各务，并对于股东负协理以下之用人责任。

十五、协理辅佐经理办理一切事务，遇经理他往或出缺时，得代行其职务。

十六、销货主任负出货之责任，并以调查所得市间花样之变更，颜色之迁移，时时报告于公司中，照为备造。

十七、技师担任技艺上之一切事物。

十八、事务员职务，别以细则规定之。办事细则由经理拟订，经股东会议决施行。

任期

十九、监察二人，每年更选一次。经理三年一任，但被再选者均得连任。

集会

二十、本公司集会分常会、特别会、职员会三种。

二十一、股东常会由监察召集之，每年阴历二月举行，议长临时推举。由经理报告一年之中制造成绩，收付帐略，并议决以后之改良进行方法。每年改选监察及每届选举经理，均于是会行之。

二十二、本公司于常会外，遇有特别重要事件，经理得召集股东开临时会。各股东如有意见，亦得请求召集开会。

二十三、本公司常会、临时会之议决权，以一股为一议决权。

二十四、本公司常会、临时会，须有资本总额过半数之股东到会，方得开议。但以议决权委托他人代表者，须由本人亲缮委托证据，并先期函知公司，申明切实理由，亦作为到会论。

二十五、职员会由职员组织之。职员自经理以下有职务之人员皆属之。每三月或二月一次，由经理召集，但须有到会职工过半方得议决，其权限以不得侵犯股东及监察之权为限。

二十六、本公司常会、临时会之会期，均于一月前函达各股东。

结算

二十七、本公司帐目每年于阴历正月间结算一次，由经理核算精确，经监察清查复核后，缮具帐略，分送各股东，再由经理报告于常会中，以便各股东或有疑问时明晰答复。

二十八、本公司官利按年给发，除官利外，获有余利，按作三十成分派，经理得三成，协理得二成，销货主任得二成，技师得一成，事务员共得二成。余二十成，照股本匀给各股东。是项余利，随经理任期而结算。事务员红利之多寡，由经理察其平日勤劳分给之。

二十九、本公司会计年度，本当以阳历定之，只因目下社会习惯，尚是以阴历结束者为大多数，姑从阴历计算。再，官利与余利，查现今各公司之通例，并合而计者有之，分析而计者亦有之，本公司为各职员认定之权利义务起见，仍以分析计算。

附则

三十、本公司章程，于民国六年六月二十日，由第一次股东公同议决有效，以后如欲增删修改，须由全体股东公同议决，呈部备案。[①]

## 三

苏经绸厂、振亚公司的建立，在苏州丝织行业开风气之先。“用铁机制造各种缎纱，实为改良织品之先导，与旧质木机手织之缎业性质迥不相同”，[②]成为苏州传统丝织业近代转型的先导与样板。“数年以来，闻风兴起，苏州城厢内外华商所设各铁机厂逐渐增多，共计机台已有一千余座。进行之神速，出品之精良，实有一日千里之势。”[③]到1920年，苏州城内采取近代工厂制度的铁机绸厂已有10家。“欲求一业之发达，不有团体以联络之不足以奏功；出品之精良，不有多人以研究不足以见效”，于是“遵照工商同业公会规则，邀集铁机丝织厂同业，公同妥拟章程，组织铁机丝织业公会”。[④]

铁机丝织同业公会的成立，促使苏州传统丝织业发生连锁性的变化。“就苏埠一隅而论，在固有丝织业仅土法纱缎，有云锦公所，然其性质与铁机丝织厂完全不同。”铁机丝织“同业虽只十家，而对于业务之整顿，利弊之兴革，头绪万端，在在均归紧要。若无是项机关以综其成，不足以资联络而图改进”。[⑤]在苏州铁机丝织同业公会“利弊兴革”的“万端头绪”中，近代企业制度的建立被放在极为重要的位置，于成立当年便参照苏经绸厂和振亚公司的经营管理规

---

① 苏州市档案馆藏：《振亚织物公司章程》，1917年。全宗号：乙2-2；案卷号：24。

② 苏州市档案馆藏：《苏商总会为解释铁机丝织性质致江苏实业厅函》，1920年10月3日。苏州市档案馆编：《苏州丝绸档案汇编》，江苏古籍出版社，1995年，第124页。

③ 苏州市档案馆藏：《谢守祥等为筹组苏州铁机丝织公会致苏商总会节略》，1920年6月4日。苏州市档案馆编：《苏州丝绸档案汇编》，江苏古籍出版社，1995年，第116~117页。

④ 苏州市档案馆藏：《谢守祥等为陈述设立铁机公会缘由致苏商总会节略》，1920年9月。苏州市档案馆编：《苏州丝绸档案汇编》，江苏古籍出版社，1995年，第123~124页。

⑤ 苏州市档案馆藏：《谢守祥等为陈述设立铁机公会缘由致苏商总会节略》，1920年9月。苏州市档案馆编：《苏州丝绸档案汇编》，江苏古籍出版社，1995年，第123~124页。

章条例，颁布了《苏州铁机丝织业同业公会艺徒章程》，[1]要求各绸厂公同遵照执行。

1926年前后，苏州丝织业中采用电机织绸的厂家日渐增多，电力传动的丝织机大面积地取代了手工织造的旧式木机，成为名副其实的机器丝织工厂。织造工艺更新换代，生产效率今非昔比，对苏州丝织工厂的技术水转和经营方式提出了新的要求。当时，苏州丝织工人文化和技术素养较差，“电机需用电力，织法与木机迥异。工人因非素习，无法动工，不得不改用沪、杭等处绸厂工人，以承其主……来自客乡者洞悉本地缺乏此项人才，往往奇货可居，工价既须提高，工作又复弛缓。……工人虽已知技能之落后，急欲力图自拔而苦无学习之地。”这种情况，被苏州铁机丝织同业公会视为“今日面临之绝大危机，使不预筹挽救之方法，必致已成之工业将悉数衰落而不可收拾。为本县计，为国家计，似毋庸忽视也！”[2]

为了适应生产技术和经营方式的这一新变化，1927年1月，铁机丝织业同业公会拟订了《苏州铁机丝织公会电织科艺徒章程》，规定：艺徒学习电织者，“学习时之膳宿，练习时之损耗，概由各厂供给，不收费用，至学成后，即行自理。”[3]不惜血本，加强对电机丝织工人的培养和训练，并明确规定：“织工分甲、乙两等。曾在各厂学业，得有本公会毕业证书者为甲等，有机织程度而无本公会毕业证书者为乙等。”[4]甲等织工与乙等织工在资格认定、工资待遇、就职难易等当面都有一定差别，从而通过种种经济刺激措施，鼓励艺徒学习和掌握新技术，“艺徒学成服务年满后，由各本厂开明履历，报告本公会，给予毕业证书。自毕业后无论进何厂工作，均照甲等织工同等待遇。”[5]

在此基础上，苏州铁机丝织公会颁行《电织科织工章程》，明确规定：“织工资格须曾在各厂毕业或确有电织程度，身体健全，并无嗜好者为合格”，强调电机织工必须经过专业技术培训，方能进厂做工。此外，又建立了工人职务晋升

---

① 苏州档案馆藏：《苏州铁机丝织业同业公会艺徒章程》，全宗号：乙2-2；案卷号：22。

② 苏州《明报》1935年7月27日。

③ 苏州市档案馆藏：《苏州铁机丝织公会拟定电织科艺徒章程草案》，1927年1月。苏州市档案馆编：《苏州丝绸档案汇编》，江苏古籍出版社，1995年，第135~136页。

④ 苏州市档案馆藏：《苏州铁机丝织公会织工暂行章程》，1926年。苏州市档案馆编：《苏州丝绸档案汇编》，江苏古籍出版社，1995年，第129~130页。

⑤ 苏州市档案馆藏：《苏州铁机丝织公会修订艺徒暂行章程》，1926年。苏州市档案馆编：《苏州丝绸档案汇编》，江苏古籍出版社，1995年，第127~129页。

制度，想以不同的工资待遇来诱使工人更加卖力地干活，“凡学织艺徒进各工厂，须先循次学作杂务、摇纬、通经、帮机等项，倘均能工作勤勉，技艺日进，方能派令学织”；又规定：“工织艺徒进各工厂，应遵守各项规则，服从命令，由技师或管理人员指定位置，尽心学习，不得任意要求更换职务及调换织机。”为适应机器生产对于丝织工人文化程度的较高要求，《章程》中又增加了这样的内容：“各工厂因鉴于吾国工业之失败，工人之沦落，大都由于工界之缺乏普通知识而然，欲力矫其弊，特定于每晚放工后授课一小时，借以练习文字，灌输普通知识，渐次造就高尚人格，以为吾国工界争光。故凡学织艺徒于每晚放工后，均应按时上课，不得缺脱。”①以上言论，对于中国工业失败、工人沦落原因的认识固然目光短浅，不够深刻，但他们能够从提高工人素质着手，致力于“为吾国工界争光”，则又不能不说是颇具远见，卓有成效。事物就是这样在矛盾中前进。

## 四

从《苏经纺织厂工场规则》到《振亚织物无限公司章程》，再到铁机丝织业同业公会颁行的《艺徒章程》和《电织科织工章程》，(这一过程)反映了处于转型期的苏州丝织业企业制度的过渡性特征。在这一过程中，在苏州铁机丝织同业公会的引导、推介和支持下，近代苏州丝织业企业制度不断完备，管理水平不断提高。规章制度的日渐细密和涵盖面的不断扩展，在表明苏州丝织工厂资本家加强对雇佣工人的剥削压迫的同时，也显示出近代企业制度已经在苏州丝织工业落地生根。正如马克思所指出的，资本主义的企业制度具有两重性：一方面，它“是剥削社会劳动过程的职能”，这反映了资本主义企业经营管理的本质特征；另一方面，它又“是一种由劳动过程的性质产生并属于劳动过程的特殊职能”，这反映了社会化大生产的共同规律和必然要求。②

综上所述，从各种“规则”和“章程”中，我们可以看出苏州丝织工厂经营管理方面的一些特点：

第一，这些丝织工厂已经建立起近代资本主义企业制度，产权明晰，完全是私人资本主义性质的企业。在企业中，“股东会为立法机关”，具有至高无上

① 苏州市档案馆藏：《电织科织工章程》，全宗号：乙2-2；案卷号：22。

②《马克思恩格斯全集》(第23卷)，第368页。

的地位，举凡企业的续办或解散、重要职员的聘用、营业是否扩充、规章制度的制定和颁行、经济核算与帐目支出的鉴定与认可等等“重要事项”，均由股东会议讨论决定。在股东会议内部，则又依照入股资本多少的差异而有所区别，“决议权以一股为一权”，投入的资本量多，决定企业重大事务的权利也就相应增大，突出地表明了资本家是企业的主人，资本是企业的支配力量。明晰的产权，保障了由企业投资者决定企业的方针大计和重要事务，可以使他们出于对自己切身利益的关心而对企业经营管理给予极大的关注，这有助于防止和避免官办企业那种漠然置之、无人闻问的弊端，有利于改善企业经营，增加盈利，从而吸引投资，“扩充营业”，发展生产。

第二，在当时的企业管理人员中，已经出现了经理、协理、技师、销货主任、管理员、领班、工头等各种名目，各自负有不同的责任，握有不同的权限。经理“为行政机关之首领”，有时由厂主本身自任，这多发生在那些独资企业中；有时则由股东“公举”和聘请，这多发生在那些合资企业中。经理多为经营丝织业卓有声誉或确有才能之人，代表股东会议处理和决定厂内的日常事务，并有提名聘请协理以下管理人员，组成企业管理班子的权利。技师的职责侧重于生产技术上，“担任技艺上之一切事务”；销货主任的职责则侧重于产品的销售方面，“负出货之责任”。管理员的工作主要是保管厂内各种资财和原料器具等；领班、工头的任务则是当场监督工人的操作和生产。各种管理人员分工明确，职责清楚，遇事无法推诿，必须迅速处理；另一方面，则又在一定程度上实行了分工合作，例如，“销货主任负出货之责任”，同时又须“以调查所得市间花样之变更，颜色之迁移，时时报告于公司中，照为备造”。这是把市场信息反馈给生产过程，为技师指导生产提供了依据，从而在一定程度上做到了“以销定产”和“产销合一”。由此，形成了一套完备、有效的经营管理体制。

第三，丝织厂内的工人有织工、帮机、通经、摇纬等数种，原来在纱缎庄制经营时与织造过程分割在两个不同场所完成的“整经”“治纬”等准备工序，现在已经共处于同一空间内，成为同一生产过程的不同环节，“形成了和独立手工业中，甚至和简单协作中完全不同的连续性，划一性、规则性、秩序性，特别是劳动强度”。[①]马克思指出：“在劳动的作用范围扩大的同时，劳动空间范围的这种缩小，会节约非生产费用，这种缩小是由劳动者的集结，不同劳动过程

① 马克思：《资本论》（第1卷），人民出版社，1975年，第383页。

的靠拢和生产资料的积聚造成的"。[①]苏州丝织工厂把织造过程和准备过程结合在一起，减少了传统经营方式下散放原材料和收回成品的中间周转，节省了时间，增强了效益。而且，"为提倡工业，使贫寒子弟易于学艺起见"，[②]各绸厂都建立和实行了职工技术培训制度，各道工序的工人均须事先经过训练和考核，合格者方可依次递升，不胜任者则要往后倒退，这就可以促使劳动者掌握生产技术，提高劳动技能，从而增强企业的市场竞争能力。铁机丝织同业公会还规定，"艺徒服务年满后，由各本厂开明履历报告，本公会给予履历担保，自毕业后，无论进何厂工作，均照甲等织工同等待遇"。这样，就突破了传统苏州丝织业"匠有常主"[③]制度的狭隘范围，使所有的丝织工人成为所有丝织业资本家的共同雇佣劳动者，可以调剂各丝织厂劳动人手的余缺，扩大了劳动力的市场，造成了一支能够随时提供使用的相对过剩人口和产业后备军，为苏州丝织生产的发展提供了又一方面的条件。

第四，铁机丝织业同业公会的织工章程规定："略识普通字母，并能解释浅近文字"[④]的工人为合格，并规定："于每晚放工后授课一小时，借以练习文字，灌输普通知识……凡学织艺徒于每晚放工后，均应按时上课，不得缺脱。"[⑤]这些表明，随着企业性质的变化，生产技术的进步和生产过程的复杂，对劳动者的劳动技能提出了更高的要求。苏州丝织工厂的资本家已经意识到了这一点，并且试图采取措施改善劳动者的素质。当然，这种做法的首要动机是为了保证获取更多的利润，榨取雇佣工人更多的剩余价值，但是在这种行为的背后，也正体现着社会生产发展和近代企业制度建立的内在要求。这笔接受教育的费用已经成为苏州丝织业劳动力的必要开支之一，包含在劳动力商品的价值之中。

第五，上述各种章程和规则，实际上是近代资本主义企业经营管理的规章制度，带有鲜明的资本主义剥削的性质。它严格规定了雇佣工人的种种义务，从入厂到出厂的每一环节，工人都要受到严格限制，却很少提及工人们应该享

---

① 马克思：《资本论》(第1卷)，第365页。

② 苏州档案馆藏：《苏州铁机丝织业公会甲种艺徒章程》，1920年。全宗号：乙2-2；案卷号：22。

③ 参见沈德潜等纂修：《乾隆重修元和县志》卷10，第7页，"佣工之人，计日受值，各有常主。"

④ 苏州档案馆藏：《苏州铁机丝织业公会拟定电织科织工章程草案》，1926年。

⑤ 苏州档案馆藏：《苏州铁机丝织业公会甲种艺徒章程》，1920年。全宗号：乙2-2；案卷号：22。

受的权利，反映了资本主义企业中资本与劳动之间主人与奴隶的对立关系；而且其中有许多条例规定是极为苛刻与不合理的，如“义务工”“半义务工”“试织之匹”，等等，[①]说明苏州丝织厂中的资本主义剥削程度十分沉重，资本家的利润积累建立在工人群众血汗基础上，苏州丝织业的改造与转型是工人群众牺牲了自己的利益才得以实现的。

第六，尤其值得指出的是，在苏州丝织工厂企业管理的规章条例中，不难看到近代企业制度与传统习惯做法相糅合的现象，这是企业管理受生产力水平制约、受社会传统习惯影响的突出表现，同时也可以说是当时苏州丝织业所创造出的适合其资本主义经营性质，适合其生产力发展水平，也适合苏州地方习俗和行业习惯的企业制度。一种新的企业制度不会是凭空产生的，它与其脱胎出来的母体之间必然有着血缘上的承袭关系。它会借用一些传统惯行而赋予其新的内容。例如：以往苏州丝织业“各乡匠揽织机只，概向机房殿书立承揽”，[②]各绸厂借用了“帐房”经营管理中“书立承揽，交户收执”的做法，规定凡有艺徒进厂学织或织工进厂工作，必须开具保证书，填写志愿书。苏州市档案馆藏有《苏经绸厂艺徒保证书》和《振亚公司志愿书》，样式和内容如下：

《苏经绸厂艺徒保证书》

立保证书×××，今介绍×××到

苏经纺织厂学习机器缎机，先行试习×月，学有成效，准其留厂工作，如违背左列规则者，惟保证人负担，立此保证书存照：一、在试习期满后考验合格者，不得自行歇退，须给工资后经过三年，方可自由去留，以尽报效义务。如半途中止，罚金五十元，以赔偿学习时教习饭食等费。一、机用物料及器具，如有毁损，须照该物料器具原价赔偿。或有重大过失，不守

---

①《苏州铁机丝织业同业公会甲种艺徒章程》第三条规定：“艺徒学成之后，须先织义务货一百五十丈，给与工资三成（内以一半酬谢工头教导之劳），后再织一百五十丈，仍给工资三成，统归学徒。”第五条规定：“艺徒学成后须织每尺工洋三成之半义务工，尽过半义务工后，应在各本厂服务四年。”第七条规定：“凡学织艺徒学织时，须先织零料，察其成绩，如无疵累，再令试织三匹，练习手段。”以上这些规定都是资本家无偿占有或近于无偿占有雇佣工人剩余劳动的伎俩，为苏州丝织工人们所深恶痛绝，在1927年初的工人运动高潮中被取消。

②《元和县严禁机匠借端生事昌众停工碑》（1822年），《明清苏州工商业碑刻集》，江苏人民出版社，1981年，第25页。

本厂规则者，虽经本厂歇退，亦须照前项例议罚，以儆他人效尤者。

保证人　　姓名　　商号

住所　　籍贯　（盖印）

被保证人　　姓名　　年龄

住所　　籍贯　（画押）

《振亚公司志愿书》

具志愿书×××，年××岁，××县人，现住×处，愿投贵公司学习织绸新法，所有贵公司章程，情愿一律遵守，其在学习期内应需学费、膳费及损坏之机具、耗费之丝经、约计至少需洋五十元。本应于投学时照数缴清，现蒙格外体恤，准由贵公司暂行代垫，惟学成之后，愿在贵公司服务五年，所该垫款自领取工资之日起扣除工资一半，以扣足五十元为止。未经扣足五十元而中途告退者，其不足之数，由担保人缴纳。倘故意违反规则，希图斥退，籍得另图别就，或要挟罢工，或对于银钱货物有不正当之行为等情，须缴罚金五十元，如本人无力缴纳时，并由保证人赔缴。恐后无凭，邀同保证人具此志愿书为证，并呈交振亚织物公司收照。

具志愿书人×××（画押）

又如，纱缎庄主把机户和机匠“倡众歇作，另投别户”视为恶习，规定“各归主顾，不相搀夺”；[①]各绸厂也规定了严格的工徒服务年限，“期内不论有病及其他事故均不得中途告退”，“未满服务年限而擅自他往者，均缴一百元以下之赔偿金”。[②]毋庸讳言，这些当然都反映了苏州丝织工厂在企业经营管理上的旧痕迹，但是仅仅强调这一点是不够的，还应该看到这些措施在保障劳动力的可靠来源，保持劳动者的大体稳定等方面是行之有效的。各绸厂借用了以往“帐房”经营管理的某些传统方法，使其在新的条件下继续发挥着作用，并且赋予了它资本主义工厂制经营管理规章制度的性质，因此没有理由仍把它与封建

① 《元长吴三县为花素缎机四业各归主顾不得任意搀夺碑》（1898年），南京大学历史系、江苏师范学院历史系合编：《明清苏州工商业碑刻集》，江苏人民出版社，1981年，第46页。

② 苏州档案馆藏：《苏州铁机丝织业公会甲种艺徒章程》，1920年。全宗号：乙2-2；案卷号：22。

行会的行规陋习等量齐观。

从民国初年开始到1927年前后，苏州丝织工业已经建立起一套比较完备的近代企业制度，与以前凭借行规和习惯法来约束同业，这是一个巨大的进步。它适应着苏州丝织业由资本主义家庭劳动到工场手工业，又到机器大工业的转型过程，同时又成为苏州丝织业由“帐房”式分散织造走向“绸厂”制集中生产的必备条件之一。在苏州丝织工业近代企业制度的建立过程中，铁机丝织同业公会起到了不可替代的作用。

本文原刊载于《近代史学刊》(第3辑)，2006年。

**作者简介：**

王翔，1956年生，江苏盐城人。日本名古屋大学历史学博士，2004年至2009年间任职于南开大学历史学院。潜心于学术研究，主要研究领域为中国近代经济史，有多部论著、译著问世。

# 学术与政治:民国时期学术独立观念的历史考察

李来容

在推崇官学一体、经世致用的传统社会中,学术长期受到政治因素的干涉与影响,二者界限混淆不清。对此,严复首先引入自由一词,主张学问与政治分离,国家对“学问之名位”尤须“优其本制,谨其保护,则专门之人才既有所归,而民权之意亦寓焉”。[①]王国维批评政府“以官奖励学问,是剿灭学问”,[②]激发了学术世俗化和功利化倾向,以致学者多“无固有之兴味”,遂“中道而止”。[③]因而,呼吁“今日之时代,已入研究自由之时代”,[④]且“学术之发达,存于其独立而已”,故学术界“一面当破中外之见,而一面毋以为政论之手段”,[⑤]摆脱政治因素、社会伦理、致用观念的束缚,确立以求真为目标的独立价值和地位。上述言论颇富新意,但王国维等作为过渡时代的传统学人,对西方近代学术及其观念缺乏全面和深入的认知,其政学分离、学术独立的观点较为笼统,尚不具备西方人格独立、个性解放、学术自由等现代意义。自民国初年起,随着西学东渐的加速推进及传统文化的日渐衰落,一些学人在引入西方自由主义思想及反省中国传统文化的基础上,愈益关注学术本身的独立地位,主张脱离政治和致用观念的束缚,而谋求学术研究的自由发展。综观民国时期学术独立观念的发展脉络,可知其与外部生态环境如学术研究水准、政治和社会背景等相对应,各时段独立意识的强弱、讨论内容偏向及其深度和影响力都有所不同,总体上经历了由少数学人零散认知到知识界广泛探讨并达成共识及自觉实践的转变过程。

---

① 严复:《论治学治事宜分二途》,王栻主编:《严复集》(第1卷),中华书局,1986年,第89页。

②《教育小言十三则》,王国维:《静安文集》,辽宁教育出版社,1997年,第194页。

③《教育小言十则》,王国维:《静安文集》,辽宁教育出版社,1997年,第195页。

④《奏定经学科大学文学科大学章程书后》,王国维:《静安文集》,辽宁教育出版社,1997年,第178页。

⑤《论近年之学术界》,王国维:《静安文集》,辽宁教育出版社,1997年,第115页。

## 一

民国初年尤其是新文化运动兴起后，国内知识界普遍接受和宣扬西方自由、民主的启蒙思想。受此影响，一些知识分子在崇尚人格独立和个性解放的同时，又力图摆脱政治因素和外部环境的干涉与束缚，开始自觉、主动地吁求思想自由与学术独立。

作为民国首任教育总长，蔡元培早在1912年便将教育划分为专制时代的“隶属于政治者”与共和时代的“超轶乎政治者”两种，号召教育家“得立于人民之地位以定标准，乃得有超轶政治之教育”。[①]之后，他主持北京大学时，又申明大学为“研究高深学问者”，告诫师生“当以研究学术为天职，不当以大学为升官发财之阶梯”，须“抱定宗旨，为求学而来”。[②]其间，他汲取德国的教育经验和学术理念，提出大学为“‘囊括大典，网罗众家’之学府”，且须遵循“思想自由之通则”，故当摈除我国数千年以来学术专制的积习，实行“兼容并收之主义”。[③]具体而言，一是对各种学说和派别，若“言之成理，持之有故，尚不达自然淘汰之运命者，虽彼此相反，而悉听其自由发展”；二是对教员“以学诣为主，在校讲授，以无背于第一种之主张为界限”，且“其在校外之言动，悉听自由”。[④]这种新型的办学模式使北京大学首开民主之风，并将“学术自由的种子播下”，自此成为新文化运动的重要策源地，且“为中国学术界开创了一个新的方向”，“各种思想都从这个种子而萌芽茁长”。[⑤]

自新文化运动兴起后至20世纪20年代中期，随着欧美留学生陆续归国并开始主导国内高等教育和科学研究，现代学术呈现专业化、职业化和体制化的初步特征，部分知识分子逐渐脱离自科举废除以来的边缘化位置，转而

---

①《对于教育方针之意见》，高平叔编：《蔡元培教育论集》，湖南教育出版社，1987年，第42页。

②《就任北京大学校长之演说》，高平叔编：《蔡元培教育论集》，湖南教育出版社，1987年，第152页；《整顿北京大学的经过——在南京北大同学聚餐会演说词》，高平叔编：《蔡元培教育论集》，湖南教育出版社，1987年，第589页。

③《〈北京大学月刊〉发刊词》，高平叔编：《蔡元培教育论集》，湖南教育出版社，1987年，第213~214页。

④《致〈公言报〉函并答林琴南君函》，高平叔编：《蔡元培教育论集》，湖南教育出版社，1987年，第231页。

⑤《中国新文艺运动人物群像》，蒋梦麟：《蒋梦麟学术文化随笔》，中国青年出版社，2001年，第606~607页。

寻求和获取新的社会身份,学术独立和精神自主的意识亦日趋增强。首先,即反思和批判传统学术的依附性,维护学术自身的独立价值和地位。陈独秀批评传统文学家、史学家、医药家等皆“不自尊其所学”,因而“中国学术不发达之最大原因,莫如学者自身不知学术独立之神圣”。①交通大学校长叶恭绰则通过分析中美教育,指出我国因科举制度“不能辩科名学术为两事”,美国因崇尚实用主义“不能辨利禄与学术为两事”,故求精深学术,“当以学术本身为前提,不受外力支配以达于学术独立境界”,且“学术独立斯不难应用,学术愈精,应用愈广”。②

其次,对政治干涉及政党操纵下的学潮予以抵制和反击。1919年上半年,由于旧派人物联合政府干涉北大新文化运动、参议院议员张元奇因北大鼓吹“离经叛道”而弹劾教育部案、社会谣传驱逐北大新派人物等事件,平、沪、浙等地部分报刊掀起了一场反抗旧思潮的激烈论战,极力宣扬思想自由和学术独立。《晨报》记者陈博贤认为学术独立和思想自由是“人类社会最有权威之两大信条”,上述事件则是对此的公然蹂躏,既关乎“中华民国国民有无拥护学问独立、思想自由之能力问题”,又“为学术界之大敌、思想界之蟊贼,必尽吾侪之力与之奋战苦斗,以拥护之”。③北京《益世报》上署名为“翰芗”的作者提出“思想言论自由,为立宪国之原则”,若假借政治干涉学术,则“思想言论自由之权,扫地已尽,流弊所极,恐将复蹈专制时代之覆辙”。④《申报》指出“学术思想之自由早为世界人类所公认,虽新旧歧趣见解不同,原可据理辩驳,仍用思想学术为对抗之具,万不可轶出轨道,假借不正当之势力,以图摧残而快胸臆”,否则将“成为学术思想之公敌”。⑤《时事新报》上署名为“匡僧”的作者表示“凡任大学教员者,宜有思想自由、学说自由之权力”,故“大学之出版物,自不当受外界之拘束”,若国立大学教员因出版物而遭驱逐和侮辱,则思想和学说自由的意

① 陈独秀:《随感录》(十三),《新青年》1918年第5卷第1号。

② 叶恭绰:《遐庵汇稿》,上海人民出版社,1950年,第345~346页。

③ 渊泉(陈博贤):《警告守旧党》,中国社会科学院近代史研究所编:《五四运动文选》,生活·读书·新知三联书店,1959年,第231~232页。

④ 翰芗:《学术与政治》,中国社会科学院近代史研究所编:《五四运动文选》,生活·读书·新知三联书店,1959年,第250页。

⑤《京华短简》,《申报》1919年3月31日。

义荡然无存,“不禁为吾国学术前途危”。[①]浙江《教育周报》上署名为“平平”的作者亦强调思想、言论、出版的“三大自由,为精神生命之保护物”,大学作为“新学术之发源,新社会之导师,当有完全之三大自由,以尽发展精神生命、发展文化之天职”,因而必须处于独立地位,“惟独立故能自由,惟自由故思想、言论、出版,得以发达,而学术文化遂有进步”。[②]1925年,北京女子师范大学因驱逐校长遭到教育总长章士钊的强力镇压,胡适、陶孟和、李四光等17位教授即联合发表公函,强调学术独立与政教分离的原则,指出“学校为教学的机关,不应该自己滚到政治旋(漩)涡里去,尤不应该自己滚到党派政争的旋(漩)涡里去”,主张“应该早日脱离一般的政潮与学潮,努力向学问的路上走,为国家留一个研究学术的机关”。[③]

同一时期,由于北京政权频繁更迭、缺乏稳定的教育经费来源,加上现代学术体制建设之初,专业研究机构尚付阙如,学者缺少必要的研究空间和物质保障。受此影响,教育界在掀起索薪风潮的同时,又极力倡导教育体制和经费的独立运动。蔡元培提出教育独立是实现学术自由与发展的前提条件,故“教育事业当完全交与教育家,保有独立的资格”,且“不可不超然于各派政党以外”。[④]1922年,《教育杂志》主编李石岑发表《教育独立建议》,指出“教育经费独立,固属要务;但徒经费独立,教育机关隶诸政府管辖之下,结果仍等于零”,主张“首在教育行政机关根本改造”,[⑤]即废除传统教育机构,以从事专业教育或与教育事业有直接关系之人选举产生教育组织,谋取教育立法、行政的独立。

在诉诸教育独立的同时,商务印书馆内《教育杂志》《东方杂志》刊物的作者群顾颉刚、郑振铎、沈雁冰(茅盾)、严既澄、常道直、胡愈之6人,又围绕学术独立的实现途径展开了深入讨论。顾颉刚批评现时的学术仅是“教育社会的附庸”,学人往往苦于生计而遭受政治干涉、经济压迫等多重束缚,进而成为学

① 匡僧:《为驱逐大学教员事鸣不平》,《五四运动文选》,生活·读书·新知三联书店,1959年,第238页。

② 平平:《北京大学暗潮之感想》,《五四运动文选》,生活·读书·新知三联书店,1959年,第239页。

③ 胡适:《致北大同事公函》,耿云志、欧阳哲生编:《胡适书信集》(上),北京大学出版社,1996年,第362~363页。

④《教育独立议》,高平叔编:《蔡元培教育论集》,湖南教育出版社,1987年,第334页。

⑤ 李石岑:《教育独立建议》,《教育杂志》1922年第14卷第2号。

术独立的一个根本障碍,故目前急务在于思考“如何可以打出一个专心治学的境遇来”,及“如何鼓吹,使得真有学术社会出来”。至于其具体办法,即“不能全靠于个人意志之努力,而社会供给资财尤为要紧”。[①]受经世致用和学而优则仕等传统观念的影响,中国向来缺少纯粹、独立的学术研究抑或学术社会。但随着民初以来近代学术的加速转型,一个稳定的、超越世俗功利的、纯粹的治学环境已成为中国教育和学术发展的迫切需求。因而,顾颉刚打造学术社会的设想一经提出,便引起了郑振铎、沈雁冰等人的关注与共鸣。

郑振铎列举了建立学术社会的四种解决方法:一即“持利刃斩乱丝,把现在的社会组织根本改造过”;二即“改造现在的中国政府”;三即“奖掖资本家去供给学术社会的需费”;四即“淡薄自守,躬耕自给,弃都市之生活,专心去乡村去读书”。他表示前两种方法近乎于社会革命,“虽是根本的解决办法,但也恐怕非短时期内所能实现”;因中国工商业基础薄弱,第三种方法仅是“试为提议”;加之学术研究需要一定的经济支持,第四种方法实际“说来容易,做去不易”。[②]沈雁冰对建立学术社会的初衷深表赞同,强调“欲求学术发达,先须学术独立,不受任何方面的牵制;若依靠他力荫庇,决没有好结果”。基于此,加之考虑到政治、经济等客观因素的限制,他认为郑振铎所提前三种方法均不可取,且“本很少可能的希望”,当前“所能做的,自是第四办法”。同时,又否定“躬耕自给”这一简单化、个体性的传统治学方式,主张“照合股公司的办法,大家打伙儿去办”,[③]发展群体性的、有稳定经费资助的学术事业。严既澄附和“合股置备”的办法,指出“目下第一桩要紧事,就是公共图书馆和公共专门实验所的设立”,其他如“学会的组织,算是一种补救的良剂”。[④]对于上述办法,常乃德多存质疑,一方面提出改造社会组织固然“是最彻底最完全的办法”,但“是我们目前所不能办到的”,无异于“远水不济近火的空谈”,故“实在算不得一条路”;学术界合力设置研究组织虽是“最简单最容易的事”,但难以满足现代学术研究的需求。另一方面又意识到绝对化的学术独立不切实际,目前“最平稳切实而且有把握的事”唯有“鼓吹政府资本家来帮办学术独立”,由其资助创办各科学研究所。这尽管“于思想独立上不免稍有不便”,但“也是不得已的

---

①《通讯·学术界生活独立问题》,《教育杂志》1922年第14卷第5号。
②《通讯·学术界生活独立问题》,《教育杂志》1922年第14卷第5号。
③《通讯·学术界生活独立问题》,《教育杂志》1922年第14卷第5号。
④《通讯·学术界生活独立问题》,《教育杂志》1922年第14卷第5号。

一种办法”。[①]常道直的观点则与此相左,明确反对学术界片面依靠政府和资本家的资助,因其“至多不过能使不受生活压迫,而精神上恐无形中要被沾染了多少某种色彩”,实际上“学术仍是不能独立”。[②]

在探讨学术独立外部条件的过程中,学人们还开始思考新知识分子群体的精神品质和职业化问题,要求以人格自律、职业自立保障学术社会的纯粹性与独立性。李石岑“以为个人意志之努力实为打出专心治学境遇之第一关”。[③]严既澄一方面指出学术界不可也不能实现完全独立,“只能谋比较独立的生活”;另一方面强调“学术界之大患,不在生活之不独立,而在精神之不独立”。因而,学者既当摆脱奢靡风气而实行“简单淡泊的生活”,又“必须把全副精神专注于其所业,超然独立于名利之外”。[④]胡愈之也表示学术独立尤其是学术界的生活独立在当前的现实处境下“不会有实现的希望”,但就“学问家本身,似乎总该守一种节操,无论生活如何困难,决不当变其献身于学术的初志”,故当避免世俗化和贵族化的倾向,“实行简单的生活”,如此学术独立“至少有一部分可以解决了”。[⑤]郑振铎坚持学术研究的纯粹性和高尚性,要求学者“至少须不把这种学术当作一种职业,一种求生活的手段”,换言之“‘无所为’而为的精神,在研究学问方面是极关重要的”。[⑥]与此相反,常道直则推崇学者的职业“自立(Self-supported)”,即“择一与己所研究学科有关系之职业,所得报酬不求甚多,但须要求充足的研究时间”。他认为职业自立所滋生的世俗化倾向或“将破毁所谓专心治学的境遇”,且在学术社会短期内无法达成的前提下,“似乎近于偷安的,不彻底的,但也是不得已的”。[⑦]

北京政府时期,由于西方自由主义思想及外部生态环境恶劣,如政权更迭、教育经费匮乏、学术研究空间狭小等因素的影响,部分学人在自觉倡导学术自由、教育独立及抵制政治干涉的基础上,关注重心偏向于学术独立的实现途径,即如何打造纯粹、独立的学术社会及谋求知识分子群体的物质保障。他们在一致认同学术独立及知识分子人格自律的前提下,陷入了精神独立与生

①《通讯·学术界生活独立问题(续)》,《教育杂志》1922年第14卷第6号。
②《通讯·学术界生活独立问题》,《教育杂志》1922年第14卷第5号。
③《通讯·学术界生活独立问题(续)》,《教育杂志》1922年第14卷第6号。
④《通讯·学术界生活独立问题》,《教育杂志》1922年第14卷第5号。
⑤《通讯·学术界生活独立问题》,《教育杂志》1922年第14卷第5号。
⑥《通讯·学术界生活独立问题》,《教育杂志》1922年第14卷第5号。
⑦《通讯·学术界生活独立问题》,《教育杂志》1922年第14卷第5号。

活依附、职业化与世俗化的矛盾心态,对学术社会的发展前景更是夹杂着浓重的悲观情绪。此外,这一时期学术独立尤其是学术自由的讨论内容相对较为零散,且范围主要限于蔡元培主导下的北京大学及部分刊物作者群体,社会反响亦不大。

## 二

1927年至1937年抗日战争爆发以前,由于南京国民政府建立后国内环境的相对稳定,及相关教育政策的扶持与引导,高等教育、专业科研机构和学会组织渐次充实,中国学术步入快速发展的黄金时期。同时,国民政府又加强在意识形态领域内的控制力度,极力推行党化教育与学术统制。在上述因素的综合影响下,知识分子群体的主体意识愈发强烈,积极宣扬学术自由、教育经费独立等主张。蔡元培一方面重申学术自由的原则,指出“近代思想自由之公例,既被公认,能完全实现之者,厥惟大学”,须使“大学教员所发表之思想,不但不受任何宗教或政党之拘束,亦不受任何著名学者之牵掣”。[①]另一方面又与孙科联名向政府提交《教育经费独立案》,其中引述“增高教育经费,并保障其独立”的总理遗训,建议实行教育会计独立制度,将“教育经费与军政各费完全划分”,以保证“全国教育永无废弛停顿之虞”。[②]胡适批评“十年来教育的政治化,使教育变空虚了”,[③]并在一定程度上诱发了教育危机和学潮,遂对政府提出三项要求:“给我们钱”,“给我们和平”及“给我们一点点自由”。[④]燕京大学校长陆志韦也认为“我们应得努力保全科学的独立,不使他卷入政治的漩涡。在有组织有统治的国家,科学的研究当然不能和政府脱离关系,可是政治工作和科学工作不得不有个清楚的界限”。[⑤]此外,陈寅恪更为关注知识分子的独立人格和社会定位,既叹息梁启超因种种因素“不能与近世政治绝缘”,为“中国之不幸”,[⑥]又表彰王国维“独立之精神,自由之思想,历千万祀,与天壤而

---

①《大学教育》,高平叔编:《蔡元培全集》(第5卷),中华书局,1988年,第507页。

②《提议教育经费独立案》,高平叔编:《蔡元培教育论集》(第5卷),中华书局,1988年,第433页。

③《教育破产的救济方法还是教育》,姜义华主编:《胡适学术文集·教育》,中华书局,1998年,第128页。

④ 曹伯言编:《胡适日记全编(1928—1930)》(五),安徽教育出版社,2001年,第116页。

⑤《本社第二十一次年会记事》,《中国科学社第二十一次年会报告》1936年10月刊。

⑥《读吴其昌撰梁启超传书后》,陈寅恪:《寒柳堂集》,生活·读书·新知三联书店,2001年,第166页。

同久，共三光而永光”，强调“士之读书治学，盖将以脱心志于俗谛之桎梏，真理因得以发扬。思想而不自由，毋宁死耳”。[①]

抗日战争爆发后，国民政府加强对后方的控制力度，文化统制亦借着抗战建国的名义大行其事。1939年，蒋介石指示“不能附和过去误解了许久的教育独立的口号”，教育和学术界“决不可阳奉阴违”，不能“各逞所见，各行其是”，而应“齐一趋向，集中目标，确确实实为实现三民主义而努力”。[②]受此影响，如何捍卫教育独立与学术自由，及抵制政治势力的渗透，便成为知识界思考与讨论的重要问题。胡适一方面主张实行教育独立，指出“国家高于一切”固然可以作为共同行动的目标，但须革除党派插手教育的流弊，如“现任官吏不得作公私立大学校长、董事长；政治的势力（党的势力）不得侵入教育”等。[③]另一方面又强调知识分子个体独立与自由意识，表示自己“所以不能干政治工作，一来因为要保存独立地位，二来因为此事与学术生活不相宜”。[④]吴文藻则从学术基金来源的角度，呼吁政府不要以控制财源而左右学术界，应“忠实地保障学术自由，以学术自由为一国学术方针之最高原则，勿使实际政治妨碍学术之自由发展”。[⑤]

抗战期间，学术自由与独立的持续讨论唤起了知识界的广泛关注与认同，并成为其在实际活动中极力遵循的一项基本原则。在教育领域，诸多高校坚持大学自治、教授治校的办学宗旨，对文化统制政策和党团势力采取抵制态度。西南联合大学校长梅贻琦继承和发扬蔡元培学术自由的理念，指出大学教育既须“无所不思，无所不言，以其无责，可以行其志”，又当恪守“博约”“裁节”与“持养”，以克服荡放主义（Libertinism）和个人主义的弊病，因而“学术自由之重要，更有不言而自明者”。[⑥]对校内各党派和思潮，他主张“追随蔡孑民

---

①《清华大学王观堂先生纪念碑铭》，陈寅恪：《金明馆丛稿二编》，生活·读书·新知三联书店，2001年，第246页。

② 教育年鉴编纂委员会编：《第二次中国教育年鉴》（一），沈云龙主编：《近代中国史料丛刊三编》（第11辑），文海出版公司影印本，1986年，第82~83页。

③《在庐山茶话会上发言要点》，姜义华编：《胡适学术文集·教育》，中华书局，1998年，第150页。

④ 曹伯言编：《胡适日记全编（1938-1949）》（七），安徽教育出版社，2001年，第60页。

⑤《如何建立中国社会科学的基础》，吴文藻：《吴文藻人类学社会学研究文集》，民族出版社，1990年，第258页。

⑥ 梅贻琦：《大学一解》，北京大学、清华大学、南开大学、云南师范大学编：《国立西南联合大学史料》（1），云南教育出版社，1998年，第27~28页。

先生兼容并包之态度，以克尽学术自由之使命。昔日之所谓新旧，今日之所谓左右，其在学校应均予以自由探讨之机会”。①对教育部的行政干涉和统制政策，西南联大教务会议据理抗驳，要求给予大学研究教学“以回旋之自由”，不能“刻板文章，勒令从同”。②冯友兰即称赞该校以“兼容并包之精神，转移社会一时之风气，内树学术自由之规模，外来民主堡垒之称号”。③浙江大学校长竺可桢也强调“大学学术自由，不能用标准化办”，及教授治校，“以为此乃一种目标”。④此外，为反抗政治势力的渗透，四川大学教授在1938年抵制国民党党员程天放担任校长的“拒程运动”中，联名发表文化宣言，提出学术具有超然、纯粹的特性，与政治“途径既殊，界限綦明，不容越俎代庖”，也“绝非政治之所能包举”，更“非任何主义所能限制”，若强行以政干学，“其结果必致于削足适履”。据此，他们批评文化统制政策“非谓举学者超然之品格，而摧残之，取学术自由之空气，而破坏之，置文化之尊严于政治需要之下”，申明“学校非政党之地盘，学术非政治之工具”，应政学分离，“不愿因政治之需要而牺牲学术之独立”。⑤

在科研领域，中央研究院作为全国最高学术研究机关，强调“学院自由正是学术进步之基础”，就“立场言，更宜注重科学研究之自由精神”，⑥学院自由和学术独立由此成为其一贯宗旨。1940年3月，因院长蔡元培在香港病逝，评议会计划依法选举3名院长候选人，呈请国民政府遴选。其间，蒋介石为奖赏未跟随汪精卫叛逃的汪系人物顾孟余，以“下条子”方式指示推举其为中央研究院继任院长。对此，“一般对于政治没有兴味”的评议员们“却不愿以研究院

---

① 黄延复、王小宁整理：《梅贻琦日记》（1941—1946），清华大学出版社，2001年，第184页。

②《西南联合大学教务会议就教育部课程设置诸问题呈常委会函》，北京大学、清华大学等编：《国立西南联合大学史料》（1），云南教育出版社，1998年，第17~18页。

③ 冯友兰：《国立西南联合大学纪念碑碑文》，《国立西南联合大学史料》（1），云南教育出版社，1998年，第284页。

④ 竺可桢：《竺可桢日记》（1936—1942）（第1册），人民出版社，1984年，第26页；《竺可桢日记》（1943—1949）（第2册），人民出版社，1984年，第832页。

⑤《川大教授文化宣言》，《新民报》（成都版）1938年12月29日。转见中共成都市委党史研究室编：《八年抗战在蓉城》，成都出版社，1994年，第571~572页。

⑥《国立中央研究院进行工作大纲》，国立中央研究院编：《国立中央研究院首届评议会第二次报告书》，国立中央研究院1938年5月发行，第84~85页。

为酬勋(没有跟汪去也)的奖品”,[1]且“选举应凭各人自心,不宜有历勉强”,[2]纷纷予以抵制。最终,29名评议员本着学术独立与自由的原则,以记名投票法,推举翁文灏、朱家骅(各24票)、胡适(20票)为院长候选人,顾孟余仅1票。[3]这一结果“无非表示学界之正气、理想、不屈等义”,“可见自有公道,学界尚可行democracy[民主]”。[4]

20世纪20年代末至40年代中期,由于现代学术体制的基本建立并日臻完善,新知识分子群体脱离了对政治体制的直接依附,而确立起相对独立的社会身份及自主的学术理念。同时,随着南京国民政府统治基础的逐步巩固,学术研究的国家主义趋向与计划性特征被空前强化。在这一新的时代情势下,学界自身发展如学术社会的建构、知识分子人格自律等事宜相对淡出,如何抵御国家权力的干预与控制,维持必要的教育独立与学术自由,则成为知识界持续讨论并付诸施行的突出问题,进而唤起了广泛的社会关注与认同。

## 三

抗战胜利后,经由诸多学人的长期讨论与宣传,学术独立已成为知识界的一种共同信念与追求。同期,由于国共党争及内战日趋激烈,国民政府进一步加强对教育文化领域的控制力度,支持党团入校,打压左派思想等,致使国内学术空气逐渐消沉。1945年8月,大公报社论呼吁“培养自由研究学术的空气”,“所有党派退出学校”。[5]1946年12月,胡适、朱经农等二百余人又联名提议政府“保障学术与思想之自由”。[6]冯友兰也指出国家社会对大学应“持不干涉的态度”,“要与他们研究自由,并且要与他们以选择人才的自由。每一个大大学都应该是一个所谓‘自行继续’底团体”,换言之“大学的内部新陈代谢都

---

①《陈源致胡适》,中国社会科学院近代史研究所中华民国史组编:《胡适来往书信选》(中册),中华书局,1979年,第463~464页。

②《翁文灏致胡适》,中国社会科学院近代史研究所中华民国史组编:《胡适来往书信选》(中册),中华书局,1979年,第473页。

③ 竺可桢:《竺可桢日记》(第1册),人民出版社,1984年,第419页。

④《傅斯年致胡适》,中国社会科学院近代史研究所中华民国史组编:《胡适来往书信选》(中册),中华书局,1979年,第476页。

⑤《竺可桢日记》(1943—1949)(第2册),人民出版社,1984年,第862页。

⑥《教育文化应列为宪法专章》,姜义华编:《胡适学术文集·教育》,中华书局,1998年,第160页。

应该由他自己处理”。[①]

不唯如此,一些学人更对学术自由的含义、学术与政治的辩证关系进行了深入论述。萧公权提出学术独立不是要“学术与社会生活隔离”,或“违抗教令,不遵法纪,放弃国民的职责”,而是让学术“摆脱社会恶劣风气的影响”,并“在求学的过程中划分政治和学术的界限”。为此,他一方面反对学术研究中的功利主义态度,要求国家社会和学者“尊重学术,认学术具有本身的价值”,“把学术自身看成一个目的,而不把它看成一个工具”;另一方面主张政学分离,学者“应当是一个忠实于学术的学人而不是一个戴学术面具的政客”,不可“把学术当作了政治的附庸而毁灭了学术的尊严地位”。[②]罗忠恕强调“学术自由是目前我国知识界普遍的呼声,也是民主高潮中最基本的要求”,就意义而言,其首先“并非仅是思想自由”,或“不受理性的支配”,思想在发表(言论出版)自由外,也“必须合乎逻辑,必须依伦理的法则而推展”;其次“并非谓政府不‘管’学术事业”,而应“完全取消管制”,转为管理,“对学术工作负起责任来,有目的,有计划的发展学术事业”;再者学者除摆脱外部拘束和限制外,“尤其要紧的,是要解除内面的缚束”,[③]保持不盲从、独立的精神状态。贺麟认为学术“在本质上必然是独立的、自由的”,但“独立自由和‘脱节’根本是两回事,求学术的独立自由可,求学术和政治根本脱节就不可”,学者既要“维持学术的尊严,须在学术创造的自身上努力”,又要摈弃“脱离政治、轻蔑政治以求学术自由独立的传统风气”,在“磨而不磷,涅而不淄”的原则下,“影响和支配政治社会”。关于学术与政治的关系,他阐释为“体”与“用”,既“各有其独立自主的范围”,又分工合作,保持“一种密切的联系”,否则“两败俱伤”,因而争取学术的独立与自由“不只是学者的责任”,亦“是政治家的责任”。[④]

1947年至1948年间,胡适发表《争取学术独立的十年计划》后,在知识界引发了巨大反响与激烈争论,诸多学者从学术独立的双重含义出发,要求构建独立自由的学术环境以保障研究工作的稳定发展,从而在长远上争取本国学术在国际间的平等地位。胡适号召“现行的大学制度应该及早彻底修正,多多减

---

①《大学与学术独立》,冯友兰:《南渡集》,生活·读书·新知三联书店,2007年,273~274页。

②《学术独立的真谛》,萧公权:《迹园文录》,联经出版事业公司,1983年,第247~251页。

③ 罗忠恕:《学术自由与文化进展》,《观察》1946年第12期。

④《学术与政治》,贺麟:《文化与人生》,上海文艺出版社,2001年,第192~194、196~198页。

除行政衙门的干涉，多多增加学术机关的自由与责任”。[①]金克木认为“要学术独立于国际间，先得学术界能独立于国内，若学术界的人与事仍受外界的压抑与控制，衣食不周，动辄得咎，即全国遍设研究所与大学，外国教授与本国博士多于过江之鲫，也未必真能学术独立”。[②]欧元怀亦指出“学术独立之精神则寄托于学术研究之自由；大学为创造高等文化之摇篮，其本身不是政治的尾巴，尤以校长的人选应超脱党派之争”，因而“大学教育为争取学术独立，应争取研究自由”，这样“大学教育才不是新式士大夫教育”。[③]朱声绂主张学术界“对于国内社会的一大任务是造成健全公正的舆论，而要首先争取学术思想之自由，言论发表传播之自由”，如此“学术独立才能得到发挥其建设性作用之保障，而就研究来说，学术自由也是必不可少的摇篮”。[④]刘大杰表示目前教育界最严重的危机是“教育与政治社会的矛盾与冲突”，因而“必得要争取学术的独立性与自由的创造性，这两点实在是大学教育的灵魂”。同时，“政府对于教育可以监督”，实行“积极的奖励与扶助”，如“筹划充分的经费，扩充图书仪器的设备，奖励学术的著作，保障教授的生活，解决学生的出路”[⑤]等。在关注学术与政治矛盾关系的基础上，张东荪更为强调学者的个体独立性，提出“学术自由与思想自由必须倚靠于精神独立”，否则“只是一个伪装的学术自由”，仅能“以学术为名而解决一部分人（即从事于学术者）的生活问题”，由此呼吁学者“大大努力来保护这个已有萌芽的学术自由”。[⑥]

20世纪40年代后期，在多年战乱、政治腐败、经济崩溃等现实条件的刺激下，知识界尽管已将学术独立尊为共同目标，但对其前景则充满着焦虑与危机意识，因而不再单方面地呼吁教育独立与学术自由，而是在承认学术研究仅具相对独立性的同时，重点讨论如何处理和协调学术与政治关系这一问题。上述内容多为空泛的理论诉求，而无具体的施行方案，实际收效甚微。

---

① 胡适：《争取学术独立的十年计划》，《观察》1947年第7期。
② 金克木：《留学问题·第一流大学问题》，《观察》1947年第12期。
③ 欧元怀：《教育危言》，《教育杂志》1948年第1期。
④ 朱声绂：《争取学术独立应有的警惕》，《时与文》1947年第11期。
⑤ 刘大杰：《教育与政治》，《观察》1948年第8期。
⑥ 张东荪：《知识分子与文化的自由》，《观察》1948年第11期。

## 四、结语

民国时期,学术独立观念一以贯之,既是中国系统引入西学并重建本国学术过程中的自然产物,又是现代中国学术转型、高等教育发展乃至新知识分子群体兴起的一个重要特征。就倡导者而言,最初为严复、王国维等极少数过渡时代中的传统学人,后扩大为以留学生为主体的新知识分子群体,包括大学教员、科研学者及少数青年学生、出版界人士等。他们尽管在政治派别、文化取向、治学专业、社会地位等方面存在差异,但接受西方学术熏陶的知识结构和求学经历大体相同,由此激发了知识界主体意识的觉醒。其中蔡元培、胡适等学界领袖更凭借其权威性与影响力,对学术独立观念的推广与深化发挥了举足轻重的作用。就内容而言,诸多学人将传统文化重视学者个人自律与西方学术的自由思想相结合,一方面关注知识分子的主观层面,主张摈弃经世致用、政学一体的传统积习,谋求新知识分子群体自律、独立、自由的精神品质与社会地位;另一方面要求改善学术独立所依托的客观环境,呼吁学术自由、教育独立与政学分离,进而打造一个纯粹、独立的学术社会。

在考察学术独立观念整体概貌的同时,可知其依存于一定的外部生态环境,尤其是学术与政治间的内在张力决定了学术的自由程度和范围十分有限。无论是20世纪20年代教育独立运动或学术社会的构想,还是30年代以后对学术自由、政学分离及学术与政治的矛盾关系的长期探讨和局部实践,均在战乱频仍、经济衰败等现实条件的刺激及政治势力的持续干预下,更多地体现为一种不成系统的理论诉求,议题稍显空泛和急进。知识界一方面在学术独立的实现途径如知识分子的精神独立与生活依附、职业化与世俗化问题上,陷于理想与现实间难以调和的矛盾心态,且无深入、持续的讨论;另一方面无力改善学术与政治、社会环境的矛盾关系,难以提出一个具体化、切合实际的施行方案。由此,而采折中妥协的态度,且夹杂着浓重的悲观情绪。如针对学术社会的前景和知识界的生活独立,郑振铎即感慨“细想的结果,竟是怅惘地失望了”。[①]40年代初,中央研究院因评议会反对政治干涉,自主选举院长候选人,而遭到国民政府的压制,院长一职迟至半年多才得以批准。傅斯年致函胡适时便叹息“选举乃纯是为的‘学院主义’‘民主主义’,闹到此地步,真是哭不得

---

①《通讯·学术界生活独立问题》,《教育杂志》1922年第14卷第5号。

笑不得”,因而“‘学院的自由’‘民主的主义’,在中国只是梦话!但是把先生拉入先生的主义中,却生如许支节,亦是一大irony[嘲弄]!”[①]这深刻反映了学术独立过程的艰难性。

此外,由于现代知识分子政治立场和学术研究的二元性,中国新知识分子群体自然也承载着学术、政治等多方面的职责,所扮演的社会角色亦包括学者、政论家、官僚等。在多重身份的交互影响下,他们尽管在主观选择上都偏向政学分离、学术独立,并力图在学术上树立自律、独立、自由的精神品质,但实践中仍难免游离于学术与政治之间,尝试以介入国家政治和公共事务的途径,充当社会的良心。胡适即自诩“哲学是我的职业,文学是我的娱乐,政治只是我的一种忍不住的新努力”。[②]上述悖论关系致使学术与政治的界限仍是混淆不清,学术独立的使命依然任重道远。

本文原刊载于《广东社会科学》2010年第5期。

**作者简介:**

李来容,1981年生,籍贯湖北省鹤峰县。2000年考入南开大学历史学系。2004年,获历史学、金融学双学士学位。2004至2010年,在南开大学历史学院继续攻读中国近现代史专业,先后获历史学硕士、博士学位。2010至2016年,留校任教于南开大学历史学院中国近代史专业。2019年,完成南开大学马克思主义理论博士后研究。现任教于天津师范大学马克思主义学院,副教授,主要从事中国近现代社会文化史、留学史及中共党史相关研究。主持或参与出版《告别帝制》《危局与变革——中国近代史》等多部著作,在《近代史研究》《史学月刊》等学术期刊发表多篇论文。

①《傅斯年致胡适》,中国社会科学院近代史研究所中华民国史研究室编:《胡适来往书信选》(中册),中华书局,1979年,第477、479页。

② 胡适:《我的歧路》,《努力周报》1922年第7期。

# 20世纪二三十年代天津女性都市文化
## ——以《大公报》副刊《家庭与妇女》为中心的探讨

侯　杰

20世纪二三十年代的天津是酝酿被后世称为“北派”都市文化雏形的重要时期之一，其中女性时尚成为一抹亮色。“女性的曙光，才成为文化的曙光”。①《大公报》副刊《家庭与妇女》的编者和作者意识到报纸具有塑造都市文化，传播公共观念、供都市人群消费等多重功能，利用这样一个公共空间，塑造女性形象，然后经由读者的阅读消费和实际的生活糅合在一起，把编者和作者的想象投入到生活之中。这也为我们探寻天津女性都市文化，特别是媒体参与建构的舆论空间中女性主体性的某些面向提供了可能。②

《家庭与妇女》副刊创刊于1927年2月11日，至8月26日为半月刊，同年9月6日改为周刊，1930年5月22日③停刊。就内容而言，该副刊侧重于介绍女性服饰、装束以及家庭生活方式和生活观念。包括“夏季的轻快装束”（图片）、“发的装饰”、“脚的装饰”等时尚话题；“德国妇女的家庭生活”“美国女权运动的回顾”等国外妇女运动和妇女生活状况；“放足运动”“天乳运动”“打倒妾的运动”“解决女子职业问题的紧要”等妇女解放问题；“理想的家庭”“婚姻问题的调查答案”“我的择偶观”等婚姻家庭问题；“烹饪常识”“家庭药库”“无线电知识”等涉及新式家庭生活问题。该副刊还以征稿、文论等方式就某些社会、文化现象，将身体、婚姻、家庭及女性自身某些原本属于私人范畴的话题，引入公共领域，变成公共话题，使读者、作者发声。而略带训导式的语言更进一步表明其中所存在的不平等关系。编者和作者掌控话语权，让都市女性在阅读中“明白自身的地位，明白她们所负担的家庭间的责任和社会有什么关系”。④

---

① 无闷：《裸腿之类》，《大公报》1934年10月1日。

② 女性生活的研究，源自新文化史学的兴起和发展——关注人们的衣食住行等日常生活内容对于一个人或是一个群体的思想的影响。从女性生活的各方面可以了解到生活背后的文化内核。

③ 此后该专栏于1930年6月1日改为《家庭》，内容和版面与《家庭与妇女》相似性和继承性并不十分明显，故此认为《家庭和妇女》截止于这一时期。

④《我们的旨趣》，《大公报·家庭与妇女》1927年2月11日。

与以往研究[1]有所不同的是，我们以该副刊为中心，探讨媒体如何反映并塑造天津女性都市文化，女性怎样参与都市文化的构造、传达自己的声音，以及如何表达主体意识。

## 一、“饰”说新语——媒体对于女性身体的塑造

该副刊对于时尚的关注，不仅表明这一时期“民众生活、行为、情感和心态在社会生活中所表现出来的相互模仿和追逐的群体趋向”，[2]而且揭示出媒体参与天津都市文化建造的本质。这有助于认识都市文化中女性形象和气质的塑造及女性自我认同等问题。

### （一）“头发革命”

头发和发式在中国传统社会中是与一个人的年龄、身份有很大关系的。15岁的女孩“及笄”，结发而用笄贯之，不再像幼年一样将长发分开扎在两边，说明这个女孩已经可以承担家庭生活和责任，待字闺中，不日择婚配。清朝妇女的头式更掺杂了特殊的民族因素，盘梳烦琐复杂的旗人发式，表现出作为特权阶级的旗人身份和地位。

五四以后，女子剪短发成为追求“解放”者的时尚，从各地报刊登载的照片上可以看出这一流行趋势，种种烫发、头饰日渐增多。该专栏在1927年12月7日、14日、29日特意登载了几种流行短发样式：中分式、卷心式、双钩式。[3]短发尤以烙过卷曲为流行先锋，上面还有小珍珠串成的发箍。

对于将爱美视为天性的女性来说，改变发式的首要目的是为了妆饰和美观，由于“头发占人身最高的部分，与美观方面极有关系，所以妆饰的种类，也

---

① 在研究近代中国妇女生活史的著作中，郑永福和吕美颐的《近代中国妇女生活》（河南人民出版社1993年版）是一本很值得参考的书，作者探讨了自1840年到1921年间妇女生活的几个重点，诸如身体的解放、从天足到服饰、城乡妇女的差异、婚嫁，宗教、女工的情形等等，透过不同阶层妇女生活的比较，读者能比较清楚地了解各自的生活状况。在重点研究都市女性的生活的著作中，周叙琪的《1910—1920年代都会新妇女生活风貌——以〈妇女杂志〉为分析实例》（台湾大学文学院，1996年）一书颇具代表性，该书从教育、婚姻、服装、家事、育儿等项目来重建当时的妇女生活，反映都市新女性的生活风貌。该书重在探讨男性知识分子如何利用妇女报刊建构理想的妇女生活和形象。

② 刘志琴：《近代中国社会文化变迁录》，浙江人民出版社，1998年，序言。

③ 参见《大公报·妇女与家庭》1927年12月7日、14日、29日，图片信息。

千变万化”。[1]署名秋漪的作者写道:“在下是绝对赞成女子剪发的。尤其是妙龄女郎,秀发覆肩,另外觉得活泼可爱”。[2]但什么是“美”,什么样的妆饰流行则并非简单客观的,而是“赋权”衍生出来的。对于为什么要剪短发,为什么短发就可以成为时尚,人们各持己见。首先,“那些女学生们女职员们,剪了发,既便利,又爽快,实在有很多的利益”。[3]一位十多岁的女学生,讲述了剪短发的原因:“为了经济、时间”,因为长发不管是梳洗还是护理,比短发都麻烦很多。[4]便利和实用是一个追求效率年代的首要标准,而注重物质、现实的现代中国人恰恰如此。其次,剪短发对于统治中国数千载的长发来说是一场彻底的颠覆,符合时代发展趋势,批判传统、颠覆统治。剪短后的简单,对于穿戴旗装的繁复,无疑是一种嘲讽。随着剪短发女性的增多,天津出现了专门的女子剪发馆,[5]剪发于是也变成了现代中国社会的一个新兴职业。

由于头发具有特殊的文化、政治属性,在现代社会的时尚潮流中,“短长之争”在所难免,还成了男女两性商媾女性形象、气质和身份认同的符号。在该专栏不难发现有些男性作者并不赞同女性剪短发,提出的理由是基于“美”和“实用”的考虑。署名为黄震遐的男性作者[6]提出,“女子的美,尤以发居要。现在将头发一去,那头部美便也去了一大半。”在他看来,女子的一律短发就失去了女性的个性美,“人的面庞时有异同的,不是一律的,而现在的发式,却完全都变成一样”。所以就美而言,有人表示自己“对于那女子人人剪发的提议,却始终不敢赞同”。[7]另外一位署名为铁阁的男性作者[8]也发表了类似的观点:“长发没有什么不相宜的地方。而剪发的好处,也没有多大。在美观上,以我个人的管见,还是长发要比较美的多”。他认为相对长发而言,花样百出的短发剪发式样,开销也增加了很多,“假设我妻愿意剪发,别的且不管,我恐怕我的预算上至少要增加三分之一”。[9]基于同样的考虑,却能得出相反的结论,让

---

① 镌永女士:《发的妆饰》,《大公报·妇女与家庭》1927年5月27日。
② 秋漪:《服饰璅话》,《大公报·妇女与家庭》1927年7月26日。
③ 黄震遐:《关于“头发革命”的话》,《大公报·妇女与家庭》1927年7月11日。
④ 郭毅:《读“长发与剪发之比较”后之我见》,《大公报·妇女与家庭》1927年9月15日。
⑤ 絮絮:《应当建设女子理发馆之我见》,《大公报·妇女与家庭》1927年7月26日。
⑥ 这里确定他的男性作者身份,是因为在该文末尾他对自己妻子剪发发表了自己的见解。
⑦ 黄震遐:《关于“头发革命”的话》,《大公报·妇女与家庭》1927年7月11日。
⑧ 这里确定他的男性作者身份,是因为在该文末尾他提到自己妻子剪发一事。
⑨ 铁阁:《长发与剪发之比较》,《大公报·妇女与家庭》1927年9月8日。

我们不得不重新考察短发背后的深层历史含义。

哲学意义上美的概念意味着“伟大”，与自然和广阔有着必然的联系，而现实生活中美的具体含义更多地与时尚潮流相关，是可以被时代和群体所左右的。历史上的时尚潮流往往又与某个既得利益阶层存在某种联系，无论中国的缠足，还是西方的束腰，都源自宫廷装束。清代以降，汉人对旗袍的喜好，是对于满洲贵族阶级地位、权力和生活方式的模仿和认同。现代社会流行短发，和学生、职业女性的学习、工作等需要有关，而作为“新女性”出现的她们，一方面承担着工作、家庭的双重压力，被要求独立、省时，另一方面也给世人留下刻板的形象，短发似乎足以代表这一群体——抛去产生短发的工作压力原因，而单纯地保留了短发的形象。事实上也确实是有着独立生存能力的新女性走上男性主导的社会舞台，开始从事一些长期为男性垄断的职位，重新编织社会的权力分配网络。她们否认的似乎不仅仅是短发本身，而是拥有短发的人物和这些人在以新的形象、气质登上时代舞台后所带来的权力变动。固守传统的男性作者们既焦虑传统社会性别制度的松动、瓦解，所以更加恪守旧有秩序。因此说，男性作者所认为的“长发美”是旧时的人面桃花。短发无疑充当了男女两性身份认同商嫱的符号，媒体则提供了场域，作者和读者则是时代潮流的塑造者和认同者。

**(二)服饰改良**

服装改良肇始于主张天乳、[①]反对束胸[②]等解放女性身体的呼声。“我国的妇女特别的是受过教育的妇女们，束胸穿背心的，约据百人之九十九，这不啻去了缠足的凡俗，添上了缠胸的陋习”。[③]而解放束胸客观上就需要改变平胸的传统服装样式，“现在有许多欲放胸的妇女，因为平胸式衣服的阻碍，不便立即解放。衣服的样式，本以适体为主，身体上既有发展或更变，所以衣服也必须立刻改良”，于是提倡“赶紧设法改良衣服才好”。[④]

何种服装是流行款式？如何改良才能为天津都市文化所接受？流行背后受到什么文化潜流的驱使？从流行层面看，这一时期的流行服装多来自上海，

① 祟一:《天乳运动》,《大公报·妇女与家庭》1927年9月15日。
② 一洁:《打倒束胸的恶习》,《大公报·妇女与家庭》1928年10月18日。
③ 祟一:《天乳运动》,《大公报·妇女与家庭》1927年9月15日。
④ 张相会:《胸部解放与衣服改良的问题》,《大公报·妇女与家庭》1928年11月8日。

《大公报》专门开辟了一个不定期的栏目，名曰“海上新装”，所刊图片人物，多为上海的名媛、交际花。例如，1927年7月11日的图片人物为唐瑛女士，[①]1927年11月15日“海上时装”的模特毕业于上海中西女塾。[②]上海的摩登女郎成为流行趋势的“样板”，而她们的服装也引领着时尚。这些新装“仅短及膝，且身裁狭小，模特毕呈，其尤其者，则短不掩膝，罩以长统丝袜，袜都为肉红色，藉显其肉体美，裙既短小，步履颇成不便，则复于二□开一小叉，风动叉开，膝以上之肌理，宛然在目”。[③]在仿效上海服装的同时，天津的流行趋势也瞄准西洋流行式样。巴黎新装，[④]旧金山之新装[⑤]都进入读者们的视野。“今年上海的时装旧式斗篷已经不甚流行了”，取而代之的皮领短大衣，“穿了既不妨碍走路，双手也可以照常活动，不过领子是圆围着颈项的，材料则仍软绸和薄呢两种，轻轻的，像西洋女子穿的差不多”。[⑥]

应该说，这一时期天津的服饰流行趋势颇有几分博采广纳、变幻莫测的特点。“现代的青年男女，谁不注意衣服式样之超时？”[⑦]甚至以标新立异和光怪陆离为美。“近来都门的女人，大都讲究奇装异服。不管奢侈不奢侈，大方不大方，只要能标新立异，伊们便觉得华美无比。而竞相模仿”。[⑧]“领高到三寸，腰也瘦到三寸，一弯腰就裂缝的新装”[⑨]最为流行。这种先引进来试试看再拣选的做法与现代文化的兼收并蓄、制度现代化、城市工业化等等西化的趋势及其特点极为相似。以至于形成与传统不同者便是现代的，流行者就是奇特的，奇特者就是现代的逻辑思维。这也构成现代天津服饰流行对都市文化发展的一个折射和嘲讽。然而，这种表象的模仿并非没有受到人们的质疑，甚或批判。

有人认为“现在衣服的式样——仅限于女子方面——我不敢说是否美观，因为美无标准，但他不便于行动及做事”。因此提出“现在衣服的过瘦，固然是一个缺点。领高，也是一个缺点，我觉得根本就可不要。而现在一般的姊妹

① 图片，《大公报·妇女与家庭》1927年7月11日。
②《海上时装》，《大公报·妇女与家庭》1927年11月15日。
③《海上新装》，《大公报·妇女与家庭》1927年11月22日。
④ 参见《巴黎新装》，《大公报·妇女与家庭》1928年4月12日。
⑤ 参见《旧金山之唐人街中之华侨妇女》，《大公报·妇女与家庭》1928年7月10日。
⑥ 冰：《装束话——斗篷与大衣》，《大公报·妇女与家庭》1927年11月30日。
⑦《时髦习尚之起源》，《大公报·妇女与家庭》1927年11月22日。
⑧ 秋漪：《服饰璅话》，《大公报·妇女与家庭》1927年7月26日。
⑨ 罗文：《由解放胸部说到服装》，《大公报·妇女与家庭》1928年8月16日。

们，却反提高了许多，也许领高，就显得项长，而项长就是美人似的吧？而我看的，不但不美人儿似的，反像戴了枷锁，那样左、右、俯、仰，不自由”！作者甚至强调指出：这种衣服上的束缚和压迫，无异于人格上的束缚和压迫。[①]到底什么是美？衡量衣着美的标准究竟是什么？对于二三十年代在津门出现的奇装异服，不少人提出了疑问：“装束是不是要适宜身体？装束是不是要保存体温？装束是不是只为美观吗？装束是只供人观瞻吗？的确，我们装束自己，目的是：身体适宜，体温的保存。并不在什么美观、观瞻”。[②]着衣的目的本来是为了蔽体、保暖，但却为何出现了爱红装，更爱短装的潮流？似乎这样的思考从未停止过。有读者就提出，衣服是护体的，只要不妨害身体的发育，又不妨碍做事就行了，何必管它时髦不时髦？更不需要奇形与怪状：“我相信美是不加害于人的，并且绝对离不开‘真’‘善’两个条件。凡是具有‘真’‘善’两个条件的事物。一定也是美的。我以为美的原则一是自然，第二是调谐。”[③]美的思索和讨论在《大公报》上层见叠出，然而无论媒体作者的宣传、读者的反馈，都深刻地打上了这一时期都市文化颠覆传统、急于西化却又无所适从的烙印。趋新？从旧？追求新异？讲求实际？服饰潮流折射出天津女性都市文化的某些特质。

### （三）“废缠足”——脚的解放

在该专栏的某些作者看来，“就研究妆饰方面言，头部的装饰与脚部的装饰是一样重要的”，所以关于脚的装饰及相关讨论也较多。“因为脚是支持全身的重量的，如果脚部不得当，这足以损害到全身的美点，如果我们看见一个缠脚很小的女子，伊走路都走不稳，有时候必须手扶着墙壁，那么伊各部分自然的美的姿态，几乎全被那走不动的两只脚牵制住了”。[④]

废缠足，无疑是现代女性解放的重要标志之一。自清末以来，社会各界就不断呼吁废止缠足、要求放足和天足。而这一时期的废缠足主张更多地与女性美联系在一起。从“几种脚上的装饰”等图片[⑤]中不难看出，当时鞋的面料已不仅仅是传统的棉布，更多的是皮革，鞋面上有很精美的图案，颠覆了传统的

① 罗文：《由解放胸部说到服装》，《大公报·妇女与家庭》1928年8月16日。
② 芸云：《如此装束》，《大公报·妇女与家庭》1928年12月6日。
③ 玉梅女士：《妇女的装饰与美的原则》，《大公报·妇女与家庭》1928年12月20日。
④ 镌永女士：《脚的装饰》，《大公报·妇女与家庭》1927年5月11日。
⑤ 参见《几种脚上的装饰》，《大公报·妇女与家庭》1928年5月3日。

“遮羞”裹脚布的含义,成为足上妆。鞋面很少,尽可能多地露出脚。这与引领时尚的“纽约的脚”相差无几:“纽约的妇女之新式鞋已废除鞋面,仅用精美之皮带,经于底上,以为美观。”[①]这一时期,“皮鞋在中国已经由‘实用品’跃而为重要的‘装饰品’之一了”。[②]在传统社会中,脚几乎是女人的第二性征,不但不能露给别人看,而且要尽量裹小,因为脚的大小既足以判定女孩家教的好坏,又决定了女性的婚嫁。二三十年代露面皮鞋的流行背后是废弃传统理念的女性解放思潮的暗涌。

尽管这一时期《大公报》上充斥着关于穿高跟鞋是美是丑的讨论,但各种时尚图片所表现的是:腿上穿丝袜,足下着高跟鞋,是女性颇为时髦而普遍的打扮。“近日最流行的新装,随时变化,可是高跟鞋总是离不掉的,最时髦的,似乎是不可缺少的点缀”。[③]镌永就在文章中指出:“我觉得脚部的妆饰,第一点还是要使自己不吃苦。第二点要不损美观,如果一个穿不惯高跟鞋的,一定要学时髦,不仅自己找苦吃,而且实在并不好看,不过这种全靠要自己会研究了。”[④]有人认为大多数人穿高跟鞋虽然从表面上看有益于塑造形体在走路时的弧线美,但久了会损害足弓的弯曲度,扁平的足弓会使足部的弧线减少,对身体有损害。“现在妇女所着之高跟靴,据其研究,因足跟高,体重前趋之故,致使彼等足部逐渐增进其长度,足长则靴性减而弧线美之弯度失,且其因而减少,行动时震动之功用者也失”,因此建议“妇女之高跟靴,设于交际场中之盛大宴会时,偶一穿着固无何种妨害,至平时家居,或行路时则万不可穿着”。[⑤]

可见在大呼废缠足的同时,高跟鞋却日益风行起来,成为女性的新宠。“现在妇女解放的声浪日高,打倒束胸呀,提倡放足啊,无二不利,但是只图美观,不顾身体的损害,为穿高跟鞋,而残伤足部,还觉得痛苦,不是与缠足咸受差不多的痛苦吗?”[⑥]

事实上,“缠足”和高跟鞋一样,最初都是为了满足妇女爱美之心和取悦男子之意而出现的。但是,这种不尊重自然生理、心理规律的美,根本无法演变

① 《纽约的脚》,《大公报·妇女与家庭》1928年4月5日。
② 绝尘:《穿皮鞋》,《大公报·妇女与家庭》1928年4月19日。
③ 剑华:《高跟鞋的害处》,《大公报·妇女与家庭》1929年3月7日。
④ 镌永女士:《脚的装饰》,《大公报·妇女与家庭》1927年5月11日。
⑤ 《高跟靴与弧线美》,《大公报·妇女与家庭》1927年10月19日。
⑥ 剑华:《高跟鞋的害处》,《大公报·妇女与家庭》1929年3月7日。

成健康的生活方式，可能还会束缚人们的行为和心智。何止是缠足，穿高跟鞋，推究起来，无论头饰、服饰等等附加在女性身体上被建构和赋予文化责任的美，都由男女两性商媾形成，其中蕴藏的不仅仅是时尚等诸种意义，更含有社会性别的权力关系。对于中国人而言，发式与足都是具有政治、文化意义的身体标志，都市文化中所兴起的对美的追求与讨论，难免也会使被讨论者演变成为具有一定时代特征的符号。伴随着高跟鞋的时兴，渐渐弥漫开来的不只是时尚潮流，也通报了另一场社会性别商榷的结果。

从有关发式、服饰和足饰的各种论述中不难发现：要求女子着装朴素、保守与追求装束的时髦、奢华似乎是一种矛盾。而这恰好反映了20世纪二三十年代天津女性都市文化中传统因素的惯性作用，使得新旧价值观及美的观念摇摆不定。她们在向往和追逐摩登时代生活的同时，仍受制于传统观念。值得注意的是，报纸媒体的态度与话语权的掌控、使用。这在一幅题为“短裙趣话”的漫画里得到某种体现。电车的门口装上了木栏，图文解说是“省得人家看见了雪白的玉腿”。①看与被看以及遮掩等多重性别关系活灵活现地表现出来。当然，这种流行时尚和关于美的认识是有一定时代性和阶级性的。

## 二、“都市新观察”——新家庭生活方式的倡导

随着南京国民政府的建立，20年代末30年代初天津都市文化更加关注市民生活，既有对日常生活的关怀，又有对新生活方式及其情趣的展示。其中该副刊传播了家政新知，如家庭娱乐、烹饪常识、无线电知识等，凸现了城市家庭对西方、现代、科学生活方式的想象和追求，表现出与乡村生活截然不同的面相。“新家政生活方式的倡导”，这一时期的《大公报》究竟宣传了什么样的现代生活方式？这些宣传给市民的家庭生活尤其是女性都市生活带来怎样的影响？家庭生活、社会性别和城市文化的关系如何？

该专栏曾经介绍过颇为“先进”的家用电器及其基本构成和工作原理，例如无线电收听器、天线、引进线、电池灯等等。文章多选译自美国Popular Science月刊上的A.B.C. of Radio一栏刊载的关于无线电收听器之常识。②因为新型家用电器本身新奇可喜，加上行文“浅易明显切合实际，颇能引起一般读

①《短裙趣话》，《大公报·妇女与家庭》1927年10月26日。

② 参见金马：《家庭的设备》，《大公报·妇女与家庭》1928年7月19、26日。

者之兴味”。[①]需要强调指出的是，该专栏在介绍新产品的时候，将科学原理讲解得浅显易懂，旨在为妇女增长现代科学知识提供可能。此举可以视为传播现代科学新知、开女智的一种重要方式。关注家政知识的时代意义究竟是什么？男性知识分子对于女性家庭责任的不断确认是显而易见的。把它置于不断向西方学习的近代历史的发展脉络之中，不难发现，此种西化的科学治家理想，也体现出人们对于现代生活的想象和追求。

还需要注意的是，在接受与理解这种新生活方式的过程中，人们更具开放心态。有作者呼吁，家庭生活应该更具现代气息，“娱乐可使一家之人得闲暇时间最佳之利用，使群国共同生活之乐趣。增加相爱之情谊”；“娱乐中如音乐与图画可以养成审美之智识，如种花与养鱼可以造成劳务清洁之习惯”。[②]竹君在文中就提倡日常生活的艺术化和科学化，主张建立家庭音乐会。作者认为：“人人能享受艺术味，使生活音乐化”。[③]很多家庭甚至根据自己的需要制定了“家庭享乐预算表”，这里的享乐不只是停留于过去的奢侈浪费，而是转变为新的休闲方式，如看电影、参加音乐会和新的家庭教育方式的实行。[④]而这种预算表的出现则更标示了人们新家庭娱乐观念的转变和对新生活方式的接纳。

无论是无线电收听器、电池灯，还是种花养鱼、家庭音乐会，都仅仅是传递“现代”气息的符号。大众传媒、消费社会、商品化的概念与都市文化难解难分，代表“现代化都市”的符号借助报刊媒体进行转换、传播。同时，考察历时性和空间性的文化过程，媒体传播的不仅仅是记载在纸张上的语言文字符号，更力求在家庭范围内塑造市民的“现代性”。

受过教育的女性在家庭生活方式上有什么改变呢？该专栏发挥了媒体的作用。首先，厨房要十分清洁，饭厅、碟碗，都应当非常清洁。[⑤]家政革命的中心价值在于提倡家庭饮食的卫生和健康。更有译自美国新科学杂志社上的一篇名为“吃饭要规”的文章，专门分析蛋白质、淀粉、脂肪等营养成分对人体的

① 金马：《家庭的设备》，《大公报·妇女与家庭》1928年7月19日。
② 黄嘉慧：《家庭之娱乐问题》，《大公报·妇女与家庭》1927年6月26日。
③ 竹君：《家庭音乐会的组织的价值》，《大公报·妇女与家庭》1929年5月16日。
④ 参见《暑期家庭享乐预算表》，《大公报·妇女与家庭》1929年7月18日。
⑤ 参见《烹饪的基础方法与用具的清洁整理》，《大公报·妇女与家庭》1929年12月12日。

作用。[①]根据食物的营养成分，把食物分为如下几类——鱼类、虾蟹类、肉类、家禽野味种、蔬菜类，并加以系统介绍和讲解。[②]由此可见，该专栏特别强调妇女在处理家庭日常事务的时候，勇于吸收新知，关注家庭的健康，改变传统的生活习惯和方式。表面看来这只是倡导一种积极健康的新家庭生活方式，但事实上，器物和生活现象的现代化，又在一定程度上影响着社会性别制度和城市文化的现代性演进。

这一时期的天津新女性并不像近代上海女性那样奉行独身主义，女性不仅没有更多地脱离家庭，而且（社会在不断）强化女性对于家庭的重要性和家庭是女性的责任等话题。由于康有为、梁启超提倡贤妻良母式教育，女学的教育重点偏向家政。有作者就指出新式教育带来的是西化了的新女性，“大多数自命为时髦的女子，其中也很多是受过教育的，都将国外舶来的繁华奢侈的风俗习惯，当做神圣一般的供起来”。她们与家庭的关系大有问题，“许多已嫁的女子，只要生活充裕，所有家务的处理，子女的养育，倒像是无足轻重似的。这实在是个中国家庭的大缺点”。[③]受过教育的妇女如何来处理家庭关系呢？作者认为最重要的是妇女应当主动承担家庭的责任，受过教育、有思想的女子应当是有能力并承担责任的“新女性”：“近来有知识、有思想、有见解的女子，日渐多了，她们也有点了解组织家庭之后，她们应有相当的知识，相当的责任。”[④]“就烹饪知识来讲，男子都要学会，以备不时之需，也算得了常识的一部分，何况女子呢”。[⑤]作者举了一个烹饪的例子，将在传统社会中专属女性的厨房，重新确定为女性的活动空间。教育、媒体和两性商媾的结果是，女子比男子应该在家庭生活中承担更多的责任——“男子都要……何况女子呢”。报刊文章的创作本身是一个过程，涉及实体符号、符号文字化、文字传播等环节。而此一过程本身就是对文化形态以及社会性别制度的再塑造。然而不容否认，商媾、教育之后的家庭观念和性别制度仍比较偏向传统。

自民国初年以来，关于家庭与妇女的讨论就没有停止过，婚姻制度、家庭

---

① 赵颐年：《吃饭要规》，《大公报·妇女与家庭》1927年7月26日。

② 参见《烹饪常识》，《大公报·妇女与家庭》1928年9月27日、10月4日、10月18日、10月25日、11月15日、11月22日。

③《我们的旨趣》，《大公报·妇女与家庭》1927年2月11日。

④《烹饪常识》，《大公报·妇女与家庭》1928年9月27日。

⑤《烹饪常识》，《大公报·妇女与家庭》1928年9月27日。

生活等等议题都被公开讨论、检视——是传统还是现代？有人认为："旧家庭制度暂不适于今日之潮流，新家庭制度又未成立，值此新旧交替之际，道德披靡，风尚日偷。故团结知识界妇女，倾注全力于家庭革新之运动，实为目前当务之急"。[①]而该专栏所提供的并非一个简单、直接的答案，而是文化、信息、符号传播、商榷的过程，在社会生活的诸多领域内，发挥着制造和发布信息的作用。《大公报》作为天津市发行量最大的报刊之一，它表明符号的生产与传播在都市文化建构过程中具有十分重要的地位。此外，它传播了一种从自发的社会文化变成具有商业动机的消费文化。

该专栏所刊载的很多文章，都涉及传统与现代的争论。而在现代中国，都市文化实际是在与传统文化尤其是乡村文化断裂的基础上不断孕育和发展的。它并不是传统农耕文化合乎逻辑的自然进化和延展式发展的结果，而是对工业化导致的社会变革的回应。媒体对新家庭生活方式的倡导有助于都市文化的建设。

婚姻家庭的变动受到社会的普遍关注，"娜拉出走"在天津引发了广泛的讨论。《大公报》就此曾展开"新性道德"[②]"女子人格独立"[③]等问题的争论。而"娜拉"被搬上戏剧舞台以及天津"娜拉"周仲铮的离家出走事件，都成为这一时期天津女性都市文化的戏剧化表现。《大公报》刊载的有关《玩偶之家》的演出消息，也反映了不同阶层的女性试图挣脱家庭束缚、追求自主婚姻的社会现实。"除了知识女性外，中下阶层的贫苦女性，也多有为争取婚姻自由，不惜反抗父母，逃出家庭之事例。"[④]重要的是，该专栏还透露出一些读者对这类事件的复杂心态。"在赞扬未婚女子因反封建反专制而出走之际，仍多将淫妇之名或道德谴责的眼光，加诸已婚妇女的出走之上。"[⑤]

恰恰相反，该副刊更强调女性在家庭中的重要与责任。足见，该副刊所表达的家庭观念和性别倾向传统与新潮并存，这在涉及传统与现代争论的文章中多有体现。

---

① 黄嘉慧：《家庭之娱乐问题》，《大公报·妇女与家庭》1927年6月26日。

② 俱新：《新性道德的基础》，《大公报·妇女与家庭》1928年9月27日。

③ 天然：《女子是个人》，《大公报·妇女与家庭》1929年10月3日。

④《鼓姬之家庭革命》，《大公报》1929年11月18日；《少女逃婚》，《大公报》1930年1月9日。

⑤《淫妇畏罪破镜重圆》，《大公报》1928年4月5日；《淫妇私逃反称被逐》，《大公报》1928年5月27日。

## 三、“编者—作者—读者”的世界

毋庸讳言,《大公报》等报纸在现代中国直接或间接地营建了都市人的心态。报刊自从在中国逐渐流行之后,对于中国现代性和时尚的建构起到了相当重要的作用。它改变了旧有的信息传播方式,极大地增加了信息受众的数量,以至于一篇文章刚刚登载,各地读者便可以迅速浏览;依靠现代印刷技术,文化信息得以大量复制,直接或间接地刺激了市民对于知识和信息的需求,营建了新的市民心理模式,使之成为都市文化中不可或缺的一环。对于依靠类似于报纸媒体所建立起来的文本的现代想象,诚如当代学者李欧梵所言:“从一开始,中国的现代性就是被展望和制造为一种文化的‘启蒙’事业。”[①]此外,报纸媒体并非纯然的纸质媒介与传播思想的工具,作为一个文化机构,它并非孤立地存在于社会之中,而是与商会、学校、地方士绅、知识精英结成错综复杂的关系,形成一个舆论表达的空间,并充当了思想表达——思想实践的某种链条。因此,报纸媒体在反映、塑造都市女性的审美潮流、都市文化和社会性别认同的力量无疑是巨大的。

《大公报》副刊非但代表了中国现代文化的独特传统,而且也提供了一个“媒体”理论:现代民族国家的建构和民主制度的发展是和印刷媒体分不开的。[②]该副刊在反映、塑造女性都市形象等方面是怎样处理“传播者和受众”之间关系的呢? 根据传播学的5w理论,信息的传播大概都要遵循“什么信息通过什么途径在何时向什么地方和谁”传播的规律。媒体传播过程中的每一个环节都不是独立、割裂的,传播者、传播内容、媒介本身和受众,这多重关系是互动的。而“编者—读者—作者”往来则较好地诠释了这一互动关系:编者作为报纸媒体的策划者和主办者,其思想观念和价值趋向在一定程度上直接影响着报纸的倾向、主要内容和读者群的选定。而作者是报纸内容的创作者,读者是报纸的主要传播对象,作者和读者有时候又常常角色互换。作者和读者的兴趣爱好经过聚焦、反馈之后,有可能反过来影响编者的办报策略和报纸的价值走向,因此也在一定程度上决定和影响了报纸的存在。考察这一文化互动

① 李欧梵:《上海摩登——一种新都市文化在中国1930—1945》,北京大学出版社,2001年,第57页。

② 李欧梵:《李欧梵自选集》,上海教育出版社,2002年,第138页。

场域,有助于探讨报纸媒体如何拟造女性都市文化,进一步追寻女性声音、社会性别认同的整合。

编者在媒体信息传播过程中所扮演的角色毋庸置疑,可以"策划和引导者"来概括,其思想倾向直接决定了传播内容和传播队伍的建立。作为该副刊的创办者和第一任编辑,经过五四新文化运动的何心冷[①]不满足于在拥有很多女性读者的栏目中男性作者一枝独秀:"《妇女与家庭》中的文字,平均起来,由女子执笔而发表意见的不十分多。所以有许多问题,都是让男子在那里隔靴搔痒,未免太煞风景了。我相信,我们这个报,当然有许多女读者,不过是不肯作文而已,所以我要求,请你们提出点切身问题,讨论讨论,无论如何,总可以给其余的一般女子一些很好的帮助"。[②]何心冷的这个提议主要是为了扩大作者队伍,由以往很少言说的女性参与讨论,同时鼓励女性读者大胆发表言论。没过多久,此举就收到了一定的实效。一些女性开始撰稿讨论自己的切身问题,从而变读者为作者。较为典型的是北京的"迷我女士"在"阴暗沧海,混混冥冥,一路无望,迷糊徘徊"之时,看到别人发表了谈论重男轻女的文章后,也就教育改良和经济独立等问题阐明自己的观点。在她看来,"我乃中等学校的学生,没有丰富的知识","本没多大的能力来谈这个问题,更不配与崤君来讨论",所以要把自己的言论公诸报端,"第一是因为我切身问题,第二是因看心冷君的给不认识的女友们的鼓舞"。[③]足见,编辑何心冷的鼓励产生了效果。

何心冷还不断提出包括都市女性在内的市民普遍关注并容易发出议论的各种话题,交由作者和读者讨论。这主要是因为何心冷明确表明自己的态度,"尤其是欢迎许多姊妹们能够将本身的问题,切实的报告供给一般社会讨论和研究"。[④]如1927年9月8日,他在《"贵族领头"与"脑袋架子"》一文中提出"尽管大家讨论妇女解放,而装饰这件事在人家心目中还是必要的",遂引起人们对于妆饰这一话题的关注,并挪出一定的版面刊登有关资讯。于是,几乎在每一期上都有关于女性装饰的讨论文字以及各种图片。在他向作者和读者们表

① 何心冷,《大公报》的著名副刊编辑,1923年9月到《大公报》编辑报纸副刊,主要编辑有《艺林》《铜锣》《小公园》等副刊及《妇女与家庭》等专栏。

② 心冷:《给不认识的女友》,《大公报·妇女与家庭》1927年8月11日。

③ 迷我女士:《读"妇女的习惯怎样革除"后的我见》,《大公报·妇女与家庭》1927年9月8日。

④ 心冷:《编者之言》,《大公报·妇女与家庭》1927年12月14日。

示出“关于家庭的改良以及家庭陈设美的计划，都是我们所十分欢迎的”态度[①]之后，关于家庭改良和家庭陈设美的文章逐渐增加，并经他之手，在专栏上刊出。如《整理器具法》[②]《大家庭和小家庭的片面观》[③]《美国通行的壁橱》[④]等。可见，编者何心冷对于该专栏的精心设计，起到了实际引导者的作用。

正是在编者的鼓舞下，作者开始踊跃投稿。参与征文者来自众多社会阶层。其中既有男性作者，[⑤]也有女性作者。在女性作者中，除了精通文字的知识分子之外，也有粗通文墨的普通人。MY 女士便是在编者的鼓励下敢于发声的典型代表。她非常谦虚地说自己仅仅是一个受过初等教育的人，且感觉“作文的能力，非常薄弱，恐怕有许多词不达意的地方”，但仍希望叙述个人的家庭生活和心得，遂撰写了《我的家庭》一文。“虽是一个很穷苦的，简单的工人家庭，但是他的构成，是我们自己的努力的结果，所以我愿意叙述出来，让大家批评”，并表明自己对婚姻和家庭的看法。她认为男女双方：第一，必须能力相当，第二，必须志趣相同。第三，必须经济独立。[⑥]MY 女士的文章引起了其他读者的注意，有读者随即来函赞赏她的勇气和人格：“读了 MY 女士新家庭的自述，我对她的人格，非常钦佩。她可算是我们女界中的一个觉悟者，一个实践者”，为此，这位读者还提出自己关于新家庭要素的观点：“身体必须彼此健强。”[⑦]编者使该专栏成为女性书写的一个相对广阔的场域，MY 女士的文章引起了一场小讨论，形成了女性互动。

此后，MY 女士不断撰文来讨论自己和其他女性的切身问题。在《两点钟的印象》一文中，她讲述了自己在工厂失业后，到另外一个烟草公司应聘时的情景。[⑧]在《大题小作——我也来谈谈重男轻女问题》一文中，她就重男轻女问

① 心冷：《编者之言》，《大公报·妇女与家庭》1927 年 12 月 14 日。

②《大公报·妇女与家庭》1928 年 1 月 12 日。该文中讨论了家庭陈设中器具整理和摆放以及卫生问题。

③《大公报·妇女与家庭》1928 年 2 月 2 日。该文中讨论了家庭改良之问题。

④ 李君：《美国通行的壁橱》，《大公报·妇女与家庭》1928 年 4 月 5 日。

⑤ 男性作者投稿这一现象相当普遍，也是过去和同时代的报刊中的主流现象，所以这里就不单独提出来分析。

⑥ MY 女士：《我的家庭》，《大公报·妇女与家庭》1927 年 9 月 8 日。MY 女士，出生于一个中产阶级家庭，六岁丧父，高校毕业后，反对邻村营长的求婚，后来邻居张君去工厂工作，她经过几番周折，来到天津和张君在同一个工厂工作。不久，两人建立了幸福美满的家庭。

⑦《大公报·妇女与家庭》1927 年 9 月 15 日。

⑧ MY 女士：《两点钟的印象》，《大公报·妇女与家庭》1927 年 10 月 5 日。

题发表了深刻的见解,在读者中引起较大反响。芳影在读后感中指出,“我读了MY女士的《大题小作》以后,除我自己对于MY女士和她的理论给予我深切的教训,确实的,我的内心对于与她这些言论很感动的,还起了共鸣作用”![1]在MY看来,“女性自身的问题,需要我们自己来讨论,需要我们自己去解决”。与开始的时候缺乏信心相比,MY女士在言说的过程中不断关注和确立自己的主体性。为了能在文章表达自己的观点,分享个人经验,MY女士还阅读了有关妇女问题的理论书籍,同男性商讨一些性别议题:“我所看过的关于妇女问题书籍很少(只有《妇女问题讨论集》《将来之妇女》),很缺乏理论,所以虽在这篇不成东西的文章里,还加了张君(我的丈夫)不少的助力,才能脱稿。”[2]

MY女士的作品不同于男性社会名流和倡导妇女解放的女性精英的文章,完全是借助于该专栏在读者中产生影响,从而得到某种认同。这足以说明女性所发出的这些声音不仅表达了她们个人的切身感受,而且构成那个时代的一些议题。由于她们的声音和思想不时出现在报纸媒体上,所以既起到激发读者留心关注女性问题的作用,又有助于报人和市民理解一般女性的想法。由此,编者、读者、作者在共同关注的议题下被聚集到一起。也正是这种并非“持论甚高”、表达精彩,却像是里巷琐言的文章,透露出更多都市女性的生活和观念,对于我们重构现代都市女性生活和心态史具有不可替代的意义和价值。

这一个案还为我们提供了深入分析的可能,MY女士的文章是在编辑何心冷鼓励下出现的,所谈论的话题——新式婚姻、女工失业、重男轻女都是天津城市现代化过程中的重要议题。换言之,她所选择的问题及其表达的个人经验、对问题的看法都无法彻底脱离时代话语,或多或少都经过编者的暗示和设计,究竟哪些是她自己的声音?值得深思。贺萧在研究20世纪上海娼妓的时候,曾经提出:她们确实说了话,她们的话不但被记载下来,也呈现了个人的经验,所以她们的声音有些可能是经过设计而呈现,也有可能是原音重现。[3]需要注意的是,MY女士言明在撰文时,“还加了张君(我的丈夫)不少的助力”。

① 芳影:《“大题小作”共鸣》,《大公报·妇女与家庭》1927年9月28日。

② MY女士:《大题小作——我也来谈谈重男轻女问题》,《大公报·妇女与家庭》1927年9月21日。

③ 参见贺萧:《危险的愉悦:20世纪上海的娼妓问题与现代性》,韩敏中、盛宁译,江苏人民出版社出版,2003年,第3~7页。

不论是她的文字必须给丈夫"过目""修改"之后才能投稿,还是她的丈夫对她的文字有过修改建议甚至直接动手增删,最起码她在表达思想的时候就已经必须面对男性思想的预设。还有一种可能,文章本身就是她和丈夫"商讨"的结果。无论如何,MY女士见诸报端的文章显然接受了两位男性——何心冷、张君直接或间接的帮助。所以,报纸媒体提供的并非是一个纯粹女性或者纯粹精英理念的思想或实践。实际上,它提供的是一种社会性别观念、制度商榷的可能。女性作者也并非全然丧失主体性,表面上看来男性编者是主导,但他们往往也会被女性作者牵引;女性作者的书写尽管会受到主流话语、男性编者的引导,却表达了个人的声音。可见社会性别的言论、思想、制度正是在反复的商榷、议论中呈现出一定的实像,换言之,女性通过报纸媒体也参与主流话语的制造、复制和传播,同时也说明男女共同参与了女性都市文化的创造。

或许正是由于编者强化作者和读者的女性身份,所以一些男性作者取了女性化的笔名。如在第十二期上发表《读〈微弱的呼声〉书后》的作者虽署名为"莲",但是却声明:"当我未写这篇文章之先,须要郑重地声明。我实实在在是个男子。并非冒牌货。但是在我们自己同行的眼光看来,也许要说我是倒戈者吧。"[①]这一时期或此前,撰稿人使用女性化笔名者并不罕见,署名为"某女史"者往往也是男性。而"莲"不仅公开表明男性身份,而且还站在女性的立场上谈论男女平等,其"倒戈"之举既可以视为都市男性对于男女平等问题具有更多现代观念,又会招致以"感同身受"的方式引导女性思想解放的嫌疑。

足见,该副刊的作者和读者还存在着一定的性别模糊性。

## 四、结语

《大公报》的《妇女与家庭》副刊,在20世纪二三十年代的天津存在了5年,向人们展示了天津都市文化的某些面向,表现出"编者—作者—读者"之间的互动。编者和作者利用这一虚拟空间,塑造女性主体性形象,影响读者乃至更多都市人生活的特性。《大公报》不仅记载和反映了天津的都市文化,同时借助市民生活方式、价值判定、审美情趣的彰显,影响了两性的社会性别认同。

女性都市文化的出现是城市社会、政治、经济和文化共同作用的结果,非

① 莲:《读〈微弱的呼声〉书后》,《大公报·妇女与家庭》1927年7月26日。

常复杂,既有现代对传统的改变,也有传统与现代的抗争。而天津都市文化所表现出来的两种张力则呈现出明显的特点:从"头发革命""解放身体""足饰变化"到各种服饰的流行以及美的讨论来看,时尚流行和市民的保守观念始终处于一种矛盾状态。然而作为一个开埠较早的都市,天津在北方常常起到率先垂范的作用,都市化程度较高。像新家庭生活方式的引进和确立,各种新设备的使用,莫不如此。市民们的观念和行为更具开放性,容易接纳新事物,但现象和符号背后的社会性别制度却仍然具有矛盾、商媾的实质。

作为一份以反映女性生活、观念为主的专栏,《妇女与家庭》很好地呈现了20世纪二三十年代天津的女性都市文化。该专栏还成了一种重要的文化传播途径,积极地加入性别关系的建构中,不断地传递出关于性别角色的规范,或明或暗地表明自身对不同性别角色、不同社会身份的基本态度,在批判传统两性关系的同时,倡导建立新的性别关系和文化。所有这一切,不仅程度不同地反映出女性都市文化在不断发展变化的历程,而且也或多或少地表明男性的性别观念在影响女性以及受女性影响的多种情况下的实际状况,加之报纸媒体对性别问题的独特呈现,从不同侧面反映着并构建了这一时期都市文化中所存在的社会性别关系。

本文原刊载于谭少薇、叶汉明等主编:《性别觉醒——两岸三地社会性别研究》,香港商务印书馆,2012年。

**作者简介:**

侯杰,男,1962年生,天津人。1980年考入南开大学历史系,1987年硕士研究生毕业后留校任教。现任南开大学历史学院暨中国社会史研究中心教授、博士生导师,天津市政府办公厅决策咨询专家组文化组组长,天津妈祖文化促进会会长。研究方向为中国近代社会与性别、宗教与信仰等。以中、英、韩、俄、马来文发表《大公报与近代中国社会》等论著,主编大中型丛书,召集学术会议。主持并完成国家、教育部、天津市社科项目与海外、国际合作项目。讲学于美、加、芬、法、日、韩、新、马及中国台湾、香港、澳门等高校和研究机构。

# 日货称雄中国市场的先声：晚清上海煤炭贸易初探

毛立坤

## 一、引 言

说起日货称雄近代中国市场这个话题，各位读者首先想到的恐怕不会是本文所要论述的商品——煤炭，而大致应是下面三段史料所反映的情景：

> 今之谈时务者，莫不知崇尚西法，诚以西法以富强为本，仿而行之，国之贫者可使致富，国之弱者可使变强。然谋强须先谋富，谋富之道非先致力于商务不可，而商务之原，非讲求机器不可。观于日本之效欧西而即可知其明效大也。日本自二十年前经英法惩创之后，几至不国，而其君与臣遂幡然变计，一意步武泰西，无论铁路、轮船、水陆兵法、军火器机皆专力讲求，而于商务一事尤不遗余力。泰西出一物，日本必刻意仿之，初亦不过东施之效颦耳，而今则西洋所有之物，东洋无不有之，且无物不肖。华人竞尚洋货，为一大漏卮。始则竞好欧西之货，卖者虽各知出处，而买者终不能皆辨其为英、为法、为德、为俄、为美也。惟东洋之货，则皆知其不如西洋，所以购物者宁贵毋廉，而东洋之货未能畅销于中华。而今则日本之学西人，愈学愈精，愈推愈广。于是华人有明知为东洋，而贪其价低而近似西洋之货而买之者；有不知为东洋而买之者；又有必欲买西洋之货，向西洋铺中而仍买东洋之货者。日人居心奸猾，惯于乱真，固为可恶；然其一国之人，皆肯殚精竭虑，必欲有成，亦殊可畏！不特中华，东洋之货渐渐畅销；且闻西洋，近日亦销东洋之货。有德商而向日本贩至英国者，有美商由日本而运至德国者，即西人亦欲以东洋之货谋利，互相转运，因其成本轻而外观美也。[①]

---

①《利国宜广制造论》，原载《申报》1895年9月17日，转引自何良栋辑：《皇朝经世文四编》卷42《工政、制造》，文海出版社，1972年。

(1905年前后)湘潭的棉纱,从前湖北制品及上海制品居多数,印度制品次之,至于日本制品,则寥若晨星。据说,从两三年前起,日本纱忽然在这里得到销路,竟以一泻千里之势,驱逐并代替了汉口、上海和印度制品,独占了湘潭市场。同时,其他棉纱已不留踪影。其原因,据湘潭人云,是因为日本纱有光泽,斤两比其他棉纱每包多十数斤,所以人们爱用日本纱。本地人织制土布所用的洋纱,大多使用日本纱。①

(1905年各地着手)废除科举、试办新学,此际连地处西南的内陆省份云南也很快开始假道邻国越南,从香港输入大量原产于日本的地图、课本、教学仪器、学生帽等,受到新式学生的青睐。②

以上三段颇具代表性的史料分别从宏观层面和微观层面描述了贸易活动中出现的一个新变数——甲午战争以后日货开始在中国市场上打开销路,进而在20世纪初年表现出所向披靡的势头,先后将很多同类外国货以及国产货逐出市场,甚至在对外交通较为闭塞的西南内陆地区也不例外,于是乎彰显出一种称雄中国市场的架势。这似乎成了一种约定俗成的常识,在何炳贤于20世纪30年代撰写的大部头权威性的近代贸易史著作中,20世纪之前的日货输华贸易似乎无足轻重,此后才逐渐占据了重要地位。③中国对日贸易关系最为密切的口岸是上海,而相关学者撰写的最重要的一部上海贸易史著作却对20世纪之前的沪日贸易关系轻描淡写,对20世纪以后的沪日贸易活动详加论述。④此外,笔者在翻阅史料的过程中也发现,在20世纪之前的《海关年度贸易报告》《海关十年报告》和《英国驻华领事商务报告》当中,执笔者往往会对欧美印(度)产品在中国市场上的营销情况详加分析和论述,日本货虽然也会偶尔提及,但往往是一笔带过。也是在20世纪以后,随着日本棉纱、布匹以及名目繁多的各类廉价工业品大量涌入,日本货的营销情况才逐渐成为此后的《海关

---

①《湖北省志·贸易志》编辑室编:《湖北近代经济贸易史料选辑(1840—1949)》(第1卷),1984年印(内部资料),第110页。

② Mengtsz(云南蒙自)Trade Report for the year 1905,中国第二历史档案馆、海关总署办公厅编:《中国旧海关史料》,京华出版社,2001年,第41册第729页。

③ 何炳贤:《中国的国际贸易》,上海商务印书馆,1937年。

④ 上海社会科学院经济研究所、上海市国际贸易学会学术委员会合编:《上海对外贸易(1840—1949)》,上海社会科学院出版社,1989年。

年度贸易报告》所关注的重点内容之一。[①]上述种种印象未免会使人产生一种错觉，仿佛在19世纪的大部分时段里，日货在中国市场上的表现一直默默无闻，无力同较早称雄中国市场的欧美货一争高下。一直拖延到《马关条约》赋予在华日商和日资工厂种种特权之后乃至要到19—20世纪之交日本国内工业取得突飞猛进的发展以后，很多类日货便在毫无任何营销模式可供套用、也无多少商战经验积累的情况下，突然间称雄中国市场。

但是笔者在研读史料时注意到煤炭作为一种矿产品，其贸易情形却显得有些不符常理。在19世纪后半叶东南沿海通商口岸城市市场上所出售的煤炭中，绝大多数都是外国煤、以及少量中国台湾煤，中国内陆地区出产的煤炭则较为罕见。而且不是工矿业最发达的欧美国家生产的煤炭占据较大市场份额，反而是相对落后的东邻日本生产的煤炭最为畅销，这种怪现象值得加以分析和解释。

煤炭作为航运业、工业燃料、军需品以及民生日用品，理应算一种重要商品；笔者也常在各类史料中看到一些关于特定市场，尤其是口岸城市市场煤炭贸易行情的描述，但令人蹊跷的是对这样一种重要商品贸易活动的研究却略显冷门，成果不多，研究时段也多集中在20世纪以后，且基本都是围绕主要几个大型煤矿的产销活动展开论述。[②]作为上海市场上煤炭的主要买家之

① 中国第二历史档案馆、海关总署办公厅编：《中国旧海关史料》，京华出版社，2001年。*British Parliamentary Papers: China. Embassy and Consular Commercial Reports (1854–1898)*, Irish University Press, 1971.

② 最基础的两部著作为：《中国近代煤矿史》编写组：《中国近代煤矿史》，煤炭工业出版社，1990年；蒂姆·赖特：《中国经济和社会中的煤矿业(1895—1937)》，东方出版社，1991年。其他研究区域性煤炭生产及贸易情形的代表性著作及论文有：黄嘉谟：《甲午战前之台湾煤务》，《台湾"中研院"近代史研究所专刊》1982年第2期；丁长清：《从开滦看旧中国煤矿业中的竞争和垄断》，《近代史研究》1987年第2期；丁长清：《开滦煤在旧中国市场上的运销初析》，《中国经济史研究》1988年第3期；刘龙雨：《清代至民国时期华北煤炭开发(1644—1937)》，复旦大学博士学位论文(未刊稿)，2006年；刘龙雨：《抗战前华北煤炭的消费》，《中国社会经济史研究》2009年第3期；张伟保：《华北煤炭的生产、运输与销售(1870—1937)》，香港新亚研究所博士学位论文(未刊稿)，1994年；李丽娜、任吉东：《铁路与山西近代煤矿业的发展(1907—1937)》，《山西师大学报(社会科学版)》2008年第1期。肖育琼：《近代萍乡士绅与萍乡煤矿(1890—1928)》，南昌大学硕士学位论文(未刊稿)，2006年；吴自林：《论萍乡煤矿在汉冶萍公司中的地位(1890—1928)》，南昌大学硕士学位论文(未刊稿)，2007年；张宏森：《汉冶萍公司原料、燃料运输研究(1894—1925)》，华中师范大学硕士学位论文(未刊稿)，2009年；朱佩禧：《抗战时期上海的"煤荒"研究》，《社会科学》2009年第1期；王林楠：《近代东北煤炭资源开发研究(1895—1931)》，吉林大学博士学位论文(未刊稿)，2010年。张道亮：《焦作中福公司(福公司)煤炭运销网络研究——以1930年代为中心》，南开大学硕士学位论文(未刊稿)2012年。E. C. Carlson, *The Kaiping Mines(1877–1912)*, Harvard University Press,1957.

一——各大轮船航运公司先后编写过若干企业史著作,但很少会提及不同时期船舶燃料的采购情况;[①]作为上海市场上煤炭的主要买家之二——各类新式工业企业和传统行业也多有相关的企业史、行业史著作问世,[②]不过大多对日常经营过程中的燃料采购与消耗情况语焉不详,因此这些著作均无法直接为还原当时的煤炭贸易情形提供有价值的研究线索。此外,在《上海对外贸易(1840—1949)》这部目前最为权威的上海近代贸易史著作中,虽然辟有专章论述东洋庄和对日贸易,但也只是非常简略地叙述了20世纪以后的煤炭进口贸易,对19世纪后半叶这一关键时期的煤炭贸易情形只字未提。[③]另外三篇以近代上海进出口贸易为主题的代表性论文也均没有对煤炭进口贸易给予足够的关注。[④]最后,欧美和日本学者撰写的相关著作和论文虽然阐释了生丝、茶叶、煤炭、匹头货、机械产品、钢铁、棉花等多类日本大宗外贸商品的进出口情况,但重在论述海外贸易的发展对日本迅速实现经济腾飞产生的拉动效应,[⑤]而上

---

① 张后铨:《招商局史(近代部分)》,中国社会科学出版社,2007年。Yi Li, *Chinese Bureaucratic Culture And Its Influence On The 19th-Century Steamship Operation(1864-1885), The Bureau Of Recruiting Merchants,* The Edin Mellen Press, 2001. B. Cable, *A Hundred Years of the Peninsular and Oriental Steam Navigation Company(1837-1937),* Ivor Nicholson and Watson Limited, 1937. F. E. Hyde, *Blue Funnel: A History of Alfred Holt And Company of Liverpool From 1865 to 1914,* Liverpool University Press, 1957. G. Blake, *The Ben Line: The History of Wm. Thomson & Co. of Leith and Edinburgh, and of the Ships owned and managed by them(1825-1955),* Thomas Nelson and Sons Ltd, 1956. S. Marriner & F. E. Hyde, *The Senior John Samuel Swire(1825-1898): Management in Far Eastern Shipping Trades,* Liverpool University Press, 1967. 片山邦雄:《近代日本海运とクジケ》,御茶の水书房,1996年。松浦章:《清末の新聞に見る日本汽船の活動》,《或問》(WAKUMON)15. No. 10.

② 主要有为大隆机器厂、恒丰纱厂、南洋兄弟烟草公司、永安公司、江南造船厂、荣家企业、刘鸿生企业,以及外商英美烟公司、沙逊洋行、太古洋行、怡和洋行等近代著名企业撰写的企业史著作,以及为近代上海机器、造纸、缫丝、丝织、卷烟、面粉、五金等行业撰写的行业史著作,兹不赘述。

③ 上海社会科学院经济研究所、上海市国际贸易学会学术委员会合编:《上海对外贸易(1840—1949)》,上海社会科学院出版社,1989年。

④ 王良行:《上海贸易条件的数量分析(1867—1931)》,《近代史研究》1996年第5期;唐巧天:《上海外贸埠际转运研究(1864—1930)》,复旦大学博士学位论文(未刊稿),2006年;唐巧天:《19世纪下半叶上海对日本的国际中转探析》,《社会科学》2010年第11期。

⑤ F. E. Hyde, *Far Eastern Trade(1860-1914)*, Barnes & Noble Books, 1973. S. Sugiyama, *Japan's Industrialization in the World Economy(1859-1899), Export Trade and Overseas Competition*, The Athlone Press, 1988. M. Baba & Masahiro, *Foreign Trade and Economic Growth in Japan(1858-1937)*, in L. Klein & K. Ohkawa eds., Economic Growth: The Japanese Experience since the Meiji Era, Richard D. Irwin Inc, 1968. 山脇悌二郎:《近世日中貿易史の研究》,吉川弘文館,1960年。

海只是日本煤炭的外销市场之一，日本煤炭在上海市场上销售情况的具体演化过程尚存在很多谜团有待进一步破解。

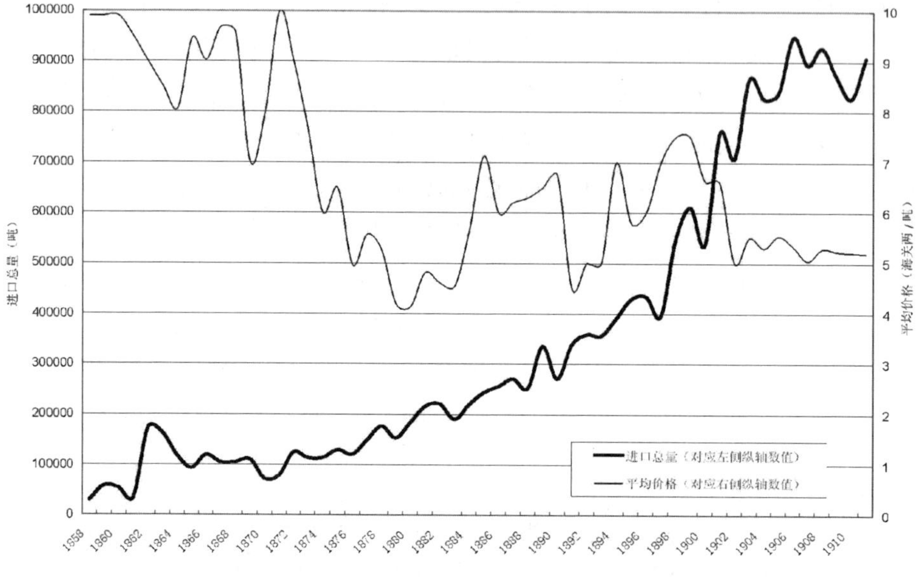


**图1　晚清时期上海市场煤炭进口总量与平均价格波动示意图(1858—1911年)①**

---

① 本图的相关数据资料引自以下文献：《领事文极司脱关于1865年度上海贸易的商务意见内容摘要》，李必樟译编：《上海近代贸易经济发展概况——1854—1898年英国驻上海领事贸易报告汇编》，上海社会科学院出版社，1993年，第103页。*Shanghai Trade Returns for the year 1860*, 1864-1911，中国第二历史档案馆、海关总署办公厅编：《中国旧海关史料》，京华出版社，2001年。第1册第43、475、476页，第2册第58、59、560、561页，第3册第20、21、163页，第4册第28、309、584页，第5册第34、312、631页，第6册第41、363页，第7册第181、590页，第8册第207、642页，第9册第216、661页，第10册第210、632页，第11册第210页，第12册第212页，第13册第225页，第14册第231页，第15册第234页，第16册第243页，第17册第260页，第18册第258页，第20册第268页，第22册第280页，第23册第262页，第24册第299页，第25册第300页，第27册第307页，第29册第353页，第31册第356页，第33册第354页，第35册第427页，第37册第482页，第39册第544页，第41册第461页，第43册第458页，第45册第476页，第47册第509页，第49册第557页，第52册第615、616页，第55册第555页。需要说明的是：1858年、1859年、1861年、1862年、1863年上海市场煤炭进口总额的原始数据缺失，只可从《英国驻沪领事商务报告》中找到进口总量数据，因此无法计算出上述年份上海市场上煤炭真实的平均价格。在《中国旧海关史料》中留存有1860年上半年上海市场的煤炭贸易统计值，故只得暂将上半年的平均价格视为全年的平均价格。1861年、1862年、1863年的平均价格数值系依照1860年和1864年的统计数据差值依年度等幅递减而得，1858年、1859年的平均价格数值暂以等同于1860年的数值来标示，上述年份的平均价格数值均非原始数据，特此说明。其余年份的平均价格数值均采用年度进口总额除以年度进口总量计算而得。

图1可以使读者对晚清时期上海市场上各类煤炭进口总量和平均价格波动情况产生一个大致的印象,下文将详细分析造成这种波动的原因和机理,以及与之相伴的不同类煤炭市场占有率的变化情况。

## 二、各类煤炭的特性和早期的市场竞争态势

不同产地的煤炭天然所含的成分存在一定差异,这是导致不同类煤炭质量高低有别的原因之一。此外,由于不同国家的煤炭开采技术或高或低、对生产流程的监管也不尽相同,由此也会导致煤炭的质量出现差别。金本位国家的产品运至银本位国家市场销售时,其售价会受金银两种货币本位金属之间比价波动的影响,金本位国家生产的煤炭当然也不例外。最后,煤炭作为一种“笨重货物”(bulky cargo),产地至消费市场的综合物流支出(含运费、税赋支出等)亦不可忽略,而这些支出最终会分摊到煤炭的售价当中去。下面我们先来逐一分析各类煤炭基于上述四点原因而具有的特性。

一是英国煤和美国煤:英国煤产于本土多个煤矿,总体而言质量很好,且没有掺杂现象。其中加的夫(Cardiff)煤等优质煤炭所含的热能很高,最适合供专驶(沿途加煤站较少的)远洋航线的轮船以及军舰使用。此外,英国煤能够维持足量供货,在其他煤炭质量较差或库存不足的情况下,以及远东地区政治形势渐趋紧张之际,顾客唯有采购英国煤(特别是专供军舰使用的加的夫煤)应急。不过英国煤的生产成本虽然较低,但是由于运抵上海市场的航程过于遥远,昂贵的运费会分摊到最终售价当中,致使价格偏高。况且运输成本在短时期内难有大幅降低的可能,这也就决定了英国煤在东亚市场上只能维持一种高价位,降价空间很小。[①]美国煤也属于优质煤,其市场行情和英国煤较为相似,也是因为运费太高,导致其售价最高,且因供货量有限,市场份额相应也较低。[②]此外,由于英国、美国及澳大利亚均实行金本位制,其产品在产地的价格均以与黄金价格直接挂钩的各该国货币作为计价单位;鉴于中国和日本(1897年以前)均实行银本位制,而白银自19世纪后半叶以来总体上维持了(相

① 以香港市场上出售的英国加的夫煤为例,运输成本占其最终售价的64%,上海市场的情况应该与之相似。参见Sugiyama, *Japan's Industrialization in the World Economy(1859–1899)*, pp. 33, 184.

②《领事文极司脱关于1866年度上海贸易的商务意见摘要》,李必樟译编:《上海近代贸易经济发展概况》,上海社会科学院出版社,1993年,第129页。

对于黄金）贬值的趋势，于是就造成金本位国家的产品在银本位国家市场上一般情况下会面临涨价的压力，产于这些国家的煤炭当然也不例外。而在银本位国家之间，各自的产品在对方市场上则可免受这种涨价压力的影响。

二是澳大利亚煤：澳大利亚煤由于价格略微便宜且货源也相对充足，因此在上海市场上的销路也不错。[①]澳大利亚煤就质量而言略逊于英国煤和美国煤，但比下文提到的日本煤要好得多，因此往往会受到更注重节约燃料成本的航运业客户的青睐，也因含硫量低而适合用作冶铁燃料。其在营销活动中的竞争弱项最终恰也同其“居中”特性有关，致使其在价格战中容易败给日本煤，而在质量战中又容易输给英国煤。

三是日本煤：日本煤的生产成本不高，但日本煤掺杂使假的问题较为突出，起初只有在专图节省成本、不太重视煤炭质量，或能够“以量补质”的特定顾客群当中较受欢迎。[②]

四是国产煤（含台湾煤）：此时中国内陆地区生产的煤炭由于人工开采成本很高，[③]而落后的运输方式又导致运费昂贵，再加上沿途税赋负担沉重，[④]运抵沿海口岸城市以后注定将成为一种“天价”燃料。[⑤]因此这类煤炭早期不适合销往上海市场，最多只能运抵汉口、九江等沿江口岸城市，供行驶于汉口以下长江河段的轮船沿途就地补充燃料。[⑥]由于内地煤炭的生产和运输过程颇费周折，往往缓不济急；80年代以后随着内地煤炭消费量的增加，国产煤在沿

---

①《领事文极司脱关于1866年度上海贸易的商务意见摘要》，李必樟译编：《上海近代贸易经济发展概况》，上海社会科学院出版社，1993年，第129页。

② 并非每一类客户都可以做到“以量补质”，例如驶远洋航线的轮船就不能“以量补质”，因为如果装载大量劣质煤炭就会占用太多宝贵的舱位，减少客货运量；而对本地新式工厂或铁匠铺而言，则无须计较煤炭囤放地所占的空间，在很多情况下可以采取“以量补质”的办法来节省燃料开支。

③ 据相关学者考证，在甲午战争以前，中国内地新式煤矿仅仅是在提升、通风和排水三个生产环节上开始尝试使用以蒸汽机提供动力的提升机、通风机和排水机，其他生产环节仍然主要依靠人力或畜力，因此生产成本无法显著降低。参见周岩、胡茹：《中国近代煤炭开采技术发展及其影响因素》，《中国矿业大学学报（社会科学版）》2011年第1期。

④ 关于煤炭运输过程与沿途缴税情况的分析，可参见张宏森：《汉冶萍公司原料、燃料运输研究（1894—1925）》，华中师范大学硕士学位论文（未刊稿），2009年。

⑤ 例如在1866年，京西斋堂煤矿每吨煤的采掘成本仅值银2.5两，但经牛车辗转运到天津市场后，即使以每吨煤12两银的价格出售，贩运者也未必能获利。参见刘龙雨：《清代至民国时期华北煤炭开发（1644—1937）》，复旦大学博士学位论文（未刊稿），2006年。

⑥《领事文极司脱关于1866年度上海贸易的商务意见摘要》，李必樟译编：《上海近代贸易经济发展概况》，上海社会科学院出版社，1993年，第128页。

海口岸市场以外区域的销路都逐渐受到廉价进口煤的侵蚀。加之国产煤的税赋支出持续增加，使得外国煤与国产煤的价格差进一步扩大，导致"江轮沿途加煤"这种原先较为划算的燃料采购模式逐渐消退，让位于在上海加足廉价日本煤之后行驶全程这样一种新模式。虽然到19世纪末逐渐有较多国产煤输入上海，但仍无力主导市场。[①]台湾煤的生产成本总体而言也不算高，且产地距离上海市场近在咫尺，加之运费受航线竞争影响而极为低廉，因此售价自然最低。[②]掺假问题亦突出，质量令人诟病，再加上早期产能有限，供货量不足，在60年代尚难以扩大市场占有率。[③]但台湾煤因价格便宜，到了80年代以后仍然在邻近的香港市场上具有一定竞争力。[④]

通过以上分析我们可以发现，影响煤炭销路的最重要的两个要素就是其质量和价格。在19世纪60年代中叶，英国煤和美国煤虽然质量上乘，但由于售价较高，不具备与其他产地的煤炭开展价格战的条件，只能打"以质取胜"这张牌。澳大利亚煤价位居中，质量亦居中，且具有增产的潜力，因此竞争力逐渐增强，表现为澳大利亚煤时常能以远较英国煤便宜的价格抛售，令后者屡屡发生滞销现象。日本、国产台湾出产的煤炭质量较差，但价格低廉，因此低端市场必为其所占；但总体而言由于这两类煤炭供货量有限，故暂时还无法从根本上改变高价煤主导上海市场的格局，只能在少数情况下令高价煤面临一定的竞争压力。这一时期蒸汽机的耗煤量仍较大，各大轮船运输公司便成为上海煤炭市场的主要客户。劣质煤炭由于所含热能少，需要加量装载才

① Shanghai Trade Report for the year 1883，1884，1887，中国第二历史档案馆、海关总署办公厅编：《中国旧海关史料》，京华出版社，2001年，第10册第203、626页，第13册第217、219页。《总领事许士1889年度上海贸易报告》《总领事璧利南1898年度上海贸易报告》，李必樟译编：《上海近代贸易经济发展概况》，上海社会科学院出版社，1993年，第743~744、943页。

② 据英国驻淡水领事福德（C. M. Ford）测算，1879年台湾煤的平均生产成本约为2.5元/吨，日本煤的生产成本应该与之相近，但早期国产台湾煤销往上海市场的赋税负担较日本煤略重，关于这两种煤运抵上海市场的运费支出下文将详述。参见黄嘉谟：《甲午战前之台湾煤务》，台湾"中研院"近代史研究所，1961年，第129页；Tamsui（台湾淡水）Trade Report for the year 1874，载黄富三、林满红、翁佳音主编：《清末台湾海关历年资料》，台湾"中研院"台湾史研究所筹备处，1997年，总126页。

③《领事文极司脱关于1866年度上海贸易的商务意见摘要》，李必樟译编：《上海近代贸易经济发展概况》，上海社会科学院出版社，1993年，第129页。

④ 日本汉学家冈千仞于1884年旅港考察时就注意到，台湾出产的鸡笼煤因运费开销极低，因此售价最为便宜，故"大为外人所重"。参见冈千仞：《观光游记·1884年3月4日日记》，转引自陈湛颐：《日本人与香港——十九世纪见闻录》，香港教育图书公司，1995年，第211~212页。

能使轮船行驶完远途航程，所以不太适合充当船用燃料。于是在60年代中期的上海煤炭市场上，英国煤和澳大利亚煤占据了主要市场份额，1866年对应的市场占有率分别为44%和37%；其他类煤炭只能充当“配角”，美国煤、日本煤和国产台湾煤所占的比重分别只有8%、7%和4%。鉴于当时中外贸易规模尚未大幅扩展，加之沿海航线及内河水域的相当一部分客货运输业务仍由沙船承担，所以数量有限的轮船对煤炭的消耗量也不会迅速增加，既有的市场格局暂时能够维持一种相对稳定状态，各类煤炭基本上都可以出售给与之“门当户对”的顾客。①

## 三、新变数与新竞争——19世纪60年代晚期至70年代的上海煤炭市场格局

19世纪50年代末，持续了近半个世纪的“世界白银产量低谷期”逐渐结束，因贵金属货币匮乏而给世界贸易造成的种种困境明显缓解。②到了60年代末期，世界贸易的复苏使得全球经济一体化的步伐骤然加快，表现为苏伊士运河通航、世界铁路通车里程连年增长、远洋船舶吨位数持续增加等等；与此同时，工业革命的成就进一步彰显，新技术带来的新变数注定要深刻影响全球贸易活动。③

这些新变数当然也会影响到远东地区的煤炭贸易。首先表现为新式蒸汽机的热效率大幅提高，从而使轮船的耗煤量显著降低，这就为劣质煤扩大销路创造了条件。其次是轮船运输公司之间的激烈竞争促使其千方百计降低运营成本，于是争相采购廉价煤炭。同时，不同类煤炭在质地、供货量、价格等方面差异与上述新变数交织在一起，进而使上海煤炭市场呈现出更为复杂的竞争态势。

---

①《领事罗伯逊1856年度上海港贸易报告》《参赞威妥玛关于从商业角度看1864年度上海港贸易情况的备忘录》《参赞威妥玛附于1864年度上海贸易统计表的备忘录》《领事文极司脱关于1865年度上海贸易的商务意见内容摘要》《领事文极司脱关于1866年度上海贸易的商务意见摘要》《领事文极司脱关于1867年度上海贸易的商务意见摘要》，李必樟译编：《上海近代贸易经济发展概况》，上海社会科学院出版社，1993年，第16、77、83、102、103、129、146页。

② 林满红：《银线：十九世纪的世界与中国》，台湾大学出版中心，2011年，第129~134页。当然白银增产也给世界贸易（尤其是中外贸易）造成诸多负面效应，下文将详述；不过在19世纪80年代之前，这些负面效应还不算突出。

③ 杰弗里·巴勒克拉夫：《当代史导论》，上海社会科学院出版社，1996年，第36~57页。

### (一)东亚水域的运价战及其对煤炭贸易的影响

早期的轮船耗煤量较大,不仅直接导致用于燃料的开支高昂,还会因大量装载煤炭而占用较多的舱位,此外还要求尽量使用含热能多(价格贵)的优质煤炭作为燃料。因此只有少数领取政府补贴享有特权的轮船运输企业才能维持连接远东地区的常川航线,如大英轮船公司从1845年起即开辟了连接远东主要港口的航线,除了承运鸦片、生丝、白银等大宗贵重商品可获厚利以外,还垄断了政府邮件递送业务,以此来支付采用高价煤炭作为燃料的巨额开销,燃料成本此时占该公司全部运营成本的27%。故早期一般商品的流通仍主要采用运费低廉的帆船作为运输工具。①

不过随着蒸汽机的设计结构不断改良,19世纪中叶登场的多款高压回旋式蒸汽机的耗煤量较此前的老式蒸汽机有了大幅下降。到了19世纪60年代以后,这些耗煤量越来越低的新式蒸汽机开始逐步运用于远洋航海运输,从而为船只大幅减少载煤量、进而降低运费创造了条件,也为劣质煤炭打入船用燃料市场提供了可能性。这是全球航运业的单位运价在此后的长时段里维持下行趋势的重要原因之一。②

由于东亚地区(特别是中日两国)属于欧美工业品的大市场和外销农产品、手工业品、原料产品的输出地,外贸货运总量极为庞大,导致本区域客货航

---

① Hyde, *Far Eastern Trade (1860—1914)*, Barnes & Noble Books, 1973, p. 4, p. 22. B. Boxer, *Ocean Shipping in the Evolution of Hong Kong*, Chicago University Press, 1961, pp. 11–13. Sugiyama, *Japan's Industrialization in the World Economy(1859—1899)*, p. 172. North China Herald, December 29, 1860, p. 207.《领事罗伯逊1856年度上海港贸易报告》《领事罗伯逊1858年度上海港对外贸易报告》《领事文极司脱关于1865年度上海贸易的商务意见内容摘要》,李必樟译编:《上海近代贸易经济发展概况》,上海社会科学院出版社,1993年,第24、36~37、58、98页。

② 早在19世纪40年代,英国的研发人员已经初步摸索出一套降低回旋式蒸汽机运转成本的基本原则,那就是设法增加复合式气缸的数量以便充分利用水蒸气所含的余热,同时采用分离式冷凝器降低气缸的热量损失;研发人员遵循着这条基本原则开展了长期持续的改良活动,最终在19世纪后半叶使回旋式蒸汽机的热效率出现了前所未有的大幅提高。这一时期推出的热效率最高的蒸汽机是一种三级膨胀式蒸汽机(triple expansion engine),这种机器以1马力的功率连续运转1小时的耗煤量还不到1磅,仅为老式蒸汽机的1/30。与上述变迁如影随形的一个现象就是轮船的运输成本持续下降,最终降低至帆船运输成本之下。于是最晚在19世纪80年代,连接英国与亚洲港口间的航线基本完成了由帆船运输向轮船运输的过渡。以上内容引自R. Allen, *The British Industrial Revolution in Global Perspective*, Cambridge University Press, 2009, chapter 7. 亦可参考C. E. Fayle, *A Short History of the World's Shipping Industry*, Taylor & Francis Ltd, 2011, p. 231, pp. 246–247.

线的分布较为密集。加上轮船运输业的利润水平在19世纪中叶普遍维持在高位，随即吸引了越来越多的航运公司开辟出途经东亚水域的航线，船只运输吨位的供应一度出现了严重过剩的场景。[①]激烈运价战随之而来，大大小小的轮船公司之间达成的旨在避免恶性竞争的齐价合同经常是“你方唱罢我登场”，这是导致本地区外贸商品的运价在此后的长时段里维持下行趋势的重要原因之二。[②]

而沪日口岸间的航线也是东亚水域服役船只（包括轮船和帆船）最为密集的航线之一，运价战相应也颇为激烈。70年代主要表现为美国太平洋邮船公司（俗称“万昌公司”）和日本三菱邮船会社竞争沪日间航线，很快就导致上海至日本各埠的运费暴跌。“有日本三菱轮船洋行告白，知已创行火船，往来于上海东洋，与万昌老公司争业。……将各价又大减色，计华客往长崎者，仅需银圆三元五角，往横滨者七元五角，货往长崎每担七分五，往横滨一角二分半。按此价公道之至，系往常所未闻者……”[③]而（日本煤集中发货港）长崎至上海间航线过去正常的货运费大约在2.25~3.50元/吨之间波动，但由于上述运价战愈演愈烈，导致每吨煤的运费最低曾降至1元，比台湾煤从基隆装船运到上海的运费（约为2~2.20元/吨）还低得多，遂使日本煤在上海市场上的交易价格进一步走低。[④]

80年代以后，日本政府支持三菱公司牵头组建日本邮船会社，该会社创立伊始就拥有58艘轮船，每年还可获得88万日元的补贴。另一家与之旗鼓相当的航运企业大阪商船会社在不久之后也宣告成立。这两家日资企业先后成为

① 毛立坤：《晚清时期东南沿海通商口岸对外航线与港势地位的变迁》，《史学月刊》2005年第12期。《领事麦华陀1875年度上海港贸易报告》《船舶登记员泰卜1876年度上海港航运业务报告》，李必樟译编：《上海近代贸易经济发展概况》，上海社会科学院出版社，1993年，第386页、427页。Hyde, *Far Eastern Trade (1860—1914)*, pp. 18, 21.

② 19世纪60年代，专驶中英航线的各类船只的平均运价已从8英镑/吨降至4英镑/吨；60年代末苏伊士运河通航以后，东西方航线的里程大幅缩短，导致70年代以后运价进一步下降。到1878年上述航线的运价尽管已跌至1.15英镑/吨这样的低价位，但不同航运公司之间的竞争依然非常激烈。参见Hyde, *Far Eastern Trade (1860—1914)*, chapter 2.

③ 原载《申报》1875年3月20日，转引自聂宝璋编：《中国近代航运史资料》（第1辑），上海人民出版社，1983年，第669~670页。

④《领事麦华陀1873年度上海贸易报告》《领事麦华陀1874年度上海港贸易报告》《领事麦华陀1875年度上海贸易报告》，李必樟译编：《上海近代贸易经济发展概况》，上海社会科学院出版社，1993年，第284~285、336、349~350、369~370、386~387页。

东方水域航运企业中的佼佼者，势必要进一步加剧运价战。[①]

到了90年代，这种残酷的运价战最终使得享有政府补贴的日资航运企业所订出的低运价成为业界的"标杆"，就连实力雄厚的大英轮船公司也不得不调低某些船只密集的航线的运价，以应对日资企业的竞争。时任太古轮船公司主管的老斯怀尔(John Samuel Swire)坦言，日资航运公司其实是在以低于成本的运价招揽客货源，但由于其享有日本政府的巨额补贴，因此可以维持账面盈利。[②]太古轮船公司为了应对日资航运企业的竞争，采取了提前淘汰耗煤量大的老式船只、尽可能采购耗煤量低的新式轮船、优化航线布局、全力招揽客货源、采购廉价煤炭作为燃料等方式千方百计降低船只运营成本。这样一来，就会出现高价煤逐渐滞销、而廉价煤越来越畅销的场景，由此导致日本煤在包括中国的上海、香港和新加坡市场在内的整个远东市场上的销量持续增长。[③]

### (二)质地差异、供需因素和价格水平对不同类煤炭销路的影响

不同产地的煤炭自然会在质地上存在一定差异。如上文所述，英国、美国生产的煤炭质量最好，燃烧时火力旺盛而持久，最适合充作轮船燃料。澳大利亚煤质量稍逊一筹，当英国煤价格畸高时这种煤炭也会受到航运公司的青睐，此外还可供冶铁行业及居民(特别是外侨)家庭加热使用。日本煤则质量较差，而且存在掺杂问题，台湾煤的情况与之类似；此外经实验测试，日本、中国台湾两地的煤炭燃烧速度过快，因此在蒸汽机热效率大幅提高之前尤其不适合于商业性轮船运输业务的需要。[④]当时英国驻(台湾)淡水领事士委诺就曾指出："一如一般第三纪矿床所可预期的结果，鸡笼煤矿所出产的也属亚(等)煤，致使其于香港市场中，永远不能与英国出产的优质煤炭竞争，至可惋惜。……至其供为轮船需用的价值……主要为燃烧迅速，微带硫磺气息，臭味难闻，且遗留轻灰很多。……船

① Shanghai Trade Report for the year 1884, 1887，载《中国旧海关史料》第10册第624页；第13册第219页。《总领事许士1887年度上海贸易报告》，李必樟译编：《上海近代贸易经济发展概况》，上海社会科学院出版社，1993年，第715~716页。Hyde, *Far Eastern Trade (1860–1914)*, pp. 159–160.

② Hyde, *Far Eastern Trade (1860–1914)*, pp. 161–162.

③ Sugiyama, *Japan's Industrialization in the World Economy (1859–1899)*, chapter 6.

④《领事文极司脱关于1865年度上海贸易的商务意见内容摘要》《领事文极司脱关于1867年度上海贸易的商务意见摘要》《领事麦华陀1872年度(上海)贸易报告》，李必樟译编：《上海近代贸易经济发展概况》，上海社会科学院出版社，1993年，第102、146、258页。

只装备的煤量，便需比往常稍多，且烟气浓烈，每致烟囱着火……”[①]此类缺陷也是导致国产台湾煤（及日本煤）在早期销路不佳的重要原因。

不过随着70年代前后登场的新式轮船所配备的蒸汽机热效率明显提高，这就为中档煤乃至劣质煤跻身船用燃料创造了条件；再加上澳大利亚煤和日本煤在这一时期先后表现出较大的增产潜力，由此导致原先销量最大、售价偏高的英国煤首当其冲，其销路从60年代后期开始受到影响。继而表现为顾客在澳大利亚煤、日本煤和国产台湾煤脱销后才会被迫购买英国煤，遂使其销量持续下滑，到1867年时其在上海市场上所占的份额已由60年代中叶的一半左右降低至37%。不过由于这一时期上海煤炭市场仍为卖方市场（即需求量超过供货量或与供货量基本平衡），因此即便是标价最高的美国煤，最终还是能够售出。[②]到了70年代后期，轮船运输公司逐渐摸索出一套合理的掺混比例，按此比例将廉价日本煤（及国产台湾煤）和价格稍高的澳大利亚煤或者高价英国煤掺混到一起后，可以弱化日本煤燃烧速度快的缺陷，获得较为理想的加热效果，而相应的开支却比完全以价格昂贵的英国煤为燃料便宜30%左右，这就更有助于中低档煤（尤其是廉价日本煤）挤占昂贵的英国煤（特别是加的夫煤）的销路。[③]

此外，60年代末期日本政府逐步取消了对煤炭生产的垄断经营，引入民营模式，并探明和开采质地好的新煤矿，这就使日本煤原先饱受诟病的掺杂现象有所好转，一部分优质日本煤（高岛煤）在燃烧时释放出的热量可达英国煤的80%，一度跃升为“性价比”最为合理的畅销货。70年代以后，日本高岛（Takashima）煤矿的经营逐步实现正规化，采用外国机器进行机械化开采，煤炭产量和质量均有大幅提高，而售价却有所降低，于是在上海市场上销量大增，成

① R. Swinhoe, *Notes On the Island of Formosa*. 转引自黄嘉谟：《甲午战前之台湾煤务》，台湾“中研院”近代史研究所，1961年，第27页。

②《领事文极司脱关于1866年度上海贸易的商务意见摘要》《领事文极司脱关于1867年度上海贸易的商务意见摘要》，李必樟译编：《上海近代贸易经济发展概况》，上海社会科学院出版社，1993年，第128、146~148页。

③《领事达文波1876年度上海贸易报告》，李必樟译编：《上海近代贸易经济发展概况》，上海社会科学院出版社，1993年，第410页。Sugiyama, *Japan's Industrialization in the World Economy (1859–1899)*, pp. 33, 193.

为其他类(船用)高价煤的有力竞争者。[①]同时,国产台湾煤矿的产能也有所扩大,由于新探明了质地优良的矿床,"其产品可和进口的上等洋煤相埒",由此也对高价煤表现出一定的竞争优势。这种局面不仅迫使昂贵的英国煤和美国煤的进口量下滑,连价位居中的澳大利亚煤的进口量也不再增加。不过由于日本、国产台湾的产煤量不能无限增加,澳大利亚的产煤量也接近极限,因此随着上海市场对煤炭的需求量持续增加,最终仍要从产能旺盛的英国本土输入煤炭,即使售价高昂也能售出。[②]再加上日本煤和国产台湾煤的质量在70年代前期还不够稳定,因此对于对部分客户(如海军)而言,宁可多花钱也会首选质量好的英国煤和澳大利亚煤充当燃料。到1875年以后,情况发生了实质性转变,由于日本煤杜绝了掺杂现象,质量持续改善,而且借助于大规模役使(无须支付薪酬的)囚犯采煤来降低生产成本,使得其在上海市场上的平均价格越来越低,销量随之迅速增长。[③]国产台湾煤的质量也有所改善,"据洋匠翟萨云,此煤成色与外国上等洋煤相埒……其质坚亮且轻,能耐久烧,并少灰土",但由于福州船政局等官方客户订购了相当大一部分国产台湾煤(特别是优质煤),加之运输瓶颈迟迟未能改善,矿区疫病流行,招工困难,因此外销量增加有限。[④]

这一时期国产的煤炭(除台湾煤)已能大量运抵长江沿岸商埠,在当地市场的售价仅为上海市场上英国煤价格的一半,因此航行于长江航线的轮船大

---

① Sugiyama, *Japan's Industrialization in the World Economy (1859–1899)*, p. 194.《领事麦华陀1869年度上海贸易报告》,李必樟译编:《上海近代贸易经济发展概况》,上海社会科学院出版社,1993年,第207页。

②《领事文极司脱关于1865年度上海贸易的商务意见内容摘要》《领事麦华陀1868年度上海港贸易报告》《领事马安关于12月31日为止的1870年度上海港贸易报告》《领事麦华陀1874年度上海港贸易报告》,李必樟译编:《上海近代贸易经济发展概况》,上海社会科学院出版社,1993年,第102页、167页、224~226页、336页。C. W. LeGendre, *General Remarks on the Products of Northern and Central Formosa*,转引自黄嘉谟:《甲午战前之台湾煤务》,台湾"中研院"近代史研究所,1961年,第107页。

③ Sugiyama, *Japan's Industrialization in the World Economy (1859–1899)*, p. 195.《领事麦华陀1875年度上海贸易报告》,李必樟译编:《上海近代贸易经济发展概况》,上海社会科学院出版社,1993年,第369~370页。

④《领事麦华陀1872年度(上海)贸易报告》《领事麦华陀1875年度上海贸易报告》,李必樟译编:《上海近代贸易经济发展概况》,上海社会科学院出版社,1993年,第259、369~370页。Tamsui Trade Report for the year 1877,1878,1879,黄富三等编:《清末台湾海关历年资料》,台湾"中研院"台湾史研究所筹备处,1997年,总319页、总345~348页、总404页。(中国社会科学院经济研究所藏)户部档案抄本,光绪三年(1877年)四月十四日福建巡抚丁日昌奏片,转引自汪敬虞:《建省前后的台湾经济》,《历史研究》1987年第5期。

多改用沿途加煤的方式补充燃料，在一定程度上摆脱了对外国煤的依赖，压低了上海市场上外国煤的销量，进而在特定时期迫使其降价求售。大约在1878年前后，原产于汉口周边地区煤矿的本土煤炭终于首次运抵上海市场销售，虽然暂时导致外国煤的进口量有所减少，但尚不足以对全局产生较大影响。[①]况且随着"外国货船正在整个沿海航线上逐渐代替中国船舶，而且几乎成为汉口以下的长江上唯一的航行工具"，再加上苏伊士运河的便捷性日益彰显，轮船随之大规模取代帆船承运大宗贸易商品，这些变数总体上都会扩大对煤炭的需求量。[②]可见导致煤炭进口量增减的因素虽然是并存的，但多数情况下拉动煤炭进口量增加的因素会发挥主导性影响。

综上所述，19世纪60年代末期上海煤炭市场的基本格局为：价位居中的澳大利亚煤销量最大，占有38%的市场份额（系1868年和1869年平均值，下同）；英国煤由于售价偏高，市场份额已降至36%；美国煤售价最高，市场份额相应最低，仅为7%；日本和中国台湾两地出产的煤炭虽然最为便宜，但苦于产能有限，分别占有9%和11%的市场份额。澳大利亚煤、日本煤和国产台湾煤开始展现出较强的竞争力，最终迫使英国煤的售价有所降低。[③]到了70年代以后，各类煤炭之间的竞争态势已颇为激烈，以日本煤为代表的低价煤向以英国煤为代表的高价煤发起强劲攻势，蚕食了后者的销路，进而在上海市场上取得支配地位，成为销量最大的一类煤炭。1873年的日本煤市场份额为37%，1874年为51%，1875年进一步升至55%，与之相伴的是其他类煤炭的进口量均呈现绝对下滑的趋势，如图2所示。1877年，英国驻沪领事在其提交的《上海商务报告》当中，破天荒只字未提煤炭贸易。这无疑折射出一种微妙的转变，因为英国领事对于同本国（含殖民地）有关的重要商品的贸易情况素来高度重视，对相关市场行情的叙述往往格外详尽，因此"只字未提"实属反常现象，据此可以推测这一年的煤炭贸易想必在更大程度上为日本煤所主导，来自（英国领地）澳大利亚、特别是英国本土的煤炭已沦为市场上无足轻重的角色，不值得对其贸易情况

---

①《领事马安关于12月31日为止的1870年度上海港贸易报告》《领事麦华陀1872年度（上海）贸易报告》《副领事阿连璧1879年度上海贸易报告》，李必樟译编：《上海近代贸易经济发展概况》，上海社会科学院出版社，1993年，第224~245、258、532页。

② Hyde, *Far Eastern Trade (1860–1914)*, p. 24. Sugiyama, *Japan's Industrialization in the World Economy (1859–1899)*, pp. 36, 172–173.

③《领事麦华陀1869年度上海贸易报告》，李必樟译编：《上海近代贸易经济发展概况》，上海社会科学院出版社，1993年，第191~192页。

详加论述。不过在当年英国人撰写的《上海港航运业务报告》当中提道："此年3月由长崎发往上海的煤炭是如此之多，以致出现了发货人急于雇用到所有可用的船只来完成此项运输业务，并由此引发运价临时飙升"，这就折射出日本煤热销上海市场的景象。在次年（1878年）的《上海商务报告》当中，作者也只是简单地指出："日本煤的进口量连年大幅增长，该年达到14.4万吨，已超过此前多数年份各类煤炭进口量的总和，在上海市场上占据了压倒性优势地位（81%），成为各大轮船运输公司的首选燃料；就连此前保持有一定竞争力的澳大利亚煤也甘拜下风，难以同日本煤竞争，销路渐窄。"①

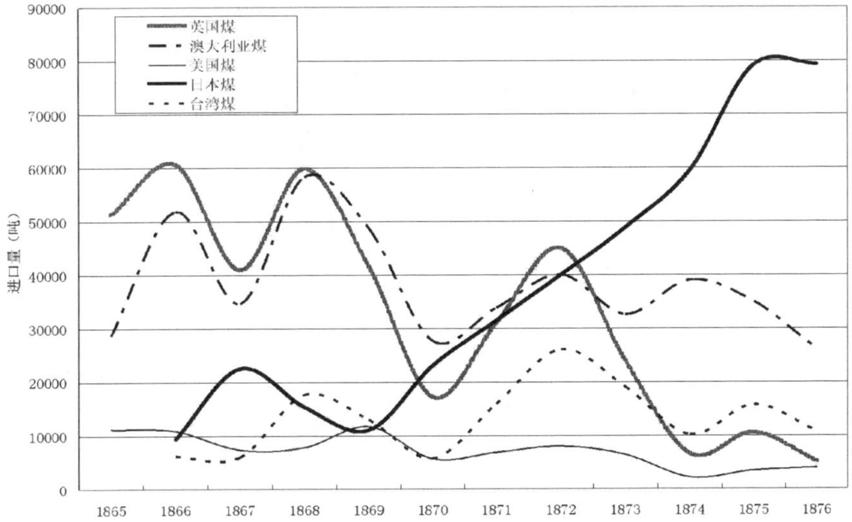


**图2　上海市场不同产地煤炭进口量波动示意图（1865—1876年）②**

①《领事达文波1877年度上海贸易报告》《船舶登记员泰卜1877年度上海港航运业务报告》《领事达文波1878年度上海贸易报告》，李必樟译编：《上海近代贸易经济发展概况》，上海社会科学院出版社，1993年，第459、488页。

② 本图的相关数据资料引自以下文献：《领事文极司脱关于1865年度上海贸易的商务意见内容摘要》《领事文极司脱关于1866年度上海贸易的商务意见摘要》《领事文极司脱关于1867年度上海贸易的商务意见摘要》《领事麦华陀1868年度上海港贸易报告》《领事麦华陀1869年度上海贸易报告》《领事马安关于12月31日为止的1870年度上海港贸易报告》《领事麦华陀1872年度（上海）贸易报告》《领事麦华陀1873年度上海贸易报告》《领事麦华陀1874年度上海港贸易报告》《领事麦华陀1875年度上海贸易报告》《领事达文波1876年度上海贸易报告》，李必樟译编：《上海近代贸易经济发展概况》，上海社会科学院出版社，1993年，第102~103、128~129、146~148、167~168、191~193、224~226、258~259、284~285、336、369~370、410页。需要说明的是：1871年各类煤炭的具体进口量不详，故该年数值系根据前后两年的数据取平均值而得，非原始数据。

但是低端货(日本、国产台湾煤)并不足以完全取中、高端货(澳、英、美煤)而代之,因为中、高端货特有的专门用途(如军舰用煤、部分冶金行业用煤)非低端货所能满足,①故中、高端货仍能保持住一定市场份额。低端货在这段时期只能通过价格战来从外围层面展开竞争,尚无力触及中、高端货的专属顾客群,不同类煤炭在这一时期的年度平均售价及价格波动情况如表1所示。

**表1 上海市场不同类煤炭价格统计表(1865—1876年)②**

单位:海关两/吨

| 年份 | 英国普通煤 | 加的夫煤 | 澳大利亚煤 | 美国煤 | 日本煤 | 国产台湾煤 |
|---|---|---|---|---|---|---|
| 1865 | 6.5~11 | 7.5~11.5 | | 14~15 | | 5~6.5 |
| 1866 | 9.25~12 | 10.5~13.75 | 7.25~9.75 | 11~14.5 | 5.25~8 | 5~7 |
| 1867 | 11.75~15 | 13~16 | 8.75~11.5 | 11.5~13.75 | 5.75~7.62 | 5~6.5 |
| 1868 | 9.94 | 11.02 | 9.62 | 13.07 | 6.25 | 6.24 |
| 1869 | 7.46 | 8.80 | 6.83 | 10.23 | 5 | 5.33 |
| 1870 | 6.8 | 8.52 | 6.77 | 9.65 | 4.77 | 4.97 |
| 1871 | 10 ↑ | 10 ↑ | 10 ↑ | 10 ↑ | 10 ↓ | 10 ↓ |
| 1872 | 11 ↓ | 11 ↑ | 8 | | 5.5 | 5.25 |
| 1873 | 11 | 11.75 | 7.6 | | 5.3 | 5.15 |
| 1874 | 9 | 11 | 7.71 | 11 | 5.6 | 5.9 |
| 1875 | 8.25 | 8.71~9.62 | 6.81~6.96 | 9.88~10.19 | 4.31~4.85 | 4.21~5.28 |
| 1876 | | 8~9.5 | 6.2~9.35 | 12 | 3.25~7.3 | 3.7 |

---

① 军用燃料首选质量好(含热能多)、体积小的煤炭,这种煤炭最适合遂行军事任务,而且全部开销由政府买单,订货者不会去计较市场价格的高低。另外,在上海的新式企业里,含硫量高的煤炭不太适合用于熔铸工序,而日本煤的主要缺陷恰在于含硫量高,这就为含硫量较低的澳大利亚煤留出了市场。参见《船舶登记员泰卜1880年度上海港航运业务报告》《总领事许士1888年度上海贸易报告》,李必樟译编:《上海近代贸易经济发展概况》,上海社会科学院出版社,1993年,第593、733页。

② 本表的相关数据资料引自以下文献:Shanghai Trade Returns for the year 1871,中国第二历史档案馆、中国海关总署办公厅汇编:《中国旧海关史料》(第4册),京华出版社,2001年,第584页,其余资料来源同图2注释。需要说明的是:表中空白单元格表示对应年份此类煤炭品种的价格数据暂缺。1865年、1866年、1867年、1875年、1876年数值均为相关煤炭品种的售价在对应年份内的波动区间;1868年、1869年、1870年、1872年、1873年、1874年数值则为相关煤炭品种的售价在对应年份内的平均值;对于1871年不同类煤炭价格的统计资料暂缺,目前只知该年的煤炭进口总量和进口总额,以及由此计算出的年度平均价格为10海关两/吨,不过依据经验优质煤(英国普通煤、加的夫煤、美国煤)和中档煤(澳大利亚煤)的平均售价应高于此值,而低档煤(日本煤和国产台湾煤)的平均售价应低于此值。1872年度全部英国煤(含普通煤和加的夫煤)的平均售价为11海关两/吨,依据经验可知普通煤的平均售价应低于此值,加的夫煤的平均售价应高于此值。

## 四、价廉要素发挥支配效应——19世纪80年代以后上海煤炭贸易的竞争机制

19世纪80年代以后,上海煤炭市场在稳定的表象之下却潜藏着一股不断涌动的“暗流”。稳定的表象是指70年代后期形成的“日煤独大”的市场格局并未发生实质性地改变,甚至还得到进一步强化;而不断涌动的“暗流”则是指白银(相对于黄金)贬值的幅度越来越大,使不同货币本位制度国家的产品(包括煤炭)在中国市场上注定要面临截然不同的形势。其中特别值得一提的是日本在1897年以前实行银本位制,此后改行金本位制,则1897年后日本煤在中国市场上缘何未曾像英国煤那样随白银的贬值而持续涨价,这些问题均有待分析和破解。

### (一)19世纪80年代以后上海煤炭市场的竞争态势

19世纪70年代末,日本高岛煤矿出产的煤炭质量持续提高,供货量也有大幅增加,再加上运输费用低廉,已成为其他类高价煤的有力竞争对手。到了80年代初期,售价更为便宜(约4.5海关两/吨)的日本三池(Miike)煤后来居上,逐渐取代高岛煤主导了上海煤炭市场,三池煤在成功将其他产地的煤炭逼退至小众消费领域的同时,还开始由口岸市场向内陆市场渗透。[①]1883年以后,进口煤(应以日本煤占主导)向海关申领子口税单(Transit Pass)运销上海周边地区(以江苏省为主)的数量持续增长,导致上海的煤炭进口量也因此而连年增加。1887年累计有274585吨外国煤输入上海市场,其中日本煤占91%,处于绝对优势地位;与之相伴的是大批承运煤炭的日籍和德籍小轮船在沪日航线上川流不息,从而保障了上海煤炭市场长期维持了货源充足的局面。[②]这一时期的英国驻沪领事提交的《上海商务报告》当中已很少再详尽论述煤炭贸易行情,只是偶尔会在进口量有所增加的诸多商品类目当中泛泛提到“日本煤”,并指出其售价比中国长江流域出产的煤炭还要便宜,一度导致上海甚至也变成

① Shanghai Trade Report for the year 1885,《副领事阿连壁1879年度上海贸易报告》《船舶登记员泰卜1880年度上海港航运业务报告》,李必樟译编:《上海近代贸易经济发展概况》,上海社会科学院出版社,1993年,第532~533页、593页。中国第二历史档案馆、中国海关总署办公厅汇编:《中国旧海关史料》(第11册),京华出版社,2001年,第202页。Sugiyama, *Japan's Industrialization in the World Economy (1859-1899)*, p. 195.

② Shanghai Trade Report for the year 1883,1884,1887,中国第二历史档案馆、中国海关总署办公厅汇编:《中国旧海关史料》,京华出版社,2001年,第10册第203、626页,第13册第217、219页。

了大多数江轮的首选加煤港，这些变化均暗示出该项贸易同英国及其属地产品已没有太多联系了。[①]同期台湾煤矿也因经营管理不善而难以扩大产量，其产品一般只销往邻近市场(如福州、厦门、香港)。[②]

19世纪90年代初期，上海一埠进口的日货总额已达500万~600万海关两，同上海与(除英国以外的)欧陆各国贸易额的总和相当，而煤炭已发展成为日本输沪的头号大宗产品。在煤炭出口贸易的拉动下，其他类日货(如匹头货、火柴)也开始在中国市场上表现出一定竞争力。[③]甲午战争后，随着各行业(特别是新式工业企业)的用煤量持续增长，货源充沛的日本煤甚至一度不足以应对庞大的市场需求，导致越南煤、国产煤也相继涌入上海市场。随后日本于1897年实行金本位制度，导致上海市场上的煤炭的平均售价迅即由不足6海关两/吨涨至8海关两/吨，尽管涨幅高达30%却没有出现积压现象；当年上海累计输入(含从国外进口和从内陆运抵)50余万吨煤炭，而日本煤所占的份额仍高达70%以上，国产煤占20%左右的份额。到1898年，在输入上海市场的55万吨煤炭中，均价7.35海关两/吨的日本煤进口量最大，所占比重高达87%，其他类煤炭(英国煤、越南煤、澳大利亚煤等)的市场份额都很小；日本煤不仅牢牢主导着上海市场，还大量销往长江流域市场，这就反映出世纪末的上海煤炭市场大局已定。[④]

---

①《代理总领事阿查立1885年度上海贸易报告》《总领事许士1887年度上海贸易报告》,《总领事许士1889年度上海贸易报告》,李必樟译编:《上海近代贸易经济发展概况》,上海社会科学院出版社,1993年,第694、721、743~744页。

② Tamsui Trade Report for the year 1882,1884,1890,中国第二历史档案馆、中国海关总署办公厅汇编:《中国旧海关史料》,京华出版社,2001年,第9册第751页、第10册第722页、第16册第362页。

③ Shanghai Trade Report for the year 1890,1891,中国第二历史档案馆、中国海关总署办公厅汇编:《中国旧海关史料》,京华出版社,2001年,第16册第234页、第17册第249页。《领事哲美森1892年度上海领事管区的贸易和商业报告》《领事哲美森1893年度上海贸易和商业报告》,李必樟译编:《上海近代贸易经济发展概况》,上海社会科学院出版社,1993年,第778~779、842页。关于这一时期其他类日货在中国市场打开销路的描述可参见《日货对中国市场的入侵及其与欧洲货物的竞争》,姚贤镐编:《中国近代对外贸易史资料(1840—1895)》(第2册),中华书局,1962年,第1175~1184页。

④ Shanghai Trade Report for the year 1896,1897,1898,中国第二历史档案馆、中国海关总署办公厅汇编:《中国旧海关史料》,京华出版社,2001年,第24册第287页,第25册第286、288页,第27册294、296页。但1898年英国驻沪领事给出的统计数据显示此年日本煤的市场份额为69%,与当年上海海关税务司给出的统计数据略有出入,参见《总领事璧利南1898年度上海贸易报告》,李必樟译编:《上海近代贸易经济发展概况》,上海社会科学院出版社,1993年,第943页。

到了19、20世纪之交,在上海市场旺盛需求的拉动下,日本煤输入量随之继续增加,价格也有所回落。[①]此后除了少数最高端客户(如军队)仍会选择质量最好的英国加的夫煤外,其余市场份额绝大部分均为日本煤所占有,其他类煤炭不仅皆无力改变这种"日煤演主角"的市场格局,而且还经常会在廉价日本煤的冲击下面临找不到销路的困境(尤以加的夫煤最为典型)。[②]即便日俄战争曾在特定时期内使上海煤炭市场出现了诸多反常形势,特别是造成加的夫煤和日本煤的售价和销量一度均脱离了常轨,但两者的销量差和价格差仍然大到不足以从根本上改变既有市场格局的程度。[③]由此可见,日本煤在上海市场上已经站稳了脚跟,即便遇到反常的供需形势,也能维持主导市场的地位。待形势恢复正常之后,日本煤的竞争力进一步溢出上海市场,转销内陆市场的数量持续增加,成为上海周边地区众多新式工厂的首选燃料。[④]

---

① 以1901年为例,虽然该年煤炭进口量很大,且上海市场的煤炭价格始终维持在低位,但经销日本煤的商人依然获利丰厚。参见Shanghai Trade Report for the year 1901,中国第二历史档案馆、中国海关总署办公厅汇编:《中国旧海关史料》,京华出版社,2001年,第33册第339页。关于日本煤在日本改行金本位制后价格不涨反降的原因,目前还不甚明晰,不过这很可能是由日煤外销品种发生变化而引发的结果。以前日商为了占领上海市场,不惜大量输出质量较好的高岛煤来同其他国家的煤炭竞争。待日本改行金本位制后,为了继续维持日本煤在上海市场上的价格优势,除质量较好高岛煤外,质量一般的三池煤乃至劣质的唐津煤、今治煤也大批量涌入上海市场,而后几种煤炭的价格更为低廉,这样就能以更加多样化的价位来吸引不同类客户。最终的结果很可能是价格最便宜的劣质煤销量最大,从而使日本煤的平均价格继续维持在低位。参见Sugiyama, *Japan's Industrialization in the World Economy (1859–1899)*, pp. 33, 211.

② Shanghai Trade Report for the year 1899,1900,1901,1902,中国第二历史档案馆、中国海关总署办公厅汇编:《中国旧海关史料》,京华出版社,2001年,第29册第339页,第31册第342页,第33册第339页,第35册第411页。

③ 在日俄战争期间,上海煤炭市场出现过多次波动。起初是各类客户(特别参战国政府)出于战备动机大量抢购(优质)煤炭供应战区,一度使高端货加的夫煤突然迎来了久违的旺销局面。而1905年战争结束后,因商家担心俄国政府会在东亚市场上低价抛售前一年囤积的大量加的夫煤,导致上海市场上加的夫煤的售价从15海关两/吨下跌至12海关两/吨,而同期日本煤却因生产成本上涨及货源紧俏而呈现涨价的趋势,导致两者的价格差有所减小。参见Shanghai Trade Report for the year 1903,1904,1905,中国第二历史档案馆、中国海关总署办公厅汇编:《中国旧海关史料》,京华出版社,2001年,第37册第465、467页,第39册第525页,第41册第441页。

④ Shanghai Trade Report for the year 1908,中国第二历史档案馆、中国海关总署办公厅汇编:《中国旧海关史料》,京华出版社,2001年,第47册第480页。Shanghai Trade Returns for the year 1906–1911,中国第二历史档案馆、中国海关总署办公厅汇编:《中国旧海关史料》,京华出版社,2001年,第43册第458页,第45册第476页,第47册第509页,第49册第557页,第52册第615、616页,第55册第555页。

### (二)价廉要素支配煤炭市场，必然会限制高价货源的销路

金银比价在19世纪后半叶长期维持了金涨银落的趋势，特别是到90年代以后白银贬值的幅度越来越大。[①]照此推理，金本位国家生产的产品在银本位国家市场上一般会面临涨价的压力，[②]而银本位国家之间的贸易活动则基本不会受此影响。[③]当年的海关税务司也对此现象予以确认，指出实行银本位制的印度由于雇工成本维系在较低的水平，其产品(如匹头货)相对于欧美金本位国家生产的同类产品在中国市场上更具有竞争力。[④]到了19世纪末，欧美货在中国市场上售价逐步上涨的趋势已非常明显。[⑤]

在1898年，原先售价大致为11~12海关两/吨的英国加的夫煤在上海市场上的最低售价已涨至13海关两/吨，平均售价达到20海关两/吨，如此昂贵的煤炭注定难以找到大量客户。[⑥]次年，英国煤在产地的价格也出现了绝对上涨，[⑦]进一步导致在东亚水域辟有航线的轮船运输公司彻底放弃采购英国煤，改而采购其他产地的煤炭。如果再遇上因疫病流行导致军舰不敢靠岸停泊加煤的特殊情况，[⑧]加的夫煤滞销的情形就会非常突出。而白银持续贬值又导致此类煤炭不仅很难降价求售，甚至需要借助涨价来弥补白银贬值造成的损失，结果

---

① 关于不同时期白银贬值的具体幅度，大致有以下数据可供参考：若以1873年白银的市值为基准1，则1879年的市值为0.84，1889年的市值为0.71，1894年的市值为0.48，1903年的市值为0.36。参见马士：《中华帝国对外关系史》(第2卷)，上海书店出版社，2000年，第453页。

② 对于例外情况的形成机理，可参见本文第五部分进行的分析。

③ Report on the Foreign Trade of China for the year 1893，中国第二历史档案馆、中国海关总署办公厅汇编：《中国旧海关史料》，京华出版社，2001年，第20册第5、7页。

④ Report on the Foreign Trade of China for the year 1892，中国第二历史档案馆、中国海关总署办公厅汇编：《中国旧海关史料》，京华出版社，2001年，第18册第6页。

⑤ Shanghai Trade Report for the year 1891，1893，1902，中国第二历史档案馆、中国海关总署办公厅汇编：《中国旧海关史料》，京华出版社，2001年，第17册第249、250页，第20册第260页，第35册第409页。

⑥ 该年情况较为特殊，由于当时盛传要发生战争，导致出于战备需求而大量进口英国优质军用煤炭(加的夫煤)。参见《总领事璧利南1898年度上海贸易报告》，李必樟译编：《上海近代贸易经济发展概况》，上海社会科学院出版社，1993年，第943页。

⑦ 此次涨价是因英国煤矿工人罢工而引发的。参见Sugiyama，*Japan's Industrialization in the World Economy (1859–1899)*, p. 189.

⑧ 19世纪90年代东亚口岸城市鼠疫频发。参见曹树基：《1894年鼠疫大流行中的广州、香港和上海》，《上海交通大学学报(哲学社会科学版)》2005年第4期。

自然乏人问津,从而使上海市场被以日本煤为主的廉价煤炭所主导。[①]这样一来,某类商品(例如生产成本不断降低的英国匹头货)假如能够以中国市场通行的价格水平出售并获利,就可以继续输入;某类商品(例如美国煤和英国普通煤)假如不能以中国市场通行的价格水平出售并获利,就会陆续退出中国市场。于是在价廉要素主导上海煤炭市场、而日本煤又能维持足量供货的前提下,其他类煤炭便会因没有进一步降价的空间而相继退出市场,顶多也就是像加的夫煤那样保住特定专门(小众)市场份额。20世纪以后上海市场不同产地煤炭进口量的波动情况如图3所示。

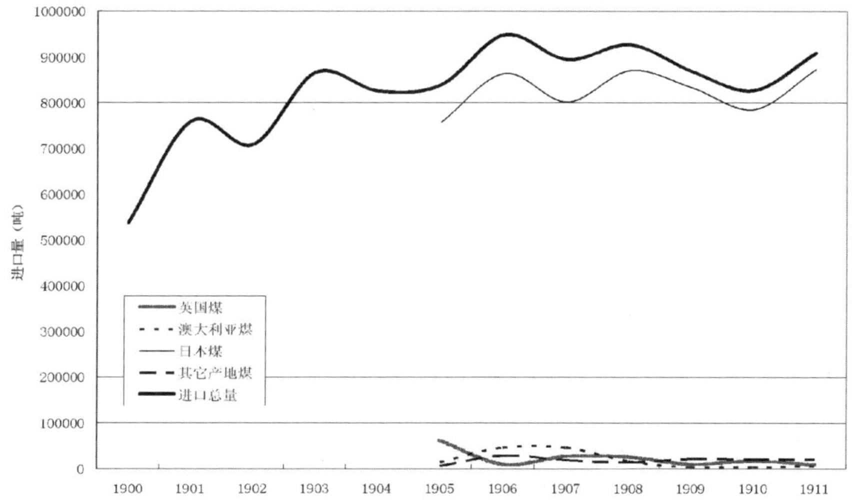


**图3 (20世纪以后)上海市场不同产地煤炭进口量波动示意图(1900—1911年)[②]**

巧合的是,香港煤炭市场也在19世纪80年代经历了相似的转型过程,不

① 《领事哲美森1893年度上海贸易和商业报告》《总领事璧利南1898年度上海贸易报告》,李必樟译编:《上海近代贸易经济发展概况》,上海社会科学院出版社,1993年,第833~836页、943页。Shanghai Trade Report for the year 1902,中国第二历史档案馆、中国海关总署办公厅汇编:《中国旧海关史料》,京华出版社,2001年,第35册第411页。Hyde, *Far Eastern Trade (1860–1914)*, p. 178.

② 本图的相关数据资料引自以下文献:Shanghai Trade Returns for the year 1900–1911,中国第二历史档案馆、中国海关总署办公厅汇编:《中国旧海关史料》,京华出版社,2001年,第31册第356页,第33册第354页,第35册第427页,第37册第482页,第39册第544页,第41册第461页,第43册第458页,第45册第476页,第47册第509页,第49册第557页,第52册第615~616页,第55册第555页。需要说明的是:1905年以前,海关统计数据未区分不同类进口煤炭的产地,只统计进口总量;此后开始分国别统计不同类煤炭具体的进口量,因此对1905年以前的煤炭进口量数值只能暂以进口总量来标示。

失为一个可供比较的样本。1884年，日本汉学家冈千仞(Oka Sennin)旅港考察，他在日记中提道："香港当东西之衢，帆舶汽船之出入，岁逾三万只，其盛逾上海，汽舰煤灯，凡百工作，皆仰石炭(按：即煤炭)，终岁所消炭，凡二十五、六万吨，而其十万吨我三池之石炭。此地石炭，本仰英国、澳洲，航路辽远，得不偿失，使我三池盛行，则不复见英、澳炭……"①冈千仞的记述略微夸大了日本煤在香港市场上所占的份额，参照专营日煤销港业务的日资三井物产会社香港支店更为准确的记述，可知80年代以前日本煤在香港的销量不大，此后逐渐增长，到1885年才形成与英国煤和澳大利亚煤三足鼎立的格局，3种煤的输入量均在8万吨上下，但英国煤质量好、火力旺，售价是日本煤的2倍，故为轮船运输公司首选燃料，日本煤则主要供当地民生及制糖工业使用。但是到了1888年以后，随着三井公司接手三池煤矿的经营，三池煤遂大量运抵香港出售，成为经营东方水域轮船运输业务、并在香港设有制糖厂的太古洋行和怡和洋行的首选燃料；随后日本金田煤和大浦煤也运抵香港市场以更低的价格抛售，使得日本煤的市场占有率大增，在该年输入香港的大约35万吨煤炭中，86%为日本煤。②由此可见，就在日本煤靠价格战在上海市场确立起主导地位之后，又以同样的营销策略逐步占领了香港市场，表明80年代以后日本煤凭借价廉而具有的竞争优势并不局限于离产地近在咫尺的上海一埠。

## 五、对传统观点的检验、修正和补充

我们不妨将晚清时期上海市场的煤炭贸易情形比作一管"石蕊试剂"，并用它来检验一些传统观点或理论是否正确、是否周延。这些传统观点或理论涉及对日货称雄近代中国市场模式的看法，对于货币本位制度、劳动生产率与产品价格波动趋势之间互动关系的阐释，以及对近代中国参与经济全球化进程之利弊的评价。

### (一)对日货依靠价廉称雄中国市场这一模式的总结与反思

相对于高价货而言，廉价货总体上在中国市场更为适销对路，这一点在土

① 冈千仞：《观光游记·观光续纪·观光游草》，中华书局，2009年，第193页。

② 冈千仞：《观光游记·1884年3月4日日记》《日本驻香港领事铃木充美(Suzuki Mitsuyoshi)1889年报告书》，均转引自《日本人与香港——十九世纪见闻录》，香港教育图书公司，1995年，第211~212、224页。

鸦片取代进口鸦片、德国金属产品取代英国金属产品、印度棉纱取代英国棉纱等诸多案例中表现得很清楚。而日本煤最终能够主导上海市场,所采用的“竞争利器”正是价廉。为了实现价廉,日商可谓绞尽脑汁来降低生产成本——大力引进欧美先进的采矿技术、竭力增强工人的劳动强度、大量役使(无薪)囚犯采煤、雇用受政府补贴的航运企业运煤来降低运输成本等等。[①]这些举措恰好迎合了上海市场上中外客户(特别是中国客户)的消费心理,因而很快就使日本煤呈现出所向披靡的势头,将其他产地的煤炭逼退至小众市场。早期煤炭贸易的营销活动为日后其他类日货称雄整个中国市场摸索了竞争经验,于是就出现了本文“引言”部分所列举的那些日货在中国市场上大受欢迎的案例。

上海煤炭贸易的变迁过程为我们提供了一个考察“日货占领中国市场”这一老问题的新视角。本文通过实证研究反驳了传统的观点——日货是在甲午战争以后乃至20世纪以后才借助不平等条约的庇护突然间横行中国市场的。而是早在甲午战争之前的30年时间里,以煤炭为代表的一部分日货已经凭借价廉这一优势逐渐支配了上海市场。民国以后,煤炭贸易领域逐渐出现了一种新的转变——日本煤开始主动退出中国市场。此际日本煤是在本国工业发展导致煤炭需求量大增的情况下主动退出中国市场的,并不是在竞争下退出中国市场的,后来日本开始转而设法掠夺中国的煤炭资源。[②]由向外输出原料、燃料,到从国外进口原料、燃料,进而输出工业制成品,这是日本产业结构升级的典型表现。新兴日货(工业制成品)在中国市场上的竞争力正在持续增强,这一点将被以棉纱、廉价日用品为代表的各类日本工业品横扫中国市场的现象所证实。而此时日货在中国市场上之所以能够开拓出广阔的销路,在很大程度上就是依靠了早期进行煤炭贸易所积累的经验——以廉价产品供应市场、以价格战取胜。

那么日本煤既然曾在上海市场上取得过如此骄人的营销业绩,何以长期未受到应有的重视,无论是当时负责对贸易活动进行记录和分析的英国驻沪领事和海关税务司,还是后来专门研究贸易活动的学者,缘何都未对这一现象给予足够的关注?我认为至少有以下两点原因:一、煤炭贸易是一种小宗贸易,虽然好几个国家的产品曾经进行过激烈的市场竞争,可是同鸦片、匹头、煤

① Sugiyama, *Japan's Industrialization in the World Economy (1859—1899)*, pp. 220-221.

② 丁长清:《从开滦看旧中国煤矿业中的竞争和垄断》,《近代史研究》1987年第2期。

油、茶叶、生丝、植物油等同期大宗进出口商品相比，其贸易额要小得多，通常只占上海外贸进出口总额的3%左右，以致19世纪80年代历年的《上海海关贸易报告》当中动辄会提到数十类重要商品的进出口情形，而煤炭却经常不在其列，足见此时煤炭还不算是上海市场上的一种重要商品；而在其他通商口岸城市，进口煤炭在其贸易总额中所占的比重更小。[①]因此即便日本煤大获全胜完全主导了上海市场，对整个中外贸易活动而言也不算惊天动地的大事件，所以不值得浪费笔墨对这样一种次要商品的贸易情形详加论述，顶多也就是点到为止。[②]二、煤炭的消费者主要有三类：轮船运输企业、海军、新式工厂，若同鸦片、匹头等大宗进口货所拥有的庞大数量的消费者相比，煤炭的买家都是小宗顾客。进口鸦片、匹头价格的波动会牵涉到数以亿计的消费者的利益，而煤炭价格的波动则顶多影响到几百人、千余人而已，这批为数有限的小宗顾客所发出的“声音”过于微小，不足以引起全社会的重视。至于供应（城市）饭馆茶楼和居民家庭用的煤炭，即便到了20世纪30年代，“销路之多寡均以售价为转移……其能研究煤质者为数极少”，[③]说明此类顾客大都将煤炭视为一种次要采购品，只图省钱而已。由此可见，煤炭虽然对其主要顾客群来说是一种不可或缺的燃料；但就整个中外贸易活动而言，煤炭只能算一种无足轻重的商品，至少在甲午战争之前确实如此。

### （二）对于货币本位制度、劳动生产率与产品价格波动趋势三者互动关系的新解释

英国早在1816年就开始实行金本位制，其他欧美主要国家随后也次第完成了由银本位制—金银复本位制—金本位制的过渡；而东方国家（如中、印、日

---

① 当时的海关税务司就曾指出由外国输入中国市场的煤炭绝大部分销往上海，参见Report on the Foreign Trade of China for the year 1889，中国第二历史档案馆、中国海关总署办公厅汇编：《中国旧海关史料》，京华出版社，2001年，第15册第7页。

② Shanghai Trade Report for the year 1882，1883，1888，1889，中国第二历史档案馆、中国海关总署办公厅汇编：《中国旧海关史料》，京华出版社，2001年，第9册第653~654页、第10册第201页。

③ 河南省档案馆藏：《中福公司一九三六年下半年各经理处及河运处报告和各种报表》，档案编号：M71-12-0541，第160页。转引自张道亮：《焦作中福公司（福公司）煤炭运销网络研究——以1930年代为中心》，南开大学硕士学位论文（未刊稿），2012年。

等国）则长期维系着银本位制。[①]因金银两种贵金属的比价不断变动（主要是白银持续贬值），进而导致金本位国家与银本位国家之间贸易商品的价格随之而波动。不过白银贬值给中国对外贸易造成的冲击并非“立竿见影”，特别是在19世纪后半叶的多数时段里竟然出现了“反其道而行之”的例外情况，很多类进口货的价格不但没有表现出上涨的趋势反而持续下滑。这种现象很早就引起了英国驻沪领事麦华陀、哲美森等人的关注，哲美森在细致考察了中国市场上多类布匹、金属、煤油等12种大宗进口货在1870—1892年间的（白银）价格波动趋势之后，发现其价格走势下降明显，平均降幅达30%。因此他断言廉价金属（白银）的购买力决定着全球的物价水平，银本位国家流行的价格水平将把全球的物价拉低到和它们一样的水平，（实行金本位制的）欧洲的物价也会随着银价的下跌而持续下降。[②]

哲美森对价格形势做出的其实是一种似是而非的判断，他好像完全忽略了下面两点导致进口货价格下降的真正诱因：首先，欧美生产厂商实质上是在以提高劳动生产率、或以“薄利多销”的形式应对东方（银本位国家）市场通行低价位水平。而且哲美森所考察的布匹、金属、煤油等12种商品偏偏都是相关加工或生产过程的劳动生产率在此期间有大幅提高的商品，因此只要劳动生产率的提高幅度大于白银贬值的幅度，这些商品就能以更低的价格在中国市场出售，这不应算是例外情况。其次，当白银贬值幅度若超出特定限度之后——例如就在哲美森撰写上述调查报告的次年（1893年），一年之内白银相对于黄金的价值即暴跌了14%，此后依然大体上维持了连年下跌的趋势，[③]这样大的跌幅超出了相关产品靠提高劳动生产率降价的幅度，于是最终导致金

① 《复本位制及金本位制的产生》，查尔斯·金德尔伯格：《西欧金融史》，中国金融出版社，2010年。C. Mackenzie, *Realms of Silver: One Hundred Years of Banking in the East*, Routledge & Kegan Paul Ltd, 1954, pp. 200-208.

② 英国驻沪领事麦华陀早在1875年就注意到上一年底伦敦银价的下跌引起了上海汇率的严重下降，但进口商品的价格却未出现补偿性上涨这样一种反常现象，而后来的情况则变得愈加反常——主要进口工业品的价格竟持续下降。参见《领事麦华陀1875年度上海港贸易报告》《代理总领事哲美森（1892年）关于中国对外国进出口贸易统计以及银价下跌对中国物价和出口量影响的报告》，李必樟译编：《上海近代贸易经济发展概况》，上海社会科学院出版社，1993年，第384、808~810、823~826页。

③ Shanghai Trade Report for the year 1893，中国第二历史档案馆、中国海关总署办公厅汇编：《中国旧海关史料》，京华出版社，2001年，第20册第260页。并参见上文引用的马士所给出的跌幅。

本位国家的产品在银本位国家市场上的售价出现绝对上涨；[①]到了世纪之交，欧美工业品普遍涨价的现象在中国市场上表现得非常明显。[②]可惜哲美森并没有将英国煤炭纳入到他考察的商品类目当中，而此期英国煤炭工业的劳动生产率提高幅度很小，所以英国煤成为最早表现出在中国市场上基本无力降价求售、进而呈现涨价势头的商品之一，也正是因无法靠提高劳动生产率降低生产成本来同日本煤开展价格战，英国煤（特别是普通煤）遂成为较早退出中国市场的金本位国家产品之一，这是此期英国经济创新潜力逐渐衰竭的反映。[③]但哲美森好像完全没有注意到这些真正从根本上引发价格变动的幕后因素，而只是片面地从银本位国家的情况出发对上述现象加以解释，所得结论难免会有失偏颇。

### （三）通过煤炭贸易来检验“经济全球化”进程对晚清时期中国经济发展造成的客观影响

丁长清先生通过对开滦煤矿在近代以来的生产经营活动进行研究得出了如下结论：“帝国主义者总是居于支配的地位。中国官僚资本对中国煤矿业的垄断活动，也是依靠与外资的合作，并得到其支持的。外国垄断资本与中国大银行家，大资本家及封建势力结合起来，对中国民族资本的煤矿进行控制、打

① 参见《进出口物价指数表（1867—1894年）》，姚贤镐编：《中国近代对外贸易史资料（1840—1895）》（第2册），中华书局，1962年，第1641页及书末勘误表。该表显示1873—1892年间进口物价指数总体呈下降趋势，1893年开始出现强劲反弹，1894年的进口物价指数已涨至1873年指数之上，为1867年有记录以来的最高值。

②《代理总领事满思礼1897年度上海贸易报告》，李必樟译编：《上海近代贸易经济发展概况》，上海社会科学院出版社，1993年，第925页。Report on the Foreign Trade of China for the year 1902, Shanghai Trade Report for the year 1902，中国第二历史档案馆、中国海关总署办公厅汇编：《中国旧海关史料》，京华出版社，2001年，第35册第5~6、409页。

③ 19世纪70—90年代西欧（特别是英国）经济的重要特征就是骚动和萧条，造成这一轮经济不景气的根本原因在于推动第一次工业革命以后欧美经济迅速发展、劳动生产率不断提高的那些科技成就的创新潜力在此期已日益衰竭，而第二次工业革命所具有的创新潜力在此期尚未完全迸发出来，由此导致70—90年代成为一段“青黄不接”的时期，表现为以匹头货为代表的若干类英国大宗外销商品逐渐在海外市场上丧失了竞争力。参见《经济换档》，艾瑞克·霍布斯邦：《十九世纪三部曲——帝国的年代（1875—1914）》，国际文化出版公司，2006年。《经济周期》，约瑟夫·熊彼特：《经济发展理论——对于利润、资本、信贷、利息和经济周期的考察》，商务印书馆，2000年。D. A. Farnie, *The English Cotton Industry and the World Market (1815-1896)*, Clarendon Press, 1979, section two.

击和扼杀，从而阻碍了中国民族煤矿业的发展”。[①]

汪敬虞先生则对近代以来包括煤炭工业在内的诸多现代工业部门的发展历程进行了归纳和总结，进而将“中国资本主义的发展与不发展”确定为中国近代经济史的中心线索。[②]他指出近代中国资本主义经济在发展过程中面临的形势是：“进入垄断阶段的外国资本主义在整个中国资本主义经济中的优势和统治，是官僚资本主义，也就是‘买办的封建的国家垄断资本主义’在本国的优势和统治，是先天不足、后天失调的中国民族资本主义的未老先衰。先天不足，指的是：它的发生，不是中国封建社会内部资本主义萌芽的直接发展；后天失调，指的是：在它的发展过程中，经常承受着外国资本主义和国内封建主义、官僚资本主义的压力；未老先衰，指的是：它有所发展，但又不能顺利地、充分地发展。”[③]

从晚清时期上海煤炭贸易的具体发展过程来看，中国本土煤炭产销活动与外来煤炭之间似乎并不存在一种明显的竞争关系。在上海市场上，外国煤炭起初并不是出于同中国本土煤炭相竞争、进而压制中国煤炭工业发展的目的而输入市场的，只是为在远东地区航行的轮船补充所需的燃料而已；而且除了少量台湾煤以外，中国内陆地区的煤炭因生产、运输成本以及税赋开销过大，早期根本就不适合销往上海市场。即便没有外国煤炭输入，国产煤炭在最终运抵上海市场之后也将会成为一种难以出售的“天价”燃料。因此进口煤炭和本土煤炭在更大程度上是一种“井水不犯河水”的关系，前者主销东南沿海通商口岸城市市场，后者主销内陆市场。这种格局到后来有所改变，开滦、汉冶萍等本土大型现代煤炭企业产品的销路逐步扩大，而进口煤炭的销售区域有所缩减。[④]因此不便将中国本土带有资本主义性质的新式煤炭工业的曲折

---

① 丁长清：《从开滦看旧中国煤矿业中的竞争和垄断》，《近代史研究》1987年第2期。

② 汪敬虞：《中国资本主义的发展和不发展：中国近代经济史中心线索问题研究》，经济管理出版社，2007年，前言第2页。

③ 汪敬虞：《近代中国资本主义的发展和不发展》，载《汪敬虞集》，中国社会科学院出版社，2001年，第168~169页。

④ 如上海轮船招商局最迟于1893年开始在天津市场上采购价格较日本煤更为便宜的开平煤充当燃料，当时块煤、末煤等不同类开平煤在天津市场的售价为2.8~4.5海关两/吨。参见《（光绪十八年十一月初一日）轮船招商局、开平矿务局借款销煤合同》，汪熙、陈绛编：《盛宣怀档案资料选辑之八——轮船招商局》，上海人民出版社，2002年，第443~444页。亦可参见丁长清：《开滦煤在旧中国市场上的运销初析》，《中国经济史研究》1988年第3期；张宏森：《汉冶萍公司原料、燃料运输研究（1894—1925）》，华中师范大学硕士学位论文（未刊稿），2009年。

发展历程一定与外国进口煤炭乃至外国势力的影响牵扯到一起，更不能笼统地定性后者抑制了前者的发展。有些案例（特别是民国时期主要大型煤矿的经营活动）所反映出的情况确实符合丁长清和汪敬虞得出的结论，但晚清时期已置身于经济全球化进程中的口岸城市市场的煤炭贸易情形则与上述结论有一定出入。

艾伦、唐尼索恩和海德均认为，从19世纪后半叶到第一次世界大战爆发前的半个世纪里，东西方之间通过贸易活动更加紧密地融为一体，西方的商品、技术、资本大量涌入东方，现代企业的经营模式也传播到了东方，这些均对中日两国产生了有益的影响，既提高了远东地区的生产力水平，也使当地的产品在海外市场上扩大了销路。总之，伴随着经济全球化进程而涌入东亚的欧美元素给东亚带来的是文明和进步。①而仲伟民先生近来也专门论及19世纪出现的经济全球化趋势及其对中国的影响，指出中国是19世纪经济全球化进程的受害者而非积极参与者，中国最终沦为一种无力从这一进程中获得任何好处的“看客”。②

艾伦等西方学者的观点和仲伟民的观点可谓针锋相对，这要归因于双方考察问题的视角完全不同。若从茶叶与鸦片的贸易情况来看，中国近代外贸发展史就是一段“优势被人夺、苦果自己吃”的凄惨历史；可是若将考察样本由茶叶和鸦片换成煤炭以后，结论就会有所不同。就上海煤炭市场而言，参与经济全球化进程并不曾使中国本土的煤炭行业惨遭扼杀的命运。不仅如此，价格低廉的进口煤炭为国内轮船运输业、口岸城市及其邻近地区的新式工业部门和传统手工业部门提供了充足的燃料，在一定程度上降低了这些行业的经营成本。而这些利得皆非“闭关锁国”、隔绝于经济全球化进程之外所能获得的，从而就支持了艾伦、唐尼索恩和海德的观点。可见不能仅凭对少数几种商品的考察，就对整个中国经济和社会因置身于经济全球化进程当中而受的“福”与“祸”加以全盘定性，这样的研究套路本身就存在以偏概全的缺陷，所得结论显得不够周延。

巴勒克拉夫（G. Barraclough）认为，近代以来世界各国都会遇到越来越多仅

---

① G. C. Allen & A. G. Donnithorne, *Western Enterprise In Far Eastern Economic Development: China And Japan*, George Allen & Unwin Ltd, 1954. Hyde, *Far Eastern Trade (1860–1914).*

② 仲伟民：《茶叶与鸦片：十九世纪经济全球化中的中国》，生活·读书·新知三联书店，2010年。

凭本国的力量难以解决的问题,在这种情况下,推动和接纳(经济)全球化不失为一剂解决难题的“良药”。[①]

笔者更倾向于认可巴勒克拉夫的观点。从晚清时期上海市场煤炭贸易情形来看,外向型经济的发展使口岸城市对煤炭的需求量大增,若消费本国煤炭,其开支很可能会高得离谱,表明中国遇到了仅凭本国的力量一时难以解决的问题;在这种情况下,通过参与经济全球化进程,从国外输入足量廉价的煤炭供应市场就不失为一剂“良药”,有效解决了上述难题。上海煤炭市场从一开始就是完全面向国内外的供应商开放的,煤炭进口贸易的发展过程并没有在很大程度上妨碍了国内煤炭工业的发展。此外,随着各大轮船运输公司之间的竞争日趋激烈,最终导致承运中国外贸商品的船只越来越先进、运价日趋合理,进而使大量参与外贸活动的人口从中获益。我们不能因为这剂“良药”多少会产生一些“副作用”,就全盘否认其潜在的“合理药效”,这样一种客观的评价或许应当成为本文的最终结论。

本文原刊载于《史学月刊》2013年第2期,系教育部人文社会科学研究青年基金项目“晚清时期香港转口贸易研究(1842—1911)”(项目批准号07JC770008)阶段性成果。

**作者简介:**

毛立坤,历史学博士,1977年出生于山西省太原市,早年曾先后就读于中国人民大学历史系(1996—2003年)、复旦大学历史地理研究所(2003—2006年),师从李世安、张研、吴松弟等著名学者学习清史、近现代国际关系史、中国近代城市史领域的基本研究技能,2006年起入职南开大学历史学院中国近代史教研室,2014年晋升为副教授,入职以来主持研究各类省部级科研项目多项,著有《晚清时期香港转口贸易研究(1869—1911)》等。

---

①《当代史的本质——结构的变化和本质的区别》,杰弗里·巴勒克拉夫:《当代史导论》,上海社会科学院出版社,1996年。

# 摄政王载沣罢免袁世凯事件新论

李永胜

光绪三十四年十二月十一日(1909年1月2日),载沣以足疾为名,谕令袁世凯"回籍养疴"。对于这一具有重大影响的历史事件,相关研究不多。①诸多袁世凯传记或其他涉及袁和晚清民国政治史的著作仅有简略论述。②有论者认为,载沣对戊戌政变中袁世凯告密出卖光绪帝的行为深怀仇恨,为替兄报仇而罢袁回籍,但没有注意到载沣因事涉帝后是非而不敢翻戊戌旧案之苦衷。对推动载沣罢免袁世凯的各种因素,近人笔记著述、回忆录和有关学术论著的论述往往过于笼统、简略,对清政府内部围绕清理财政和中美互派大使问题之争论与罢袁事件的关系,尚未给予应有的关注。学术界虽然注意到言官弹劾袁世凯的奏折对载沣罢袁的推动作用,但对有关档案、文献的利用和解读还不够充分,有关史实并未完全揭示清楚。关于罢袁谕旨的出台经过,颇为流行的说法是,载沣初拟杀掉或治罪袁世凯,后接受世续、张之洞的意见,决定罢袁回籍。但这种说法尚须推敲。袁世凯被罢事件关涉中外之间以及列强间错综复杂的关系。有学者已对美国政府关于罢袁事件的反应作了较深入研究,而日本政府对罢袁事件的反应还有待探讨。本文对载沣罢免袁世凯事件的缘起和经过、清政府内部关于中美互派大使问题之争与载沣罢袁的关系、日本政府对罢袁事件之态度和反应等问题,谨贡拙见。

## 一、载沣罢袁的缘起和经过

载沣罢袁,缘于袁世凯在戊戌政变中之告密。对袁告密时间和告密途径等细节,学界存在歧见。但袁向后党报告了所知光绪帝和维新派的活动情况,

---

① 崔志海《摄政王载沣驱袁事件再研究》(《近代史研究》2011年第6期)充分利用美国国务院档案,结合其他文献资料,对美国政府关于罢袁事件之态度和反应等所作研究,创获颇多。

② 袁世凯传记中学术价值较高的有沈祖宪、吴闿生编纂:《容庵弟子记》(1913年初版),文海出版社,1966年影印;佐藤铁治郎:《袁世凯》(1910年初版),孔祥吉、村田雄二郎整理:《一个日本记者笔下的袁世凯》,天津古籍出版社,2005年;侯宜杰:《袁世凯全传》,当代中国出版社,1994年。

是学界一致认可的。[①]很多论者认为，载沣因戊戌告密而仇袁，这种观点具有史实依据。

载沣在发布罢袁谕旨的同一天，亲自书写并发布擢升载澍为乾清门头等侍卫的谕旨。[②]贝勒载澍曾因家庭琐事于光绪二十三年三月十五日被慈禧太后下令终身圈禁。[③]载澍遭圈禁一事，被认为意在打击光绪帝。[④]第二年，慈禧发动戊戌政变。载沣提升载澍，似乎反映出他同情光绪帝而对慈禧有所不满的心理。有报纸舆论认为，载沣在罢袁当天擢升载澍，表达出对袁戊戌告密的痛恨之情。[⑤]袁被罢职后，民政部尚书、肃亲王善耆对前来打探罢袁事件内幕的日本驻华使馆人员也说，由于袁的告密行为，醇亲王对袁向来不满。[⑥]

但是，载沣不能以袁告密为由给袁定罪。载沣晚年对家人说，以得罪光绪帝的罪名惩治袁，“牵涉到变法维新，母子之争的是非曲直”，[⑦]他不能肯定光绪帝而谴责慈禧。罢袁当日，御史赵炳麟在弹劾袁世凯的奏折中说：“袁世凯之为人也，机械变诈，善构骨肉。其在朝鲜簸[播]弄李应昰[李昰应]父子，患生肘腋。我德宗景皇帝以三十余年之长君尚束手受钳，终身郁结。”[⑧]赵炳麟也没有

---

① 相关论著数量较多，恕不罗列。

② 参见中国第一历史档案馆编：《光绪宣统两朝上谕档》（第34册），广西师范大学出版社，1996年，第325页。

③ 参见中国第一历史档案馆编：《光绪宣统两朝上谕档》（第23册），广西师范大学出版社，1996年，第61页。载澍原名载楫，光绪四年（1878年），因孚郡王之子去世，慈禧旨令载澍过继给孚郡王为嗣，改名载澍，加封为贝勒。载澍被圈禁三年后，侵入北京的外国军队将其逐出宗人府监所。两宫回京后，载澍呈请听候传饬圈禁。光绪二十七年（1901年）二月二十七日，得旨，载澍“著加恩准其释放，令仍归本支，不准再往孚郡王府”，见《清德宗实录》（卷480），光绪二十七年（1901年）二月癸亥，中华书局，1987年影印本，第7册，第339页。

④ 有人认为慈禧圈禁载澍是“项庄舞剑，意在沛公”，传闻光绪“述旨时齿相击”。参见上海图书馆编：《汪康年师友书札》（1），上海古籍出版社，1986年，第762页。宣统元年（1909年）正月十二日《时报》第2版“要闻”栏载：“澍系贝勒，以附景皇帝被孝钦皇后责而圈禁”，亦持载澍因与光绪帝关系密切而被圈禁的观点。

⑤ 光绪三十四年（1909年）十二月二十六日《时报》第2版“要闻”栏载：“袁世凯开缺之日，即擢载澍为乾清门头等侍卫……观此一罚一赏，可知摄政王为绍述先志也。”

⑥ 参见《伊集院公使致小村外务大臣电》，1909年1月4日午后3时30分，日本外务省档案缩微胶卷，美国国会图书馆1949—1951年摄制，胶卷号MT Reel 111，第1152页。

⑦ 凌冰：《最后的摄政王——载沣传》，文化艺术出版社，2006年，第74~75页。

⑧《掌京畿道监察御史赵炳麟奏为密陈用人大计以奠国本而杜后患事》，光绪三十四年（1909年）十二月十一日，朱批奏折04-01-13-0421-027，中国第一历史档案馆藏。袁世凯在朝鲜期间，企图利用国王父亲大院君李昰应控制朝鲜政权，导致朝鲜宫廷内部矛盾趋于激烈。赵炳麟以袁世凯挑拨朝鲜国王父子相仇，影射袁世凯离间慈禧和光绪关系。

提及慈禧太后，只说袁世凯挑拨骨肉相仇，导致光绪帝“束手受钳，终身郁结”的命运。可见，载沣与御史具有某种默契。袁戊戌告密的行为，是促使载沣罢袁的深层因素。

从载沣初涉政坛开始，载沣和袁世凯的关系就处于紧张之中。①光绪帝、慈禧太后死后，载沣摄政，握有重权的袁世凯成为载沣专权的障碍。满族权贵们经过密谋，很快确定了袁世凯必须下台的方针。②而发生于袁世凯被罢前夕的一系列偶然事件，为载沣罢袁提供了有利时机。

光绪三十四年十二月十一日罢袁谕旨发布当天，尚值两宫百日大丧期间，罢免重臣难免影响政局稳定。如果没有一系列的推动因素，载沣应不会选择这个时间罢袁。十二月初七日，载沣召见曾于九月初九日弹劾袁世凯“权势过重”并于是日再度上折提醒载沣谨防“事权旁落”的御史江春霖；初八、九日，为中美互派大使问题，袁世凯和载沣、张之洞发生激烈冲突。初十日，袁世凯又因财政问题惹恼载泽和载沣。初十日至十五日，支持袁世凯的首席军机大臣、总理外务部事务庆亲王奕劻告假，朝堂上少了一个罢袁的反对者。十一日，御史赵炳麟、给事中陈田分别上奏弹劾袁世凯权高震主，结党营私，不宜继续担任军机大臣。这一系列事件交织在一起，促使载沣做出罢袁决定。

袁世凯在财政清理和中美互派大使问题上的主张，激化了清政府内部矛盾，使载沣感受到袁氏权重对自己统治地位的威胁，这是促使他做出罢袁决定的两个直接原因。

光绪三十四年十二月初十日，即袁谕旨发布的前一天，因财政清理问题，袁世凯与度支部尚书、镇国公载泽发生激烈矛盾。满族军官良弼对日本

① 光绪三十二年（1906年）清廷改革官制过程中，载沣反对袁世凯的责任内阁制主张（详见侯宜杰：《二十世纪初中国政治改革风潮》，人民出版社，1993年，第77~86页；《评清末官制改革中赵炳麟与袁世凯之争论》，《天津社会科学》1993年第1期）；传闻在一次官制会议上，载沣与袁世凯发生争执，欲拿手枪击袁，经人排解，风潮始息。参见《京师近信》，《时报》1906年10月7日。

② 密谋倒袁情形，外人很难得知其详，但仍有蛛丝马迹可寻。两宫驾崩后，康有为、梁启超积极谋划推动载沣除袁。他们通过时任外务部考工司郎中的满人长福（字绶卿）与民政部尚书、肃亲王善耆建立联系。善耆与度支部尚书、镇国公载泽关系“至密”，而载泽“大为监国（即载沣）所信用”。载泽和善耆告诉长福，“元凶（即袁世凯）之必去”“必无中变”。长福致信梁启超转告载泽和善耆所言，叮嘱梁启超“勿虑”。参见丁文江、赵丰田编：《梁启超年谱长编》，上海人民出版社，1983年，第476~477页。

驻华使馆人员谈到袁世凯被罢原因时说，度支部上清理财政办法折，朝廷谕令会议政务处复议。袁联合军机大臣世续以会议政务处名义复奏，反驳度支部原折所定清理财政方案，而载泽未预闻会议政务处的复奏事宜。袁世凯因此被视为专横跋扈，结果遭罢。[①]有报纸文章持与此相同的说法。[②]还有报纸报道，由于袁背着载泽上奏，反驳载泽提出的清理财政办法，载泽大怒说："宁不为尚书，绝不受袁之侮。"[③]通过与档案资料互证，笔者发现这些说法是可信的。

清理财政，既是清政府预备立宪的重要内容和步骤之一，又是其试图增加财政收入、兴办新政的重要举措。光绪三十四年十一月二十八日，度支部上《清理财政宜先明定办法折》，提出清理财政的原则和办法，核心内容是将中央各部和地方各省财权全部集中于度支部。[④]载泽是度支部尚书，是该折主要责任人。当日，奉旨："著会议政务处妥速议奏。"[⑤]光绪三十四年十二月初十日，会议政务处上《遵议度支部奏清理财政明定办法折》。会议政务处大臣由军机大臣、内阁大学士、各部尚书等成员组成，袁世凯是核心成员。根据良弼对日本使馆人员的说法和当时的报纸报道，袁世凯主导的会议政务处复奏清理财政办法折，没有征求会议政务处成员载泽的意见，这在会议政务处的奏折中可得到证实。十二月初十日会议政务处奏折最后有一句话"度支部系原奏衙门，臣载泽故未列衔"。[⑥]可见，会议政务处此折反映了袁世凯的意志和观点。

十二月初十日会议政务处的复奏与度支部原奏两个奏折争论的焦点在于，是否应对各省督抚的财政权加以严格限制。针对度支部企图完全控制各

---

① 参见《伊集院公使致小村外务大臣电》，1909年1月3日午后7时40分，日本外务省档案缩微胶卷，胶卷号MT Reel 111，第1146页。

② 参见《项城开缺余谈》，《盛京时报》（第2版）1909年1月12日。

③《袁世凯开缺之余闻》，《神州日报》（第2版）1909年1月13日。

④ 参见《宣统政纪》（卷4），中华书局，1987年影印本，第60页。

⑤ 中国第一历史档案馆编：《光绪宣统两朝上谕档》，广西师范大学出版社，1996年，第34册，第301页。

⑥ 在档案中尚未发现会议政务处奏折原件，无法看到此奏折的署名情况。但《东方杂志》收录刊发的该奏折有"载泽故未列衔"一语，说明袁世凯未让载泽参预讨论十二月初十日会议政务处的复奏稿。载泽是度支部尚书，同时又是会议政务处政务大臣。会议政务处的奏折，他理应参与讨论并在奏折上署名。袁世凯不让载泽参与讨论奏稿并署名，必须寻找一个理由，就以载泽是原奏衙门度支部负责人为由，向朝廷解释其未署名的原因。

省财政收支的意图，十二月初十日会议政务处所上《遵议度支部奏清理财政明定办法折》主张给予各省督抚必要的财政权。例如折中说："凡各部各省拟借外债，皆咨明度支部，由度支部出名订借，俟议准借入之后，向度支部领取"；又说："于外省用款之事，但据实开报，即予准销。"[①]这即是主张各省有一定的自主用款和借用外债的权力。袁世凯给予地方督抚一定财权的主张受到载泽强烈反对。载沣亲书谕旨，将会议政务处奏折再交度支部"妥慎斟酌"。[②]实为载沣支持载泽。[③]袁世凯和载泽争夺财政权，成为袁世凯下台的导火线之一。

袁世凯主张保留各省督抚一定财政权的原因，按照良弼的说法，乃在于将来唐绍仪赴美借款成功后，袁一派掌握财权。[④]唐绍仪使美最重要的秘密使命，是向美国政府和银行界借款，振兴东北的实业，以抗衡日、俄两国在东北的经济扩张。这项使命是袁世凯和唐绍仪私自商定的，清政府令唐绍仪出使的两道谕旨中并没有授权唐绍仪向美国借款的内容。如果借外债受载泽执掌的度支部控制，那么袁、唐这一计划将受到相当大的制约。何况各省督抚中不少人是袁世凯的亲信，将他们的财权收归于度支部，亦非袁所愿。

江春霖于光绪三十四年九月初九日和十二初七日所上两个奏折以及罢袁当日赵炳麟和陈田的奏折，对罢袁事件的发生起到了直接推动作用。正如军机大臣张之洞对日本横滨正金银行驻京代表小田切万寿之助所说，各种弹劾深深打动了摄政王。[⑤]

江春霖在九月初九日奏折中，首先引证中国古代经典中权臣结党危害君国的论述，指出袁世凯权势过重，要防微杜渐，以免后患；接着，列举了袁12个

---

①《遵议度支部奏清理财政明定办法折》，《东方杂志》1909年第1期。

② 中国第一历史档案馆编：《光绪宣统两朝上谕档》，广西师范大学出版社，1996年，第34册，第322~323页。

③ 袁世凯被罢后，光绪三十四年（1909年）十二月二十五日，度支部再上《遵旨妥议清理财政办法折》（《东方杂志》第6年第1期，对会议政务处的奏折进行全面批驳，坚持财政权集中于度支部，地方用款和借外债都必须经由度支部核准，否认督抚有自主用款和借外债的权力。

④ 参见《伊集院公使致小村外务大臣电》，1909年1月3日午后7时40分，日本外务省档案缩微胶卷，胶卷号MT Reel 111，第1146~1147页。

⑤ 参见《伊集院公使致小村外务大臣电》，1909年1月4日午后3时30分，日本外务省档案缩微胶卷，胶卷号MT Reel 111，第1157页。

"权势之重"的表现;最后,建议对袁"宜少裁抑"。[①]十二月初七日,江春霖再上奏折,提醒载沣"大政亲裁,以严防事权旁落之渐",[②]意即防止大权旁落于奕劻和袁世凯之手。载沣阅后,立即传江春霖入宫,可见其重视程度。但召见中载沣又令江春霖"传谕同官直言报效,不可进乱聪明语"。[③]又似乎反映了载沣的一种复杂心理。要削减奕劻、袁世凯的权力,困难很大,风险不小。

然而,不数日,赵炳麟和陈田又同一天上奏参劾袁世凯。赵炳麟直言袁世凯"必不可留军机",指出袁世凯"善构骨肉","包藏祸心,罔知大义",若使其"久在枢垣,他日必生意外之变";袁世凯党羽众多,一旦袁党"根蒂固结","摄政王虽欲去之亦无可如何"。[④]陈田亦称袁世凯担任军机大臣"日谋揽权布置私人",建议"乾纲独断,屏斥奸邪,毋任久留枢府"。[⑤]言官们历陈袁世凯权高震主的种种事实,指出其对皇权统治的威胁,令载沣深感震动,随即发布罢袁上谕。可见,这些奏折直接促成载沣罢袁。

赵炳麟和陈田在此时上折劾袁,据御史胡思敬记述,载沣与张之洞密商处置袁世凯,张之洞孙子将此事透露给御史赵炳麟,赵炳麟联合陈田"各具一疏"

---

①《掌新疆道监察御史江春霖奏为军机大臣外务部尚书袁世凯权势太重列款上陈事》,光绪三十四年九月初九日,朱批奏折04-01-12-0667-024,中国第一历史档案馆藏。

② 江春霖:《论庆亲王奉旨世袭罔替覃恩过优疏,光绪三十四年十二月初七日》,《梅阳江侍御奏议》(卷2),(出版者不详),1919年,第29~30页。

③《掌新疆道监察御史江春霖奏为蒙召见仰荷监国摄政王饬令传谕愚见所及事》,光绪三十四年(1909年)十二月二十四日,硃批奏折附片04-01-12-0669-076,中国第一历史档案馆藏。

④《掌京畿道监察御史赵炳麟奏为密陈用人大计以奠国本而杜后患事》,光绪三十四年(1909年)十二月十一日,朱批奏折04—01—13—0421—027,中国第一历史档案馆藏。赵炳麟在奏折最后部分提出对袁世凯的处理意见:"臣查绥远城垦务关系民业,信勤未必胜任,拟请旨以袁世凯充之。另选通达外情、夙负重望、居心忠纯可恃者为外部尚书及军机大臣。不徒国本能安,即袁世凯亦首领可保,而一切后患涣然冰释,此万全之策也。"但是赵炳麟将此奏折收入其所编《谏院奏事录》(收入《赵柏岩集》太原印本,1922年)时,却将这一段话改为:"臣思皇上为德宗之继子,监国摄政王为德宗之胞弟,以德宗之遗志为心,以德宗之前辙为鉴,当知袁世凯之必不可用。而设法罢斥,使国本能安,后患冰释,社稷之福也。"(《谏院奏事录》卷5,第12~13页)。档案中所存赵炳麟奏折原文是建议将袁世凯调任,而赵炳麟将该奏折收入《赵柏岩集》时却将此段话改为建议将袁世凯罢职,意思大相径庭。有学者据《赵柏岩集》所录赵炳麟奏折,说赵炳麟上奏要求将袁世凯"迅速罢斥"(侯宜杰:《袁世凯全传》,第167页),这是不符合史实的。

⑤《掌印给事中陈田奏为枢臣袁世凯结党营私居心叵测据实纠参事》,光绪三十四年(1909年)十二月十一日,朱批奏折04-01-13-0421-030,中国第一历史档案馆藏。

参劾袁世凯，“疏上，世凯果罢”。[①]而时任大理院推事的江庸则认为，张之洞命其孙子授意赵炳麟弹劾袁，赵“逡巡不敢发”，于是“给事中陈田露章参之，袁遂去位”。[②]

上述所谓张之洞授意御史弹劾袁世凯的说法，尚须推敲。胡思敬在叙述张之洞通过其孙授意赵炳麟上折劾袁时，引述了陈田上折前与张之洞的一段对话。当陈田“极言世凯之奸”时，张之洞说“袁公知兵，习夷情，亦朝廷不可少之人”；当陈田“极言其挟外交自重，误国骗君”时，张之洞劝陈田“持论不可过激”，“岂有枢辅重臣，朝廷肯轻听一言官之辞遽行易置乎”。陈田从张之洞那里告辞后，痛骂张之洞“袒奸庇恶，与世凯结为一党”。胡思敬认为陈田“不知其内谋如是之秘”。[③]所谓“内谋”，即张之洞暗中授意御史弹劾袁世凯以达罢免袁世凯之目的。既是“内谋”，胡思敬怎么能得知，显为揣度之词。张之洞对陈田所言可能恰恰反映了张之洞的真实态度，即他不赞成罢袁。对陈田、赵炳麟而言，清廷内部围绕中美互派大使和财政清理两问题的争论中袁世凯的表现，是袁世凯擅权跋扈的绝好例证。但陈田、赵炳麟的奏折均没提到这两件事，说明他们不知道内情。如果张之洞真要策动他们劾袁，似应把袁世凯的这些“罪状”透露给言官。可见，张之洞授意说，很令人怀疑。

对于载沣拟订并发布罢袁谕旨的过程，有多种歧异甚至矛盾的记述，可以归纳为以下三种。一种流传甚广的说法是，袁世凯戊戌告密，导致光绪帝受苦。隆裕为报夫仇，载沣为报兄仇，要杀袁，经张之洞劝解，才改为罢袁回籍。[④]第二种说法是，罢袁谕旨原文是将袁世凯革职拿交法部治罪，后来接受

① 胡思敬：《国闻备乘》，荣孟源、章伯锋主编：《近代稗海》（第1辑），四川人民出版社，1985年，第298页。

② 江庸著、常士功点校：《趋庭随笔》，收入江庸、王伯恭：《趋庭随笔·蜷庐随笔》，山西古籍出版社、山西教育出版社，1999年，第127页。江庸说赵炳麟没有上折，不符合史实。

③ 胡思敬：《国闻备乘》，荣孟源、章伯锋主编：《近代稗海》（第1辑），四川人民出版社，1985年，第298页。

④ 参见溥仪：《我的前半生》，群众出版社，1964年，第23页；胡钧：《张文襄公年谱》（卷6），天华印书馆，1939年，第16~17页；刘成禺：《世载堂杂忆》，山西古籍出版社，1995年，第146页；徐凌霄、徐一士：《凌霄一士随笔》(2)，山西古籍出版社，1997年，第406~407页；张国淦：《北洋军阀的起源》，杜春和、林斌生、丘权政编：《北洋军阀史料选辑》（上册），中国社会科学出版社，1981年，第66页。

张之洞的意见，改为以足疾为由将袁罢免回籍。[①]第三种说法是载沣罢袁谕旨原文是将袁世凯罢免回籍，但措辞较为严厉，指责袁世凯"擅权跋扈"。经军机大臣世续和张之洞力争，谕旨措辞修改缓和，袁才得以体面下台。[②]

上述前两种说法不可信。首先，这两种说法多有关于奕劻罢袁当日参预讨论罢袁一事的记述，但这与事实并不相符。时任军机大臣鹿传霖和军机章京许宝蘅的日记都清楚记载，奕劻从光绪三十四年十二月初十日请病假，直到十二月十六日才重新入值。[③]查《光绪宣统两朝上谕档》，从初十日到十五日颁发的谕旨，在军机大臣署名处，"奕劻"的名字下都标有"假"字。肃亲王善耆对日本驻华使馆人员说，庆亲王奕劻本人受弹劾，闭门不出，载沣罢袁利用了这一难得的机会。可见，奕劻在罢袁当日根本没有参预讨论罢袁一事，也没有在罢袁谕旨上签字。

其次，载沣可能会有杀袁之心，但不可能把杀袁问题拿到朝堂上去讨论。载沣当时找不到令人信服的杀袁理由，无故杀人无法应对朝野舆论和列强压力。因为事涉帝后是非，载沣根本不能去翻戊戌年袁世凯告密旧案并以此为由惩治袁。

再次，袁被罢不久，张之洞对日本横滨正金银行驻京代表小田切说，罢袁谕旨为袁世凯重新复出留下了余地。[④]奕劻亦对美国驻华公使柔克义（William Rockhill）和英国驻华公使朱尔典（John Jordan）表示，袁世凯尚在壮年，希望他

---

① 参见载涛：《载沣与袁世凯的矛盾》，全国政协文史资料研究委员会编：《辛亥革命回忆录》（第6集），中华书局，1963年，第324页。载涛在该文中说，载沣谕旨原文是"将袁革职拿交法部治罪"；又说，张之洞劝载沣"不可轻于诛戮大臣"。这两句话是矛盾的。

② 有人说，载沣接受张之洞的意见修改罢袁谕旨的措辞，给了袁世凯足够的体面，参见《京师近信》，《时报》1909年2月2日；还有人说，经过军机大臣世续力争，摄政王载沣缓和了罢袁谕旨的措辞参见刘体智：《异辞录》，中华书局，1988年，第219页。这两种说法有所不同，但并不矛盾。世续和张之洞可能都对载沣有所劝说，使其修改罢袁谕旨的措辞。

③ 参见《鹿传霖日记（五）》，《文物春秋》1994年第3期；许恪儒整理：《许宝蘅日记》（第1册），中华书局，2010年，第229页。

④ 参见《伊集院公使致小村外务大臣电》，1909年1月4日午后3时30分，日本外务省档案缩微胶卷，胶卷号MT Reel 111，第1155、1157页。

的离职只是暂时的，不久还会被重新任用。[①]这一定程度上可证明，清廷对袁世凯不会有过于激烈的处置手段。

最后，杀袁说和罪袁说没有可靠的文献资料为证。笔者所查阅过的档案文献和罢袁事件前后的报端都没有关于载沣与军机大臣讨论杀袁、罪袁的记载。进入民国以后载沣欲杀袁、罪袁之说才盛行起来，这些传闻可信度不高。

相较而言，上述第三种说法比较可信。首先，载沣初谕拟旨以“擅权跋扈”为由将袁开缺回籍，有先例可供参照，与言官奏折中所提出的将袁世凯降职调任的方案也最接近。光绪二十四年四月二十七日清廷开缺翁同龢的谕旨即指翁“揽权狂悖”。[②]光绪三十三年五月七日清廷罢免瞿鸿禨的谕旨亦称其“窃权结党”。[③]而江春霖、赵炳麟、陈田等弹劾袁的奏折列举了袁世凯揽权结党的种种表现，因此载沣在其初步草拟的谕旨中指责袁世凯“擅权跋扈”，并以此为由将袁开缺回籍是完全可能的。但公布的罢袁谕旨不但没有指责袁世凯“擅权跋扈”，反而肯定袁的功绩，称其“夙承先朝屡加擢用”，“其才可用”，对其因患足疾不能胜“驰驱”之任，表示惋惜。[④]此种措辞，确实给了袁世凯足够的体面。

其次，有史料表明张之洞并不赞成载沣罢袁。袁世凯长子袁克定对禧在明(Walter Hillier)说，张之洞没有参预罢袁阴谋且对罢袁事感到突然，请载沣征求奕劻意见后再作决定，被载沣拒绝。[⑤]袁世凯另一个儿子袁克文认为，进

---

① “Sir J. Jordan to Sir Edward Grey, January 16, 1909,” *Confidential British Foreign Office Political Correspondence, China, Series 1, 1906-1919, Part 2: 1909-1911*, Bethesda, MD: University Publications of America, 1996, Microfilm, Reel 1, P. 487; “Rockhill to Secretary of State, January 16, 1909,” *Numerical and Minor Files of the Department of State, 1906-1910*, Washington, DC: National Archives of the United States, 1976, Microcopy 862, Roll 172, 1518/258-261.

② 中国第一历史档案馆编:《光绪宣统两朝上谕档》(第24册)，广西师范大学出版社，1996年，第182页。

③ 中国第一历史档案馆编:《光绪宣统两朝上谕档》(第33册)，广西师范大学出版社，1996年，第76页。

④ 中国第一历史档案馆编:《光绪宣统两朝上谕档》(第34册)，广西师范大学出版社，1996年，第325页。

⑤ “Sir W. Hillier to Sir J. Jordon, January 3, 1909,” *Confidential British Foreign Office Political Correspondence, China, Series 1, 1906-1919, Part 2: 1909-1911*, Microfilm, Reel 1, p. 464. 禧在明曾任英国驻朝鲜总领事(1891—1906)，在朝期间与袁世凯关系密切。1908—1910年受聘为清政府的财政顾问。

谗言罢袁，“决非之洞所忍为”。[①]据《泰晤士报》驻京记者报道，张之洞曾公开承认与袁世凯存在政见分歧，但同时宣称他对袁的不幸遭遇深表同情。[②]张之洞与袁世凯在中美互派大使问题上确实有严重的政见分歧，但并不能表明他希望袁世凯下台。如果张不赞成载沣罢袁，但又无力改变罢袁决定，那么他对谕旨的措辞提出修改意见，使袁得以体面地下台，是符合情理的。

最后，据时任军机大臣鹿传霖和时任军机章京许宝蘅的日记，罢袁当日，载沣召见军机大臣后，又第二次传世续和张之洞入内召对，随即发出罢袁谕旨。[③]张之洞亦曾对日本驻京使馆人员说，他是在载沣向其出示罢袁谕旨后，才得知罢袁一事。[④]这说明世续、张之洞在罢袁谕旨发布前见过谕旨，有促使载沣修改谕旨措辞的可能。

## 二、中美互派大使问题与袁世凯被罢之关联

有学者注意到清政府内部关于外交政策的分歧与袁世凯下台的关系，但由于对清政府外交活动的有关史实没有完全明晰，误认为袁世凯下台是因为其联美制日外交政策失败而受到政敌攻击所致。事实上，袁世凯下台确与其外交主张有关。但是，袁世凯下台并非肇因于其联美制日外交政策，而是与其私自策划中外互派大使一事密切相关。

早在慈禧太后和光绪帝崩逝之前，鉴于“中国等级向居人后”的现实，袁世凯试图通过中外互派大使来提高清政府的国际地位。他首先取得奕劻对中外互派大使事宜的赞同，接着又向慈禧太后“畅陈中国宜派大使理由”，慈禧“甚韪其议”。[⑤]光绪三十四年六月二十二日，清政府发布两道谕旨，派唐绍仪赴美致谢退还庚款事宜和赴日本、欧洲各国考察财政，并向各国提议尽快实行裁厘

① 袁克文：《洹上私乘》（卷7），大东书局，1926年，第30页。

② “The Downfall of Yuan Shih-kai: Attitude of the Powers, (From Our Correspondent), Peking, Jan 7,” *The Times*, Jan 8, 1909.

③ 参见《鹿传霖日记（五）》，《文物春秋》1994年第3期，第70页；许恪儒整理：《许宝蘅日记》（第1册），中华书局，2010年，第228页。

④ 参见《伊集院公使致小村外务大臣电》，1909年1月4日午后3时30分，日本外务省档案缩微胶卷，胶卷号MT Reel 111，第1156~1157页。

⑤ 沈祖宪、吴闿生：《容庵弟子记》（卷4），文海出版社，1966年影印，第28~29页。

加税方案。[①]光绪三十四年九月十七日，唐绍仪抵达日本东京。停留期间，唐绍仪向日本外务大臣小村寿太郎表示，希望中日两国能够互派全权大使。小村回答，如果中日两国驻使与其他国家不同，会引起其他国家的嫉恨。如果其他国家明确表示赞成与中国互派大使，日本政府也不会反对。唐绍仪说，他此次出访各国仅受命了解日本一国对于互派大使的意向，他打算请求政府授权自己利用出访各国的机会，征询各国对互派大使的意见。[②]清政府派唐绍仪出使的谕旨中并没有命令他谈判互派大使问题。既然唐绍仪先后与日本、美国政府谈判过互派大使问题，而袁世凯早有中外互派大使的意图并曾向慈禧太后做过请示。那么唐绍仪在离京出访前，极有可能从袁世凯那里受命秘密征询到访各国政府对于互派大使的意见。而唐绍仪对小村寿太郎所说，他仅受命了解日本一国对互派大使的意向似乎并非实情，应是出于保密的缘故。唐绍仪到美国后，与美国当选总统塔夫脱（William Howard Taft）讨论了中美互派大使问题，塔夫脱对中美互派大使颇为热心。光绪三十四年十一月十七日，在美国访问的唐绍仪发电给外务部说，美国当选总统塔夫脱对他说，中美两国改派大使，“未审贵国政府意见如何”。[③]

光绪三十四年十一月十八日，外务部收到唐绍仪上述电报后，外务部尚书袁世凯将中美互派大使问题提交朝廷讨论，清政府内部为此产生激烈冲突。结果，十二月初三日清政府电令唐绍仪将中美互派大使事“缓办”。令“缓办”的电报目前在档案中尚未发现。但从相关史料来看，清政府在十二月初三日确有令唐绍仪“缓办”互派大使事宜的电报。据唐绍仪十二月初七日发回国内的电报，他带领留学生拜见美国总统西奥多·罗斯福（Theodore Roosevelt）时，转达了“邸座江电缓办事”。[④]亲王称“邸”，“邸座”无疑是指庆亲王

① 参见中国第一历史档案馆编：《光绪宣统两朝上谕档》（第34册），广西师范大学出版社，1996年，第145~146页。

② 参见《小村外务大臣致在清伊集院公使、在欧美各大使代理大使，1908年11月4日》，日本外务省编纂：《日本外交文书》（第41卷）（第1册），日本國際連合協會，1960年，第696页。

③《收专使唐大臣致外务部请代奏电，十一月十八日》，中国第一历史档案馆编：《清代军机处电报档汇编》（第24册），中国人民大学出版社，2005年，第232~233页。电报末尾的“篠”是韵目代日，代指“十七日”。因为北京与华盛顿存在一个时间差，唐绍仪发电是在11月17日，而清政府收到电报是在11月18日。塔夫脱当时已当选美国总统，尚未就职。

④《收专使唐大臣致外务部电，十二月初八日》，中国第一历史档案馆编：《清代军机处电报档汇编》（第32册），中国人民大学出版社，2005年，第351页。电报末尾的“阳”字是韵目代日，代指“初七日”，是唐绍仪发电日期。

奕劻。他是外务部总理大臣，主管外交事务，只有他可以向唐绍仪发号施令。“江”代指“初三日”，“邸座江电”，即奕劻初三日发给唐绍仪电报。那么“缓办事”又是指什么呢？据王真和黄濬记述，张之洞秘密给驻美公使梁诚发电报，请与美国政府商议缓派大使，得到美国政府同意。①王真、黄濬虽非事件直接当事人，但其所记清廷电令“缓派大使”事与唐绍仪电报中“邸座江电缓办事”可互相参证。再查阅唐绍仪在此期间与清政府的电报往来，存在“缓办”情形的事情只有中美互派大使一事。由此可见，奕劻江电“缓办事”即指中美互派大使事。

中美互派大使的主张虽被朝廷否决，但袁世凯并未就此罢休。十二月初五日，袁世凯又拟定关于大使问题的节略，“力言大使之便”，②交载沣和军机大臣讨论，以求打动载沣和张之洞等人。在该节略中，袁世凯强调，对美国政府拟派遣大使驻华一事，“断无拒绝之理”，并从权限、礼节、使才、经费四个方面论述了中外互派大使的可行性。③

然而，清朝政府内部因此爆发了更大规模的意见冲突。大概在初八、初九日，袁世凯与载沣、张之洞为此事在朝堂发生空前激烈的争吵。关于这次争吵的确切时间和地点等细节还难以完全确定。④由于载沣握有最高统治权，冲突的结果只能是袁世凯的意见被否定。十二月初九日，清政府给唐绍仪发电旨，令其通知美国政府，将中美互派大使事“作罢”。现尚未从档案中发现该电旨，但唐绍仪发回国内的两封电报中，引述了该电旨。

---

① 参见王真编：《侯官陈石遗先生年谱》(卷5)，《北京图书馆藏珍本年谱丛刊》(第184册)，北京图书馆出版社，1999年，第724~725页；黄濬：《花随人圣庵摭忆》(中)，中华书局，2008年，第543页。该两处记述说张之洞电令梁诚缓派大使，所述发电人和收电人都是错误的。根据唐绍仪电报，是奕劻电令唐绍仪缓办派大使事。当然，这里说张之洞电令缓派大使，事出有因。“缓办”之电虽由奕劻发给唐绍仪，但“缓办”是张之洞的主张。唐绍仪当时在美谈判互派大使问题，令“缓办”的电报理应发给专使唐绍仪，而不应发给驻美公使，而且当时清政府驻美公使是伍廷芳不是梁诚。

②《京师近信》，《时报》1909年1月25日。

③ 沈祖宪、吴闿生：《容庵弟子记》(卷4)，文海出版社，1966年影印，第29~30页。

④ 赵秉钧说，争吵发生在罢袁谕旨发布的两三天前，即初八日或初九日，究竟哪天，难以确定；赵秉钧说，冲突双方袁世凯和张之洞争论时互相踢了桌子(参见《伊集院公使致小村外务大臣电》，1909年1月3日午后2时15分，日本外务省档案缩微胶卷，胶卷号MT Reel 111，第1139页)。丁士源说，争吵中摄政王载沣推翻了桌子，参见丁士源：《梅楞章京笔记》，荣孟源、章伯锋主编：《近代稗海》(第1辑)，四川人民出版社，1985年，第449页。按赵的说法，争吵可能发生于军机处；照丁的说法，争吵似应发生在载沣办公的养心殿。

十二月初十日，唐绍仪有“蒸”电致外务部：“初九电敬悉，谨当遵旨转达。”[①]两天后，即十二月十二日，唐绍仪再发“文”电致外务部：“现值西历年节，总统暂不得晤。拟派大使事，昨遵旨告美外部，并谢其美意。据称当告总统作罢。”[②]

“蒸”电中的“初九电”和“旨”，应指同一个文件。由此可知，“初九日电旨”确实存在，但从“蒸电”还无法知晓该电旨的内容。“文电”说到“昨遵旨告美外部”。“昨”即十一日，“旨”即指“初九日电旨”。将两份电报联系起来看，初九日电旨的内容就应当是令唐绍仪通知美国政府，将中美互派大使事作罢。此事本应“告总统”，但因总统“暂不得晤”，十一日唐绍仪才将清政府初九日电旨要求将派大使之议“作罢”一事告知美国国务院官员，国务院官员表示将转告总统。时任军机大臣的鹿传霖在光绪三十四年十二月初九日的日记中写道：“美派大使事饬缓。”[③]这也可以佐证初九日电旨的存在。

那么，袁世凯中美互派大使的主张因何受到反对呢？《容庵弟子记》中说：“枢廷同列以不获预闻其事为恨。有议公之轻举者，于是横生阻力，事败垂成。”[④]据此，袁世凯的主张受到责难、中美互派大使“事败垂成”的原因有两条。

其一，其他军机大臣“不获预闻”中美互派大使一事，因此反对。袁当初策划中外互派大使时，没有与时为军机大臣的载沣和张之洞等人讨论。唐绍仪从美国发回电报请求指示后，袁世凯在朝堂上才提出这个问题。载沣和张之洞不能容忍袁的擅权行为。有报纸报道，载沣得知袁世凯背着自己策划派驻大使一事后，当面斥责袁世凯擅作主张。[⑤]

其二，互派大使事被认为是“轻举”。袁世凯十二月初五日的节略，是在其派驻大使主张受到反对、被迫“缓办”后，再次要求朝廷讨论派驻大使问题而提出的。其中竭力陈说的权限、礼节、使才、经费四问题，应该就是清政府内部赞同和反对向美国派驻大使双方争论的主要问题。有人提及，载沣令陆

---

①《收专使唐大臣致外务部电，十二月十一日》，中国第一历史档案馆编：《清代军机处电报档汇编》（第35册），中国人民大学出版社，2005年，第181页。

②《收专使唐大臣致外务部请代奏电，十二月十三日》，中国第一历史档案馆编：《清代军机处电报档汇编》（第35册），中国人民大学出版社，2005年，第189页。

③《鹿传霖日记（五）》，《文物春秋》1994年第3期，第70页。

④ 沈祖宪、吴闿生：《容庵弟子记》（卷4），文海出版社，1966年影印，第29页。

⑤ 参见《京师近信》，《时报》1909年1月16日。

军部对大使和公使的区别作签注，陆军部签注说："大使如与所在国外相不能接洽圆满时，得要求亲与驻在国元首谈判。中国尚未实行责任内阁制，此点切须注意。"按照国际惯例，大使有"与驻在国元首亲自谈判的特权"，"在任何时候都可以要求晋谒驻在国的元首"。①"中国尚未实行责任内阁制"，意味着外国大使可与中国皇帝直接交涉，这对清廷来说，非同小可。②各国驻华使节与中国皇帝直接交涉并随时觐见皇帝，在当时的中国是不可思议的，载沣因此反对袁的主张。唐绍仪在日本访问期间，就曾对英国驻日大使窦纳乐(Claude MacDonald)说，朝廷礼制构成了中外互派大使不可逾越的障碍，因为外国大使理所当然地会要求与皇帝直接交涉，而当时的清政府是不能作此种安排的。③袁世凯在十二月初五日节略中提到的大使可以宴请国君一类事情，在当时的中国也是难以想象的。另外，关于经费问题，有人说度支部尚书载泽对载沣进谗言："岁费益巨万，仅得大使之虚名，岂计之上者。"④清政府财政收入有限，袁世凯十二月初五日节略中说，派大使每年需30万金的经费，这不是个小数目。

关于互派大使一事对罢袁产生的影响，亦有不少人曾提及。如《容庵弟子记》一书编者认为，袁被罢职"实由于派大使一案也"。⑤袁世凯亲信、民政部侍郎赵秉钧对日本使馆人员谈到，袁极力主张中美互派大使，与张之洞发生激烈的意见冲突，袁因此被罢。⑥良弼也向日本使馆人员透露，对于中美互派大使问题，袁世凯和唐绍仪专断处置，不让其他军机大臣参预讨论，这是载沣罢袁的重要缘由。⑦有近人笔记和报纸舆论也持袁世凯因主张中美互派大使而

---

① 劳特派特修订：《奥本海国际法》(上卷·第2分册)，王铁崖、陈体强译，商务印书馆，1981年，第236页。

② 丁士源：《梅楞章京笔记》，荣孟源、章伯锋主编：《近代稗海》(第1辑)，四川人民出版社，1985年，第449页。

③ "Sir C. MacDonald to Sir Edward Grey, November 6, 1908," *Confidential British Foreign Office Political Correspondence, China, Series 1, 1906–1919, Part 1: 1906–1908*, Bethesda, MD: University Publications of America, 1995, Reel 103, p. 250.

④ 刘体智：《异辞录》，中华书局，1988年，第219页。

⑤ 沈祖宪、吴闿生：《容庵弟子记》(卷4)，文海出版社，1966年影印，第28页。

⑥ 参见《伊集院公使致小村外务大臣电》，1909年1月3日午后2时15分，日本外务省档案缩微胶卷，胶卷号MT Reel 111，第1138~1139页。

⑦ 参见《伊集院公使致小村外务大臣电》，1909年1月3日午后7时40分，日本外务省档案缩微胶卷，胶卷号MT Reel 111，第1145页。

下台的看法。[①]

可见，袁在派驻大使问题上的所作所为被载沣视为擅权跋扈，加深了载沣对袁世凯的恶感和戒心，推动载沣做出罢袁决定。发生于罢袁事件前夕的中美互派大使问题之争，是袁世凯被罢的一个重要诱因。

有学者指出，袁世凯派唐绍仪使美是以致谢美国退还庚子赔款事为名义，真正使命其实是与美国政府谈判建立中德美联盟。光绪三十四年十一月初七日，美、日两国政府互换《罗脱高平协定》，使中德美联盟的计划破产，袁世凯联美制日外交政策归于失败，袁世凯因此受到政敌攻击而被迫下台。[②]通过系统梳理发生于罢袁事件前后的相关史实，认真考究这些史实之间的相互关系，笔者认为，这个论点不能成立。

首先，所谓唐绍仪使美的真正使命是与美国谈判建立中德美联盟的说法是不准确的。唐绍仪使美，确有与美国政府交换对德国所提议的中德美联盟意见的任务。清政府对德国热衷提议的中德美联盟方案心存顾虑、反应冷淡，袁世凯给唐绍仪的任务限于听取美方意见后再决定进止。光绪三十四年十一月二十日夜间，美国总统西奥多·罗斯福向唐绍仪表示反对德国的中德美联盟方案时，唐绍仪立即表示赞同。美国政府认为德国政府提出这个方案居心叵测，将中国与日、俄敌对起来，会给中国带来危险，美国不会为了保卫中国而与日、俄开战。因此，美国政府反对这一方案。而清政府早已认识到这一方案对自身的危险性，所以赞同美国政府的立场。日美交换《罗脱高平协定》主要是为了调和日、美两国在太平洋地区的矛盾，平息两国在太平洋属地及移民等问题上的紧张关系和战争流言。对日本而言，日美换文也有阻止中美接近的意图。美国也因签订日美换文而决定终止中德美联盟之议。但是，《罗脱高平协定》与中德美联盟失败之间不是必然的、直接的因果联系。即使没有《罗脱高平协定》，中德美联盟也不可能建立起来。《罗脱高平协定》中包含了美国所提议的维护中国独立和完整及各国在华工商业机会均等的内容。在美国政府看来，《罗脱高平协定》可以约束日本的侵华活动。清政府

① 参见丁士源：《梅楞章京笔记》，荣孟源、章伯锋主编：《近代稗海》(第1辑)，四川人民出版社，1985年，第449页；《京师近信》，《时报》1909年1月16日；《项城开缺余谈》，《盛京时报》1909年1月12日。

② 参见马勇：《袁世凯罢官归隐说》，《史学集刊》2011年第4期；崔志海：《摄政王载沣驱袁事件再研究》，《近代史研究》2011年第6期。

也认可美国政府的观点。对于《罗脱高平协定》,袁世凯起初曾向美国驻华公使柔克义表示不满,但不久,袁世凯即向柔克义表示赞赏美日协定。[①]袁世凯在上给清廷关于互派大使的节略中赞赏《罗脱高平协定》,说:“日美互换照会仍多方援助,在美之为我谋者可谓力顾大局。”[②]对清政府而言,《罗脱高平协定》远比中德美联盟方案对中国更有利。中德美联盟的失败,对清政府而言利益无损,袁世凯自然不会因为此事受到指责和攻击,这不能成为载沣罢袁的理由。就笔者目力所及,相关中外档案和其他文献中,除一些缺乏根据的传闻之外,没有任何可靠的材料可以证明中德美联盟的失败和袁世凯下台存在联系。

其次,正如前文所论述,袁世凯主张中美互派大使,在朝廷内部引起激烈争论,这是袁世凯下台的导火线之一。这说明袁下台确实与清廷内部对于外交政策的意见分歧有关系。但互派大使只是一个提升两国外交关系级别的问题,袁意在与列强提升外交关系的级别,并非意在联美制日。所谓袁世凯“主联美制日之策,以中美互派大使为第一步”[③]的说法没有史实根据。中美互派大使问题之所以成为袁世凯下台的导火线,正如上文所析有两个原因:一是载沣、张之洞等“不获预闻”,指袁擅权;二是载沣、张之洞等认为互派大使一事是“轻举”。前一原因,反映了清政府内部的权力之争。后一原因显示出清廷内部的政见分歧。袁世凯受到攻击的这两个原因都与联美制日政策无关。

最后,如果说袁世凯和唐绍仪采取了联美制日策略,那只能是经济层面的,而非外交、政治、军事层面的联美制日。谋求借款振兴东北经济,抵制日、俄在东北的经济扩张,正是唐绍仪使美最重要的秘密使命。袁世凯被罢后,唐绍仪被令尽快离美赴欧调查财政,借款活动被迫终止。[④]

那么究竟在哪一天清政府电令唐绍仪离美赴欧?唐绍仪后来致外务部

① 对于中德美联盟的交涉经过及美国政府、清政府和日本政府对于中德美联盟和美日协定的态度等问题的讨论,详见李永胜:《1907—1908年中德美联盟问题研究》,《世界历史》2011年第4期。

② 沈祖宪、吴闿生:《容庵弟子记》(卷4),文海出版社,1966年影印,第29页。

③ 徐凌霄、徐一士:《凌霄一士随笔》(二),山西古籍出版社,1997年,第521页。

④ 唐绍仪在美借款活动,参见查尔斯·威维尔:《美国与中国:财政和外交研究(1906—1913)》,张玮瑛、李丹阳译,社会科学文献出版社,1990年,第43~67页。

函中说："当于十二月间在美接奉电传谕旨，饬令从速调查，早日归国。"[1]这道"电传谕旨"在现存清政府军机处电报档中没有收存，在军机处随手登记档中也没有记录。该项电旨未做记录有可能是清廷为了保密的缘故。虽然看不到电旨原文，但可以通过考察唐绍仪在此期间的活动轨迹，推断出清政府发出令唐绍仪离美赴欧电旨的大概日期。光绪三十四年十二月十二日，清政府外务部收到唐绍仪和伍廷芳联名发出的电报，报告美国政府所定减收赔款办法。[2]十二月十三日，外务部又收到唐绍仪的电报，报告中美互派大使事已请美国国务院转告总统作罢。[3]至此，唐绍仪赴美的公开任务已经完成。唐绍仪虽有与美国政府和实业金融界谈判借款的秘密使命，但袁世凯已罢，奕劻于十二月初十日至十五日告假。载沣和新任命的外务部负责官员不一定知道唐绍仪此项使命，或者即使知道此事也不赞成袁世凯的此项安排。这样，清政府电令唐绍仪离美赴欧就顺理成章了。按照常理，必须在确定庚款退还办法和将派大使事"作罢"两件事情办妥后，清政府才能电令唐绍仪离美。因此，清政府令唐绍仪迅速离美赴欧调查的电旨当在十二月十三日之后发出。

光绪三十四年十二月十五日唐绍仪致电外务部，报告了离美赴欧的行程安排。[4]同日，美国国务院远东司代理司长司戴德(Willard Straight)分别致信美国铁路大王哈里曼(Edward Harriman)和银行家席夫(Jacob Schiff)，告知因中国国内政局变动，唐绍仪收到北京电报令其立即前往欧洲。尽管借款谈判没法继续进行，但唐绍仪仍希望从纽约乘船离美前，与哈里曼和席夫见面。同日，司戴德又致信纽约哥伦比亚大学校长巴特勒(Nicolas Butler)说，唐绍仪将

---

①《唐绍怡为报欧洲七国大概情形事致外务部函，宣统元年三月二十五日》，李国荣编选：《唐绍仪出使日欧八国考察财政史料》，《历史档案》1990年第2期。"唐绍怡"是唐绍仪当时为避宣统皇帝之讳而改的名字。

② 参见《收专使唐、驻美伍大臣致外务部电，十二月十二日》，中国第一历史档案馆编：《清代军机处电报档汇编》(第32册)，中国人民大学出版社，2005年，第359~360页。

③ 参见《收专使唐大臣致外务部请代奏电，十二月十三日》，中国第一历史档案馆编：《清代军机处电报档汇编》(第35册)，中国人民大学出版社，2005年，第189页。

④ 参见《收专使唐大臣致外务部电，十二月十六日》，中国第一历史档案馆编：《清代军机处电报档汇编》(第32册)，中国人民大学出版社，2005年，第366页。该电报尾署"删"，指十五日，为唐绍仪发电时间。

迅速离美，不能出席他为唐绍仪准备的欢迎宴会。[①]由此，这道“从速调查，早日归国”的谕旨，应在十二月十五日之前发给唐绍仪的。

综上所述，清廷电令唐绍仪“从速调查”的谕旨应当在十二月十四日前后发出。唐绍仪收到“从速调查”的谕旨后，借款谈判被迫停止。袁世凯于十二月十一日被罢免，此后几天唐绍仪即被迫结束了在美的借款活动。可以说，袁世凯下台致使联美制日的经济外交政策失败；而不能说，联美制日经济外交政策的失败导致了袁世凯下台。即使从经济层面而论，袁世凯因联美制日外交政策失败而下台的论点也不能成立。

## 三、日本政府对罢袁事件的态度和反应

早在罢袁事件发生时，对于日本政府在罢袁事件中的作用，各国媒体和政府甚至清政府官员就有种种猜疑，认为日本政府乐于罢袁甚至参预了罢袁阴谋。光绪三十四年十二月十九日，外务部尚书梁敦彦对英国驻华公使朱尔典说，鉴于日本政府对满族权贵的影响，日本与袁的倒台有联系，日本不愿看到一个强有力的中国。[②]英国驻日大使窦纳乐向英国外交大臣表示，梁敦彦的说法不可信，日本政府太过精明不会参预倒袁密谋。[③]美国政府怀疑日本参预罢袁阴谋，但感到无法证实。十二月十六日，美国国务院远东司的一份备忘录认为日本人对于袁世凯被罢发挥了相当大的作用。[④]十二月十九日，美国国务院某助理国务卿对英国驻美大使柏拉斯(James Bryce)说，日本参预倒袁阴谋难以证实，但日本对摄政王谋求自主的愿望有所助推。[⑤]民国年间，一些文人笔记著述也有日本政府参预载沣罢袁密谋的说法。有人称，日本人对于中美两国商议互派大使事心怀妒忌，“行反间计于摄政王之左右”，袁世

---

① “Willard Straight to E. H. Harriman, January 6, 1909,” “Willard Straight to Jacob H. Schiff, January 6, 1909,” “Willard Straight to Nicolas Murray Butler, January 6, 1909,” *The Willard Straight Papers at Cornell University,* Ithaca, Photo Science of Cornell University, 1974, Microfilm, Reel 2.

② “Sir J. Jordan to Sir Edward Grey, January 11, 1909,” *Confidential British Foreign Office Political Correspondence, China, Series 1, 1906–1919, Part 2: 1909–1911*, Reel 1, p. 402.

③ “Sir C. MacDonald to Sir Edward Grey, January 14, 1909,” *Confidential British Foreign Office Political Correspondence, China, Series 1, 1906–1919, Part 2: 1909–1911*, Reel 1, p. 408.

④ “Memorandum Regarding the Situation in China, January 7, 1909, Page 1,” *Numerical and Minor Files of the Department of State, 1906–1910*, Microcopy 862, Roll 172, 1518/271.

⑤ “Mr. Bryce to Sir Edward Grey, January 10, 1909,” *Confidential British Foreign Office Political Correspondence, China, Series 1, 1906–1919, Part 2: 1909–1911*, Reel 1, p. 391.

凯因此“被逐于外”。[①]还有人说:“载沣监国,受日人之利用而罢袁。”[②]

据日本外务省档案,日本驻华公使伊集院彦吉得知袁世凯被罢的消息后,感到非常突然。伊集院在致外务大臣的报告中认为,袁的病并不须静养,而袁本人请假的可能性不大,很可能是某种阴谋的结果。[③]伊集院立即动员使馆工作人员全体出动,展开情报工作,搞清事变发生的真相。据伊集院给外务省的报告,光绪三十四年十二月十一日至十三日,日本使馆人员先后拜访了那桐、铁良、赵秉钧、良弼等人。日本横滨正金银行驻京代表小田切万寿之助通过私人关系从张之洞那里,任职清政府民政部巡警学堂的日本人川岛浪速从善耆那里,了解到许多罢袁的内幕,并报告给伊集院。在罢袁事件发生两三天内,日本驻华使馆就从清政府一些重要官员处,比较准确地获悉事件发生的原因。日本驻华使馆了解到,袁世凯被罢起因于载沣欲报袁戊戌告密之仇,中美互派大使问题和清理财政问题之争以及御史的上奏弹劾都是袁世凯下台的直接诱因。因此,日本政府并不认为袁世凯下台意味着清廷内外政策的转变。与此不同,英、美两国驻华使馆对事变发生原因却是迟迟不得要领。英国驻华公使朱尔典依据禧在明从袁克定那里得来的情报,认为罢袁是满族权贵排斥汉族官员的结果。[④]美国驻华公使柔克义对罢袁一事感到不可思议。袁被罢半个月后,他向国务院报告说,他唯一能确定的袁被罢免原因,是载沣不喜欢袁世凯;被取消了特权的满族权贵以戊戌政变告密为由挑动载沣反对袁世凯。[⑤]英、美驻华使馆情报来源单一,对载沣罢袁原因及其可能产生之影响的认识较日本肤浅得多。伊集院告诉朱尔典,据陆军部尚书铁良说,罢袁是由于御史弹劾袁世凯戊戌告密所致,因而没有必要提出质问。而朱尔典认为铁良的说法不值得重视,坚持认为罢袁意味着清廷内外政策有可能

① 刘体智:《异辞录》,中华书局,1988年,第219页。

② 徐凌霄、徐一士:《凌霄一士随笔》(2),山西古籍出版社,1997年,第521页。

③ 参见《伊集院公使致小村外务大臣电》,1909年1月2日午后9时35分,日本外务省档案缩微胶卷,胶卷号MT Reel 111,第1132~1134页。

④ “Sir J. Jordan to Sir Edward Grey, January 3, 1909,” *Confidential British Foreign Office Political Correspondence, China, Series 1, 1906–1919, Part 2: 1909–1911*, Reel 1, p. 376.

⑤ “Rockhill to Secretary of State, January 16, 1909,” *Numerical and Minor Files of the Department of State, 1906–1910*, Microcopy 862, Roll 172, 1518/258-261.

倒退，不仅仅是人事变动的问题。[①]英、美公使认为袁世凯下台缘于满族权贵倒袁阴谋，也符合实际。但是他们不清楚清政府内部关于中美互派大使和财政清理问题之争以及言官弹劾袁世凯等因素对载沣罢袁的推动作用，对事变可能产生之影响所作判断的准确性也远远不及日本。

在充分了解罢袁事件发生的原因后，日本政府决定向清政府重要人物提出劝告，希望保持清廷政局稳定。十二月十三日，日本使馆书记官阿部对那桐说，不希望罢免袁世凯引起局势混乱。那桐说，今后不会对袁加重治罪，更不会危及其人身安全，对此自己敢以生命作担保。阿部请那桐向清政府各位大臣转达日本政府的立场。同日，日本使馆翻译高尾拜访肃亲王善耆，表达了希望清廷保全时局的意愿。[②]十二月十三日夜，阿部往见张之洞，再次表达意见。张之洞向阿部保证，清政府不会再对袁世凯加重惩治，其人身不会受到威胁。[③]强硬人物袁世凯被罢后，清政府换上一个比袁世凯容易对付的人物作为日本的交涉对手，这是日本所期望的。然而只有在中国政局和内外政策稳定的情况下，日本才能实现其在华目标。英国驻日大使窦纳乐形象、生动、准确地表述了日本政府对罢袁事件的态度："尽管日本政府不会不对袁世凯下台感到窃喜，但只要远东的和平不被破坏或改革政策没有变化，袁世凯身上发生什么事情，对他们来说是无关紧要的。"[④]

英、美驻华公使对罢袁事件感到非常震惊和意外，认为罢袁是满族权贵实施的阴谋，将可能使其在华利益受损。英、美驻华公使策划联合各国共同向清政府提出质问，由于其他各国公使态度消极，特别是日本公使拒绝参加，联合质问未能成功。英、美两国公使决定单独行动，于光绪三十四年十二月二十四日面见奕劻，递交质问书，得到奕劻保证清政府内外政策不会因袁世凯下台而

① "Sir J. Jordan to Sir Edward Grey, January 6, 1909," *Confidential British Foreign Office Political Correspondence, China, Series 1, 1906–1919, Part 2: 1909–1911*, Reel 1, P. 463,"Sir J. Jordan to Sir Edward Grey, January 16, 1909," *Confidential British Foreign Office Political Correspondence, China, Series 1, 1906-1919, Part 2: 1909–1911*, Reel 1, pp. 487-488.

② 参见《伊集院公使致小村外务大臣电》，1909年1月4日午后9时，日本外务省档案缩微胶卷，胶卷号MT Reel 111，第1162~1165页。

③ 参见《伊集院公使致小村外务大臣电》，1909年1月5日午后1时40分，日本外务省档案缩微胶卷，胶卷号MT Reel 111，第1167~1170页。

④ "Sir C. MacDonald to Sir Edward Grey, January 10, 1909," *Confidential British Foreign Office Political Correspondence, China, Series 1, 1906–1919, Part 2: 1909–1911*, Reel 1, p. 393.

改变的承诺后，英美公使才得以安心。[①]

日本不参预英、美主导的联合质问，原因有几个。首先，日本相当准确地掌握了袁世凯被罢的原因，并在相当短的时间内即对罢袁事件可能产生的影响作出了判断，认为袁被罢并不意味着清政府的政策变化。日本使馆人员向张之洞、那桐和善耆表达了日本的立场，得到事态不会扩大的保证，没必要再以政府名义向清政府进行质问。如此看来，日本政府在罢袁事件发生的第三天，就做了英、美两国公使在罢袁事件两周后，即十二月二十四日会见奕劻所做的事。只不过日本政府是以使馆人员的名义表达希望，未采用正式的政府质问的形式。其次，日本担心参预联合质问会开罪中国，对中日交涉产生不利影响。十二月十一日晚，英公使朱尔典造访伊集院，认为有必要向本国政府请训，向清政府提出忠告。伊集院向外务大臣作了报告。[②]十二月十二日八国公使在美国驻华使馆举行会议后，伊集院向外务省请训，请求许可自己加入各国共同质问。[③]十二月十三日，外务省先后给伊集院发来二电，前电说，联合质问难有效果，且会被清国认为庇护袁世凯，此为失策之举，不如暂时观望形势。后电说，为保全时局，不反对伊集院以个人名义参加共同质问行动。[④]后来，伊集院反对质问书中出现袁世凯名字，与英使朱尔典发生冲突。伊集院因此拒绝参加联合质问。

伦敦《泰晤士报》驻京记者莫理循（George Ernest Morrison）光绪三十四年十二月十六日发回伦敦的报道说：

> 日本和俄国都反对提出质问，特别是日本，他对可畏的谈判对手在中日关于满洲的谈判刚开始即被罢免感到心满意足……日本军队代表与铁良关系之密切以及日本使馆对现在执掌外务部的那桐之影响都是众所周

---

① 英美提出质问的详细经过，详见崔志海：《摄政王载沣驱袁事件再研究》，《近代史研究》2011年第6期。

② 参见《伊集院公使致小村外务大臣电》，1909年1月2日午后9时35分，日本外务省档案缩微胶卷，胶卷号MT Reel 111，第1353页。

③ 参见《伊集院公使致小村外务大臣电》，1909年1月3日午后3时30分，日本外务省档案缩微胶卷，胶卷号MT Reel 111，第1355~1357页。

④ 参见《小村外务大臣致伊集院公使电》，1909年1月4日午后2时，日本外务省档案缩微胶卷，胶卷号MT Reel 111，第1358~1362页。

知的。[①]

报道提到了日本乐于袁世凯下台。当时各国驻华公使之间还流传日本政府可能参预了罢袁阴谋之说法。这令日本政府高度重视,为此展开一系列外交活动。十二月十八日,日本驻英国代理大使山座向外务省致送包含上述报道的十二月十七日伦敦《泰晤士报》。[②]日本外务省征询伊集院对此问题的意见。十二月二十日,伊集院致电外务省,认为《泰晤士报》说日本乐于罢袁而反对各国联合提出质问,完全出于猜测臆断,请向英、美政府交涉,驳斥上述观点。[③]十二月二十三日,小村外务大臣分别致电驻英代理大使山座和驻美大使高平,请他们分别向英国政府和美国政府驳斥《泰晤士报》的报道。[④]

当日本政府向英、美两国进行辩白时,英、美两国反应不同。英国政府认可日本政府的解释。而美国政府对日本的解释采取不予理睬的态度。十二月二十二日,英国驻日大使窦纳乐造访日本外务大臣小村寿太郎。小村对他说,《泰晤士报》的报道,纯属错误;中国的政治稳定对日本是必要的。他更愿意袁世凯和唐绍仪作为谈判对手,因为他们是有能力、有共识之人;尽管他们的收回利权政策延缓了中日谈判,但与他们谈判解决了一些重要问题。窦纳乐向外交部报告了此次会见的情形,并表示认可日本的解释,认为日本没有参预罢袁阴谋。[⑤]十二月二十九日,日本驻英代理大使山座造访英国外交部,解释日本与罢袁没有任何联系。英国外交副大臣请山座转告小村,英国政府不相信任何日本对罢袁发生作用的说法。[⑥]

---

① "The Downfall of Yuan Shih-kai——Attitude of the Powers, (From Our Correspondent), Peking, Jan 7," *The Times*, Jan 8, 1909.

② 参见《山座代理大使致小村外务大臣电》,1909年1月9日午前11时35分,日本外务省档案缩微胶卷,胶卷号MT Reel 111,第1369~1373页。

③ 参见《伊集院公使致小村外务大臣电》,1909年1月11日午后4时50分,日本外务省档案缩微胶卷,胶卷号MT Reel 111,第1379~1383页。

④ 参见《小村外务大臣致山座代理大使电》,1909年1月14日,日本外务省档案缩微胶卷,胶卷号MT Reel 111,第1388~1396页;《小村外务大臣致高平大使电》,1909年1月14日,日本外务省档案缩微胶卷,胶卷号MT Reel 111,第1397~1398页。

⑤ "Sir C. MacDonald to Sir Edward Grey, January 14, 1909," *Confidential British Foreign Office Political Correspondence, China, Series 1, 1906–1919, Part 2: 1909–1911*, Reel 1, p. 408.

⑥ "Sir Edward Grey to Sir C. MacDonald, January 28, 1909," *Confidential British Foreign Office Political Correspondence, China, Series 1, 1906–1919, Part 2: 1909–1911*, Reel 1, p. 419.

十二月二十三日，美国驻日大使欧柏拉恩（Thomas O'Brien）参加了日本外务大臣小村寿太郎在外务省举行的会议。小村在会上说，关于罢袁对日本是严重打击或日本阴谋罢袁两个层面的报道，以及源于别的观点和目的之谣言都是毫无根据的；袁世凯是一个有能力、聪明的人，袁世凯任职外务部以来，中日之间已经解决一些问题，其他问题也正在解决之中；日本希望中国和平，希望袁世凯不要被继续追究，那些任职于军队和政府的袁世凯的幕僚不要受到牵连。[①]十二月三十日，日本驻美大使高平致送美国国务院一份备忘录。该备忘录解释说，日本乐于罢袁甚至与罢袁有关的说法，纯属谣言。日本不认为袁世凯对日本利益有妨害。由于袁世凯的合作，中日之间已经解决了三个问题。国务院将日本的备忘录电送美国驻英、日大使和驻华公使。[②]但是美国国务院对日本的备忘录未做答复，因为美国没有要求日本提供这样的备忘录。

那么日本政府是否乐于罢袁呢？客观而言，日本政府乐于罢袁的说法是符合实际的。光绪三十四年十二月十五日，朱尔典在致英国外交部的报告中说，伊集院参预各国联合质问的前提，是质问书中不能提到袁世凯的名字，以免将其置于危险境地；绝大多数的公使认为，日本采取此种态度的原因，是罢袁意味着唐绍仪和徐世昌将被调离东北，换上一个弱者作为谈判对手，这适合日本的满洲政策。[③]柔克义致国务院的报告也认为“日本政府或至少驻华日使得到解脱，对罢袁极感高兴”。[④]这些看法符合日本政府的真实态度，日本政府的内部文件对此也直言不讳。如海军军令部的一份通报就公开承认，袁世凯处处妨害他们，铁良、荣庆、世续一派对他信赖，故袁世凯罢免不足惜。[⑤]而小田切万寿之助在给日本横滨正金银行的长篇报告中直言不讳：“《泰晤士报》评

---

① "O' Brien to Secretary of State, January 15, 1909," *Numerical and Minor Files of the Department of State, 1906–1910*, Microcopy 862, Roll 172, 1518/252-257.

② "Memorandum handed to the Secretary by Japanese Ambassador, January 21, 1909," *Numerical and Minor Files of the Department of State, 1906–1910*, Microcopy 862, Roll 171, 1518/234.

③ "Sir J. Jordan to Sir Edward Grey, January 6, 1909," *Confidential British Foreign Office Political Correspondence, China, Series 1, 1906–1919, Part 2: 1909–1911*, Reel 1, P. 463.

④ "Rockhill to Secretary of State, January 16, 1909," *Numerical and Minor Files of the Department of State, 1906–1910*, Microcopy 862, Roll 172, 1518/258-261.

⑤ 参见《军令部通部第182号》，1909年1月11日，日本外务省档案缩微胶卷，胶卷号MT Reel 111，第1233页。

论,说日本对罢袁感到高兴,并非完全失当。"[①]

但是,日本政府参预了罢袁阴谋的说法却确乏史实根据。笔者所看到的档案材料和其他文献中,没有确实可信的材料可证实日本政府对于推动载沣罢袁发挥了作用。纵观日本政府在罢袁事件发生后劝告清廷不要进一步扩大事态等做法,日本政府向英、美政府辩称日本没有参预倒袁阴谋,应是可信的。

## 四、简短结语

综上所述,袁世凯在戊戌政变中的告密行为,使载沣对袁深怀仇恨,这是载沣罢袁的历史缘由。慈禧太后、光绪帝死后,载沣监国,袁世凯权势之重对载沣的统治权威形成现实威胁,袁世凯被罢实属必然。但袁世凯被罢事件发生于两宫百日大丧期内,具有一定偶然性。袁世凯被罢前夕的一系列偶发事件推动载沣做出罢袁决定。

袁世凯反对载泽集中全国财政权于度支部的意图,主张保留地方督抚一定的财政权。载沣自然愿意将全国财政大权收归中央政府,他支持载泽而反对袁世凯。袁私自策划中外互派大使,不让载沣、张之洞等人预闻其事。当唐绍仪致电清政府,请求对中美互派大使一事给予指示时,袁世凯才将问题提交朝廷进行讨论,并坚决主张中美互派大使。袁世凯在派驻大使问题上擅作主张引起载沣的警觉。争夺财政权和擅自策划中外互派大使两事,在载沣看来,是袁世凯擅权跋扈的具体表现,加剧了载沣对袁世凯的恶感和戒心。言官江春霖、赵炳麟、陈田上奏弹劾袁世凯权高震主,要求对袁世凯加以惩戒,深合载沣心理,为载沣罢袁提供了适当的理由。因此,载沣抓住这一有利时机罢袁回籍。

载沣初拟罢袁谕旨的措辞较为严厉,后接受世续、张之洞劝说,对谕旨措辞作了修改,使袁世凯得以体面下台。载沣拟议杀袁或将袁审讯定罪的说法不可信。受种种因素制约,载沣不可能提出如此激烈的惩治袁世凯的方案在朝廷内部进行讨论。

袁世凯没有提出过中美联盟制日的外交策略,他主张中美互派大使只是

---

①《袁世凯之免官与日清外交关系》,横滨正金银行高桥是清致送外务省小田切万寿之助报告,1909年2月8日,日本外务省档案缩微胶卷,胶卷号MT Reel 111,第1288页。

为了提高清政府的国际地位。袁世凯联美制日外交政策失败导致袁世凯下台的说法，有悖于史实，不能成立。

英、美驻华公使对袁世凯被罢深感震惊和意外，企图联合各国公使向清政府提出质问。日本政府对袁被罢同样感到意外，但很快获悉罢袁事件的诸多内幕，认为袁被罢是清廷内部权力斗争的结果，并不意味着清廷内外政策的变化。为避免开罪清政府，日本政府拒绝参加英美主导的联合质问行动。袁世凯被罢，日本政府暗自高兴，期望清政府新任外交官员比袁世凯易于对付，以便于实现日本在中国东北扩张势力的目的。但清政府政局动荡不利于中日有关东北问题交涉的进行，日本政府出于自身利益的需要，同样希望清政府政局稳定，不希望罢袁事件事态扩大。日本政府参预罢袁阴谋的说法缺乏史实根据，与日本政府对罢袁事件的种种反应相悖，似不可信。

本文原刊载于《历史研究》2013年第2期。

**作者简介：**

李永胜，1967年生，山西晋城人。2003年12月毕业于北京大学历史学系中国近现代史专业，获历史学博士学位。现为南开大学历史学院教授。主要研究方向为中国近现代政治与外交。2004年3月至今在南开大学历史学院任教。出版专著《清末中外修订商约交涉研究》（南开大学出版社，2005年）。出版译著《呈现意义：晚清中国新学领域》（天津人民出版社，2014年）。在《历史研究》《近代史研究》等学术期刊发表论文数十篇。

# 晚清民初留学生社会形象及其演变

刘晓琴

晚清至民国，留学生形象的形成及其演变中，存在有两条主线：一是在真实历史场景中的留学生，①一是在文学作品中的留学生，②二者中留学生的形象有时合二为一，有时又截然相反。在留学生文学中，研究者认为以五四为界，五四时期留学生是“弱国子民”的卑微形象，五四时期之后是“留洋归来而数典

---

① 目前留学生社会形象的研究中，章清选取容闳、严复、胡适为不同时期留学生形象的代表，讨论留学生发言位置的转换，以及本土知识样式的转型，参见章清：《近代中国留学生发言位置转换的学术意义——兼析近代中国知识样式的转型》，《历史研究》1996年第4期，第59~72页。刘集林对“留学”词源进行了考证，反映了留学生从“出洋肄业生”“游学生”到“留学生”的称谓演变，这是其社会形象的演变的一个方面，参见刘集林：《从“出洋“、“游学”到“留学”——晚清“留学”词源考》，《广东社会科学》2007年第6期。此外，刘婉养的硕士论文《奇女子 女国民 新女性——清末民初女留学生社会形象研究》（南开大学硕士学位论文，2018年），从女性留学生的角度探讨了其社会形象的演变。

② 对留学生形象问题的关注主要集中在近些年来的现当代文学研究领域，专著如李东芳：《从东方到西方——20世纪中国大陆留学生小说研究》，中国文联出版社，2006年；李兆忠：《喧闹的骡子——留学与中国现代文化》，人民文学出版社，2010年；朱美禄：《域外之镜中的留学生形象——以现代留日作家的创作为中心》，巴蜀书社，2011年；汤克勤：《近代转型视阈下的晚清小说家：从传统的士到近代知识分子》，中国社会科学出版社，2012年。论文如陈奔：《方鸿渐性格的喜剧性——兼谈〈围城〉人物塑造的喜剧手法》，《福建师范大学学报（哲学社会科学版）》1985年第2期；袁国兴：《“文明人”的窘境——二十世纪前半叶留学生题材作品文化意向考察》，《学习与探索》1998年第3期；张学福：《试论老舍小说中的留学生形象及文化启示》，《安徽文学（下半月）》2008年第10期；余婉卉：《“学为世界人”的迷思——晚清民国文学中的留学生形象》，武汉大学博士学位论文，2010年；李兆忠：《假洋鬼子的沉浮——中国现代文学中的留学生形象》，《上海文化》2010年第4期；汤克勤：《论转型视野下晚清留学生小说家和晚清小说中的留学生形象》，《文艺研究》2011年第3期；朱美洁：《跨文化语境下20世纪中国留学生文学形象研究》，西南大学硕士学位论文，2013年；朱美禄：《清国留学生形象谱系的源头》，《新文学史料》2011年第2期；黄月：《从“弱国子民”到“无根的一代”——比较〈沉沦〉和〈芝加哥之死〉主人公自我毁灭的心理过程》，《文教资料》2013年第36期；等等。此外，2000年出版的《中国留学生文学大系》（江曾培等编，上海文艺出版社，2000年）中“近现代小说卷”收录了近代诸多留学生小说，如郁达夫的《沉沦》、冰心的《去国》、许地山的《三博士》，等等，都涉及了留学生的文学形象；近现代散文纪实文学卷收录晚清民国留学生回忆、游记、通讯、杂文等，并非严格意义上的文学作品。

忘祖、洋奴气十足的'国人'",[①]留学生似乎总是在文学作品中以负面形象示人;而在近代留学史中,留学生是社会变革所期望的关键角色,二者之间有着强烈的反差。虽然对留学生持或褒或贬的态度是同一时空客观存在的两种评价,其同一时期的形象也并非千篇一律,但是从整体上看,留学生形象在晚清至民国有一个曲折的演变过程。本文并非从文学作品的角度探讨留学生形象,也无法将这一讨论扩大至留学目的国民众眼中的中国留学生形象之建构,而是聚焦于近代中国社会变迁场域下,留学生社会形象(包括留学生自我形象)的形成、发展与演变。

## 一、从模糊到清晰:晚清留学生形象的形成

在留美幼童出洋之前,留学生人数极少,其形象模糊。近代留学史往往从容闳、黄宽、黄胜留美而始。道光二十六年(1846年)冬,当马礼逊学堂(Morrison School)校长鲍留云(Rev. Samuel Robbins Brown)提出愿带学生赴美学习时,"全堂学生聆其言,爽然如有所失,默不发声……为之愀然不乐",[②]唯有容闳三人愿随出洋,容母得知则"凄然泪下",留学在19世纪40年代不仅不为人所知,而且视作凶险之途。

容闳于咸丰四年(1854年)毕业于耶鲁大学,立即启程回国。虽然容闳身怀"以西方之学术,灌输于中国,使中国日趋于文明富强之境"[③]的理想,却在回国后很长一段时期内辗转于广州、香港、上海等地谋生,终至咸丰七年(1857年)以译文获得声誉,"人人知予为曾受西国教育之中国学生","几无一不知予为美国毕业生",[④]然而并未使容闳的处境改变。转机在容闳成为曾国藩幕僚之后。容闳主动通过曾国藩幕僚函荐,得以入曾国藩幕:"金子香同广东友人

① 赵园:《中国现代小说中的"留学生"形象——由郭沫若早期作品说开去》,《艰难的选择》,上海文艺出版社,1986年,第438页。

② 容闳:《西学东渐记》,徐凤石、恽铁樵译,张叔方补译,杨坚、钟叔河校点,湖南人民出版社,1981年,第9页。

③ 容闳:《西学东渐记》,徐凤石、恽铁樵译,张叔方补译,杨坚、钟叔河校点,湖南人民出版社,1981年,第23页。

④ 容闳:《西学东渐记》,徐凤石、恽铁樵译,张叔方补译,杨坚、钟叔河校点,湖南人民出版社,1981年,第40、41页。译文中的"中国学生""美国毕业生"原文均为"Chinese student educated in America",容闳:《西学东渐记》(Yung Wing, *My Life in China and America*),亨利霍尔特公司(Henry Holt and Company),1909年,第75、76页。

容君淳甫[①](光照,香山人,通夷言、夷字,曾居花旗八年。应其国贡举得隽。去年左孟辛[②]函荐于我,属引见揆帅,故来)来。"[③]而容闳"通夷言、夷字,曾居花旗八年"就是推荐者赵烈文对容闳的印象。之后容闳主要用于招募外洋工匠。当容闳受曾国藩委托到美国购买机器回到上海后,同治五年十二月(1867年1月),曾国藩为容闳请奖,奏片中仅有"花翎运同衔容闳,熟悉泰西各国语言文字,往来花旗最久,颇有胆识……以同知留于江苏遇缺即补",[④]容闳"留美生"的身份模糊,曾国藩最注重的是容闳语言上的优势。同治七年(1868年),容闳通过江苏巡抚丁日昌向清廷上条陈,建议派遣留学生:"政府宜选派颖秀青年,送之出洋留学,以为国家储蓄人材。"[⑤]为了防止招致反对,容闳特意将这一教育计划列为第二条,且另拟三条。"此条陈之第一、三、四,特假以为陪衬……乃不显有偏重之意也。"[⑥]容闳的留美教育计划竟然是以这样的方式提出,"留学"潜在的阻力很大,特别是在丁日昌丁忧回籍后再无下文。直至天津教案发生后,容闳被丁日昌电招为"议员",留学生的身份在督抚看来,主要是"翻译"的角色。

天津教案后,容闳得到丁日昌的帮助,派遣留美生的计划终于得到了曾国藩的同意,同治十年七月初三(1871年8月18日)曾国藩、李鸿章等联名上奏《拟选聪颖子弟赴泰西各国肄业折》,[⑦]并酌议《挑选幼童前赴泰西肄业章程》,开启了幼童留美史。同治十一年正月二十二日(1872年3月1日)曾李二人再上奏折,容闳被派为副委员,理由是"前在花旗居处最久,而智趣深远,不为习俗所囿……该员练习外洋风土人情,美国尤熟游之地,并以联外交而窥密

---

① 原文如此,应为"纯甫"。

② 即左枢。

③ 赵烈文:《能静居士日记》(日记14),同治元年五月三日(1862年5月30日),太平天国历史博物馆编:《太平天国史料丛编简辑》(第3册),中华书局,1962年,第228页。

④《容闳赴西洋采办铁厂机器有功请予奖励片(同治五年十二月二十一日)》,曾国藩:《曾国藩全集·奏稿9(修订版)》(第9册),岳麓书社,2011年,第314页。该请奖片与容闳在自传中的记载不同,原文称:"Yung Wing is a foreign educated Chinese. He has mastered the English language"(译文:容某为留学西洋之中国学生,精通英文——《西学东渐记》,第84页),pp.165-166。

⑤ 容闳:《西学东渐记》,徐凤石、恽铁樵译,张叔方补译,杨坚、钟叔河校点,湖南人民出版社,1981年,第86~87页。

⑥ 容闳:《西学东渐记》,徐凤石、恽铁樵译,张叔方补译,杨坚、钟叔河校点,湖南人民出版社,1981年,第88页。

⑦《曾国藩全集·奏稿12》(第12册),岳麓书社,2011年,第402~406页。

匙”,[①]容闳留美毕业生的身份仍旧不清晰。与此同时,出洋肄业局的正监督人选为陈兰彬,正如丁日昌所言,“欲利用陈之翰林资格,得旧学派人共事,可以稍杀阻力也。”[②]容闳没有得到清政府完全的信赖。甚至到19世纪末期,晚清权要提到容闳时,仍只记“久居外洋”等模糊之词。如光绪二十二年四月初三(1896年5月15日)翁同龢日记中记载见到容闳的情景:“江苏候补道容闳,纯甫,久住美国,居然洋人矣,然谈银行颇得要。”[③]对留学生的认识是一个非常模糊的概念,而对其官职则记录详细,对容闳的评价中带有嘲讽。

在留美幼童挑选过程中,容闳遇到了始料未及的困难:民众视出洋为畏途。以首届留美幼童之一詹天佑为例,出洋必须具结,具结内容如下:“兹有子天佑情愿送赴宪局(指幼童出洋肄业局)带往花旗国肄业,学习技艺,回来之日,听中国差遣,不得在外国逗留生理,倘有疾病生死,各安天命,此结是实。”[④]经多方努力,同治十一年(1872年)夏第一批幼童选毕,八月十一日起航赴美。从1872年到1875年,清政府先后派出四批共120名官费留学生,远涉重洋,踏上美国的土地。

与容闳同时赴美的黄宽、黄胜留学归国后的情形也值得注意:黄宽于爱丁堡大学毕业后,以伦敦传教会医生的身份,于1857年1月回到香港,先是在香港伦敦会医院任职,“即便在医学界与宗教界中也有一些西方人士视黄宽为异己”。[⑤]由于受到歧视和排挤,黄宽辞去传教士的工作,1858年回到广州行医。黄宽自办医院,也曾在惠爱医馆、博济医院兼职,治病救人的同时“一面编译西方医学著作,一面又组织训练班,培养少数中国青年充任医生的助手”。[⑥]按照陈邦贤《中国医学史》的记载,黄宽曾得李鸿章邀请,于1862年赴天津任医官,但不到半年即辞职回广州继续行医,[⑦]之后又曾任广州海关医务处医官(1863年)、西南施医局主任(1875年)。黄宽从事西医治疗和教育工作,“对于西医在

---

①《曾国藩全集·奏稿12》(第12册),岳麓书社,2011年,第567页。

② 容闳:《西学东渐记》,徐凤石、恽铁樵译,张叔方补译,杨坚、钟叔河校点,湖南人民出版社,1981年,第91页。

③ 翁同龢:《翁同龢日记》(第6卷),翁万戈编,翁以钧校订,中西书局,2012年,第2946页。

④ 淩鸿勋、高宗鲁编:《詹天佑与中国铁路》,台湾“中研院”近代史研究所,1977年,第4~5页。

⑤ 陈小卡:《中国留学欧洲第一人——黄宽》,《传记文学》2009年第1期。

⑥ 梁碧莹:《简论黄宽、黄胜对西学的传播》,《广东社会科学》1997年第4期。

⑦ 陈邦贤:《中国医学史》,上海书店出版社,1984年,第193页。

华传播产生过重要的影响”。[①]黄宽西医留英背景是其职业生涯的起点，作为19世纪六七十年代难得的西医人才，黄宽受到了重视，但是也遭致伦敦传教会内西方人的排挤。黄宽在李鸿章幕府内任职时间短暂，李鸿章对西医、特别是中国西医人才没有给予足够多的关注，黄宽作为中国最早的留英西医人才的形象没有在以李鸿章为首的士大夫眼中建构起来。[②]

黄胜1848年秋因病自美归国，首先在香港英华书院从事印刷工作，并协助理雅各翻译《圣经》、将《四书》译成英文；1860年与伍廷芳一起创办香港第一家中文报纸《中外新报》，在香港很有影响力。19世纪六七十年代，黄胜曾积极参与洋务事业，但遭遇挫折。1864年，黄胜接受了丁日昌的邀请（由黄宽推荐[③]），担任上海广方言馆的英文教习，但是三年后（1867年），黄胜辞职重新任职于英华书院，原因不知其详。1871年以后与王韬等人合办中华印务总局、《循环日报》。留美幼童事宜启动后，1873年第二批留美幼童出洋事宜由黄胜负责带领赴美，但是他很快归国——“至迟在光绪元年底以前已回华”，[④]回国后曾在香港为福州船政学堂英文班招生。1878年以后第三次到美国，任出洋肄业局委员、驻美使馆的翻译。在此期间，驻美公使陈兰彬对黄胜印象不佳，当容闳拟给其帮办一职时，陈兰彬以黄胜“洋习太重，在局究不相宜，当于是年闰三月去法国途次，寄托改派为金山总领事公署翻译，以金山相距一万四千公里，可免其沾涉局事也。”[⑤]光绪六年十一月（1880年12月）又被江南道监察御史李士彬参奏“该局帮办翻译黄姓，久为教徒，暗诱各生进教。”[⑥]“上述的不愉快经验，以及接续而来的撤回幼童之举，对黄胜都是极严重的挫折，因为他大约在光绪

① 张娟：《黄宽留学英国考论》，《韦卓民与中西方文化交流：“第二届珠澳文化论坛”论文集》，社会科学文献出版社，2011年，第66页。

② 李鸿章笃信西医迟至1879年以后。1879年8月，李鸿章的夫人患病，李鸿章请马根济（Mackenzie John Kenneth，时为伦敦会传教士）和埃尔文（J. O' Malley Irwin，时任天津海关医官）为李夫人治病，李夫人得以康复，这成为李鸿章笃信西医的开始，而起到重要媒介作用的是西医传教士群体。可参看李传斌：《李鸿章与近代西医》，《安徽史学》2001年第3期。

③ 苏精：《黄胜：楚材晋用的洋务先驱》，《清季同文馆及其师生》，台北，（无出版社信息），1985年，第262页。

④ 苏精：《黄胜：楚材晋用的洋务先驱》，《清季同文馆及其师生》，第264页。

⑤《出使美日秘国大臣陈兰彬折（光绪七年二月初六日）》，陈修省主编：《纪念陈兰彬诗文集》，纪念陈兰彬诗文集编辑委员会编辑出版，2007年，第259页。

⑥《光绪六年十一月十六日江南道监察御史李士彬奏》，中国史学会主编：《洋务运动》（第5册），上海人民出版社，1961年，第249页。

七、八年之际回到香港后，随即在光绪九年(1883年)十二月归化为英国子民，自此也不再参与洋务运动了。”①洋务派官吏对黄胜的认识，仅为“翻译”，不仅不会委以重任，而且处处提防，这是早期留洋归国者普遍的命运。

光绪七年(1881年)留美幼童被撤回后，《申报》对幼童的报道虽援引的是日本报纸所言，但是评价非常负面：“第一次出洋并无故家世族、巨商大贾之子弟，其应募而来者类多椎鲁之子，流品殊杂，此等人何足以与言西学？何足以与言水师兵法等事？性情则多乖戾，禀赋则多鲁钝，闻此辈在美有与谈及国家大事及一切艰巨之任皆昏昏欲睡、顾而言他，则其将来造就又何足观。”②留美幼童遭受批评，甚至是从其家庭出身上给予根本性的否决。“我们这些大学毕业生、大学奖章获得者以及所有的人，回国以后，无论干什么工作，每月得到的只是4两银子(5.5美元)的低薪，相当于一个办公室工役的工钱。不成其为理由的是，政府完全不知道我们每个人适合做什么。也就是说，如果派某些人在陆军或海军中服役时阵亡，或负伤，那是他们自己的事，是运气不好，不管怎么着，政府完全不负任何责任。”③所反映的仍是留学生被轻视、贬斥的遭遇。一些留美幼童只得在教会学校暂时栖身：“1880年代，他们回国后，发现很难找到称心如意的职位，有些人就委身于圣约翰书院的教职(每月薪金约30两)，直到他们在宦场或商界找到较优的位置，方才离去。”④

船政留欧生与留美幼童的命运截然相反，他们不仅陆续得到了清廷奖励，而且很快按照专业派赴福州船政局或各水师任用。正如晚清洋务派期待的那样，船政留欧生的社会形象与他们的专业技能一致。然而，历经中法战争和中日甲午战争，船政留欧生损失大半，战争的惨败在清政府看来这一群体未堪大用，这使得晚清督抚对船政留欧学生的评价不高。

在外交人员中，较早得到任用的是伍廷芳。当李鸿章向总理衙门荐举伍廷芳时谈道：“久闻其人熟习西洋律例，曾在英国学馆考取上等。”⑤伍廷芳以留

---

① 苏精：《黄胜：楚材晋用的洋务先驱》，《清季同文馆及其师生》，台北，无出版社信息，1985年，第265页。

②《书日本报论中国学徒事》，《申报》1881年9月29日。

③ 容尚谦：《创办出洋局及官学生历史》，王敏若译，珠海出版社，2006年，第15~16页。

④ 颜惠庆：《颜惠庆自传——一位民国元老的历史记忆》，吴建雍、李宝臣、叶凤美译，商务印书馆，2003年，第9页。

⑤《复总署 请用伍廷芳》，光绪三年九月一日(1877年10月7日)，顾廷龙，戴逸主编：《李鸿章全集》[第32册 信函(四)]，安徽教育出版社，2008年，第134页。

英的背景及对西方律例的熟悉，被李鸿章启用襄办洋务，直至光绪二十二年（1896年）任为驻美国、西班牙和秘鲁公使，清末新政时又主持修律工作。总理衙门认识到留学生在外交领域的价值，委以外交职责。在戊戌维新之前，还有京师同文馆、上海广方言馆、广州同文馆等西文学堂毕业生出洋游历的一类留学生，他们多数人成为晚清外交舞台上活跃的外交官，出洋游历或留学是他们身份的必备经历，这成为19世纪70年代以后外交人员的主要力量。在晚清外交领域，留学生的作用较早地得以重视，留学生形象与外交官之间有一种天然的联想。

清政府在派遣幼童留美、船政学生留欧和同文馆学生到海外游历的过程中，逐渐形成了对留学生的认识，从仅记载早期留学生通夷言夷字，到强调留学生在“外国学馆考取上等”，留学生的社会形象得以初步建构。虽然留学生的社会形象已立，却还未得到晚清社会普遍的认同。留学生试图跨越边缘局外人与士大夫之间的鸿沟，但在19世纪八九十年代遭遇了诸多挫折。

## 二、从期望到尊崇：晚清民初留学生社会精英形象的确立

甲午战后，受战败的刺激，国人东渡留学的热情高涨。在维新变法运动期间，杨深秀、康有为等陆续上奏折请派学生游学日本，指出“非派才俊出洋游学，不足以供变政之用”，[①]总理衙门遂上“遵议遴选生徒游学日本事宜片”，[②]开启了留日教育的闸门，地方督抚率先派遣了留日学生。戊戌维新虽失败，留日教育仍迅猛发展。

维新运动时期，留学生作为新的社会群体有了崭新的形象。光绪二十三年（1897年）梁启超在《时务报》刊登一篇写江西康爱德女士的人物小传；[③]康爱德女士是一名毕业于美国“墨尔斯根省之大学（即密歇根大学），以发念救众生疾苦因缘故，于是专门学医……以中国之积弱引为深耻，自发大心，为二万万人请命，思提挈而转圜之”的新女性形象。特别值得注意的是，这个新女性所接受的是西方现代教育，获得的是医学学位，梁启超认为如果不是自幼被美国传教士收养，“不适美国、不入墨尔斯根大学，则至今必蚩蚩然块块然戢戢然与

① 《山东道监察御史杨深秀请议游学日本章程片》，陈学恂、田正平主编：《中国近代教育史料汇编 留学教育》，上海教育出版社，2007年，第332页。

② 杨家骆编：《戊戌变法文献汇编》（第2册），鼎文书局，1973年，第409~410页。

③ 梁启超：《记江西康女士》，《时务报》1897年3月23日。本段未注出处的引文均同此注。

常女无以异。”这正是维新派建构[①]的新女性形象，也是留学生的形象。

光绪二十四年三月（1898年4月）张之洞撰写《劝学篇》，在其外篇“游学第二”中，张氏竭力主张向日本派遣学生。由于《劝学篇》受到清政府的赞赏并广为刊布，留学日本成为时代潮流，带动了晚清留学教育的风起云涌。尽管《劝学篇》中没有讨论留学生形象的词句，但将游学日本视为社会改革和国家强盛的关键措施之一，事实上已经对留学生抱有强烈的积极期待，这是晚清留学生形象形成中非常重要的时间点。

在此后很短的时间内，留学生迅速成为晚清社会寄予厚望的群体。1902年，梁启超称“中国他日之存亡绝续，皆将维日本留学生是赖。多得一人，即多收一人之益。中国今日大事，未有过于是者。”由于时任驻日公使蔡钧致函外务部反对派遣留日学生，梁倡言“阻止派留学生之人，即我国文明之公敌也。”[②]留学生、特别是留日学生成为中国“存亡绝续”所仰赖的力量。正如梁启超所言：“夫以前后一二年之间，而诸君之被推崇受期望也，忽达于此高度之点，是一国最高最重之天职，忽落于诸君头上之明证也。”[③]在《敬告留学生诸君》中，梁启超将留学生视为“最敬最爱之中国将来主人翁”，寄以“不徒在立国家政治之基础而已，而又当立社会道德之基础”[④]的期望，留学生成为国家前途的希望。《外交报》称“而今之留学生，则崭然现其头角，为通国中之一种新人物，其衣冠、其举动、其言论、其习尚，均令人望风而识，不与他人相混淆。”[⑤]期望之情溢于言表。

对留学生形象确立起到关键作用的则是清政府所颁布的一系列鼓励游学的政策：

光绪二十七年八月初五日（1901年9月17日），清廷颁布上谕，鼓励各省派学生出洋，称“如果学成得有优等凭照回华，准照派出学生一体考验奖励，候旨分别赏给进士、举人各项出身，以备任用，而资鼓舞。将此通谕知之。”[⑥]

---

① 梁启超建构的康爱德形象与其本人真实样态是有差距的，参见：胡缨著、编译：《历史书写与新女性形象的初立：从梁启超〈记江西康女士〉一文谈起》，伊沛霞、姚平主编：《当代西方汉学研究集萃·妇女史卷》，上海古籍出版社，2012年，第267~291页。

②《国闻短评：行人失辞》，《新民丛报》（第5号）1902年4月8日。

③ 中国之新民：《敬告留学生诸君》，《新民丛报》（第15号）1902年9月2日。

④ 中国之新民：《敬告留学生诸君》，《新民丛报》（第15号）1902年9月2日。

⑤《论近日派遣留学生之利害》，《外交报》（第30号）1904年12月21日。

⑥ “戊戌谕”，朱寿朋编：《光绪朝东华录》（第4册）（卷169），中华书局，1958年，总第4720页。

在此基础上，光绪二十九年八月（1903年9月）张之洞分别拟定“约束章程十款，鼓励章程十款，又另拟自行酌办立案章程七款”，[①]对留学生加以约束并鼓励之。清政府很快颁行各项章程，其中《鼓励游学毕业生章程》十条，对获得各级留日毕业证书的学生给予奖励并任用，分别获得从拔贡、举人、进士、翰林的出身，原有出身者，则视所学程度，给予相当官职。与此同时，对于自备斧资出洋留学者，“自应与官学堂毕业生一律给奖，勿庸加以区别”。[②]在科举制度仍旧实施的年代，这一制度对士子热衷留学起了重要的推动作用，而出洋留学得有各级文凭就可以获得出身的奖励办法，无疑成为留学大发展以及留学生正面形象的助推器。稍后十一月（1903年12月），张百熙、荣庆、张之洞联名上奏《请奖励职官游历游学片》，[③]希冀“内外职官，愿出洋游学者，必接踵而至”，对官吏出洋给予鼓励。在清政府多方鼓吹的政策之下，留学成为晚清社会的热潮，留学生被整个社会寄予厚望，“其前途最有望，而能负担将来之中国者，则必曰留学生……留学生未来之主人也，未来之统制者也。问中国之前途而可以任国事者，则留学生而已”。[④]留学生正面、高大的形象在20世纪最初的两三年内形成了。

从光绪三十一年（1905年）到宣统三年（1911年），学务处（学部）主持的留学毕业生考试共七届，并举办了四届廷试。第一届学部考试时，考试及第者就授予科名和官职。在科举制度废除以后，学部考试为学成考试，考试合格的留学生由学部颁发统一文凭，分别授予翰林、进士、举人等出身，而不给予官职，学部考试定期举行；经过学部考试合格的学生再通过廷试，即入官考试，授予官职，廷试不定期举行。部试和廷试都为留学生做官开辟了途径，这对于留学生有很大的吸引力。

清政府还采取了一种“访问荐举游学毕业生”的办法，给予早年毕业归国

---

① 张之洞：《筹议约束鼓励游学生章程折（光绪十九年八月十六日）》，《张文襄公全集》（第2册）（奏议卷61），中国书店，1990年，第17~21页。

②《自行酌办立案章程》，舒新城编：《中国近代教育史资料》（上册），人民教育出版社，1961年，第186页。

③《张百熙、荣庆、张之洞：请奖励职官游历游学片》，舒新城编：《中国近代教育史资料》（上册），第187~189页。

④ 爱国者：《余录：论留学生之责任与其箴言》，《新民丛报》（第16号）1902年9月16日。

的留学生出身，以示嘉奖。早在光绪三十一年十月（1905年11月）张之洞就曾致电外务部为辜鸿铭请奖："查三品顶戴员外郎职衔辜汤生，号鸿铭，兼通英法德三国语言文字，得有英国大学罗马、希腊经科博士文凭（足比中国进士），并德国国家工程学堂修业文凭。该员志趣端正，学问优长，各国皆知。"[①]请求赐予辜鸿铭进士出身。在当年虽未实行，但为奖励"老留学生"提供了思路。光绪三十三年（1907年）直隶总督袁世凯也奏请免试授予回国十年以上、政绩突出的留学生詹天佑、吴仰曾、屈永秋、邝荣光四人进士出身，得到朝廷允准，并将这一办法推广。学部奏请令各省督抚广加延访，"凡专门学成回国在十年以外，学力素优、复有经验者"，[②]赐予出身。得到清廷同意之后，学部制订了《考核各省采访游学专门各员章程》五条。根据这一章程，宣统元年十二月（1910年1月）最终确定了19名回国留学生获得出身奖励，其中留美者7人，留法者5人，留英者8人（其中吴仰曾留学英美两国）。[③]虽然这样的受奖对于留学生本人来说只是一枚荣誉勋章，但这一事件却意味着清政府对于19世纪末留学教育的总结，将留学与科举的功名置于同等的地位，对留学教育起了助推的作用。

清政府荐举留学生的制度一直持续到宣统三年，三月学部给伍连德奏请奖医科进士的奏折中，称"该员在英国堪伯里志[剑桥]大学校内之意孟奴书院肄习格致医学，光绪二十五年毕业，考试取列优等，得学士学位，又往法国巴黎帕士德学校肄业，得有硕士学位，三十一复得博士学位，又赴各地研究霍乱各病症并著有医学各书等。……于研究情形极有心得，为英美医员所赞赏，声名籍甚"，[④]奏请赏给医学进士学位。"声名籍甚"是留学生良好形象的体现，无论督抚还是学部的奏折中，都详述留学生所入外国学校、所学专业、所获学位等

① 《致外务部（光绪三十一年十月十二日）》，《张文襄公全集》（第4册）（电牍卷74），中国书店，1990年，第442~443页。

② 《议覆北洋大臣奏请予詹天佑等四员出身折》，《学部官报》1907年6月21日。

③ 《尚书梁敦彦等会学部奏会同核定游学专门人才折（并单）》，《学部官报》1909年2月20日。

④ 《学部奏恳恩赏给总医官伍连德医科进士学位折》，《学部官报》1911年4月29日。

等留学内容，这与40多年前奏奖容闳[1]等人所用"通夷言、夷字"的评价迥异！

总体来看，晚清授予留学生出身的制度是清政府任用留学生的关键步骤，在科举废除的背景下更成为进阶官场的捷径。在清末新政中，清政府需才方殷，留学生成为新政所依赖的人才：在五大臣出洋考察宪政中，在宪政编查馆中，在晚清教育新政中，在资政院、谘议局成立过程中，留学生都参与其中，留学生与新政关系密切，[2]留学生成为清政府任用的对象。将留学获得的文凭直接等同于进士等各级出身，又根据出身授以官职，既增强了留学生的良好声誉，又为民初对留学生入仕的批判埋下了伏笔。

20世纪初年，留学生被视作社会变革希冀的力量，"有无穷之责任，受无二之待遇，抱无穷之希望，受无限之责望者，伊何人乎？曰留学生是也。"[3]寄予留学生厚望的不仅有清政府，还有革命党人："留学生者，二十世纪最美之名词也，新世界之主人翁也。其一举一动非以救同胞为义务耶，非去专制为目的者耶，非以建设新中国、使种族不见灭于强国者耶。"[4]社会各界都对留学生寄予厚望："今日举国人士殷殷属望，无愈于留学生，无亦以为英才之选，舍斯莫当

---

① 有趣的是，当容闳1909年11月在纽约出版他的自传*My Life in China and America*时，扉页上容闳的身份为"耶鲁大学文学士、法学博士、出洋肄业局监督、中国驻美副公使、江苏候补道"，容闳作为早期的留美学生，他自身身份标注耐人寻味，这是容闳自我形象的总结，将"江苏候补道"的官职写在自传的扉页上，至少反映了容闳对这一职位的重视。——原文为：BY YUNG WING, A.B. LL.D. (Yale), COMMISSIONER OF THE CHINESE EDUCATIONAL COMMISSION, ASSOCIATE CHINESE MINISTER IN WASHINGTON, EXPECTANT TAO-TAI OF KIANG SU. Yung Wing, My Life in China and America ( Henry Holt Company, 1909) , "Title Page"。其中法学博士是光绪二年（1876年）耶鲁大学授予容闳的荣誉学位，以表彰时任驻美副公使的容闳对中美文化交流的贡献。

② 可参见尚小明：《留日学生与清末新政》，江西教育出版社，2003年；彭剑：《清季宪政编查馆研究》，北京大学出版社，2011年；等等。

③《言论自由：舆论之纵容留学生》，《大陆（上海）》1903年第6期。

④ 仇：《论留学生之作官》，《新世纪》1907年第19号，第2页。值得注意的是，在这一文章中，作者认为"留学生者，二十世纪最美之名词也；留学生者，革命党之别名也。""留学生者……其一举一动非以救同胞为义务耶，非去专制为目的者耶，非以建设新中国、使种族不见灭于强国者耶"，批评留学生做官的现象。留学生"革命党"的社会形象在二十世纪初年逐渐深入人心，留学生在辛亥革命中承担了至关重要的角色（可参考欧美同学会和中国留学人员联谊会主编：《留学人员与辛亥革命》，华文出版社，2012年）。"留学生与晚清民初革命者的社会形象"一题，值得做进一步的深入研究。

耶。”[①]留学生成为晚清社会尊崇的社会力量,留学生被视为未来社会的主人翁,形象之丕变进一步推动了留学教育的高涨。

武昌起义各省响应,留学生在其中起了关键作用,“辛亥革命的一切成败之处,无不与留学生有着直接与间接的关系。”[②]民国肇始,留学生在南京临时政府各部总长、次长中占多数,南京临时政府首届内阁九部中,除了内务部、实业部和交通部总长无留学背景之外,其余各部总长、次长均为留学东西洋学生。[③]

1912年2月15日,袁世凯接任中华民国临时大总统,3月10日在北京就职,这标志着中华民国史上北京政府统治的开始。北京政府成立后,各部官员、职员人选,成为社会关注的焦点。1912年4月《申报》引西方报纸称:“北京各部现须交代将来录用职员,闻袁大总统意拟分为四类:以南京政府旧人之曾留学者为第一类;南省人材之富有经验者为第二类;北方各学堂毕业及曾游学者为第三类;北政府旧人物为第四类。”[④]表面上,袁世凯十分重视对南京临时政府部员的任用,其中特别重视有留学背景者。在这样的背景之下,北京政府各部院中留学生占了相当的比例,有着显耀的地位。1914年组织宪法会议选举代表时,“政治会议多数议员现赞成每省各举代表三员组织宪法会议,三员中一须旧时国会议员,一须外国留学生,一须有实际政治经验者。”[⑤]以1916年时的中央政府职员情况来看,[⑥]当年各部院职员总数为3580人,各部院均有留学生,留学生总数达到806人,占到总人数的22.51%,比例是相当高的。特别是在农商部中留学生所占的比例竟高达49.78%,几乎一半人员都是留学生。其次是交通部、大理院,留学生所占比例都在40%以上。北京政府中留学生占了相当大的比例:“留学生为一国之领袖,一国之救主……今就北京一隅以观:其在政界膺重位而有声望者,不下百余人……游学一途,实为今日登仕版膺政位

① 裘昌运:《美国留学界情形:论留美学生对于家国义务之预备》,《留美学生年报》1911年第1期。

② 董守义:《清代留学运动史》,辽宁人民出版社,1985年,第303页。

③ 王奇生:《中国留学生的历史轨迹(1972—1949)》,湖北教育出版社,1992年,第206页。

④《西报之北京消息》,《申报》1912年4月12日。

⑤《译电》,《申报》1914年1月20日。

⑥ 职员数和留学生总数来源于:北京青年会编辑修订:《(北京)东西洋留学会员录》(北京青年会1916年7月刊行)资料整理而成。

之终南捷径，将来之官吏，今日之留学生。”[①]留学生受到了北京政府的重视和任用，表明民初政府对于接受了西式教育人才的需求，是民初社会吸纳留学生的结果之一。从留学生角度来看，政界留学生如此众多，与国民“仅以出仕为尊荣”[②]观念有关，“今科举已废，进取仕禄之阶，惟留学为最捷”。[③]依旧沿袭着传统知识分子“学而优则仕”的传统，留学生是炙手可热的社会精英形象。以至于蔡元培在1923年的宣言中有“现在政府那〔哪〕一个机关，能离掉留学生？若学生相率辞职，政府当得起么？”[④]的反问，留学生在北京政府中所占位置非常重要，是不争之事实。

1922年丁文江、胡适等人创办了《努力周报》，发表大量力促“好人”出来从政的文章。1922年5月14日《努力周报》刊登《我们的政治主张》，[⑤]提出了“政治的清明全靠好人出来奋斗”的主张，被研究者称为“好政府主义”。在这一“宣言”上签名的十六人中，只有梁漱溟不是留学生的身份，其他十五人都是留学欧美的学生，可以看作是留学生的宣言。1923年丁文江以“宗淹”为笔名在《努力周报》上发表名为《一个外国朋友对于一个留学生的忠告》的文章，更是称“留学生是中国知识最完全的人，也是享社会上最大权力的人”，[⑥]知识越多，享有的权利越大，责任也越重，希望留学生能肩负起社会责任。同年8月26日丁文江的《少数人的责任》，提出：“中国政治的混乱，不是因为国民程度幼稚，不是因为政客官僚腐败，不是因为武人军阀专横；是因为‘少数人’没有责任心，而且没有负责任的能力。”[⑦]留学生自我认知上越来越明确：少数的优秀分子——其中包括留学生——肩负着社会的责任，而且有负责任的能力。

政界以外，民初留学生在军界、学界、工商界等领域都有显耀的地位。“在军学界据要津者，亦比比皆是。盖自科举既废，吾国政界、军界、学界，莫不取

---

① 唐悦良：《青年会与留学生之关系》，《青年进步》1917年第4册。该文另转载于《东方杂志》1917年第14卷第9号。

② 王正廷：《社会与职业教育之关系》，《青年进步》1917年第2册。

③ 胡适：《非留学篇》，《留美学生年报》1914年第3期。

④ 蔡元培：《蔡元培的宣言》，《努力周报》1923年第39期。

⑤《我们的政治主张》，《努力周报》1922年第2期。

⑥ 宗淹：《一个外国朋友对于一个留学生的忠告》，《努力周报》1923年第42期。

⑦ 宗淹：《少数人的责任》，《努力周报》1923年第67期。

材于留学生。”[①]“须知今日之中国，正属需要留学生之时代”。[②]来自各界的声音，都表达出留学生是社会的希望所在。“留学是一种最好的出身。现在最‘得意’的在政界最活动的，虽然不全是留学生，也是以留学生占最多数。留学生的头衔可以抵得前清的举人、进士、翰林等正途出身，所以考文官试验的、领凭做律师、会计师的，候补做省议会国会会议员的，都常借著一张外国学校的证书，审定他们的资格。总之，留学生在今日社会里已成为一种特殊的社会阶级，也就是最优异最高贵之阶级。”[③]留学生成为整个社会的焦点之一，社会对留学生寄予厚望，希望留学生“回国而后，群策群力，施展怀抱，以拯救此将亡未亡之中国”。[④]

不仅社会对留学生寄予厚望，留学生自我认知在民国初年也逐渐清晰。虽然早在1914年留美生胡适就发表了《非留学篇》称：“留学者，吾国之大耻也！留学者，过渡之舟楫而非敲门之砖也。留学者，废时伤财事倍功半者也。留学者，救急之计而非久远之图也。”然而胡适又称“留学不可废”：“留学者，救急之上策，过渡之舟楫。吾国一日未出过渡之时代，则留学一日不可废。以留学之效不著之故，而废留学，是因噎而废食也。病噎者，治噎可也，而遂废食，不可也。患留学之失败者，补救之可也，而遂废留学，不可也。”谈到留学生的责任，莫急于“取他人所长，补我所不足，折中新旧，贯通东西，以成一新中国之新文明”。[⑤]胡适对留学生的批评目的恰恰是要阐明留学生的责任——再造新文明。任鸿隽指明“留学生者，吾国所仰为起死回生之卢扁也”，[⑥]希望留学生归国后“稍稍留意于社会事业，而勿以考试为终南捷径，作金马门避世之想”。[⑦]稍后，1917年，留美学生张宏祥谈到“万事可谦，唯于责任上应有当仁不让、鼓勇力行之气概……革新思潮之责，实为吾人所同具”。[⑧]这些都体现了留美生自我意识的增强，自此“责任”

---

① 唐悦良：《青年会与留学生之关系》，《青年进步》1917年第4册。

② 任夫：《敬告有志留学者》，《青年进步》1917年第2册。

③ 陶履恭：《留学问题》，《新教育》1919年第2卷第2期。

④ 子隽：《留学生之迷梦与责任》，《清华周刊》1926年第24卷第18期。

⑤ 胡适：《非留学篇》，《留美学生年报》1914年第3期。

⑥ 任鸿隽：《归国后之留学生》，《留美学生季报》1915年第2卷第2期。

⑦ 任鸿隽：《归国后之留学生》，《留美学生季报》1915年第2卷第2期。

⑧ 张宏祥：《留学界革新思潮之责》，《留美学生季报》1917年第4卷第4号。该文提出留学生应当在习俗上不随俗阿旧、在学说上不蹈空说元、在立德上不束身自好三个要求，“更革旧日之腐思想而灌输新智识”。

成为留学生非常注重的自我命题。同年,留法学生李书华也撰文敬告留学生,希望留学生“注意个人之自觉(责任与人格)、与团体之结合,此实与吾人将来回国任事有重大关系。”“四千年古国有一线之光明,与无穷之希望者,实为吾辈学生。故使中国而不亡者,为学生。致中国于富强者,亦为学生。而学生之中,尤以留学生似为最有希望者……国人实以是望之留学生,留学生即不得不以是自任焉……对于国家有转危为安之责,对于社会有维持改良之责……苟能尽吾能力,即为尽吾责任。习政法者,可入政界,习科学者,则万不可弃其所学,从事他业。”号召留学生回国后“创办总学会,分科进行,习某科者集合同类,从事某科之研究,传布学识、发展学术”。[①]这是一名即将成为学者的留学生对责任的理解。20年代以后,即将留学的清华学生也明确自身的责任:“革命事体非空言可以奏效者也,必须有领袖之人才焉,且要有有胆量于学识而有牺牲之人才而后可,而凡此重任非留学生莫属。”[②]留学生责任意识的出现及增强,体现了留学生对自我形象的认识进一步明确。

## 三、从尊崇到质疑:20世纪20年代留学生形象的转变

当社会赋予留学生厚望、留学生自身也强调责任意识的同时,来自社会以及留学生内部对留学生产生了各种质疑的声音。

就整体而言,留学生在政界的表现不令人满意。1917年2月17日陆徵祥在欧美同学会演讲时告诫留学生,“北京场合如一火炉,最易销耗意志,回国留学生一入其中,鲜不为所镕化……敦勉各学员振刷精神,力袪习染,以‘安身立命’四字为立脚根本”。[③]北京青年会对留学生从政现象的评论:“留学生中固不乏抱爱国爱民之心,负改良政治社会之志者,无奈一入政界,则心志改变,道德学问,日行退步。为自己地位计,为自己利禄计,则不暇顾及国家社会之安危矣。盖北京政界,一洪炉也,其消磨志气堕落道德之能力,实不可思议。”[④]将政界比喻成洪炉,留学生身处其中,身不由己被政治裹挟,在民初纷乱的政局中沉沉浮浮。蔡元培期待留学生能兼采各国所长:“凡有一种社会均有镕化能

① 李书华:《敬告留学生与教育当局》,《东方杂志》1918年第15卷第1号。本段以上几处未标出处的引文均同此注。

② 子隽:《留学生之迷梦与责任》,《清华周刊》1926年第24卷第18期。

③《欧美同学会之茶话会》,《申报》1917年2月22日。

④ 唐悦良:《青年会与留学生之关系》,《青年进步》1917年第4册。

力皆可作火炉观，如英国社会专重阶级，故留英学生多趋政界；德国社会专重军人，故留德学生喜谈战略；法国社会专重民权，故留法学生侈言革命；美国社会专重商务，故留美学生注意贸易；比国社会专重工业，故留比学生竞言制造。中国如能将各种火炉镕合为一方为善学外人。”[①]顾维钧分析了留学生归国后自视过高、不屑小就、忽略小节、不能耐劳、立志不坚等因素导致的“留学生办事失败而受国民攻击之原因”，希望留学生“先国而后家，先社会而后个人”[②]告诫之声不绝于耳，反映了留学生声誉出现危机。

同时，政界留学生根据国别的不同畛域分明，尤其是留学东洋和西洋的学生矛盾在政府成立之初就已经显现：“吾见留学生之入政界者，有英派美派德派法派之分，而尤以东洋派与西洋派为大别。派别既分，猜忌斯起，甚且互相轻鄙、互相倾轧，而祸遂隐中于国家。其实留学者，学其国之学也，归而出其所学以谋国，同为祖国尽力也，乌有所谓国界之分”，岂能“因留学之各异其国，而预存一畛域之心乎？”[③]“回国就事之留学生，有东洋派、西洋派之分，不以学问相号召，而以留学地点分党派，此最离奇之事。”[④]中央政府中留日学生占2/3的份额，留日学生众多且彼此援引，引《字林西报》通信社1919年电文中有“留美回国之学生刻被淘汰，不容其置身政界，而留日学生则受优待”[⑤]之语，“中国政界位置尽为日本留学生占尽，吾侪（指留美生）归国后第一根据地，厥惟教育界”。[⑥]虽然语气夸张，但反映了留日生在政界人数众多并排挤其他留学生的加入的事实。

不仅在政界，在社会社会生活各领域中留学生声望也在下跌：“比年以来，留学生之声望渐跌，社会艳羡留学生之心理渐淡，推其所以，则留学者日众，物之非罕者弗贵，于人亦然。且其学成而返者，未必能得意名场如昔，一也。留学生之学问，往往实不副其名，未必驾本国各学校之学生而上之，伎俩易穷，二也。西方文化，留学生载之而归，多非吾国多易步武，加以良莠不齐，兼有沾染恶俗、怪癖不情，或傲睨其祖国，不可一世，国人则畏而远之，三也。”[⑦]这是1917

①《欧美同学会之茶话会》，《申报》1917年2月22日。
②《留学生归国后之难题（驻美公使顾演说稿）》，郑学海译，《约翰声》1918年第29卷第1期。
③ 讷：《留学生联合会》，《申报》1914年12月22日。
④ 李书华：《敬告留学生与教育当局》，《东方杂志》1918年第15卷第1号。
⑤《字林西报通信社电》21日电，《申报》1919年2月23日。
⑥ 钟黛：《京华哭梦余记》，《申报》1919年9月16日。
⑦ 任夫：《敬告有志留学者》，《青年进步》1917年第2册。

年对留学生声望下跌的反思。其时,留学生仍旧是整个社会的宠儿。

20世纪20年代起,社会对留学生的评价发生了转变,质疑、批评的声音与日俱增。“回国留学生成千具万,无所事事,急待安插,此为今日教育上一大问题。”[①]留学生留学以图谋好出身、发展新事业和开拓新见识为目的,由于预备不成熟而徒具虚名、志行不坚定而任意择业、绝乏团体的精神与组织、不考察国内社会的事情而使留学生归国后面临负评。“今之留学生,志大而价高。入政界则欲一跃而为长官,入商工界则欲一跃而为经理、工程师,此无论国中之长官、经理、工程师为数有限,不能供留学生之求,即果一跃而为长官、经理、工程师,亦止能作傀儡。且无论留学生所学未必高深,即所学高深亦偏于理论而未尝从事于实验。”[②]留学生中“抱一出国则声价十倍之卑劣观念者,实居多数……甚者有高小及中学毕业学生,亦皆海风一帆,遄赴欧美,此等人,于国情既未有深刻之观察;于学问,复鲜具相当之基础。返国以后,其思想辄悖乎国情,其行事更无俾于家邦。”[③]“出洋回国的青年堕落尤甚”,[④]“试看今日之回国学生,毫无团体组织,毫无主张,缺乏牺牲精神,甘居堕落者之多,言之令人伤心痛哭。”[⑤]

特别是留学生从政的问题更是遭受民众质疑:“旧式的官僚渐渐淘汰完尽了,新添的官僚还是源源不绝。目今最出风头的官僚,大多数属于二十几岁至六十余岁的留学生。客气说一句:中国的官僚政治,就是‘留学生的政治’。”[⑥]作者也声明:“讥讽留学生变成官僚,不是就是反对他们做官。学工程,学制造的,当然最好不入宦途;学法律,学财政的,政治上的实施不是他们的本分么?所以留学生本其所学,充国家的官吏,是无可辞责的,但是他们不应当官僚化!……留学生把学问当作打开官僚之门的敲门砖,这是最可伤心的。”[⑦]

是什么原因让留学生在20年代以后面临越来越多的质疑、讥讽?这本不应该是本文探讨的问题,然而的确与留学生形象的转变密切相关。

留学问题讨论起因看似偶然:1923年黎元洪的女儿到美国读书,几家报纸

---

① 万兆芝:《解决留学问题之方法》,《教育丛刊》1920年第4集。

② 老圃(杨荫杭):《行伍出身》,《申报》1921年5月12日。

③ 廷璋:《留学问题》,《政治家》1926年第1卷第11号。

④ 一谔:《回国留学生的现状》,《国闻周报》1925年第19卷第2期。

⑤ 子隽:《留学生之迷梦与责任》,《清华周刊》1926年第24卷第18期。

⑥ 去夏:《从留学生到官僚路上去》,《社会评论》1929年第2卷第1期。

⑦ 去夏:《从留学生到官僚路上去》,《社会评论》1929年第2卷第1期。

大载特载，[①]其行秘书、会计，前呼后拥，引发邵力子批评，认为“这样的排场用在游学上面，是闹阔，还是出丑？”“但须知今后教育前途的隐忧即在被富人垄断，而教育家的大病也就在媚富嫌贫。”[②]这篇文章被《教育杂志》认为是1923年批评教育问题最早、最痛快的文章。《教育杂志》社表明自己的立场：“我们觉得现在中国的留学问题，不仅仅是教育界重要问题之一，简直和社会的根本组织有密切的关系；我们打算把各报章杂志关于批评留学问题的文章择要转载，我们自己如有特别的感想或意见，也拟继续发表；务冀引起国人的注意，也从速矫正这种误谬的现象，而求得较有效能的方法。”[③]《教育杂志》同期转载了邵力子和陈霆锐的两篇评留学问题的文章。[④]在此之后，留学问题成为各大教育杂志非常关注的议题，《东方杂志》《教育与人生》《中华教育界》《新教育评论》等等刊物都投入到这场讨论。

《中华教育界》1924年4月刊登了怡怡的文章，直接戳中留学生的要害——留学应该以“学术独立与学术提高”[⑤]为目的，而留学生往往达不到这样的要求，从而产生留学生问题：“现在国内的大学校，那〔哪〕一校不是留学生主政，再调查著名大学教授的履历，留学生最少总在百分之八九十。然而他们最大多数，除了把在留学过教师所教的教科书在讲堂转教学生以外，有几人实际研究，将其心得著成几部不必藏之名山而只可以为大学乃至于作中学的教科书的书籍。”造成这种问题的原因是留学生中英文不通、以学问为敲门砖、纯粹的外国化，从而“在社会上留下了许多不良的印象”。在进一步的批评中，怡怡集中论述了留学生对物质生活和学术的负面影响，这导致了社会上多数平民对于新教育之恶感。

评论者探讨了留学生招致批评的原因：“虽近年来国中文化之灌输，实业之提倡，在在皆为留学生之功绩。然以全局言之，成效实属至微，得不偿失。且因留学所引起之隐忧，关系于‘国性’‘国是’者，正复不少。”[⑥]具体而言有四

---

① 以《申报》为例，1923年8月初连日刊登各团体欢送黎元洪之女黎绍芬的消息。

② 力子：《黎元洪的女儿和上海新闻界教育界》，《民国日报·觉悟》1923年8月2日。

③《编者语》，《教育杂志》1923年第15卷第9号。

④ 邵力子：《评留学问题之一》；陈霆锐：《评留学问题之二》，《教育杂志》1923年第15卷第9号。

⑤ 怡怡：《留学生问题——望留美学生特别注意》，《中华教育界》1924年第13卷第10期。本段未标明出处的引文均同此注。

⑥ 星垣：《自由论坛：留学问题》，《南洋周刊》1925年第6卷第7号。

个方面：破坏教育之机，养成依赖根性；淘汰国民性，助长纠纷；妄分派别、互相倾轧；日益“洋化”。洋化“即以学校而言，大学固一概西文教授，即中学小学亦视西文之程度以占学校之优良。昔张之洞‘中学为体，西学为用’今则一变而为‘西学为体，西学为用’矣。”“如留学西洋者，与留学东洋者，固若视同水火。即留学一国者，亦因学校、地理、前后之不同，亦难合作。观乎留学生所举办之事业，凡可隐然划分为区。社会常视某区为留学某国之地盘。”①其分析很有见地。

到1926年，《中华教育界》推出了“留学问题号”，②讨论留学问题，介绍留学小史，并评论各国留学问题以供借鉴。留学成为一种“问题”而被关注和讨论，本身就反映了留学教育急需改进、对留学生深表质疑。当然，留学问题讨论更重要的背景在于20世纪20年代学术独立的思潮，在争取学术独立的讨论中，强调国内高等教育学术水平的提高，而留学的目的则要服务于学术独立。

在此之后，舆论对留学问题进行了多方面的讨论。从总的情况来看，20年代以后社会评论留学问题主要涉及三个方面：国家和社会的过失、留学政策的失策和留学生本身的问题。从国家和社会的角度，“惜乎政治不清明，社会混乱，不能容纳是项人材，使有志者抑郁无由自见，能者不能展其抱负，此实国家社会之有负于留学生，非留学生之过也”。③从留学政策制订的角度，评论者认识到“今后我们国家的放任留学政策，如果不改变，那末将来亡中国的真病，恐怕就是国人之留学狂了”！④而本文着重讨论对留学生本身的批评。

1925年孙百急撰文谈《留学生应该做的》，强调留学生“把祖国丢到脑后，请问能否脱得了‘洋奴化’的嫌疑”？⑤1926年常道直批评留学生存在的六个问题：⑥国文程度低劣；不解国情；无大团体精神；士气消沉；对于西洋文明缺乏鉴别力；目光短浅。留学生仅仅注重西文的学习，国文的程度不足以作通顺的书信；留学生不了解国情，从而爱护国家之观念淡薄；留学生除了举止语言外国化外，尤以思想感情外国化产生不良影响。对于留学生没有大团体精神，常道

① 星垣：《自由论坛：留学问题》，《南洋周刊》1925年第6卷第7号。

② 所刊文章如下：陈启天：《留学教育宗旨与政策（附表）》；李璜：《留学问题的我见》；李儒勉：《留学教育的批评与今后的留学政策》；舒新城：《中国留学小史》；常道直：《留美学生状况与今后之留学政策》；中九：《日本留学问题》；李璜：《法国留学问题》，《中华教育界》1926年第15卷第9期。

③ 子隽：《留学生之迷梦与责任》，《清华周刊》1926年第24卷第18期。

④ 罗宝册：《论今日之留学问题》，《国闻周报》1937年第14卷第28期。

⑤ 孙百急：《留学生应该做的》，《民国日报·觉悟》1925年第7卷第3期。

⑥ 常道直：《教育特刊：留学杂评》，《醒狮》1926年第70号。

直主要批评了留美生，他专门撰写《留美学生与秘密结社问题》[①]一文在《中华教育界》刊载，批评留美兄弟会，这对20年代社会学、教育学领域的研究者影响较大。社会学研究者将兄弟会看作新秘密结社："在美国的留学生中，他们因袭了中国秘密结社和美国大学中弟兄会的习惯，在加上些引援勾结的动机，就发生了许多的秘密结社，他们再把这些会社从美土移植中华，这在将来或许会成了留学生界的帮会吧！"[②]舒新城在1927年留学史研究的开山之作——《近代中国留学史》中，也有"美国学生有秘密组织的兄弟会等，以为回国包揽事业的根据"[③]的责难，这一批评在近代留学史上影响深远，后世在谈到留美学生时，往往引述这句话作为铁证，这是留学生饱受批评最主要的"罪状"，但是由于舒新城结论的武断，这一问题有很大的讨论空间。[④]

面对社会对留学生的评论乃至批评，留学生有着自我认识：有留美生认为社会"属望于留学生者太奢，而责效于留学生者太亟。小试不效辄相诟病，而无始终信赖之诚心"。[⑤]也有人认为留学生应客观看待："吾国社会之于留学生，有赞扬崇拜者，有讥嘲鄙视者。吾留学生其毋以赞扬崇拜而自骄，亦不以讥嘲鄙视而自气馁。"[⑥]留学生应该树立留学之志："有志留学者，须知今日之中国，正属需要留学生之时代，中国之种种学识，远不如人。欲图企及之，非留学生莫属也。故强中国，有藉乎种种学识之进步，而进步学识之责，在乎留学生。留学生者，强国之原素也。凡吾学生之爱国者，不可以不留学。"[⑦]对于留学生遭到的批评，一位即将出国学医的学生谈道："不管别人的心理是怎样，我应当走我自己的路，对于本身问题，非澈〔彻〕底的研究不可。一方面打算吸收他国的精华，一方面打算介绍母国的文化，就是将来回国，倘若为着生计，赚钱也要光明，方不失学者底人格。对于国家社会，情愿抱牺牲的精神去做。因为新社会应当由我们青年人改造的，这是我的志愿。"[⑧]作为留美生，胡先骕在哈佛大学获得博士学位，先后在南京高等师范学校、东南大学任教，针

① 常道直：《留美学生与秘密结社问题》，《中华教育界》1926年第15卷第9期。
② 文宙：《中国的新旧秘密结社》，《东方杂志》1927年第24卷第15号。
③ 舒新城：《近代中国留学史》，中华书局，1927年，第218页。
④ 对留美兄弟会批评的起因、演化及其中的误读非常复杂，笔者另有详文讨论。
⑤ 张贻志：《告归国留学生》，《留美学生季报》1916年第3卷第1期。
⑥ 张宏祥：《留学界革新思潮之责》，《留美学生季报》1917年第4卷第4期。
⑦ 任夫：《敬告有志留学者》，《青年进步》1917年第2册。
⑧ 胡定安：《我对于留学的主张》，《民国日报·觉悟》1923年第1卷第8期。

对学者对留学生的批评做出回应，既有认同的地方，也对“责留学学生亦有一二过苛之处，此处亦稍稍为之辩护。”他认为“美国教育之佳处在注重实习与实验，故留美学生之学工商与科学者，确有相当之学术与经验”。[①]不能全然将留学看作毫无成绩。

20世纪10—20年代，留学生起初被视为拯救社会的力量，而当社会面临种种问题之后，留学生也成为被质疑的对象之一。社会对留学生的评价忽高忽低，反差巨大，这既是寄予厚望后的失望，也是留学生形象日渐清晰后对其认识更深入的必然结果，并在国内学术独立思潮的背景下增加了对留学生的批评。

## 四、理性评价与盲从并存：留学生形象的双重特征

晚清民初留学生成立众多的留学生内部团体，从清末成立的寰球中国学生会、1913年成立的欧美同学会、1914年筹划设立的全国留学生联会，到1915年青年会组织留学部，上述团体都以联络留学生内部感情为其宗旨，留学生团体意识的增强反映了留学生对自身形象的重视。

民国初年以后留学生遭到了来自社会各个方面的批评，这益发凸显了对留学、对留学生进行研究的重要性。早在1919年陶履恭就曾提到“假使有人把中国留学生变迁的经过情形详细的叙述一番，成一册极有用的留学史，可以给我们做参考”。[②]可惜当时还没有人去整理这些材料。在1925年前后各报纸杂志对留学问题进行讨论的基础上，舒新城于1926年完成《近代中国留学史》的写作并于1927年正式出版。[③]在这部留学史研究的开山之作中，尽管舒新城对留学生提出了批评，[④]但是舒新城认为“无留学生，中国新教育与新文化绝不至有今日……现在教育上的学制课程，商业上之银行公司，工业上之机械制造，无一不是从欧美日本模仿而来，更无一不是假留学生以直接间接传来”。[⑤]客观评价留学和留学生，这是舒新城写作《近代中国留学史》的基础，也标志着留学生作为一种社会群体成为研究对象，对留学生理性的研究

---

① 胡先骕：《留学问题与高等教育的方针》，《东方杂志》1925年第22卷第9号。

② 陶履恭：《留学问题》，《新教育》1919年第2卷第2期。

③ 舒新城：《近代中国留学史》，中华书局，1927年，序第3页。

④ 舒新城认为留学生被责难主要由于三个原因：留学生为一种特殊的坐食阶级、留学生外国化、留学生植党揽事。

⑤ 舒新城：《近代中国留学史》，中华书局，1927年，第1页。

自此展开。

留学问题经过1923年到1926年的讨论，社会对留学生的认识逐渐趋于理性。杜威（John Dewey）自1920年返回美国，1925年在纽约针对中国留美学生所作“中国学生习西学之价值（The Value of Foreign Studies to Chinese Students）”的演讲中，杜威认为“学位仅有商业的价值”，此言“在已经归国或现正在外国以及行将来外国之学生闻之，或竟多数认为不满意”，①而杜威的本意则认为留学生不要以追求学位为目的，而要注重个人对于社会之实在的贡献。这一观念经留美生转述回国内，促使国内扭转对于留洋文凭的盲目崇拜。到1926年以后，“北伐时期及其后，在政治和社会上，留学生与非留学生的差别是将近泯除了”。②1929年翁文灏在清华大学成立20周年的纪念文章中提出“人才能力的大小，决不是留学与未留学所能分别的”，“拿了一张文凭便以为毕尽了天下的业，不再继续用功，终必至把外国文凭的信用也有一天要破坏的”。③教育学家、社会学学者逐步从对留学生的迷信中摆脱出来，更加清醒地认识、看待留学生。

与此同时，“一般社会却还是（对留学生）盲从如故。”其盲从的现象，如“上海有许多营业式的学校，登广告招生总要说‘本校聘请欧美留学博士硕士担任教授……’这句话是一种撞骗行为的告白——实在无此类人为教师，只要稍知社会情形的就知道——但他却供给我们许多可研究的资料。这种学校的主持人所以要这样登广告的，其目的在于迎合一般学生的心理而求多收学生。此种广告之效力究竟如何我们不得而知，然而有人出此而常常出此者，必群众意识中有此崇拜留学生之观念……其次，有些学校以教师少留学生而起风潮，新校长入校即以聘得若干留学生——如某省某师范——以冀博得学生欢心而压平风潮。这也是推崇留学生的一种表现……此外在社会上稍有表现的人，一般人总以为是留学生……一般人推崇留学生，不仅推崇而已，并把留学生与学问混而为一，所谓留学生即学问之代名词，所以某某大学的教员，非留学生不

① 常导之：《教育评坛：杜威教授论留学问题》，《教育杂志》1925年第17卷第7号。

②《桌子的故事》，陶希圣：《潮流与点滴：陶希圣回忆录》，中国大百科全书出版社，2009年，第84页。

③ 翁文灏：《中国大学教育之一问题》，清华大学校史研究室：《清华大学校史选编》（第2卷）（上册），清华大学出版社，1991年，第214、215页。

聘，国文部教师找不着有头衔的留学生，校中人士视为憾事。”[①]“无论政府机关或是学术团体，用人的时候总是对于外国留学生待遇较高，本国毕业生待遇较低；甚至常有人说，某事较为重要必须请一留学生来办，某事关系较轻不妨请国内毕业生去做；昌言不讳视为当然。”“外国毕业的人一来就做教授，本国毕业的人老是做助教，极不容易得到教授的资格。教授与助教之间，好像就是留学与未留学的分别截然相离，地位上相差甚多”。[②]推崇留学生仍然是高等教育和社会生活中根深蒂固的态度。

有人呼吁不要盲目地崇拜留学生：“我们向社会一般人士，恳切的请愿，你们不要盲目地崇拜偶像，以为顶着硕士博士头衔的留学生，都是专家学者；要知道学问不是等闲得来，在外国吃了几年牛油面包，就会饱学起来，天地间那〔哪〕有此事！你们这个盲从的心理不打紧，但是害了一班青年，以留学为升官发财的捷径。”[③]然而，这种盲目崇拜的心理直至30年代依然如故：“一直到近年，每逢暑假到了，从沪上各报纸，你总可以看到关于大批留学生出国的消息，烜赫一时：什么某团体某团体招待欢送嘛，什么某机关某机关联合公饯公饯啰。什么某月日，第几批留学生，多少人，乘某船，由沪放洋啰，某月日，安抵某国啰。间时，又每每可以从报纸读到各年度留学生人数之乐观统计……根据以上记事，至少可以告诉我们说，一般国人对今日之留学，乃是信任的，乐观的，有机会是愿意鼓励与宣扬的；也正可以说是不少人认为留学生的人数是愈多愈好，愈多愈有利。”[④]这一观念与二三十年代对留学生理性的认识并行不悖，反映了社会心理的变化要比学界认知的变化更为缓慢。

## 五、结语

清末民初诸多留学生文学中，留学生负面形象跃然纸上。虽说其文学形象表达了“近代以来中外文化冲突、融合的轨迹”，[⑤]人们也承认文学形象有别于真实状况，却在不断引用这些材料时将文学形象与真实形象混为一谈，当误读扩

---

① 怡怡：《留学生问题》，《中华教育界》1924年第13卷第10期。

② 翁文灏：《中国大学教育之一问题》，清华大学校史研究室：《清华大学校史选编》第2卷（上册），清华大学出版社，1991年，第212、213页。

③ 耳：《时事短评：清华风潮与留学问题》，《建设周刊》1927年第1卷第15/16期（合刊）。

④ 罗宝册：《论今日之留学问题》，《国闻周报》1937年第14卷第28期。

⑤ 袁兴国：《“文明人”的窘境——二十世纪前半叶留学生题材作品文化意向考察》，《学习与探索》1998年第3期。

大，误读就被当作事实，从而对留学史或留学生的认知有明显的否定倾向。因此，厘清其真实形象及其转变脉络，有助于对近代留学生群体研究的深入。

晚清时期，留学生社会形象从模糊到清晰，社会逐步接纳了这一新群体。当留学生成为浩浩荡荡奔赴东西洋的大军，当一系列奖励游学毕业生出身和授予官职政策的实施之际，从官方到民间越来越重视这一群体的力量，留学生社会精英的形象成为20世纪初年整个社会无可争辩的印记，留学逐渐成为近代社会的焦点之一，社会对留学生寄予厚望。民国初年，社会仍旧赋予留学生群体救治中国衰敝的重任，留学生在政学工商各界都如日中天；留学生也承载了社会及家庭对自身的巨大期许和压力，进一步完成了自我形象的塑造。然而，民国初年政局的动荡，留学生从政者表现不尽如人意，学术独立呼声日渐高涨，留学生自身问题的累积，都使得留学生无法满足整个社会的期待，巨大的失望导致留学生遭到大量的批评和质疑。在这样的背景下，20世纪20年代，研究者理性地讨论留学生的问题，社会对留学生的盲目崇拜逐渐破除，理性认知成为学界的共识，然而留学生精英者的形象依旧，反观普通民众对留学生仍旧盲从。

在近代社会场域中，留学生形象的变迁反映了社会对留学生接纳、期望、失望、质疑又期待的过程。在清末民初留学生社会形象演变过程中，留学生从社会的边缘走到了舞台的中心。当然，在留学生群体内部，因国别、性别的不同群体形象也有差异，值得做进一步研究。

本文原刊载于《史学月刊》2019年第4期，是天津社科项目“张伯苓与成志会研究”(TJZL17-001)、中央高校基本科研业务费专项基金“梦想与抉择——民国初年留美生与社会转型研究”(NKZXA1207)的阶段性成果。

**作者简介：**

刘晓琴，1973年生，山西新绛人。2002年6月毕业于南开大学历史学院中国近现代史专业，获历史学博士学位。2002年7月以来在南开大学历史学院从事中国近代史的教学和研究工作，副教授兼硕士生导师，研究方向为中国近代留学史，著有《中国近代留英教育史》(南开大学出版社，2005年)、《中国留学通史·新中国卷》(合著，广东教育出版社，2010年)等。

# 绅董与晚清基层社会治理机制的历史变动

王先明

"州县地大事繁，不能不假手于绅董，宪札亦令督董办理，原恐书吏侵蚀故也。"[①]光绪年间曾任阜宁知县的阮本焱深有感触，认为基层社会治理舍绅董而无从措其手足。作为国家权力末端的州县官，如果要取得地方社会秩序的有效治理、实现国家与社会良好的对接运行，绅董乃其关节之处，即所谓"绅董无不倚官为护符。而官之贪婪者，亦无不借绅董为绍介"。[②]因而，在晚清推行地方自治制度转型的规章中也特别明确规定，"向归绅董办理"[③]的地方事务属于地方自治内容。这在一定意义上提示着，绅董不仅仅是一个地方治理主体力量的称谓，而且也是具有一定规制的社会运行体制。

以往研究受限于社会阶层或社会分层视域的制约，大都以"绅治"或"乡绅"话语[④]概而论之，未能真正揭示出基层社会治理的主体力量及其运行机制。通常所称的绅士，只是一个具有功名（等级）身份且人数众多的群体（阶层），但并非获得绅士身份就可以直接跻身于地方社会公共事务管理者行列。事实上，只有被推举（或选举）为地方各级或各项事务的总董、董事者（如乡董、城董、团董、局董、学董、渠董、仓董等），才能真正成为地方社会事务的掌管者。州县官也只有借助于绅董的力量或依托于绅董体制，才能将国家权力与地方社会管理体制对接，从而有效实现基层社会的治理。绅董形成的基本规制，以

---

① 《上各大宪请拨种棉经费禀》，阮本焱：《求牧刍言（附：谁园诗稿）》（卷1），沈云龙主编：《近代中国史料丛刊》（第27辑），文海出版社，1968年，第76页。

② 白莲室：《绅董现形记》，日商株式社，1908年，第3页。

③ 《湖南地方自治筹办处第三次报告书》（清宣统间铅印本），李铁明主编：《湖南自治运动史料选编》，湖南文库编辑出版委员会：《湖湘文库》（乙编）（第158册），湖南师范大学出版社，2012年，第2页。

④ 吴晗、费孝通：《皇权与绅权》，天津人民出版社，1988年。费孝通：《中国绅士》，中国社会科学出版社，2006年。张仲礼：《中国绅士——关于其在19世纪中国社会中作用的研究》，上海社会科学院出版社，1991年。王先明：《近代绅士—— 一个封建阶层的历史命运》，天津人民出版社，1997年。徐茂明：《江南士绅与江南社会（1368—1911）》，商务印书馆，2004年。王先明：《变动时代的乡绅——乡绅与乡村社会结构变迁（1901—1945）》，人民出版社，2009年。

及其对于地方社会建设和公共事务管理的机制如何？其基本规制和内容在近代以来的制度性变迁中发生怎样的变动等，都是值得深入探讨的问题。

## 一、绅董之称谓以及基层社会治理的“官役制”

何谓绅董？词典的解释为：“绅士和董事。泛指地方上有势力有地位的人。”该词典还列举二例加以阐释：其一为“《文明小史》第五十三回：‘那买办为着南京地方情形不熟，怕有什么窒碍地方，说必得和地方绅董合办，方能有就。’”其二为“鲁迅《准风月谈·同意和解释》：‘至于有些地方的绅董，却去征求日本人的同意，请他们来维持地方治安，那却又当别论。’”[①]将绅董解释为绅士和董事的结合称谓，在字面意义上是贴切的，但这一诠释却与历史事实和本来的指称内容相去甚远。20世纪30年代，上海现代书局曾刊行谷剑尘的《绅董》[②]剧本，该剧本对于绅董有一个鲜活而形象的描述。其中主人公范之祺是留学生出身，并因银行及纱厂经理的地位而成为著名绅董。范之祺的身份及其出身显然不符合“绅士和董事”合称的定义。

如果说民国时期由于社会政治制度的更易，会导致传统称谓内涵及其指称对象发生变化的话，那么光绪年间出版的社会小说《绅董现形记》，则应准确表达了晚清时期关于绅董的一般认知。书中描写到，梧县的查延宾科考成功“点了翰林”之后，却不想在京城做个低三下四的小清官，一心要回乡做一个“尊无二上”的绅董。几番运作后，他获得了办理学务的照会：“请他为办学的总董。”此后，他又成为商会会长并兼任团练局总董，遂成为一邑之大绅董。[③]晋绅刘大鹏在1905年3月1日的日记中记述：“晋祠一带生意，近立一名目，凡出钱票之家，有人凭票取钱，而该号于每千钱少付五六十文，谓之‘快钱’。乃不肖绅董尚为巧饰其词，致人民受困，此亦世道之大不幸也。”[④]不难理解，上述文字记述的绅董，是单指某一个具有特定地位和权势人物，并没有“绅士和董事”合称的意义。

那么，绅董的确切含义是什么？晚清时期《申报》上《绅董不可轻信说》一文可以为我们提供更明晰的含义：“今夫近时之为绅董者，吾知之矣……地方

① 罗竹风主编：《汉语大辞典》（第9卷）（下册），汉语大词典出版社，1992年，第780页。

② 谷剑尘：《绅董》（现代戏剧三幕剧），现代书局，1930年。

③ 白莲室：《绅董现形记》，日商株式社，1908年，第12~77页。

④ 刘大鹏：《退想斋日记》（1908年1月20日），山西人民出版社，1990年，第164页。

绅士果其德隆望重者，往往不肯预闻外事……彼纷纷扰营，干各善堂董事，藉此以亲近地方官者，必其有所求于官者也……而无如绅董，则不避嫌疑；官亦不知律意，下车伊始，即有绅董迎迓。若书役之接差，门上之手版朝投，袖中之公事夕至，其弊可胜言乎？”[①]就文中所言可知，即使身份和官职甚高的地方绅士，如无地方公共事务之职，亦非绅董。所谓“地方绅士果其德隆望重者，往往不肯预闻外事”，只有那些“百计千方，钻营谋控，忽焉而延之为某善堂董事”的绅士，才进入“绅董”之列。

咸丰时期为了因应“乱局”，各地均成立团练以靖地方。因此，地方官周知地方形势的重要事项之一，即是与团练绅董沟通，“地方牧令，形势不可不熟也。各村各团之绅董，皆有簿籍，俾得随时访察”。[②]此处所指绅董，实为一个地方社会特定权力行使者，亦非绅士和董事的结合称谓。我们可以从以下三个不同时段的史料详予说明。

其一，道光年间，林则徐关于通州治河折中提及，“知州督率委员绅董，劝谕捐修。首先知州捐廉，劝谕绅董捐挑，一律挑深三尺”。此后，各乡董事或开挑柴南沙河界。[③]此处所言绅董是特指，并与“各乡董事”相区别，表明绅董是高于各乡董事的人物。此处所指绅董的含义显然不能解释为“绅士和董事”。

1882年12月《申报》转载《京报全录》，内中记述巡视中城工科掌印给事中臣国秀“为遵保获盗出力之司坊绅士仰恳恩施，以资鼓励事”奏折。该奏折中提及“按照历保成案，拟保首先司坊官三员绅董五员”事。这五名绅董为：北城绅士董志敏（候补知县）、南城绅士房毓璋（候选教谕）、南城绅士李振钧（议叙县丞）、北城绅士宁师张（候选知县）、中城绅士杨逢篁（议叙知县）。他们都是以绅士身份出任五城水局的董事，[④]即董理地方公务的绅士。

其二，1901年八国联军占领天津期间，天津都统衙门第105次会议决定在津城分设五区，并由“各村镇务于本月25日之前举荐三名绅董，负责维护各村

---

①《绅董不可轻信说》，《申报》1888年7月17日。

② 方宗诚：《鄂吏约》，杨怀志、方宁胜点校：《桐城派名家文集》第9卷《方宗诚集》，安徽教育出版社，2014年，第468页。

③《通州捐挑河道片》（道光十六年），茅林立编：《林则徐全集》第2册《奏折卷》，海峡文艺出版社，2002年，第201页。

④《巡视中城工科掌印给事中臣国秀等跪奏 为遵保获盗出力之司坊绅士仰恳恩施，以资鼓励事》（光绪八年十月十一日京报全录），《申报》1882年12月2日。

镇的秩序及安宁。"[①]对此,《大直沽救乱记碑文》中记述,绅董王聘三、刘鑅斋、李樨香、李高贵请都统衙门派巡捕维持治安。其中绅董王聘三、刘鑅斋、李樨香是大直沽村烧锅"义丰永""义聚永""同兴号"的经理,李高贵是村正。[②] 1904年《大公报》所载"天津县示"中革除的"不肖绅董"即是担任村正的乡绅王文宗。[③]此处所指的绅董,都不是绅士和乡董的合称,而是指管理乡村事务的乡绅董事。这不是一个身份的标示,而是具有实际职权的社会职位(但不是官位)。

其三,1910年长沙米荒时,湖南巡抚设立由绅董掌管的禁米局。据藩司"禁米局全案总说明书"可知,禁米局设于商会,置总董、董事,并于各地立分局,征收捐款。其有关条规第六条规定:投票选举绅士为董事,每局选定二人,董事每月各支薪水。第七条中特予说明:"绅董职任已于第六条内叙明;至权限一节,应实守调查米数宗旨,一切局事该董事等均不得干预。""绅董经费已详载第六条内"。[④]

以上史料表明,从清道光朝至宣统朝这一相当长的历史时期内,在正式的官方文献中,绅董是一个特指的称谓概念,而且也是相对稳定的一种表述,其含义实指为"董理地方公务的绅士",即"公正绅耆董理其事"者。[⑤]

值得我们特别关注的问题是,"事由局而不由县,权在绅而不在官"[⑥]的绅董治理模式,并非清王朝建政立制时的制度性选择。明清易代,乡村治理体制大体因袭明制而有所取舍。"清代州县以下不设行政机构,各种乡里组织大致可以分为两类:其一,办理乡里社会事务的各种常在性或临时性会、社;其二,办理各种官府事务(即所谓'政教之下于民者')的组织。"[⑦]因此,直接承接官府政务的一是保甲制,"主掌盗贼逃入、奸宄窃发事件;以连坐互保行弭盗安民之

---

① 刘海岩、郝克路选编:《天津都统衙门会议纪要选》,庄建平主编:《近代史资料文库》(第6卷),上海书店,2009年,第514页。

② 林开明整理:《大直沽救乱记碑文》,庄建平主编:《近代史资料文库》(第6卷),上海书店,2009年,第459~460页。

③《天津县示》,《大公报》1904年10月20日。

④《拟稽查禁米局全案总说明书》,赵滨彦:《湘藩案牍钞存》,沈云龙主编:《近代中国史料丛刊续编》(第31辑),文海出版社,1976年,第665~666页。

⑤ 王先谦:《东华录:东华续录》(第8册),上海古籍出版社,2008年,第335页。

⑥ 刘蓉:《复温邑宰书》,沈云龙:《近代中国史料丛刊》(第75辑),文海出版社,1973年,第589页。

⑦ 魏光奇:《有法与无法——清代的州县制度及其运作》,商务印书馆,2010年,第382页。

规”，于清朝定鼎之初即举而行之，“其后屡经申饬，为法甚详”；二是里甲之制，以“110户为里，推丁多者十人为长……十人轮年应役，催办钱粮，勾摄公事”。此后乡里规制时有变化，“又有耆老一项，例有顶带，亦与闻乡里之事”。所承负者“不过宣谕王化，无地方之责，非州县乡约比”。[①]倚重于乡治且教养兼施，是中国古代社会治理的传统。清前期亦曾有设乡官之议（雍正七年御史龚健奏请添设“乡官”），“取本乡之人以资治理”。但此议旋即被鄂尔泰否定：“如果牧令得人，则此等人原俱可以助其不及，而进其不知，即乡进士、举贡、生监内品行才德之选，亦未始不可以资耳目而益心思，是不必增乡官，而堪以佐理者其多。设使牧令不得人，则虽贤能乡官，亦原不能主其事，或遇不肖乡官，且适足济其恶。且乡官既应设，则佐贰可裁，佐贰不可裁，则乡官为冗。臣愚以为该御史请设乡官之议，似不可行者也。”[②]

在清朝前期乡制运行的制度框架中，极少见到直接由绅董操持地方事务的情况。据顾如华之《西台奏疏》所记顺治十六年（1659年）有关地方报荒蠲免事项，主要依托的力量“半是分委佐二，或依凭该村地方保正”。[③]雍正乾隆之时，即使属于地方救灾事务的社仓管理，亦是选取“殷实老成之人充为社正副，董理收放”；[④]而社长之任不过“视同传舍，寅接卯替……一年一换，需人过多。惟凭乡保举报，按户轮当，遂多任非其人”。[⑤]这与明代“该用赈济稻谷若干，就令图里长领去粜卖”[⑥]的惯制基本相同。这种以“职役制”[⑦]为主导的基层社会

① 林建：《中国乡治史观》，福州市大西山房书局，1929年，第21~22页。

② 鄂尔泰：《议州县不必设副官乡官疏》（雍正七年），沈云龙主编：《近代中国史料丛刊》（第74辑），文海出版社，1973年，第686页。

③ 顾如华：《西台奏疏》，沈云龙主编：《近代中国史料丛刊三编》（第46辑），文海出版社，1966年，第18页。

④ 岳濬：《议社仓与古异同疏》，沈云龙主编：《近代中国史料丛刊三编》（第74辑），文海出版社，1973年，第1433页。

⑤ 李湖：《酌定社长章程疏》（乾隆三十年），贺长龄、魏源：《清经世文编》（卷40），文海出版社，1966年，第1436页。

⑥ 章枫山：《与许知县》，陈子龙：《明经世文编》（卷95），中华书局，1962年影印，第839页。

⑦ “甲长乡正之名，近于为官役”，张惠言：《论保甲事例书》，贺长龄辑：《清经世文编》（卷74），文海出版社，1966年，第2650页。魏光奇称之为“乡役制”，参见魏光奇：《有法与无法——清代的州县制度及其运作》，商务印书馆，2010年，第383页。在官役制体制中，清初实际将绅士置于被控制的地位，此举遭到绅士阶层持久顽强的抵拒。详见拙文《晚清士绅基层社会地位的历史变动》，《历史研究》1996年第1期。

控制体制,“动行乡约、社仓、保甲、社学,纷纷杂出”。[①]无论里甲、保甲还是乡约、里老,虽被赋予“皆民之各治其乡之事”,但其名分地位甚为低下,不过为官之差役。其名目各地虽略有不同,但其总体职能和地位却一仍其旧,“或差役,或雇役,或义役”,是一种将基层社会完全置于官府管控之下的治理体制——“官役制”[②]而已。

那么“督率绅董切实办理”[③]地方公务的治理模式,又何以形成并何时得以建构呢?

## 二、“绅董主其事”治理机制的形成

清朝“国初以来,例不用绅”[④]的惯制被打破,从而形成“每县各有练局委员,绅董主其事”[⑤]治理机制的历史性变动,大致发生在咸同之际。“自咸同以来,克复疆幾,赞成庙略,半皆出于诸生,不用之说,久已废搁”。[⑥]一方面,因战乱兵事之需各地设立专局,咸以绅董主其事。署理四川总督的丁宝桢谓:“川省自同治初年,本省邻省军务紧急,各处征兵防剿,地方供给兵差,始创设夫马局,由地方官委绅设局,按粮派钱,预备支应。”[⑦]两江总督曾国藩于同治初年《报销安徽省抵征总数疏》中也称:“自楚师入皖……各州县支应兵差,款项无出。每立公局,按亩捐钱,以绅士经理其事。民捐民办,从不报销。日久弊生,县官不能过问,绅士亦互争利权,征求无度,百姓苦之……兵革之后,册档全失,丁漕混淆,遽征钱漕,竟无下手之处。当经善后总局议以亩捐之法,参用正供之意,查明各处熟田,按亩捐钱四百文,给予县印串票以抵正赋,名曰抵征。一切收解动用,官为报销。兼设绅局,襄办清查粮亩。”[⑧]此举措原属“万不得已之举”,不料竟演变为平时规制。“迨后军务肃清,兵勇大半遣撤,而各厅州县积

① 陆世义:《陆桴亭思辨录辑要》卷18《治平类·封建》,商务印书馆,1936年,第189页。

② 林建:《中国乡治史观》,福州市大酉山房书局,1929年,第25页。

③ 张之洞:《札东臬司饬东莞等七属遵办清釐匪乡》,赵德馨主编:《张之洞全集》(五)《公牍·咨札》,吴剑杰、周秀鸾等点校,武汉出版社,2008年,第118页。

④《拟上某宪整顿绅董书》,《丽泽随笔》1909年第9期。

⑤《团练害民》,沈云龙主编:《近代中国史料丛刊》(第12辑),文海出版社,1975年,第242页。

⑥《拟上某宪整顿绅董书》,《丽泽随笔》1909年第9期。

⑦ 丁宝桢:《裁撤夫马局疏》,沈云龙主编:《近代中国史料丛刊》(第84辑),文海出版社,1973年,第4043页。

⑧ 曾国藩:《报销安徽省抵征总数疏》(同治三年),沈云龙主编:《近代中国史料丛刊》(第84辑),1973年,文海出版社,第3721页。

习相沿，仍借支应兵差名目，任意苛派……较正供浮多加至数倍。地方官以此为应酬入私之具，局绅以此为迎合渔利之阶。小民脂膏，半入官绅私囊。二十余年，视为固有”。[①]

太平天国运动被镇压后，地方所设的各种局、所激增，如上海的“巡防局、厘金局、保甲局、洋务局、清道局、文庙所扫局等，总计多于50个”，不仅专项事局的设立和运行依赖绅董，即使地方社会常设的救助机构，如善堂、济养堂等，也强化了绅董管理模式。上海“‘善堂’是官员、商人、士绅领袖之间会面、沟通信息以及互相合作的另一个重要场所。”在《上海续县志》中，有22个善堂董事的小传，其中13人有商界背景，只有11人原来是士绅学者或官员。[②]

另一方面，清政府面临地方社会秩序难以重建的困局。江南地方“自粤逆窜扰后，田地类多荒废”，尤其“江宁、镇江、常州三府暨扬州府之仪征县，被兵最重，荒田最多……同治三年，军务平定，随时设局招垦”。[③]依凭“官役制”架构中的(保甲、里甲乃至乡约)组织资源，显然无法实现地方社会秩序的重建，即便朝廷一再试图强化保甲制，也只是体现在官员对上的呈文功夫中，其实效却是“近代以来，奉行鲜有成效者”，“因地方官疲于案牍，不能不假手书差，而一切工料饭食夫马之资，不无费用。大约书役取给于约保，约保集之甲长，甲长索之牌头，牌头则敛之花户。层层索费，在在需钱，而清册门牌，任意填写，以至村多漏户，户有漏丁。徒费民财，竟成废纸”。[④]因此，一定程度上摆脱既有的“官役制”，“不令书役干预”，[⑤]转而倚重于绅耆成为地方官重建地方社会秩序的必然选择，“今大乱之后，民户死绝流徙，册籍难稽。僻壤远乡，避抗成习，非一二书差所能承办也”。[⑥]如陕西巡抚刘蓉提出，地方社会秩序重建之大

① 丁宝桢：《裁撤夫马局疏》，沈云龙主编：《近代中国史料丛刊》(第84辑)，文海出版社，1966年，第4043页。

② 梁元生：《上海道台研究——转变社会中之联系人物，1843—1890》，上海古籍出版社，2003年，第146页。

③ 李宗羲：《招垦荒田酌缓升科章程详文》(同治年间)，沈云龙主编：《近代中国史料丛刊》(第84辑)，文海出版社，1966年，第4125页。

④ 方宗诚：《鄂吏约》(同治二年)，杨怀志、方宁胜点校：《桐城派名家文集》第9卷《方宗诚集》，安徽教育出版社，2014年，第466页。

⑤ 方宗诚：《鄂吏约》(同治二年)，杨怀志、方宁胜点校：《桐城派名家文集》第9卷《方宗诚集》，教育出版社，2014年，第466页。

⑥ 吴嘉宾：《上大府条陈新章利弊书》，载盛康辑：《皇朝经世文编续编》(卷37)，文海出版社，1972年，第3993页。

要有数端：一是正经界，以清丈地亩；二是定限制，核实"叛产"、绝产概令充官；三是缓钱粮以苏民困；四是定租谷，以息纷争。[①]为此，地方官当延请绅士董理，设局以主其事："由总局颁发执照，设分局以专责成。各州县选择公正明白绅耆二三人，户工书吏各一人，书手一二人，设立分局，丈量地亩，册记登录，颁发执照。"[②]

刘汝璆在《上浙江论清粮开荒书》中直言，咸丰同治以后，绅董在地方社会的作用日见其重。"兵兴以来，百姓失业多矣，国家之赋税缺矣。且谬意，此办事绅董，不必他择也，即取之粮户耳。"[③]由此或可推断，咸丰同治之后地方治理中的一个重大变动即是基层社会中绅董治理机制的出现。"各村各团之绅董，皆有簿籍，"地方牧令欲察知形势，熟悉民事，须借助于绅董，方可"俾得随时访察"。[④]

以乡约和保甲为主体的地方治理体制，事实上在历史的演进中已"名存而实亡矣"，[⑤]至晚清之际更是流弊丛生，如户口之册籍所载与乡村实态相去甚远，"今有一村数里，一巷数甲，甚有一家一户，里甲不同。河南河北，里甲牵制，插花犬牙，在在而有"。有些地方户口，"每以具文从事，究其实，官捧一册，户悬一牌，亦曾何益之有哉？盖官取据里绅，里绅取据甲首，甲首取据村牌，各不任咎，存心作伪，何伪不生。及观所开户册，不过男女大小，以外别无载列。推原册状，实无所用。持以办丁户、赈饥民，而未详其贪，何以详极详次？持以理词讼，盘奸宄，而不知其名，何以知人知事？"[⑥]就地方社会秩序治理而言，此于清查地方基本情况实为根基之所在，所谓"兴亡之途，罔不由

① 刘蓉：《筹办陕西各路垦荒事宜疏》（同治四年），沈云龙主编：《近代中国史料丛刊》（第84辑），文海出版社，1972年，第4211~4213页。

② 刘蓉：《筹办陕西各路垦荒事宜疏》（同治四年），沈云龙主编：《近代中国史料丛刊》（第84辑），文海出版社，1972年，第4221~4225页。

③ 刘汝璆：《上浙抚论清粮开荒书》，载盛康辑：《皇朝经世文编续编》（卷39），文海出版社，1972年，第4306页。

④ 方宗诚：《鄂吏约》（同治二年），杨怀志、方宁胜点校：《桐城派名家文集》第9卷《方宗诚集》，安徽教育出版社，2014年，第468页。

⑤ 顾炎武：《乡亭之职》，沈云龙主编：《近代中国史料丛刊》（第74辑），文海出版社，1966年，第691页。

⑥《庚子议办渭南各镇保团事宜》，《丽泽随笔》第20期。

此”,[①]“若不更改,如何而可?”因而,“立绅首”以厘清当地户籍,并据此掌控人户变动,就成为地方社会有效治理的当然选择:“立绅首,定坐落,清户口,至此皆可坐收其益”。[②]

“军兴以来,各省团练民勇,有图董,有总董,大同小异,顾行之转视保甲为有效。”[③]许多地方出现的这种倚重于绅董治理的模式,断非地方官员个人好恶偏向所致,它之所以成为晚清以来基层社会治理规制建设中的重要选项,且实践成效颇受推崇,显然也有其制度性原因。对此问题,官任刑部主事的著名学者孙诒让曾有所指陈:“今中土县邑,大者数百里,户盈十万,而以一县令治之,极耳目之明,竭手足之力,亦必不能周知其情;则不得不假手于粮书地保之属。其品既杂,率为民害,今宜一并裁革……又多设乡正,以绅士耆民有恒产者为之,不为书吏而为绅董。则位为略高,而自爱者多。其职掌教化,平争讼,略如汉之三老啬夫之制。使百家以上,各公举一人为之,小里不及百家者,附于别里。”[④]在乡村社会治理的历史实践中,“官役制”的治理效用颇受诟病,“奉行鲜有成效者”,“大约书役取给于约保,约保集之甲长,甲长索之牌头,牌头则敛之花户。层层索费,在在需钱,而清册门牌,任意填写,以至村多漏户,户有漏丁,徒费民财,竟成废纸”。[⑤]因此在实践中,择“其秀而文者为绅董”[⑥]就成为地方官措置乡村公务的应然之举。

首先,绅董的身份地位远高于保长和甲长,属于“准官员”资格。冯桂芬在《复乡职议》中曾比评二者谓:“地保等贱役也,甲长等犹之贱役也,皆非官也。图董,绅士也,非官而近于官者也。”这是保甲制之“无效”与绅董制之实效的重要原因之一。“惟官能治民,不官何以能治民?保甲之法,去其官而存其五四选进之法,不亦买椟而还珠乎!”因此,冯桂芬提出“复乡职”方案,其实际内容就

---

① 顾炎武:《乡亭之职》,沈云龙主编:《近代中国史料丛刊》(第74辑),文海出版社,1973年,第689页。

②《庚子议办渭南各镇保团事宜》,《丽泽随笔》第20期。

③ 冯桂芬:《校邠庐抗议·复乡职议》,上海书店出版社,2002年,第12页。

④ 孙诒让:《周礼政要》中,有论清地方之弊一节,杨天竞:《乡村自治》,村治月刊社、大东书局,1931年,第42页。

⑤ 方宗诚:《鄂吏约》(同治二年),杨怀志、方宁胜点校:《桐城派名家文集》第9卷《方宗诚集》,安徽教育出版社,2014年,第466页。

⑥ 刘汝璆:《上浙抚论清粮开荒书》,载盛康辑:《皇朝经世文编续编》(卷39),文海出版社,1972年,第4306页。

是建构绅董治理模式，即由所举正董、副董主图、里、村落事务，“皆以诸生以下为限。不为官不立署，不设仪仗，以本地土神祠为公所”。[①]曾在歙县授馆收徒的张惠言关注地方治理事务，他从另一角度强调绅董治理机制优于“官役制”之所在：“（保甲之设）自来行之不善，官民相违，胥役滋扰，往往反以病民。今惟责成本乡绅士，遵照条法，实力举行，地方官止受绅士成报，时加劝导，不得令差役挨查。如有公事，止传总理面议。”[②]

咸同以后地方机制变动的情况表明，这种倚重绅董治理的方案开始普遍存在于实际层面，而非只是纸本上的构想。譬如阮本焱谈及阜宁县赈灾举措情形：“于城董中选择二人作为总董，谕令督同沿河各乡董、保、顺庄挨查。每乡实有极贫村庄何处，每村实有极贫户口何人……如无甚错，由县核定榜示某乡某庄实在极贫无力购种之某户若干，应借给籽种若干，然后示期交董均匀散给，督令种入。”[③]可见，地方事务的具体运行和县政措施的落实，均有赖于由总董、城董和乡董构成的绅董体制。

其次，出任地方社会公共事务管理者的绅董，须经过推选或选举程序，其地方权威性和认同感由此而获得，“各图满百家公举一副董，满千家公举一正董，里中人各以片楮书姓名保举一人，交公所汇核，择其得举最多者用之”。[④]与皇权钦命的正式官员不同，绅董不属于官权体系，其地方公共权力的合法性和正当性，一定意义上取决于地方社会的认同度；而公举或选举的程式恰恰是获得这种认同的社会规制，“董事民间所自举，不为官役，又皆绅士，可以接见官府，胥吏虽欲扰之不可得矣”。[⑤]更为重要的是，正、副董与县级官员间并没有直接的上下级统辖关系，而是国家与社会（不同力量或权属）的依存关系。[⑥]

再次，绅董设立局（所），掌管地方公共事务，并享有薪酬。按张惠言所述规制，为乡设一局，“以绅衿一人总理，士夫数人辅之，谓之董事。牌头无常人，

---

① 冯桂芬：《校邠庐抗议·复乡职议》，上海书店出版社，2002年，第12页。

② 张惠言：《论保甲事例书》，沈云龙主编：《近代中国史料丛刊》（第74辑），文海出版社，1973年，第2648页。

③ 阮本焱：《求牧刍言（附：谁园诗稿）》（卷1），沈云龙主编：《近代中国史料丛刊》（第27辑），文海出版社，1968年，第76~77页。

④ 冯桂芬：《校邠庐抗议·复乡职议》，上海书店出版社，2002年，第12页。

⑤ 张惠言：《论保甲事例书》，载贺长龄、魏源：《清经世文编》，中华书局，1992年，第1826页。

⑥ 牛铭实编：《中国历代乡规民约》，中国社会出版社，2014年，第61页。

轮日充当，谓之值牌，如此，则牌头之名不达于官。”[1]绅董所督理者不仅仅局限于社会秩序或治安、户口、册籍，几及一切民间事务，甚至“民有争讼，副董会里中耆老，于神前环而听其辞，副董折中公论而断焉……不服则送正董，会同两造族正公听如前，又不服，送巡检，罪至五刑送县，其不由董而达巡检或县者，皆谓之越诉，不与理。缉捕关正副董指引而不与责成，征收由正副督董导而不与涉手”。[2]

由于地方事务繁简不同、具体情景有别，作为地方治理机制的绅董亦并无统一的规制，但其基本框架却大致相近。绅董通常设总局于县，以驻局绅董数人总领局事，复分一县为数乡，“由城董举报每乡中之稍有身家明理识事之生监为乡董，每乡统数十村，由乡董每村举报一人为村董。村无生监，则以诚实耆民充之”。[3]以总局绅董统辖下属乡董、村董，由此形成以绅董为主体的地方社会治理权属体系。

与保甲、里甲以及乡约不同的是，绅董是享有薪酬的职位。“正董薪水月十金，副董半之。正副董皆三年一易……见令丞簿尉用绅士礼，文用照会”。[4]当然，这并非是制度化或普遍化的薪酬标准，事实上因地方经济社会条件的不同，绅董们所获收益和报酬也远非如此，“绅董每借办团横索暴敛来鱼肉平民”。[5]

“不假书役，不由现充之保甲人等，专俾绅士富户经理”，[6]绅董总率其事。“局绅专办团练，都总兼催钱粮。当其立法之初，妙选廉正绅士以充其任。上下之气既通，官民之情大洽。”[7]咸丰同治之后，许多地方逐渐兴举绅董制，甚至一些地方还将“乡约责任从地方官吏的手里，转移到地方绅董的手里”，[8]遂使“诏书宪檄络绎旁午而卒不行；间行之，而亦无效”[9]的地方社会治理机制获得

---

① 张惠言：《论保甲事例书》，载贺长龄、魏源：《清经世文编》，中华书局，1992年，第1826页。

② 冯桂芬：《校邠庐抗议·复乡职议》，上海书店出版社，2002年，第12页。

③ 刘佳：《与郑耕畲广文书》，载盛康辑：《皇朝经世文编续编》（卷45），文海出版社，1972年，第4923、2924页。

④ 冯桂芬：《校邠庐抗议·复乡职议》，上海书店出版社,2002年，第13页。

⑤ 罗尔纲：《湘军新志》，沈云龙主编：《近代中国史料丛刊》（第95辑），文海出版社，第26页。

⑥ 徐文弼：《设卡房议》，载贺长龄、魏源：《清经世文编》，中华书局, 1992年，第1834页。

⑦ 刘蓉：《复温邑宰书》，载葛士濬辑：《皇朝经世文续编》（卷21），文海出版社，1966年，第588页。

⑧ 牛铭实编：《中国历代乡规民约》，中国社会出版社，2014年，第58页。

⑨ 冯桂芬：《校邠庐抗议·复乡职议》，上海书店出版社，2002年，第12页。

生机。这一地方治理体制的历史性变动，导致传统乡制在管理模式上发生了重大变化，许多地方的基层社会治理已经形成了“权在绅而不在官”[①]的绅董治理机制。

需要指出的是，绅董治理模式并不是朝廷典章制度意义上的规范体系，它没有也不可能典制化（规范化）于朝廷文本中，而是依存于地方特定情景而变通运行的一个机制。因此，各地局（所）乡区的绅董权属体系并不具有统一规制和范式，其具体架构诚然难述其详，然其大要则不外有两个方面：

其一，县设总局或公所，入局（所）办其事者为绅董，总其事者为总董、局绅；因事之繁简设若干分理事务的分董。各乡区对应办理公务之绅董，或为图董、都董、村董，均听命于总局绅董。就地方治理权属分层而言，绅董为主导，而区村长及地保之属，不过行走办事而已。“其朴而愿者为公正区长弓手诸色。此无异以己之财力，办一己之事，而游手无业之人，初不得冒充入局也。至于庄书人，不过令其造册勾稽书算而已。”[②]总局绅董，可为全县绅董之首，在局（所）布置事项，议决公务。这基本上形成一种绅董自主、官为督察的地方社会治理权属机制。

其二，绅董治理模式的出现，体现着地方治理机制的历史性变动趋向。虽然其演进的具体线索还有待进一步清理，但大致可见其时代性差异，即咸丰同治之际的地方社会治理模式与雍正乾隆之时已全然有别。譬如雍正乾隆时期的义仓管理，通常“择里中老成信实者为社长，司谷之出入，收息免息，悉依前法”。[③]至乾隆五年（1740年）时，仍然是“社仓已选有殷实老成之人充为社正副，董理收放，似毋庸更设保长乡官名目而保簿”。[④]但是，咸丰同治时期许多地方却实行“当社立仓之法，各归各庄，暂存富家公所，选择本乡公正绅士妥为经营”[⑤]的治理模式。其管理规制“于县署二堂设局，选本城绅董四人，常住其间，总司赈务”，下辖乡区则“由城董举报每乡中之稍有身家明理识事之生监为

① 刘蓉：《复温邑宰书》，载葛士濬辑：《皇朝经世文续编》（卷21），文海出版社，1966年，第588页。

② 刘汝璆：《上浙抚论清粮开荒书》，载盛康辑：《皇朝经世文编续编》（卷39），文海出版社，1972年，第4306页。

③ 孔毓珣：《议复社仓疏》，载贺长龄、魏源：《清经世文编》，中华书局，1992年，第584页。

④ 岳濬：《议社仓与古异同疏》，沈云龙主编：《近代中国史料丛刊》（第74辑），1966年，文海出版社，第1433页。

⑤ 任道镕：《东省办理积谷情形疏》，沈云龙主编：《近代中国史料丛刊》（第84辑），1972年，文海出版社，第4610页。

乡董，每乡统数十村，由乡董每村举报一人为村董。村无生监，则以诚实耆民充之。"[①]这种"地方事尽归绅董，亦非所以存政体杜弊端"[②]的治理模式，显然具有不同既往的时代特征。

现代政治制度研究者享廷顿认为，"制度是稳定的、有价值的行为的再现模式，组织与程序会随其制度化程度而变化"。[③]绅董治理模式如果不构成显性制度的话，也是一个地方社会内生的权力运行机制（或谓隐性制度）。

## 三、绅董治理的权属范围——溢出官役体制所限

乡村治理乃国家治理之基石。"今之为治者，动行乡约、社仓、保甲、社学，纷纷杂出，此不知为治之要也。"[④]明清以来，乡村治理的制度设置名称各异，规制不一，但其大要不出乡约、社仓、保甲、社学之范围。这一官役体制下的乡村治理模式，职分明确，所谓"乡约是纲，社仓、保甲、社学是目。乡约者，约一乡之人而共为社仓、保甲、社学也。社仓是食事，保甲是兵事，社学是民信事，许多条理曲折，都在此一日讲究。不然，徒群聚一日，说几句空言，何补益之有？"[⑤]官役制的乡职人员只是奉命行事，应差服役，于地方公共事务及其社会建设事业一无所为，"其流品在平民之下，论者亦知其不足为治也"。[⑥]因此，在地方治理实践中"延绅士以通上下"[⑦]的绅董治理模式得以成型。

追溯源起不难发现，社会动乱局面中，传统"官役制"下地方社会秩序维系和防护困境是绅董治理机制的发端。嘉庆年间，川楚"教匪"蔓延，朝廷"令民团练保卫，旋即荡平……若得公正绅耆董理其事，自不致别滋流弊，即地方间有土匪，一经约束，亦将去邪归正，共保乡闾"。地方社会秩序维系和治理"均归绅耆掌管，不假吏胥之手"，从而获致"以子弟卫父兄，以家资保族党"[⑧]的功

① 刘佳：《与郑耕畲广文书》，载盛康辑：《皇朝经世文编续编》（卷45），文海出版社，1972年，第4923、2924页。

② 庄建平主编：《近代史资料文库》（第6卷），上海书店出版社，2009年，第465页。

③ 转引自高旺：《晚清中国的政治转型——以清末宪政改革为中心》，中国社会科学出版社，2003年，第162页。

④ 陆世仪：《论治邑》，沈云龙主编：《近代中国史料丛刊》（第74辑），文海出版社，1966年，第811页。

⑤ 陆世仪：《论治邑》，沈云龙主编：《近代中国史料丛刊》（第74辑），文海出版社，1966年，第811页。

⑥ 冯桂芬：《校邠庐抗议·复乡职议》，上海书店出版社，2002年，第12页。

⑦ 姚莹：《复方本府求言札子》，载贺长龄、魏源：《清经世文编》，中华书局，1992年，第577页。

⑧ 咸丰三年（1853年）正月癸丑谕内阁，沈云龙主编：《近代中国史料丛刊》（第95辑），文海出版社，1973年，第22页。

效。事实上,作为社会(或社区)内生的公共权力体系,绅董涉及的地方社会治理范围远远超越了地方保卫和维系社会秩序的界限,“凡公事之要而且大者,则惟繁冲之处居多,无论绅倡议而请于官,与官有意而商诸绅,其谋之臧否与事之难易,及经费之若何措置,于以绅言为定。绅亦必以众绅之言与四乡合城之言禀于官而后定,则绅之言公言也”。[①]由绅士中推举或选举出的绅董及其运行机制,是地方社会公共权力建构和运行的系统,它具有相对独立于官治体系的属性。“凡一地方,常有特别之事情,一方之人,皆同其利害,而能合力以营谋。且官吏之知之也,不如其地方人士知之为悉也。”地方社会内生的事务及其公共事务(社会)之建设因地而异,受限于地方经济、文化与习俗的制约,无法纳入统一的国家治理权属。“所谓利害共同之事,在愈小之区域,则其事愈多,在愈大之区域,则其事愈少。”如道路之修筑,医院之建设,“在一市一乡,其利害固易相同也,若在一省,则不必然矣。”所以,地方治理之道,“使仅集利害相同之人以谋之,则其事易举……故普通之自治事业,宜于市乡办之,而不能于行省办之。”[②]

地方社会公共事务繁难丛杂,晚清以来绅董在地方事务活动的内容也广为社会各界所关注。我们通过《申报》关于绅董相关活动的记述可以见其概要。检索《申报》从1872年5月至1910年12月关于绅董的记述条文,共有1167条,[③]其中按年代统计分别为:1870年代(1872—1880年)为131条,1880年代(1881—1890年)为319条,1890年代(1891—1900年)为377条,1900年代(1901—1910年)为340条。报刊为社会舆论之中心,它所关注的内容与社会生活在在相关。从其记述绅董相关内容数量看,呈逐年增加趋势,尤其从19世纪80年代开始出现大幅增长态势,如图1:[④]

①《论宁郡浚河专任绅董之善》,《申报》1879年5月3日。

② 吴贯因:《省制与自治团体》,沈云龙主编:《近代中国史料丛刊》(第50辑),文海出版社,1966年,第2069页。

③ 笔者检索统计情况分别为:1.1872年13条,1873年10条,1874年14条,1875年13条,1876年11条,1877年17条,1878年18条,1879年18条,1880年17条;年均14.56。2.1881年14条,1882年23条,1883年45条,1884年44条,1885年32条。1886年35条,1887年37条,1888年38条。1889年36条,1890年15条;年均31.9。3.1891年15条,1892年23条。1893年26条,1894年37条,1895年24条。1896年43条。1897年33条。1898年73条。1899年52条,1900年51条,年均37.7。4.1901年38条,1902年29条。1903年17条,1904年17条,1905年33条,1906年46条,1907年29条,1908年28条,1909年32条,1910年71条;年均34。

④ 笔者根据《申报》(1872年至1910年)绅董条目检索显示的资料数据制作。

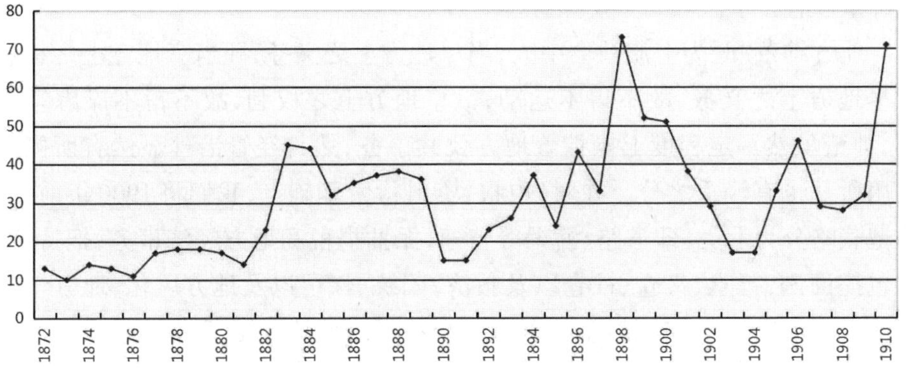


**图1　1870至1910年间《申报》记述绅董内容条款数量变化曲线**

据统计，19世纪70年代《申报》关于绅董记述条目年均14.56条，但80年代后开始激增。19世纪80年代年均31.9条，19世纪90年代年均37.7条，1900—1910年年均34条。除70年代外，在大约30年的长程中其数率基本稳定（年均30条以上）。这从一个侧面显示绅董在地方社会的作用及其影响力既广泛又恒定。那么，绅董治理地方公务的内容究竟有哪些，亦即其权力影响的具体范围有多大？这是我们需要进一步讨论的问题。

据上述图示可知，绅董积极介入地方事务。州县治理地方"舍地方绅董不为功"，"地方之有绅董，诚足以匡官之不逮者也。或家资殷实可以经理公款，或名望素重足以压服群情。地方公事往往官所不能了者，绅董足以了之；官所不能劝者，绅董足以劝之。且官虽亲民而民情或不能遽达，是又藉绅董为之转圜，为之申诉"。[①]绅董经管事务非常广泛，几乎涉及地方公共事务的一切方面：

"书院有绅董也，善堂有绅董也，积谷有绅董也，保甲有绅董也，团练有绅董也。或一董总理数事，或各董共理一事。虽各处公事不同，而皆足代官分理则一也。"[②]

不仅地方公共事务通常由绅董治理，且地方各行业之公务通常也由绅董经管。据《申报》记载：汉镇行帮均设绅董，其油腊帮、绸缎帮、棉花帮、广福帮、疋头帮、祥盐帮、药材帮、药土帮、记票帮、银钱帮等，[③]尤其汉口之八大行，即各

①《论严惩劣董事》，《申报》1899年9月30日。
②《论严惩劣董事》，《申报》1899年9月30日。
③《照抄酬谢拾遗章程示》，《申报》1874年3月5日。

立绅董经管公事。①

地方绅董"既为上流社会中人,当尽地方上之义务,即当享地方上之权利。欲尽地方上之义务,故不得不运动;欲享地方上之权利,故不得不谋虑。"②然而,绅董虽然一定程度上操控着地方公共事务,然其经管治理显然有所侧重,权用所及也有轻重之分。在对《申报》资料检索基础上,我们将1900年前的相关记载略分为七类(即道路、河渠等营建,派抽捐税和地方经济事务,把持公事和包揽词讼,善堂、义仓、社仓以及救济,团练、保甲以及地方风化,地方学务,其他),按年代统计所得情况,由其数量分布可以见其概要(见图2)。③

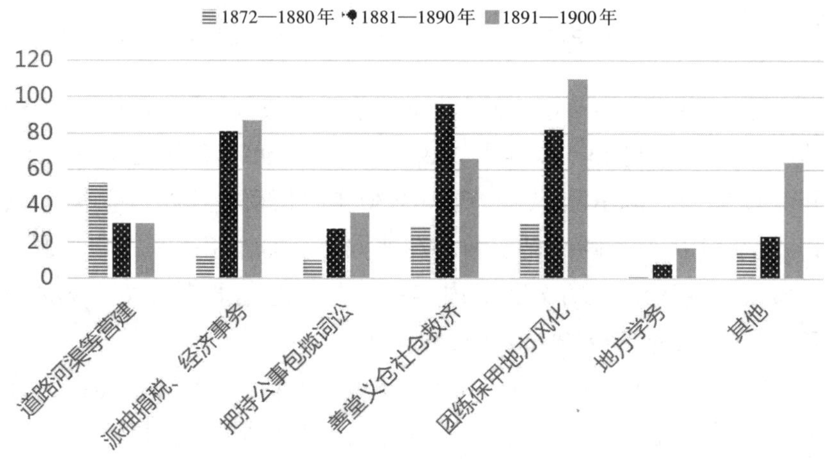


**图2　绅董掌控地方事务类型重点变化情势**

图示表明,19世纪70年代,绅董多在道路、河渠等营建上的事项中介入地方事务;80年代以后,绅董们的活动侧重在三方面:团练、保甲及地方秩序的维系;善堂、义仓、社仓以及社会救助;派抽捐税和地方经济事务。

清代地方行政事务由六部主之,在基层社会治理权属方面,无论"户口之编查,丁役之征调,赋税之课税,率掌之于户部与兵部。其乡村之保卫政策,重

①《集款赈饥》,《申报》1888年11月15日。

②《绅董之忙碌》,《申报》1910年2月19日。

③按《申报》资料检索,道路、河渠等营建,派抽捐税和地方经济事务,把持公事和包揽词讼,善堂、义仓、社仓以及救济,团练、保甲以及地方风化,地方学务,其他各项数量,1872—1880年分别为52、12、10、28、30、1、15;1881—1890年分别为30、81、27、96、82、8、23;1891—1900年分别为18、87、36、66、110、17、64。

在施行保甲，以期彼此互相牵制，此其一也”。[1]基于“官役制”的保甲、里甲功能虽各有侧重(或归于户部，或归于兵部)，然其大要不出于六政之内。然而，地方绅董的治理权属却远超乎其上，溢出了官役体制的范围。从1888年南汇县的一则告示中我们可见其大略：

> 本县莅任以来，凡民间大小各案，无不随到随审随结……城中善堂如积谷、育婴、恤嫠、普济、宾兴、书院，亦俱会董筹商……但以百里之大，四乡之广，一人耳目，窃恐难周全，赖缙绅大夫及各乡各镇各团各图诸贤董，实力匡维，共图补救……本县公余之暇，仍复周履各乡，宣讲圣谕，查办保甲，密拿讼棍土棍，并与诸绅董就近商酌公务。倘有应办事宜随时在乡讯断，以期不扰不累。[2]

此县令告示表明，不仅县域之内的社会救助善堂“如积谷、育婴、恤嫠、普济、宾兴、书院，亦俱会董筹商”，各基层社会应兴应革诸务、风俗教化、社会秩序、百业维系，公共事务，均须“与诸绅董商酌”。“近来州县官有欲自拔于庸庸碌碌之中，求获好官之名，往往寄耳目于绅董。”[3]在国家权力与基层社会治理架构的机体中，绅董是其运转如常的链动装置。“绅董为地方表率，苟有关于地方公益，自当竭力赞助。”[4]“故各邑各乡无不立有绅董。”[5]可以说，咸同以后，绅董及其运作机制在整个基层社会治理体制中扮演着关键角色。

## 四、绅董与地方治理的近代转型

“各地方之绅董，乃因而忙甚。其未为董事而欲为董事者，于循例拜年外，以欲得票多数极力运动，其忙固弥甚。其向为善堂董事者，闻将清查公款也，翻阅其历年之报销账，其尚有罅漏否？熟计其历年侵蚀之银钱，其幸能保存否？花账又花账，画策又画策……于是营营补救外更极力运动，其忙盖尤

---

① 闻钧天:《民国丛书》第4编《中国保甲制度》，上海书店，1992年第203页。
②《南邑告示》，《申报》1888年2月5日。
③《绅董不可轻信说》，《申报》1888年7月17日。
④《论官绅仇视学务公所学会之原因》，《申报》1906年5月11日。
⑤《论严惩劣董事》，《申报》1899年9月30日。

甚。"[①]《申报》以讽喻的笔触描绘了"各地方之绅董"忙忙碌碌的剪影。这幅忙碌的图景中尽管充满了辛辣的嘲弄,但也映射出在地方社会事务中绅董们活络而繁忙的身姿。显然,伴随着晚清"三千年未有之变局"的累积而触发的"新政"改革,以及由此引动的地方治理体制转型,助推了绅董们的"繁忙":"今天下之谈新政者,莫不曰学堂之宜遍设也,警察之宜急办也,农工商诸务之宜逐渐扩充也。是数者为育才,为禁暴,为兴利,无论智愚贤不肖,固皆知为当务之急,而不容稍延。"[②]

无论是官府与地方还是国家与社会,绅董及其运作机制都是不可或缺的有机组成部分。"城乡各绅董能任事者居多……董为官用则治,官为董用则否。"[③]非但如此,在晚清社会与制度变迁的历史进程中,绅董也是将传统体制与现代体制实现榫接并完成地方治理机制转型的主体力量。这一历史演进的印痕深深地烙刻在从保甲到警察的制度转型中。

在晚清基层社会制度演变进程中,"重任绅董以严行保甲",并在地方社会治理体系建构中形成上下统属层级,"州县有州县之绅董,一府有一府之绅董,省会有省会之绅董",而"乡镇村落各设分董,支分派别,纲举目张",[④]已经构成了保甲制度的一次重大变动。"光绪年间,京师有步军统领与兵马指挥,统辖保甲职权之划定,各省县有保甲总局分局之设置,是皆因保甲行政,有统一指挥监督之必要,而特设之机关。"这一变动虽然也具有制度变革的意义,但它毕竟仍属于传统体制内的变迁。然而,"宣统年间,新式警察制度兴,各省保甲局,渐次裁撤,保甲之主管机关既废,保甲之制,遂不见著于政令"[⑤]的变革,却是超越传统具有时代意义的制度性变迁,其结果是以现代性的警察制取代了传统的保甲制。尽管地方社会推展的警察制度"颇有混乱而不划一",然其主导和推助之力量却同为绅董,"各府州县之警察,大抵均归绅董办理"。[⑥]甚至一些地方试行的官办警察后来也明确改归由绅董管理(如汉口):"拟请详鄂督将汉口警察改归官督绅办,其章程须各商公举一公正绅董素有名望者为总理,另选

---

①《绅董之忙碌》,《申报》1910年2月19日。

②《论筹款》,《申报》1904年8月5日。

③ 阮本焱:《求牧刍言(附:谁园诗稿)》,沈云龙主编:《近代中国史料丛刊》(第27辑),文海出版社,1966年,第127页。

④《论近日江浙等处诘奸禁暴宜以重任绅董以严行保甲》,《申报》1897年6月6日。

⑤ 闻钧天:《中国保甲制度》,商务印书馆,1935年,第223~224页。

⑥《论我国警察之弊及其整顿之方》,《申报》1909年9月22日。

举各帮商董若干人为协理，招募巡兵，二千五百人成为十队，四十步地位派一站岗兵。其收捐用人等事则责之绅，行政司法各事则操之官。"[①]

此外，在晚清学制转型(特别是地方学务体制)进程中，绅董也是推动新旧体制完成转换对接的主体力量。"开办学堂，为作育人才之举，关系非轻，而初等小学及高等小学尤为学级始基。凡管理教授课程学级，以及酌筹经费，均应由地方公正绅董会同地方官酌筹办理，以臻妥善。"甚而至于一些地方绅董"并不禀明该管地方官"，[②]而自行开办学堂。晚清新政改革虽头绪纷繁，却以警察与学堂为要务，"自政界维新，纷纷竞言学堂、警察矣。朝廷以此责于疆吏，疆吏以此责于州县，有能设学堂、办警察者，列优等，膺上赏。其不能者黜之、罢之而。于是为州县者，朝奉檄文，暮谈学堂；卯受朱符，午议警察，无州不尔，无县不然"。[③]

晚清新政实务方面如学堂、警察、农工商务乃至一切新兴事业，均由各地绅董所操持经办。学堂和警察制度转型只是具体的新兴实务和制度之变，这些历史变动的内容最终通过清末地方自治法规的颁行，逐渐制度化和法规化，并形成了整体制度的变迁。晚清地方自治制度在各地推进展开的具体步骤和推进梯度不一，但就其制度的实质内容来看，却呈现出现代化制度朝向的共趋性。

其一，通过《城镇乡地方自治章程》的法令，将一向实际操持地方事务的主体力量——绅董制度化、规范化。"夫亦当就今所谓绅董者，改良其任事之法，公溥其行政之权。"[④]所谓地方自治以专办地方公益事宜，辅佐官治为主，"按照定章，由地方公选合格绅民，受地方官监督办理"，统一区划，按规定人口额数分划城乡，统一设立镇董事会或乡董，[⑤]将绅董治理的既成事实统一在正式的制度框架之内，变成相对规范的制度建构。

其二，将传统绅董治理的地方事务纳入"地方自治范围"，予以制度性确认。"地方自治范围"明确规定为：一是地方学务(中小学堂、蒙学堂、教育会、劝

---

①《警察改归绅办之先》，《申报》1907年6月22日。不仅如此，上海南市等处警察，也"向归总工程局绅董管理。"参见江苏苏属地方自治筹办处编：《江苏自治公报类编》(1911年)(卷4~6)，沈云龙主编：《近代中国史料丛刊三编》(第53辑)，文海出版社，1989年，第294页。

②《示遵学务范围》，《申报》1905年8月24日。

③《论乡隅学堂与警察之流弊》，《大公报》1906年4月22日。

④《改良地方董事议》，《东方杂志》1904年第1卷第6号。

⑤《城镇乡地方自治章程》(光绪三十四年十二月二十七日)，徐秀丽编：《中国近代乡村自治法规选编》，中华书局，2004年，第3页。

学所、宣讲所、图书馆、阅报社，以及其他关于学务之事）；二是公共卫生事务（清洁道路，蠲除污秽、施医药局、医院医学堂、公园、戒烟会诸务）；三是道路工程（修桥筑路、疏通沟渠、建造公用房舍、路灯等事项）；四是兴办农工商务等地方实业；五是地方慈善事业（救济、赈灾、保节、育婴、义仓积谷、消防、救生等）；六是地方公营事业（电车、电灯、自来水等）；七是地方经济（筹款）等。此外还特别规定一条："其他因本地习惯，向归绅董办理，素无弊端之各事。"①

其三，分设议事会、董事会，将议决事权与执行事权分立。"各地举办自治，约分会议执行两机关。"②"议事会议决事件，由议长、副议长呈报该管地方官查核后，移交城镇董事会或乡董，按章执行。"③从制度设计上打破传统绅董治理机制中议行不分的惯制；同时明确规定了议事会、董事会成员任职资格与年限等。

其四，颁布了《城镇乡地方自治选举章程》（光绪三十四年十二月二十七日），以民众投票方式规定了城镇乡议事会、董事会议董、总董、董事产生的方式和程序，将地方社会治理权力的产生和运作纳入规范化的现代性制度中。④

晚清以来，基层社会治理体制发生了两次重大历史性变动：其一是绅董制相对普遍的出现，进而弱化了"官役制"的效用，并在传统制度框架中体现了地方治理机制演变的趋向。其二是由传统绅董制向现代性地方自治制度的转型，在时代性制度更替的变动中，绅董的主体性作用隐然其间。前者之变属于传统体制内的变迁，其结果是绅董制取代官役制。后者则属于传统体制外的变迁，其时代特征昭然如炬。但这一制度转型并未弱化绅董在地方治理中的主体地位与作用。"是绅董者，介乎官与民之间，所以沟通地方之群情，巩固地方之团体，不失为地方政治上之一机关者也。"⑤虽然由绅董掌控的旧体制相继裁撤，"县自治公所成立后，乡董公所断无不即裁撤之理。"但是，绅董们却在新的制度设置中获得重新定位。"况县自治公所城乡并选，乡董公所从前办事之

①《城镇乡地方自治章程》（光绪三十四年十二月二十七日），徐秀丽编：《中国近代乡村自治法规选编》，中华书局，2004年，第4页。

②《论办理地方自治亟宜改变方针》，《申报》1911年3月14日。

③《城镇乡地方自治章程》（光绪三十四年十二月二十七日），徐秀丽编：《中国近代乡村自治法规选编》，中华书局，2004年，第9页。

④《城镇乡地方自治选举章程》（光绪三十四年十二月二十七日），徐秀丽编：《中国近代乡村自治法规选编》，中华书局，2004年，第19页。

⑤《改良地方董事议》，《东方杂志》1904年第1卷第6号。

人自必多半选入一同办事；不过向无城绅，今则兼有城绅”[①]而已。然而在新旧制度转型的背后，却是绅董力量的撕裂：“近观各地办理自治，大抵均与旧日地方政事，划而为二：即办理自治之绅董，亦与旧日之绅董分为两派。”[②]与此同时，“今举办自治，而忽由本地绅董管理人民，故群萌反抗之志”。[③]在新旧绅董的利益冲突之上，复而叠加着民众与绅董的矛盾，遂演成基层社会民变风潮蜂涌不绝之势。“近日自治风潮，层见叠出……无一地不冲突，无一役不因自治而起。”川沙县新政推行中形成新旧绅董势力的分裂也很典型，“一部分乡董摇身一变，成了自治会或自治会公所的官员，这自然令那些落选者心中颇为不快，旧董与新贵之间的矛盾因此产生”。[④]这一征象，已然昭示了整个历史的结局：“铜山东崩，洛钟西应，大有不期然而然者。”[⑤]

晚清剧烈的社会变动所引动的制度变迁，复杂而又深刻。在大约半个世纪的历史长程中，地方社会治理的内容和体制迭经更易，具体的规制和运行机制也变化繁多。在时代性制度更易之中，绅董的力量隐然贯穿其中，扮演了新旧制度转型的承接和推助力量。剧烈变动的是制度形式——新旧制度的时代区分判然分明，不变的却是制度中的主体——绅董。它承转其间，脉系相连地完成了地方治理体制的近代转型。从这一视角观察晚清地方社会治理体制的演进轨迹，我们或可获得更为真确的历史实相和新的学术认知。

本文原刊载于《中国社会科学》2019年第6期，为国家社科基金重大招标课题“近代中国乡村建设资料编年整理与研究”（项目号17ZDA198）阶段性成果。

**作者简介：**

王先明，1957年生，山西长治人。南开大学历史系中国近代史专业博士研究生毕业。2001年受聘南开大学历史学院。现为南开大学特聘教授，历史学院博士生导师，国务院学科评议组专家，国家教材

①《呈督宪遵饬录报 据阳湖县乡董赵衡等呈为会议公所被撤经费另拨请彻查抚批文》，江苏苏属地方自治筹办处编：《江苏自治公报类编》（宣统三年）（卷4~8），沈云龙主编《近代中国史料丛刊三编》（第53辑），文海出版社，第447页。

②《论办理地方自治亟宜改变方针》，《申报》1911年3月13日。

③《论办理地方自治亟宜改变方针》，《申报》1911年3月14日。

④ 蒲乐安：《骆驼王的故事——清末民变研究》，刘平等译，商务印书馆，2014年，第229页。

⑤《敬告今日筹办自治者》，《申报》1911年4月3日。

委历史学科专家委员，中国义和团研究会会长。主要从事近代中国乡村史研究，出版学术著作多部，在《中国社会科学》《历史研究》《近代史研究》《史学月刊》等杂志发表论180余篇，出版著作10余部，代表作有《中国乡村建设思想百年史》《20世纪的中国乡村》《乡路漫漫：20世纪之中国乡村(1901—1949)》《变动时代的乡绅：乡绅与乡村社会结构变迁》《走向社会的历史学：社会史理论问题研究》《末世：清王朝的最后十年》等。

# 清末练兵处调入留日士官生原因考析

## ——兼论士官生与北洋派的关系

彭贺超

练兵处是光绪二十九年十月十六日（1903年12月4日）清政府设立的一个新式中央军事机构，在清末新政史和中国近代军事史上占有重要地位。学界对练兵处的设立原因、组织机构、经费薪饷、练兵成效及其与督抚关系等已有较多研究，但对其内部人员状况的研究尚有待深入。[①]尽管一些学者关注到练兵处中的北洋派和留日士官生，但无一例外地采信了哈汉章回忆录，将练兵处调入留日士官生的原因归结为良弼主导或铁良依靠良弼主导的针对袁世凯北洋派的权力斗争，由此塑造了士官生与北洋派冲突的单一形象。[②]这既简化了练兵处调入留日士官生的复杂原因，也遮蔽了练兵处派系合作的一面。本文拟利用档案、函电等史料考证哈汉章回忆录的失实之处，进而结合清末政情探析练兵处调入留日士官生的原因，以及士官生与北洋派的动态关系。

### 一、哈汉章回忆录不完全符合史实

关于练兵处成立后调入留日士官生的原因，以及士官生与北洋派的关系问题，哈汉章回忆录有所记载：

---

① 罗尔纲：《陆军志》，《晚清兵志》（第4卷），中华书局，1997年，第191~197页。刘凤翰：《晚清新军编练及指挥机构的组织与变迁》，《台湾“中研院”近代史研究所集刊》第9期，1980年7月。张华腾、苏全有：《清末练兵处述略》，《光明日报》1999年5月7日。张亚斌：《晚清陆军部研究》，首都师范大学硕士学位论文，2009年。舒习龙：《张之洞与晚清练兵处》，《西华大学学报（哲学社会科学版）》2010年第6期。

② 张国淦：《北洋军阀的起源》，杜春和、林斌生、丘权政编：《北洋军阀史料选辑》（上），中国社会科学出版社，1981年，第41页。吴兆清：《袁世凯与良弼被炸案》，《近代史研究》1987年第2期。梁义群、宫玉振：《袁世凯与满族亲贵争夺军权的斗争述论》，北京师范大学历史系编：《史学论衡（2）》，北京师范大学出版社，1992年，第118~120页。吴兆清：《良弼》，郭汉民、徐彻主编：《清代人物传稿（下编）》（第8卷），辽宁人民出版社，1993年，第121~122页。王建华：《袁世凯与留日士官生》，《苏州大学学报（哲学社会科学版）》1994年第1期。尚小明：《留日学生与清末新政》，江西教育出版社，2003年，第86页。李喜所主编：《中国留学通史（晚清卷）》，广东教育出版社，2010年，第489~490页。

> 良贲〔赉〕臣(弼)系满洲镶黄旗籍,他是红带子,在旗人中有此崭新军事人材,而且才情卓越,故在北京能周旋于亲贵之间,时常游说:"我们训练军队,须打破北洋武备势力,应当找士官作班底,才能敌得过他。"枢要(反庆、袁的)中人都很领会。所以练兵处成立就调在湖北的士官第一期吴禄贞,第二期哈汉章、易迺谦、沈尚濂等;又向各省增调第一期卢静远、章遹骏、陈其采,第二期冯耿光等数十人来京,在练兵处担任草拟各项编制饷章及有关教育训练并国防上应有计划重要职务(也有参加兵部的)。于是练兵处就成为士官派的大本营,良弼即暗中作为士官派与北洋派争夺军权的领导者。①

上述材料包含下列信息:一,留日士官生良弼与奕劻、袁世凯为敌对关系;二,在"枢要(反庆、袁的)中人"支持下,良弼成为练兵处调入士官生的主导者;三,练兵处之所以调入士官生,是因为良弼"找士官作班底",与袁世凯北洋派"争夺军权"。由于哈汉章是当事人之一,前述学者便完全采信了其回忆录。然而,哈汉章回忆录并不完全符合史实。

其一,练兵处成立后的一段时间里,良弼与总理练兵大臣奕劻、直隶总督兼会办练兵大臣袁世凯并非绝对的敌对关系。

良弼从日本回国不久,即使对权臣奕劻、袁世凯心有不满,也无与之交恶的能力。相反,他资历尚浅,欲在政界、军界有所作为,必然要攀附之。针对各方抨击袁世凯筹饷练兵的声音,良弼就主动为其辩护:"北洋所当之任较昔[日]巨,所处之地位较昔日难,而各省督抚不惟不思臂助,反哓哓疵议其后。"②当时练兵处亟须留日军事人才,奕劻、袁世凯也有心笼络良弼,为他提供军中历练的机会。光绪三十年十二月十八日(1905年1月23日),袁世凯致函徐世昌时说得很清楚,"良弼志气不凡,然不入军队,恐造就不大","邸(奕劻——引者

① 张国淦:《北洋军阀的起源》,杜春和、林斌生、丘权政编:《北洋军阀史料选辑》(上),中国社会科学出版社,1981年,第41页。按:此段文字系张国淦从"军谘副使哈汉章"的一段记载中节录而来,根据哈汉章补授军谘处副使的时间(1907年7月21日)及文字内容可以判断,当属事后回忆。为指称之便,本文将其命名为"哈汉章回忆录"。

②《良弼旅鄂日记》,光绪三十年(1904)六月七日,林开明等编辑:《天津市历史博物馆馆藏北洋军阀史料:徐世昌卷》(第1册),天津古籍出版社,1996年,第270页。

注)谕给以差使,本处无参谋名目,或先委充随员名目……姑试用之”。[①]可见,练兵处成立后的一段时间里,羽翼未丰的良弼与网罗人才的奕劻、袁世凯并非势如水火,反而因利益暂时结合起来,保持着相对融洽的关系。

其二,练兵处调入留日士官生的主导者是袁世凯,而非良弼。

练兵处调入的第一批士官生,是湖北的沈尚濂、哈汉章、文华、吴禄贞、吴祖荫和湖南的章遹骏。[②]湖北士官生,“原系聘兄(军学司正使王士珍,字聘卿——引者注)请调之人”。[③]此举虽由王士珍出面,但袁世凯实为幕后主导者。时在京城的张之洞密电署理湖广总督端方说:“此举乃袁意。”[④]练兵处原计划电调10名湖北士官生,为了替湖北留住部分军事人才,张之洞到天津与“北洋袁慰帅面商”,又“经慰帅转商”练兵处,最终达成“遣一半赴京,留一半在鄂”的方案。[⑤]回湖北后,他又致电袁世凯,希望“俯赐助力,电京赞成此举”。[⑥]这说明,袁世凯在调入湖北士官生过程中具有决定权。湖南士官生章遹骏,则是其考察北洋军事时被袁世凯强留下来的。他给湖南巡抚赵尔巽的禀文称:“袁宫保相商留教习之意已决,面请于庆邸,拟即电告大帅。教习再三苦辞……当蒙铁帅俯允,改为暂留效力,不许复辞。”[⑦]可见,袁世凯在调入湖南士官生过程中同样具有决定权。襄办练兵大臣铁良与袁世凯的态度一致,两人共同签署了调令。[⑧]光绪三十年四月初五日(1904年5月19日),练兵处提调徐世昌“带湖北调来各学生谒见”奕劻。[⑨]后经奕劻许可,他们被“派充

---

①《致练兵处提调徐世昌函》,光绪三十年(1904)十二月十八日,骆宝善、刘路生主编:《袁世凯全集》(第13卷),河南大学出版社,2013年,第143页。

②《练兵处司员衔名履历》,《武备杂志》1904年第4期;《练兵需才》,《申报》1904年4月30日。

③《铁良为练兵处章程及议覆鄂督折等事致徐世昌函》(1904年),林开明等编辑:《天津市历史博物馆馆藏北洋军阀史料:徐世昌卷》(第1册),天津古籍出版社,1996年,第490页。

④《致武昌端兼院署制台》,光绪二十九年(1903)十二月九日,中国社会科学院近代史研究所编:《近代史所藏清代名人稿本抄本(第二辑):张之洞档》(第23册),大象出版社,2014年,第198页。

⑤《致京练兵处、天津袁宫保》,光绪三十年(1904)二月二十六日,赵德馨主编:《张之洞全集》(第11册),武汉出版社,2008年,第122页。

⑥《致天津袁宫保》,光绪三十年(1904)二月二十六日,赵德馨主编:《张之洞全集》(第11册),武汉出版社,2008年,第122页。

⑦ 丁进军编选:《北洋新军初期武备情形史料》,《历史档案》1989年第2期。按:“袁宫保”,即袁世凯;“教习”,即章遹骏,时任湖南武备学堂总教习;“庆邸”,即庆亲王奕劻;“铁帅”,即铁良。

⑧ 尚小明:《留日学生与清末新政》,江西教育出版社,2003年,第86页。

⑨ 徐世昌著,吴思鸥、孙宝铭整理:《徐世昌日记(点校本)》(第22册),光绪三十年(1904)四月五日,人民出版社,2013年,第10536页。

各科监督”。[①]

因此，练兵处调入留日士官生是三大臣的共识，袁世凯最为积极主动，扮演着主导者的角色，奕劻、铁良则是他的支持者。良弼的作用不宜高估，他只是积极参与者而非最终决策者，至多起着穿针引线的作用：既与湖北士官生“消息时通”，积极“运动”他们入京，又向练兵处“援引”湖北士官生。[②]

其三，留日士官生进入练兵处的本意并不是要与北洋派“争夺军权”。

湖南士官生章遹骏是被袁世凯强留下来的，自不必论。湖北士官生人数较多，是练兵处的主要调入对象。他们从日本回到湖北之初，“谓必带勇”，但实际差使既非营官也非教习，“皆怏怏”，[③]听闻练兵处调令后，“歌声如雷”，“皆无恋鄂之情”。[④]在时人看来，从地方调入中央练兵处可谓青云直上，这对湖北士官生具有相当大的吸引力。当湖北官员挽留时，哈汉章拒绝说：“愿在北洋跳火坑，不在湖北当统领。”[⑤]士官生脱离湖北、攀附袁世凯的迫切心情，由此可见一斑。其后，又有卢静远等湖北士官生“自往投效”练兵处。[⑥]因此，留日士官生进入练兵处的本意并非掀起派系纷争，很大程度上是为了改善自身处境，奔向新的前程。

通过考证可知哈汉章回忆录的失实之处：一是夸大了良弼的作用，忽略了练兵处决策者尤其是袁世凯的主导作用；二是片面强调了士官生与北洋派的冲突，遮蔽了彼此合作的一面。进而言之，既往研究依据该史料考察练兵处调入留日士官生的原因及士官生与北洋派的关系，所得出的观点并不可靠，有必要进一步去探析。

---

①《练兵处司员衔名履历》，《武备杂志》1904年第4期。

②《武昌端署制台来电》，光绪二十九年(1903)十二月十二日，《武昌梁守来电》，光绪二十九年(1903)十二月二十日，中国社会科学院近代史研究所编：《近代史所藏清代名人稿本抄本(第2辑)：张之洞档》(第97册)，大象出版社，2014年，第152、187页。

③《武昌梁守来电》，光绪二十九年(1903)十二月二十日，中国社会科学院近代史研究所编：《近代史所藏清代名人稿本抄本(第2辑)：张之洞档》(第97册)，大象出版社，2014年，第185页。

④《武昌端署制台来电》，光绪二十九年(1903)十二月十二日，中国社会科学院近代史研究所编：《近代史所藏清代名人稿本抄本(第2辑)：张之洞档》(第97册)，大象出版社，2014年，第153页。

⑤《武昌来电》，光绪二十九年(1903)十二月二十日，中国社会科学院近代史研究所编：《近代史所藏清代名人稿本抄本(第2辑)：张之洞档》(第97册)，大象出版社，2014年，第181页。

⑥《湖北陆军学生续又自投练兵处》，《申报》1905年9月2日。

## 二、练兵处调入留日士官生的原因

练兵处调入留日士官生是袁世凯主导并且获得奕劻、铁良支持的一次行动，主要由以下因素促成。

首先，袁世凯自我解围，以钳言官之口，避朝廷猜疑。练兵处成立后，袁世凯举荐徐世昌充任提调，刘永庆、陆嘉穀分任军政司正、副使，段祺瑞、冯国璋分任军令司正、副使，王士珍、陆建章分任军学司正、副使。北洋派固然占据了练兵处多处要职，但袁世凯也因之遭各方抨击，处境并不乐观。在用人方面，御史王乃徵弹劾他任人唯亲，结党营私。[①]在筹饷练兵方面，京城大小臣工及张之洞等皆有不满，担忧他“借俄事而练兵，借练兵而揽权”。[②]

在中国传统君主专制体制下，疆臣权重，易启猜疑。混迹官场多年的袁世凯何尝不知其中利害，故早有收敛，先后请辞商务、铁路、电政大臣等兼差及会办练兵大臣差使。[③]在此情况下，他断然不会再大肆举荐北洋派充任十四科监督。否则，练兵处提调、三司正副使及十四科监督全部来自北洋派，袁世凯恐将面临更多的抨击和猜疑。他主动从外省电调留日士官生，使得练兵处人员来源多元化，彰显了“兼收并蓄，但论才能不计资格”的用人特点。[④]这就淡化了练兵处的北洋色彩，既可钳言官之口，也可避朝廷猜疑，更加符合当时袁世凯的自身利益。因此，袁世凯的主动作为实有自我解围之意。

其次，练兵处从地方借调留日军事人才，以供中央之用。练兵处的军事改革师法日本，急需一批有留日背景的军事人才。而北洋派大多在天津武备学堂接受德式军事教育，无法完全满足练兵处的人才需求。清朝中央政府又缺乏相应的人才储备，各省留日归国的第一、第二期士官生自然就进入练兵处官员的视线。

王士珍最先请调湖北士官生，就是想要他们进入军学司，以便应付将来

---

① 刘锦藻：《清朝续文献通考》（第3册），商务印书馆，1936年，第9659页。

②《致武昌端署制台、梁太守》，光绪二十九年（1903）十二月十一日，赵德馨主编：《张之洞全集》（第11册），武汉出版社，2008年，第118页。

③《恳准开去各项兼差折》，光绪二十九年（1903）十一月七日，《请开去会办练兵差使折》，光绪二十九年（1903）十二月十三日，骆宝善、刘路生主编：《袁世凯全集》（第11卷），河南大学出版社，2013年，第524~526、591~592页。

④ 奕劻：《奏请将从前练兵处调用人员分别留部补用事》，光绪三十三年（1907）八月十七日，中国第一历史档案馆藏，军机处录副奏折，03/5979/049。

“功课颇多”的局面。[①]在电调湖北士官生时，练兵处给湖北官员的电文“情词坚切”，不容拒绝；[②]对于湖南士官生，袁世凯强留章遹骏后，才电告湖南巡抚赵尔巽。练兵处的强硬态度，反映了中央对留日军事人才的迫切需求。湖北、湖南士官生进入练兵处后，很快被派充各科监督，如沈尚濂任军政司搜讨科监督，哈汉章任军令司运筹科监督，吴祖荫、文华、章遹骏、吴禄贞分任军学司训练科步队监督、炮队监督、工队监督、马队监督。[③]光绪三十一年（1905年），练兵处开办贵胄学堂，继续以“需员甚众”为由，电调万廷献、应龙翔、吴茂节、易迺谦、敖正邦等湖北士官生“来京襄助学务”。[④]练兵处正是通过借调外省士官生的方式，源源不断地补充了中央紧缺的留日军事人才。

最后，练兵处以调入士官生为契机，收回了留日军事教育主导权。练兵处成立前，地方督抚掌握着留日军事教育主导权，士官生须回本省任职。练兵处成立后，首次电调即将回国的湖北士官生舒清阿、龚光明、敖正邦入京，“并未告鄂”。[⑤]练兵处绕过湖北官员的做法，实质是改变士官生回本省任职旧制的一次尝试，其收回留日军事教育主导权的企图已初见端倪。其后，练兵处又接连电调哈汉章等7名湖北士官生入京。光绪三十年（1904年）初，张之洞在天津向袁世凯大倒苦水：湖北练兵需才，“倘以十名全行调往，必致无人可用”，对“费无数财力、无数心力”的湖北不公。[⑥]二月初六日（3月22日），袁世凯写信告诉徐世昌：“香老来，周旋数日，聚谈甚畅……天下事，内外不能协力，断难有成。香老谓已灰心，鄙人亦不得不然。”[⑦]此处“香老”即张之洞，与袁世凯“周旋

---

①《铁良为练兵处章程及议覆鄂督折等事致徐世昌函》（1904年），林开明等编辑：《天津市历史博物馆馆藏北洋军阀史料：徐世昌卷》（第1册），天津古籍出版社，1996年，第490页。

②《武昌端制台来电》，光绪二十九年（1903）十二月八日，中国社会科学院近代史研究所编：《近代史所藏清代名人稿本抄本（第2辑）：张之洞档》（第97册），大象出版社，2014年，第142页。

③《练兵处司员衔名履历》，《武备杂志》1904年第4期；《步兵监督回籍就医》，《申报》1905年5月1日。

④《京寿侍郎来电》，光绪三十一年（1905）十月十九日，中国社会科学院近代史研究所编：《张之洞档》（第104册），大象出版社，2014年，第243页。

⑤《武昌端署制台来电》，光绪二十九年（1903）十二月十二日，中国社会科学院近代史研究所编：《近代史所藏清代名人稿本抄本（第2辑）：张之洞档》（第97册），大象出版社，2014年，第152页。

⑥《致京练兵处、天津袁宫保》，光绪三十年（1904）二月二十六日，赵德馨主编：《张之洞全集》（第11册），武汉出版社，2008年，第122页。

⑦《致练兵处提调徐世昌函》，光绪三十年（1903）二月六日，骆宝善、刘路生主编：《袁世凯全集》（第12卷），河南大学出版社，2013年，第55页。

数日”,“聚谈”的内容之一就有湖北士官生事。张之洞“谓已灰心”,其实是借机表达不满。最终,他们达成湖北士官生5名赴京、5名留鄂的妥协方案。袁世凯的让步实属“不得不然”,目的在于安抚东南督抚领袖张之洞,避免“内外不能协力”,危害到练兵处的军事改革大局。

原来主张“急于收入”湖北士官生的铁良似乎不理解袁世凯的让步,经徐世昌来信解释了其中的“用意”和“原委”,他才“恍然一切”,回信表示,“办法容日晤商”。[①]此处“办法容日晤商”,意味着练兵处将酝酿新的动作。当时,练兵处正在讨论驻日公使杨枢在《奏陈兼管学务情形折》中提出的官费培植留日军事学生的办法。随后,铁良在另一封信中告诉徐世昌:“杨星使折甚好”,练兵处可“藉此妥筹办法”,控制留日军事学生的生源选拔、派出程序、毕业出路等。[②]可见,练兵处的新动作已经不再局限于湖北士官生本身,而是聚焦于全国留日军事教育主导权问题。四月初五日(5月19日),练兵处正式出台《选派陆军学生前赴日本就学章程》,从制度上确立了中央在全国留日军事教育中的主导地位。[③]

练兵处调入留日士官生既与袁世凯的个人处境有关,也与中央的人才困境及军事改革规划有关。这更多地折射出中央与地方的矛盾,而不是练兵处内部的派系矛盾。良弼拉拢士官生对抗袁世凯北洋派,应是练兵处后期的事情。换言之,士官生与北洋派的权力斗争,实际上是练兵处调入士官生之结果,而非起因。

## 三、士官生与北洋派的关系

士官生进入练兵处后,与北洋派不只有冲突,也有合作,他们的关系经历了从前期合作走向后期冲突的过程。这很大程度上是由练兵处三大臣中袁世凯、铁良之间的关系决定的。

练兵处成立后就面临着日俄战争带来的外患危机,筹饷练兵是其工作重

---

①《铁良为赫德条陈及代询麦利夏枪事致徐世昌函》(1904年3月24日),林开明等编辑:《天津市历史博物馆馆藏北洋军阀史料:徐世昌卷》(第1册),天津古籍出版社,1996年,第230页。

②《铁良为裁撤京旗垫款及派赴出洋学生等事致徐世昌函》(1904年5月18日),林开明等编辑:《天津市历史博物馆馆藏北洋军阀史料:徐世昌卷》(第1册),天津古籍出版社,1996年,第240~241页。

③《练兵处拟订选派陆军学生赴日就学章程折(附章程)》(光绪三十年四月五日),骆宝善、刘路生主编:《袁世凯全集》(第12卷),河南大学出版社,2013年,第163~165页。

心。袁世凯与铁良为此保持合作，“同办军事者二三年，协恭和衷，不闻异议”。[①]练兵处高层大员的合作常态，是士官生与北洋派保持合作的前提。当时，担任各科监督的士官生隶属于军政、军令、军学三司正、副使之下，负责“草拟各项编制饷章及有关教育训练并国防上应有计划”。[②]换言之，士官生是在北洋派领导下进行军事制度的改革工作。虽然此前北洋派已经启动该项工作，但进展缓慢，“练兵诸事尚无头绪，惟有大概章程数则，未经奏定，故未发行”。[③]士官生加入后，练兵处的军制改革工作进展迅速，从光绪三十年（1904年）八月开始陆续颁行了《陆军营制饷章》等一系列新军制度。有学者指出，“这一成绩的取得，无疑主要应归功于留日陆军生”。[④]值得注意的是，根据练兵处的办事程序，士官生只是起草新军制度，最终还要经过三司正使核定。以《陆军营制饷章》为例，该草案需经军政司正使刘永庆、军学司正使王士珍“酌定”，“即有端倪”。[⑤]因此，练兵处的军制改革工作能够短期内取得突破性进展，不单单是士官生的功劳，更是士官生与北洋派互相合作的结果。没有士官生的加入，尤其是没有士官生与北洋派的合作关系，练兵处取得这些成绩是难以想象的。

当然，士官生与北洋派属于不同的政治力量，注定同床异梦。吴禄贞在给二哥的信中说：“彼等对我阳亦推重，阴施钳制，所谓骑兵监督者，并无一骑一兵，仅以编著骑兵操典等书相羁縻耳。”[⑥]吴禄贞的处境，其实是当时担任各科监督的士官生群体状况的一个缩影：一方面缺乏实权，只能发挥所学，配合北洋派的军制改革工作；另一方面不满现状，愤懑不平，为日后与北洋派的冲突埋下伏笔。但是，在袁、铁关系和睦及自身实力不济的情况下，士官生只能与北洋派保持合作关系。

光绪三十一年（1905年），日俄战争渐入尾声，清廷面临的外患压力骤减，

---

①《读去腊十七日某报铁尚书论书后》，《申报》1909年2月6日。

② 张国淦：《北洋军阀的起源》，杜春和、林斌生、丘权政编：《北洋军阀史料选辑》（上册），中国社会科学出版社，1981年，第41页。

③ 丁进军编选：《北洋新军初期武备情形史料》，《历史档案》1989年第2期。

④ 尚小明：《留日学生与清末新政》，江西教育出版社，2003年，第87页。

⑤《铁良就营制饷章、陆军学堂及日俄战况等事致徐世昌函》（1904年8月4日），林开明等编辑：《天津市历史博物馆馆藏北洋军阀史料：徐世昌卷》（第1册），天津古籍出版社，1996年，第331页。

⑥《致戬卿二哥函》（1904年8月），皮明庥、虞和平、吴厚智编：《吴禄贞集》，华中师范大学出版社，2011年，第218~219页。

转而警惕日渐坐大的袁世凯北洋派。铁良南下回京复命后，受到慈禧太后的赏识和提拔，二月署理兵部尚书，五月任会办练兵大臣，七月任军机大臣、政务处大臣，名位日崇，“几与袁世凯相埒”。①铁良升迁如此之速，自知朝廷用意，他急需组建与北洋派势均力敌的核心班底，不甘寄人篱下的士官生迎来了出头机会。在铁良的破格提拔下，良弼、哈汉章分别从编译科监督、运筹科监督升任军学司副使、军令司副使。②这不是一次普通的人事变动，它意味着在铁良扶持下士官生势力的抬头，开始打破北洋派把持练兵处三司正副使的局面。铁良权势日增，在清查北洋财政时又处处掣肘袁世凯，“意见由此而起”。③时论回顾袁、铁关系时也如是说道：“（铁良）入枢府，长户部，清厘积案，严核出入，而北洋销款之巨为诸省最，不合常例者甚多，稍加驳查，而局所人员大为不悦，设词构之，遂为袁、铁间隙之始。”④而且，铁良在军政上“采用良弼之说，谓泰西各国，军权皆集于中央，实在防袁尾大不掉”。⑤袁世凯、铁良既生间隙，北洋派与士官生的关系也渐生不睦，“俱有一各不相下之势隐在心中”。⑥

光绪三十二年（1906年）官制改革期间，练兵处即将并入陆军部，袁、铁关系恶化：一是围绕中央集权问题，“彼此龃龉”；⑦二是围绕立宪问题“意见不合”，“所谓冲突者，即由此”。⑧时人不无忧虑地指出：“袁、铁衅深是必然之事，所谓小人同而不和也。然于政界，大有影响。”⑨这直接影响到练兵处后期派系

① 恽宝惠：《铁良及荫昌》，全国政协文史资料研究委员会编：《文史资料选辑》（总第134辑），中国文史出版社，1999年，第158页。

② 朱彭寿撰，何双生点校：《安乐康平室随笔》，中华书局，1982年，第186页。李炳之口述：《我所知道的铁良》，全国政协文史资料研究委员会编：《文史资料选辑》（总第120辑），中国文史出版社，1990年，第116页。

③《齐东野语》，光绪三十二年（1906）十月七日，陈旭麓、顾廷龙、汪熙主编：《盛宣怀档案资料》（第3卷），辛亥革命前后，上海人民出版社，2016年，第29页。

④《读去腊十七日某报铁尚书论书后》，《申报》1909年2月6日。

⑤ 吴虬：《北洋派之起源及其崩溃》，中华书局，2007年，第7页。

⑥《齐东野语》，光绪三十二年（1906）十月七日，陈旭麓、顾廷龙、汪熙主编：《盛宣怀档案资料》（第3卷），辛亥革命前后，上海人民出版社，2016年，第29页。

⑦《京陈道来电》，光绪三十二年（1906）九月七日，中国社会科学院近代史研究所编：《张之洞档》（第108册），大象出版社，2014年，第66页。

⑧《齐东野语》，光绪三十二年（1906）十月七日，陈旭麓、顾廷龙、汪熙主编：《盛宣怀档案资料》（第3卷），辛亥革命前后，上海人民出版社，2016年，第29页。

⑨《汪大燮（147）》，上海图书馆编：《汪康年师友书札》（第1册），上海古籍出版社，1986年，第862页。

关系的走向,“袁派与铁派之暗斗,便显著于此时”。[①]可以说,随着袁世凯与铁良关系的恶化,北洋派与士官生的关系不可避免地走向了冲突。

## 四、结语

哈汉章回忆录对练兵处调入留日士官生原因及士官生与北洋派关系的记载并不完全符合史实,据此得出的观点也是站不住脚的。研究者利用该史料时应有所警惕和鉴别,避免以讹传讹。练兵处调入留日士官生并非直接起因于派系权力斗争,而是袁世凯自我解围、中央补充留日军事人才及收回留日军事教育主导权等多种因素共同促成的。进入练兵处的士官生,与北洋派的关系不是孤立的、静止的,而是从属于练兵处高层大员袁世凯与铁良的关系,经历了从前期合作到后期冲突的变化过程。在这一过程中,留日士官生势力与日俱增,在后来的陆军部、军咨府时期成为影响政界、军界的一股重要力量。

本文原刊载于《近代史研究》2020年第4期,为国家社科基金青年项目“督练公所与清末军事改革研究”(16CZS059)的阶段性成果。

**作者简介:**

彭贺超,1987年生,河南上蔡人,历史学博士。2019年10月进入南开大学历史学院中国近代史教研室任教,副教授,主要从事晚清政治史、军事史研究,著有《新军会操》(中华书局,2018年),在《近代史研究》《“中研院”近代史研究所集刊》等刊物发表论文十余篇,主持国家社科基金项目2项,荣获天津市第十七届社科优秀成果奖三等奖1项。

① 吴虬:《北洋派之起源及其崩溃》,中华书局,2007年,第9页。

# 清末以来中国家庭、家户组织的制度考察

王跃生

家庭、家户是基本的亲属组织和民众生活单位，也是社会组成的重要基础。家庭、家户组织有何相同与不同？这涉及对两者的定义及其成员范围的认定。本文将从制度角度着眼分析家庭、家户组织的构成原则，试图将清末、民国与当代官方制度、民间惯习、民众实践结合起来，分析家庭、家户的定义表达、成员范围及关系特征。这对把握家庭、家户状态和成员关系，认识家庭、家户的功能及演变具有十分重要的意义。

## 一、问题的提出及研究进路

### （一）有关制度环境的阶段划分

相对于近代之前，清末以来有关家庭、家户组织的管理制度（清末和民国有户籍法，民国有户口普查法，当代有户口登记条例），民律民法的亲属编和婚姻家庭编（清末和民国民律草案亲属编，民国《民法》亲属编，当代《民法典》婚姻家庭编等）逐渐被制定出来，这为从制度角度认识家庭、家户组织提供了可能。从家庭、家户组织变迁的社会背景看，清末至当代的中国，可分为两个主要或大的阶段，一是民国时期，一是中华人民共和国成立之后。然而，将这一跨度较大的时期划分为两个阶段显得线条较粗。或许将其分为四个阶段更合适。即清末至1929年为第一阶段，1930年《民法》颁布至中华人民共和国成立为第二阶段，中华人民共和国成立至20世纪80年代初期为第三阶段，80年代初期以来为第四阶段。

从制度上讲，清末的户籍管理、人口统计开始出现具有现代意义的做法，当然是初步的，从落实角度看更是如此。从民国建立至1929年，家庭、家户制度虽有改变，但与清末相比，并无实际变革，或者说现代趋向不突出。1930年《民法》亲属编颁布意味着家庭相关制度进入新阶段，这在家庭成员关系上表现得最明显。此外，家庭、家户管理上也有一些改变。不过在民间社会，具有

传统特征的习惯仍在发挥作用。1949年后，社会制度的全面变革对家庭、家户组织及其功能有深刻影响。在农村，随着土地改革的完成，从互助组、初级社到高级社、人民公社，一系列基层公共管理和生产组织渐次建立，家庭、家户自身在生产经营中的作用降低，进而成为集体经济组织的依附者。城市随着资本主义工商业改造的完成和新的国营、集体所有制企业的建立，以社会就业为主的职工及其家属成为城市家庭、家户的基础，机关、事业单位职工及其家属也是城市家庭、家户的重要组成部分。这种情形一直维系到20世纪80年代初期。它属于第三个时期。1982年农村全面推行联产承包责任制，标志着家庭、家户变革进入第四个时期。不久，农村剩余劳动力进城务工开始成为趋向，家庭的不完整状态增加。20世纪80年代初期以来，城市职工家属住房改善，90年代中期以后更进入住房改革和商品房实施阶段，不少家庭拥有多套住房，家庭成员分爨居住更多，从而使家庭、家户发生新的变动。

本文试图将这四个时期家庭、家户组织的制度结合起来进行考察，探求其在清末以来的变动轨迹。当然，在一些方面，家庭、家户组织的制度具有1949年前后两个阶段的变化，四个阶段的变化并不显著。所以，在具体分析中，兼采两分法和四分法。

### （二）研究状态

就现有文献看，对清末至当代家庭、家户组织的制度进行总体分析的研究较少，即使分阶段研究也多以家庭或家庭户为对象进行单一形态考察。值得注意的是，民国时期，特别是20世纪20年代以后，一些研究者曾对家庭或家户组织进行过区域调查，有的将常住人口、现住人口均纳入统计之中，这对认识家庭、家户组织的构成特征是有帮助的。[①]或者以户籍法为基础，将家庭人口分为本籍现住和他往两部分；同时以住所为根据，将本籍现住人口和非本籍人口均纳入调查。[②]由此可对家庭、家户组织的成员构成均有掌握。这些调查不仅为了解民国家庭、家户组织的实际状况提供了资料基础，而且从中可获得当时家庭研究者对家庭、家户组织的认识思路。在当代学者中，夏

① 李柳溪：《赣县七鲤乡社会调查》，李文海主编：《民国时期社会调查丛编》（二编·乡村社会卷），福建教育出版社，2009年，第631页；兰溪实验县县政府编：《兰溪实验县户口统计及分析》，李文海主编：《民国时期社会调查丛编》（二编·人口卷·上），福建教育出版社，2014年，第9页。

② 云南环湖市县户籍示范实施委员会：《云南省户籍示范工作报告》，李文海主编：《民国时期社会调查丛编》（二编·人口卷·中），福建教育出版社，2014年，第412页。

卫东对民国时期浙江的户政做过考察，其中涉及浙江省地方政府对户或家户定义及成员范围的规定。[①]

从制度角度对1949年后家庭、家户组织进行的研究同样比较薄弱，特别是1949年初至改革开放前的城乡家庭、家户组织及形态很少被关注。1990年后，一些人口学者在利用人口普查数据研究家庭结构、家庭规模时注意到，基于人口普查数据所观察的家庭实际是家庭户。但由于没有更好的替代方式，出于实用的目的，户在很大程度上被作为家庭的代表或近似指标。[②]在家庭成员迁移流动较少的时期，将其作为近似指标是可取的，基本上能反映特定时期的家庭规模、结构。而当社会发生转型，家庭成年人因上学、就业离开家庭及其所在地的比例提高，甚至占较高比例时，就需要对家庭、家户成员进行兼顾性调查，这样才能呈现家庭的两种状态，看到家庭的变动。

另外，关于家庭、家户组织的形态和关系的理论和方法研究也很少见。2016年笔者曾撰文探讨对家庭、家户进行整合或兼顾性考察的途径，指出当代家庭专项调查将家庭、家户结合起来是可行的，也是必要的。[③]

总的来看，从制度视角对家庭、家户组织的定义、成员范围、内部关系及功能的研究均很不足，家庭、家户组织的时期特征及不同时期家庭、家户相关调查数据的价值和问题难以把握，对如何改进家庭、家户组织的调查和研究方法也较少分析。基于以上研究现状，本文的论述将以两类资料为基础展开：其一，直接性制度文献，主要包括清末以来不同时期官方涉及家庭、家户组织的法律、法规、政策、文件等；民间惯习中有关家庭、家户组织及其成员的规则；其二，间接性制度文献，主要是指不同时期研究者对家庭、家户组织所进行的考察及其报告。

## 二、家庭、家户组织的认定标准

从官方制度文献看，对家户组织的认定制度相对家庭组织要多一些，当然这些制度规定中对家户的称呼有别，或称户，或称家庭户，有的虽称家庭，实际是指家户。而对家庭进行现代意义的定义则起自20世纪30年代初颁布的民

---

① 夏卫东：《民国时期浙江户政与人口调查》，中国社会科学出版社，2011年，第124页。

② 郭志刚：《当代中国人口发展与家庭户的变迁》，中国人民大学出版社，1995年，第7页；胡湛、彭希哲：《中国当代家庭户变动的趋势分析》，《社会学研究》2014年第4期。

③ 王跃生：《中国当代家庭、家户和家的“分”与“合”》，《中国社会科学》2016年第4期。

国《民法》。1949年后政策及法律制度较少对家庭进行规范定义，人口普查、基层社会管理以家户为基础。直至2020年《民法典》(婚姻家庭编)颁布才有对家庭成员范围的法律表达。

### (一)家户及其成员的认定

就清末以来不同形式的制度来看，对家户有多重定义，大体可分为以下几种。

其一，强调户籍是家户的存在基础，同一户籍者为一个家户。这是户籍管理法律、法规必然要涉及的问题。按照这些制度，家户范围的认定原则在于是否为同一户籍，同一户籍的成员即属于同一家户。清末清廷组织制定的《大清民律草案》亲属编第1323条规定：凡隶于一户籍者，为一家。[①]1925年，北洋政府组织制定的《民国民律草案》亲属编第1063条将这一表述继承下来。另外，其第1065条规定：新立一家者，得废其户籍，改隶他家户籍。[②]我们认为，这里的“家”实际是“家庭”或“家户”的简称。两项法律中的“家”以户籍为基础，具有“户”的特征。既然这些规定均为当时民律亲属编中的条款，故其所言户籍人口应主要是有亲属关系的成员。

其二，强调同一主管人下共同生活、同处食宿者为一家户。1949年后，1951年《城市户口管理暂行条例》第三条规定：凡同一主管人，共同生活，同处食宿者，不论其人数多少，关系如何，均称一户。[③]这一条例中对家户实际有两项要求，一是在同一主管人下生活，二是同居共爨。在我们看来，本条例的“同处食宿”是对“共同生活”的解释，即“共同生活”的核心表现是“同处食宿”。

其三，以家人同居共产为标准。按照这一标准，成为一个家户需符合两项条件，一是同居一处，一是基本家产没有分割。同居一处而分开家产者则不属一个家户。1931年民国《户籍法》第8条规定：户籍之编造，以一家为一户，虽属一家而异居者，各为一户。[④]或许意识到此项规定存在不足，故1941年民国《修正户籍法施行细则》第五条规定：户籍之编造，依户籍法第八条及第九条之规定，其分产而仍同居者亦各为一户。[⑤]即同居分产者不属一户。应该说，这一

①《大清民律草案·民国民律草案》，杨立新点校，吉林人民出版社，2002年，第170页。
②《大清民律草案·民国民律草案》，杨立新点校，吉林人民出版社，2002年，第345页。
③《中国人口年鉴》(1985年)，中国社会科学出版社，1986年，第79页。
④ 张庆五辑：《旧中国户籍法规资料》(内部资料)，包头市公安局编印，1986年，第22~23页。
⑤ 张庆五辑：《旧中国户籍法规资料》(内部资料)，包头市公安局编印，1986年，第49页。

规定是有针对性的。在当时民间社会，特别是农村，兄弟两个及两个以上的家庭中，兄弟分家后仍在一个院落内生活，出入一个大门，即属各自为户。以四合院为基本居制的北方农村，这种情形具有一定普遍性。甚至健在父母与两个已婚儿子分家形成三个户头。分产是将同居者区分开来的基本条件。在我们看来，同居共产与同居共财有相同的含义。

其四，以家庭成员同处住宿或居住为标准。1949年后，1953年至1964年，其间有两次人口普查（1953年第一次人口普查和1964年第二次人口普查），并且在1958年实施“户口登记条例”。这是三次重要的与家户认定有关的时点。根据制度文献，这三次均以家庭成员同处住宿或居住作为一户成立的基本条件。1953年，《全国人口调查登记办法》第四条为：人口调查登记以户为单位，凡家庭成员在一起住宿者，作为一户；独身居住者，作为一户。[①]1958年，《中华人民共和国户口登记条例》第五条规定：户口登记以户为单位。同主管人共同居住一处的立为一户，以主管人为户主；单身居住的自立一户，以本人为户主。[②]1964年，《第二次全国人口普查登记办法》第二条：一个家庭成员居住在一起的，作为一户。[③]仔细看来，上述三个文件对家户的定义有共同之处，但也有区别。1958年“户口登记条例”没有“家庭成员”这一关键词，但增强了“主管人”。一般情况下，与“主管人”“共同居住一处”者绝大多数是家庭成员。或者说，后者相对于两次人口普查，更关注“户口登记”的管理功能或户主的责任，故有表达上的差异。

其五，以同居共爨为标准。同居共爨将独立家户形成的两个基本要件包含在内：居于一处，共同生活。这也是中国近代之前多数朝代对家户认定的基本标准。一般情况下，同居共爨的家庭成员往往共享生活、生产资料，包含有“共财”之意。当然，也有例外，如家产已分的兄弟两人中因弟弟年龄小或尚未婚配仍与兄长一起生活。这种情况比较特殊，是少数现象。

民国后期和20世纪80年代以来户籍或人口普查多以同居共爨作为同一家户认定的基本原则。1941年《户口普查条例》第三条：本条例所称户，谓在同一处所及同一主持人之下，共同生活或共同办事者之集合体。分下列三种：普

---

①《中国人口年鉴》（1985年），中国社会科学出版社，1986年，第118页。

②《中国人口年鉴》（1985年），中国社会科学出版社，1986年，第83页。

③《中国人口年鉴》（1985年），中国社会科学出版社，1986年，第122页。

通户,营业户,公共户。[1]这一定义中的"共同生活"对应的是"普通户",而"共同办事者"则与"营业户"和"公共户"相对应。对普通户来说,同居共爨是独立家户成立的基本要求。1941年《县保甲户口编查办法》第五条:凡同一处所、同一主管人共同生活者为一户。[2]可见其与同年颁布的《户口普查条例》有相同之处,均将"同一处所"和"共同生活"作为家户成立的必要条件。1946年,民国政府将1931年《户籍法》修订颁布。关于户籍的认定,其第四条为:户口之查记,得为户之编造,凡在同一处所同一主管人之下共同生活或营共同事业者为一户。[3]在《户籍法实施细则》第十一条中,对"共同生活户"和"共同事业户"作如此区分:凡普通住户及陆上无一定住所以船为家之船户均属共同生活户,凡商店、寺庙、公署、学校及其他公共处所均属共同事业户。[4]后者与1949年后所设定的集体户相当。由此可见,该《户籍法》中的家庭户仍强调共同生活为基本原则。1982年《第三次全国人口普查办法》也以同居共爨为标准。其第四条对家庭户的定义为:有家庭成员关系的人口,或者还有其他人口,居住并生活在一起的,作为一个家庭户,单身居住的,也作为一个家庭户。[5]1989年《第四次全国人口普查办法》第六条规定:以家庭成员关系为主的人口,居住一处共同生活的作为一个家庭户;单身居住独自生活的,也作为一个家庭户。[6]需要指出,上述法规和政策中虽无"共爨"字眼,但我们认为"共同生活"则包含了这一行为。

其六,以同居并共经济为条件。1951年《城市户口管理暂行条例》第三条规定:如一家分居数处,分起伙食,相距较远者,或数家虽同居一处而经济各自独立者,均得分别立户。[7]本项规定中前一种情形可解释为,同居共爨属于一个家户;后一种情形可理解为,同居一处,财产未分者也属于一家,并不把共爨与否作为条件。一般来说,在民间社会,同居分经济往往分开了消费单位。这后一种情形与前面第三类相似。客观而言,在有关定义家户的制度文献中,将

---

① 张庆五辑:《旧中国户籍法规资料》(内部资料),包头市公安局编印,1986年,第123页。

② 张庆五辑:《旧中国户籍法规资料》(内部资料),包头市公安局编印,1986年,第182页。

③ 张庆五辑:《旧中国户籍法规资料》(内部资料),包头市公安局编印,1986年,第54页。

④ 张庆五辑:《旧中国户籍法规资料》(内部资料),包头市公安局编印,1986年,第61页。

⑤《中国人口年鉴》(1985年),中国社会科学出版社,1986年,第122页。

⑥ 国务院人口普查办公室、国家统计局人口统计司编:《中国1990年人口普查资料》(第4册),中国统计出版社,1993年,第500页。

⑦《中国人口年鉴》(1985年),中国社会科学出版社,1986年,第79页。

"经济"独立与否作为立户条件的提法较少。相对来说,"经济各自独立"不够明确,它可有多种含义,既有分家产行为,也有分收入和消费之义。在此我们将其按比较常见的行为即分家产、分开生活来看待。由于该条例所针对的是城市居民,因而"经济各自独立"更多地指收支和炊爨独立。

其七,一定时间范围内共同生活。这一制度的含义指:在一定时间范围生活的家庭成员被视为家户成员,超过这一时间范围如出外半年以上则不再视为家户成员。有些调查将调查时未在家生活、出外较长时间者视为"常住人口",调查时点在户内的家庭成员和临时居住成员视为"现在人口"。1947年《户口普查法》第四条:户口普查应查现在人口,并查常住人口。前项所称现在人口,谓普查标准时刻适在所查处所之人口;常住人口,谓在所查户口内经常共同生活或营共同事业之人口。[①]需要指出的是,1949年后的历次人口普查都有对长期出外成员(一年或半年以上)不作为家户成员登记的规则。

以上几种口径的户和家户定义尽管对户和家户考察的着眼点有不同,但多有一个共同点,就是将家户组织定义为家庭关系或具有亲属关系为主的成员共同生活所形成的单位或团体,当然它也包括非家庭关系的成员。我们可将这类家户成员"共"的活动分为三种,即共爨(共伙、共生活)、共居(共住宿)、共财(共产或共经济)。从上面定义看,将共爨共居作为基本条件的规定最多。这也是中国传统社会最为普遍的家户确立标准。在我们看来,仅有单项的共爨行为,也可成为认定家庭成员是否属于一户的条件。

**(二)家庭及其成员的认定**

在上面的家户定义考察中,我们看到,多数制度将家庭成员同居共爨作为形成单独家户的主要条件。若所有未正式分爨、分家的成员形成同居共爨单位,那么,它不仅是一个家户,而且也符合家庭的组成条件。或者说,家户成员没有外出,并且没有非亲属成员居住在内,它既是一个家户单位,也是一个家庭单位。那么,清末以来有无制度专门针对家庭进行定义呢?在笔者看来,为家庭进行定义的制度主要是民法。目前而言,这类表达主要出现在1930年颁布的《民法》亲属编和2020年颁布的《民法典》婚姻家庭编之中。

其一,强调家庭为较长时间共同生活的亲属团体。1930年国民政府颁布

---

① 张庆五辑:《旧中国户籍法规资料》(内部资料),包头市公安局编印,1986年,第126页。

的《民法》亲属编第1122条规定：称家者，谓以永久共同生活为目的而同居之亲属团体。[①]这一条款中有三个关键词值得注意：永久共同生活、同居、亲属团体。这里“称家者”中的家实际是家庭。从中可见，这一法律条款中的家庭也是以家庭成员同居共爨为基础的。值得注意的是，在强调家庭为“亲属团体”的同时，该民法又有将“非亲属”包括在内的表达。当然，它有限制条件。《民法》亲属编第1123条：同家之人除家长外，均为家属。虽非亲属，而以永久共同生活为目的同居一家者，视为家属。[②]那么，当家庭包含“非亲属”家属时，它是否从“家庭”转化为“家户”？我们认为，这显然是具有特殊意义和关系的“非亲属”，其享有“家属”的权利和义务，如家长或主要家庭成员所纳之妾。[③]或许它是特定社会变革初期或过渡时期法律制定者对特定家庭关系者所做出的一种让步。因这种现象仅存在于少数家庭，故总体上不影响该《民法》将家庭视为亲属团体的定义。值得注意的是，1930年《民法》亲属编颁布后，一些地方性的户口调查中并不忌讳“妾”的名目，如1934年山东邹平实验县户口调查中的“家属”就有，“户主的配偶和妾”，“户主宗亲的配偶和妾”。[④]

其二，强调共同生活的近亲属为家庭成员。1949年后长期没有专门对家庭加以定义的制度，户或家庭户相关政策规定成为认识家庭及其成员范围的替代方式。2020年《民法典》婚姻家庭编颁布对这种状况有所改变。其第1045条未对家庭进行定义，但规定了其成员范围：配偶、父母、子女和其他共同生活的近亲属为家庭成员。由此，我们也可将家庭定义为，家庭是由近亲属组成的共同生活单位。近亲属“共同生活”是组成家庭的必要条件。民国《民法》亲属编和当代《民法典》婚姻家庭编对家庭成员范围认定在基本相同的基础上稍有区分。前者虽将非亲属包括在内，而这些非亲属又非一般佣工或寄居者，是“以永久共同生活为目的”者。从这一角度看，民国《民法》对家庭所包括的“非亲属”与当时户籍法所包括的共同生活“非亲属”是不同的，后者将佣工等非永久生活但共营事业者包括在内。2020年《民法典》婚姻家庭编则明确规定家庭成员仅包括配偶、父母、子女和其他共同生活的近亲属，这意味着不同形式的

① 中国法规刊行社编审委员会编：《六法全书》，上海书店，1991年影印版，第97页。

② 中国法规刊行社编审委员会编：《六法全书》，上海书店，1991年影印版，第97页。

③ 程郁：《民国时期妾的法律地位及其变迁》，《史林》2002年第2期。

④ 吴顾毓：《民国二十四年邹平实验县户口调查报告》，李文海主编：《民国时期社会调查丛编》（二编·人口卷·上），福建教育出版社，2014年，第162页。

"非亲属"不是家庭组成的成员。

不过,也应指出,《民法典》婚姻家庭编对家庭定义也有不够明确之处,它可能会使人对家庭的理解出现分歧。按照其表达:配偶、父母、子女和其他共同生活的近亲属为家庭成员。对此可以有两种理解:一是"配偶、父母、子女"和其他"近亲属"均共同生活才属于一个家庭的成员,即亲属关系成员同居共爨是家庭组成的必要条件;不在一起生活的配偶、父母、子女则不属于家庭成员。二是配偶、父母、子女无论是否共同生活都属于家庭成员,其他近亲属成为家庭成员则须以"共同生活"为条件。这样,配偶、父母、子女既可以组成"实体"家庭,也可以组成"关系"家庭(即不在一起生活的主要近亲属也属于家庭成员)。对此仍需要专门探究,兹不赘述。

由上可见,清末以来,户籍成为不同时期政府管理民众户口的主要途径,家庭成员以户为单位被登记于户籍册或户口簿上,强调亲属关系为主的成员共同居住生活即同居共爨是隶属于同一户或同一家户组织的基本条件。而民国《民法》中的家庭是以永久共同生活的亲属为主体的,也包括"以永久共同生活为目的的"非亲属。1949年后《民法典》则强调家庭是由共同生活的近亲属所组成。

## 三、家庭与家户成员范围比较

从清末以来有关家庭、家户组织的制度看,家庭、家户成员范围和人口规模既有重合之处或相同之处,也有一些差异。在此,我们进一步从制度上考察两者范围的异同。

### (一)家庭与家户等同

1931年民国《户籍法》第八条规定:户籍之编造,以一家为一户。①不过,该法对"一家"所包含的成员范围没有说明,应该主要指父母、子女等近亲。从关系上看,儿子已婚且与父母同居共爨,肯定在"一家"范围之中。但亲子分居两地,则属两户。1949年后,1958年《公安部三局关于执行户口登记条例的初步意见》第四条规定:农业生产合作社的户口,仍以每个家庭为单位分别立户,在

① 中国法规刊行社编审委员会编:《六法全书》,上海书店,1991年影印版,第22页。

合作社的户口簿上按户的顺序进行登记。[1]在这些规定中,近亲成员所组成的家庭是官方户或家户形成的基础,或者说民众的家庭即是政府簿册中的家户。多数情况下两者成员范围重叠,边界一致,规模相同。

### (二)家大于户

此处所言家庭大于家户,包含两种情形,一是从政府立户规定上看,一些原来共同生活的成员因亲子分爨、兄弟分家形成两个及以上生活单位。但从近亲角度看,他们属于一个家庭,故有家庭大于家户的特征。二是按照制度,家庭成员离家上学、就业超过一定时间便不再属于家户成员,但仍可视为家庭成员,由此表现出家庭大于家户的情形。

其一,官方制度规定中的家大于户。1931年民国《户籍法》第八条规定:虽属一家而异居者,各为一户。[2]从字面理解,这一规定下的"一家",应该指亲子,或者还包括兄弟。他们虽属"一家人",因"异居"而各立户头,形式上表现为"家大于户"。1949年后的立户制度与民国时期有相似之处。前述1951年《城市户口管理暂行条例》第三条规定中也有家庭大于家户之意:如一家分居数处,分起伙食,相距较远者,或数家虽同居一处而经济各自独立者,均得分别立户。[3]这一规定对独立家户的定位有两个着眼点,一是"分爨"的考虑,一是"经济各自独立"。分爨别居若"分别立户"还有相距较远这一要求,暗含着城市同一小区家庭成员分爨如亲子因距离较近可被视为一户之义。至于第二项条件"虽同居一处而经济各自独立者"则不能按当代的家庭成员经济关系习惯来理解。当代城市同居共爨的亲代和已婚子代收入各自独立是普遍现象。而1951年,多数家庭有独立收入的同居成员经济一体性做法依然保留,即在外工作或就业的家庭成员将自己挣得的工资交由家长或父母掌管,同居、同爨和同经济(或同收支)是一体的,分经济便意味着分爨,或者说是分家的起点,彼此成为两个及以上生活单位或独立的家户。不过,此处的"数家"同居一处又指哪类情形?实际生活中,同居一处的"数家"应该是非亲属成员,或者说父母、子女、兄弟以外的亲属,这种关系的"数家"成为一个经济单位的可能性很小。

① 公安部三局编:《中华人民共和国户口管理资料汇编》(1950—2014年)(上册),中国人民公安大学出版社,2015年,第236页。

② 张庆五辑:《旧中国户籍法规资料》(内部资料),包头市公安局编印,1986年,第22页。

③《中国人口年鉴》(1985年),中国社会科学出版社,1986年,第79页。

正因为这一点,1958年《公安部三局关于执行户口登记条例的初步意见》取消了后一限制,其第四条为关于立户和常住人口登记问题:一般住家户应以家庭为单位立户。如果一家分居数处不在一起生活的,应分别立户。[①]

其二,民间惯习中的家大于户—父债子还的含义。一般来说,亲子分产,往往分爨,属于两个家庭。但民国时期在一些地区民间有父债子还做法。如湖北京山、竹山、潜江、广济四县地方,父子虽已分产,父债仍应由子偿还。[②]这种做法的逻辑基础在于,分产父子仍属一家人。调查者对此所下按语云:父债子还,尚与现行法例不悖。[③]福建连城县,父负债而无力自偿,为子者,不问因何负债,皆当为之照约清偿,故虽其父尚存,债权人亦得径向其子追还。[④]这说明,在民间社会,亲子即使分爨各居,成为户籍中的两个家户,人们仍将两者视为一家人。亲代所欠下的债务无力偿还时子代有偿还责任。从这一认知上看,亲子分立之户属于一个家庭,故家庭大于家户。

其三,家庭成员出外上学、谋生所导致的家大于户。当家庭劳动力有较长时期离家出外谋生时,那么家大于户在统计上就会表现出来。1933年江宁自治实验县户口调查报告中的家庭规模(住宿人口与他往人口之和)、家户规模(住宿人口与客居人口之和)分别为4.77人和4.44人。[⑤]1935年浙江兰溪县户口调查中的普通户的家庭规模(包括在家人口和他往人口)和家户规模(在家人口和客居人口)分别为4.88人和4.72人。[⑥]但两者差异不大,它说明家庭成员出外者不多。而若当家庭成员出外就业成为趋向,那么家庭大于家户的比例则会大幅度提高。当代农村就有这种表现,根据2010年全国人口普查长表

① 公安部三局编:《中华人民共和国户口管理资料汇编》(1950—2014年)(上册),中国人民公安大学出版社,2015年,第235页。

② 前南京国民政府司法行政部编:《民事习惯调查报告录》(下册),中国政法大学出版社,1999年,第660页。

③ 前南京国民政府司法行政部编:《民事习惯调查报告录》(下册),中国政法大学出版社,1999年,第660页。

④ 前南京国民政府司法行政部编:《民事习惯调查报告录》(下册),中国政法大学出版社,1999年,第629页。

⑤ 江宁自治实验县县政府编:《江宁自治实验县二十二年户口调查报告》,李文海主编:《民国时期社会调查丛编》(二编)(人口卷·中),福建教育出版社,2014年,第160页。

⑥ 兰溪实验县县政府编:《兰溪实验县户口统计及分析》,李文海主编:《民国时期社会调查丛编》(二编·人口卷·上),福建教育出版社,2014年,第9页。

1%抽样调查数据，农村有成员出外半年及以上的家户比例为30.07%，[①]亦即有如此比例的家庭人口高于家户人口。

由上可见，家庭大于家户，既有官方制度规定所造成的情形，也与民间惯习中民众的认识和行为方式有关。

### (三)户大于家

其一，制度规定中的户大于家。在官方制度中，户大于家是指一些户并非只有一个独立的生活单位，已经分爨而独立生活的亲属单位——属于独立的小家庭也被包含进来，如分爨的已婚儿子一家被登记在父亲户名下。在重视治安管理的制度中往往有这种规定。当然，它需要以亲子居住相近为前提。需要指出，此处的“户大于家”中的“户”实际是合并小户后的大“户”；“家”则是以单一生活单位为基础的小家庭，这些小家庭未取得单独“立户”资格，成员被登记在这个合并“户”中。

20世纪20年代前期和中期，北洋政府统治时即有这样的规定：同父兄弟虽分灶而仍同居者以一户计。[②]分灶者具备组成小家庭的条件，但未被允许单独立户。一些地方政府也制订有类似规定。1928年浙江省第一期调查户口办法《调查表式》：凡住户、船户、寺庙、僧道均应一律调查；凡户不分正附，一宅住数户者，以数户计，父子、夫妇及同父兄弟虽分炊而仍同居者一户计，异居者各为一户。外姻同族相依过度或友朋只身寄居者，及佣工人等，均同列一户。前店后家，如系同主者，以一户计；各户不论男女，以尊长者一人为户主。[③]1929年《浙江省户籍条例》：一宅数户者以数户计，父子、夫妇及同父兄弟虽分灶而经济尚未独立者，以一户计；异居者各为一户。外姻同族相依过度或友朋只身寄居者同列一户。[④]

而在民间社会，的确存在这种登记和管理户口的做法。根据1931年河北永清县的一项调查，当地村庄户口计算法有二：一以家长为标准，即凡兄弟数人，虽分居异炊，但与父同居一院者，村公所仍以一户计之。1931年5家连环间

① 王跃生：《中国城乡家庭结构变动分析—基于2010年人口普查数据》，《中国社会科学》2013年第12期。

② 蔡鸿烈主编：《民国法规集成》(第13册)，黄山书社，1999年，第235页。

③ 李钦予：《浙江省人口及粮食问题》，转见夏卫东：《民国时期浙江户政与人口调查》，中国社会科学出版社，2011年，第124页。

④ 浙江民政厅编印：《浙江民政年刊》(上册)，1929年，第210页。

邻长名册等内所藏者，共计47户。一以经济独立与否为标准，凡兄弟分居异炊者，或为父者虽轮流取食于其子，但自己仍占有耕田者，皆以一户计之，即该村所谓之接“灶火门”计算法，共有62户。[①]可以这样说，前者中的户是合并户——大家庭，后者中的户是单立户——小家庭。这也提示我们，在相关原始档案资料利用时注意区分其登记方法。

1958年《公安部三局关于执行户口登记条例的初步意见》第四条的一项规定是否有户大于家的含义呢？“有的家庭虽分居数处，但在一起生活并居住在同一民警责任区或一合作社的，也可以立为一户”。[②]这可能是针对一些家庭由于成员较多，一处住房难以容纳，而分居两处。比如亲代夫妇一处，新婚的子代夫妇在另一处，但仍在一处共爨。按照这一规定，这种情形可作为一户对待。“共爨”是一户形成的基础。不过也应看到，这种情况下分居者尚未形成独立的家庭单位，或者不适合列入“户大于家”之列。

其二，家庭、家户成员认定范围不同导致的户大于家。在制度上，家庭与家户成员范围最大不同在于，家户将共同生活的非亲属成员包括在内。当一个家庭的成员没有长期外出者，同时有非亲属成员受雇或寄居在内，那么就可能出现家户大于家庭的情形。

言心哲在1934年对江苏江宁县286个农家的调查结果为，若包括同居共食之人口而言（佣工等非亲属计入），平均每个家户有5.45人；若仅指同居之亲属而言，平均每个家庭为5.38人。[③]乔启明1929—1931年所进行的河北等11省22处调查中的家户、家庭规模分别为5.43人和5.25人。[④]可见，这些调查均为家户规模大于家庭规模。需要指出，作者并未说明其家庭数据中是否包括长期出外的成员，若仅指家庭常住人口（调查时在家居住人口，不包括出外亲属）则会出现这种状况。

民国时期多数农村，包含佣工等非亲属的家户比例是比较低的。根据

① 梁桢：《解口村大秋青苗会之概况》，李文海主编：《民国时期社会调查丛编》（二编·社会组织卷），福建教育出版社，2009年，第77页。

② 公安部三局编：《中华人民共和国户口管理资料汇编》（1950—2014年）（上册），中国人民公安大学出版社，2015年，第235页。

③ 言心哲：《农村家庭调查》，李文海主编：《民国时期社会调查丛编》（乡村社会卷），福建教育出版社，2005年，第541页。

④ 转见言心哲：《农村家庭调查》，李文海主编：《民国时期社会调查丛编》（乡村社会卷），福建教育出版社，2005年，第542~543页。

1936年安徽怀宁的一项调查，有非亲属的家户占比2.59%；[①]云南呈贡县1939年的调查显示，有雇工和寄居人等非亲属的家户占2.0%。[②]1949年后，特别是农村集体经济时代，家户雇工失去了存在条件；城市计划经济时代家庭中小孩、老人照看等多由有亲属关系者承担。改革开放后，农村家庭经济中的雇工行为和城市家庭雇人照看小孩、老人增多。不过从人口普查数据看，有非亲属的家户占比很低，1982年城乡分别为0.18%和0.19%，1990年分别为0.18%和0.13%。2000年人口普查中家庭户成员关系中没有非亲属编码，只有“其他”(包括其他亲属和其他非亲属合并在一起)，其所占比例为0.57%。[③]这就表明，当代家庭、家户成员范围和规模若出现差异，将更多地由亲属成员离家所造成。另外，从一个较大地区范围看，佣工若被作为雇主的家户成员计入使家户成员增加时，其所来自家户的成员则会减少，由此使户大于家的总体情形受到限制，当然不同阶层和分城乡家户中非亲属成员会存在比例上的差异。

综上，就制度规定而言，各个时期多数家庭、家户是等同的，其次为家庭大于家户，家户大于家庭相对较少。我们同时发现，各个时期，非亲属成员对家庭、家户的差异所产生的作用有限，家庭、家户更多地由亲属成员变动所造成。不同时期家庭成员在迁移流动频度上存在差异。在清末、民国和1949年后的集体经济时代，家庭成员离家流动就业比例较低，家庭、家户成员范围和人口规模的等同情形占大多数。而在当代中国，社会转型导致家庭成员流动就业增多，家庭、家户成员构成差异比例提高，表现为家户小于家庭。因而，对家庭、家户进行兼顾性考察在认识两者变动中不可缺少。

## 四、家庭、家户中的家长、户主与家属

家庭、家户中有当家或主事之人，对其称谓不同时期有不同。在家庭中或称家长、家主，在家户中则多为户主、户长。那么，家长、户主如何产生？责任是什么？家属与其关系怎样？不同时期的制度对此如何规定？这些都值得探究。

---

① 冯紫岗、刘端生：《怀宁东流406村户人口土地的分析研究》，李文海主编：《民国时期社会调查丛编》(二编·人口卷·下)，福建教育出版社，2014年，第731页。

② “国立清华大学”国情普查研究所：《云南呈贡县人口普查初步报告》，李文海主编：《民国时期社会调查丛编》(二编·人口卷·中)，福建教育出版社，2014年，第242页。

③ 笔者根据人口普查数据计算得到。

### (一)家长和家属

其一,家长的出任及其权利。在传统时代,家庭中的家长往往为一家最有权力之人,视为一家之主,一般由地位最尊者为之,绝大多数情况下由男性尊长为之。这也为当时的官方制度所认可。至清末,《大清民律草案》仍遵守此原则。其第1324条规定:家长以一家中之最尊长者为之;第1325条:最尊长者,于不能或不愿管家政时,由次长者代理之。[①]这表明,一旦成为家长,其身份具有终身制意义,特殊情形下才由"次长者"代管家庭事务,但其不能取代家长之位,意味着在有代理人时,家政最终决定权仍在原家长手中。1930年《民法》仍强调家设家长,但出任方式有所变更,不再将"最尊长者"作为出任家长的首要条件。第1124条:家长由亲属团体中推定之。无推定时以家中之最尊辈者为之。尊辈同者,以年长者为之,最尊或最长者不能或不愿管理家务时,由其指定家属一人代理之。[②]

可见,依照清末《大清民律草案》,家长的产生方式更强调尊卑之序,尊者的家长之位毋庸置疑,不可替代。而民国《民法》中家长的产生方式"首选"为由亲属团体"推定",无推定时才采用由尊辈充任,前一方式(推定)表现出家庭事务管理者的产生具有一定家庭内部"民主"色彩,后一种则为遵循传统,以尊卑为序。不过,在实际生活中,即使"推定",也往往由位在最尊辈的男性出任。这与家长的责任有关。

在法律要求家庭设立家长的时代,家长之权并非空洞,而有具体内容。根据《大清民律草案》第1327条:家政统于家长。[③]《民国民律草案》第1073条与之相同,并有补充规定:家政统于家长,但得以家政之一部分委任家属处理。[④]1930年《民法》第四编第1125条又继承了《民国民律草案》精神,其变动是将"家政"改为"家务":家务由家长管理,但家长得以家务之一部分委托家属处理。[⑤]但《民法》中的家长权力也有较《大清民律草案》和《民国民律草案》"软化"的一面。其1126条规定:家长管理家务,应注意于家属全体之利益。[⑥]这或许为了

---

① 《大清民律草案·民国民律草案》,杨立新点校,吉林人民出版社,2002年,第170页。
② 中国法规刊行社编审委员会编:《六法全书》,上海书店,1991年影印版,第97页。
③ 《大清民律草案·民国民律草案》,杨立新点校,吉林人民出版社,2002年,第170页。
④ 《大清民律草案·民国民律草案》,杨立新点校,吉林人民出版社,2002年,第346页。
⑤ 中国法规刊行社编审委员会编:《六法全书》,上海书店,1991年影印版,第97页。
⑥ 中国法规刊行社编审委员会编:《六法全书》,上海书店,1991年影印版,第97页。

抑制和降低家长治家中的“专制”行为。

民国时期民间制度中家长的产生方式和责任是否与法律的要求相一致，有无地区特色？在此依据清末民初的惯习资料加以考察。

清末民初的地方调查显示，在黑龙江省龙江县、青冈县、讷河县：县属户口，普通习惯，以最尊者为家长，凡对内、对外事件均由家长负责。至家长因事故不能处事时，应由位分稍次之人代行其职，亦有由家长择贤能者代掌家务，无分于长幼矣。[①]这一点与清末《大清民律草案》规定相似。而布西县、林甸县、木兰县、海伦县则有较强的推举特色：每户均有家长一人，无论尊卑长幼，皆以其人之贤能为主。凡家长因事故缺位，即由族众公推，或由前家长择贤授予，并无依次继任之例。[②]大来县：家长之权限极大，地位极崇，故其继任问题恒以择贤公举为要件，不能以分位之次序定之。[③]汤原县：家长之继任事件皆由族中开会公举，不以尊卑为限。[④]这种做法又与民国《民法》的精神相吻合，说明《民法》相关规定参考了民间做法。不过也应指出，黑龙江布西县、林甸县、木兰县、海伦县的“推举”家长的做法更像是大家庭的家长或族长，个体家庭家长的变更由族人决定人选，似乎可行性不高。除非多兄弟不分家形成和维系复合型家庭居制，作为原家长的父亲去世后长兄本该成为家长，然而其在人品、能力等方面或有不足，出任家长难以服众，故此族人可能介入，帮该家庭推举、确定更合适的人选。

河北省沧县20世纪30年代中期调查显示：一家之中以辈次居长者为家长，无长辈兄弟同居者，以长兄为家长，一切之事均由家长主持。[⑤]在天津县（20世纪30年代初中期归河北管辖），当地一户内以齿高辈长者为家长，所有男婚女嫁等事，均须得其同意，方可办理。[⑥]30年代初河南舞阳县：一切家务悉归

---

① 前南京国民政府司法行政部编：《民事习惯调查报告录》(下册)，中国政法大学出版社，1999年，第778页。

② 前南京国民政府司法行政部编：《民事习惯调查报告录》(下册)，中国政法大学出版社，1999年，第776页。

③ 前南京国民政府司法行政部编：《民事习惯调查报告录》(下册)，中国政法大学出版社，1999年，第790页。

④ 前南京国民政府司法行政部编：《民事习惯调查报告录》(下册)，中国政法大学出版社，1999年，第796页。

⑤ 河北省社会调查(民俗之部)：《河北月刊》1937年第5卷第4期。

⑥ 河北省社会调查(民俗之部)：《河北月刊》1937年第5卷第1期。

家长支配，但家长采用轮流为之的做法：大家庭人口众多者，家长由伯叔或兄弟轮流互充之，此轮流充任之家长，则全家财产概归其管理。[①]这可能是没有父亲等长辈时的替代方式。同期江苏高淳县：凡一家之中必以最尊者为家长，倘过年老不能理家政，或静修不愿理家政时，为次尊长者尽可代理其事。[②]青浦县30年代初：纯用家长制，一切家政由家长主持。[③]30年代初安徽立煌县（原名金寨县）：每户以父主家政，谓之当家，父死则由长子继之，迨弟兄皆成年娶妻，然后分居。[④]

一些家族也对本族各家的家长设立和职责做出规定，1936年湖南蓝山《蓝山钟氏八修族谱》"公议族规"：一家之中，三代同堂则祖为家长，父子同处父为家长。父祖不存，兄弟同居，则兄为家长。凡子弟家众，若有过失，责备全在家长。诚以家长者，一家之纲纪，礼法所从出也。[⑤]从上可见，在民间，家长由家庭中最尊者出任的做法相对较多。推举方式除黑龙江一些县份外，并不普遍。

民间社会中，家长责任与法律规定多有一致之处，但也有更具体的实践。20世纪30年代初，一项针对河北安次县农村的调查指出：家长除了代表一家掌握村中的政治势力之外，还要支配家庭各种重要事务，解决各种难办的问题，所以一个家庭本身的发展与衰落，和家庭在村中的势力之强弱，全恃这一个家庭中的家长治家的方法、精神，与夫同村人的交际手腕如何而断定。[⑥]这个家长显然须由辈分高、能力强的家庭成员充任不可。同一时期河南舞阳县：全家财产概归其（家长）管理……至女子教育、婚嫁、年节、礼品及衣服、棉布等，用品多由公中供给，由家长分配，子女服务社会所得金钱，或全部或一部分供作公用不等。[⑦]可见，家长掌管着家庭一切重要事务的决策，特别是与家庭生存

---

① 张觉如：《舞阳县风俗调查纲要》，《县乡自治》1934年第1期，第93~95页。

② 前南京国民政府司法行政部编：《民事习惯调查报告录》（下册），中国政法大学出版社，1999年，第856页。

③ 青浦县政府：《青浦县风俗调查纲要》，《苏声月刊》1933年第3~4期

④《立煌县风俗调查纲要》，《扫荡》1934年第50期。

⑤ 陈建华、王鹤鸣主编：《中国家谱资料选编》家规族约卷（下），上海古籍出版社，2013年，第921页。

⑥ 田德一：《一个农村组织之研究——家族及村治》，李文海主编：《民国时期社会调查丛编》（一编·社会组织卷），福建教育出版社，2014年，第93页。

⑦ 张觉如：《舞阳县风俗调查纲要》，《县乡自治》1934年第1期。

条件攸关的财产支配权完全由家长掌控。在外代表家庭参与村庄公共事务决策,保护本家庭利益。

在民间社会,一些家庭还有家主或当家人之名称,他们多与家长一体,有的分体。后一种情形与家长年事高、身体状况差而操持家政的能力降低有关。即使如此,家庭重要事务的最终决定权或签名权仍在家长手中。①

其二,家属。对于家属,这里主要从官方制度角度进行考察,即主要认识法律意义上的家属。有关家属的定义,《大清民律草案》亲属编第1328条:与家长同一户籍之亲属为家属。②《民国民律草案》第1074条的表述与之相同。③可见,家庭为亲属组织,不包括非亲属成员。这一规定表明,家属与家长是相对应的。一家之中,家长之外均为家属。民国《民法》延续了这一法律精神,其1123条为:同家之人,除家长外均为家属。④清末和民国法律对家属的定义中更体现出其对家长地位的重视。但在1949年后的制度文献中对家属的这种表达则不存在了,与此相对应,家长的概念在其中也消失了。这一改变应该与家庭成员地位平等的思想与观念倡导有关。

在家长与家属的关系上,可以分两个层面。一是互负扶养义务,二是家属重要事务须经家长同意。《大清民律草案》第1331条:家长、家属,互负扶养之义务。⑤《民国民律草案》第1082条重申了这一条款。⑥1930年《民法》亲属编不是笼统地讲家长与家属之间的义务关系,而是根据家庭成员关系重要程度进行了分类排序。其第1114条规定:"互负扶养之义务"的亲属为:一直系血亲相互间;二夫妻之一方与他方之父母同居者,其相互间;三兄弟姊妹相互间;四家长家属相互间。这一表述实际跳出了家庭范畴,即从直系血亲、配偶、旁系血亲关系角度着眼。它意味着不在一起居住、没有家长与家属关系者也要承担作为亲属的扶养义务,而"家长家属相互间"扶养义务处于第四(即最末)顺位。可见,在民国《民法》中,扶养义务主要存在于亲属之间(包括家内亲属,也包括家际亲属),家长与家属之间也存在扶养义务,但并非最重要。当然,若家长为

① 田德一:《一个农村组织之研究—家族及村治》,李文海主编:《民国时期社会调查丛编》(一编·社会组织卷),福建教育出版社,2014年,第93页。

②《大清民律草案·民国民律草案》,杨立新点校,吉林人民出版社,2002年,第170页。

③《大清民律草案·民国民律草案》,杨立新点校,吉林人民出版社,2002年,第346页。

④ 中国法规刊行社编审委员会编:《六法全书》,上海书店,1991年影印版,第97页。

⑤《大清民律草案·民国民律草案》,杨立新点校,吉林人民出版社,2002年,第170页。

⑥《大清民律草案·民国民律草案》,杨立新点校,吉林人民出版社,2002年,第347页。

父母或子女，扶养义务则具有了存在于直系血亲和家长家属之间的双重意义。

对家庭成年成员来说，与个人有关重要事务为婚姻、分家，民国及之前还有立嗣、出嗣等问题。清末和民国前期法律多强调家长在此项事务中的决定权利。《民国民律草案》第1078条：家属为婚姻、立嗣或出嗣者，须得家长之同意。需特别指出的是，在家属欲出户籍（实际指分家）问题上，即使父母允许，也“须得家长同意”，可见家长主管家务之权并非虚设，不能越过。①这主要针对父母不是家长担当者的情形而言。不过，1930年《民法》有这样的规定，第1127条：家属已成年或虽未成年而已结婚者，得请求由家分离。②这也较《民国民律草案》对家长对家属分家具有允许权力的条款大大软化。1949年后，制度性家庭文献中已很少家长之称呼。在“未成年人保护法”中也不再有“家长”之名，即使在“家庭保护”专章中，也仅有父母和监护人之称。③

### （二）户主和家属

家庭主事之人为家长，家户当家人则为户主。我们知道，户或家户是政府进行人口管理的一个单位，户主所面对的更多的是公共事务，故其出任者的资格要求既有与家长相同之处，也有一些差异。

1. 清末和民国时期的户长或户主

（1）户长与家长一体或以一体为主

在我们看来，民国时期户主与家长一体性较强，即家长往往也是户主。清光绪三十四年（1908年）《调查户口章程》第十二条规定：户主指现主家政者而言。④1937年《保甲条例》第四条：户长由家长充任，家长不能充任时，得由其指定一人为户长。⑤1946年，民国政府将1931年《户籍法》修订颁布。关于户籍的认定，第四条：户口之查记，得为户之编造，凡在同一处所同一主管人之下共同生活或营共同事业者为一户，以家长或主管人为户长。⑥民国时地方户口管理基本上体现了国家要求。民国初年《福建地方保卫团清查户口章程》中户主确

---

①《大清民律草案·民国民律草案》，杨立新点校，吉林人民出版社，2002年，第346页。

② 中国法规刊行社编审委员会编：《六法全书》，上海书店，1991年影印版，第97页。

③《中华人民共和国未成年人保护法》（2012年），第2章，家庭保护。见国务院法制办公室编：《法律法规全书》（第15版），中国法制出版社，2017年，第5~24页。

④ 张庆五辑：《旧中国户籍法规资料》（内部资料），包头市公安局编印，1986年，第92页。

⑤ 张庆五辑：《旧中国户籍法规资料》（内部资料），包头市公安局编印，1986年，第176页。

⑥ 张庆五辑：《旧中国户籍法规资料》（内部资料），包头市公安局编印，1986年，第54页。

立这样规定：有尊辈同居者以尊辈为户主；兄弟同居者以兄为户主；家无男丁或有而未成年者以妇女为户主。[①]尊长和男性是户主的首选之人。

这种一体性还可在户籍册的登记方式中体现出来。根据1931年《户籍法》第100条的要求：登记家长及家属之姓名时，应依下列次序：一、家长，二、家长之配偶，三、家长之直系尊亲属，四、家长之直系卑亲属及其配偶，五、家长之旁系亲属及其配偶，六、其他家属。[②]家长既是一家之主，也是每一家户户籍册建立和关系建立的"参照体"。1946年《户籍法实施细则》第15条将"家长"改为"户长"，说明二者可以相互置换：户口调查共同生活户填写之次序如下：一、户长，二、户长之配偶，三、户长之直系尊亲属，四、户长之直系卑亲属及其配偶，五、户长之旁系亲属及其配偶，六、其他共同居住之人。[③]在当时一些户口调查中，官方家长、户主一体精神也被贯彻进来。1934年山东邹平实验县户口调查设计中规定：户主——指一户中辈数最尊长之男子而言。如辈数最尊长之男子因精神障碍、因判刑就狱、因未达成年（满20岁）年龄，则以次辈最尊长之男子为户主。如一户已无男丁，或仅有之男丁有以上所举之情形之一，则以辈数最尊长之妇女为户主。[④]"家属"则以"户主"为参照来确定，包括户主的配偶和妾，户主的宗亲，户主宗亲的配偶和妾，以至养子、养女、赘婿、童养媳等，都称户主的家属。[⑤]

（2）原系一家分居后户和户主的确立原则

户是一个同居共爨单位。原来生活在一起的亲子，因儿子成人结婚并可能分居别爨，则与父亲不再属于一户，而是两户。新的户主如何确立？清末宣统三年（1911年）《户籍法》第101条规定：因继承宗祧而成为户主者，须于一月内呈报于户籍吏；第106条，因分家而成为户主者，须于十日内呈报户籍吏。[⑥]家户变动和新增要及时向官方户籍管理部门报告并登记在册。

---

① 许世英订：《福建地方保卫团条例·各县储谷章程·土地调查筹办处章程》，1915年。

② 张庆五辑：《旧中国户籍法规资料》（内部资料），包头市公安局编印，1986年，第37页。

③ 张庆五辑：《旧中国户籍法规资料》（内部资料），包头市公安局编印，1986年，第62页。

④ 吴顾毓：《民国二十四年邹平实验县户口调查报告》，李文海主编：《民国时期社会调查丛编》（二编·人口卷·上），福建教育出版社，2014年，第162页。

⑤ 吴顾毓：《民国二十四年邹平实验县户口调查报告》，李文海主编：《民国时期社会调查丛编》（二编·人口卷·上），福建教育出版社，2014年，第162页。

⑥ 张庆五辑：《旧中国户籍法规资料》（内部资料），包头市公安局编印，1986年，第13页。

2. 1949年后的户主

1949年后，政府重视户籍管理，同时强调家庭成员地位平等，无尊卑之别。但无论公安派出所户籍管理，还是人口普查调查表，为确定家庭成员之间的关系，都有户主名目。

（1）户主担当者

1949年以后，有关户口管理条例强调户主为主管之人。1951年《城市户口管理暂行条例》第三条规定：一般住户，以其主管人为户主。1958年实施的《中华人民共和国户口登记条例》第五条规定：户口登记以户为单位……以主管人为户主。1958年《公安部三局关于执行户口登记条例的初步意见》第四条要求：户主应由户内的常住人口担任，一般住家户应由家庭负责人或者其他成年人担任户主。[①]上述前两项规定中户主由主管人担当，后一项则明确由"家庭负责人"或"成年人"担任。而从家户实际看，若父母与子女组成核心家户，户主多由父亲担任。在三代直系家庭中，户主多为对家庭经济贡献比较大者，并非代位最高者。1982年以来的普查数据显示出这一点。1982年城市和农村第一代人为户主的比例分别为56.99%和36.26%，1990年为69.17%和41.10%，2000年为62.84%和40.94%，2010年为61.91%和60.44%；第二代人为户主1982年城乡分别为42.80%和63.18%，1990年为30.70%和58.55%，2000年为37.02%和58.70%，2010年为37.82%和39.42%。[②]

（2）户主的主要职责

户主在家户内部是管事之人，而从1949年后的制度上看，官方赋予的户主的职责比较单一，主要是申报户口。根据1958年《中华人民共和国户口登记条例》第五条规定：户主负责按照本条例的规定申报户口登记。1958年的《公安部三局关于执行户口登记条例的初步意见》第四条对此进一步明确：户主的责任是：按规定负责申报户口（自己申报或户内其他人申报都可），并督促户内其他人员申报户口。[③]

---

① 公安部三局编：《中华人民共和国户口管理资料汇编（1950-2014年）》（上册），中国人民公安大学出版社，2015年，第236页。

② 笔者根据1982年和1990年人口普查1%抽样数据库、2000年人口普查长表1%抽样数据库和2010年人口普查长表1%抽样excel表格数据计算得到。

③ 公安部三局编：《中华人民共和国户口管理资料汇编（1950—2014年）》（上册），中国人民公安大学出版社，2015年，第236页。

综合以上,从制度上看,民国时期家庭、家户具有并存表现,但从经济和生活单位观之两者又有一体特征。多数情况下家长、户主由同一人担当。法律等制度赋予家长管理家庭、约束家属行为的责任。1949年后,多数情况下,家庭、家户具有一体性,但制度上家庭已无家长之设,只有户主。户主对家属不具有严格的管束权力。

这里有一个问题需讨论一下,为什么清末和民国制度文献中多强调家庭设立家长、家主等这一对家庭事务决策之人,而在1949年后的规定中则消失了?我们认为,前者很大程度上与当时的家庭关系、家庭功能有关。清末和民国时期家庭关系、家庭经济与生活方式基本上延续着传统。亲子关系是家庭关系的主线,亲代制约子代,父家长是家庭事务的主导者,这不仅为当时的家庭伦理所规范,而且获得了官方制度的支持。在农村,家庭不仅是生产、消费单位,而且是多数家庭劳动力的就业单位,整个家庭收支一体。城镇工商业者也多为家庭成员一起参与生产和经营;家庭成员即使进入公司、工厂参加雇佣劳动,其所得工资,只要亲子不分家,也多交给父家长统一支配。这是当时官方家庭、家户制度中必设家长、家主的主要原因。1949年后,与家庭关系有关的官方意识形态强调亲子、夫妇、男女平等,父祖等长辈不再被赋予制约子女行为的权力。由于核心型小家庭占多数,家庭关系表现为夫妇关系重要性高于亲子关系。经济上,多代家庭成员收支一体的局面逐渐改变。在城市,多代家庭中,亲代和有收入的子代除了在基本生活费需共同分担外,基本形成各自(或以夫妇为单位)掌握和支配主要收入的格局。这就极大限制了家长、家主发挥作用的空间。因此,1949年后有关家庭、家户的制度中只有户主之名,没有家长。当然,对未成年子女来说,作为户主的父亲或母亲仍是家庭事务掌管之人。不过,其担当的这个户主更多的是责任和付出,而非拥有对家庭成员行为的强制约束权力,当然这是就制度而言。

## 五、结语

本文着眼于官方和民间制度,对清末至当代家庭、家户组织的定义、成员范围、内部关系及功能进行了考察,得出以下认识。

清末至当代对家户的定义有基本相同之处,它是由亲属关系成员为主所形成的同居共爨单位,共同生活的非亲属也被纳入家户之中。民国《民法》将家庭视为以永久共同生活为目的的亲属团体,也包括少量“以永久共同生活为目的”、身份特殊的非亲属。1949年《民法典》则强调家庭是由共同生活的近亲属所组成。

在成员范围和规模上，多数家庭、家户是等同的，也有一些家庭大于家户，家户大于家庭相对较少。研究发现，各个时期，非亲属成员对家庭、家户的差异所产生的作用有限。由于不同时期家庭成员在迁移流动频度上存在差异，使家庭、家户成员范围的一致程度有不同。从清末至开放前，家庭成员离家流动就业比例较低，家庭、家户等同的情形占大多数。而在当代中国处于空前社会转型阶段，家庭成员因上学、就业离家增多，家户小于家庭的比例提高。

清末和民国时期，法律等制度赋予家长管理家庭、约束家属行为的责任，多数情况下家长、户主由同一人担当。1949年后，在制度上家庭已无家长之设，只有户主。户主对家属不具有严格的管束权力。

对清末至当代的家庭、家户进行兼顾性考察十分必要，这样才能对家庭、家户成员关系、地位和家庭、家户的功能及变动有较全面的把握。在利用不同阶段与家庭有关的调查数据和户籍资料时，亦须有家庭、家户之辨，以免出现以家庭为家户、以家户为家庭的认识偏误。

本文原刊载于《社会科学》2020年第10期，系国家社科基金重大项目“百年社会变革中的中国家庭结构及其变动分析(1911—2010)”(编号:19ZDA152)阶段性成果。

**作者简介：**

王跃生，1959年生，河北磁县人，法学博士。1987年至2019年，在中国社会科学院人口研究所(后更名为人口与劳动经济研究所)工作，先后任助理研究员、副研究员和研究员，主要研究方向为人口史和婚姻家庭史。2020年初被聘为南开大学讲座教授，在历史学院从事制度与中国历史人口、中国婚姻家庭史方面的研究和教学工作。

# 自救与纷争：辛亥革命时期杭州绅商两界的筹办团防

崔　岷

辛亥鼎革前夜，对期望保留既存秩序的地方势力而言，如何恢复社会治安并防范可能发生的革命党起事，可谓其面临的最为棘手的问题。特别是武昌起义爆发后，各大城市的官员和社会精英对社会动荡、谣言纷起以及革命党起事的忧惧均程度更剧，其维持治安的心态也就更为急切。在此情形下，一个甲子之前因太平军兴而开始大规模推行、随后历次内忧外患时亦无不实施的团练策略再度被许多官绅视为救命稻草。只不过，这一次官府在疾风骤雨中的自顾无暇使得筹办团防从以往的“官督绅办”一变而为社会精英的自救行动。

在同盟会和光复会积极活动的杭州，当地的“绅学界”和“商界”分别借助浙江省谘议局与杭州商务总会，于武昌起义10天后同时启动了筹办团防。在短短的4天内，杭州“绅学界”和“商界”从最初的分别筹办“民团”与“商团”，历经两度意欲“不分民团商团”，直至因组织形式和经费来源上的分歧而分道扬镳。其后，绅商两界在分立“民团”与“商团”的过程中或主动或被动地与革命发生了关联：绅学界部分成员试图效仿武昌走上革命之路，商务总会则遭遇了来自湖北军政府的革命动员。但与当时朝野多数自救举措的命运一样，杭州绅商两界筹办团防的努力亦因革命党于11月4日发动起事而告中断。

杭州绅商两界筹办团防的过程很能体现革命时期“很多人确以为要变天了，同时也有不少人在努力”的一般情形。[①]事实上，除杭州外，当时重要城市如苏州、上海、广州、无锡、重庆等均在加紧筹办“民团”和“商团”，[②]顺天直隶谘

① 罗志田：《革命的形成：清季十年的转折》(上)，《近代史研究》2012年第3期。

② 令狐远：《苏州光复人物谈》，《苏州杂志文选·旧事》，文汇出版社，2016年，第62页；《苏州：民团开办有期》，《申报》1911年11月4日；朱英：《辛亥革命时期新式商人社团研究》，中国人民大学出版社，1991年，第106、108页；马敏：《官商之间：社会巨变中的近代绅商》，天津人民出版社，1995年，第266页；冯筱才：《在商言商：政治变局中的江浙商人》，上海教育出版社，2019年，第98~99页；汤可可、蒋伟新：《近代无锡商团的性质及社会功能》，《江南大学学报(人文社会科学版)》2005年第3期。

议局也提出了于各厅州县创办"民团"的议案，并同时倡办"民团"和"商团"。[①]但需说明的是，此番筹办团防与咸同至庚子前后的历次办团有两点区别：首先，作为"通商口岸中新兴的城市精英"[②]中的代表，支持"新政""立宪"的绅士和经营近代工商业的新式商人取代了以往的乡绅而成为筹办团防的首要领导者。其次，绅商两界之间的差异与分歧使得此次筹办团练呈现出"民团"和"商团"分立的态势。

以往有关辛亥革命时期城市精英筹办团防的研究往往多论"商团"而少及"民团"，且对"商团"的考察亦侧重那些响应革命或革命成功后护卫胜利果实者，[③]而较少关注维护城市治安并防范革命者。[④]杭州绅商两界筹办"民团"和"商团"的经历以及期间双方的纷争，或能揭示辛亥革命时期不同地区、不同城市在社会大变动来临时反应方式及社会动员方式的差异，对进一步认识清末"绅商"群体亦不无裨益。

## 一、武昌首义后的杭州乱象与办团呼声

自武昌爆发新军起义和随后战事日趋激烈的消息陆续传到杭州后，当地市民即陷入巨大的恐慌。据《申报》报道："杭垣因鄂乱日烈，地方戒严，商民惊扰，岌岌不可终日"。[⑤]普遍的社会恐慌迅速波及杭州的金融秩序。《申报》于10月20日报道称：自武昌事起，杭州"人心惶惧，钱业同行因城厢殷富纷提存款购藏赤金，或竟埋现洋，以致银根日涸，商市濒危"。[⑥]次日的《时报》亦注意到杭

①《顺直谘议局议案汇录·陈请通饬各厅州县创办民团以靖地方案》，《大公报》1911年11月8日；《谘议局倡办民团商团》，《顺天时报》1911年11月1日。

② 白吉尔：《中国资产阶级的黄金时代（1911—1937）》，张富强等译，上海人民出版社，1994年，第39~45页。

③ 相关研究主要以上海、武汉和苏州的商团为考察对象，参见沈渭滨、杨立强：《上海商团与辛亥革命》，《历史研究》1980年第3期；皮明庥：《武昌首义中的武汉商会和商团》，《历史研究》1982年第1期；朱英：《辛亥革命时期的苏州商团》，《近代史研究》1986年第5期；朱英：《辛亥革命时期新式商人社团研究》，中国人民大学出版社，1991年，第102~142页；李达嘉：《上海商人的政治意识与政治参与（1905—1911）》，《"中研院"近代史研究所集刊》第22期上册，1993年，第188~199页；朱英：《转型时期的社会与国家——以近代中国商会为主体的透视》，华中师范大学出版社，1997年，第396~412页。

④ 敖光旭：《辛亥革命时期的广东商团》，中国史学会编：《辛亥革命与20世纪的中国》（中），中央文献出版社，2002年，第1228~1235页。

⑤《浙潮感受鄂潮之影响》，《申报》1911年10月21日。

⑥《三江两浙感受鄂潮之恐慌》，《申报》1911年10月20日。

州的“金市恐慌”:“各大金铺如干源、信源等金业,金器为之一空”,以及“钱市奇窘”:“凡以大洋易小洋,早晨尚十角八十,下午仅九角六十五文。铜圆换兑尤为参差,居民更恐”。[①] 在10月18、19、20三日“因买金卖金、纷纷取现,存款为之一空”后,[②]《申报》预测因“现银缺乏,各银号、钱庄同时告竭”,“如无特别接济”,21日杭州“势将罢市”。[③]

为维持杭州市面货币流通数量,商界极力寻求脱困之法。一方面,杭州商务总会要求“一律停运现洋出境,以维市面而保大局”。[④] 另一方面,继10月19日浙江省谘议局临时会议提出“借拨库银接济市面”后,[⑤]银号、钱庄两业全体业主于当日下午二时聚于商务总会“公议救急办法”,亦敦促商务总会总理顾松庆、协理王锡荣面见巡抚增韫,“请再借拨库帑”。尽管稍后增韫即通过电话令藩司于当晚在商务总会担保的情况下借拨库银7万两、运司3万两“以救眉急”,并将海陆军捷电传知商民以安定人心,但其所允借之10万两多为市面并不通用、仍需兑换之宝锭(银元宝),而当时“城厢内外现洋早涸,时间已晚,万无兑换之所”。虽然藩司吴引孙又同意拨放现洋和制钱“暂济明日之急”,但“能否勉强支持,未可料”。[⑥] 于是,众钱庄于10月20日下午召开钱业大会,就“取缔存户”达成一致并颁发通告。21日傍晚,杭州“大清银行”因恐“若无巨款以接济全市,必至瓦解”,亦联合“浙江兴业银行”等三家银行呼吁商务总会紧急出面,请求巡抚“再放藩库存项”,“以济眉急”。[⑦]

但到10月22日时,杭州混乱的金融形势和商民的恐慌心理并未稍缓。据《时报》报道,对于21日到期各款,大钱庄一律不解现洋,只凭同行汇划。“然以一纸流通,寒不可衣,饥不可食,故民间愈觉张皇失措”。且商务总会所借官款十万两宝锭“市上仍不通用,窘状亦未稍减”。[⑧]

伴随着金融秩序的混乱,是革命党即将在杭州发动起义的风传。武昌起

---

①《浙江之风声鹤唳(一)》,《时报》1911年10月21日。
②《浙江之风声鹤唳(二)》,《时报》1911年10月24日。
③《杭防戒严情形》,《申报》1911年10月22日。
④《(杭州)停运现洋出境》,《申报》1911年10月16日。
⑤《浙江之风声鹤唳(一)》,《时报》1911年10月21日。
⑥《杭防戒严情形》,《申报》1911年10月22日。
⑦《浙潮感受鄂潮之影响》,《申报》1911年10月21日。
⑧《浙江之风声鹤唳(二)》,《时报》1911年10月24日。

义爆发后,当晚消息即传到杭州,但“杭垣仅得简报,未知详情”。[①] 稍后各地“义师四起,浙江全省震动,官场惶恐情形已达极点”,[②]革命党亦潜入杭州筹划起事。10月11日,上海同盟会中部总会负责人陈其美亲自赴杭,先后与同盟会会员褚辅成及新军将领朱瑞、顾乃斌、吕公望等密议。稍后上海同盟会研究江浙沪革命问题,决定于杭州率先发难,继而占领上海,进兵苏州,并派黄郛、龚宝铨等抵杭布置。[③]

另一边,业已嗅到革命气息的巡抚增韫采取了一系列防范举措。其一为增强城门、街道、车站、船埠的巡逻力量。获悉武昌起义后,增韫当即下令严禁本地报刊登载相关战事报道,并派八旗各防营“添班各城门,严密巡逻”。[④] 不久,又“加派特别巡警前往保护”。[⑤] 因标统张载阳“力保新军无他”,他撤回新军出防之令,并派辎重、炮、工三营“逐日轮流巡街”。10月20日晨,湖北方面“水陆军大捷”消息传至,即立派卫队“分路肩牌,鸣锣宣告”,并添调驻扎江干新军一营入城,分队保护车站及钱江船埠等处,“以资镇慑”。[⑥] 此外,亦下令对重要机构严加警戒。《时报》即注意到,“因谣诼纷纭,革祸在即”,增韫电召时在衢州驻扎的一营巡防队“回省保守军装、储药二局”。[⑦]《申报》除同样提及衢州巡防队回防省城外,并报道增韫将驻守湖州之部由兵轮运送回杭。[⑧]

由于革命党人此前多次暗杀政府大员,增韫对其人身安全亦分外惶恐。10月21日的《时报》即报道抚署曾接到匿名函件,“谣称即日起事,并有人函借头颅”,以致增韫“恐上加恐,故署内出入稽查愈严”。并称其18日前赴杭州将

---

① 褚辅成:《浙江辛亥革命纪实》,中国史学会编:《中国近代史资料丛刊·辛亥革命》(第7册),上海人民出版社,1957年,第153~155页。

② 郭孝成:《浙江光复记》,中国史学会编:《中国近代史资料丛刊·辛亥革命》(第7册),上海人民出版社,1957年,第135页。

③ 褚辅成:《浙江辛亥革命纪实》,中国史学会编:《中国近代史资料丛刊·辛亥革命》(第7册),上海人民出版社,1957年,第153~155页;邹鲁:《浙江光复》,中国史学会编:《中国近代史资料丛刊·辛亥革命》(第7册),上海人民出版社,1957年,第129~131页。

④《杭垣绎骚震惊之现状》,《申报》1911年10月15日;《杭垣防务益加严密矣》,《申报》1911年10月17日。

⑤《杭垣绎骚近状》,《申报》1911年10月23日。

⑥《杭防戒严情形》,《申报》1911年10月22日。

⑦《浙江之风声鹤唳(一)》,《时报》1911年10月21日。

⑧《浙潮感受鄂潮之影响》,《申报》1911年10月21日。

军德济居所密谈防务途中,“轿前顶马三道,枪队如麻,如遇大敌”。[①] 24日,该报又报道增韫“自闻鄂耗后,心惊胆碎,昼夜旁皇”。19日晚竟未敢在署居住,“宿于大关轮舶之上”,20日则“宿于督练公所”。且近日凡出辕,“必多派一区巡士”,21日所派尤众。[②]

上述意在强化杭州防御的举措进一步加剧了人心恐慌,市民逃离避难者日渐增多。10月21日《时报》报道称,近日杭州到上海的火车载满“往沪避难人客,每日不论头、二、三等座,客为之一满”。[③] 同日的《申报》更详述了市民和旗民的逃离惨状:“稍有身家者纷纷搬逃,赴上海者十之三,赴宁波及上游各属者十之七。江船拥挤,行李如山。凡赁居旗营者连日迁出,驻防妇女哭声盈耳。有哀求搬者代带小儿一二名,以备殉难后一线之续,闻者恻然”。同时提到学堂学生的离杭回籍:10月19日后“公私学堂纷纷停课,全体解散者已十三四校。其余如中学堂、高等学堂之上八学府学生大半回籍,留者仅本城少数”。[④] 据举人出身的杭州籍教育家钟毓龙(1880—1970年)回忆,当时浙江学务公所议绅吴雷川曾向提学使袁嘉谷请示办法,“袁谓如果阻止不住,亦只能通融办理。于是学生纷纷散去。至九月初,各学校几无人矣”。[⑤]

尽管增韫于19日晚11时专门发布晓谕告诫市民勿信谣言,照常各安生业,[⑥]却丝毫不能遏制离杭外逃风潮。其后数日,“纷逃过江及近城各乡者势如潮涌”,[⑦]“每日由杭至申之快车、慢车点验行箧,每次装载有四五百余件之多”。[⑧] 在一片谣言声中,谘议局议员也多有逃离杭城者。据《申报》报道,因“近日鄂乱蔓延,谣言日烈,各议员惊心风鹤,携装潜遁,为局中访闻函电追回者甚多”,至20日下午尚少数十人。因22日的谘议局会议“恐将因此停议”,议长陈黼宸“万分惶窘”,不得不“连日与书记长密谋派人赴上海罗致”。[⑨]

---

①《浙江之风声鹤唳(一)》,《时报》1911年10月21日。

②《浙江之风声鹤唳(二)》,《时报》1911年10月24日。

③《浙江之风声鹤唳(一)》,《时报》1911年10月21日。

④《浙潮感受鄂潮之影响》,《申报》1911年10月21日。

⑤ 钟毓龙编,钟肇恒增补:《说杭州》(上),浙江古籍出版社,2016年,第222页。

⑥《浙潮感受鄂潮之影响》,《申报》1911年10月21日。

⑦《浙省大局危急》,《申报》1911年11月1日。

⑧《鄂乱中之浙江》,《中国报》1911年11月3日,汪林茂主编:《浙江辛亥革命史料集》(第7卷),浙江古籍出版社,2013年,第24~25页。

⑨《杭防戒严情形》,《申报》1911年10月22日。

由于城内局势愈发动荡不安,加之9月以来多地出现灾民抢米事件,①谘议局和工商界均发出了赶办“民团”以维护治安的呼声。在10月19日举行的谘议局临时会议上,“赶办民团,以维危局”被作为四项议案之一由议长提请巡抚批准。②另一方面,因担心数万失业的绸业工人聚众闹事,众绸业业主向商务总会提出“赶办民团”并以工人充当的建议。据21日《时报》报道,“因客路阻塞,汇划不通”,全城绸庄于19日“纷纷停机”。由于城内机房料房内工人多至三四万人,“十九无隔宿粮”,“万一相率鼓噪,聚众暴动,则大局糜烂”,众业主“纷纷向商会告急,决议赶办民团”,并提出“即以此辈应选,以杜危机”。心急如焚的众业主“接连数十次电话”,要求商务总会总理顾松庆、协理王锡荣立刻谒见巡抚,“请发军械”。③

至此,武昌起义以来杭州风声鹤唳的紧张气氛已到千钧一发的地步,在军队和巡警力量不足的情况下,无论是主要由绅士构成的谘议局议员,还是金融和实业界商人,这些城市精英均将维护治安的希望寄托在“赶办民团”上。正如《时报》所评论的,“浙省绅学各界有鉴于鄂乱影响,深自惕虑。外患果属可忧,而内乱更须提防。兼之浙中水祸以来,匪警频闻,若不未雨绸缪,恐蹈噬脐之辙”。④一位温州籍人士亦在报纸上公开呼吁:“近以鄂江风潮一夕万顷,洪波荡溢,各省惊心。时有流氓饥民跳梁伏莽,乘机竞发,扰乱治安。上自省会,次州县,下乡里,扰扰纷纷,无处蔑有。防如失急,祸不踵旋。今欲弭患未蘖,消乱未形,非速办民团之策不可”。⑤经过两日对“赶办民团”的“报纸喧载”后,⑥筹办团防一事于10月22日被杭州城内的精英们付诸实践。

## 二、走向分立的“民团”与“商团”

10月22日午后,杭州城内的“绅学界”代表在浙江两级师范学堂的大礼堂

---

①《两浙饥民之风声鹤唳》,《申报》1911年10月13日;《杭垣绎骚震惊之现状》,《申报》1911年10月15日。

②《浙江之风声鹤唳(一)》,《时报》1911年10月21日。

③《浙潮感受鄂潮之影响》,《申报》1911年10月21日。

④《浙绅筹办民团之大会记》,《时报》1911年10月28日。

⑤《答浙江陈议长倡办民团议决案之失策》,《时报》1911年11月4日。

⑥《浙江之风声鹤唳(二)》,《时报》1911年11月4日。

内召开了旨在“赶速成立”“民团”的大会。[①] 据10月25日的《申报》报道，此次大会由“某绅发起”。[②] 24日的《时报》则明确指出“其建议倡办人，即议局议长陈介石”。另据参会的两级师范学堂教员马叙伦事后透露，此处的“某绅”即其老师、积极参与立宪的谘议局议长陈黻宸(字介石)。[③] 另一位重要的组织者为杭州学界代表人物、浙江两级师范学堂监督徐定超。其人在御史任上多次奏请清廷尽快立宪，后因失望而辞官返回家乡温州，1910年赴杭出任两级师范学堂监督。[④]

此次会议到场165人，除绅学界代表外，巡抚增韫、藩司吴引孙及巡警道杨士燮亦作为官厅代表莅会。大会议题共五项，分别为报告发起民防宗旨、推举临时议长、提议组织办法(包括定名、机关、装械、召集方法及团勇额数)、筹款方法、选举总理和副总理。出席者皆认同组织“民团”旨在保卫治安，并在第二项上迅速达成一致，公推徐定超为临时议长。但于讨论“定名”和“机关”时因多有分歧而用时甚久，“有请先办省城模范各属，有请普及全省者”。此外，“装械”问题亦因有人“恐官厅怀疑”“借口推诿”而迟迟无法定论。[⑤]

会议陷入僵持之际，巡抚增韫就众人的分歧和担忧发表了意见。他首先以咸同年间团练的“成效昭著”抚慰众人无须怀疑此次办团会招致“官厅之反对”，明确表示“民团”“正宜及时赶办，以辅官力所不逮”。同时他也承认，“所难者经济问题”，即团练经费的筹集。枪械问题则不必过于担忧，因来福枪库存尚有盈余。虽分拨全省必不敷用，但可向洋商订购。至于届时采取何法，可

---

① 这里“绅学界”中“绅界”即当时身在杭州的绅士，包括大多数谘议局议员。至于“学界”，按马叙伦所述，意指当时在杭州从事“教育、文化、新闻”的人士，见马叙伦:《关于辛亥革命浙江省城光复纪事的补充资料》，汪林茂主编:《浙江辛亥革命史料集》(第7卷)，浙江古籍出版社，2013年，第163页。由于不少绅士亦从事“学界”事务，如谘议局议长陈黼宸即担任杭州府中学堂总教习，又如翰林出身的陈汉第亦曾协助林启创办求是书院并任监院，后又任浙江高等学堂监督，而徐定超在担任浙江两级师范学堂监督之前曾任监察御史，故时论将二者并称为“绅学界”，更多时候则简化为“绅界”。

②《杭垣组织商团之现状》，《申报》1911年10月25日。

③ 马叙伦:《我在辛亥这一年》，中国人民政治协商会议全国委员会文史资料研究委员会编:《辛亥革命回忆录》(第1集)，文史资料出版社，1981年，第172页；马叙伦:《陈先生(介石)墓表》，浙江省社会科学院历史研究所、浙江图书馆编:《辛亥革命浙江史料续辑》，浙江人民出版社，1987年，第479~480页。

④ 汪林茂:《浙江辛亥革命史》，浙江古籍出版社，2011年，第105页。

⑤《杭垣组织商团之现状》，《申报》1911年10月25日。

由“诸君多数取决,鄙人无不乐成”。[①]

巡抚的积极表态迅速扫清了会议的障碍。随即,众人表决将办理“民团”机构定名为“全省民团总局”;枪械即暂用库存来福枪,日后不敷分配时由各属“缴价请领”;议定“开办费”由官厅提供,“常费”则由各地自筹;团勇名额待机关成立后再议。在最后一个环节,众人投票选举因办理浙路和组织“预备立宪公会”博得盛名的汤寿潜为“全省民团总局”总理,谘议局议长陈黼宸为副理。[②]

在官方支持下,杭州绅学界的筹办“民团”大会基本达到了预期目标。其间,重要官员的到会、巡抚的表态以及在经费和枪械方面的支持表明,此时的官方无疑需要借助民团稳定日益动荡的社会秩序。同时也应看到,这一积极态度既是咸同以来官方对民间武装的警惕逐渐淡化的结果,[③]也与1906年后清廷吸收议会政治的某些成分以密切与新兴城市精英之间联系的基本方向一致。[④]但因财政窘迫,官方对筹办“民团”的支持仅限于提供“开办费”,枪械的使用未来亦需“缴价”。

就在杭州绅学界代表群聚两级师范学堂筹办“民团”的同日,商务总会亦召集各业业董集会商议筹办“商团”事宜。由于会议召开不久便在讨论中意识到绅商两界在经济、人才方面“双方俱绌”,商务总会转而决定“联合各界,合并组织,不分民团商团”,并刊发紧急传单,延请绅学界代表于24日下午一同“续开大会,公筹从速进行,藉资保护”。[⑤]这一转向表明,此时的混乱局面已令商界认识到维护治安需要庞大的人力、物力,故欲联合绅学界筹办统一的团防组织。

但令商界失望的是,在24日下午二百余人参加的联合会议中,双方在建立何种组织和如何筹集经费问题上产生了难以调和的矛盾。关于组织问题,绅学界代表声称既为“防匪起见,务须实事求是”,“不能徒有名称”,故坚持建立

---

①《杭垣组织商团之现状》,《申报》1911年10月25日。

② 杭垣组织商团之现状》,《申报》1911年10月25日。

③ 罗威廉注意到,“长期以来,官方对此种地方在安全事务方面的主动一直持反对态度,其未能言明的原因主要是担心它会导致地方武装自治,特别是一个拥有巨大财富和经济实力的城市也倾向于这样做时担心尤大”,但“在19世纪的70—80年代,清王朝显然放松了警惕,而且事实上鼓励汉口的军事化进程。我们将看到,在清王朝统治的最后30年中,这一进程持续加速进行”。参见罗威廉:《汉口:一个中国城市的冲突和社区(1796—1895)》,鲁西奇、罗杜芳译,中国人民大学出版社,2016年,第325页。

④ 白吉尔:《中国资产阶级的黄金时代(1911—1937)》,张富强等译,上海人民出版社,1994年,第37页。

⑤《杭垣组织商团之现状》,《申报》1911年10月25日。

"民团"。商界代表则"以金融恐慌,才财两绌","只求范围缩小",不再主张"商团",转而提议创办"守望会","只须每十家雇人打更,此外一概可以废去"。他们对于绅学界组建"民团"之议"全体均不认可",表示"若云民团,即有军队性质,不但经费难筹、人才缺乏,即日后遣散尤多窒碍"。双方各执一词,"抗争多时,意见已多冲突",只得暂停讨论,转议经费问题。①

因绅界代表潘凤洲提议"先定组织大纲,约计预算,然后再定经费之支配",②即经费数量取决于组织规模,故绅商两界先行商议团勇名额。不过,双方虽议定召集1200人并预筹5个月经费5万元,但在5万元从何所出的问题上再次陷入"聚讼纷纭,莫衷一是":"有请提不急公款者,有拟向官厅借拨者,有拟按户派捐者,有拟仿房捐摊派者"。其中绅学界代表力主按户派捐,以资本大小为捐数多寡,自二角至八角不等。但这一主张遭到商界代表的坚决反对。眼见"一会两派,势难成立",商务总会协理宣告因业董"全体反对",建议团防"各归各办",绅学界办其主张的"民团",商界则自办"守望会"。此举引发绅学界代表的强烈不满,其中两级师范学堂教员马叙伦态度尤为激烈,高声斥责众商有意破坏,并声称"设或土匪滋事,应令先烧商店"。此言一出,商界代表十分震惊,以"革命军未来,恐君无权命令土匪"反唇相讥,更有指马为革命党者。双方随即"群起冲突","几乎打成一团,会场因此激散"。③

24日联合会议上的激烈冲突反映出杭州绅商两界对于究竟采取何种军事化程度的民间治安组织的本质分歧。孔飞力在探讨咸同时期的地方军事化现象时,曾将当时民间治安组织的军事化等级划分为"团练""勇"和"地方军"三个等级。④ 商界最初拟筹办的"商团"和绅学界主张的"民团"均和咸同时期各

① 《杭州总商会集议商团之大冲突》,《时报》1911年10月26日;《杭垣绅商大闹民团会》,《申报》1911年10月26日。

② 钟毓龙编,钟肇恒增补:《说杭州》(上),浙江古籍出版社,2016年,第268页。

③ 《杭州总商会集议商团之大冲突》,《时报》1911年10月26日;《杭垣绅商大闹民团会》,《申报》1911年10月26日。

④ 与团练相比,"勇"指江忠源、王鑫、胡林翼、刘于洵等人招募的比团练机动性更大、职业化程度更高的带有雇佣兵性质的地方武装组织。"地方军"指类似曾国藩创建的"湘军"那样,将不同的"勇"合并成更大的组织并为其提供统一的战略指挥和更广泛的财政支持的地方武装组织。Philip Alden Kuhn. "The T' uan-lien Local Defense System at the Time of the Taiping Rebellion", *Harvard Journal of Asiatic Studies*,Vol.27(1967), pp.232-255;孔飞力:《中华帝国晚期的叛乱及其敌人:1796—1864年的军事化与社会结构》(修订版),谢亮生等译,中国社会科学出版社,1990年,第64~232页。

省广泛兴办的团练属于同一等级,其欲改办的“守望会”则较团练降低了一个军事化等级。其原因正如商界代表所顾虑的,“金融恐慌”导致“才财两绌”。故降低军事化等级可大幅削减人力和物力资源的投入,显示出欲以最低成本维护治安的实用主义心态。但在绅学界代表看来,“守望会”这种停留于“雇人打更”、仅起巡逻作用的组织显然难以应对眼下严峻的治安形势。

杭州绅学界和商界的办团纷争在舆论界也引发了分歧。武昌起义后转向支持革命的《时报》认为,[①]商务总会最终决定“商团”与“民团”分立不啻为“此疆尔界,自分畛域”,指责其“一闻出钱,所谓痛等剥肤,其不知所费者小而所益者大”,此举不啻“坐以待毙”。[②]《申报》则取同情商界的态度,认为绅学界动机不纯,其意欲合作办团不过是由于“经济尤形困难”,故“欲藉商款充基本”。且其态度未免咄咄逼人,尤其不满于马叙伦对商界的“汹汹诘问”,并以“二三恶少”形容其身边附和者,认为正是这些年轻激进分子的“哄闹”和“肆骂”破坏了此次联合会议。[③]

《申报》对马叙伦等人的指责并非毫无理由,会上商界代表对其革命党的怀疑更不是空穴来风。此时作为杭州学界代表的马叙伦担任两级师范学堂教员,同时兼职《浙江日报》社论主笔和谘议局书记。从其在戊戌变法后就读于新式学堂接受西方政治思想洗礼,后因参加学潮以致留学日本计划夭折,遂赴上海、广州的报馆和学堂谋生,期间广泛接触维新人士和革命党人的经历看,[④]他正是学者们用通商口岸的“新型知识分子”[⑤]或“边缘知识分子”[⑥]所定义的,作为清季教育制度改革特别是科举制废除的重要产物——有文凭却看不到入仕前景、大多接受短期聘用合同到新式学校任教、“不受任何约束”且“易于接受任何反叛思想,是所有改革或革命的后备力量”的那一类群体的代表。若有关马叙伦1909年回杭任教两级师范学堂后不时参加秘密集会,武昌起义后又征

---

① 张朋园:《〈时报〉——维新派宣传机关之一》,《“中研院”近代史研究所集刊》1973年第4期,第168~171页。

②《杭州总商会集议商团之大冲突》,《时报》1911年10月26日。

③《杭垣绅商大闹民团会》,《申报》1911年10月26日。

④ 马叙伦:《我在六十岁以前》,岳麓书社,1998年,第5~15页。

⑤ 白吉尔:《中国资产阶级的黄金时代(1911—1937)》,张富强等译,上海人民出版社,1994年,第43~44页。

⑥ 余英时:《中国知识分子的边缘化》,《二十一世纪》1991年第6期;罗志田:《近代中国社会权势的转移:知识分子的边缘化与边缘知识分子的兴起》,《开放时代》1999年第4期。

得其老师、议长陈黼宸同意,计划以维护治安为名成立民团,"表面是自己防卫,实际预备响应"果有其事的话,[①]则其对商界代表放弃合作办团大动肝火便不难理解。

10月24日冲突之后,绅学界与商界先后于25日和26日开会,分别筹办"民团"和"商团"。25日下午在城内仁钱自治公所召开的绅学界会议议定先行招集团勇六百人,已较原定一千二百人缩减半数。即便如此,"不幸与商界绝交"的绅学界仍苦于费无所出,不得不向官方寻求支持,请求借拨平粜款项一万元作为开办费,并就城厢商民房租二十元以上者酌提十分之一作为常年经费。如再不敷,则挨户派捐。会议将杭州民团机构定名为"杭州城民团局",选举绅士陈汉第为总团长、汪曼锋为协团长。另设总务长、筹备科、训练科、会计科、庶务科。将杭州城划分十二区,各区设区团长一员。议定一旦款项有所着落,即行布告"民团"成立。[②]另一边,自认联合会议中被绅学界"恃强压制"的商界本欲在26日的会议中继续筹办旨在巡逻打更的"守望队",但因他事,又将会议日期推迟至28日。[③]

就在绅商两界在分道扬镳的路上迈出第一步后不久,由于绅学界内部突然出现矛盾,双方关系一度出现转机,合作办团亦再度被其中一方提出,只是这一次主动方换作了绅学界。据《申报》报道,在绅学界代表25日在自治公所议定成立"杭州城民团局"后,会议选出的总团长、时为民政科参事的陈汉第因"颇得巡抚知遇",提出"绅民办团必请官厅督办,并须节制商团,始允出而任事"。众代表将陈汉第此举视为"意欲献媚官厅","大动公愤,群起反抗",并于26日下午紧急聚会以"公筹对付"。同时主动向商界示好,推举潘凤洲、冯畅亭二绅前赴商务总会以"调和前日之风潮","仍请同心合办"团防,"并说明陈汉第主张官督及节制商团之荒谬"。[④]陈汉第主动寻求官方控制的主张在绅学界内部引发的强烈反应表明,在经过清末地方自治洗礼后,地方精英对于国家试

① 马叙伦:《我在六十岁以前》,岳麓书社,1988年,第16、18页。按:马叙伦关于武昌起义爆发后杭州筹办民团的回忆甚为简略,且相关信息与当时史料记载多有不合(如回忆筹办民团大会在谘议局召开)。其中关于筹办民团旨在发动起事的动机目前未见其他史料记载,还需进一步印证。

②《杭垣绅商同室操戈之现状》,《申报》1911年10月27日;《浙绅筹办民团之大会记》,《时报》1911年10月28日;《杭城筹办民团草议摘要》,《时报》1911年10月28日。

③《杭垣绅商同室操戈之现状》,《申报》1911年10月27日。

④《官督民团之公愤》,《申报》1911年10月28日。

图集权的高度警惕与反感。[①]

两位绅士带来的消息在原本就激愤不已的商界再次引发了震动。据《申报》报道,其时部分商董正因他事在商务总会开会,“闻而大哗,反对尤激”。总会协理当即向二绅谢绝共同办团的设想,决定将原本因事推迟至28日的筹办“守望队”会议提前,并立即电召各业董到场开会。会议先是将“守望队”更名为“保卫局”,稍后又改为“临时商团”,额定六百人,并议定于10月28日再开成立大会。[②]

对商界而言,从“守望队”到“商团”的转变意味着军事化等级的提高,从而对团勇和经费来源均提出了更高要求。为此,会议议定从已裁之杭州府四营兵丁中挑选团勇;三千元的开办费和服装费以捐献方式筹集,经常费则采取两种办法:一为按城内商店之大小分为四等,最小者每月缴捐二角。二为设立“特别捐”,由加入商务总会之三十余种行业按月筹解。[③]

在10月22日至26日绅商两界筹办团防的过程中,双方虽有维护治安的共同诉求和经济人才“俱绌”的不足,但因绅学界提出“以资本大小为捐数多寡”这一不利于商界的筹款方式和少数代表的激进态度,以及在治安组织采取何种军事化等级上的分歧,使得双方合作办团的前景蒙上了浓厚的阴影。在此情形下,“民团”总团长寻求官方控制之举不但令绅学界不满,更进一步激发了商界独立办团的意识,从而最终宣告了杭州绅商两界联合筹办团防的失败。商界两度拒绝合作办团的背后实为绅士地位的下降和商人地位的上升,体现出20世纪初城市精英阶层的均势所发生的变化。[④]不过,尽管合作办团已无可能,面对恶化速度以日计的城内秩序,绅商两界仍努力谋求加快各自的办团进程。也就在这短暂过程中,革命的影响分别从外部和内部作用于“商团”和“民团”的筹办。

---

① 有关清末新政时期浙江推行地方自治的情形,参见汪林茂:《浙江辛亥革命史》,浙江古籍出版社,2011年,第93~99页。

②《官督民团之公愤》,《申报》1911年10月28日。

③《官督民团之公愤》,《申报》1911年10月28日。

④ 白吉尔:《中国资产阶级的黄金时代(1911—1937)》,张富强等译,上海人民出版社,1994年,第48页。

## 三、外部与内部的革命动员

10月28日本为商界计划召开“商团”成立大会之期，但当天凌晨发生的两件蹊跷事不但陡然加剧了市民对革命的恐慌，还因此耽延了办团进程。28日3时，正在熟睡中的市民被旗营内突然施放的空炮惊醒，“万分惊惧”。“全城哄乱”之际，又传来驻扎鼓楼的巡防队“密运”一架大炮上楼的消息。市民遂“愈信即有乱事，煞时群起迁逃。车站及江干船道，人如蚁聚，车马塞道，其暂向拱埠湖墅及西湖各乡者，势如潮涌”。至傍晚时，“谣言愈炽”，称30日“旗营必开炮屠城”。一时“穷檐小户扶老携幼，自三更以迄黎明，儿啼女哭，守候凤山、候潮两门过江者人山人海。自车驾桥至三郎庙一带轿担阻塞，几至遮断交通，火车及钱塘、涌金等门大率相似，一若立刻即有大乱者”。[①]

在《申报》看来，这一天是杭州自武昌起事以来最为紧张的时刻，“大局危急，已达极变”。[②] 市民对旗营的忧惧表明，尽管18世纪以来杭州城内的满汉关系得到明显缓和，[③]但在革命来临前的巨大混乱面前，双方历史上的彼此仇恨被重新激发出来。在此情形下，因众商纷纷要求商务总会敦促巡抚对旗营施压，原定28日召开的“商团”成立大会不得不被暂时搁置。[④]

随后一位不速之客的到访则令商务总会在组织“商团”问题上平添了几分踟蹰。29日上午，突有一郑姓商人来到商务总会门前，持汉口商会名片求见协理王锡荣。其人自称原籍浙江秀水，长期在湖北兵工厂任事，不久前来杭寓居。因见城内金融恐慌、市面危急，特建议商务总会出面“切实维持，以保大局”。若总会现银支绌，尽可向湖北“军政府”所设“中华银行”借助。此外，他表示湖北“军政府”对于“各省商民维持保卫最为注重，俾免人民涂炭”，杭州绅商两界在办团过程中虽“微有意见”，但“值此同舟遇风之际，仍望捐除介蒂，合谋进行”，并提出可请上海商团派员来杭“帮同教练”，“以谋速成”。[⑤]

从其提到“中华银行”和“军政府”，以及主张向已倾向革命的上海商团求

---

①《杭垣饱受虚惊》，《申报》1911年10月30日；《杭垣危急之情形》，《申报》1911年10月31日。

②《杭垣危急之情形》，《申报》1911年10月31日。

③ 汪利平：《杭州旗人和他们的汉人邻居——一个清代城市中民族关系的个案》，《中国社会科学》2007年第6期。

④《杭垣饱受虚惊》，《申报》1911年10月30日。

⑤《浙省大局危急》，《申报》1911年11月1日；《杭州危机现状》，《申报》1911年11月3日。

助来看，[①]郑姓商人来杭的目的十分明确，即在于动员杭州商务总会尽快建成“商团”以便发起革命。不过，面对郑商的“侃侃而谈，义愤形于词色”，并无革命之心的协理“惶遽万状，始终唯唯，不发一语”。雪上加霜的是，当天晚些时候商务总会还接到一份所谓“民国军支部通讯”，“饬其速办商团，后附规则数条”。协理“震惧”之余，立即饬令予以销毁，并“严戒知情者不得泄露”。[②]

革命势力的接连动员令商务总会在筹办“商团”问题上难免犹豫不决。毕竟，商人的职业特性决定了他们对于暴力革命唯恐避之不及，[③]若“商团”被用于发动革命，则无异于自掘陷阱。[④]而此时杭州城内紧张气氛已至临界状态，任何风吹草动均能令人产生革命已至的错觉。29日晚至30日晨，有人目睹若干“洋装少年”分赴布庄搜买玄色呢，“咸疑为党人预备军服，致有即日起事之谣”。于是，市民拖儿带女纷逃过江及近城各乡者“势如潮涌”，各大街商店均“闭门搬逃”。[⑤]31日晚，某茶食店被匪徒抢掠后失火，焚毁“大小商店五十余家，房屋百四十余幢”。这场大火令抚署卫兵及巡防队“均疑党人起事，一律站队待发”，而“各衙门竟有毁垣待逃者”。[⑥]另一方面，城内众商借助“商团”稳定治安的强烈呼声也对商务总会构成极大压力。正如《申报》所观察到的：“近日城厢居民搬逃一空，半以老弱留守，致宵小生心，窃盗重叠，四出纵火，居者一夕数惊。官厅拥兵自卫，任令起灭。如前日羊坝头大街之火，竟无一官一卒到场”。在此情形下，众商于11月1日群集商务总会，“要求星夜将商团组织成立，以资自卫”。[⑦]

最终，稳定秩序的急切需求压倒了对“商团”可能被用于发动革命的担忧。商务总会决定先招团勇一百六十名，拟于4日“给发口粮”，5日“一例出队”。并于上城设六处分所，中城和下城各设三处分所，各举业董担任稽查。此外，拟

---

① 沈渭滨、杨立强：《上海商团与辛亥革命》，《历史研究》1980年第3期。

②《浙省大局危急》，《申报》1911年11月1日。

③ 张亦工、徐思彦：《20世纪初期资本家阶级的政治文化与政治行为方式初探》，《近代史研究》1992年第2期；冯筱才：《在商言商：政治变局中的江浙商人》，上海教育出版社，2019年，第92页。

④ 有学者指出，辛亥革命前后江浙（不含上海）商人所组织的众多武装团体均不以革命为目的，而是以确保商界安全、维持地方治安为主要宗旨。冯筱才：《在商言商：政治变局中的江浙商人》，上海教育出版社，2019年，第97页。

⑤《浙省大局危急》，《申报》1911年11月1日。

⑥《杭州危机现状》，《申报》1911年11月3日。

⑦《杭州危机现状》，《申报》1911年11月3日；《杭垣大局日急》，《申报》1911年11月5日。

出《简章》二十四条，计划于5日呈请巡抚，由其饬令督练公所发给枪械子弹。[①] 至此，“商团”的筹办终于迈出了实质性一步。

另一边，绅学界在接连遭受陈汉第逃避任职和商界拒绝合作的打击、“事几瓦解”后，[②]其筹办“民团”的努力再度经历了一番曲折。先是上年在浙路总理任上因弹劾盛宣怀而被清廷免职的汤寿潜决心不再参与地方大事，故对“全省民团总局”总理一职“力辞不就”。为此，某巨绅秘密出面，请大吏奏请赏给汤寿潜四品京堂以打动其心。[③] 经巡抚增韫和将军德济会同电奏，清廷先是于10月29日降旨赏给汤寿潜四品卿衔，令其“劝谕商民各安本业，勿为谣言所惑”，[④]次日又谕令汤寿潜总办浙江全省团练。[⑤]

时在上海的汤寿潜起初仍不愿出山办团。但因“两电内阁，吁请收回成命”后“未获许可”，加之巡抚“又急电催归”，乃于31日晚乘车返杭。次日7时，他赶赴抚署，与增韫密谈数小时后最终接受了“民团”总理一职。随着汤寿潜同意就任，此前的经费难题亦迎刃而解。闻听汤寿潜接受任职和开办经费亦已预筹备拨后，杭州市民“无不额手相庆”[⑥]，舆论亦乐观地认为“民团”“不日即可成立”。[⑦]

然而，随后绅学界筹办“民团”的过程却连遇小挫。先是团勇名额从六百人缩减为三百人，开办费亦从一万元缩减为八千元。11月4日谘议局向官厅递上给发执照的呈文后，竟遭到梁有立、王渡等几位领衔署名绅士的“群起反对”。他们以“民团责任重大，官厅神圣不可侵犯。将来设有反侧，必担从逆之咎”为由，连夜“哀恳”杭州知府吴雷川将呈文撤回。议长陈黻宸“无之如何”，只得另请他绅领衔并重新递交呈文。[⑧]

在呈请官厅这一重要事项上闹出乌龙，显示出谘议局内部在筹办“民团”问题上仍有严重分歧。事实上，这一分歧与谘议局是否应响应革命、光复杭州紧

---

①《杭州危机现状》，《申报》1911年11月3日；《杭垣大局日急》，《申报》1911年11月5日。
②《杭垣大局日急》，《申报》1911年11月5日。
③《杭垣组织商团之现状》，《申报》1911年10月25日；《杭垣恐慌种种》，《申报》1911年11月4日。
④《宣统政纪》（卷62），中华书局，1987年影印本，宣统三年（1911年）九月壬申。
⑤《宣统政纪》（卷62），中华书局，1987年影印本，宣统三年（1911年）九月癸酉。
⑥《杭垣恐慌种种》，《申报》1911年11月4日。
⑦《杭垣办理民团之情形》，《申报》1911年11月2日。
⑧《杭垣大局日急》，《申报》1911年11月5日。

密关联。在浙路风波和国会请愿失败令谘议局对政府大失所望、[①]特别是近日“各省倡议独立,纷纷响应”武昌起事的情形下,部分议员跃跃欲试,[②]以致在局中两度引发是否筹划独立的纷争。先是部分议员于局内秘密会议中提出“独立”意见,但因多数议员和议长陈黼宸的反对,“事未果决”。稍后,政府拟向法国借债并以“江浙闽三省母财作抵”的消息在局中引发“群情愤激”。一些议员“除联电内阁抗不承认”外,再次召集秘密会谈,“重提独立问题”。此次赞成者虽“较前次骤增两倍”,但议长陈黼宸仍力持反对态度,“势绅”陈汉第亦“藉词北军屡胜,乱事可望敉平,极力抗议”。双方争辩数小时后,“终以依违人多,表决无效而散”。[③]

“民团”作为武装组织,对于在城市内发动革命的意义自然重大,而其领导者城市精英所具有的人心导向作用更不言而喻。因此,谘议局内反对独立者对“民团”的筹办时常心生疑虑。前述议员梁有立、王渡拒绝在呈文中领衔即意在阻止将“民团”用作实现独立的工具,或至少避免自身陷入参与“反侧”的风险。此外,议长陈黻宸虽为“民团”发起人,但如前所述,因其坚决反对“独立”,故而对“民团”被用于发动起事的可能亦相当警惕。[④]事实上,还在10月22日两级师范学堂召开筹办“民团”大会前的某日,当谘议局“接到川鄂革命军函电四件,要求协助民军共图大举,或请赶办民团”时,陈黻宸便并未迟疑,立即“将原文一律”送交巡抚请示。[⑤]

无论如何,为稳定治安而筹办的杭州“民团”与“商团”在各自经历了一番曲折后,均走到了成立前的最后一步。但此时革命的脚步已不再给绅商两界时间。就在绅学界向官厅呈请发给执照的4日当晚,驻扎城内的新军工程营率先发动了起事。随着城外的两标新军攻入并先后占据了军械局、抚藩道各署以及两家银行,并于11月5日晚7时迫使旗营缴械投降,杭州在武昌起义25天

---

① 汪林茂:《浙江辛亥革命史》,浙江古籍出版社,2011年,第111~114页;沈晓敏:《处常与求变:清末民初的浙江谘议局和省议会》,生活·读书·新知三联书店,2005年,第61~64页。

② 其时,浙江省谘议局中至少有4名议员为革命党人。另有一些议员因其学生、同学、亲友有加入者,故对革命也并不恐惧。沈晓敏:《处常与求变:清末民初的浙江谘议局和省议会》,生活·读书·新知三联书店,2005年,第64页。

③《杭垣恐慌种种》,《申报》1911年11月4日。

④ 马叙伦后来多次提到陈黼宸筹办“民团”的动机乃是预备响应革命。考虑到相关言说均为多年后的回忆,且作为陈的学生在学术、政治与生活方面均深受其影响,或不无为尊者讳的可能。

⑤《杭防戒严情形》,《申报》1911年10月22日。

后也宣告光复。①

随着杭州光复成功并于11月7日召开各界代表大会宣告“浙江军政府”成立,“新浙江”一词一时为舆论竞相采用,体现出急欲改朝换代的政治心态。但就社会状况而言,此时的浙江正值新旧交替之际,各地军政分府初成,未及施政,亦有地方出现权力真空,遂给本地或外地“匪徒”以抢掠的可乘之机。②于是,不但有“匪”之处均急求组织“民团”,认为“非赶办民团,万不足卫地方之秩序”,无“匪”之处亦图未雨绸缪。③面对这一严峻形势,成立后一度宣告“保卫地方之责属诸军事范围,民团自可停办”④的浙江“军政府”迅速改变初衷,以都督汤寿潜之名义向各府县自治公所拍发电报,要求“已办团练地方照旧联络,互相捍卫,并酌量本地财力,或酌提不急公款,或殷富慷慨输捐,添办团练。其未有团练地方,赶速筹款举办,力任治安”。⑤至11月下旬,杭州已出现许多“民团”组织,其名号各异,“如义勇队、义民团、义和队、江山义勇队等,人自为谋,不相统属”。⑥其他府县亦多有类似情形。为此,军政府于12月初向各府县委任民团总长一人,“总理各该府县民团事宜”。⑦

另一方面,在浙江军政府和杭州各业商人的敦促和请求下,此前因11月5日杭城光复而“议乃中止”的成立“商团”事宜亦提上日程。总理顾松庆、协理王锡荣于11月4日夜“闻警逃避。事后见大局已定,近日奔走军政府,日可数十次。闻系运动商务道之故”。⑧军政府成立10余天后,由政事部照会总理顾松庆,以“省会地方辽阔,良莠不齐,难保无匪徒乘间窃发,骚扰治安”,敦促其

① 汪林茂:《浙江辛亥革命史》,浙江古籍出版社,2011年,第212~219页。

②《新浙江缔造种种》,《申报》1911年11月23日;《请筹经费办团》,《汉民日报》1911年11月29日;《光复后之兰溪》,《汉民日报》1911年12月10日;《新浙江纪事》,《申报》1911年12月17日。

③《政事部移总司令部文》,《汉民日报》1911年11月28日;郭孝成:《浙江光复记》,中国史学会主编:《中国近代史资料丛刊·辛亥革命》(第7卷),上海人民出版社,1957年,第140页。

④《本省大革命(一)》,《全浙公报》1911年11月10日,汪林茂主编:《浙江辛亥革命史料集》(第7卷),浙江古籍出版社,2013年,第46页。

⑤《本省大革命(三)》,《全浙公报》1911年11月14日,汪林茂主编:《浙江辛亥革命史料集》(第7卷),浙江古籍出版社,2011年,第54~55页。

⑥《新浙江缔造种种》,《申报》1911年11月23日。

⑦《政事部咨呈汤都督文》,《汉民日报》1911年12月3日;《杭州近事一斑》,《时报》1911年12月6日。

⑧《民军占领杭州大事记(三)》,《时报》1911年11月11日。

迅速邀请各业商人将因光复而中断的“商团”“赶速筹办”。[①] 与此同时，由于“近日城厢内外窃劫频闻，故商业又现恐慌之象”，各业领袖亦向商务总会多次请求“速行编练商团，以防宵小而卫市面”。在此情形下，商务总会决定于11月26日开会，“决议组织事宜及编练办法”。[②] 杭州“商团”的确切成立日期未见明确记载，但据《汉民日报》12月1日刊载《杭州商团章程》，[③]可知即为11月26日至30之间某日，计600余人。[④]

## 四、结语

作为辛亥革命时期体制外力量维护旧秩序的努力，杭州绅商两界的筹办团防在短短两周内经历了一个欲合终离、内外纷争不断的过程。由于各自的财力和人力均告匮乏，急于恢复社会秩序的绅商两界谋求合作，“不分民团商团”。不过，筹费方式和组织形式上的分歧及其引发的激烈冲突令合作迅速破裂，而绅学界“献媚官厅”的迹象进一步激发了商界独立办团之心，从而断送了双方二度合作的可能。随着社会秩序的不断恶化，分别筹办“民团”和“商团”的绅商两界均能感受到革命的日益临近。同时，谘议局、商务总会、革命党和官府等新旧势力均力求对筹办团防施加影响以将其引向各自的目标。在分别遭遇了内部和外部的革命动员后，绅商两界各自筹办团防的努力在11月4日一同为革命所阻断。

透视辛亥革命时期杭州绅商两界筹办“民团”和“商团”的努力，不难看出这一社会动员过程呈现出鲜明的新旧糅合之相。一方面，咸同军兴时期即时常显现的摆脱官方控制的意图在革命来临之际地方精英的筹办团防过程中得以延续。由于咸同以后“绅权扩张”倾向的影响、清末商人阶层在地方权力结构中地位的上升以及清末新政中地方自治的推行，尽管当时“小政府、大社会”的国家治理模式正在发生变化，政府逐渐走向集权、“由政府提倡督导为主向政府直接经手的过渡进程（辛亥革命爆发时仍在进行）”，[⑤]官方的“督办”和“节制”意图仍然受到尚且需要其资助的杭州绅商两界的强烈抵制。另一方面，伴

---

①《政事部照会杭州商会总协理赶办商团文》，《汉民日报》1911年11月25日。

②《浙省光复近事汇述》，《神州日报》1911年11月26日。

③《杭州商团章程》，《汉民日报》1911年12月1日。

④《司令部照复杭州总商会文》，《汉民日报》1911年11月24日。

⑤ 罗志田：《革命的形成：清季十年的转折》（上），《近代史研究》2012年第3期。

随着国家政治和经济体制逐步向现代转化，地方精英的筹办团防亦表现出从传统向现代的转型。除利用谘议局、商务总会、报刊媒介等现代动员手段外，作为通商口岸新兴的城市精英，支持“新政”“立宪”的绅士和经营现代工商业的新式商人取代以往的乡绅成为筹办团防的首要领导者。双方既有维护社会秩序的共同期望，亦有不同的利益诉求和迥异的政治态度。事实上，辛亥革命时期城市精英筹办团防时的“民团”与“商团”分立并非个例，除杭州外，苏州、上海、广州、无锡、重庆，①以及浙江省内的宁波、湖州、嘉兴、绍兴、严州亦同样如此。②

杭州“民团”“商团”分立背后的绅商矛盾冲突表明，尽管清末绅士与商人的合流日渐显著并形成“绅商”这一重要的过渡性社会力量，但在共同的趋势之下，不同地区“绅”与“商”的关系仍呈现出某种差异性。与清末广东“绅”与“商”的对流和联合虽已非常普遍，但二者远未合流，其界限与竞争不但很明显，甚至还可能是主要方面类似，③在辛亥革命时期的杭州，似乎并未出现一个明确而得到公认的“绅商”群体。就笔者所见史料而言，除出现过一次“绅商两界”的表述外，④常见的仍是“绅”和“商”或“绅界”（或“绅学界”）和“商界”，而在偶尔出现“绅商”一词时，也是分指绅、商两界之意。⑤从事商业活动的绅士仍被视为“绅界”人物，⑥只有纯粹的商人才被视为“商界”人物。或许今人易将杭州的“绅”“商”均视为“亦绅亦商”，但在时人眼中，二者间的界限仍然较为清

---

① 令狐远：《苏州光复人物谈》，《苏州杂志文选·旧事》；《苏州：民团开办有期》，《申报》1911年11月4日；朱英：《辛亥革命时期新式商人社团研究》，中国人民大学出版社，1991年，第106、108页；马敏：《官商之间：社会巨变中的近代绅商》，天津人民出版社，1995年，第266页；冯筱才：《在商言商：政治变局中的江浙商人》，上海教育出版社，2019年，第98~99页；汤可可、蒋伟新：《近代无锡商团的性质及社会功能》，《江南大学学报（人文社会科学版）》2005年第3期。

②《宁波人办团之踊跃》，《时报》1911年10月30日；林端辅：《宁波光复亲历记》，汪林茂主编：《浙江辛亥革命史料集》（第7卷），浙江古籍出版社，2011年，第230页；《湖防几酿兵变》，《申报》1911年11月4日；《嘉兴光复史详志（特别通信）》，《时报》1911年11月12日；董巽观：《辛亥嘉兴光复记》，汪林茂主编：《浙江辛亥革命史料集》（第7卷），浙江古籍出版社，2013年，第199页；《绍兴光复记》，《申报》1911年11月9日；吴康福：《建德光复略记》，汪林茂主编：《浙江辛亥革命史料集》（第7卷），浙江古籍出版社，2013年，第268页。

③ 邱捷：《清末文献中的广东“绅商”》，《历史研究》2001年第2期。

④《鄂乱声中之浙江》，《中国报》1911年11月3日，汪林茂主编：《浙江辛亥革命史料集》（第7卷），浙江古籍出版社，2013年，第24页。

⑤《杭垣绅商大闹民团会》，《申报》1911年10月26日。

⑥ 如庚子后投资上海大达轮步公司、杭州钱庄，创办杭州光华火柴厂并入股浙路、担任浙路公司总理的汤寿潜仍被视为“绅界”领袖，并因此被选为“民团”总理。

晰。这一情形或许与杭州商务总会领导层均为商人,[①]与一般商会领导层多由绅士或“绅商”担任不同。[②] 总之,正由于杭州绅界与商界之间尚未真正合流,才使得在革命时期组织民团和商团过程中不时产生矛盾与冲突,从而使得绅商两界的筹办团防不得不经历一个短暂而曲折的历程。

还须看到,杭州商团的筹办经历可谓辛亥革命时期各地商团在成立背景和政治态度上各不相同的又一显例。面对即将到来的革命,苏州商团与封建势力存在十分密切的联系,政治上较为保守,成立的目的主要在于保商和维护社会秩序,对政治和时事很少关心,对革命则十分惊恐和厌怨。[③]相比之下,上海商团则在武昌起义后经历了一段时间的观望后即与革命党人秘密联络,并在随后的上海光复和维护社会治安的过程中发挥了不可忽视的作用;武汉商团更是在武昌首义的革命形势下和革命党人的联系中组成的。以此观之,以往很少关注的杭州商团在辛亥革命期间的表现与上海、武汉商团明显不同,而与苏州商团相似,同样抵拒革命,只是对待官府控制的态度较苏州商团为强硬。这一反差决定了苏杭两地商团无法像沪、汉商团那样在革命过程中有名垂青史的政治表现,同时也反映出当时各地商团成立的不同政治和社会背景,如革命力量的强弱、革命党对待立宪派和资产阶级的态度、各地资产阶级的成长过程、商会或资产阶级中领袖人物对待革命的态度等,这些因素各地并非全然一致。正如有学者所指出的,即便是对“当时在同一历史时期产生,而且性质也基本相同的诸多商团,不能简单地相提并论,而应逐一进行具体的个案研

① 因现存杭州商会档案仅见民国以后部分,笔者未找到辛亥革命前夕杭州商务总会领导层的具体信息,仅获知当时总理为顾松庆、协理为王锡荣。但通过1909年发表的一份有关杭州商务总会领导层名单,可推知辛亥革命时期领导层的身份背景。据该调查显示,1909年时的杭州商务总会总理潘炳南(字赤文,上虞人)以钱业起家,时为杭州“鼎记钱庄”执事,协理顾松庆(字竹溪,钱塘人)为“洋货”业商人,19名议董为分别从事“钱业”“绸业”“典业”“扇业”“布业”“丝业”“首饰”“烟业”的商人。其中,协理顾松庆正是辛亥革命前夕的杭州商务总会总理,19名议董之一的王锡荣(字湘泉,钱塘人,“典业”商人)正是辛亥革命前夕的杭州商务总会协理。见《调查录:杭州商务总会总、协理议董姓名表》(宣统元年十月调查),《杭州商业杂志》1909年第1期。

② 徐鼎新:《从绅商时代走向企业家时代——近代化进程中的上海总商会》,《近代史研究》1991年第4期;马敏、朱英:《传统与近代的二重变奏——晚清苏州商会个案研究》,巴蜀书社,1993年。第281~295页;马敏:《论晚清绅商与商会的关系》,《天津社会科学》1999年第5期;王先明:《近代绅士——一个封建阶层的历史命运》,天津人民出版社,1997年,第259~260页。此外,除基本游离于筹办团防过程的汤寿潜之外,本文中出现的几位绅学界代表陈黼宸、陈汉第、徐定超、马叙伦等当时也并未有投资工商业的经历。

③ 朱英:《辛亥革命时期的苏州商团》,《近代史研究》1986年第5期。

究。惟其如此，才能获得符合历史实际的结论”。[①]

本文原刊载于《近代史研究》2021年第6期。

**作者简介：**

崔岷，1974年6月生于四川省江油市，祖籍江苏省南通市。2005年6月毕业于北京大学历史学系，获博士学位。2021年5月任教于南开大学历史学院，现为教授、博士生导师。主要从事晚清史研究，已发表学术论文30余篇，其中多篇刊于《历史研究》《近代史研究》《史学月刊》。出版学术专著2部，获省部级科研成果二等奖1项。

① 朱英：《辛亥革命时期的苏州商团》，《近代史研究》1986年第5期。类似的表述又见朱英：《辛亥革命时期新式商人社团研究》，中国人民大学出版社，1991年，第107~108页。

# 严修与近代新私学

李冬君

中国近代史最有价值的事业，便是西方科学体系与新式教育体系的引进与确立。在这一事业中，我们应该纪念那些近代科学的先知者和教育家们。

教育是思想者的产业，而文明则可以说是教育的产物。

故欲知一国文明之究竟，应先深入其文明之根底而观其教育如何，而欲观中国近代教育，当从严修教育改革与创办南开新私学始，由此可入中国文明之堂奥。

## 一、严修何许人也

严修，字范孙，何许人也？

周恩来曰：旧社会的一个好人。

张季鸾曰：旧时代的一个完人。

何以皆以“旧”来论先生？以新旧论，是论故人，并非论历史人物。百年之后，如何论先生？先生之于今日，其人已旧，而其命维新。何以言之？

近代开埠以来，西学涌入，改良、维新和新私学，成为新时代支点，天津首当其冲，范孙先生开风气之先，创办了南开新私学。

何谓“新私学”？以时代言，乃近代私学，非古代私学；论取向，乃西化之私学，非传统之私学；其形式，乃私立学校，非私塾也。

传统私学，以孔孟为体，以政治为用，不离科举之轨。范孙先生之新私学，以科学为体，经济为用，趋于教育与实业。

统而言之，私学，是指不由政府主持，不纳入国家学校制度之内，由私人或私人集团(包括社会集团)主持、经营、管理的民间教育活动。它既包括了在固定教育场所产生之前的游走四方的私人讲学，又包括以一个学术大师为核心的私人学派，当然，也包括与官学相对应的、有固定教育场所的正式的私立学校类型。自官学垄断失势，孔子开办私学，面向社会招生，推广“有教无类”，普及教育，使社会接受教育的机会均等。这样的私学从孔门到康有为的万木草堂,贯穿中国历史达两千余年。

不可否认,中国古代的私学传统在文明的赓续及民众教化等方面功不可没,但它在知识的生产及人才的生产方面确实存在着严重的扭曲和偏枯现象,除了极短的历史时期内(如先秦诸子及宋代理学),私学几乎从未生产过新的知识类型,而以政治规范的知识为知识,此类知识的贫弱与不堪,直至鸦片战争时期才完全彰显。其次,在人才生产方面亦完全政治功利化,一以培养政府后备官员为不二法门,即使以孔子所说的“人能弘道,非道弘人”之旨绳之,亦渺乎远矣,遑论近代普世性的科学与人文精神！正因为如此,传统私学里不可能产生民主与科学的因子,其历史使命必然伴随着古官学传统的寿终正寝而告结束,留下的只是那些寒窗苦读、金榜题名的历史剪影。

范孙先生之新私学,要从先生参与维新变法开始。彼时,先生任贵州学政,上“开经济特科”折,建议在科举考试科目中,附加经邦济世之新实学。戊戌维新失败后,范孙先生开始创办新式学校,成立南开系列,直至设崇化学会,本于科学,通于人文经史。

先生之新私学有二:一学校也,二学术也。其学校,由区区一私塾,渐进而成南开大学;先生治学,于学术亦有“三通”,通中西之学,通古今之变,通文理之用。

先生之学,私学也;先生之行,独行也。遥想当年,先生于西南一隅,奏开经济特科,启变法之原点,开士林之新运,置恩师绝交于不顾,而独行其真理。

先生学政如斯,学术如何？或曰君主立宪。“君主”,乃孔孟之道;“立宪”,则自由民主。先生所言,孔孟之道与自由民主,并行不悖;先生之行,则执两用中也。

袁世凯任直隶总督时,自言其一生事业,练兵与兴学。练兵,袁氏自任;兴学,委以先生。先生督学直隶,直隶遂执新学牛耳;先生执掌学部,学部遂成宪政楷模。

其时以兴学名世者,有先生开辟于前,蔡元培继往开来于后。

蔡氏一生事业在北大,先生一生事业在南开。北大,官学也;南开,私学也。“五四”以后,民国政府两次欲以先生取代蔡元培任北大校长,均为先生拒绝。

蔡氏之于北大,如先生之于南开,己所不欲,勿施于人。蔡氏终于挂冠,不与其时政府同流;先生终于不入北大,自戊戌维新后坚持不入官场与官学。

中国私学百年,与中国的近代化伴生,就其教育内容而言,以科学为体,经济为用；就其教育方式而言，以实学与实业相结合；就其大势而言，从书院到学校，从格致到科学。

如上，严修新私学于学校一面，由严氏私塾，而小学，而中学，而女学，而成南开大学；其学术一面，严氏以通中西之学，通古今之变，通文理之用，而为会通之学。

如今，先生之新私学垂垂百年，虽吾不能为之，吾当记之。

## 二、严修主理学部

1903年，中国教育，可谓“枯杨生花”。

那时，范孙先生任学部侍郎，统管全国教育。他说，教育目标，不在培养少数士人，而在造就多数国民，使人人有可农、可工、可商之才，斯下益民生，上裨国计。因此，还要立法，实施义务教育，他称之为“强迫”。

他建议：裁撤各省学政，改设提学使，统辖全省学务，归督抚节制。

清廷准奏，谕云：着即照所请，各省学政，一律裁撤。此前，各省学政，皆为翰林出身，不受督抚节制，直接向皇帝奏报，犹如钦差。而提学使则与藩、臬同称三使，归督抚节制。

他以兴学为地方要政，应与钱谷、刑名并重，要求各省考察官员，由过去藩司会同臬司考察，改为由藩、学、臬三司会同考察。学司参与考察官员，官员的政治前途便与兴学相关联。

他知道，调动了官员还不够，还要调动民。政治体制虽是官本位的，但政治文化却是民本位的。成事虽然在官府，而做事却要靠民间。于是，奏定《各省普设教育会章程》，以教育会“补助教育行政，图教育之普及”，并鼓励士绅助官兴学，或立私学，达成“教育之道，普及为先”。

学部初立，严修多方延揽人才，其班底均为受日本教育影响者，不仅新学堂模式取自日本，教育方针及体制，亦参照日本，从中央到地方，近代化的教育体制就这样建立起来了。

清末两大政要人物袁世凯、张之洞联名奏请递减科举，以兴学校，还提出：保育教导儿童，专在发育其身体，渐启其心智。如暂乏蒙养院园舍，可将蒙养院设在各地教堂的育婴堂或敬节堂内；如暂缺幼师，可由“节妇”照顾儿童，由“识字妇女”宣讲官编教科书。

当蒙养院章程出台之际，正是严范孙先生正在津忙于小学、女塾、幼儿园、保姆所建设之时。蒙养之难，难在师资，而严范孙已先行一步，其女学已开始了专业幼师的教学与培训。

兴学之风劲吹，津绅得风气先，当时天津为北方办学重镇，以严范孙影响最大。南方张謇也在庚子之后，愤而兴学，东渡日本，考察教育，并著《东游日记》而归，且仿效日本，于南通办通州师范学校，连教室宽度、桌椅高低，均以日式为标准，时人称之“北严南张”。

张之洞主持这一年的特科考试，首场题为《大戴礼保保其身体，傅傅之德义，师导之教训，与近世各国学校体育德育智育同义论》《汉武帝造白金为币，分为三品，当钱多少各有定值；其后白金渐贱，钱制亦屡更，竟未通行，宜用何术整齐之策》。复试题为《周礼农工商诸政各有专官论》《桓宽言外国之物外流而利不外泄，则国用饶民用给，今欲异物外流而利不外泄，其道何由策》。这些题目，都着眼于经济，宗旨还是“中体西用”，多少有那么点《国富论》的意味。

张之洞初定取百余人，但庆亲王奕劻传旨，不得超过30人，因为朝廷害怕革命党乘隙混入京僚。张一麟的考卷，原本列第一，因他只是苏州的一名举人，而王朝发煌大典的特科，首列不能无官阶，便将原定第十名的袁君攫为第一。据说，袁为云贵总督王文韶保荐，又系新科庶吉士，授职编修，故张以第二名发往直隶，以知县补用。

张之洞以湖广总督身份留京定学制，当他接见特科门生时，兴高采烈，开口即云：你们阔极了，康熙、乾隆鸿博数百人，现只27人，名贵之极。可是对于1903年的人来说，科举已经无所谓了，拜义和团所赐，有识之士已然觉醒，务为新学救亡图存。

范孙先生虽为“经济特科”首倡者，但他深知一切于旧体制的补救已经晚矣，必以新学救世。

这一年，他建了16所小学，11所女子小学，同时还设立工艺学堂补习所及研习所，前者设文、理、法、商等学科，聘金邦平、张伯苓、王宝璐等任教师；后者于每周末集各小学教师，共同研究改进课程与教学方法，编辑出版各种教材。严范孙还经常去听课，教师们经常在他的学堂讲天演论，讲中国人所处之时势，一线生机，唯有舍学问而别无可望。考虑到小学毕业生的出路，严范孙又接着办普通学堂，改为天津府中学堂，学堂教员由中国人自任，学生150人，分五级授课，可住宿。自此，天津的近代化教育渐渐成了体系。

## 三、严修去日本考察教育

直隶总督袁世凯知道严范孙办学得力之后，深表钦佩，遂修函请他出山督办直隶学务。严婉言待其赴日本考察教育回来后再考虑就职一事。袁继以大义恳请，请他先就职，再以督办身份去日本考察。严范孙难辞，便以直隶学务督办的身份，率张伯苓等11人，先前往上海，乘"永生"轮赴日本长崎。在上海，与严信厚、汤寿潜、张謇、吴昌硕交流办学兴商。

此次日本考察，本来着眼于小学教育，尤其是为小学教育培养师资的师范教育。然而，一个偶然的契机使范孙先生强烈意识到，教育救国，应当以工业教育为核心，以工业教育培育立国之本。

原来在东京观摩高等师范学校附小手工课时，棚桥源太郎说了这样一席话：以前，小学手工为自选科，近则改为必修科。何以要改？曰，一国财政取决于工业，而工业又根底于工艺，工艺非从小讲究而不能精，手工课看似游戏，实为立国之本。以农业立国，往往重物产而轻工艺，然而，当今世界，非商战不能立国，而商战必恃工业。依靠农业，"天产虽富而不讲工艺"，仅为原料输出国，"所伤实多矣"。棚桥又说，日俄战争，日本以"大和魂""武士道"胜，而非以工业胜，"工业未至于极盛，故战事不免于困难。""当幼小之时，即练习其心思手眼"，为"良工"之训，这才是远虑，云云。当时的日本因为在六年时间里连续战胜了东西方两个大国而举国欢腾，可他们的有识之士仍在为"工业未至于极盛"，因而未能扩大战果而遗憾。

这些话给范孙先生震动极大。他决定，参观东京高等工业学校，并与校长代理阪田君探讨工业学校之配设。阪田君以为，工业学校非高等不济事，职工徒弟学校若不附属于高等工业学校，效果并不显著。当时其工业学校附设的职工徒弟学校分3个年级3个班，百余人。一年级约50余人，学算学加减法；二年级也50余人，习小数；三年级约10人，习制图，分建筑、机械两门，也学力学。还有实修工场，分金、土、木工场。金工场有钳工、锻工、铸造工；木工场有试验旋床者，有试穿榫机者，有试锯木机者，有试缕边线机者，人力与电气各半；土工场，即建筑工地，也徒弟为之，常为他人营建。教育与生产相结合。实修工场设有制造品贩卖所，严范孙当即买绉布13匹、酒杯10个。

又参观幼儿园，发现孩子们也上手工课。参观女子职业学校时，该校课程设置有裁缝、编物、刺绣、造花、图画五科等，女子教育也渗透职业理念，日本工业化可谓彻底，当妇女儿童也被纳入工业化轨道时，以工业立国也就水到渠成了。范孙先生两次东游，皆为教育求法。

中国历史，有刑法，无民法，所谓刑法者，是国家治理之法，以刑治民；而所谓民法者，是以法治保障民生利益，范孙先生欲兴民法之学。

为深入了解西方法律思想及其在日本的应用，严范孙又冒着大雨，专程拜访了梅谦次郎。梅谦君曾留学法、德，回国后，参与日本民法和商法的起草，对当时中国留学生多有关照。梅谦君讲民法，主张引进法兰西民法，伯颜翻译，听讲者有80多人。

之后，严范孙又访穗积八束。穗积君介绍了日本设立法律学校的始末，并将自著宪法书赠予范孙先生。工业与法律，是日本近代化的两根支柱，如以工业为立国之本，那么法律便是治国之魂；如谓工业乃人的理性为自然立法，那么法律就是人的理性为社会立法。

回国后，适逢清末新政，宪政思潮汹涌，范孙先生认为，与其高谈三权分立，君主立宪，还不如锐意兴学。便推荐随他从日本而来的渡边龙圣担任直隶学务处顾问，并根据渡边龙圣提供的日本地方教育模式，提出了一套普及教育的方案——在直隶所属各府州县设劝学所和劝学员。据《清史稿》载：劝学所之设，创始于直隶学务处。时范孙先生任学务处督办，提倡小学教育，设劝学所，为厅州县行政机关。并仿效日本警察分区法，采日本地方教育及行政管理法，订劝学所章程通行全国。

劝学所制度在直隶试行成功后，清政府下诏，要求全国各府州县都必须设立劝学所，由劝学所派定查学人员即劝学员，下到各地巡查，将劝学进行到底。范孙先生在天津首创劝学所，由劝学所对私塾进行改造，将私塾改造成由劝学所直接管理的新式学校，结果直隶省的学校成倍增长。在他的规划里，直隶各府还必须设中学、师范各1所，并督促各府积极筹款兴学。

范孙先生深知完全依靠政府官办兴学，教育一时很难普及，而且官办教育有着根深蒂固的弊端。两次游学日本，日本私立学校和私人办学给他留下了美好印象。但他因雇用日本教员费用颇高而遭人非议。而严毫不退缩，他断言："然不如是，中国教员无人问津西学课程，且不如是，则永无可以不用东人之日。故此费不能惜也。"

以私学普及国民教育，推动文化转型，始于孔子。范孙先生可谓远承孔子，超越时贤的，也正在这一点。在推广新私学方面，他是一位热情的劝学员。

为普及教育，推广立宪自治，严范孙与王幼章合办的《醒俗画报》，在天津创刊。

学部任职一年有余，在旧体制内推行新事物，难免官僚衙署，推诿迁延，难于成事。官场腐败不堪，犹大厦将倾而居之者不自知。他想辞，则势有所不能；欲继，则事又难望有成。为此他非常纠结，常常夜不能寐，他在日记中感慨："不能退，不能遂，如之何，如之何？就中有益于人、有益于己之事，求一而不可得，呜呼难矣！此番心情，有谁能知？不如就此挂冠谢笏，还我一介布衣之身。"他已有去意。

## 四、南开学校新私学宗旨

1902年到1904年严修在天津创办严氏女塾、蒙养院、保姆讲习所等，为新私学初始蒙养阶段，1904年到1919年创办南开系列学校，为新私学高级阶段，形成了中国近代新私学教育的文本样式。

第一，教育之独立，来自经费的私募。南开教育经费来源主要是募捐。南开中学建校之始，有严范孙、津商王益孙，每月助银两一百启动。加以范孙先生的声望支持，伯苓募捐，较为顺利。不过，值得注意的是，民国时期北洋政府对于新私学的支持。教育要独立，除了争取国内外各种社会资金的支持，还要政府支持。新私学，虽时有困窘，人多助之，而终归无恙。

盐是津沽文明的催化剂。天津城里有盐商159家，他们坐拥巨资，鼓励子弟入仕，还以家族联姻，结成姻亲网络互相照应。当严范孙试办新学时，他的亲家华氏便捐了1000两银子相助；办学初见成效，盐商亲友争相仿效，天津兴学盛极一时，盐商为天下先。

盐商本有捐资兴学的传统。自清初以来，天津盐商捐资修建的卫学、小学、文庙、学社、五经馆、义学、府学、县学、书院等达70多所。清末新政期间，盐商除了捐助政府兴办义学，还投资兴办新私学，成为"实业救国"与"教育救国"的倡导者和实践者。盐商前后兴学的目的不同，运作方式亦迥异。他们为朝廷捐学时，是为盐商子弟入仕，也不排除有为经盐之便而笼络政府的意图；而自办新学，则是基于"教育救国"的文化自觉。虽然以实业为基础的新式教育走出了一条教育产业化的新路子，但捐资建学的传统仍一以贯之。

范孙先生发动已经绅商一体化的盐商们创办新式教育。绅商阶层，是清末兴学的主体。传统之于士农工商，在绅商一体化中被解构了。以末致富，以本守之。末，指商业；本在农，则指农业，本在士，则指学业。事商业者为商人，事学业者为士人，合之，即所谓“绅商一体”。

第二，办学不问政治。南开，这朵新私学的鲜花，总算绽开了。开在“寓公”文化集散地、北京的政治后花园——天津。“寓公”，是指北洋政府时期，那些来自北京下野的军阀政客和清朝皇室宗亲以及各式各样的遗老遗少。他们隐居在天津租界，看似赋闲，过着富而闲适的生活，暗中却依旧操纵北京政局，影响着天津的政治、经济与文化。这批特殊居民当时被称作“寓公”，他们坐在天津，眼睛盯着北京。南开大学成立时，李纯督军的祝词，就提到了他们：“自两先生计划书出，黎前总统、冯前总统、徐大总统、曹督军、阎督军、孟督军、陈督军、曹省长莫不起而赞成。纯亦勉趋其后。”但对南开，他们没有介入政治情感，不以个人倾向作为交换条件，善举不以意识形态介入，这是新私学独立品格的底线。南开这片新私学净土，唤醒了他们个体的人格尊严和社会责任感，是纯粹的个人独立行为。

第三，教育不能赢利。南开学校经费来源，共有十项，其中五项，为自营收入。募捐与自营相结合，造就了教育独立的实体及其产业化办学模式。这一模式，代表了近代新私学教育向现代教育转化的趋势。1925年，教育部特派员刘百昭到南开视察，结论是：“就中国公私立学校而论，该校整齐划一，可算第一。”

南开第二十年度经费收支状况表，将学校收入款项分为五大项，其中三大项为自营收入，这一年的租息及杂项收入，竟然超过学费收入的三分之一。在各项自营收入中，学费为学校主营收入，南开也不例外。自南开中学成立之日起，学费就是学校的主要收入。由于生源充足，学费居高不下，伯苓先生坦言：“吾尝闻人谓本校为贵胄学校，此语诚非过当。”但南开兼容贫困学生，以“试读生”养免费生。“试读生”可以不经考试入学，但学宿费要加倍。试读一年，考试及格，转为正式生，不及格者，要重新交费，才能续读。

学费虽高，但南开却没有靠学费来赢利，而是使学费收支平衡。其时，国内许多私立大学，都是靠学生的学费来维持的。如北平民国大学，生源多为投考国立大学的落榜生，人数颇大。还有一些大学，被伯苓先生一语道破：“大多数乃专为欲分润各国将退还我国之庚子赔款。”这样一哄而起办私学，想发国难财，当然好景不长。

可见，私学是以强大的“社会”力量为生存背景的，“社会”赋予私学以思想文化的活力，更为重要的，还为私学提供经济上的支持。有了这些，私学才能自主发展，获得其独立的品格。当然，这是中国进入近代以后的事儿了。

教育独立，是近代化的理想；教育自立，则为现代化要求。南开新私学，从追求近代化的理想，到适应现代化的要求，走出一条新私学实业之路。

第四，学校是个“大工厂”。论中国近现代教育，有两道风景线，蔡元培完成了中国传统教育近代化的转换，范孙先生携张伯苓则开了中国近代新私学教育现代化的先河；蔡元培使中国近代教育超越了传统政治文化，南开系列学校则为中国现代教育探索了新私学实业化的办学之路。

何谓新私学实业化教育路线？张伯苓曾说：“外国学校如大工厂，学生如工厂之出品。”学校视社会需要而定教育方针。也就是教育为体，实业为用。

学校管理，采用企业通行的董事会制，九名董事，统管大学、中学两部，校长由董事会聘任，大学部、中学部各设主任一人，由校长推荐，董事会批准。

董事会职权，为筹募经费，议决预算，审查决算。学校章程制定及变更，由董事会决议通过，发给学生毕业证书及授予学位，也由董事会决定。以此为模式，南开大学下属各院、系、所，亦自筹经费，自设董事会。

捐资创办南开者，如严范孙、徐世昌、王益孙、范静生、李秀山等，都做过校董，李组绅、范旭东等大商家，也曾为院系所之董事。此外，还有一部分学界和社会名流，以其名望和经验，任南开校董，如蒋梦麟、胡适之、丁文江、陶孟和、吴达诠等，如企业的独立董事。

第五，为国家培育“财力”。南开大学的学科建设，是实学化的。南开的“土货化”思想，除了洋为中用，还有就是实用。伯苓先生曾道：“文以治国，理以强国，商以富国”。这是南开新私学的“实用主义”救国抱负。大学扩充后，改文、理、商三科为三院，分设历史、政治、经济、数学、物理、化学、生物、商学、会计、统计、银行等十一系。又，原来文学院的经济系发展为经济学院。文学院又增设了英文系、政治学系、哲学教育系；经济学院，则开农业经济系、工业管理系、运输学系、经济史学系、统计学系、经济研究所等。理学院也增加了医学系、电机工程系、化学工程系。这样的学科设置偏于实用，培养的人才也趋于实用。

南开新私学的教育目的，就是为国家培养“财力”。每一个学生，都理应是国家的一份“财力”。从理学院到工学院，理科教育越来越“财力”化。从文学院到经济学院，文科教育也趋于“财力”化。

那时，我国教育仍在近代化中，对于实业化教育路线，批评者颇多。有人说，“南开大学有文科而无中文系”，是因为“张伯苓自己文笔不通”，南开“不注重中文”,使得“整个学校鄙俗不堪”,没有文化;“张伯苓以实用为科学的重点,是把科学从崇高的地位拖到尘埃。张伯苓只配作一个职业中学的校长,不配作一个大学的校长。”

还是不解私立学校办学之艰,南开请梁启超先生操办“东方文化研究所”,未成。范孙先生曾请李叔同主讲国学,亦终未出山。

我国私立大学,办理科者本不多,因为理科“不经济”。但南开新私学大学初始,就设置了理科。因为,不仅科学思想的兴起,对传统文化的改造,要靠理科,而且将科学思想转化为“财力”,也要理科,民主与科学是近代教育的普世理想目标。

第六,推销南开“货”。以实业精神办私学,南开最大的“财力”,还是学生。南开“工厂”生产的“货”是人才。“塘沽永利(永利制碱公司)、久大(久大盐业公司)已经承认”南开的“货”了。而且,逐渐紧俏。化工系学生,毕业时,“每人皆有选择两三个职业的机会。”而商科毕业生,因南开对“工商以及银行界之贡献,可谓非常之大”,所以,“每年南大毕业生,特别是商科的,在毕业前,即已应聘一空。”

这样紧俏的南开“货”,质量究竟如何呢?吴大猷说,中央研究院六任院长,有两位是受南开教育的。民国中央研究院选举中国第一届院士,81人中就有南开9人:数学姜立夫、陈省身,物理学吴大猷、饶毓泰,经济学殷宏章,哲学汤用彤,考古学李济,历史学萧公权,社会学陶孟和。后来在台湾被选为院士的又有梅贻琦等人。这样的“货”,岂止是“财力”?简直就是国宝。

“私立学校不是私有学校”,是南开新私学的办校宗旨,范孙先生从以一人之财力私立南开之始,就从未将南开据为私有。南开以私立兴学,投资者为股东,捐款者即位投资者;南开新私学,即从股东民主制入手,先行股东议事,次行教授治校,继而行学生自治。此为“科学与民主”的实用主义的实验方法。私立学校纷纷落马,而南开不倒,就在于他所进行的“科学与民主”的实验性尝试。

还需要用石头来为他立碑吗?从孔夫子到严范孙,他的名字,早已矗立在思想史的碑林里,与先贤大哲们排列在一起,点燃思想的火花,予我们以启示。

本文原刊载于南开大学校史研究室、天津市严修研究会、天津市张伯苓研究会编:《严修纪念文集》,天津古籍出版社,2021年。

**作者简介:**

李冬君,1959年11月26日生于吉林省延吉市,1979年考入南开大学历史系中国史专业,1986年在南开大学历史系攻读中国政治思想史硕士学位,2000年在南开大学历史系攻读中国政治思想史博士学位。2003年以后,在南开大学历史学院近代史研究所任教,直到退休。期间出版专著《孔子圣化与儒者革命》、《通往立宪之路——告别晚清的近代史》(合著)、《文化的江山——重读中国历史》(合著)等,并在各大报刊上发文或开设专栏。

# 黄蓝相会：清代黄河尾闾治理的生态史考察

贾国静

黄河治理作为清代“国之大政”，[①]清中期时陷入困境。嘉庆帝曾颇感费解与困惑，为何“就现在政治而论，惟南河工程最为重大”，数年以来，“堵筑工程岁无休息，而所办迄无成功”？并分析认为“此必经理不得其人，筹办未能扼要”。[②]后人在研究中则将其与国运中衰勾连，指出河政窳坏为清王朝统治日薄西山的重要体现，同时亦反过来加速了清王朝的衰朽。[③]类似思考从人事出发不无道理，但在这之外，还需关注治河工程本身引起的环境变化的反作用，毕竟黄河是一个符合耗散结构理论的开放巨系统，[④]强力的人为干预势必联动其他子系统，包括黄河自身的发展演化。进言之，有必要对清代兴举的大规模治河工程进行系统性探析。

元明以降，适应政治中心北迁与经济中心南移的宏观格局变化，国家精心构造了黄淮运水系，其中黄河居于主导性地位，若泛滥决溢，影响甚重。尤其明清朝代更迭之际，黄河下游几乎无处不决，黄淮运交汇处即清口遭“浊流倒灌”，甚至“淤成平陆”，如此，淮河无法由清口汇黄入海，便南下入江，严重内

---

① 傅泽洪：《行水金鉴》（卷172），《景印文渊阁四库全书》（第582册），台湾商务印书馆，1986年，第654页。

②《清仁宗实录》（卷235），嘉庆十五年（1810年）十月己酉。

③ 王振忠：《河政与清代社会》，《湖北大学学报》（哲学社会科学版）1994年第2期；郑师渠：《论道光朝河政》，《历史档案》1996年第2期。

④ 耗散结构理论由比利时物理学家普利高津提出。耗散结构主要指一个远离平衡的开放系统，通过不断地与外界交流物质和能量，在外界变化达到一定的阈值时，可能从原有的无序状态转变为一种有序状态。普利高津认为这一理论不仅适用于统计物理学领域，且可以作为联结自然科学和社会科学的纽带。黄河联系着天、地、海洋与生物、人类，各个子系统间存在广泛的物质与能量交换，是一个开放的巨系统，具备构成耗散结构的必要条件。参见沈小峰等编著：《耗散结构论》，上海人民出版社，1987年，第226页；湛垦华等编：《普利高津与耗散结构理论》，陕西科学技术出版社，1982年，“编者前言”；徐海亮：《全新世与黄河自然史》，《从黄河到珠江——水利与环境的历史回顾文选》，中国水利水电出版社，2007年，第17页。

溃,运河则水源补给受限,出现程度不等的浅涸。[①]治河名臣靳辅曾将此情境描述为“淮溃于东,黄决于北,运涸于中”。[②]至于由此导致的水患之深重,顺治年间凤阳巡抚陈之龙曾亲眼看到,江苏、安徽等地河湖皆决,“田庐城市漂没”,“满目滔天,未见有寸土”。[③]面对黄淮运水系近于崩溃的局面,清廷多方考量,不仅将黄河治理提升至国家战略高度,[④]而且努力探索实践路径。其中除学界关注较多的清口治理工程,还有靳辅所倡的“疏下流”,即在尾闾河段加筑两岸大堤,收束黄水,促进减泄。

此举将大规模治河工程伸入尾闾,突破了以往云梯关外“不与水争地”的原则,可谓一种前所未有的强力干预,兼以黄河自身的水沙特性,势必引起尾闾环境巨变,产生错综复杂的影响。若此,“疏下流”之举蕴含着清人怎样的环境认知,到底发挥了何种程度的作用,又对尾闾环境以及河流自身产生了哪些影响,形成了怎样的生态链条?再有,雍乾时期遵循云梯关外“不与水争地”的原则不治尾闾,以及嘉道年间重拾此举后又改为重点治理清口,却难有成效,与此有无关系?弄清这些问题,有助于更为恰切地理解清代河工大政,包括从新的维度认识清中期治河陷于困境的原因,进而管窥自然这一变量在清廷施政中的重要作用。目前,自然科学领域对“疏下流”之举有所涉及,且学科旨趣所在,侧重探析自然地理环境变迁,而历史学人文视野尚未给予深入关注。[⑤]缘此,本文拟结合相关研究,从人与自然的关系入手,既考察黄河尾闾疏治之举的环境驱动以及曲折繁复的实践过程,亦着力探究其链动的其他子系统变

---

①《内阁户科题本》,顺治十二年(1655年)正月初七日总督仓场户部左侍郎王永吉题,中国第一历史档案馆藏,档案号:02-01-02-1950-013;《清世祖实录》(卷66),顺治九年(1652年)七月丁酉;傅泽洪:《行水金鉴》(卷70),《景印文渊阁四库全书》(第581册),台湾商务印书馆,1986年,第176页。

② 靳辅:《治河奏绩书》(卷4),浙江鲍士恭家藏本,第2页。

③《内阁户科题本》,顺治四年(1647年)十月十五日凤阳巡抚陈之龙题,档案号:02-01-02-1958-013。

④ 贾国静:《“治河即所以保漕”?清代黄河治理的政治意蕴探析》,《历史研究》2018年第5期。

⑤ 自然科学领域关于苏北古黄河口延伸、古黄河三角洲发育等问题的探讨中有涉及。如吴君勉《古今治河图说》(水利委员会,1942年)一书中的“靳辅治绩”小节;张忍顺《苏北黄河三角洲及滨海平原的成陆过程》(《地理学报》1984年第2期)、许炯心《人类活动对公元1194年以来黄河河口延伸速率的影响》(《地理科学进展》2001年第1期)等。历史学领域关于清代黄运河工的研究也有论及,比如李德楠《明清黄运地区的河工建设与生态环境变迁研究》(中国社会科学出版社,2018年)一书有专章“河工建设与海口环境变迁”探讨,不过其从历史地理的角度着眼,侧重河工的单向度影响即海口环境变迁。

化，尤其引起的包括黄河自身演化在内的环境变迁如何与治河实践深度缠绕，影响清廷施政。疏漏与不当之处，敬请方家指正。

## 一、“非海无归”：靳辅首倡“疏下流”与尾闾环境变化

清代黄河尾闾指江苏北部清口以下的云梯关至海口河段。康熙十六年（1677年）靳辅治河以前，该段几乎没有大规模治理工程，就像明代治河名臣潘季驯所秉持的“固堤即以导河，导河即以浚海”，[①]尾闾无须人为干预。不过该处生态环境自明朝后期起发生的诸多变化，与此存有密切关系。由于潘氏作此思量的技术基础为“束水攻沙”，而在该路径之下，大量泥沙被湍急的河水带往尾闾，极大地提高了海口滩地的淤出速度。[②]据考察，1579—1591年（大致在潘氏治河期间），河口延伸速率每年高达1540米，远远超出了1579年以前平均每年的33米，就连其后至靳辅治河的一百年间，延伸速率仍有119米。[③]随着海口延伸增速，尾闾水土环境日趋复杂，甚至成了“沿海冲要之区，寇盗可以停泊出没之处”，[④]清顺治时为防海寇由此登陆，曾“于水中钉梅花桩”，而人为因素的直接介入致使“黄河沙停，渐次淤垫”，成为海口淤堵的一大诱因。[⑤]据《阜宁县志》记载，康熙初年，云梯关外尾闾处“积沙成滩，亘二十余里，水由东北旁泄”。[⑥]显然，靳辅治河时尾闾出水已严重受阻，是将其纳入考量，还是一如其他河段亦效仿潘氏，实为一大考验。

莅任河督之后，靳辅通过研读相关文献与实地考察，对黄淮运水系近于崩溃的状况有了深入了解，并且发现尾闾河流情境已与潘氏治河时大不相同。只云梯关至海口的距离，就已不止四五十里，而有“百里之遥”，其中“除近海二十里潮大土湿”，“其余八十里之河身情形，俱与云梯关内无异”。基于此，他认

---

① 《明史》卷84《河渠志二》。

② 所谓“束水攻沙”，主要指通过堤坝稳定河槽，相对缩窄河道横断面，增大流速，提高水流挟沙能力，利用水力刷深河槽，以解决泥沙淤积问题。参见李文学、李勇：《论“宽河固堤”与“束水攻沙”治黄方略的有机统一》，《水利学报》2002年第10期。

③ 许炯心：《人类活动对公元1194年以来黄河河口延伸速率的影响》，《地理科学进展》2001年第1期。黄河入海口在清代文献中多用“海口”，而现代自然科学研究中多用“河口”，本文参引时均依原文。

④ 王在晋：《海防纂要》（卷2），万历刻本，第10页。

⑤ 《南河成案》卷3《详议运河闸坝应增疏浚工程会议》，石光明等编：《中华山水志丛刊·水志卷》（第26册），线装书局，2004年，第175页。

⑥ 光绪《阜宁县志》卷3《川渎上》，光绪十二年（1886年）刻本。

为"必先从下流治起,下流疏通,则上流自不饱涨","似此滔天弥漫之水,非海无归",必须在"帮堤岸,堵决口"的同时,着力疏治尾闾,加促减泄。其理路大致如下:

下流既疏,残堤既帮,决口既堵,则淮水可使径直趋海。然后并堵杨家庄决口,急挽黄流,使之赴清口会淮,则故道可复。河道既可复故,而并将骆马湖以上两岸卑薄残缺之处,逐一修治,再行设兵看守之法,庶几可保久远,而不致于徒费钱粮,徒劳民力也。

在其看来,"疏下流"也就是着力解决河水的出海问题,为扭转黄淮运水系困局,恢复河流系统正常运转的关键所在。对其重要性,他强调清口以下"河身不挑,堤岸不筑,不用铁扫箒等器设法加浚河身,并浚海口,则黄淮无归,黄运两河并高家堰一带之各岸堤,处处皆可冲漫"。在这同时,再仿照以上河段的管理办法,添设管河官兵进行看守,大体如下:

每堤一里,必须设兵六名……两岸共堤一百六十里,设兵九百六十名,给船六十四只。再设兵二百四十名,给船十二只,专令浚堤外至海口一带之淤沙。自云梯关至海口,应共设兵一千二百名,应设守备一员、千总二员、把总四员,给浚船七十六只,各分汛地而责成之。①

明显可见,这一治河思路与此前的"循岁修故套,决东塞东,决西塞西"已然不同,②亦有别于前朝潘季驯。

基于以上认知与设想,靳辅大刀阔斧,兴举工程,疏治尾闾。为使"出关散淌之水","一往急湍,冲沙有力",达到"海口之壅积,不浚而尽辟"的目的,靳辅于"关外两岸筑堤一万八千余丈",③并设置管河官员负责日常修守。由此,为

① 以上各段靳辅论经理河工事宜均引自傅泽洪:《行水金鉴》卷48《靳文襄公经理八疏摘抄》,《景印文渊阁四库全书》(第580册),台湾商务印书馆,1986年,第652~653、657、659、662页。

②《工科给事中加二级臣李宗孔谨题》,《清代档案史料选编》(第1册),上海书店出版社,2010年,第178页。

③ 傅泽洪:《行水金鉴》卷51《靳文襄公治河书》,《景印文渊阁四库全书》(第580册),台湾商务印书馆,1986年,第691页。

扭转黄淮运水系困局，消弭水患，服务国家政治需求，清廷将治河工程延伸到了云梯关外尾闾段。而综观“疏下流”之举的实践情况可知，加筑尾闾大堤，收束黄水，加促减泄，实际为以上河段所施“束水攻沙”技术路径的延伸，设置官兵加强修守，亦是仿照以上河段的治理经验。不过无论如何，此举都挑战了长期以来尾闾段不予人为强力干预的理路，故而具有一定的开创性。

当然，在着力解决出水问题的同时，靳辅还“帮堤岸”，“堵决口”，修闸坝，开引河，诸措并施。以“帮堤岸”为例，《江南通志》曾记述新筑堤岸之坚固情形：

> 是年（康熙十九年）夏秋，南北皆淫雨七十日，黄淮并涨，有滔天之势，然冲啮之堤随圮随葺，不致大患，赖新筑工坚之所致云。①

就像诸多研究所揭示的，靳辅治河成效显著，成功扭转了黄淮运水系困局，奠定了黄河几十年无大患的小康局面。其中“疏下流”，解决出水问题，正如其预计的发挥了关键作用。幕僚周洽对此有比较细致的评述：

> 云梯关外以至海口竟有百余里之遥，向来原无堤堰，自靳公于大修案内题允，始筑此两岸长堤也。良以一望平滩，不分孰是河，孰是地，若不为之一束，则虽黄淮全归故道，而大溜到此，随便四散而去，究竟不能成河，终无入海之路。云梯关外既无入海之路，则关内壅遏无归之水，冲决频仍，殆无底止，是以不得不为加筑此两岸长堤也。然北岸止筑堤至六套，南岸止筑堤至陆家社者，盖河至此处，稍稍宽深，可以不至四散。至如北岸之堤短二千余丈，南岸之堤长二千余丈者，则因南岸地势洼于北岸，惟恐水到旁泄，是以多为之束此二千余丈耳。目今一带河漕，俱宽一二百余丈，深二三丈不等，海口大辟，急溜奔腾而下，较之数年前之形势，实有大不同者，皆两堤之功也。②

不难看出，周洽既基于尾闾河流情境道出了靳辅实施此举的必要性，又通

① 乾隆《江南通志》卷51《河渠志·黄河三》，《景印文渊阁四库全书》（第508册），台湾商务印书馆，1986年，第551页。

② 傅泽洪：《行水金鉴》（卷60），《景印文渊阁四库全书》（第581册），台湾商务印书馆，1986年，第60~61页。

过具体工程及实践效果展示了加筑尾闾大堤所发挥的关键作用,可谓鞭辟入里。咸丰七年(1857年),张应昌编写《清诗铎》时亦曾言及,靳辅治河成效显著,“大要在深通海口,以淮刷黄”。[①]

不过随着大规模治河工程的强力介入,尾闾环境变得更为复杂。首先,两岸大堤加筑后,黄水束归一道,滩地大面积涸出,从而为芦苇这一河工物料的生长提供了更加适宜的水土环境。靳辅治河时,曾设置官员负责采割“新淤无主苇草滩地”所产物料,以供河工之用。[②]十余年后,清廷又设置苇荡营,“专管采割海山等处所产苇柴”。[③]如此久而久之,芦苇成为河工物料之大宗。而其意义不止于此,还无形中给沿河地方使用柳料释放了空间,毕竟以前河工常用的柳料多征自沿河百姓,就像包世臣所言,“镶埽改用芦苇,柳禁渐弛”。[④]再有,将治河工程伸入尾闾,意味着河防与海防交织,清廷设置苇荡营就有“慎重海疆”,“庶河防与海防而皆有裨益”的考虑。[⑤]据地方志记载,康熙四十年(1701年)盐枭孔文泰“横踞海澨,官兵莫谁何”,苇荡营守备张之麟“单舸入其巢,招之降”。[⑥]

尤需关注的是,尾闾环境发生改变在助力河工的同时,对治河实践形成了新的制约。由于“疏下流”之举将河水自由散漫入海改成人工收束单路入海,河流遭遇海潮顶托时的“逆河”现象加剧,[⑦]严重时甚至发生海水倒灌损毁河堤的问题,就像靳辅治河之初所顾虑的“下河既浚,恐海水倒灌”,而非康熙帝所言“海水断无倒灌之理”。[⑧]康熙四十年(1701年),河官张伯行曾亲眼看到大规

---

① 张应昌编:《清诗铎》,中华书局,1960年,“自序”第3页。

② 靳辅:《靳文襄奏疏》卷4《请添河员疏》,《景印文渊阁四库全书》(第430册),台湾商务印书馆,1986年,第581页。

③ 康基田:《河渠纪闻》(卷18),嘉庆霞荫堂刻本,第49页。

④ 包世臣:《策河四略》,谭其骧主编:《清人文集地理类汇编》(第5册),浙江人民出版社,1988年,第22页。

⑤《南河成案》卷1《酌筹海山二州县所属海口地方请复采苇官兵事宜》,《中华山水志丛刊·水志卷》(第26册),线装书局,2004年,第124~125页。

⑥ 同治《徐州府志》卷28《人物传》,同治十三年(1874年)刻本。

⑦《尚书·禹贡》载黄河尾闾“北播为九河,同为逆河,入于海”。《汉书·沟洫志》则云“同为迎河”。后人指出“迎河即逆河”,“(王)莽多忌讳,改逆为迎也”;徐坚《初学记》解释为“逆,迎也,言海口有朝夕潮,以迎河水”,胡渭认为“此义最优”。胡渭:《禹贡锥指》(卷13中下),《景印文渊阁四库全书》(第67册),台湾商务印书馆,1986年,第667~668页。靳辅也曾言“海涌而上,河注而下,两相敌而后入,故逆也”。靳辅:《治河奏绩书》(卷4),第11页。

⑧《清圣祖实录》(卷129),康熙二十六年(1687年)正月丙申。

模海潮上涌时，尾闾堤岸工程遭遇损毁的情景，“大通口两岸水与堤平，而马家港之埽遂复冲去，而上流安东之水曾未大涨”。[①]另外，随着堤岸加筑，黄水束归一道，水沙承纳的空间变小，巨量泥沙不再散漫沉淀，而于海口越积越厚，如此极易形成阻塞之势。靳辅之后，河督为此颇费心思，起初命人“多筑拦黄坝，导黄河分由旁口入海”；康熙三十九年（1700年），又将拦黄坝毁弃，大疏海口积沙，此即康熙帝赐名的“大通口”。[②]

总之，靳辅考量河流形势，因应尾闾环境变化，推出了以“疏下流”为重中之重的治河举措，而此举在发挥关键作用的同时，亦因极大地改变尾闾环境，尤其增强河流与海洋的交互作用，而对治河实践形成了新的制约。至于涸出的大面积滩地促进芦苇增产，助力治河实践，以及苇荡营的设置加强海防，则从另一侧面展现了此举与尾闾环境变化之间的复杂交互及彼此因应。随着时间的推移，类似问题更趋纷繁，甚至促使清廷重新思量，调整治河路径。

## 二、“海口淤高”？雍乾年间救治河病时的路径感知

靳辅之后，清廷仍然重视尾闾疏治，“（康熙）三十六年谕，海口为黄水入海之道，所关甚属紧要，河道总督每年委贤能河官，专管修理，勿致壅滞”。[③]但至康熙四十七年（1708年）大贪官赵世显继任河督，以往治河绩效遭到严重破坏，康熙帝曾感慨：“三十年心血所办河工被赵世显坏了！”[④]由此不难推知，雍正初年将其查办之时，在人事与自然的双重作用下，河病较重。其中清口黄水倒灌问题因影响整个水系的运转而引起了清廷内部的论争。有人认为清口淤垫为一大诱因，[⑤]有人指此“半系新开运口之所致”，[⑥]更有人持“海口淤高”，尾闾出水不畅的观点。[⑦]当如何进行救治，效仿靳辅疏治尾闾为一重要呼声，但皇帝

① 张伯行：《居济一得》卷7《海啸》，《景印文渊阁四库全书》（第579册），台湾商务印书馆，1986年，第599页。

② 穆彰阿：（嘉庆）《大清一统志》卷93《山川》，第7页，《四部丛刊续编》影旧抄本。

③《清会典事例》卷901《工部40》，中华书局，1991年，第405页。

④《宫中档朱批奏折》，康熙六十年（1721年）六月二十五日川陕总督年羹尧奏，档案号：04-01-30-0336-002。

⑤《清高宗实录》（卷40），乾隆二年（1737年）四月甲子，华文书局，1969年。

⑥ 中国第一历史档案馆编：《乾隆朝上谕档》（第1册），乾隆四年（1739年）三月十二日，广西师范大学出版社，2008年，第367页。所谓“新开运口”，指为方便漕粮运输，乾隆二年将康熙时靳辅南移的运口再次南移，并于口内建钳口草坝等工程。

⑦《清高宗实录》（卷37），乾隆二年（1737年）二月戊寅，华文书局，1969年。

并未采纳,而是将重点放在清口一带。这一调整看似与“疏下流”无涉,实则缘于对其环境效应的感知。

乾隆初,在河近十年的河督白钟山奏称,欲救治河病,须疏治尾闾,理由为“以堤束水,以水攻沙,则沙随水去,海口即不致淤垫”,何况“前人已试有成效,舍此别无良法”。[①]稍后,大学士讷亲以亲身查勘所见提出了不同看法:清口以下河段“自三百丈渐宽至五六里,大溜直趋,朝宗畅顺”,入海口“并无所谓横沙尖沙阻截之势”,故仍应在清口兴工,至于“传言海口只宽八十三丈,又言淤塞亟须疏浚,皆妄也”。[②]乾隆十二年(1747年),继任南河总督周学健亦如白钟山奏称,“海口每日两次潮涌,水缓沙停,所以海口中泓,转浅于内地”。而乾隆帝批其“又为俗论所摇”,实际上“海口深通,并无浅涩”,并劝诫“大凡河工之事,当以镇静为要,固不可玩工贻患,亦不可喜事轻举”。[③]此言可谓用心良苦。乾隆帝既欲刹住病灶在海口这一“浮议”,又想借此劝诫在河官员端正态度,慎重河工,以杜歪风。可是类似说法并未就此停息。乾隆二十一年,大学士陈世倌呈奏长文,力陈“疏辟海口,浚治河身,为今日捍灾之急务”。[④]此奏同样遭乾隆帝驳斥,指其不过“摭拾浮言,究非确论”。[⑤]

在一份上谕中,乾隆帝明确支持南河总督高晋的主张,并强调“云梯关一带为黄河入海尾闾,平沙漫衍,原不应设立堤岸,与水争地”。理由大致如下:

> 清口畅泄,其收利在下河州县者,不可数计。至云梯关附近,不过阜宁、安东二邑所辖地面,以此衡彼,其轻重大小,不待智者而知,即令一时偶值盛涨,所侵溢者不敌百分之一二耳。高晋当守其定见,既知下游之制防一切毋庸置议,益可信清口之展放无难永远力持,于水利民生实为交有裨益。[⑥]

① 康基田:《河渠纪闻》(卷21),《四库未收书辑刊》(第1辑第29册),北京出版社,2000年,第30页。

② 黎世序等:《续行水金鉴》卷11《河渠志稿》,商务印书馆,1940年,第261~262页。

③ 黎世序等:《续行水金鉴》(卷12)《纯皇帝圣训》,商务印书馆,1940年,第273页。

④ 陈世倌:《请开海口以畅河流疏》,《皇清奏议》(卷50),民国影印本,第6~7页。

⑤《清高宗实录》(卷449),乾隆十八年(1753年)十月癸卯,华文书局,1969年。

⑥ 中国第一历史档案馆编:《乾隆朝上谕档》(第4册),乾隆二十九年(1764年)四月初五日,广西师范大学出版社,2008年,第404页。

将治清口与治海口所得进行比较，并认为尾闾“原不应设立堤岸，与水争地”，清口治理应“永远力持”，已然不同于康熙年间靳辅的治河思路。虽然翌年高晋调任两江总督，但乾隆帝以其“久任南河，于一切工汛修防素为谙练，所有南河总督事务着高晋仍行统理”。[①]对于黄水倒灌这一顽症当如何应对，乾隆帝亦颇为赞同高晋与后任南河总督萨载所提的挑挖陶庄引河的建言，甚至“详酌形势，以朱笔点记，往返相商者不啻数次”。[②]大体而言，此举意在通过开挖陶庄引河，“使黄水绕北下注”，以减弱清口处的黄河水势，使淮黄“二渎并流，合力攻沙”。[③]其实，此“逼黄远避”之法早在康熙四十年前后即有讨论，只是彼时因“屡挑屡淤”，“遂置而弗论”，也或许因有此前屡试屡败的教训，乾隆四十二年陶庄引河挑挖成功之时，乾隆帝大悦，命人修建河神庙，以谢神佑，“亲制碑记”，“为迎神送神之词，以协律焉”，并记述兴工过程如下：

> 乃于去岁九月十六日兴工，以今岁二月十五日乘春汛水长之候，放流入新河，而旧河筑拦黄坝以御之。既放之后，新河顺轨安流，直抵周家庄，始会清东下，去清口较昔远五里，于是永免倒灌之患，而引河之工成。[④]

言辞之中处处可见其喜悦与释然。然而，此后黄河连年决溢，“永免倒灌之患”成为一种奢望，乾隆帝甚至疑窦丛生，连发感叹，“全河形势究在何处受病”。[⑤]

综上可知，随着清口黄水倒灌等河流系统的病症日重，清廷内部不乏效仿靳辅疏治尾闾的呼声，但皇帝比较排拒，甚至指责此议不过“浮言”“妄言”，坚持病灶在清口上下。而考诸史实，雍乾二帝对康熙帝的治河成就均极尽追慕之情，对其治河实践亦极为推崇。比如雍正七年（1729年），《圣祖仁皇帝治河方略》编纂告成，雍正帝发布上谕“奉为法则”；[⑥]乾隆帝则模仿其祖六度南巡视

---

① 中国第一历史档案馆编：《乾隆朝上谕档》（第4册），乾隆三十年（1765年）三月二十日，第638页。

②《清高宗实录》（卷1034），乾隆四十二年（1777年）六月乙未，华文书局，1969年。

③《宫中档朱批奏折》，乾隆四十一年（1776年）十二月十八日两江总督统理河务高晋奏，档案号：04-01-01-0357-040。

④《清高宗实录》（卷1034），乾隆四十二年（1777年）六月乙未，华文书局，1969年。

⑤《宫中档朱批奏折》，乾隆四十六年（1781年）六月十四日署理两江总督萨载奏，档案号：04-01-01-0388-045。

⑥《清世宗实录》（卷86），雍正七年（1729年）九月乙酉，华文书局，1969年。

察河工,且强调“南巡之事,莫大于河工”。[①]既然如此,他们为何极力排拒此间行之有效的疏治尾闾,乃至弃守云梯关外长堤呢?这应与此举引起的尾闾环境变化有关。

如前文所述,将大规模治河工程伸入尾闾,改黄水单路入海,无形中加大了河流与海洋的交互作用,康熙四十年曾出现海潮大规模上涌,尾闾堤岸工程遭到损毁的惨况。类似情形在雍乾年间也有发生。据河督齐苏勒奏报,雍正二年秋,“海风大作,海潮泛涨,陡高一丈有余”,以致河水与海水交相激荡,“近海堤岸,工程危险”,两江总督查弼纳等人亦就此奏称,“此次海啸,光景甚觉汹涌”。尽管经在河官员的努力,近海工程“得保无虞”,但该事件令雍正帝“悬念”不已。[②]乾隆十年秋发生的情形更为严重。据奏:

> 七月间,河溜下注,海潮上涌,漫决二十余丈,黄河直由射阳湖、双洋子、八滩三路归海。迨至八月,连日大雨,东北风作,潮汐倒灌,不能下泄入海,涨漫横溢,淹浸甚广,陈家浦溃决之口门竟至二百余丈。[③]

二十年后,河督高晋在力陈云梯关外“不应与水争地,无事生工”时还曾提及,此次陈家浦漫决后,“因海滩土性浮沙,桩埽悬筑悬塌,不能施工”。[④]这一状况不能不令乾隆帝及诸臣有所思量。乾隆四十一年,南河总督萨载奉命查勘海口,当其将河水所受海潮顶托以及泥沙沉积与新生淤滩等情况奏陈时,乾隆帝指示“此海口自然之势,似难以人力胜之”,[⑤]明显表现出一种对海洋自然伟力的畏惧。四年后,大学士阿桂实地查勘后亦谈及“海口潮水一日两至,随来水之大小以为转移,海沙可刷而不可浚,万夫之齐力不敌一潮之骤壅”,“古人云海无可浚之理,正谓是也”。[⑥]当然在此之外,君臣的考量还有尾闾处人烟

---

①《清高宗实录》(卷1201),乾隆四十九年(1784年)三月己酉,华文书局,1969年。

② 黎世序等:《续行水金鉴》卷5《朱批谕旨》,第129页。

③《清高宗实录》(卷250),乾隆十年(1745年)十月庚子,华文书局,1969年。

④《南河成案》卷17《筹办陈家浦五套下游情形》,《中华山水志丛刊·水志卷》(第27册),线装书局,2004年,第5页。

⑤《宫中档朱批奏折》,乾隆四十一年(1776年)四月十八日署理两江总督萨载奏,档案号:04-01-01-0358-006。

⑥ 康基田:《河渠纪闻》(卷30),北京出版社,2000年,第30页。

稀少，纵然“海潮倒漾”，所破坏者多为堤工，“并无民田”，损失较小等问题。[①]无论如何，治河工程伸入尾闾所加剧的河海交互作用，大规模海潮上涌时甚至损毁堤岸工程，都深深地影响着君臣的认知，并成为促其调整治河路径的重要驱动因素。

总而言之，雍乾年间基于对“疏下流”之举引起的环境变化的感知，屡屡排拒疏治尾闾，在应对黄水倒灌等病症时，重点疏治清口上下。易言之，随着时间的推移，“疏下流”之举的环境效应更趋复杂，对治河实践的影响与制约也越来越重，人事因素与自然因素共同促使清廷调整了治河路径。而这一调整无疑会极大地影响尾闾环境。据《阜宁县志》记载，自乾隆中叶弃守云梯关外长堤，尾闾“黄流散漫”，“苇地水甘淤厚，蕃茂倍常”。[②]结合前文所及靳辅治河前后的情况，这又将延缓河流入海速度，影响以上河段的水文状况。

## 三、“出海最关紧要”：嘉道时期“复旧制”的困境及困惑

乾嘉之际，黄河下游严重淤垫，堤岸决口频繁发生，黄淮运水系重陷困境。据南河总督徐端奏报，自乾隆四十三年至嘉庆十年（1778—1805年）的二十八年间，“漫溢频仍，得保安澜者，仅止八年”。[③]当如何因应这一局面，清廷内部又是议论纷纷，不过与此前不同，君臣上下几乎一致认为应重拾疏治尾闾之举，可实践成效与靳辅治河时相去甚远，黄河越治越坏。原因究竟何在，清帝倍感困惑。

嘉庆三年（1798年），东河所属曹、睢两汛发生决口。嘉庆帝在谕令抢堵之时指出“河流下壅则上决，恐迤下海口处所别有受病根由”。[④]东河总督司马騊在奏报中也称“统全河之扼要而论，诚在尾闾”，两处决口与尾闾“淤沙停积”，形成“高仰之处”，不能“如式通畅”有关。[⑤]明显可见，君臣二人一致认为病灶在尾闾。此后，有关注河务者奏称“黄河淤塞过半，河底日高，堤岸日低，应疏

---

① 黎世序等：《续行水金鉴》卷15《南河成案》，商务印书馆，1940年，第346~347页。

② 光绪《阜宁县志》卷11《武备·苇荡营》。

③ 黎世序等：《续行水金鉴》卷33《南河成案续编》，商务印书馆，1940年，第705页。

④ 中国第一历史档案馆编：《嘉庆朝上谕档》（第3册），嘉庆三年（1798年）九月初十日，广西师范大学出版社，2008年，第118页。

⑤ 黎世序等：《续行水金鉴》卷28《开归道册》，商务印书馆，1940年，第600页。

治海口,或修复旧制”。[①]巡视东漕御史何道生还代江苏沛县民人蒋淦上呈禀词,“河底淤垫过高,请复混江龙旧制,并疏浚海口停积,以免漫溢之患”。[②]病灶在尾闾几成朝野共识。不过究竟如何疏治,却迟迟没有形成一致意见,有人主张于尾闾人为改道安东入海,亦有人提出就现有形势加强治理。

为拿出切实可行的办法,嘉庆帝命南河总督吴璥前往海口实地查勘。后吴璥奏称,尾闾处“积沙拦门,海口高仰之说,诚非虚语”,可以“挑挖引河,使之取直”,或“挑切顺势”,以便“因势利导,俾无兜阻”,工程“撙节估计,需银十四万七千五百八十一两零”。此奏获得允可,户部亦予拨款。[③]至于受海潮顶托形成的“尾闾不能畅注,则河身涨满,各工在在可虑”的问题,吴璥认为当“将各工堤堰埽坝,加倍小心防范”。[④]可是工程完成当年,清口处就有决口发生。更令人感到忧虑的是,口门合龙后,水流本应归复故道,“竟有分溜直入洪泽湖及淮扬一带运河”,亦有“黄水侵入清口”,嘉庆帝认为这一状况虽由“该处堤工竟不能得力”所致,但“总由海口一带尾闾不畅”,并强调“下游高仰,乃全河受病之源”,再派吴璥亲赴查勘,以期“一劳永逸之计”。[⑤]此后人事调整,在河历练多年的河官徐端继任河督。其接续前任之功奏请“先往海口逐加确勘”,深得嘉庆帝赞赏,并被夸“所见甚为得要,洵属探本穷源之论”。[⑥]

其时河患之深重已经引起朝野普遍关注。据受命深入参与河务的两江总督铁保奏称,“有谓海口不利者,有谓洪湖淤垫者,有谓河身高仰者”,在他看来,治理重点“惟当专心致志于清口”,并强调“为今之计,只有大修闸坝,全复旧规”。[⑦]而御史张问陶认为“不宜止疏清口,不疏海口”,因为“海口不修,清口

① 中国第一历史档案馆编:《嘉庆朝上谕档》(第4册),嘉庆四年(1799年)二月初三日,广西师范大学出版社,2008年,第44页。

② 中国历史第一档案馆编:《嘉庆朝上谕档》(第5册),嘉庆五年(1800年)四月十四日,广西师范大学出版社,2008年,第172页。

③ 黎世序等:《续行水金鉴》卷31《南河成案续编》,商务印书馆,1940年,第676~677页。

④ 黎世序等:《续行水金鉴》卷32《南河成案续编》,商务印书馆,1940年,第686页。

⑤《清仁宗实录》(卷129),嘉庆九年五月丙辰;《嘉庆朝上谕档》(第9册),嘉庆九年(1804年)十一月十六日,广西师范大学出版社,2008年,第515页。

⑥ 中国历史第一档案馆编:《嘉庆朝上谕档》(第9册),嘉庆九年(1804年)十一月初八日,广西师范大学出版社,2008年,第502页。

⑦ 中国历史第一档案馆编:《嘉庆朝上谕档》(第10册),嘉庆十年(1805年)闰六月十一日,广西师范大学出版社,2008年,第361页。

之工或归虚掷”。[①]河南巡抚马裕慧则奏请将“海口及旧河身大加挑挖，一律深通”。[②]面对这一局面，嘉庆帝派钦差大臣戴均元前往南河与两江总督铁保、南河总督徐端一同研究救治办法。经过一番商讨，三人认为应“照前人成规”，疏治尾闾，以“使河流不致散漫停淤，以收束水攻沙之益”，同时“力筹蓄清敌黄，以期渐复旧制”，使“黄水不致倒灌”。[③]姑且不论这一折衷之举能否平息朝野论争以及是否存有实践的可能，仅处处以“前人成规”“复旧制”论事，就表现得比较机械，明显缺乏前朝的实践精神与创新意识。

嘉庆十三年正月，览毕铁保等人关于“陈家浦海口正河疏挑完竣”的奏陈，嘉庆帝颇感欣慰道，“尾闾既通，则上游自不致壅塞，设遇汛期盛涨，可无漫溢之虞，而清口亦不致倒灌停淤”。[④]然而此后清口一带，淮水“不能畅注敌黄”，“被其壅遏”的情形依旧，漕运仍深受影响，鉴于此，嘉庆帝指出“此时筹办海口不可再缓”，[⑤]并拟拨帑银一百五十万两用于尾闾疏治工程。而此后铁保等人又以“海口先办，则运河工用不敷”为由奏请海口工程“俟秋汛安澜后兴举”，嘉庆帝批示“此中缓急机宜，朕亦不为遥制，总须不悮目前漕运”。[⑥]漕粮运输与黄河治理本就密不可分，但碍于经费所限，不得不以漕运为重，舍疏治尾闾先办运河工程，个中认知逻辑与前述三人的折中之策并无二致，亦从侧面折射出该时期治河实践困难重重。而反复兴工难有成效亦令嘉庆帝有些烦躁，“岂能以天下全力，专理一工乎？”[⑦]

嘉庆十五年前后，吴璥再度担任南河总督，徐端降为副总河，遵照谕旨，二人需与新任两江总督松筠共同筹商治河大计。可是即便“众论佥同”，在河官

---

① 中国历史第一档案馆编：《嘉庆朝上谕档》(第10册)，嘉庆十年(1805年)十二月初六日，广西师范大学出版社，2008年，第766页。

② 中国历史第一档案馆编：《嘉庆朝上谕档》(第11册)，嘉庆十一年(1806年)十二月初一日，广西师范大学出版社，2008年，第930页。

③ 黎世序等：《续行水金鉴》(卷34)《南河成案续编》，商务印书馆，1940年，第716页。

④ 中国历史第一档案馆编：《嘉庆朝上谕档》(第13册)，嘉庆十三年(1808年)正月二十八日，广西师范大学出版社，2008年，第33页。

⑤ 中国历史第一档案馆编：《嘉庆朝上谕档》(第13册)，嘉庆十三年(1808年)十月十九日，广西师范大学出版社，2008年，第626页。

⑥ 中国历史第一档案馆编：《嘉庆朝上谕档》(第14册)，嘉庆十四年(1809年)正月二十三日，广西师范大学出版社，2008年，第40页。

⑦ 中国历史第一档案馆编：《嘉庆朝上谕档》(第13册)，嘉庆十三年(1808年)十二月初二日，广西师范大学出版社，2008年，第701页。

员“竟有不欲办之意”，这让嘉庆帝颇感费解：

若云经费不足，每年所增盐价既拨工用，此外该河督等随时请拨饷银，朕从不少为吝惜，部臣亦无拨减之事。帑项并不掣肘，而该河督等竟置之不办，是不可解者一也。河工员弁往往希冀大工兴作，或从中沾润，或思工竣得以恩擢，皆系情理所有。今江境各员岂竟无一人踊跃从事，何以泄泄乃尔，是不可解者二也。本年入夏后，甘省雨泽稀少，河水来源未经涨发，下游一带虽当大汛经临，尚不致于泛滥，乘此各工平稳之际，尚不及时经理，岂必至霜清水落气候凝寒，始行赶办，是不可解者三也。[①]

朕数年来屡次降旨饬办海口，而伊等相率泄泄，总不肯认真疏导，其节次挑挖亦皆有名无实，徒费帑金，以致尾闾不通，漫溢如故。[②]

谕旨中的不解、不满与催促，更加说明该时期河工大政已陷困境。而面对谕旨，松筠推诿责任，指吴璥与徐端此前“将黄泥嘴、俞家滩二处逢湾取直，以致水性纡缓，转而停淤”，对此可能引发的纷争，嘉庆帝作出调整，以“松筠所管事务较多，于海口事宜不能兼顾”为由，将工程交给了徐端与河南巡抚马慧裕“会同经理”。[③]随后，二人合力兴举河工并取得了一定成效，嘉庆帝颇感欣慰之余谈到“下游通畅，则上游方无壅塞之虞，后之治河者，自应遵守前规”。[④]

然而此后，河患并未缓解，疏治尾闾之工“仍归无益”，万般无奈之下，嘉庆帝又思“此时全河大局，全在蓄清敌黄，去其淤垫，使清水无旁泄之途，黄河绝倒灌之路，方能日有起色”，并搬出祖训为调整思路作合理性说明：

惟恭读列祖列宗实录，于治河一事训诫昭垂，总以蓄清敌黄为第一要义，此时若不遵循办理，有何把握？该河督膺此重任，惟当服膺圣训，

① 中国历史第一档案馆编：《嘉庆朝上谕档》（第15册），嘉庆十五年（1810年）六月二十五日，广西师范大学出版社，2008年，第295页。

② 中国历史第一档案馆编：《嘉庆朝上谕档》（第15册），嘉庆十五年（1810年）七月初二日，广西师范大学出版社，2008年，第305页。

③ 中国历史第一档案馆编：《嘉庆朝上谕档》（第15册），嘉庆十五年（1810年）八月初二日，广西师范大学出版社，2008年，第367页。

④ 中国历史第一档案馆编：《嘉庆朝上谕档》（第15册），嘉庆十五年（1810年）八月初七日，广西师范大学出版社，2008年，第383页。

勿惑浮言，实力实心，持以敬慎，从此清强黄弱，永庆安澜，日有起色。勉之望之。①

至此，嘉庆帝虽然调整思路将重点改为疏治清口，可心中的谜团越积越多，因而发生本文开篇之问。但这一思路恐怕只能作为一种治理河患的意愿表达。道光初年，面对河患愈发深重的困局，清廷认为“海口一日不畅，即上游在在堪虞”，②又举尾闾疏治之工，结果亦不尽如人意，道光六年（1826年）甚至因黄淮运水系紊乱而试行漕粮海运。

透过嘉道时期“疏下流”之举的实践过程，可见黄淮运水系的困境，君臣重拾此举的初衷，以及难孚人愿后清廷更换路径的期盼，而黄河却越治越坏。黄河河患的深度显现与清廷应对措施的反复调整之间，已然形成了一种难以协调的紧张关系。其背后除了该时期保守有余、开创不足这一政治文化特征的影响，以及君臣所分析的人事不济等方面的原因，还有“疏下流”之举作用下，河流自身演化对治河工程所形成的更为强力的制约，而这往往在时人的认知之外。

## 四、“海口日远”：尾闾环境变迁及其生态链条

综观前文可知，靳辅所倡的“疏下流”之举展现出一种对黄河尾闾的强力干预，虽然对于扭转黄淮运水系困局、恢复河流正常运转发挥了关键作用，但亦因引起尾闾环境变化而对治河实践形成了新的制约，抑或助力。实际上，黄河作为一个开放的耗散结构的巨系统，这种强力干预还影响河流自身的发展演化，密切河海两大系统的关联，搅动本就纷繁的人事。

靳辅治河之后，海口延伸速度大增。道光年间南河总督麟庆曾作梳理：康熙三十九年御赐的“大通口”，至嘉庆二十年已“东去一百四十余里”，其时在新海口修建的望海楼，二十余年后，“登楼亦不见海矣”。③云贵总督阮元亦有言，“乾隆初年之海口，非康熙初年之海口矣。嘉庆初年之海口，非乾隆初年之海

① 中国历史第一档案馆编：《嘉庆朝上谕档》（第15册），嘉庆十五年（1810年）十二月十九日，广西师范大学出版社，2008年，第603页。

② 中国历史第一档案馆编：《道光朝上谕档》（第5册），道光五年（1825年）五月十三日，广西师范大学出版社，2008年，第129页。

③ 麟庆著文、汪春泉等绘图：《鸿雪因缘图记》（第2集）《平成济美》，北京古籍出版社，1984年。

口矣。盖远数百里矣”。[①]今人的研究数据则显示,1579—1855年,也就是明代潘季驯治河之后至清咸丰五年黄河大改道的二百多年时间里,河口延伸速率平均为每年267米,远超潘氏治河以前的33米/年,其中清代最高的1804—1810年间,速率达500米/年,1701—1747年次之,为320米/年。[②]其原因当与潘氏治河时类似,与实施“束水攻沙”技术并将其拓展至尾闾河段存有较强的逻辑关系。关于当今河口延伸问题的研究表明,“黄河单一流路入海的方式不利于减缓黄河口淤积延伸速率”,[③]也可从侧面说明靳辅所倡“疏下流”之举对海口延伸速度大有影响。

海口延伸增速必将拉长河流入海的通道,减小下游河道的纵比降,进而产生河水流速放缓、泥沙沉淀增加、河床淤垫抬高等一系列连锁反应。道光初年,阮元曾就其中的逻辑关联发表看法。在他看来,海口延伸对尾闾以上河段影响极大,不仅“中州至徐淮二府逐里逐步,无不日加日高”,而且由于洪泽湖堰坝“不能再加高”,黄水倒灌等问题难以避免。在定性分析之外,他还用几何数据原理进一步论证这一观点:

> 譬如楼梯斜下十三层,梯脚占地一丈(如乾隆初海口),其第十层离地高三尺(如运口),今于梯脚按添三层,为十六层,使梯势不陡,必多占二尺余地矣(如今海口)。是其第十层离地者,必加高尺许矣(如今运口)。何也?梯脚占地远也。远之一字,今言河者皆未言及。[④]

也就是说,河口延伸二尺,运口“必加高尺许”才能保持河道的纵比降不变,而实际上,运口“未尺寸移故地”,故而势必影响河流本身的发展演化。这与现代自然科学领域的共识非常接近,即黄河口淤积延伸是促使黄河下游河床抬升的重要因素之一。进言之,清中期黄河下游河段的严重淤垫,与“疏下流”之举实施后海口延伸增速、河道不断拉长等问题存有比较密切的逻辑关

---

① 阮元:《黄河海口日远 运口日高图说》,《清人文集地理类汇编》(第5册),浙江人民出版社,1988年,第200页。

② 许炯心:《人类活动对公元1194年以来黄河河口延伸速率的影响》,《地理科学进展》2001年第1期。

③ 王万战等:《利用海洋动力减缓黄河口淤积延伸速率的研究》,《人民黄河》2012年第2期。

④ 阮元:《黄河海口日远运口日高图说》,《清人文集地理类汇编》(第5册),浙江人民出版社,1988年,第200页。

联。而从前文已知,虽然清廷上下竭力救治河患,甚至倍感焦虑,但从认知到实践处处模仿"旧制",既显机械也乏实效。另据现今黄河水利委员会的研究,当时河南兰阳以下河道的纵比降,从上到下只有万分之一点一至万分之零点七,异常平缓。[①]诚然,河床淤垫抬高成因非常复杂,与夏秋间沿河降水造成的径流量增加,中下游人口暴增开发加剧,河水泥沙含量加大等问题都不无关系。这已超出本文讨论范围,兹不赘述。

再有,海口延伸增速,迆上河床淤垫,势必增加两岸大堤的压力,乃至致成决溢。这或为清中期河患加剧的重要原因之一。据研究显示,清前中期黄河决口地点的空间规律大体为,1646—1680年间自上向下移动,1680—1725年自下向上移动,1726—1800年规律性不太明显,但是1800年以后,明显表现出由下向上游移动的趋势。[②]结合前文所及嘉道年间的河患情形以及靳辅、阮元的分析,这一变化规律当与"疏下流"之举的实施有关。另由于黄水携带巨量泥沙,无论从哪里入海都会对海岸地貌发育以及动力格局产生较大影响,此举还促使海岸线呈现锯齿状、鸟嘴状这一曲折多变的特征。[③]而在堤岸工程逼近海口的情况下,这一变化无形中会增加入海河流的感潮效应,放大《禹贡》所言的"逆河"现象,加大海洋动力对入海河流的影响。尽管苏北旧黄河口潮汐流偏弱,海潮上涨不大可能造成长江口那样的"涌潮"现象,但破坏力仍不容小觑,前文所及康雍乾时期发生的几次大规模海潮上涌,近海堤岸工程遭遇损毁的情形就是明证。

海口延伸增速的显见环境效应还包括造就新土地,这在当时人地矛盾不断紧张的大背景下具有重要意义。清廷方面比较关注这类土地的淤出情况,比如乾隆五十一年,工部在核覆南河总督李奉翰的奏折时提到,雍正十三年查得新淤滩地1811顷,现又有新淤地2060余顷。[④]也基于此,清廷不断加大开发力度,增加芦苇的采割数量。康熙三十八年苇荡营设置之初,"每年采苇一百十八万余束,作为定额";雍正四年苇荡营复设后,"除照旧额一百二十万束外,

① 水利部黄河水利委员会《黄河水利史述要》编写组:《黄河水利史述要》,黄河水利出版社,1982年,第349页。

② 王宁春:《黄河下游1566年后和1875年后决溢时空变化研究》,《人民黄河》1984年第8期。

③ 陈可锋等:《苏北废黄河三角洲侵蚀后退过程及其对潮流动力的影响研究》,《海洋学报》2013年第3期;张林等:《800年来苏北废黄河三角洲的演变模式》,《海洋与湖沼》2014年第3期。

④《南河成案》卷44《苇营新淤滩地采柴额数部驳》,《中华山水志丛刊·水志卷》(第28册),线装书局,2004年,第226页。

再增采三十万束”;雍正十二年又“加增苇柴二十万束”,且欲以此“永为定例”,而当翌年“丈出淤地一千八百十一顷九十五亩有奇,产苇茂密”时,又增加了五十五万束。[①]不难想见,“疏下流”之举在对治河实践形成新的制约的同时,其重塑的尾闾水土环境亦对河工产生了显著的助力。

面积广阔的河滩荡地对基层百姓也极具吸引力,因为这类土地虽然不宜耕种,但“如海潮不上,雨水滋培,年复一年,卤碱之地自可渐久改变”。[②]乾隆二十九年,河督高晋在奏报中提及,云梯关外“间有樵采渔户散处其间,亦迁徙无定”。[③]翌年又称“从前两次新淤地内,小民图利,间有种植杂粮”。[④]对于百姓自发前往开垦的行为,乾隆帝表示“听民随宜耕种,以收自然之利,似于河防民生均属稍有裨益”。[⑤]而在河官员担心这样一来,“难保无日久耕种,居位渐成村落,筑园打坝,妨碍水道情事”,[⑥]故于实际中多不允许。不过随着时间的推移,滩地面积不断增加,尤其嘉庆年间重新疏治尾闾后,环境不断改善,吸引着更多百姓前来开垦,乃至长居于此。嘉庆十三年,协办大学士长麟视察南河时看到,云梯关外黄河“两岸禾苗甚茂,村落散布,民田庐舍甚多”,并建言“接筑两堤,收束水势”,以“杜河身散漫停淤之病,并可卫护两岸民田”。[⑦]在这之外,清廷还增设管河官员,“分管两岸堤工”,同时“兼司理荡抚民”。[⑧]至此,清廷不仅承认了百姓久居的事实,还主动调整治河实践,适应尾闾自然与人文环境的变化。或者说,在云梯关外新生的广阔土地上,治河工程已不单重塑自然环境,自然环境的持续变化亦影响治河工程,不仅如此,二者还一同参与构造新的生态系统,成为尾闾区域社会形成的重要驱动力量。

---

① 光绪《大清会典事例》卷907《工部·河工·物料》。

②《南河成案》卷45《确勘苇荡营新淤滩地长柴情形覆奏》,《中华山水志丛刊·水志卷》(第28册),线装书局,2004年,第246页。

③《南河成案》卷17《筹办陈家浦五套下游情形》,《中华山水志丛刊·水志卷》(第27册),线装书局,2004年,第5页。

④《清高宗实录》(卷745),乾隆三十年(1765年)九月丁酉,华文书局,1969年。

⑤ 中国第一历史档案馆编:《乾隆朝上谕档》(第10册),乾隆四十五年(1780年)三月二十六日,广西师范大学出版社,2008年,第52页。

⑥《南河成案》卷38《题请苇荡新淤滩地归营增柴部议》,《中华山水志丛刊·水志卷》(第28册),线装书局,2004年,第36页。

⑦《南河成案续编》卷58《勘修王营减坝及沿河大堤并云梯关外情形》,王云、李泉主编:《中国大运河历史文献集成》(第58册),国家图书馆出版社,2014年,第475~476页。

⑧ 黎世序等:《续行水金鉴》卷47《海安厅册》,商务印书馆,1940年,第1030页。

至于此举对海洋系统的影响，由于缺乏有力的文献资料支撑，故仅借用海洋地理学的相关研究做一简要说明，以从另一侧面说明“疏下流”之举下的生态链条之复杂。大体而言，入海河流每年向近海输送大量淡水和泥沙，直接影响着海洋的动力条件、海岸地貌、海洋生物等各方面，对近岸海水水体的温度、盐度、密度、透明度以及营养盐等海洋水要素的分布亦产生重要影响。[①]由此反推，海域环境诸要素发生变化势必影响濒海地区的自然与社会环境。毫无疑问，类似影响在水沙条件独具特色的黄河问题上当更为突出。

总之，“疏下流”之举虽为治理河患因应尾闾环境变化而开展，但其引起的河流巨系统的变化，不只产生对治河实践的反作用，还包括对河流自身的发育演化，以及对人类系统的深层影响。其中河海交互作用加大产生的连锁反应，海口高速延伸与尾闾以上河段淤垫日重之间的逻辑关联，以及河患愈深与清廷措施反复调整之间形成的紧张关系，尤其值得关注，就像水利史学者颇富哲理的论说：“黄河灾害的能量在堤防的加筑中默默积累，这就是自然的辩证法。”[②]甚至可以说，咸丰年间发生的黄河大改道亦与此不无关系。至于面积广阔的河滩荡地提升芦苇产量，助力河工实践，以及在其之上逐渐形成新的区域社会，则从一个更深更广的层面展现了尾闾疏治之举链动的河流巨系统内各子系统间的彼此因应与协同演变。

## 五、结语

总而言之，为服务国家政治需求，扭转黄淮运水系困局，康熙年间的河督靳辅多方考量，推出了以疏治尾闾为重中之重的应对举措，并取得了良好成效。而同时因引起尾闾环境变化，尤其是加大河流与海洋的交互作用，而对治河实践形成了新的制约，并深刻影响着雍乾二帝对该治河路径的感知。与靳辅起初基于对“下流疏通，则上流自不饱涨”的河流规律的认知不同，乾隆帝明显表现出对河海交互作用下的自然伟力的畏惧，并一味地排拒疏治尾闾之举。嘉庆年间应对黄淮运水系困境时重拾此举，在几无成效的情况下，又搬出另一“旧制”疏治清口，则带着保守有余、创新不足的时代烙印。也就是说，治河工

① 王颖主编：《中国海洋地理》，科学出版社，1996年，第11页。

② 徐海亮：《全新世与黄河自然史》，《从黄河到珠江——水利与环境的历史回顾文选》，中国水利水电出版社，2007年，第14页。

程的实践深受清代不同时期政治文化特质的影响。

透过对尾闾疏治工程的深入分析，可见其链动的国家、河流、海洋、土地、社会等各环节之间交相互动、彼此因应以及协同演进的复杂机制，或者说，黄河作为一个耗散结构的开放巨系统，其内部各子系统之间的复杂关联。其中既有清廷实施该工程的环境考量，亦有环境变化产生的颇为复杂的反作用；既有河海交互作用加大对工程形成的新的制约，亦有河海相遇处滩地淤出增速对国家与社会产生的正效应；既有河流系统近乎崩溃驱动清廷大举工程，亦有其自身深受工程的影响而潜移默化中产生的连锁反应。尽管就如阮元所分析的，时人未曾关注到这一点，只限于兴举河工治理河患。以往认为黄河受气候、地质等自然因素的影响“远过于人工干预”①，而从清代尾闾疏治工程的实践情况尤其清中期的河患困境来看，黄河自身的发展演化，尤其下游河床淤垫、河道纵比降等所受治河工程强力干预的影响亦非常之大。

目前关于清代黄河治理问题的研究，跨越水利学、历史学、地理学等多个学科领域，已具有一定的广度与深度，不过不同学科背景侧重点有别。以治黄技术为例，水利学侧重对技术本身进行科学分析，历史学关注技术给人类社会包括生活环境造成的影响，地理学则着眼技术对自然地理环境的改造。②仅就历史学领域而言，有的从国家角度探究其成效好坏与否的人为因素；也有从历史地理出发厘析工程技术引起的某一区域的人地关系变化；还有基于社会视

---

① 秦晖：《“治水社会论”批判》，《经济观察报》2007年2月19日。

② 代表性成果有，侯仁之：《靳辅治河始末》，《史学年报》1936年第2卷第3期；商鸿逵：《康熙南巡与治理黄河》，《北京大学学报》1981年第4期；姚汉源：《河工史上的固堤放淤》，《水利学报》1984年第12期；周魁一：《潘季驯“束水攻沙”治河思想历史地位辨析》，《水利学报》1996年第8期；许炯心：《人类活动对公元1194年以来黄河河口延伸速率的影响》，《地理科学进展》2001年第1期；王英华：《康乾时期关于治理下河地区的两次争论》，《清史研究》2002年第4期；崔宇、卢勇：《历史地理视角的明清时期“束水攻沙”治黄之败探析》，《农业考古》2009年第4期；曹志敏：《试论清代“束水攻沙”、“蓄清敌黄”的治河方略及其影响》，《前沿》2011年第2期。

角剖析治河工程如何促使淮北等区域环境发生变化。[①]这一多学科多角度堪称“庞杂”的研究状况，既是清代黄河治理本身极具复杂性的体现，亦在一定程度上昭示着从生态史角度进行研究的必要性与可行性。通过前文对黄河尾闾疏治工程的系统性考察，可见此举既服务于国家层面的宏观格局，也基于对河流规律及特定水土环境的认知与分析，实践中链动的河海两大系统交互作用的加大及其对治河实践形成的新的制约与助力，河床淤垫抬高等问题所体现的黄河自组织机制的调整及其与河工大政所展现的强力干预之间的矛盾关系，以及尾闾环境的结构性要素的变化之于人类生存所蕴含的巨大活力，无不在揭示治河工程技术下的人与自然、人与人、自然与自然之间的关系之纷繁复杂。进言之，其中既有社会系统与环境系统的相互影响，更有两大系统的自我调整与彼此因应，可谓一种复杂适应性。人与自然关系的维度对于认识清代黄河问题不可或缺，亦有助于管窥自然这一变量在清廷施政中的重要作用。

本文原刊载于《清史研究》2022年第4期，为国家社科基金一般项目“生态史观视野下的清代黄河治理研究”(20BZS107)阶段性成果。

**作者简介：**

贾国静，女，1977年3月生，山东聊城人。南开大学副教授兼硕士生导师，历史学博士、博士后，2021年3月，调入南开大学历史学院工作至今。研究方向为中国近代灾荒史、清代黄河史，代表性成果有《“治河即所以保漕”？清代黄河治理的政治意蕴探析》、《黄蓝相会：清代黄河尾闾治理的生态史考察》(论文)、《水之政治：清代黄河治理的制度史考察》、《黄河铜瓦厢决口改道与晚清政局》(专著)。

---

① 代表性成果有，岑仲勉：《黄河变迁史》，人民出版社，1957年；商鸿逵：《康熙南巡与治理黄河》，《北京大学学报》1981年第4期；徐凯、商全：《乾隆南巡与治河》，《北京大学学报》1990年第6期；韩昭庆：《黄淮关系及其演变过程研究——黄河长期夺淮期间淮北平原湖泊、水系的变迁和背景》，复旦大学出版社，1999年；吴海涛：《历史时期黄河泛淮对淮北地区社会经济发展的影响》，《中国历史地理论丛》2002年第1期；马俊亚的《被牺牲的局部：淮北社会生态变迁研究（1680—1949）》，北京大学出版社，2011年；潘威：《清代前期黄河额征河银空间形态特征的初步研究：以乾隆五十七年的山东为例》，《中国历史地理论丛》2014年第4期；李德楠：《苘麻在明清黄河治理中的使用及其影响》，《聊城大学学报》(社会科学版)2017年第5期。

# 编后记

很荣幸参与“南开史学百年文存”的编纂工作。在一年的编校工作中，我负责整理曾在中国近代史专业任教的学者具有代表性的论文，本卷共收录了二十六篇文章，以发表时间先后顺序排列。在文存即将付梓之际，特在此表达我的感谢。

本卷收录的第一篇文章是南开大学历史系创系主任蒋廷黻的论文。蒋廷黻是中国近代外交史领域的开拓者，与梁启超同为南开大学史学的奠基人，《现今史家的制度改革观》一文，发表于1925年12月出版的《清华学报》第2卷第2期。在该学报的“撰述人略历”中，确切地标注了蒋廷黻的身份是“哲学博士，天津南开大学校历史教授”。这是历史系创系后早期发表的学术论文，反映了20世纪20年代南开学人的研究状况，具有非常重要的意义。编辑过程中，除了修改明显错漏之处外，该文注释保留了刊发时的原貌。需要说明的是，在2019年南开大学建校一百周年时，邓丽兰、刘依尘两位老师编辑出版了《蒋廷黻文集》（“南开百年史学名家文库”之一），在“学术论文”一栏中也收录了《现今史家的制度改革观》。感谢邓丽兰老师的帮助，慷慨地将原编辑稿转给我，使我免于繁重的转录原文的工作，在此深表感谢！

在文稿遴选、整理、编校过程中，得到了各位前辈和同人的支持和帮助，在此深致谢忱！本卷大多数论文都由作者本人所选，各位老师按照要求将论文电子版发给我，也参与了校订工作，感谢各位老师的支持。也有数篇论文由作者家人、高足所选，感谢林延清、焦静宜、王先明、刘集林、祖金玉等师友的帮助；在编辑谢哉刚先生论文过程中，多次得到刘景泉教授的指点和帮助，借此向各位师长表达衷心的感谢。还要感谢南开大学人事处、档案馆在我查找人事档案时给予的支持和帮助。论文集得以顺利完成，凝结了各位南开人的心血。

在文稿搜集过程中，我有幸联系到早年在中国近代史教研室工作的诸庆清先生，诸先生1952年自北京大学分配到南开，在南开园生活了三十年，今年已九十五岁高龄，诸先生对南开有深厚的感情，给予我热情的支持和鼓励。由于本卷以收录作者署名单位为南开大学的文章为限，很遗憾没有收录诸先生论文，特借此向曾经工作在南开史学的学人致敬！由于我掌握的资料不够完整，本卷学人遴选若有遗漏，期待各位师友提供更多的信息，以完善南开中国近代史学人名录。

本卷中部分论文由于出版时间早，引文注释多有不全，虽尽力查找，但难以找到准确出处，因此保留了论文刊发时的原貌。《从视学黔中到创办南开——论贵州近代教育的先驱者严修》《严修与近代新私学》两篇论文由两位作者选自纪念文集，原文没有注释，此次收录时也保留了刊发时的原貌，特此说明。由于时间和能力有限，疏忽不足之处，恳请批评指正。

感谢出版社编辑团队，特别是王雅贞、钱孝璇两位女士，在本卷编校过程中，编辑团队细致严谨，付出了辛勤劳动，深致谢忱！

刘晓琴

2023年9月5日